【传世经典 文白对照】

资治通鉴纲目

六

〔宋〕朱 熹 编 撰

孙通海 王景桐 主 编

王秀梅 朱振华 副主编

中华书局

目录

第六册

资治通鉴纲目

资治通鉴纲目卷三十

起乙酉(505)梁高祖天监四年、魏世宗正始二年,尽乙巳(525)梁高祖普通六年、魏肃宗孝昌元年。凡二十一年。

乙酉(505)　梁天监四年,魏正始二年。

春正月,梁置五经博士,立州郡学。

梁主雅好儒术,以东晋、宋、齐虽置国学,而无讲授之实,乃下诏曰:"二汉登贤,莫非经术,服膺雅道,名立行成。魏、晋浮荡,儒教沦歇,风节罔树,抑此之由。其置五经博士,广开馆宇,招内后进。"给其饩廪,其射策通明者,即除为吏。又选学生往云门山,从何胤受业,命胤选经明行修者以闻。分遣博士、祭酒巡州郡立学。

梁汉中太守夏侯道迁以郡叛降于魏,魏遣将军邢峦入汉中,遂取梁州。

初,梁夏侯道迁从裴叔业镇寿阳,与叔业有隙,单骑奔魏。魏王肃使守合肥。肃卒,道迁奔梁,梁以为汉中太守。复叛降魏。魏以邢峦为镇西将军,将兵赴之。峦至汉中,所向摧破,魏以峦为梁秦二州刺史。杨集起、集义闻魏克汉中而惧,帅群氏叛之,峦击破之。梁遣将军孔陵等拒魏,邢峦遣统军王足击破之,遂入剑阁。陵等退保梓潼,足又进击破之。梁州十四郡地,东西七百里,南北千里,皆入于魏。

乙酉（505）　梁天监四年，魏正始二年。

春正月，**梁朝设置五经博士，设立州郡学校。**

梁武帝一向喜好儒家学说，认为东晋、宋、齐虽然设立国学，却没有进行实际讲授，于是下发诏书说："两汉时期选用贤才，莫不是通过儒家经典的考试而选用，士大夫熟悉儒家经典，身体力行，因此能立功名、成大业。魏、晋时期，士风浮华放荡，儒教沉沦，所以风节不能树立，都是这个原因。设置五经博士，广泛开设学校馆舍，招纳年轻学子。"于是供给他们口粮，其中学业优异的，即可任为官吏。又选拔学生前往云门山，跟随何胤学习，命令何胤挑选明习经典具有良好修养的学生上报朝廷。朝廷分别派遣博士、祭酒巡视州郡，设立学校。

梁朝汉中太守夏侯道迁率全郡叛降于北魏，北魏派遣将军邢峦进入汉中，趁势夺取梁州。

起初，梁朝夏侯道迁跟随裴叔业镇守寿阳，因与裴叔业有矛盾，只身投奔北魏。北魏王肃令他驻守合肥。王肃死，夏侯道迁投奔梁朝，梁朝任命他为汉中太守。又叛降北魏。北魏任命邢峦为镇西将军，率领军队前去赴任。邢峦到达汉中，所到之处，无坚不摧，北魏任命邢峦为梁秦二州刺史。杨集起、杨集义听到北魏攻克汉中，深感恐惧，率领氐族各部反叛，邢峦进击攻破。梁朝派遣将军孔陵等抗拒魏军，邢峦派遣统军王足进击，打败梁军，于是进入剑阁。孔陵等退军保守梓潼，王足又进军击败他们。梁州十四郡的土地，东西七百里，南北千里，都纳入北魏版图。

夏四月，梁益州刺史萧渊藻杀前刺史邓元起。州民作乱，渊藻讨平之。

初，益州刺史当阳侯邓元起乞归，诏以西昌侯渊藻代之。元起营还装，粮储器械，取之无遗，渊藻恨之。又求其良马不得，遂因醉杀之，而诬以反。梁主疑焉。元起故吏罗研诣阙讼之，梁主曰："果如我所量也。"使让渊藻曰："元起为汝报仇，汝为仇报仇，忠孝之道如何？"贬号为冠军将军。赠元起征西将军，谥曰忠侯。益州民焦僧护作乱，萧渊藻年未弱冠，议自击之，或陈不可，渊藻斩之。乃乘肩舆巡行贼垒，贼弓乱射，矢下如雨，从者举楯御矢，渊藻命去之。由是人心大安，击僧护等，皆平之。

六月，梁初立孔子庙。　秋七月，魏统军王足攻涪城。八月，大败梁军，杀其将鲁方达等三十九人。

梁将军王景胤等与魏王足战，屡败。七月，足进逼涪城。八月，秦、梁州刺史鲁方达等十五将战败，皆死。景胤等二十四将又败，亦死。

魏有芝生于太极殿。

侍中崔光上表曰："气蒸成菌，生于墟落秽湿之地，不当生于殿堂高华之处。今忽有之，诚足异也。夫野木生朝，野鸟入庙，古人皆以为败亡之象。故太戊、中宗惧灾修德，殷道以昌。所谓家利而怪先，国兴而妖豫者也。今西南二方，兵革未息，郊甸之内，大旱逾时，民劳物悴，莫此之甚，承天育民者所宜矜恤。愿陛下侧躬耸意，惟新圣道，节

夏四月,梁朝益州刺史萧渊藻杀害前刺史邓元起。益州百姓造反,萧渊藻予以讨伐平定。

起初,益州刺史当阳侯邓元起请求归乡,朝廷命西昌侯萧渊藻代其职。邓元起准备还乡的行装,把储备的粮食和各种器械,搜罗一空,萧渊藻对他怀恨在心。又索要邓元起的良马没能得到,于是趁邓元起喝醉酒而杀害了他,并且诬告他反叛。梁武帝对此很怀疑。邓元起原来属下的官吏罗研到朝廷为其讼冤,梁武帝说:"果然像我所估计的那样。"派遣使者责备萧渊藻说:"邓元起为你报仇,你却为仇家报仇,忠孝之道在哪里呢?"贬其号为冠军将军。追赠邓元起为征西将军,谥号为忠侯。益州人焦僧护发动叛乱,萧渊藻年龄不过二十,商议由自己率军进击,有人陈说不能这样做,萧渊藻杀掉了他。于是乘坐肩扛的小轿巡视叛民的营垒,贼人弓箭乱射,弓矢像雨点般落下,随从的人举着盾牌抵挡箭矢,萧渊藻命令撤去。因此,民心才安定下来,进击焦僧护等,都予以讨平。

六月,梁朝开始设立孔子庙。　秋七月,北魏统军王足进攻涪城。八月,大败梁军,斩杀其将鲁方达等三十九人。

梁朝将军王景胤等与北魏王足交战,屡次失利。七月,王足进逼涪城。八月,秦、梁两州州刺史鲁方达等十五员将领都战败而死。王景胤等二十四员将领又战败而死。

北魏太极殿发现有灵芝生长。

侍中崔光上表说:"空气熏蒸而成长为菌,此类东西一般生长在废墟角落潮湿污秽的地方,不应该生长在殿堂高贵华丽之处。现在忽然生长出来,实在是怪异之事。野木生于朝堂,野鸟飞入宗庙,古人都认为是败亡的征兆。所以商王太戊和中宗惧怕灾异而修德积善,殷商国运得以昌盛。这正是所谓家族吉利而先有怪异,国家兴盛而妖异预见。如今西方和南方,兵戈未息,京郊地区大旱历时已久,百姓劳苦,万物憔悴,没有比这些更严重的了,承受上天的旨意养育万民的天子应该加以怜悯体恤。希望陛下亲身留意过问朝廷内外之事,弘扬圣人之道,节制

夜饮之乐,养方富之年。则魏祚可以永隆,皇寿等于山岳矣。"于是魏主好宴乐,故光言及之。

冬十月,梁遣临川王宏、仆射柳惔帅师伐魏,次于洛口。武兴氐王杨绍先叛魏。

杨集起、集义立杨绍先为帝,魏遣杨椿讨之。

十一月,魏王足奔梁。

足围涪城,蜀人震恐,益州城戍降者什二三,民自上名籍者五万余户。邢峦表于魏主曰:"建康、成都,相去万里,陆行既绝,而水军非周年不达,一可图也。顷经刘季连、邓元起之乱,资储空竭,吏民无复固守之志,二可图也。渊藻裙屐少年,未洽治务,宿昔名将,多见囚戮,所任皆左右少年,三可图也。蜀之所恃,唯在剑阁,今已夺其险,方轨无碍,四可图也。渊藻是衍至亲,必无死理,若克涪城,必将逃走,蜀卒弩怯,弓矢寡弱,五可图也。今若不取,后图便难。况益州殷实,户口十万,比之寿春、义阳,其利三倍。若欲进取,时不可失。"不从。

峦又表曰:"昔邓艾、钟会帅十八万众,倾中国资储,仅能平蜀。所以然者,斗实力也。况臣才非古人,何宜以二万之众而希平蜀?所以敢者,正以据得要险,士民慕义,任力而行,理有可克耳。臣诚知战伐危事,未易可为。自度剑阁以来,鬓发中白。故欲先取涪城,以渐而进。若得

夜间饮酒的娱乐，保养正值年轻的身体。如此则魏朝国祚可以永远兴隆，皇上的寿命与山岳等齐。"此时北魏宣武帝喜好宴饮作乐，所以崔光提到此事。

冬十月，梁朝派遣临川王萧宏、仆射柳惔率领军队征伐北魏，驻军于洛口。武兴氐族酋长杨绍先反叛北魏。

杨集起、杨集义拥立杨绍先为帝，北魏派遣杨椿讨伐他们。

十一月，北魏王足投奔梁朝。

王足围困涪城，蜀人大为震惊和恐惧，益州的城堡有十分之二三投降，百姓自动报呈名籍的有五万多户。邢峦因此上表北魏宣武帝说："建康与成都相距万里，陆路已经阻断，然而水军没有一年的时间也不能到达，这是攻取蜀地的第一点理由。蜀地刚经过刘季连、邓元起之乱，物资储备空虚缺乏，官员和百姓不再有固守的信心，这是攻取的第二点理由。萧渊藻不过是一个衣着华丽的少年，不懂治理之道，过去的名将，大多被囚禁杀戮，他所任用的都是身边的少年，这是可以攻取的第三点理由。蜀地所依仗的只是剑阁，现在我们已夺取这一险要之地，战车的前进已没有阻拦，这是可以攻取的第四点理由。萧渊藻是梁武帝萧衍的骨肉至亲，必定不会以死固守，如果攻克涪城，萧渊藻一定会望风逃走，蜀地士卒震惊恐惧，弓箭缺乏而无力，这是可以攻取的第五点理由。现在如果不去攻取，以后再想攻打就困难了。况且益州殷实富庶，有户口十万，与寿春、义阳相比，其利益高出三倍。如果打算进取该地，就不要失去这次机会。"朝廷没有听从这一建议。

邢峦又上表说："过去邓艾、钟会统率十八万大军，倾尽了中原的资财储备，才能平定蜀地。之所以会这样，是以实力相斗。况且臣的才能比不上古人，怎么能够凭借二万人的兵力希求平定蜀地呢？所以敢如此，正是因为占据了险要之地，士人和百姓倾慕正义，只要我们根据力量而行事，理应攻克。臣深知征战讨伐是危险的事情，不可轻易进行。自从越过剑阁以来，鬓发已经斑白。所以要先攻取涪城，以便渐次而进。如果能够得到

涪城，则中分益州之地，断水陆之冲。彼外无援军，孤城自守，何能复持久哉！臣今欲使军军相次，声势连接，先为万全之计，然后图功。得之则大利，不得则自全。又巴西、南郑相距千里，昔以统缉势难，曾立巴州以镇夷獠。梁州藉利，因而表罢。彼土民望，严、蒲、何、杨，豪右甚多，文学风流，亦为不少。但以去州既远，不获仕进，是以郁怏，多生异图。比道迁建义之始，严玄思自号巴州刺史，克城以来，仍使行事。巴西广袤千里，户余四万，若于彼立州，镇摄华獠，大帖民情。从垫江已还，不劳征伐，自为国有。"魏主亦不从。

先是，魏主以王足行益州刺史，既而更以羊祉代之。足闻之，不悦，辄引兵还，遂不能定蜀。久之，奔梁。

巴西叛魏降梁。

邢峦在梁州，接豪右以礼，抚小民以惠，州人悦之。使军主李仲迁守巴西，仲迁溺于酒色，费散兵储，城人斩之，以城降梁。

梁大有年。

米斛三十钱。

丙戌（506）　梁天监五年，魏正始三年。
春正月，魏邢峦讨武兴氐，灭之，置东益州。

杨集义围魏关城，邢峦使傅竖眼讨之。克武兴，执杨绍先送洛阳。集起、集义亡走，遂灭其国，以为东益州。

魏秦、泾二州乱。

涪城，就可以从中间分开蜀地，断绝水陆交通的要道。他们没有外面的援军，自己固守孤城，怎么能持久呢！臣现在想让各支队伍相次而进，前后连接，互相声援，首先自身万无一失，然后再图谋建功。如果得到则有大利，如果得不到则确保自身安全。另外，巴西和南郑相距千里，过去曾因为难以统辖管理，曾经设立巴州，以便镇领夷獠。梁州借此得利，因而上表请求罢撤。此地的大户人家有严、蒲、何、杨等姓，豪强大族很多，文学风流之士也不少。但是因为距离州城很远，难以获得仕进机会，因此愤愤不平，多怀异心。到夏侯道迁建举大义之初，严玄思自称为巴州刺史，攻克州城以来，仍然让他担任原职。巴西之地，广袤千里，户口余下四万之多，如果在那里设立州衙，震慑汉人和蛮獠，则可以大大地安定民心。从垫江往西的地区，不用征伐，自然就归我国所有。"北魏宣武帝也没有听从。

早先，北魏宣武帝任用王足为代理益州刺史，后来又改任羊祉代替他。王足听说后，很不高兴，便带兵返回，于是未能平定蜀地。过了很久，王足投奔梁朝。

巴西反叛北魏降于梁朝。

邢峦在梁州，对豪强大族以礼相待，抚慰百姓施以恩惠，州中百姓都很欢悦。让军主李仲迁驻守巴西，李仲迁沉溺于酒色，耗散浪费兵粮军储，城中的人把李仲迁斩首，献城降于梁朝。

梁朝这一年大丰收。

每斛米价三十钱。

丙戌（506） 梁天监五年，魏正始三年。

春正月，北魏邢峦讨伐武兴的氐族部落，消灭了他们，设置东益州。

杨集义围攻北魏关城，邢峦让傅竖眼去讨伐。攻克武兴，抓获杨绍先押送洛阳。杨集起、杨集义逃跑，于是灭掉了他们的国家，作为东益州。

北魏秦、泾两州发生叛乱。

魏秦州屠各王法智聚众二千,推吕苟兒为主。泾州民陈瞻亦聚众称王。魏遣将军元丽讨之。

二月,魏求直言。

侍御史阳固上表曰:"当今之务,宜亲宗室,勤庶政,贵农桑,贱工贾,绝谈虚穷微之论,简桑门无用之费,以救饥寒之苦。"时魏主委任高肇,疏薄宗室,好桑门之法,不亲政事,故固言及之。

三月朔,日食。 魏豫州刺史陈伯之叛,复归梁。

临川王宏为书遗陈伯之曰:"寻君去就之际,非有它故,直以不能内审诸己,外受流言,沉迷猖蹶,以至于此。主上屈法申恩,吞舟是漏。将军松柏不翦,亲戚安居,高台未倾,爱妾尚在。而将军鱼游于沸鼎之中,燕巢于飞幕之上,不亦惑乎? 想早励良图,自求多福。"伯之遂自寿阳梁城拥众降梁。梁以为通直散骑常侍,久之而卒。

夏四月,魏罢盐池之禁。

初,魏御史中尉甄琛言:"《周礼》山林川泽有虞衡之官,为之厉禁,盖取之以时,不使戕贼而已。虽直有司,实为民守之也。夫一家之长必惠养子孙,天下之君必惠养兆民。未有为人父母而吝其醯醢,富有群生而榷其一物者也。今县官郭护河东盐池而收其利,是专奉口腹而不及四体也。天子富有四海,何患于贫?乞弛盐禁,与民共之。"录尚书事勰、尚书峦奏曰:"琛之所陈,坐谈则理高,行之则事阙。古之善治民者,必污隆随时,丰俭称事,役养消息,

北魏秦州屠各部落的王法智聚集两千人,推举吕苟儿为首领。泾州百姓陈瞻也聚众称王。北魏派遣将军元丽前去讨伐。

二月,北魏下诏求直言忠谏。

侍御史阳固上表说:"皇上当今所应做的是,亲近宗室,勤于庶政,鼓励农桑,抑制工商,杜绝玄虚飘渺的空谈,压缩佛门无用的费用,用以救济饥寒的百姓。"当时,北魏宣武帝任用高肇,疏远宗室,热衷于佛法,不亲自过问政务,所以阳固才有上述之言。

三月初一,发生日食。北魏豫州刺史陈伯之反叛,重新回归梁朝。

临川王萧宏写信送给陈伯之说:"思量您投降北魏之时,没有别的原因,只是因为内心不能自省,外面受到流言的影响,迷乱而不知所措,以至于此。皇上不惜违背法律以申恩德,即使再大的罪过也能宽宥。所以将军您的祖坟没有被毁,松柏茂盛,亲戚还安居自若,宅院池台没有受损,您的爱妾还守在家中。可是将军您却如鱼游于沸鼎之中,燕筑巢于飞动的幕布之上,这不是很糊涂的事吗?希望您能早日谋划确定最佳出路,自己求得日后的幸福。"陈伯之因此从寿阳梁城率众降于梁朝。梁朝任命他为通直散骑常侍,很久后去世。

夏四月,北魏废除盐池的禁令。

起初,北魏御史中尉甄琛上奏说:"《周礼》中规定管理山林川泽有虞衡之官,并为此制定严厉的禁令,是为了在规定的时间里获得利益,而不让随意乱砍滥伐。虽然设置了官员,实际上却是为百姓守护。一家之长必须抚养他的子孙,天下之君必须惠养亿万民众。没有做父母而吝惜醋酱,富有天下万物而专占一物的。现在朝廷占有河东盐池而坐收其利,这是专门满足口腹之需而不顾及四体。天子富有四海,怎么能担心自己会贫困呢?请求放松禁盐的命令,与老百姓共享其利。"录尚书事元勰与尚书邢峦上奏说:"甄琛所说的,坐着谈论则高明合理,实际执行则很难实施。古代善于统治百姓的,会根据不同时间使他们有高有低,根据不同场合使他们有丰有俭,役使养育互相更替,

以成其性命。是故圣人敛山泽之货,以宽田畴之赋,收关市之税,以助什一之储。取此与彼,皆非为身,所谓资天地之产,惠天地之民也。今盐池之禁为日已久,积而散之,以济军国,非专为供太官之膳羞,给后宫之服玩也。然自禁盐以来,有司多慢,出纳之间,或不如法,是使细民嗟怨,负贩轻议。此乃用之者无方,非作之者有失也。窃谓宜如旧式。"魏主卒从琛议。

魏遣中山王英督诸军以拒梁师。五月,梁取宿预、梁城、小岘、合肥等城。

魏以中山王英为征南将军,都督扬徐诸军事,帅众十余万以拒梁军,所至以便宜从事。梁江州刺史王茂取河南城。魏遣将军杨大眼击败之,追至汉水,攻拔五城。五月,梁右卫率张惠绍拔宿预,北徐州刺史昌义之拔梁城。

豫州刺史韦睿攻小岘,未拔。出行围栅,魏出数百人陈于门外,睿欲击之,诸将皆曰:"向者轻来,未有战备,徐还授甲,乃可进耳。"睿曰:"不然。魏城中二千余人,足以固守。今无故出人于外,必其骁勇者也,苟能挫之,其城自拔。"众犹迟疑,睿指其节曰:"朝廷授此,非以为饰,韦睿法不可犯也!"遂进击之,士皆殊死战,魏兵败走,因急攻之,中宿而拔。遂至合肥。

先是,司马胡景略等攻合肥,久未下。睿夜堰肥水,舟舰继至。攻魏小城。魏将杨灵胤帅众五万奄至,众惧,请奏益兵。睿笑曰:"贼至城下,益兵何及!且吾益兵,彼亦

以成全他们的性命。所以圣人获取山林湖泽所产的货物,用来补充田亩赋税的不足,征收关市之税,用来弥补国用储备的不足。此处或彼处取来,都不是为了自己,正所谓利用天地的生产,施惠于天下之民。现在禁止私人采盐,由来已久,积聚财富而分散使用,是为了维持国家和军队的开支,并不是专门为了供给皇宫的饮食、满足后宫嫔妃的服饰玩物。然而自从禁止私盐以来,官员们多有不经心的,办理手续的时候,有些人不按法令行事,因此使老百姓抱怨,商贩们不满。这是管理者无方,并非制定禁令者的过失。我认为应维持旧制而不变。"北魏宣武帝最终还是采纳了甄琛的建议。

北魏派遣中山王元英都督诸军抵抗梁朝军队。五月,梁朝军队攻取宿预、梁城、小岘、合肥等城。

北魏任命中山王元英为征南将军,都督扬州、徐州诸军事,统帅十余万军队抗拒梁军,所到之处可以根据情况自行处理。梁朝江州刺史王茂进取河南城。北魏派遣将军杨大眼击败王茂,追击到汉水,攻占五座城池。五月,梁朝右卫率张惠绍攻占宿预,北徐州刺史昌义之攻占梁城。

豫州刺史韦睿攻击小岘,未能攻克。将要围栅栏,北魏派出数百人排阵在城门外,韦睿想攻击他们,诸位将领都说:"此次轻装前来,没能很好地备战,应该慢慢地回军,给士兵发授衣甲,才可以进击。"韦睿说:"不对。北魏城中有二千余人,足以固守。如今无缘无故地把人马派出城外,必然是骁勇善战的精锐,如果能挫败他们,这座城自然就能攻下来。"众人还迟疑不定,韦睿指着旄节说:"朝廷授给我这个东西,不是用来装饰的,我韦睿的军法不容违犯!"于是进兵攻击,士兵都拼死作战,北魏军队败逃,接着对小岘城发动猛烈攻击,次日夜间攻克。于是到达合肥。

原先,司马胡景略等攻合肥,久攻不下。韦睿夜间修堰阻拦肥水,舟船相继而至。进攻北魏小城。北魏将领杨灵胤率领五万军队突然赶到,众人惧怕,请求上奏朝廷派兵增援。韦睿笑着说:"贼寇已来到城下,增兵来不及了!而且我请求增兵,敌方也

益兵,兵贵用奇,岂在众也!"遂击破之。睿使军主王怀静筑城以守堰,魏攻拔之,乘胜至堤下,兵势甚盛。诸将欲还,睿怒,命取伞扇麾幢,树之堤下,示无动志。魏人来凿堤,睿亲与之争,魏兵却,因筑垒于堤以自固。起斗舰,高与合肥城等,四面临之,城中人皆哭。守将杜元伦中弩死,城遂溃,俘斩万余级。

睿体素羸,未尝跨马,每战常乘板舆,督厉将士,勇气无敌。昼接宾旅,夜算军书,张灯达曙。抚其众常如不及,故投募之士争归之。所至顿舍馆宇藩墙,皆应准绳。

进至东陵,有诏班师。诸将以城近恐其追蹑,睿悉遣辎重居前,身乘小舆殿后。魏人服睿威名,望之不敢逼,全军而还。于是迁豫州治合肥。

庐江太守裴邃克魏羊石、霍丘城。六月,青冀刺史桓和克朐山、固城。张惠绍进趣彭城,魏奚康救之,惠绍兵不利。

魏以邢峦都督东讨军事。　魏骠骑大将军冯翊公源怀卒。

怀性宽简,常曰:"为贵人当举纲维,何必事事详细!譬如为屋,外望高显,楹栋平正,基壁完牢,足矣。斧斤不平,斫削不密,非屋之病也。"卒谥曰惠。

秋七月,魏讨秦、泾二州,平之。

吕苟儿帅众十余万围逼秦州,元丽击破降之。太仆卿杨椿别讨陈瞻,瞻乘险拒守。诸将或请伏兵山蹊断其出

会增兵,用兵之法贵在出奇制胜,岂在人数众多呢!"于是击败杨灵胤。韦睿派遣军主王怀静在岸边修筑城堡来守卫堰坝,北魏攻占城堡,乘胜来到堤旁,兵势很凶猛。诸位将领想退回去,韦睿大怒,命令人取来自己的伞扇麾幢,树立在堤下,以示毫无退军之意。北魏人来凿堤,韦睿亲自和他们搏斗,北魏兵稍一退却,韦睿又在堤上修筑城垒以便固守。起造战斗楼舰,高度与合肥城相等,从四面逼近合肥城,城里的人都在哭。守将杜元伦被弩机射中而死,合肥城因而溃破,俘虏和斩杀一万多人。

韦睿身体向来羸弱,从来没有骑过马,每次战斗都乘坐板舆,监督激励将士,勇气倍增,所向无敌。他白天接待宾客和来访者,夜间谋算军书,点着灯直到天亮,没有倦意。对部下爱护备至,常恐有所疏漏,因而投奔、招募的人士争相前来。他所到达之处住处房屋围墙,都合乎规则。

韦睿进抵东陵,有诏令让班师返回。众将领认为距离北魏守城太近,担心敌方随后追击,韦睿安排全部辎重在前先行,自己乘坐小车殿后。北魏人慑服于韦睿的威名,远远地看着而不敢逼近,全部军队安然返回。梁朝于是把豫州治所迁至合肥。

庐江太守裴邃攻克北魏羊石、霍丘二城。六月,青冀二州刺史桓和攻克北魏朐山和固城。张惠绍向彭城进军,北魏奚康生接战,张惠绍作战失利。

北魏任命邢峦都督东讨军事。 **北魏骠骑大将军冯翊公源怀去世。**

源怀性格宽容直率,常常说:"作为贵人应该抓大事,何必事事过问追究!譬如造房子,只要从外面看去高大突出,梁柱平稳,地基墙壁完好牢固,就够了。刀斧不平,砍削不细,并不是房屋的毛病。"去世后谥号为惠。

秋七月,北魏征讨秦、泾二州,予以平定。

吕苟兒率领十多万人围困秦州,元丽进击,吕苟兒战败投降。太仆卿杨椿另外去征讨陈瞻,陈瞻凭据险要奋力抵抗。杨椿的将领中有人请求在山涧中埋藏伏兵,这样可以截断陈瞻的出

入,待粮尽而攻之;或欲斩木焚山,然后进讨。椿曰:"皆非计也。自官军之至,所向辄克,贼所以深窜,正避死耳。今约勒诸军,勿更侵掠,贼必谓我见险不前,待其无备,然后奋击,可一举平也。"乃止屯不进。贼果出抄掠,椿复以马畜饵之。久之,阴简精卒,衔枚夜袭,斩之。二州皆平。

九月,魏邢峦击梁师,败之,复取宿预。梁萧宏逃归。冬十月,魏征邢峦还,遣齐王萧宝寅与元英围钟离。

魏发定、冀、瀛、相、并、肆六州十万人以益南行之兵。梁主遣将军角念屯蒙山,萧及屯固城,桓和屯孤山。魏都督邢峦遣军攻,皆走之。又败梁将军蓝怀恭于睢口,进围宿预,斩怀恭。张惠绍、萧昞弃宿预、淮阳遁还。

临川王宏以梁主弟将兵,军容甚盛,北人以为百余年来所未有也。次洛口,前军克梁城,诸将欲乘胜深入,宏性懦怯,部分乖方。魏诏邢峦与中山王英合攻梁城,宏惧,召诸将议旋师。吕僧珍曰:"知难而退,不亦善乎!"宏曰:"然。"柳恢曰:"大众所临,何城不服,何谓难乎!"裴邃曰:"是行也,固敌是求,何难之避焉!"马仙琕曰:"王安得亡国之言!天子扫境内以属王,有前死一尺,无却生一寸!"昌义之怒,须发尽磔,曰:"吕僧珍可斩也!百万之师出未逢敌,望风遽退,何面目见圣主乎!"朱僧勇、胡幸生拔剑曰:"欲退自退,下官当前向取死!"议者出,僧珍曰:"殿下昨来风动,意不在军,深恐大致沮丧,故欲全师而返耳。"

入之道，等待他粮食耗尽之后再攻打；有的人主张伐木烧山，然后再进攻。杨椿说："都不是计谋。自从官军到来后，军锋所指，无不攻克，贼寇之所以窜入深山，正是为了逃避死亡。如今命令各路军队，不要侵扰和抢掠当地百姓，按兵不动，贼寇肯定认为我们见险不前，等到贼寇放松戒备之时，我军再奋力进击，就可以一举荡平他们。"于是，部队驻扎下来，不再前进。贼寇果然出来抢掠，杨椿又用马匹作为诱饵。许久，暗地里挑选精锐士卒，夜间衔枚突袭，斩杀陈瞻。两州都平定了。

九月，北魏邢峦进攻梁朝军队，打败了他们，重新夺取宿预。梁朝萧宏逃回本国。　冬十月，北魏征召邢峦回朝，派遣齐王萧宝寅与元英围攻钟离。

北魏征发定、冀、瀛、相、并、肆六州十万人以增加南进的兵员。梁武帝派遣将军角念驻屯蒙山，萧及驻屯固城，桓和驻屯孤山。北魏邢峦派军攻打，将他们都赶走了。又打败梁朝将军蓝怀恭于睢口，进攻围困宿预，斩杀蓝怀恭。张惠绍、萧昺放弃宿预、淮阳逃了回来。

临川王萧宏以皇上弟弟的身份率领军队，军队阵容强盛，北方人认为这种阵势百余年来所未有。驻军洛口，前军攻克梁城，诸位将领想乘胜深入，萧宏生性怯懦，指挥安排不当。北魏诏令邢峦和中山王元英合力进攻梁城，萧宏惧怕，召集众将讨论撤军。吕僧珍说："知难而退，不是很正确的吗！"萧宏说："对。"柳惔说："大军所到之处，哪座城池不被征服，怎么能说难呢！"裴邃说："此次出征，就是找敌人来打的，有什么困难可以逃避呢！"马仙琕说："大王你怎么能说出亡国的话呢！天子把扫平境内的重任托付给大王，应当向前一尺死，决不能后退一寸生！"昌义之怒不可遏，气得须发直竖，说："吕僧珍应当斩首！百万大军出征，还没遇上敌军，就望风而退，有什么面目去见圣上呢！"朱僧勇、胡辛生拔剑而起说："想撤退的自己撤退好了，下官当向前死战！"参加议论的将领退出来后，吕僧珍说："殿下昨天心神不宁，无意于战，深深担心战事失利，所以想让军队无损而返。"

　　宏停军不前,魏人遗以巾帼,且歌之曰:"不畏萧娘与吕姥,但畏合肥有韦虎。"虎谓睿也。僧珍欲遣裴邃取寿阳,宏不听,令军中曰:"前行者斩!"于是将士人怀愤怒。魏奚康生驰谓中山王英曰:"梁人自克梁城,久不进军,必畏我也。王若进据洛水,彼自奔败。"英曰:"萧临川虽骏,韦、裴之属未可轻也。宜观形势,勿与交锋。"

　　张惠绍号令严明,所至独克,军于下邳。下邳人多欲降者,惠绍谕之曰:"我若得城,诸卿皆是国人;若不能克,徒使诸卿失乡里,非朝廷吊民之意也。今且安堵复业,勿妄自辛苦。"降人咸悦。

　　会夜暴风雨,军中惊,临川王宏与数骑逃去,将士皆散归,弃甲投戈,填满水陆,死者近五万人。宏乘小船济江,夜至白石垒,叩门求入。临汝侯渊猷登城谓曰:"百万之师一朝鸟散,国之存亡未可知也。恐奸人乘间为变,城不可夜开。"诸军闻宏逃归,亦皆引退。

　　魏主诏英乘胜平荡东南,魏人逐北至马头,攻拔之,城中粮储悉迁之北。议者曰:"魏不复南向矣。"梁主曰:"此欲进兵,为诈耳。"乃命修钟离城,敕昌义之为战守之备。

　　十月,英进围钟离,魏主诏邢峦引兵会之。峦上表曰:"南军虽野战非敌,而城守有余。今尽锐攻钟离,得之则所利无几,不得则亏损甚大。且介在淮外,借使束手归顺,犹恐无粮难守,况杀士卒以攻之乎! 又士卒疲敝死伤,

萧宏按兵不动，北魏人送来了妇女用的头巾和发饰，并且编了一首歌唱道："不怕萧娘和吕姥，只怕合肥有韦虎。""韦虎"指韦睿。吕僧珍打算派遣裴邃攻取寿阳，萧宏不听，对军中下命令："前行的一律斩首！"于是将士们人人满腔愤怒。北魏奚康生派人火速告诉中山王元英说："梁朝人自从攻克梁城后，很久没有进军，必然是害怕我们。大王如果进据洛水，他们一定会逃跑。"元英说："萧临川虽然愚笨，但是韦睿、裴邃等人不可轻视。应该观察形势，不要与他们交战。"

张惠绍号令严明，所到之处无不攻取，驻军于下邳。下邳人很多想投降他，张惠绍说："我如果攻下这座城，你们自然都是圣上治下的百姓；如果不能攻克，白白地使你们丧失家园，这不是朝廷怜悯百姓的本意。现在你们先安居乐业，不要妄自辛苦。"想要投降的人都很高兴。

正逢夜间有暴风雨，军中一片惊慌，临川王萧宏带着几个人骑马逃走，将士们都四散逃归，丢弃的盔甲戈矛，水中和地上到处都是，死亡者近五万人。萧宏乘坐小船渡过长江，夜里到达白石垒，叩打城门请求入内。临汝侯萧渊猷登上城楼对萧宏说："你统领的百万大军，一朝作鸟兽散，国家存亡还未可预料。我担心奸人乘机生变，城门不能在夜间打开。"各路军队听说萧宏逃归，也都领兵撤退。

北魏宣武帝诏令元英乘胜荡平东南，北魏军队追击至马头，攻下马头城，城中的粮食储备都运至北方。人们议论说："北魏人不会再向南进攻了。"梁武帝说："这是他们图谋进攻，故意做此伪诈之计。"于是命令修筑钟离城，命令昌义之做好守做城准备。

十月，元英进军围攻钟离城，北魏宣武帝命令邢峦带领部队与元英会合。邢峦上表说："南朝军队虽然在野战方面不是我们的对手，然而在守城方面绰绰有余。如今我们出动全部精锐部队围攻钟离，攻下它则获利不多，攻不下则损失很大。而且钟离偏处淮河南岸，就算是束手归顺我们，还担心没有粮食难以驻守，何况用众多士卒的生命来攻取它呢！再者，士卒疲劳伤亡，

惧无可用之力。谓宜修复旧戍，抚循诸州，以俟后举。"不听。峦又表曰："若不顾万全，直袭广陵，出其不备，或未可知。若正欲以八十日粮取钟离城者，臣未之前闻也。钟离天险，必无克状，臣宁荷怯懦不进之责，不受败损空行之罪也。"魏主乃以萧宝寅代峦。

侍中卢昶素恶峦，与侍中元晖共潛之，使中尉崔亮弹峦。峦以汉中所得美女赂晖，晖言于魏主曰："峦新有大功，不当以赦前小事案之。"遂不问。晖、昶恃宠贪纵，时人谓之"饿虎将军""饥鹰侍中"。晖寻迁吏部尚书，官有定价，选人谓之"市曹"。

十一月，梁主诏将军曹景宗都督诸军二十万救钟离，敕景宗顿道人洲，俟众军俱进。景宗固求先据邵阳洲尾，不许。景宗违诏而进，值风复还。上闻之曰："景宗不进，盖天意。若孤军独往，必致狼狈，今破贼必矣！"

柔然库者可汗死，子佗汗可汗伏图立。
改元始平，请和于魏，不许。
魏以羊祉为梁州刺史，傅竖眼为益州刺史。
初，汉李势之末，群獠始出，北自汉中，南至邛、筰，布满山谷。势亡，蜀人多东徙，山谷皆为獠所据。其近郡县者颇输租赋，远者郡县不能制。梁、益岁伐獠以自润，公私利之。及邢峦为梁州，獠近者皆安堵乐业，远者不敢为寇。峦既罢去，祉及竖眼代之，祉性酷虐，不得物情，獠引梁兵为寇，祉击破之。竖眼施恩布信，大得獠和。

恐怕没有可用之力。我认为应该修复已经攻下的营地,安抚各州,以便等待下一步行动。"没有听从。邢峦又上表说:"如果不顾万全,直袭广陵,出其不备,或许说不定还攻得下来。如果想以八十天为期限攻下钟离城,臣是前所未闻。钟离天险,肯定不易攻克,臣宁愿承担怯懦而不敢前进的责任,也不愿领受失败损伤空行一场的罪名。"北魏宣武帝于是任命萧宝寅代替邢峦。

侍中卢昶向来不喜欢邢峦,与侍中元晖一道中伤邢峦,让中尉崔亮弹劾邢峦。邢峦用在汉中所得美女贿赂元晖,元晖对北魏宣武帝说:"邢峦新近立有大功,不应再追查大赦以前的小过。"于是不再追问。元晖、卢昶仰仗宣武帝的宠幸,贪赃肆虐,当时的人称他们为"饿虎将军""饥鹰侍中"。元晖很快升为吏部尚书,他任用官员都有定价,选官的人称为"市曹"。

十一月,梁武帝命令将军曹景宗都督诸军二十万人救援钟离,敕命曹景宗停在道人洲,等待各路军马汇集后再一齐进发。曹景宗坚持要求先据邵阳洲尾,武帝不准许。曹景宗违反诏令而进军,遇上大风返回。梁武帝知道这一情况后说:"曹景宗没能前进,这是天意。如果孤军独往,必然会狼狈败回,现在一定能击败敌人!"

柔然库者可汗去世,其子佗汗可汗伏图继立。

改年号为始平,向北魏求和,北魏不准许。

北魏任命羊祉为梁州刺史,傅竖眼为益州刺史。

起初,成汉李势的末年,獠人各部落才开始扩展,北起汉中,南至邛、笮,布满山谷。李势死后,蜀地之民大多东迁,山谷空地大多为獠人占据。那些靠近郡县的獠人,还交纳租税,远处的獠人郡县不能控制。梁州、益州每年征伐獠人从中得利,无论公私都得到好处。自从邢峦做梁州长官后,住在近处的獠人安居乐业,住在远处的獠人不敢出来抢掠。邢峦被罢官去任后,羊祉及傅竖眼代替他,羊祉性情残暴,不得人心,獠人引领梁朝军队侵掠,羊祉派遣军队击败了他们。傅竖眼施舍恩惠立信于民,于是与獠人取得和解。

丁亥（507） 梁天监六年，魏正始四年。

春三月，梁将军曹景宗、豫州刺史韦睿大败魏师于钟离。

魏中山王英与将军杨大眼等，众数十万攻钟离。钟离城北阻淮水，魏人于邵阳洲两岸为桥，树栅数百步，跨淮通道。城中才三千人，昌义之随方抗御。魏人使其众负土填堑，严骑蹙之，人未及回，以土迮之，俄而堑满。冲车所撞，城土辄颓。义之用泥补之，冲车虽入而不能坏。魏人昼夜苦攻，分番相代，坠而复升，莫有退者。一日战数十合，前后杀伤万计，魏人死者与城平。

二月，魏主召英还，英表称必克，愿少宽假。于是梁主命韦睿救钟离，受曹景宗节度。睿自合肥由阴陵大泽行，值涧谷辄飞桥以济师。人畏魏兵盛，多劝缓行，睿曰："钟离凿穴而处，负户而汲，车驰卒奔犹恐其后，而况缓乎！魏人已堕吾腹中，卿曹勿忧也。"旬日至邵阳。梁主豫敕景宗曰："韦睿卿之乡望，宜善敬之。"景宗见睿，礼甚谨，梁主闻之曰："二将和，师必济矣。"

乃进顿邵阳洲，睿堑洲为城，去魏城百余步。冯道根能走马步地，计马足以赋功，比晓而营立。英大惊，曰："是何神也！"景宗等器甲精新，军容甚盛，魏人望之夺气。城中知有外援，勇气百倍。杨大眼勇冠军中，将万余骑来战，所向皆靡。睿结车为阵，大眼聚骑围之，睿以强弩二千一

丁亥（507） 梁天监六年，魏正始四年。

春正月，梁朝将军曹景宗、豫州刺史韦睿在钟离大败北魏的军队。

北魏中山王元英与将军杨大眼等数十万人马攻打钟离。钟离城北边有淮水为阻隔，北魏人在邵阳洲两岸架桥，树立栅栏数百步长，跨过淮水作为两岸通道。钟离城中才有三千人，昌义之随机应变抗御敌军。北魏人让众人背着土填入城壕，派骑兵紧跟在后边督赶，来不及返回的人就用土埋进去，不一会城壕就被填满。北魏人用冲车撞击城墙，城土被撞散。昌义之用泥巴涂补，因此冲车虽然能撞入，但不能撞毁城墙。北魏人不分昼夜拼命攻击，轮班相替，掉下来的再上去，没有人退却。每天交战数十回合，前后杀伤的人以万计，北魏死去的人尸体堆得与城墙一般高。

二月，北魏宣武帝召元英还朝，元英上表说必能攻克钟离，希望稍微宽限些时日。于是梁武帝命令韦睿救援钟离，接受曹景宗的指挥。韦睿自合肥经由阴陵大泽而前行，遇上涧谷，就架起飞桥让部队过去。人们畏惧北魏兵强盛，大多劝说缓行，韦睿说："钟离城中正挖穴而住，背着门板去汲水，情况万分危急，就是战车飞驰，士卒奔跑，还担心来不及，何况缓行呢！北魏人已经落入我的腹中，你们不必担忧。"十日内抵达邵阳。梁武帝预先告诫曹景宗说："韦睿是你们州里的望族出身，应当好好地敬重他。"曹景宗见了韦睿，礼节甚为恭谨，梁武帝得知后说："二位将领和睦相处，军队一定会取胜。"

梁朝军队进驻邵阳洲，韦睿在离北魏军队百十步的地方挖堑壕筑城。冯道根能走马量地，计算马的步数而分配每人的工作量，等到天亮时营地已经筑好。元英大惊，说："是哪位神灵的保佑啊！"曹景宗等人的武器盔甲精巧簇新，军容、气象大盛，北魏人望见就气馁了。城中人知道外面有援军来到，因此勇气百倍。杨大眼勇冠军中，率领一万多骑兵来交战，所向披靡。韦睿连结战车组成阵势，杨大眼聚集骑兵围攻，韦睿用二千强弩一

时俱发,杀伤甚众,矢贯大眼右臂,大眼退走。明旦,英自帅众战,睿乘素木舆,执白角如意以麾军,一日数合,英乃退。魏师复夜攻城,飞矢雨集,军中惊。睿于城上厉声呵之,乃定。

梁主命景宗等豫装高舰与魏桥等,为火攻之计,睿攻其南,景宗攻其北。三月,淮水暴涨六七尺,睿使冯道根等乘舰击魏洲上军,尽殪。别以小船载草灌膏焚其桥,风怒火盛,烟尘晦冥,死士拔栅斫桥,倏忽俱尽。道根等身自搏战,军人奋勇,呼声动天地,无不一当百,魏军大溃。英脱身走,大眼亦焚营去,诸垒土崩,水死者十余万,斩首亦如之。逐北至洨水上,英单骑入梁城,缘淮百余里,尸相枕藉,生擒五万人,收其资粮、器械山积。

义之德景宗及睿,设钱二十万官赌之。景宗掷得雉,睿徐掷得卢,遽取一子反之,曰:"异事!"遂作塞。群帅争先告捷,睿独居后,世尤以此贤之。诏增景宗、睿爵邑,义之等受赏有差。

夏六月,梁冯翊等七郡叛降魏。 秋八月,魏中山王英、齐王萧宝寅以罪除名。

有司奏英、宝寅罪当诛,诏免死,除名为民。

魏以李崇为扬州刺史。

崇多事产业,长史辛琛屡谏不从,遂纠之,诏并不闻。崇谓琛曰:"长史后必为刺史,不知得上佐何如人耳?"琛

齐发射，杀伤很多，箭矢射穿杨大眼的右臂，杨大眼退走。第二天早晨，元英亲自率领军队来战，韦睿乘坐没有涂漆的木车，手持白角如意指挥军队，一日之内交战数次，元英才退兵。北魏军队又在夜里来攻城，箭像雨点般密集，军中一片惊乱。韦睿在城上厉声呵斥，军心才安定下来。

梁武帝命令曹景宗等预备高大战舰，与北魏军的桥一样高，制定火攻的作战计划，韦睿攻击北魏军南面的桥，曹景宗攻击北面的桥。三月，淮水暴涨六七尺，韦睿使冯道根等人乘坐战舰攻击北魏洲上的军队，全部歼灭。又用小船装载灌上膏油的干草焚烧北魏军的桥，风大火旺，烟尘遮天蔽日，敢死之士拔栅砍桥，转瞬之间，拔砍殆尽。冯道根等人亲自搏战，军士人人奋勇争先，呼喊声震天动地，个个以一当百，北魏军队大败。元英脱身逃跑，杨大眼也放火焚烧营地而去，北魏军队的营垒土崩瓦解，被水淹死的人有十多万，被斩首的人也有这么多。梁朝军队追击到涉水边上，元英只身骑马逃入梁城，沿着淮水一百多里的范围内，尸体相互枕藉，梁朝军队生擒魏军五万人，收缴的物资粮食以及各种器械堆得像山一样。

昌义之感激曹景宗和韦睿，设下二十万钱在官厅上赌博。曹景宗掷得"雉"，韦睿慢慢地掷得"卢"，立即取一子翻过来，说："怪事呀！"于是变成了"塞"。各位将领争先恐后去告捷，韦睿独居其后，世人尤其因为这一点而赞扬他。诏令增加曹景宗、韦睿的爵邑，昌义之等人受到不同等次的赏赐。

夏六月，梁朝冯翊等七个郡反叛投降于北魏。　秋八月，北魏中山王元英、齐王萧宝寅因为有罪而被除名。

主管官员上奏元英、萧宝寅罪应处死，诏令免去死罪，除名为民。

北魏任命李崇为扬州刺史。

李崇大量购置产业，长史辛琛多次劝谏而不听从，于是纠举上报于朝廷，梁武帝下诏令都不追究。李崇对辛琛说："长史以后肯定要做刺史，不知能够得到什么样的人作为助手呢？"辛琛

曰:"若万一叨忝,得一方正长史,朝夕闻过,是所愿也。"崇有惭色。

冬十月,梁以徐勉为吏部尚书。

勉精力过人,虽文案填积,坐客充满,应对如流,手不停笔。尝与门人夜集,客求官,勉正色曰:"今夕止可谈风月,不可及公事。"时人咸服其无私。

闰月,梁以临川王宏为司徒,沈约为尚书令,袁昂为仆射。 魏尚书令高肇弑其主之后于氏及其子昌。

时高贵嫔有宠而妒,高肇势倾中外,后暴疾殂,人皆咎高氏。然宫禁事秘,莫能详也。后所生子昌寻卒,侍御师王显失于疗治,时人亦以为承高肇之意云。

戊子(508) 梁天监七年,魏永平元年。
春正月,梁定官品。
百官九品为十八班,班多者为贵。
二月,梁置州望、郡宗、乡豪。
专掌搜荐。
梁以领军萧昺为雍州刺史。
领军掌中外兵要,宋孝建以来,制局用事,与领军分兵权,领军拱手而已。及吴平侯昺,在职峻切,官曹肃然。制局监皆近倖,颇不堪,以是不得久留中,出刺雍州。

夏五月,梁以安成王秀为荆州刺史。
先是巴陵蛮为寇,久不能讨,秀燔其林木,蛮失其险,州境无寇。

秋七月,魏立贵嫔高氏为后。

说:"如果万一有幸担任此职,能够得到一个刚方正直的长史,早晚闻知自己的过错,这是我所盼望的。"李崇面有愧色。

冬十月,梁朝任命徐勉为吏部尚书。

徐勉这个人精力过人,虽然文案上堆满了要处理的公文,宾客满座,他却可以一边对答如流,一边手不停笔地批阅公文。曾经有一次与门人夜间会集,有一个客人向他求官,徐勉严肃地说道:"今夜只许谈论风月,不可谈及公事。"当时人都很佩服他无私心。

闰月,梁朝任命临川王萧宏为司徒,沈约为尚书令,袁昂为仆射。   北魏尚书令高肇杀害其主上的皇后于氏及其子元昌。

当时高贵嫔得宠而好妒忌,高肇权倾朝廷内外,皇后暴疾而死,人们都归咎于高氏。然而,宫闱之中事情隐秘,不能知道详情。皇后所生的儿子元昌不久死去,侍御医师王显治疗失当,当时人也认为是秉承高肇的旨意而行事的。

戊子(508) 梁天监七年,魏永平元年。

春正月,梁朝制定官级品位。

百官九品分为十八班,班多的为贵。

二月,梁朝设置州望、郡宗、乡豪。

专门负责搜求人才向上举荐。

梁朝任命领军萧昺为雍州刺史。

领军掌握内外兵权,宋孝建年间以来,制局专权,与领军分享兵权,领军拱手听命而已。自从吴平侯萧昺担任领军一职后,执法严厉,官曹肃然听命。制局监都是皇帝身边的宠幸之人,很觉难堪,因此不能让他久留于朝廷之中,出任雍州刺史。

夏五月,梁朝任命安成王萧秀为荆州刺史。

起先巴陵蛮四处抢掠,很长时间里一直不能讨平,萧秀焚烧掉林木,蛮寇失去屏障,无所依赖,不敢再出来抢掠,州境内再无寇患。

秋七月,北魏立贵嫔高氏为皇后。

高后既立，高肇益贵重用事，多变更先朝旧制，削封秩，黜勋人，怨声盈路。群臣宗室皆卑下之，唯度支尚书元匡与抗衡。先造棺置听事，欲舆棺诣阙论肇罪，自杀以谏。肇恶之，会匡与刘芳议权量，肇主芳议，匡表肇指鹿为马。有司处匡死刑，诏贬其官。

梁右卫将军、竟陵公曹景宗卒。

谥曰壮。

八月，魏京兆王愉反信都，魏遣尚书李平将兵讨之。

魏主为京兆王愉纳于后之妹为妃，愉不爱，爱妾李氏生子，于后招李氏入宫捶之。魏主复以愉骄纵不法，杖之五十，出为冀州刺史。高肇又数谮之，愉不胜忿，诈称高肇弑逆，遂即帝位，立李氏为后。魏以尚书李平为都督讨之。平军至经县，夜有蛮兵数千斫营，矢及平帐，平坚卧不动，俄而自定。

九月，魏主杀其叔父彭城王勰。

魏高后之立也，勰固谏，不听。高肇怨之，数谮勰于魏主。京兆王愉之反，遂诬勰北与愉通，南招蛮贼。魏主信之，召勰入宴禁中，至夜皆醉，各就别所消息。使左卫元珍引武士赍毒酒饮之，勰曰："吾无罪，愿一见至尊，死无恨！"珍曰："至尊何可复见？"武士以刀环筑之，勰大言曰："冤哉皇天，忠而见杀！"乃饮毒酒，武士就杀之。向晨以尸归第，云："王因醉而卒。"谥曰武宣。在朝贵贱，莫不丧气，行路士女皆流涕曰："高令公枉杀贤王。"由是中外恶之益甚。

高皇后既立,高肇越发贵重专权,变更了许多先朝的旧制度,削减封秩,废黜功臣,因此怨声载道。群臣宗室都俯首听命于他,只有度支尚书元匡与他抗衡。先造好棺材置于听事之处,打算用车载棺材上殿揭露高肇的罪恶,用自杀来进谏。高肇憎恶元匡,恰遇元匡与刘芳议论度量衡之事,高肇同意刘芳的建议,元匡上表抨击高肇指鹿为马。有关部门判处元匡死刑,诏令降其官职。

梁朝右卫将军、竟陵公曹景宗去世。

谥号为壮。

八月,北魏京兆王元愉在信都反叛,北魏派遣尚书李平率兵征讨。

　　北魏宣武帝为京兆王元愉纳于皇后的妹妹为妃,元愉不爱她,爱妾李氏生子,于皇后招李氏进宫,用棒打她。宣武帝又认为元愉骄纵不法,打了他五十棍,派他出外任冀州刺史。高肇又多次诬陷他,元愉不胜忿恨,假称高肇弑君谋逆,于是即帝位,立李氏为皇后。北魏任命尚书李平为都督前去征讨。李平的军队到了经县,夜间有数千名蛮兵来偷袭李平的营地,飞箭射到了李平的帐内,李平坚卧不动,不一会儿就自动平定下来。

九月,北魏宣武帝杀死其叔父彭城王元勰。

　　北魏立高皇后之时,元勰再三劝谏,宣武帝不听。高肇怨恨他,数次在宣武帝面前诬陷元勰。京兆王元愉反叛,于是高肇诬陷元勰北与元愉相勾结,南招蛮贼。宣武帝听信了他的话,召元勰到宫禁中参加宴会,到了夜间,全都喝醉,各就方便之处休息。让左卫元珍带武士,送毒酒让元勰喝,元勰说:"我没有罪,希望能一见圣上,死而无恨!"元珍说:"圣上怎么能再见到?"武士用刀环向元勰脸上打去,元勰大声呼喊道:"冤枉啊,皇天上帝!我忠心耿耿反而被杀!"于是喝了毒酒,武士上前杀了他。天亮后,把尸体送回府第,说:"王爷因酒醉而死。"谥号为武宣。朝廷内外的大小官员无不丧气叹息,行路男女都流着眼泪说:"高令公冤杀贤德的彭城王。"因此朝廷内外对高肇更加痛恨。

魏李平克信都，执元瑜。高肇阴杀之，奏除平名。

京兆王愉逆战，李平破之。愉走入城，平围之。愉不能守，烧门突走。平入信都，追执愉以闻。群臣请诛愉，魏主弗许，高肇密使人杀之。魏主将屠李氏，崔光曰："李氏方妊，刑至剖胎，乃桀、纣所为，酷而非法。请俟产毕然后行刑。"从之。李平捕愉余党千余人，将尽杀之。参军高颢曰："此皆胁从，前既许之原免矣，宜为表陈。"平从之，皆得免死。肇子植为济州刺史，有功当封，不受，曰："家荷重恩，为国致效，乃其常节，何敢求赏？"肇及中尉王显素恶平，显弹平在冀州隐截官口，肇奏除平名。

初，显祖之世，柔然万余户降魏，置之高平、薄骨律二镇，及太和之末，叛走略尽，唯千余户在。太中大夫王通请徙置淮北以绝其叛，诏杨椿徙之。椿言："先朝处之边徼，所以招附殊俗，且别异华戎也。今新附之户甚众，若旧者见徙，新者必不自安，是驱之使叛也。且此属衣毛食肉，乐冬便寒，南土湿热，往必歼尽。进失归附之心，退无藩卫之益。置之中夏，或生后患，非良策也。"不从，遂徙于济州。及愉作乱，皆浮河赴愉，所在抄掠，如椿之言。

魏郢州叛降于梁，魏遣兵讨之。

魏郢州司马彭珍等叛，潜引梁兵趋义阳，三关戍主以城降梁，魏郢州刺史娄悦婴城自守，魏以中山王英将步骑出汝南救之。

北魏李平攻克信都,抓住元愉。高肇秘密处死元愉,奏请将李平除名。

京兆王元愉迎战,李平击败他。元愉逃入城,李平围攻。元愉守不住,烧掉城门,突围逃走。李平进入信都,追捕抓获元愉并上报朝廷。群臣请求处死元愉,北魏宣武帝不同意,高肇暗地里派人杀了他。宣武帝将要杀李氏,崔光说:"李氏正在怀孕,杀死怀孕妇女的酷刑,是桀、纣才做的事,太残酷而不合法。请求等她产毕,然后再行刑。"宣武帝听从了崔光的意见。李平搜捕元愉余党一千多人,将要全都杀掉。参军高颢说:"这些人都是胁从,先前既然已经许诺免除他们的死罪,就应该上表说明。"李平听从了高颢的意见,这些人都得以免死。高肇的儿子高植是济州刺史,有功劳应当加封,他不接受,说:"我家承蒙朝廷重恩,为国家致身效死,不过是应尽的大节,怎敢求赏?"高肇和中尉王显一向不喜欢李平,王显弹劾李平在冀州暗地里截留叛党男女而不输入官府为奴婢,高肇上奏将李平除名。

起初,献文帝之世,柔然有一万多户投降北魏,把他们安置在高平、薄骨律二镇,到太和末年,叛逃殆尽,只剩下一千余户。太中大夫王通请将他们迁置在淮北,使他们无法叛逃,诏令杨椿负责迁徙。杨椿说:"先朝把他们安置在边疆,是为了招附异族,并且区别华戎。现在新归附的人口特别多,如果过去归附的人被迁徙,新来的人必然不能自安,这是驱使他们叛逃。而且这些人衣毛食肉,喜欢冬天不怕寒冷,南方潮湿闷热,迁往那里,必然全病死。如果迁徙,不但会失去归附者的支持,而且会失去让他们保卫边地的益处。把他们安置在中夏,或许会生后患,并非良策。"朝廷不听,于是把柔然人迁往济州。到元愉叛乱时,这些人都渡过黄河投奔元愉,所到之处抢劫掠夺,正如杨椿所说。

北魏郢州叛降于梁朝,北魏派遣军队前往征讨。

北魏郢州司马彭珍等人反叛,暗地里带领梁军赶往义阳,三关戍主将献城投降梁朝,北魏郢州刺史娄悦据城守御,北魏任命中山王元英率领步、骑兵从汝南出发前往救援。

冬十月，魏悬瓠叛降梁。十二月，魏复取之。

魏悬瓠军主白早生杀豫州刺史司马悦，求援于梁司州刺史马仙琕。时梁安成王秀为都督，参佐咸谓宜待台报，秀曰："彼待我以自存，援之宜速，待敕虽旧，非所以应急也。"即遣兵赴之。仙琕遣副将齐苟兒助守悬瓠。

魏主以邢峦行豫州事，将兵击早生，峦曰："早生非有深谋大智，正以司马悦暴虐，乘众怒而作乱，民迫于凶威，不得已而从之。纵使梁兵入城，水路不通，粮运不继，亦成禽耳。早生得梁之援，必守而不走。若临以王师，士民必翻然归顺。不出今年，当传首京师矣。"峦至鲍口，早生遣将逆战，峦大破之，乘胜长驱至悬瓠，围其城。镇东参军成景儁杀宿预戍主严仲贤，以城降梁。时魏郢、豫诸城皆没，唯义阳一城为魏坚守，蛮帅田益宗帅群蛮以附之。

十一月，魏遣将军杨椿攻宿预，命中山王英趋义阳。英以众少，累表请兵，弗许。英至悬瓠，辄与峦共攻之。十二月，齐苟兒等降，斩白早生。英乃趋义阳。

魏败梁师于义阳，复取郢州。

魏义阳太守辛祥与娄悦共守义阳，梁将军胡武城、陶平虏攻之。祥夜袭其营，擒平虏，斩武城，由是州境获全。论功当赏，娄悦耻功出其下，间之于执政，赏遂不行。

高车败柔然于蒲类海，杀佗汗可汗，其子豆罗伏跋豆伐可汗丑奴立。

改元建昌。

冬十月,北魏悬瓠叛降于梁朝。十二月,北魏重新攻取悬瓠。

北魏悬瓠军主白早生杀了豫州刺史司马悦,向梁朝司州刺史马仙琕求援。当时,梁朝安成王萧秀为都督,手下的参佐都认为应该上报朝廷批准后方可行事,萧秀说:"那些人等待我们的救援才能生存,应该迅速去救援他们,等待批准虽然是惯例,但是并非应急之策。"立即派兵赴援。马仙琕派遣副将齐苟兒帮助守卫悬瓠。

北魏宣武帝任命邢峦兼管豫州刺史事务,率兵攻打白早生,邢峦说:"白早生不是有深谋大智的人,只是因为司马悦暴虐残忍,利用众人的愤怒而反叛作乱,百姓迫于他的凶焰威势,不得已而顺从他。即使梁朝军队入城了,但是水路不通,粮运跟不上,也会被我们抓住的。白早生得到梁朝军队的援助,必然死守而不会逃跑。如果派朝廷军队前去讨伐,士民们必然会翻然归顺。不出今年,必能将白早生的首级送到京师来。"邢峦到达鲍口,白早生派遣手下将领迎战,邢峦大败敌军,乘胜长驱至悬瓠,包围该城。北魏镇东参军成景儁杀了宿预主将严仲贤,献城投降梁朝。当时,北魏郢、豫二州诸城全部丧失,只有义阳一城为北魏坚守,蛮族首领田益宗率领群蛮投附北魏。

十一月,北魏派遣将军杨椿攻打宿预,命令中山王元英前往义阳。元英认为兵力不足,屡次上表请求增兵,没有允许。元英抵达悬瓠,就与邢峦一起攻城。十二月,齐苟兒等人投降,斩了白早生。元英于是带兵前往义阳。

北魏在义阳打败梁朝军队,重新占领郢州。

北魏义阳太守辛祥和娄悦一起守卫义阳,梁朝将领胡武城、陶平虏攻城。辛祥夜间偷袭敌营,生擒陶平虏,斩杀胡武城,因此州境得到安全。论功行赏,因娄悦耻于自己的功劳在辛祥之下,向执政大臣诬告辛祥,于是便取消了奖赏。

高车击败柔然于蒲类海,杀死佗汗可汗,佗汗可汗的儿子丑奴继立,号为豆罗伏跋豆伐可汗。

改年号为建昌。

己丑(509) 梁天监八年,魏永平二年。

春正月,梁主祀南郊。

宋、齐旧仪,祀天皆服衮冕,至是用著作佐郎许懋说,始服大裘。又以斋日不乐,诏舆驾始出,鼓吹从而不作,还宫,如常仪。

时有请封会稽、禅国山者,梁主命诸儒草封禅仪,欲行之。懋建议曰:"舜柴岱宗,是为巡狩。而郑引《孝经钩命决》云:'封于泰山,考绩柴燎,禅乎梁甫,刻石纪号。'此纬书之曲说,非正经之通义也。如管夷吾所说七十二君,燧人之前,世质民淳,安得泥金检玉?结绳而治,安得镌文告成?妄亦甚矣!若圣主不须封禅,若凡主不应封禅。秦始皇尝封泰山,孙皓尝封国山。皆由主好名于上,而臣阿旨于下,非盛德之事,不足为法也。"上嘉纳之,因推演懋议,称制旨以答请者,由是遂止。

魏复取三关。

魏中山王英至义阳,将取三关,先策之曰:"三关相须如左右手,若克一关,两关不待攻而破,攻难不如攻易,宜先攻东关。"又恐其并力于东,乃使长史李华帅五统向西关,以分其兵势,自督诸军向东关攻之,六日而拔。进攻广岘及西关,梁将马仙琕等皆弃城走。梁主使韦睿救仙琕,至安陆,增筑城二丈余,更开大堑,起高楼。众颇讥其怯,睿曰:"为将当有怯时,不可专勇。"英急追仙琕,将复邵阳之耻,闻睿至,乃退。

梁主遣使求成于魏,魏主不肯。

己丑（509）　梁天监八年,魏永平二年。

春正月,梁武帝主持南郊的祭天大典。

宋、齐时期的旧仪式,祀天时都穿戴衮冕,到此时采用著作佐郎许懋的建议,开始穿大裘。又因为斋日禁止音乐,诏令舆驾开始出发,乐队跟随但不奏乐,还宫以后,仍按平时的仪式鼓吹奏乐。

当时有人请求在会稽和国山举行封禅典礼,梁武帝命令儒学大臣草拟封禅仪式,想举行封禅。许懋建议说:"舜帝在泰山烧柴祭天,是为了巡狩。而郑玄引《孝经钩命决》说:'在泰山大祭,烧柴祭天报告政绩,在梁甫山小祭,刻石记载年号。'这是纬书的曲说,不是正式经书的本来意思。像管仲所说的七十二君,燧人氏之前,世风质朴百姓淳厚,怎有把金粉写在竹简上的事呢?当时结绳而治,怎能有镌刻文字向上天报告成功的事呢?真是太荒唐了!如果是圣主,无须封禅;若是凡主,则不应当封禅。秦始皇曾经在泰山封禅,孙皓曾经在国山封禅。都是由于君主在上喜好名声,而大臣在下曲意逢迎,不是盛德之事,不足以效法。"梁武帝肯定和采纳了他的建议,并且推演许懋的建议,作为圣旨用来回答请求封禅的人,因此便中止了这一计划。

北魏重新攻取三关。

北魏中山王元英抵达义阳,将要攻取三关,预先谋划说:"三关相互依赖就像左右手一样,如果攻克一关,另外两关不攻自破,攻难不如攻易,应该先攻东关。"又担心敌方集中兵力于东关,就指派长史李华统率五统军的兵力去西关,用来分散敌方的兵力,自己督率诸军向东关进攻,六天就攻拔东关。进兵攻取广岘和西关,梁朝将领马仙琕等人都弃城逃跑。梁武帝让韦睿救援马仙琕,到达安陆,增筑城墙二丈多,又开挖大壕沟,起造高楼。众人颇为讥笑韦睿胆怯,韦睿说:"作为将领应当有胆怯的时候,不可一味地逞勇。"元英急追马仙琕,要报邵阳战败的耻辱,听说韦睿到了,就撤退了。

梁武帝派遣使节去北魏请求和好,北魏宣武帝不同意。

初，魏主遣中书舍人董绍慰劳叛城，白早生囚之送建康，吕僧珍与之言，爱其文义，言于梁主。梁主遣谓绍曰："今听卿还，令卿通两家之好，彼此息民，岂不善也！"因召见慰劳之，且曰："战争多年，民物涂炭，吾是以不耻先言，卿宜备申此意。夫立君以为民也，凡在民上，岂可不思此乎！"绍还魏，言之，魏主不从。

三月，魏侵梁雍州，梁击败之。

魏荆州刺史元志将兵七万侵潺沟，驱迫群蛮，群蛮悉渡汉水降梁。梁雍州刺史吴平侯昺纳之。纲纪皆以蛮累为边患，不如因此除之，昺曰："穷来归我，诛之不祥。且魏人来侵，吾得蛮以为屏蔽，不亦善乎！"乃受其降，命司马朱思远等击志于潺沟，大破之。

秋九月，魏诏太常卿刘芳造乐器。

魏公孙崇造乐尺，以十二黍为寸，太常卿刘芳非之，更以十黍为寸。尚书令高肇等奏崇所造乐器度量，皆与经传不同，诘其所以，云"依经文声则不协"，请更令芳依《礼》造成，从其善者。诏从之。

冬十一月，魏主亲讲佛书，作永明、闲居寺。

时魏主专尚释氏，不事经籍，中书侍郎裴延儁上疏曰："汉光武、魏武帝虽在戎马之间，未尝废书，先帝迁都行师手不释卷，良以学问多益，不可暂辍故也。陛下亲讲大觉，尘蔽俱开。然'五经'治世之模楷，应务之所先。伏愿互览兼存，则内外俱周矣。"时佛教盛于洛阳，沙门自西域来者

起初，北魏宣武帝派遣中书舍人董绍抚慰反叛的城镇，白早生把他囚禁起来送往建康，吕僧珍和他谈话，喜爱他的文才，告诉了梁武帝。梁武帝派人对董绍说："现在让你回去，令你沟通两家之好，彼此休生养民，岂不是好事吗！"因此召见董绍，加以慰劳，并且对他说："战争多年，生灵涂炭，因此我不以先提出和好为耻辱，你应该把这个意思完整地转达一下。建立君主是为了民众，凡在君主之位的，难道可以不想到这点吗！"董绍回到北魏后，把梁朝请求和好的意思转告了，但是，宣武帝不同意。

三月，北魏入侵梁朝雍州，梁朝出击并打败了敌人。

北魏荆州刺史元志率兵七万入侵潺沟，驱赶胁迫各蛮族，各蛮族都渡过汉水投降梁朝。梁朝雍州刺史吴平侯萧昺接纳了他们。州郡里身份地位较高的官员们都认为蛮族多次带来边患，不如因此机会除掉他们，萧昺说："他们走投无路的时候归附我们，杀掉他们是不祥之事。并且北魏人来侵犯的时候，我有这些蛮族作为屏障，不是很好的事吗！"于是接受了这些前来投降的蛮族，命令司马朱思远等在潺沟攻击元志，大败元志。

秋九月，北魏诏令太常卿刘芳制造乐器。

北魏公孙崇造乐尺，以十二黍为一寸，太常卿刘芳认为不对，改成以十黍为一寸。尚书令高肇等人上奏，认为公孙崇所造乐器度量标准全都与经传所载不同，责问他为什么这样做，他说"依照经传的记载声音就不协调"，请求让刘芳依照《周礼》制造，采用其中好的。诏令同意。

冬十一月，北魏宣武帝亲自讲解佛书，修建永明、闲居寺。

当时，北魏宣武帝一心崇尚佛教，不读经籍，中书侍郎裴延儁上疏说："汉光武帝、魏武帝虽然在戎马倥偬之际，未曾废弃书籍，先帝迁都行军，手不释卷，正因为学问多有益处不可暂时中断的缘故。陛下亲自讲解佛法奥义，尘世间蒙蔽人们心灵的障碍都被祛除。然而'五经'是治世的楷模，处理世间事务应首先研读。希望圣上儒经与佛书互读，则内心的修养和世事的处理两方面都能周全。"当时佛教盛行于洛阳，和尚从西域来的有

三千余人,魏主别为之立永明寺千余间以处之。处士冯亮有巧思,魏主使择嵩山形胜之地,立闲居寺,极岩壑土木之美。由是远近承风,无不事佛,比及延昌,州郡共有一万三千余寺。

庚寅(510) 梁天监九年,魏永平三年。
春正月,梁以沈约为光禄大夫。

约文学高一时,而贪冒荣利,用事十余年,政之得失,唯唯而已。自以久居端揆,有志台司,论者亦以为宜,而梁主不用。

梁作缘淮塘。
北岸起石头迄东冶,南岸起后渚篱门迄三桥。
三月,魏主之子诩生。

诩母胡充华,武始伯国珍之女也。初入掖庭,同列以故事祝之曰:"愿生诸王公主,勿生太子。"充华曰:"妾之志异于诸人,奈何畏一身之死而使国家无嗣乎!"及有娠,同列劝去之,充华不可,私自誓曰:"若幸而生男,次第当长,男生,身死所不憾也。"既而生诩。

梁主视学。
梁主幸国子学,亲临讲肆,诏皇太子以下及王侯之子皆入学。
夏四月,梁制,尚书令史初用士流。

旧制,尚书五都令史皆用寒流。至是诏曰:"尚书五都,职参政要,总领众局,方轨二丞,可革用士流,秉此群

三千多人,北魏宣武帝另外为他们建立了永明寺一千多间禅房,用来安置他们。处士冯亮很聪明,宣武帝让他选择嵩山风景优美地形好的地方,建立闲居寺,极尽岩壑土木之美。因此远近都受到影响,没有不信奉佛教的,到了延昌年间,州郡共有寺庙一万三千余处。

庚寅(510) 梁天监九年,魏永平三年。

春正月,梁朝任命沈约为光禄大夫。

沈约的文章名高一时,然而贪求荣华之利,掌权十多年,对政务的得失,只会顺从,不置可否。自己认为长期担任尚书省长官,有望得三公之位,议论此事的人也认为他合适,但梁武帝没有任用他。

梁朝修筑缘淮塘。

北岸从石头起到东冶,南岸从后渚篱门起到三桥。

三月,北魏宣武帝的皇子元诩出生。

元诩的母亲胡充华,是武始伯胡国珍的女儿。胡充华被选入后宫之初,和她身份相同的嫔妃们照惯例替她祝告说:"但愿生诸王公主,不要生太子。"胡充华说:"我的志向与你们不同,怎能害怕自己的死亡而让国家没有继承人呢!"等到有了身孕,嫔妃们劝她打掉胎儿,胡充华不干,私下里发誓说:"如果有幸生下男孩,按排行是长子,儿子生下来后,我死去也没有什么遗憾。"不久生下元诩。

梁武帝视察学校。

梁武帝到国子学视察,亲自到讲堂,诏令太子以下及王侯之子都入学学习。

夏四月,梁朝的制度,从这时起,尚书令史开始使用士族门第出身的人来担任。

旧制规定,尚书五都令史都用出身寒门的人来担任。到现在,诏令说:"尚书五都,是参与朝政的重要职位,不但总领各个机构,而且与左右丞相并驾,可以择用士族出身者,以统领各个

目。"于是刘纳、刘显、孔虔孙、萧轨、王颙并以才地兼美,首膺其选。

六月,梁宣城郡吏作乱,吴兴太守蔡撙讨平之。

宣城郡吏吴承伯挟妖术聚众攻郡,杀太守,奄至吴兴。吏民奔散,或劝太守蔡撙避之,撙不可,募勇敢,闭门拒守。承伯尽锐攻之,撙出战,大破斩之。撙,兴宗之子也。

冬十月,魏中山王英卒。　梁行《大明历》。

梁主即位三年,诏定新历,散骑侍郎祖暅奏其父冲之考古法为正历,不可改。至是行之。

辛卯(511)　梁天监十年,魏永平四年。

春正月,魏元会始用新舞。

魏刘芳等奏,所造乐器、二舞、登歌、鼓吹等已成,乞集议用之。诏:"舞可用新,余且仍旧。"

梁以张稷为青冀刺史。

仆射张稷自谓功大赏薄。侍宴酒酣,怨望形于辞色。梁主曰:"卿兄杀郡守,弟杀其君,有何名称!"稷曰:"臣乃无名称,至于陛下,不为无勋。东昏暴虐,义师伐之,岂在臣而已!"梁主捋其须:"张公可畏人!"乃以为青、冀刺史。王珍国亦怨望,罢梁、秦刺史还,酒后启云:"臣近入梁山便哭。"梁主大惊曰:"卿若哭东昏则已晚,若哭我,我复未死!"因此疏退。久之,除都官尚书。是岁,梁之境内,有州二十三,郡三百五十,县千二十二。是后州名浸多,废置离合不可胜记。魏朝亦然。

部门。"于是,刘纳、刘显、孔虔孙、萧轨、王颙都因为才能和出身俱属上流,首先被选中。

六月,梁朝宣城郡吏反叛,吴兴太守蔡撙征讨并平定了他们。

宣城郡吏吴承伯用妖术聚集众人攻打郡城,杀害太守,突然来到吴兴。官吏和老百姓四处奔散,有的人劝太守蔡撙躲避他们,蔡撙不干,招募勇敢之士闭门拒守。吴承伯竭尽全力攻城,蔡撙出城迎战,大败敌人,斩杀吴承伯。蔡撙是蔡兴宗的儿子。

冬十月,北魏中山王元英去世。　梁朝颁行《大明历》。

梁武帝即位三年时,下诏制定新的历法,散骑常侍祖暅上奏称他的父亲祖冲之考定古法正确,历法不可更改。到了现在开始实行祖冲之的《大明历》。

辛卯(511)　梁天监十年,魏永平四年。

春正月,北魏元旦朝会开始采用新的舞蹈。

北魏刘芳等人上奏,所制造的乐器、二舞、登歌、鼓吹等已经完成,请求召集公卿群儒讨论使用。诏令:"舞蹈可以用新编的,其余的暂且仍用旧的。"

梁朝任命张稷为青冀二州刺史。

仆射张稷自认为功劳大,赏赐少。一次他侍宴宫中,酒酣之际,怒气表露在言语表情之中。梁武帝说:"你的兄长杀了郡守,弟弟杀了他的君主,有什么可以称道的呢!"张稷说:"我是没有什么可以称道的,但对于陛下,不能说没有功勋。东昏侯暴虐,义师讨伐他,难道只是我一个人要杀他吗!"梁武帝将着他的胡须说:"张公是让人感到害怕呀!"于是任命他为青冀二州刺史。王珍国也有怨言,被罢免梁秦二州刺史还朝后,酒后启奏梁武帝说:"臣近来一入梁山便哭。"武帝大惊道:"你如果哭东昏侯,则已经晚了,如果哭我,我还没有死!"因此王珍国被疏远。很久以后,任命他为都官尚书。这一年,梁朝的境内共有二十三个州,三百五十个郡,一千零二十二个县。此后,州的名称渐渐多起来,撤消、建置、分离、合并不可胜记。北魏也是这样。

　　魏汾州山胡反,讨平之。　三月,梁朐山叛降魏。夏五月,梁遣兵围朐山。冬十二月,取之。

　　琅邪民王万寿杀太守刘晰,据朐山,召魏军。魏徐州刺史卢昶遣戍主傅文骥赴之。张稷遣兵拒之,不胜。四月,文骥遂据朐山。梁遣马仙琕围之。卢昶本儒生,不习军旅。朐山粮樵俱竭,傅文骥以城降。十二月,昶引兵先遁,诸军皆溃。会大雪,军士冻死、堕手足者过半。仙琕追击,大破之,二百里间僵尸相属,免者什一二。收其粮畜器械不可胜数。唯萧宝寅全军而归。

　　卢昶之在朐山也,中尉游肇言于魏主曰:"朐山蕞尔,僻在海滨,卑湿难居,于我非急,于贼为利。为利故必致死而争之,非急故不得已而战。以不得已之众击必死之师,恐稽延岁月,所费甚大。假得朐山,终难全守,所谓无用之田也。闻贼屡以宿预求易朐山,持无用之地复旧有之疆,兵役时解,其利为大。"魏主将从之,会昶败,迁肇侍中。肇,明根之子也。

　　马仙琕为将,能与士卒同劳逸,衣不过布帛,居无帏幕衾屏,饮食与厮养最下者同。常潜入敌境,伺知壁垒村落险要处,故攻战多捷,士卒亦乐为之用。

　　魏以甄琛为河南尹。
　　琛表曰:"国家居代,患多盗窃,世祖广置主司、里宰,多置吏士,为其羽翼,始得禁止。迁都已来,四远赴会,五

北魏汾州山胡反叛,征讨并平定了他们。 三月,梁朝朐山叛降于北魏。夏五月,梁朝派遣军队围攻朐山。冬十二月,梁军攻取朐山。

琅邪百姓王万寿杀死太守刘晰,占据朐山,召请魏军。北魏徐州刺史卢昶派遣军将傅文骥赶赴朐山。张稷派兵抵挡他们,没能取胜。四月,傅文骥占据了朐山。梁朝派遣马仙琕围攻朐山。卢昶本来就是一个儒生,不熟悉军旅事务。朐山的粮食和柴草都用尽了,傅文骥献城投降。十二月,卢昶带兵先逃,各路军马相继溃散。正遇天降大雪,军士被冻死和冻掉手脚的超过半数。马仙琕乘胜追击,大败敌军,二百里范围内僵尸一具接一具,北魏兵幸免于难的仅占十分之一二。梁军收缴的粮食、牲口以及各种器械不可胜数。魏军只有萧宝寅把军队完整无损地带回来。

卢昶在朐山之时,中尉游肇对北魏宣武帝说:"朐山不过是弹丸之地,僻处海滨,地势低,湿度大,难以居住,对于我们不是急用之处,而对于敌人则是非常有用的。正因为对他们有用处,所以必定要拼死相争,对我们用处不大,所以不得已而交战。用不得已而战的兵士进攻拼命的军队,恐怕拖延时日,花费巨大。假如我们得到朐山,最终也难以守卫,这就是所谓无用之地。听说敌人多次提出要用宿预交换朐山,用无用之地,换回过去的疆域,化解了兵戈之争,其益处是很大的。"北魏宣武帝准备听从这一建议,正遇上卢昶战败,提升游肇为侍中。游肇是游明根的儿子。

马仙琕作为将领,能与士兵们同甘共苦,穿的衣服都是用布帛制作的,住的地方没有帷幕衾屏,饮食和马夫仆人等地位最低的人相同。经常潜入敌方境内,察看了解壁垒村落险要之处,所以作战大多能获胜,士兵们也乐意为他卖力。

北魏任命甄琛为河南尹。

甄琛上表说:"国家在代建都之时,盗窃是很大的祸患,世祖皇帝广设主司、里宰,又多设置吏士作为他们的羽翼,盗窃之风才得到禁止。自迁都以来,四面八方的人们都汇集到首都,各

方杂沓,寇盗公行。里正职轻任碎,多是下才,不能督察。
请少高其品,选下品中应迁者进而为之。"诏从之。琛又奏
以羽林为游军,于诸坊巷司察盗贼。于是洛城清静,后常
踵焉。

壬辰(512)　梁天监十一年,魏延昌元年。

春正月,梁免老小质作。

梁主敦睦九族,优借朝士,有犯罪者,屈法申之。百姓
有罪,则案之如法,其缘坐则老幼不免。一人亡逃,举家质
作。民既穷窘,奸宄益深。尝有秣陵老人遮车驾曰:"陛下
为法,急于庶民,缓于权贵,非长久之道。诚能反是,天下
幸甚。"于是诏自今罪应质作,而老小者停送。

魏以高肇为司徒,清河王怿为司空。

高肇自尚书令为司徒,自以去要任,怏怏形于言色。
右丞高绰、博士封轨素以方直自业,及肇为司徒,绰送迎往
来,轨竟不诣肇。绰顾不见轨,乃遽归叹曰:"吾平生自谓
不失规矩,今日举措不如封生远矣。"

清河王怿有才学闻望,惩彭城之祸,因侍宴谓肇曰:
"天子兄弟讵有几人,而翦之几尽!昔王莽头秃,藉渭阳之
资,遂篡汉室。今君身曲,亦恐终成乱阶。"会大旱,肇擅
录囚徒,欲以收众心。怿言于魏主曰:"昔季氏旅于泰山,
孔子疾之。诚以君臣之分,宜防微杜渐,不可渎也。减膳

种各样的人聚居一处,寇盗公然行事。里正职位卑下,事务琐碎,担任这种职务的人大多才能低下,不能起到督察的作用。请求稍微提高他们的品级,选择下品中应该提拔者晋升担任此职。"诏书同意施行。甄琛又上奏请用羽林军为游军,让他们在各坊巷中巡逻检查盗贼。因此,洛阳城内变得清净了,后代常常因袭这种办法。

壬辰(512) 梁天监十一年,魏延昌元年。

春正月,梁朝免除老人小孩以身作抵押服劳役者。

梁武帝对同姓的亲族非常亲近宽厚,对朝廷官员也非常优待,有犯罪的,他都超越法律规定予以开脱。然而老百姓犯法,则一律按法律处理,对受株连的,不论老幼,一概不免。一人逃亡,全家以身抵押服劳役。老百姓既然被逼迫走投无路,各种作奸犯科的案件更加严重。曾有一位秣陵老人拦住御驾说:"陛下的法律,对百姓严苛,对权贵宽松,这不是长久之道。如果能反其道而行之,则是天下的大幸啊!"于是诏令自今以后犯罪应该服苦役的,如果是老人和小孩可以不必送去服劳役。

北魏任命高肇为司徒,清河王元怿为司空。

高肇从尚书令改任司徒,自己认为丢掉了要职,心中的不满流露在言语和表情上。右丞高绰、博士封轨一向以方正刚直作为行事准则,到了高肇为司徒,高绰迎送往来行礼如仪,而封轨竟不去拜见高肇。高绰在高肇那里不见封轨前来,马上起身返回,叹息说:"我平生自认为不失规矩,今天的举动不如封生太远了。"

清河王元怿有才学声望,鉴于彭城王元勰无罪被杀的教训,一次借侍宴的机会对高肇说:"天子的兄弟能有几个人,而翦灭殆尽!过去王莽头秃,凭借国舅的身份,便篡夺了汉室的天下。现在你是驼背,也恐怕最终会成为祸乱的发端。"正遇上大旱,高肇擅自审理囚徒,想以此拉拢人心。元怿对北魏宣武帝说:"过去季氏超越名分祭祀泰山,孔子对此非常愤慨。主要是认为君臣各有名分,应该防微杜渐,不可以冒犯。减少膳食之费,

录囚,乃陛下之事,今司徒行之,岂人臣之义乎?明君失之于上,奸臣窃之于下,祸乱之基于此在矣。"魏主笑而不应。遂诏尚书与群司鞠理狱讼,令饥民就食北方。

冬十月,魏立子诩为太子。

魏自是始不杀太子之母。以仆射郭祚领少师。祚尝从幸东宫,怀黄飙以奉太子。时应诏左右赵桃弓深为魏主所信任,祚私事之,时人谓之"桃弓仆射""黄飙少师"。

十一月,梁修"五礼"成,行之。

初,齐步兵校尉伏曼容表求制一代礼乐,世祖选学士十人修"五礼",丹阳尹王俭总之。俭卒,祭酒何胤、尚书令徐孝嗣、将军何佟之继掌之。经齐末兵火,仅有在者。梁初,尚书以庶务权舆,议欲省之。诏曰:"礼坏乐缺,宜以时修定。"于是仆射沈约等奏:"请'五礼'各置旧学士一人,令举学古一人自助。其中疑者依石渠、白虎故事,请制旨断决。"乃以右军记室明山宾等分掌"五礼",佟之总其事。佟之卒,以镇北谘议伏暅代之。暅,曼容之子也。至是"五礼"成,列上之,合八千一十九条,诏有司遵行。

癸巳(513) 梁天监十二年,魏延昌二年。
春二月,梁郁洲叛降魏,梁讨平之。

郁洲迫近魏境,朐山之乱,或阴与之通,朐山平,心不自安。而青冀刺史张稷不得志,政令宽弛,僚吏颇多侵渔。郁洲民徐道角等夜袭州城,杀稷降魏,魏遣兵赴之。于是魏饥民饿死者数万。游肇谏,以为:"朐山滨海,卑湿难居,

重新审理囚徒,这是陛下的事情,现在司徒去干,这难道是人臣的本分吗?明君在上面失德,奸臣在下面弄权,祸乱的根子就在这里了。"宣武帝笑而不答。于是下诏令尚书省和各官署审理各类案件,令饥民到北方来谋生。

冬十月,北魏立皇子元诩为太子。

北魏从此以后才不杀死太子的生母。任命仆射郭祚兼任太子少师。郭祚曾经跟从皇帝临幸东宫,怀中揣着黄甗给太子吃。当时应诏左右赵桃弓深为宣武帝所信任,郭祚私下里巴结他,当时人称他为"桃弓仆射""黄甗少师"。

十一月,梁朝修成"五礼",开始施行。

起初,南齐步兵校尉伏曼容上表请求制定一代礼乐,齐武帝选学士十人修订"五礼",丹阳尹王俭总负责。王俭死,祭酒何胤、尚书令徐孝嗣、将军何佟之相继掌管。经过齐末的兵火,留存下极少数。梁朝初年,尚书认为王业初创,庶务繁多,建议减省礼乐官署。诏书说:"礼坏乐缺,应该及时修订。"于是仆射沈约等人上奏说:"请'五礼'各置旧学士一人,命令他们各自荐举学士一人协助。'五礼'中有疑惑的地方,依照汉代石渠阁、白虎观的旧例,请圣上断决。"于是任命右军记室明山宾等分别掌管"五礼",何佟之总体负责此事。何佟之死,用镇北谘议伏暅代替他。伏暅是伏曼容的儿子。到现在"五礼"修成,列表上呈武帝,共八千零一十九条,诏令各部门遵照施行。

癸巳(513) 梁天监十二年,魏延昌二年。

春二月,梁朝郁洲叛降于北魏,梁朝讨伐并平定了郁洲。

郁洲靠近北魏边境,朐山反叛时,有的人暗中与北魏勾结,朐山之乱被平定后,这些人心中感到不安。青冀二州刺史张稷仕途不得意,政令松弛,以致僚属们多侵夺百姓。郁洲百姓徐道角等人夜里偷袭州城,杀了张稷投降北魏,北魏派兵赶赴郁洲。这个时候由于北魏发生饥荒,饥民饿死的有几万人。游肇进谏宣武帝,认为:"朐山地处海滨,地势低下,气候潮湿,难以居住,

郁洲又在海中,得之尤为无用。其地于贼要近,去此闲远。以闲远之兵,攻要近之众,不可敌也。方今年饥民困,惟宜安静,而复劳以军旅,费以馈运,臣见其损,未见其益。"魏主不从,遣兵未发,梁北兖州刺史康绚遣兵讨平之。

闰月,梁侍中沈约卒。

梁主尝与侍中、建昌侯沈约各疏栗事,约少上三事,出谓人曰:"此公护前,不则羞死。"梁主闻之怒。梁主有憾于张稷,从容与约语及之,约曰:"已往之事,何足复论!"梁主怒而起,约惧,不觉。及还,凭空顿于户下,因病。梦齐和帝以剑断其舌,乃呼道士奏赤章于天,称:"禅代之事,不由己出。"梁主大怒,谴责数四,约益惧,遂卒。有司谥曰文,梁主曰"情怀不尽曰隐",改谥曰隐侯。

夏五月,魏寿阳大水。

寿阳久雨,大水入城,庐舍皆没。魏扬州刺史李崇勒兵泊于城上,城不没者二板。将佐劝崇弃城保北山,崇曰:"淮南万里,系于吾身,一旦动足,百姓瓦解,吾岂以爱身而取愧于王尊哉?但怜此士民无辜同死,可结筏随高,人规自脱。吾必与此城俱没!"治中裴绚叛降于梁,崇遣从弟神等讨之,绚败走,执之,绚曰:"吾何面见李公乎!"乃投水死。崇表以水灾求解,魏主不许。崇沉深宽厚,有方略,得士心,在寿春十年,常养壮士数千人,寇来无不摧破,邻敌

郁洲又在海中,得到它尤其无用。该地对于敌方是要冲近地,而离我们既远又无用。为了这块远而无用之地,派兵去攻打据守此地的梁朝军队,是难以取胜的。如今饥荒流行,百姓困苦,只应安宁清静,却又要烦劳军旅,耗费粮食,臣只看到它的损失,看不到它有什么益处。"宣武帝没有采纳劝谏,派遣的军队还没有出发,梁朝北兖州刺史康绚派兵征讨并平定了郁洲。

闰月,梁朝侍中沈约去世。

梁武帝曾经同侍中、建昌侯沈约各自写出关于栗子的典故,沈约少写了三点,出来以后对别人说:"此公自护其短,如果别人比他强,就会羞死。"梁武帝知道之后十分生气。梁武帝对张稷的事感到很遗憾,就从容地和沈约谈论这件事,沈约说:"已经过去的事,何必再谈论呢!"梁武帝生气起身走了,沈约由于害怕,竟然没有察觉。等到回家以后,一脚踩空,脑袋着地倒在窗户下面,于是病倒。梦见南齐和帝用剑割断他的舌头,就叫来道士用赤色奏章向上天祈祷,自称:"禅代的事情,不是我的主意。"梁武帝勃然大怒,多次派人谴责沈约,沈约更加害怕,因此去世。有关部门给沈约的谥号是"文",梁武帝说:"心事不尽曰隐。"改谥号为隐侯。

夏五月,北魏寿阳发大水。

寿阳久雨成灾,大水入城,房屋全被淹没。北魏扬州刺史李崇指挥军队驻扎在城墙上,城墙只差两板宽没被淹没。将佐们劝李崇放弃寿阳保北山,李崇说:"淮南万里之地,安危系于我一身,一旦弃城而去,百姓就会瓦解奔散,我怎么能够爱惜自己的身体,而有愧于汉代的太守王尊呢?只是怜悯士人百姓要无辜与我同死,可以让他们扎水筏,随水登高,各人去求一条生路。我一定要与此城共存亡!"治中裴绚叛降于梁朝,李崇派堂弟李神等人前去讨伐,裴绚战败逃跑,被抓获,裴绚说:"我有什么脸面去见李公呢!"于是投水而死。李崇上表请求因水灾而解职,北魏宣武帝没有批准。李崇深沉宽厚,有谋略,得人心,在寿春任职十年,经常养着几千名壮士,贼寇来犯无不摧破,邻近的敌手

谓之"卧虎"。梁主屡设反间以疑之，而魏主素知其忠笃，委信不疑。

六月，梁新作太庙。 秋八月，魏恒、肆二州地震、山鸣。

逾年不已，民覆压死伤甚众。

魏以崔光为太子少傅。

魏主幸东宫，以崔光为太子少傅，命太子拜之，光辞，不许。太子南面再拜，光北面立，不敢答，唯西面拜谢而出。魏太子尚幼，每出入东宫，左右乳母而已，宫臣皆不之知。詹事杨昱上言："乞自今召太子必降手敕，令臣等翼从。"从之。

甲午（514） 梁天监十三年，魏延昌三年。

春二月，梁主耕籍田。

宋、齐籍田，皆用正月，至是始用二月，及致斋祀先农。

魏东豫州乱，讨平之。

魏东豫州刺史田益宗衰老，与诸子孙聚敛无厌，部内苦之，咸言欲叛。魏主闻之，诏遣其子鲁生赴阙，久未至。诏徙益宗为济州刺史，虑其不受代，遣将军李世哲帅众袭之，奄入广陵。鲁生与其弟奔关南，招引梁兵，攻取光城已南诸戍，世哲击破之。以益宗还，拜光禄大夫。

冬十一月，魏遣司徒高肇督诸军侵梁益州。

称他为"卧虎"。梁武帝多次设反间计以便使北魏朝廷对李崇产生怀疑,然而北魏宣武帝一向知道李崇忠实笃厚,对他非常信任而毫不怀疑。

六月,梁朝新建成太庙。 **秋八月,北魏恒、肆二州发生地震,山发出鸣响。**

一年多还不停止,百姓被埋压死伤的很多。

北魏任命崔光为太子少傅。

宣武帝临幸东宫,任命崔光为太子少傅,让太子向崔光下拜,崔光推辞,宣武帝不许。太子面向南拜了两拜,崔光面向北站着,不敢答礼,只是面向西拜谢后离去。北魏太子还幼小,每次出入东宫,相伴的只有乳母,东宫的臣子们都不知道。詹事杨昱上奏说:"请求自今以后皇上召见太子一定要亲下手敕,命令我们护从。"予以采纳。

甲午(514) 梁天监十三年,魏延昌三年。

春三月,梁武帝举行耕作籍田之礼。

宋、齐时举行耕籍田之礼,都在正月,到现在才改为二月举行,并且在耕日以太牢祀先农。

北魏东豫州反叛,被讨伐平定。

北魏东豫州刺史田益宗年老体衰,同他的儿孙们不知满足地聚敛财物,辖区内的人们深受其害,都说要反叛。北魏宣武帝听到这个消息后,下诏令田益宗派他的儿子田鲁生前来朝廷,可是田鲁生好长时间也没到。北魏宣武帝下诏迁田益宗为济州刺史,考虑到他不会接受别人代替他担任东豫州刺史之职,就派遣将军李世哲率众袭击田益宗,李世哲等人迅速突入广陵。田鲁生和他的弟弟逃奔关南,招引梁朝军队,攻取了光城以南的各个营寨,李世哲进击打败了他们。因为田益宗回到洛阳,授予他光禄大夫之职。

冬十一月,北魏派遣司徒高肇监督率领各路军马,入侵梁朝益州。

　　魏王足之伐梁也,梁主命宁州刺史李略御之,许事平用为益州。足退,梁主不用,略怨望有异谋,梁主杀之。其兄子苗奔魏,会校尉淳于诞亦自汉中入魏,二人共说魏主以取蜀之策。魏主信之,以高肇为大都督,将步骑十五万攻益州。游肇谏曰:"今频年水旱,不宜劳役。蜀地险隘,镇戍无隙,岂得承浮说而动大军? 举不慎始,悔将何及!"不从。

梁筑淮堰。

　　魏降人王足陈计,求堰淮水以灌寿阳。梁主以为然,使水工陈承伯、将军祖暅视地形,咸谓淮内沙土漂轻,功不可就,弗听。发徐、扬民率二十户取五丁以筑之,假康绚都督诸军并护堰作。役人及战士合二十万,南起浮山,北抵巘石,依岸筑土,合脊于中流。

魏以杨津为华州刺史。

　　津,椿之弟也。先是,官受调绢,尺度特长,吏缘为奸,百姓苦之。津令悉依公尺,其输物尤善者赐以杯酒,劣者亦为受之,但无酒以示耻。于是输者竞劝,更胜于旧。

魏免其侍御史阳固官。

　　魏中尉王显谓侍御史阳固曰:"吾作太府卿,府库充实何如?"固曰:"公收百官之禄四分之一,州郡赃赎悉输京师,以此充府未足为多。且'有聚敛之臣,宁有盗臣',可不戒哉!"显不悦,因事奏免固官。

北魏王足入侵梁朝的时候,梁武帝命令宁州刺史李略抵御他,许诺事平之后任用他为益州刺史。王足撤退后,梁武帝不用李略,李略心中不满,图谋反叛,武帝杀了他。李略哥哥的儿子李苗投奔北魏,遇上校尉淳于诞也从汉中投奔北魏,两个人一起游说北魏宣武帝进攻蜀地,并且献计献策。宣武帝听信了他们的话,任命高肇为大都督,统率十五万步兵和骑兵进攻益州。游肇进谏说:"如今连年洪涝、旱灾,不应该再劳役百姓了。蜀地险峻,关隘难攻,防备守御没有疏漏,怎么能够听信他人的浮言而轻易地出动大军呢? 采取措施而不在开始时就非常谨慎,后悔就来不及了!"宣武帝没有听从。

梁朝修筑淮堰。

北魏降将王足献上计谋,请求筑堰蓄积淮水以淹寿阳。梁武帝认为有道理,让水工陈承伯、将军祖暅视察地形,二人都说淮水中沙土松软流动不坚实,工程无法实现,梁武帝不听。征发徐州、扬州的民夫,每二十户中征五丁,以修筑淮堰,命令康绚统率各路军队并且守护筑堰工程。劳工和士兵合起来共二十万人,南起浮山,北抵巉石,依岸筑土,在淮水中流合龙。

北魏任命杨津为华州刺史。

杨津是杨椿的弟弟。起初,官府征收调绢,所用的尺子特别长,主管征收的官吏就乘机作弊,老百姓苦不堪言。杨津到任后,下令全都依照公家的尺子来丈量,以防官吏作弊,老百姓交纳物品质量好的,赐给一杯酒,交纳物品质量差的也收下,但不赐酒以示耻辱。因此,交纳租赋的人竞相勉励,官府收入更加胜于往日。

北魏免除侍御史阳固的官职。

北魏中尉王显对侍御史阳固说:"我当太府卿之时,府库充实,您以为怎么样?"阳固说:"大人把百官俸禄扣去四分之一,各州郡收缴的赃款和赎金都运到京师,以此来充实府库,没有什么值得效法的。况且'与其有聚敛之臣,宁可有盗窃之臣',能不引以为戒吗!"王显很不高兴,就借故上奏免了阳固的官职。

乙未（515）　梁天监十四年，魏延昌四年。

春正月，魏主恪殂，太子诩立。

魏世宗殂，侍中、中书监崔光，侍中、领军于忠，詹事王显，庶子侯刚，迎太子诩于东宫。显欲须明即位，光曰："天位不可暂旷，何待至明！"显曰："须奏中宫。"光曰："帝崩，太子立，国之常典，何须中宫令也！"于是请太子止哭，立于东序，忠扶太子西面哭十余声止。光摄太尉，奉策进玺绶，太子跪受，服衮冕之服，御太极殿，即皇帝位。光等与夜直群官立庭中，北面稽首称万岁。高后欲杀胡贵嫔，中给事刘腾以告侯刚、于忠、崔光。光使置贵嫔别所，严加守卫，由是贵嫔深德四人。于是悉召西伐、东防兵。广平王怀扶疾入临，云欲上殿哭大行，见主上，众愕然，无敢对者。崔光攘衰振杖，引汉赵熹故事，辞色甚厉。怀曰："侍中以古义裁我，我敢不服！"

魏侍中王显伏诛，以太保、高阳王雍，尚书令、任城王澄同总国事。

先是高肇擅权，尤忌宗室有时望者，任城王澄惧不自全，乃酗饮阳狂，朝廷机要无所关豫。至是，肇拥兵于外，朝野不安。于忠与门下议，以魏主幼未能亲政，宣使太保高阳王雍入居西柏堂，省决庶政，以任城王澄为尚书令，总摄百揆，奏皇后授之。王显有宠于世宗，恃势使威，为世所疾，恐不为澄等所容，密谋矫皇后令，以高肇录尚书事，以

乙未（515）　梁天监十四年,魏延昌四年。

春正月,北魏宣武帝元恪病故,太子元诩继位。

北魏宣武帝病故,侍中、中书监崔光,侍中、领军于忠,詹事王显,庶子侯刚,从东宫迎接太子元诩。王显想等天亮以后再为太子举行即位仪式,崔光说:"天子之位不可以片刻空缺,不必等待天明!"王显说:"必须奏请中宫皇后。"崔光说:"皇帝驾崩,太子即位,这是国家正常的制度,不必等待中宫的旨令!"于是,请求太子停止哭泣,站在东边,于忠扶着太子面向西哭了十多声后停止。崔光代理太尉之职,捧着策书,献上印玺和绶带,太子跪着接受,穿上皇帝的礼服,走上太极殿,坐上皇帝的宝座。崔光等人和夜间值勤的官员站立在庭中,向北叩头高呼万岁。高皇后想杀掉胡贵嫔,中给事刘腾把这个消息告诉了侯刚、于忠、崔光。崔光派人把胡贵嫔迁到别的住所,严加守卫,因此胡贵嫔深深地感激这四个人。北魏召回在西面讨伐蜀地和在东边防范江淮的全部军队。广平王元怀抱病入朝,说要亲自上殿哭悼大行皇帝,并要面见圣上,众人都惊愕地互相看着,没有人敢答话。崔光撩起穿着的丧服,举起手中的丧杖,引用汉光武帝死后赵熹扶持各位藩王下殿的旧事来加以说明,声音和表情都很严厉。元怀说:"侍中用古代的事理来教导我,我怎么敢不服呢!"

北魏侍中王显伏法,任命太保、高阳王元雍以及尚书令、任城王元澄共同负责掌握国家政务。

起先高肇专权,尤其忌恨宗室里有名望的人,任城王元澄害怕不能保全自己,就整天纵酒酣饮,假装成疯子一般,朝廷里的重要政务全都不参与。到了这个时候,高肇统领军队在外地,朝廷内外都感到不安。于忠和门下省的官员们商议,由于孝明帝年幼,不能亲自处理政务,应该让太保、高阳王元雍住进西柏堂,观察处理各种政务,任命任城王元澄为尚书令,总管大小官员,奏请皇后批准,授予他们职务。王显在宣武帝时非常受宠,凭借权势滥施淫威,被众人所忌恨,他担心不会被元澄等人所容纳,密谋伪造皇后的令旨,任命高肇录尚书事,任命

显与高猛同为侍中。忠等闻之，托以侍疗无效，执显于禁中杀之。下诏如门下奏，百官总己听于二王，中外悦服。

二月，魏司徒高肇伏诛。

魏主告哀于高肇，且召之。肇还，入哭尽哀。高阳王雍与于忠密谋，伏邢豹等数人于省下，引入扼杀之。下诏暴其罪恶，削除职爵，葬以士礼，于厕门出尸归其家。

魏以高阳王雍为太尉，清河王怿为司徒，广平王怀为司空。　魏尊贵嫔胡氏为太妃，废其太后高氏为尼。　魏复百官禄，蠲绵麻税。

魏于忠既居门下，又总宿卫，遂专朝政，权倾一时。初，高祖以用度不足，百官之禄四分减一。民税绢一匹，别输绵八两，布一匹，别输麻十五斤。忠悉罢之。

夏四月，梁淮堰溃，复筑之。

浮山堰成而复溃。或言蛟龙能乘风雨破堰，其性恶铁，乃运铁数千万斤沉之，亦不能合。乃伐树为井干，填以巨石，加土其上，缘淮百里，木石皆尽。负者肩穿，疾疫死者相枕，蝇虫昼夜声合。

魏破叛氐于沮水。　六月，魏冀州沙门作乱，讨平之。

魏冀州沙门法庆以妖幻惑众，作乱，以尼惠晖为妻，自号大乘。又合狂药，令人服之，父子兄弟不复相识，唯以杀害为事。诏光禄大夫元遥讨平之。

王显与高猛一同为侍中。于忠等人听到这个消息,假借服侍皇上治疗无效的罪名,逮捕王显,在宫禁中杀掉了他。下发诏书批准门下省的奏议,百官各安己职,听命于二位王爷,朝廷内外都衷心信服。

二月,北魏司徒高肇伏法处死。

北魏孝明帝向高肇告知丧事,并且召他回朝。高肇还朝,入宫痛哭,极尽哀伤。高阳王元雍与于忠秘密商议,在中书省内埋伏邢豹等几个人,把高肇引入屋内,勒死了他。下发诏书揭露高肇的罪恶,削除他的官职和爵位,用士大夫的礼节埋葬了他,从侧门把他的尸体运回家。

北魏任命高阳王元雍为太尉,清河王元怿为司徒,广平王元怀为司空。 北魏尊胡贵嫔为太妃,废黜太后高氏,让她做尼姑。 北魏恢复大小官员被减少的俸禄,免除绵、麻税。

北魏于忠既在门下省担任侍中,又兼管禁卫事务,于是独揽朝廷政务,权倾一时。起初,孝文帝因为国家财政开支不足,把百官的俸禄削减四分之一。老百姓每织一匹绢要交纳八两绵,每织一匹布要交纳麻十五斤。于忠都加以免除。

夏四月,梁朝修筑的淮堰崩塌,又加以修筑。

浮山堰修成后又崩塌。有人说蛟龙能乘风雨破坏堤堰,然而它本性厌恶铁,于是就运来数千万斤的铁沉到水里,但是也没有能使堤堰合龙。于是,又伐树木捆绑成井字形,把大石头填进去,在上面加上土,用来截流筑坝,沿着淮河百里之内,树木、石头都被伐尽用光。挑担的人肩膀都被磨烂,因为疾病而死的人互相压着,触目皆是,苍蝇蚊虫聚集不散,嗡鸣之声日夜不绝。

北魏在沮水打败反叛的氐人。 六月,北魏冀州僧人反叛,讨伐并平定了他们。

北魏冀州僧人法庆用妖术迷惑百姓,反叛朝廷,娶尼姑惠晖为妻,自己号称"大乘"。又配制狂药,让人服用,服用这种药后,父子兄弟不再相认,只知道杀人害命。朝廷诏令光禄大夫元遥前去讨伐并平定了反叛。

秋八月，魏侍中于忠杀仆射郭祚、尚书裴植，免太保高阳王雍遣就第。

魏尚书裴植自谓人门不后王肃，以朝廷处之不高，常怏怏，表请解官隐嵩山，世宗不许。及为尚书，志气骄满，好面讥毁群臣。仆射郭祚冒进不已，与植皆恶于忠专横，密劝高阳王雍使出之。忠闻之大怒，令有司诬奏植、祚罪，皆赐死。忠又欲杀高阳王雍，崔光固执不从，乃免雍官还第。朝野冤愤。

魏尊太妃胡氏为太后。
居崇训宫。
魏以清河王怿为太尉，广平王怀为司徒，任城王澄为司空，于忠为尚书令，元义为散骑侍郎，义妻胡氏为女侍中。

义，江阳王继之子，其妻太后妹也。
九月，魏太后称制，以于忠为冀州刺史，司空澄领尚书令。

太后聪悟，颇好读书属文。始临朝听政，犹称令以行事，群臣上书称殿下，政事皆手笔自决。加胡国珍侍中，封安定公。自郭祚等死，诏令生杀皆出于忠，王公畏之，重足胁息。太后既亲政，乃出忠为冀州刺史，以司空澄领尚书令。澄奏："安定公宜出入禁中，参诸大务。"诏从之。

梁攻魏西硖石，据之。
梁将军赵祖悦袭魏西硖石，据之，以逼寿阳。田道龙等散攻诸戍，魏李崇分遣诸将拒之。
魏以胡国珍为中书监。　冬十月，魏夺常山公于忠、博平公崔光爵。十二月，以高阳王雍为太师，录尚书事。

秋八月,北魏侍中于忠杀死仆射郭祚、尚书裴植,罢免太保、高阳王元雍,遣送回府。

　　北魏尚书裴植自认为门第不比王肃低,因朝廷给的官位不高,常怏怏不乐,上表请求辞官退隐嵩山,宣武帝不同意。等他做了尚书,趾高气扬,洋洋自得,喜欢当面讥讽诋毁众位官员。仆射郭祚总是企图升官,他和裴植都讨厌于忠专权跋扈,暗中劝高阳王元雍让于忠离开朝廷到外地做官。于忠知道这个消息后大怒,命令有关部门诬告裴植、郭祚犯了罪,二人都被赐死。于忠又想杀死高阳王元雍,崔光坚决不同意,于是才免了元雍的官职,送回王府。朝廷内外都对于忠的胡作非为感到愤怒。

　　北魏尊崇太妃胡氏为太后。

　　居住在崇训宫。

　　北魏任命清河王元怿为太尉,广平王元怀为司徒,任城王元澄为司空,于忠为尚书令,元乂为散骑侍郎,元乂的妻子胡氏为女侍中。

　　元乂是江阳王元继的儿子,他的妻子是太后的妹妹。

　　九月,北魏太后临朝听政,任命于忠为冀州刺史,司空元澄兼任尚书令。

　　太后聪明机智,非常喜欢读书作文章。刚开始临朝听政的时候,还称"令"以处理事务,大臣们上书时称呼她为"殿下",一切政务都亲手批阅处理。她提升胡国珍为侍中,封安定公。自从郭祚等人死后,诏书下发、生杀予夺之权都出自于忠,王公大臣都畏惧他,重足而立,屏气吞声。太后亲政后,就让于忠出朝任冀州刺史,任命司空元澄兼尚书令。元澄上奏说:"安定公胡国珍适宜出入宫禁,参与谋议重大事务。"诏书批准了他的建议。

　　梁朝进攻北魏西硖石,占据该地。

　　梁朝将军赵祖悦袭击北魏西硖石,占据该地,用它来逼迫寿阳。田道龙等分别攻打各个寨堡,北魏李崇分派诸将抵御。

　　北魏任命胡国珍为中书监。　冬十月,北魏削夺常山公于忠、博平公崔光的封爵。十二月,任命高阳王元雍为太师,录尚书事。

初，魏于忠用事，自谓有定社稷之功，讽百僚令加己赏。太傅雍等议封忠常山郡公，崔光博平县公。至是，尚书元昭等上诉不已，太后制公卿再议。太傅怿等上言："奉迎、侍卫，臣子常职，不容以此为功。臣等前议，正以畏其威权，苟免暴戾故也。请皆追夺。"太后从之。高阳王雍上表自劾曰："于忠专权，生杀自恣，而臣不能违。忝官尸禄，孤负恩私，请返私门，伏听司败。"太后不问。寻以雍为太师，领司州牧录尚书事，与太傅怿、太保怀、侍中胡国珍同厘庶政。

十二月，魏晋寿郡叛降梁。

魏益州刺史傅竖眼性清素，民獠怀之。将军元法僧代之，素无治干，加以贪残。葭萌民任令宗因众心之患魏，杀晋寿太守，以城降梁，民獠多应之。梁益州刺史鄱阳王恢遣张齐将兵迎之。

魏太后摄行祭事。

太后以魏主幼，未能祭，欲代行事，礼官议以为不可。太后以问侍中崔光，光引汉和熹太后祭宗庙故事以对，太后大悦，从之。

大寒，淮泗皆冰。

浮山堰士卒死者什七八。

丙申（516） 梁天监十五年，魏肃宗晋明帝熙平元年。

春二月，魏攻硖石，克之。

魏遣将军崔亮攻硖石，萧宝寅决淮堰，亮攻硖石未下，

起初,北魏的于忠掌管朝廷权力,自己认为有安定国家政权的功劳,示意官员们上书让朝廷给自己增加奖赏。太傅元雍等人商议封于忠为常山郡公,崔光为博平县公。到现在尚书元昭等人不断地上书投诉,太后令公卿大臣们再次商量。太傅元怿等人上奏说:"奉迎新主,护卫太后,这是作为臣子的正常职责,不容许以此作为功劳。我们先前所议,正因为畏惧他的威风和权势,不过想暂时避免他的残酷迫害罢了。请求全部追还封赏。"太后同意了。高阳王元雍上表自责说:"于忠独揽朝廷权力,随意生杀予夺,然而我却不敢违抗他。我这样不理政务空食俸禄,辜负了朝廷对我的恩惠,请将我免去职位,遣返回家,甘愿听从司寇的处置。"太后不予追究。不久任命元雍为太师,兼任司州牧,录尚书事,与太傅元怿、太保元怀、侍中胡国珍一同治理朝廷政务。

　　十二月,北魏晋寿郡叛降于梁朝。

　　北魏益州刺史傅竖眼生性清正朴素,百姓和獠人都归附他。将军元法僧代替他做益州刺史,一向缺乏政治才能,而且还贪婪残暴。葭萌百姓任令宗因为众人心中都怨恨北魏,就杀了晋寿太守,献城投降了梁朝,百姓和獠人大部分都响应他。梁朝益州刺史鄱阳王萧恢派遣张齐率兵迎接他们。

　　北魏太后代行祭祀之事。

　　胡太后认为孝明帝年幼,不能主持祭祀仪式,想代替他主持祭祀之事,掌管礼仪的官员认为这样做不行。太后以这件事征询侍中崔光,崔光援引东汉和熹太后祭宗庙的旧事来回答,太后非常高兴,同意崔光的回答。

　　天气异常寒冷,淮水、泗水都结了冰。

　　浮山堰的兵士死掉十分之七八。

　　丙申(516)　梁天监十五年,魏肃宗晋明帝熙平元年。

　　春二月,北魏进攻硖石,攻克该地。

　　北魏派将军崔亮攻硖石,萧宝寅决开淮堰,崔亮没能攻下硖石,

与李崇约水陆并进，崇屡违期不至。胡太后以诸将不壹，乃以尚书李平为行台，节度诸军。平至硖石，督李崇、崔亮等刻日进攻，无敢乖互，战屡有功。

梁主使将军昌义之救浮山，未至，康绚已击魏兵，却之。使义之救硖石。崔亮遣将军崔延伯守下蔡，延伯取车轮去辋，削锐其辐，两两接对，揉竹为絙，贯连相属，并十余道，横水为桥，两头旋大鹿卢，出没随意，不可烧斫。既断赵祖悦走路，又令战舰不通，义之不得进。李平部分水陆攻硖石，克外城，祖悦出降，斩之。

胡太后赐亮书，使乘胜深入。平部分诸将进攻浮山堰，亮违平节度，以疾请还。平奏处亮死刑，太后赦之。魏师遂还。

魏侍中侯刚有罪，削户三百。

魏中尉元匡奏弹于忠"幸国大灾，专擅朝命，宜加显戮。自世宗晏驾以后，太后未亲览以前，诸不由阶级，擅相拜授者，并宜追夺"。太后曰："忠已特原，余如奏。"匡又弹侍中侯刚掠杀羽林。刚本以善烹调为尝食典御，以有德于太后，颇专恣用事，王公皆畏附之。廷尉处刚大辟，太后曰："刚因公事掠人，邂逅致死，于律不坐。"少卿袁翻曰："'邂逅'，谓情状已露隐避不引，考讯以理者也。今此羽林，问则具首，刚口唱打杀，挝筑非理，安得谓之'邂逅'？"太后乃削刚户三百，解尝食典御。

三月朔，日食。　夏四月，梁淮堰成。

堰长九里，下广百四十丈，上广四十五丈，高二十丈，

就和李崇约定水陆并进,李崇多次违反约定的时间不能来到。胡太后因为众将不和,便委任尚书李平为行台,指挥调遣各部队。李平抵达硖石,督促李崇、崔亮等限期发动进攻,没有人敢违抗命令,多次作战都获胜。

梁武帝派遣将军昌义之救援浮山堰,军队还没有赶到,康绚已经迎击北魏军队,击退了他们。梁武帝让昌义之去救援硖石。崔亮派将军崔延伯守卫下蔡,崔延伯把车轮的外周去掉,把轮辐削尖,每两辆车对接在一起,把竹子做成竹索,连贯并列起来,十多辆车并在一起,横在水中当作桥,两头设置大辘轳,使桥可以随意出没,难以烧毁。既切断了赵祖悦的逃路,又使战船不能通行,昌义之无法前进。李平部署军队分水陆攻打硖石,攻克外城,赵祖悦出城投降,被杀掉。

胡太后在赐给崔亮的书信中,让他乘胜深入。李平安排众将进攻浮山堰,崔亮违抗李平的指挥,借口患病请求撤还。李平上奏请求判处崔亮死刑,胡太后赦免了他。北魏军队于是撤还。

北魏侍中侯刚有罪,被削减食邑三百户。

北魏中尉元匡上疏弹劾于忠"趁国家有难,独揽朝廷大权,应公开诛戮。自宣武帝去世以后到太后没有亲理政务以前,各种不按规定擅自互相封任的官职,应全追回"。胡太后说:"于忠已经承蒙特旨宽恕,其余的批准。"元匡又上奏弹劾侍中侯刚捕杀羽林军士。侯刚原来凭着善于烹调而做了尝食典御,因为对太后有恩,非常专横跋扈,王公大臣都畏惧并依附于他。廷尉判处侯刚死刑,胡太后说:"侯刚是因为公事抓人,出于意外使人致死,依照法律不应有罪。"少卿袁翻说:"'人犯意外致死',是指罪证已经暴露,却掩藏不肯招认,于是就按法律拷问他们,以致意外死亡。现在被侯刚打死的羽林军士,问什么就招什么,侯刚嘴里却大叫打死他,无理拷打,怎能说是'意外致死'的呢?"于是太后就削减了侯刚的食邑三百户,解除了他尝食典御的职务。

三月初一,发生日食。   夏四月,梁朝淮堰筑成。

淮堰长达九里,下宽一百四十丈,上宽四十五丈,高二十丈,

树以杞柳,军垒列居其上。或谓康绚曰:"四渎,天所以节宣其气,不可久塞。若凿黎东注,则游波宽缓,堰得不坏。"绚乃开黎东注。又纵反间于魏曰:"梁惧开黎,不畏野战。"萧宝寅信之,凿山五丈,开黎北注,水犹不减,魏军罢归。水之所及,夹淮方数百里。李崇作浮桥于硖石,又筑城于八公山东南,以备城坏。

魏复封于忠为灵寿公,崔光为平恩侯。 梁围魏武兴。秋七月,魏击败之,遂复取东益州。

魏元法僧遣其子景隆将兵拒张齐,齐与战于葭萌,大破之,屠十余城,遂围武兴。法僧婴城自守,境内皆叛,遣使告急于魏。魏以傅竖眼为益州刺史赴之。竖眼入境,转战三日,行二百里,九遇皆捷。民獠皆喜,迎拜于路者相继。张齐退保白水。竖眼入州,白水以东民皆安业。魏梓潼太守苟金龙领关城戍主,梁兵至,金龙疾病,不堪部分,其妻刘氏帅厉城民,乘城拒战,百有余日。戍副高景谋叛,刘氏斩之。与将士分衣减食,劳逸必同,莫不畏而怀之。井在城外,为梁兵所据,会天大雨,刘氏命出公私布绢衣服悬之,绞取水而储之。梁兵退,魏人封其子为平昌县子。张齐数出白水侵葭萌。七月,傅竖眼击败之,齐走还,诸戍皆弃城走。东益州复入于魏。

九月,梁淮堰坏。

淮水暴涨,堰坏,其声如雷,闻三百里,缘淮城戍村落十余万口,皆漂入海。初,魏人患淮堰,以任城王澄为大都

种上杞树和柳树,军营就驻扎在堰上。有人对康绚说:"四条大河,是天用来宣泄它的'真气'的,不能够长久地阻塞它。如果凿开黎水向东流,那么流水宽缓,堰才能不被冲坏。"康绚就凿开黎水东流。又对北魏使用反间计,说:"梁朝惧怕凿开黎水,不怕野战。"萧宝寅相信了,凿山五丈多,掘开黎水向北流,水日夜流淌仍然不见减少,北魏军队只好撤走。水流所到之处,沿淮河两岸数百里的地方都成了泽国。李崇在硖石搭起浮桥,又在八公山东南修筑城堡,以防备寿阳城被毁坏。

北魏重新封于忠为灵寿公,崔光为平恩侯。 梁朝围攻北魏武兴。秋七月,北魏击败梁军,于是重新攻取东益州。

北魏元法僧派他的儿子元景隆率兵抵御张齐,张齐与元景隆在葭萌大战,大败元景隆,在十余个城市进行屠杀,于是包围武兴。元法僧闭城固守,境内居民都背叛了他,元法僧派遣使者向北魏朝廷告急。北魏任命傅竖眼为益州刺史开赴武兴。傅竖眼进入州境,转战三天,行程二百里,九次作战都取得胜利。老百姓和獠人都很高兴,在路旁拜跪迎接的人络绎不绝。张齐退兵保守白水。傅竖眼进入州城,白水以东的民户都安居乐业。北魏梓潼太守苟金龙兼任关城戍主,梁朝的军队来到时,苟金龙因病重,不能指挥,他的妻子刘氏率领和鼓动城中居民,登上城墙抵抗敌兵,坚守了一百多天。副将高景阴谋叛变,刘氏杀了他。她和将士们平分衣服和食物,劳逸相同,众人莫不畏惧而信赖她。水井在城外,被梁朝军队占据,正巧天降大雨,刘氏命令拿出官府和私人的布帛和衣服铺起来接雨,然后绞布取水而储存起来。梁朝军队撤退后,北魏人封她的儿子为平昌县子。张齐多次从白水出兵侵犯葭萌。七月,傅竖眼击败张齐,张齐逃了回去,梁朝的各地驻军都弃城逃跑。东益州重新入于北魏版图。

九月,梁朝修筑的淮堰被冲毁。

淮河水急剧上涨,淮堰被冲毁,决堤声像雷鸣,三百里以内都能听到,沿着淮河的城镇村落有十多万人,都漂入海中。起初,北魏人担心淮堰的修建会造成危害,任命任城王元澄为大都

督，勒众十万攻之。李平以为不假兵力，终当自坏。既而果然。

魏诏议边镇选举法。

任城王澄以北边镇将选举弥轻，恐贼虏窥边，出陵危迫，奏请重镇将之选，修警备之严。诏公卿议之。廷尉少卿袁翻议曰："比缘边州郡，官不择人，唯论资级，或值贪污之人。广开戍逻，多置帅领，或用其左右姻亲，或受人货财请属，皆无防寇之心，唯有聚敛之意。勇力之兵，驱令抄掠，夺为己富。羸弱老小，微解工作，苦役百端，伐木芸草，贩贸往还，穷其力，薄其衣，用其功，节其食，绵冬历夏，加之疾苦，死于沟渎者什常七八。是以邻敌伺间，扰我疆场，皆由边任不得其人故也。愚谓今后边镇郡县府佐、统军至于戍主，皆令王公已下，各举所知，必选其才，不拘阶级。称职败官，所举之人，随事赏罚。"太后不能用。及正光之末，北边盗贼群起，遂逼旧都，犯山陵，如澄所虑。

冬，魏作永宁寺。

胡太后作永宁寺于宫侧，又作石窟寺于伊阙口，皆极土木之美。为九层浮图，离九十丈，刹高十丈，塔庙之盛，未之有也。李崇上表曰："高祖迁都垂三十年，明堂未修，太学荒废，城阙府寺颇亦颓坏，非所以追隆堂构，仪刑万国者也。宜罢尚方雕靡之作，省永宁土木之功，分石窟镌琢

督,率领十万大军进攻淮堰。李平认为不需要动用兵力,最后会自己毁掉。后来,果然像他预料的那样。

北魏下发诏书令讨论边境守将选择任用的办法。

任城王元澄认为北部边境守将选举任用太轻率,恐怕敌人会进犯边境,威胁皇陵的安全,上书请求重视守边将领的选派任用,严格整顿边防警备。下发诏书令公卿大臣讨论此事。廷尉少卿袁翻建议说:"近来沿边州郡,官员不是按照人才选择,只是按资格品级来任用,有时会用上贪污的人。大量地开设哨所,过多地设置将领,有的人任用他的左右亲近或者亲属,有的人接受别人的贿赂或者请托,都没有防范敌寇的意识,只有聚敛财物的贪心。勇猛的兵士,被驱赶着抢劫掠夺,变成自己的财富。不论是身体衰弱的人,还是年老和年少的兵士,如果稍微懂一点干活的技术,就让他们遭受百般的苦役,有的伐木锄草,有的往来贩卖,用尽他们的精力,减少他们的衣物,使用他们的人工,限制他们的饮食,让他们从冬天干到夏天,再加上疾病劳苦,这些人死在沟壑中的常常是十有七八。因此,邻境的敌人寻找时机来侵扰我们的边境,这都是由于边境官员的任用不能得到合适人选的结果。我认为今后边境各藩镇郡县府佐、统军直至戍主,全部应该由王公以下的大臣各自举荐他们所了解的人来担任,必须要选拔合适的人才,不要拘泥于出身等级。称职或渎职,连同举荐的人一同受赏或受罚。"胡太后没有能采纳他的建议。到了正光末年,北部边镇盗贼四起,终于逼近旧都,侵犯皇陵,就像元澄所担心的那样。

冬天,北魏修造永宁寺。

胡太后在皇宫边修造永宁寺,又在伊阙口修建石窟寺,都穷尽了土木建筑的华美。建造九层佛塔,高九十丈,柱高十丈,这样壮观的塔庙,从没有过。李崇上表说:"高祖迁都近三十年,祭祀的明堂没能修建,太学荒废,城楼官署也很多都已残破,这不是光大祖宗基业,作为万国表率的样子。应该停止尚方署中雕镂奢靡的劳作,减省永宁寺土木建筑的费用,分散石窟寺镌琢

之劳,因农之隙,修此数条,使国容严显,礼化兴行,不亦体哉?"太后不能用。任城王澄奏曰:"昔高祖迁都,城内置寺,僧尼各一而已。正始三年,沙门惠深始违前禁,自是都城之中寺逾五百。往者代北有法秀之谋,冀州有大乘之变,则知太和之制,非徒使缁素殊途,盖亦以防微杜渐。况此僧徒,恋著城邑,正以诱于利欲,不能自已,此乃释氏之糟糠,国典所共弃也。臣谓城内寺宜悉徙于郭外,僧不满五十者并小从大,外州准此。"诏从之,然卒不能行。

时民多绝户为沙门者,李瑒上言:"不孝之大无过于绝祀,岂得背礼肆情,弃家绝养,缺当世之礼,而求将来之益?孔子云:'未知生,焉知死',安有弃堂堂之政而从鬼教乎?且今南服未宁,民多避役,若复听之,恐比屋皆为沙门矣。"都统僧暹等以瑒谤佛,泣诉于太后,太后责之,瑒曰:"天曰神,地曰祇,人曰鬼,传曰:'明则有礼乐,幽则有鬼神。'然则明者为堂堂,幽者为鬼教。佛本出于人,名之为鬼,愚谓非谤。"太后不得已于暹等,罚瑒金一两。

柔然大破高车,杀其王弥俄突。

柔然伏跋可汗壮健善用兵,是岁西击高车,大破之,执其王弥俄突,杀之,漆其头为饮器。邻国叛去者皆击灭之,其国复强。

的匠人,等到农闲时再修建这些建筑,使国家威严显赫,礼仪教化大兴,难道不是很好吗?"胡太后没能采纳他的意见。任城王元澄说:"过去高祖迁都,城内建置寺庙,僧庙、尼庙各一座。正始三年,和尚惠深才开始违背从前的禁令,从此以后都城之中佛寺超过五百处。过去代北有法秀的谋反,冀州有过大乘叛乱,才明白太和年间的制度,不只是为了使僧俗分开,同时也为了防微杜渐,以免再出现僧人之乱。何况此类僧俗,眷恋城市,正是因为他们被利欲诱惑,不能约束自己,这些人都是释氏的糟糠,国家制度所难以容许的。臣认为城内未建好的寺庙应该都迁到城外,不足五十个僧人的寺庙应该合并到大寺庙中,外地各州应该照此办法执行。"诏书同意他的建议,然而最终也没能实行。

当时百姓很多都绝了后代也要做和尚,李瑒上奏说:"没有比断绝后代这件事更大的不孝了,怎么能够纵容违背礼法肆意纵情,抛弃家庭,不赡养双亲的举动呢?怎么能用违背现世的礼法去求得来世的善报呢?孔子说:'不知道什么是生,怎么能知道什么是死呢?'怎么能放弃光明正大的礼政而听信鬼教呢?况且现在南方尚未安宁,老百姓大多是想借此逃避差役,如果再听任他们这样下去,恐怕家家户户都做和尚了。"都统僧暹等人认为李瑒诽谤佛门,哭泣着告诉胡太后,太后责备李瑒,李瑒说:"天叫神,地叫祇,人叫鬼,《礼记》中说:'明则有礼乐,幽则有鬼神。'因此明者称为堂堂,幽者称作鬼教。佛是由人变成的,叫它作鬼,我认为不能说是诽谤。"胡太后难以违背僧暹等人的意愿,便罚了李瑒一两黄金。

柔然大败高车,杀了高车国王弥俄突。

柔然伏跋可汗身体壮实强健,善于作战,这一年,他西攻高车,大败敌军,抓获了高车国王弥俄突,杀了他,把他的头漆成饮酒的器皿。凡是从前归属柔然后来又叛变的邻近国家,都被伏跋消灭,伏跋的国家重新强大起来。

丁酉（517） 梁天监十六年，魏熙平二年。

春正月，魏制诸钱新旧通行，伪者罪之。

魏初，民间皆不用钱，高祖始铸太和五铢钱，民欲铸者，听就官炉，铜必精炼，无得淆杂。世宗又铸五铢，禁不依准式者。既而洛阳及诸州镇所用不同，商货不通。任城王澄上言曰："不行之钱，律有明式，指谓鸡眼、镮凿，更无余禁。计河南诸州今所行者，悉非制限。河北既无新钱，复禁旧者，专以单丝之缣，疏缕之布，狭幅促度，不中常式，裂匹为尺，以济有无，徒成杼轴之劳，不免饥寒之苦。钱之为用，贯襁相属，不假度量，平均简易，济世之宜，谓为深允。乞下诸方州镇，新旧诸钱，内外全好，并得通行。其鸡眼、镮凿及盗铸、巧伪不如法者，据律罪之。"诏从之。然河北少钱，民犹用物交易，钱不入市。

魏考勋籍。

魏人多窃冒军功，左丞卢同阅吏部勋书，得窃阶者三百余人，乃奏："总集吏部、中兵二局勋簿，对句奏案，更造两通，一关吏部，一留兵局。又在军斩首成一阶以上，令行台军司给券，当中竖裂，一支付勋人，一支送门下，以防伪巧。"从之。中尉元匡奏取景明已来考簿、除书、勋案，欲以案校窃阶盗官之人，任城王澄曰："法忌烦苛，治贵清约。御史之体，风闻是司。闻有冒勋妄阶，止应摄其一簿，研检

丁酉（517） 梁天监十六年，魏熙平二年。

春正月，北魏规定各种新旧钱都可以流通，用各种花招造假钱的人要予以制裁。

北魏刚建立时，民间都不使用钱币，孝文帝时开始铸造太和五铢钱，老百姓中想铸钱的人，听任他们到国家的铸炉中铸造，但是所用的铜一定要精炼，不能混杂。宣武帝时又铸造五铢钱，严禁使用不合标准的钱。后来洛阳和各州镇所用的钱各不相同，商品货物不能交换、流通。任城王元澄上书说："不通行的钱，法律有明文规定，指的是那些又薄又小、凿掉好铜的钱，再没有其他的禁限。估计河南各州现在所流通的钱，都不在禁限之列。河北既没有新钱，又禁止使用旧钱，只好专用单丝织成的细绢以及疏线织成的粗布，它的幅面狭窄，尺度不足，不合通用的标准，把一匹布分成几尺，来救济没有的人，白白地费了机织的辛劳，却免不了饥寒的困苦。钱的使用，用绳子把它们串起来，不用凭借度量工具，既公平又简单，确实是方便世人的好方法。请求下令各地州镇，不论是新钱、旧钱，只要里外都好，都可以流通、使用。那些专门铸造薄小、凿边之钱的以及盗铸钱币、用各种花招造假钱的人，一律按照法律制裁。"诏书同意他的建议。但是河北缺少钱币，百姓仍用物品交易，钱币不能在市场上流通。

北魏考核功勋簿。

北魏很多人假冒军功，左丞卢同查阅吏部的功绩簿，发现了三百多个冒取官位的人，于是上奏朝廷说："汇集吏部、中兵二局的功劳簿，核对上级的文书，抄写两份，一份送给吏部，一份留存兵局。另外，在军队中因杀敌升一级以上的人，下令行台军司颁发证书，证书从中间分开，一份交给立功的人，一份送交门下省，以便防止耍花招弄假。"听从了他的建议。中尉元匡上奏请求把景明年间以来的考核账簿、任职文书、功勋记录都找出来，以便查核冒功盗官的人，任城王元澄说："法律最怕繁杂苛刻，治政贵在清平简约。御史的职责，在于有所风闻就可以上奏。如果知道有冒取功劳窃得官职的人，只要取一本簿籍，调查核验出

虚实,绳以典刑。岂有移一省之案,寻两纪之事乎?"乃止。

三月,梁诏文锦不得为人、兽之形。

敕织官,文锦不得为仙人鸟兽之形,为其裁剪有乖仁恕。

魏司徒广平王怀卒,以胡国珍为司徒。　夏四月,梁罢宗庙牲牢,荐以蔬果。

诏以宗庙用牲牢,有累冥道,宜皆以面为之。于是朝野喧哗,以为宗庙去牲,乃是不复血食。八坐乃议以大脯代一元大武。寻诏以饼代脯,其余尽用蔬果。

冬十二月,柔然遣使如魏。

柔然伏跋可汗遣使请和于魏,用敌国之礼。魏主引见,让以藩礼不备,议依汉待匈奴故事,遣使报之。司农少卿张伦上表曰:"大明在御,国富兵强,抗敌之礼,何惮而为?且虏虽慕德而来,亦欲观我强弱。若使王人衔命虏庭,与为昆弟,恐非祖宗之意也。苟事不获已,应为制诏,示以上下之仪,命宰臣致书,谕以归顺之道,观其从违,徐以恩威进退之,则王者之体正矣。岂可以戎狄兼并,而遽亏典礼乎?"不从。

梁以冯道根为豫州刺史。

道根谨厚木讷,行军能检敕士卒,诸将争功,道根独默然。为政清简,吏民怀之。上尝叹曰:"道根所在,令朝廷不复忆有一州。"

魏采铜铸钱。

真假,就可以绳之以法。怎么能够把一省的全部档案都移到御史台,查找二十多年间发生的事情呢?"于是停止追查。

三月,梁朝下令织出的锦纹不得有人、兽的形状。

下令织官,织物上锦纹不能有仙人、鸟兽的形状,因为加以裁剪,违背了仁恕的精神。

北魏司徒、广平王元怀去世,任命胡国珍为司徒。 夏四月,梁朝停罢祭祀宗庙用牲畜的礼仪,供品改用蔬菜和水果。

梁武帝在诏书中认为宗庙祭祀中用牲畜,对求得冥福有妨害,应该都用面粉去做。于是朝廷内外议论纷纷,认为宗庙祭祀中去掉牲畜,就等于不再祭祀祖先。朝中的高级官员们就商议用大肉干代替牛。不久,梁武帝诏令用大饼取代肉干,其余的都用蔬菜水果。

冬十二月,柔然派使者到北魏。

柔然的伏跋可汗派使者向北魏要求和好,采用了对等国家的礼节。北魏孝明帝召见,责备他们没有尽到藩国的礼节,商议按照汉代对待匈奴的办法,派使者回复他们。司农少卿张伦上表说:"圣明的君主当政,国富兵强,有什么可怕的而对他们采用对等国家的礼仪呢?而且,现在敌虏虽然是仰慕德行而来,也是想看看我国是强是弱。如果让圣上的使者带着令旨前往敌虏那里,与他们结为兄弟,恐怕不是祖宗的愿望。如果事情不能了解,应该给他们下一道诏书,显示上下君臣之间的礼仪,命令宰相给他们写信,告知归顺的道理,看他们听从与否,慢慢地或进而用恩,或退而用威,这样王者的礼节才能具备。怎么能因为戎狄之间发生了兼并,就立刻使礼节亏损呢?"没有被采纳。

梁朝任命冯道根为豫州刺史。

冯道根谨慎厚道,拙于言辞,行军作战能督促士兵勇敢拼杀,众将争功劳时,冯道根却默然不语。为政清廉,官吏和百姓都感激他。梁武帝曾经赞叹道:"冯道根在的地方,让人放心,让朝廷想不起还有这个州。"

北魏采掘铜矿铸造钱币。

魏崔亮请于王屋等山采铜铸钱,从之。是后民多私铸,钱稍薄小,用之益轻。

戊戌(518) 梁天监十七年,魏神龟元年。

春二月,梁安成王秀卒。

秀虽与梁主布衣昆弟,及为君臣,小心畏敬过于疏贱,梁主益以此贤之。秀与弟始兴王憺尤相友爱,憺为荆州,常平分其禄以给秀,秀称心受之,亦不辞多也。

夏四月,魏司徒胡国珍卒,追号太上秦公。

国珍卒,赠假黄钺、相国、太师,号曰太上秦公,葬以殊礼。迎太后母皇甫氏之柩与合葬,谓之太上秦孝穆君。谏议大夫张普惠以为"太上"之名,不可施于人臣,上疏陈之,左右莫敢为通。会胡氏穿圹遇石,普惠乃密表曰:"天无二日,土无二王,'太上'者,因'上'而生名也。皇太后称'令',以系'敕'下,盖取三从之道。今尊司徒为'太上',恐乖系敕之意。比克吉定兆,而以浅改卜,亦或天地神灵,所以垂至戒,启圣情也。伏愿停逼上之号,以邀谦光之福。"太后乃集五品以上博议,王公皆希太后意,争诘难普惠,普惠应机辩析,无能屈者。太后不从。

魏复征绵麻税。

魏尚书奏复征民绵麻之税,张普惠上疏曰:"高祖废大斗,去长尺,改重称,以爱民薄赋。知军国须绵麻之用,故

北魏崔亮请求在王屋山等处采掘铜矿铸造钱币，建议被采纳。从这以后，百姓常私自铸钱，钱币比较薄小，用了以后更轻。

戊戌（518） 梁天监十七年，魏神龟元年。

春二月，梁朝安成王萧秀去世。

萧秀虽然和梁武帝在贫贱时是兄弟，等到成为君臣关系以后，对梁武帝更加谨慎小心，恭恭敬敬超过了那些关系疏远、出身低贱的人，梁武帝因此而认为他很贤良。萧秀和弟弟始兴王萧憺相互友爱，萧憺做荆州刺史，常常把他的俸禄给萧秀一半，萧秀诚心接受，也不认为给的太多而不接受。

夏四月，北魏司徒胡国珍去世，追赠封号为太上秦公。

胡国珍去世，赠予他假黄钺、相国、太师等职务，号为太上秦公，用非常隆重的礼仪安葬了他。把胡太后母亲皇甫氏的灵柩迎来与胡国珍合葬，称作太上秦孝穆君。谏议大夫张普惠认为"太上"的名字，不可加在臣子身上，上书陈述这个道理，侍从们没有人敢替他通报。正巧胡国珍墓穴的挖掘工程碰上了坚固的石头，于是张普惠秘密上奏说："天无二日，国无二主，'太上'这个词，是从'上'而产生的名称。皇太后称自己的命令为'令'而置于皇上的'敕'之下，是为了顺从'三从'的道理。现在追尊司徒为'太上'，恐怕会有违言'令'于'敕'之下的道理。近几天选择吉日确定墓穴的方法，又因为墓穴浅而不得不改换地点，也许是天地神灵以此来劝诫、启发圣主。希望能停止使用与帝王无异的封号，来博取因谦逊而带来荣耀的福分。"胡太后就召集五品以上的官员广泛讨论，王公大臣都顺从太后的心意，争着责难张普惠，张普惠随机分辨，没有人能说服他。胡太后没有听从张普惠的建议。

北魏重新征收绵麻税。

北魏尚书奏请重新向百姓征收绵麻税，张普惠上书朝廷，认为："孝文帝废弃了大斗，去掉了长尺，修改了重秤，是为了爱护百姓，减轻他们的赋税负担。知道军队、国家需要绵麻用品，所以

于绢增绵，于布增麻。民以称尺所减不耆绵麻，故鼓舞供调。自兹所税浸复长阔，百姓嗟怨，闻于朝野。宰辅不寻其本，遽罢绵麻。既而尚书以国用不足，复欲征敛。去天下之大信，弃已行之成诏，追前非，遂后失。不思库中大有绵麻，而群臣共窃之也。何则？所输或羡，未闻有司依律以罪州郡，小有滥恶，则坐户主，连及三长。是以在库绢布，逾制者多。群臣受俸，人求长阔厚重，未闻以端幅有余，还求输官者也。今欲复调绵麻，当先正称、尺，明立严禁，无得放溢，使天下知二圣之心爱民惜法，如此则太和之政，复见于神龟矣。"

魏主始月一视朝。

张普惠以魏主好游骋苑囿，不亲视朝，过崇佛法，郊庙之事，多委有司，上疏切谏曰："殖不思之冥业，损巨费于生民，近供无事之僧，远邀未然之报，未若收万国之欢心以事其亲，使天下和平，灾害不生也。伏愿淑慎威仪，为万邦式，躬致郊庙之虔，亲纤朔望之礼，释奠成均，竭心千亩，撤僧寺不急之华，还百官久折之秩。则节用爱人，四海俱赖矣。"寻敕外议释奠之礼，又自是每月一陛见群臣，皆用普惠之言也。

五月，梁司徒临川王宏有罪免，寻复其位。

在绢税中增收绵，在布税中增收麻。百姓认为核定秤尺时减交的赋税不下于上交的绵麻，所以踊跃交纳。但是从此以后，所征收的绢布，又重新增长增宽，百姓抱怨之声，传遍朝廷内外。宰相辅臣不追究事情的本源，马上停止征收绵麻。不久尚书因为国家用度不足，又想征收。丢掉天下百姓的信任，放弃已经实行的诏令，继续从前的错误，犯下后来的过失。不去想想国库里有很多绵麻，都被众臣们盗为己有。为什么这样说呢？因为百姓交纳的货物有盈余，没有听说过有关部门依据法律惩处州郡官员，而质量稍微差一点，就要把户主判罪，还株连地方三长。因为这个缘故，在国库中的绢布，超出规定尺寸的很多。众臣们接受俸禄时，人人都要尺长幅宽耐用结实的，没有听说过谁因为绵幅多出而送回官府的。现在如果要重新征收绵麻，应当先验定秤、尺，明文规定严禁使用大秤、大尺，不得随意加长放宽，让天下百姓知道皇上、皇太后爱护百姓、尊重法律的心情，那么太和年间的德政就可以再现于陛下的神龟年间了。"

北魏孝明帝开始每月接见朝廷大臣一次。

张普惠因为孝明帝喜好在苑囿中游猎玩乐，不亲自上朝处理朝廷事务，过分崇信佛法，郊祀上天、祭祀宗庙的事情，大多委派给有关部门，所以上疏恳切地劝谏说："做没有理智的死后的功德，损耗百姓巨额的财物，供奉无所事事的僧人，追求飘渺不实的回报，不如与众多的国家友好相处，让天下的老百姓都能奉养双亲，以便天下和平，不发生灾害。恭敬地希望圣上好好地珍视自己的威仪，为天下万邦做出表率，亲自虔诚地参加郊天祭庙的礼仪，亲身参加朔望的礼仪活动，到国学去祭奠先圣先师，尽心耕作籍田，裁撤僧寺中不必要的华丽装饰，恢复百官长期以来被削减的俸禄。这样节省用度，爱护百姓，天下都依赖您了。"不久，孝明帝下令朝廷官员商议祭奠先师的礼仪，并从此每月接见众臣一次，这都是采纳张普惠劝谏的结果。

五月，梁朝司徒、临川王萧宏因有罪被罢免，不久又恢复了他的官位。

梁司徒、扬州刺史、临川王宏妾弟杀人，匿于宏府，梁主敕宏出之，即日伏辜。南司奏免宏官，梁主注曰："爱宏者兄弟私亲，免宏者王者正法，所奏可。"宏自洛口之败，常怀愧愤，都下每有窃发，辄以宏为名，屡为有司所奏，梁主辄赦之。以吴平侯昺监扬州，昺有风力，为梁主所重，军国大事，皆与议决。在州尤称明断，符教严整。寻复以宏行司徒。

魏补《三字石经》。

初，洛阳有汉所立《三字石经》，屡经丧乱，初无损失。及魏冯熙、常伯夫为洛州，毁以建浮图，遂大颓落。国子祭酒崔光请遣官守视，命博士李郁等补其残缺，太后许之。会元义、刘腾作乱，事遂寝。

秋七月，魏河州羌反，讨平之。

魏河州羌却铁忽反，以源子恭为行台讨之。子恭至，严勒州郡及诸军，毋得犯民一物，亦不得轻与贼战，然后示以威恩，使知悔惧，铁忽等相帅降。子恭，怀之子也。

九月，魏太后胡氏弑其故太后高氏。

魏胡太后以天文有变，欲以高太后当之。既而暴卒，以尼礼葬之。

魏遣使如西域求佛书。

魏胡太后遣使者宋云与比丘慧生，如西域求佛经。云等行四千里，至赤岭，乃出魏境。又西行再期，至乾罗国，得佛书百七十部而还。

魏复盐禁。

梁朝司徒、扬州刺史、临川王萧宏小妾的弟弟杀人，藏匿在萧宏府里，梁武帝命令萧宏交出其妾弟，当天就依法处死。御史台奏请免去萧宏官职，梁武帝在奏折上批示："怜爱萧宏是兄弟的私情，免除萧宏是帝王的法律，所奏可以施行。"萧宏自从洛口战败以后，常常怀着羞愧、愤恨之心，京师中每当有发生叛变，都打着萧宏的名号，因此多次被有关部门所奏报，都被梁武帝赦免了。任命吴平侯萧昺监扬州，萧昺有骨气，有能力，被梁武帝所信赖，军国大事都和他商议决断。在扬州尤其称得上明察果断，政令严肃。不久又任命萧宏兼司徒。

北魏修补《三字石经》。

当初，洛阳有汉代所立的《三字石经》，多次遭受战乱，并没有损坏。等到北魏冯熙、常伯夫为洛州刺史，毁坏石碑用来建造佛塔，于是大部分石碑散落丢失。国子祭酒崔光请求派遣官员守护，让国子博士李郁等人补上残缺的部分，胡太后同意了。正赶上元义、刘腾叛乱，事情就停止了。

秋七月，北魏河州羌人造反，讨伐并平定了他们。

北魏河州羌人却铁忽造反，任命源子恭为行台前往讨伐。源子恭到了河州，严格命令州郡和各路军队，不准侵占百姓一件东西，也不准轻易同敌兵作战，然后向叛军展示威力和恩德，让他们知道后悔和惧怕，却铁忽等人相继投降。源子恭是源怀的儿子。

九月，北魏太后胡氏杀死原来的太后高氏。

北魏胡太后因为天象有变化，打算让高太后承担凶兆。接着高太后突然死去，用尼姑的礼节将她安葬。

北魏派遣使者去西域求取佛书。

北魏胡太后派遣使者宋云和僧人慧生一起出发，去西域求取佛经。宋云等人向西走了四千里地，到达赤岭，才出了北魏国境。又向西行走了两年，到达乾罗国，得到佛书一百七十多部然后返回。

北魏恢复禁止私人采盐的禁令。

是岁，魏太师雍等奏："盐池天藏，资育群生，先朝为之禁限，非与细民争利。但以豪贵封护，近民吝守，贫弱远来，邈然绝望。因置主司，裁察强弱。什一之税，自古有之，远近齐平，公私两利。及甄琛罢禁，乃为绕池之民，擅自固获。语其障禁，倍于官司，请禁之便。"从之。

己亥(519) 梁天监十八年，魏神龟二年。

春正月，梁以袁昂为尚书令，王暕、徐勉为仆射。 魏太后始称"诏"。 二月，魏羽林、虎贲作乱，杀将军张彝。

魏征西将军张彝之子仲瑀上封事，求铨削选格，排抑武人，不使豫清品。于是喧谤盈路，立榜大巷，克期会集，屠害其家。彝父子晏然不以为意。至是羽林、虎贲近千人，相帅至尚书省诟骂，求仲瑀兄始均不获，以瓦石击省门，上下慑惧，莫敢禁讨。遂至其第，曳彝捶辱，焚其第舍。始均拜贼，请其父命，贼就殴击，投之火中。仲瑀重伤走免，彝仅有余息，再宿而死。远近震骇。胡太后收掩羽林、虎贲凶强者八人斩之，其余不复穷治，大赦以安之。因令武官得依资入选。识者知魏之将乱矣。

初，燕高湖奔魏，其子谧为侍御史，坐法徙怀朔，世居北边，遂习鲜卑之俗。谧孙欢沉深有大志，家贫，执役在平

这一年,北魏太师元雍等人上书说:"盐池是上天的宝藏,用来养育众生,前代都为此制定了禁令,这并不是为了和小民争利。但是因为豪门贵族霸占盐池,临近的百姓独自把守,那些贫弱之人和远道而来的人只好望池兴叹、悲观绝望了。因此设置主管部门,裁决督察采盐事务,使强弱都能获利。征收十分之一的税收,自古以来就有,不论是就近的或远来的人都能平均得利,对公对私都有好处。到了甄琛奏请罢除禁令后,就被盐池四周的百姓擅自霸占,自己谋利。听说他们的禁限,比官府的禁限还多出一倍,请求禁止私家采盐才是好办法。"听从了这一建议。

　　己亥(519)　梁天监十八年,魏神龟二年。

　　春正月,梁朝任命袁昂为尚书令,王暕、徐勉为仆射。　北魏胡太后的命令开始称为"诏书"。　二月,北魏羽林、虎贲发动暴乱,杀死将军张彝。

　　北魏征西将军张彝的儿子张仲瑀上书,请求削减选官的规格,抑制武将,不让他们列入清品。于是议论和抗议之声到处充盈,这些武官在大街上张榜,约定集合时间,要去屠灭张家。张彝父子平静自如,没把这件事放在心上。到了这时,羽林、虎贲将近一千人,一同到尚书省叫骂,寻找张仲瑀的哥哥张始均,没有找到,用瓦片、石头砸尚书省的大门,官吏们都很害怕,没有人敢去阻拦。于是,这些人到张家住宅,拖着张彝捶打污辱,放火烧了他们的住房。张始均向贼兵求饶,请求饶他父亲不死,贼兵们趁势殴打他,把他扔到火中。张仲瑀受重伤逃脱了,张彝被打得只剩一丝游气,过了两夜就死去了。人们都被这件事震惊了。胡太后只抓了羽林、虎贲中的八个首恶分子,杀掉了他们,其余的人就不再追究了,并且颁布大赦令来安抚他们。因此下令武官可以按照资格入选。有识之士都预感到北魏将发生动乱了。

　　起初,燕国的高湖投奔北魏,他的儿子高谧做侍御史,因犯法被流放怀朔镇,世代居住在北部边境,于是就养成鲜卑人的风俗习惯。高谧的孙子高欢,性格深沉,胸有大志,家境贫寒,在平

城。富人娄氏女见而奇之，遂嫁焉。始有马，得给镇为函使。至洛阳，见张彝之死，还家倾赀以结客。或问其故，欢曰："宿卫相帅焚大臣之第，朝廷惧其乱而不问，为政如此，事可知矣。财物岂可常守邪？"欢与司马子如、刘贵、贾显智、孙腾、侯景、尉景、蔡㑺相友善，并以任侠雄于乡里。

魏以崔亮为吏部尚书，立停年格。

时官员既少，应选者多，吏部尚书李韶铨注不行，大致怨嗟，乃更以崔亮为尚书。亮为格制，不问士之贤愚，专以停解日月为断，沉滞者称其能。亮甥刘景安与亮书曰："殷周以乡塾贡士，两汉由州县荐才，魏晋因循，又置中正，虽未尽美，什收六七。而朝廷贡才，止求其文，不取其理。察孝廉，唯论章句，不及治道。立中正，不考才行，空辨氏姓，取士不博，沙汰未精。舅当铨衡，宜须改张易调，如何反为停年格以限之，天下士子谁复修厉名行哉！"洛阳令薛琡上书曰："黎元之命，系于长吏。若选曹唯取年劳，不简贤否，执簿呼名，一吏足矣，数人而用，何谓铨衡！"书奏，不报。后复奏："乞令王公贵臣荐贤以补郡县。"诏公卿议之，事亦

城服役。富家娄氏的女儿见到高欢,认为他不同寻常,就嫁给了他。高欢这才有了马,得以充当镇上的信使。高欢到了洛阳,看到了张彝被打死一事,返回家里以后,就倾尽自己的财物来结识宾客。有人问他为什么这样做,高欢回答说:"皇宫中的卫兵们结伙起来焚烧大臣的宅第,朝廷却惧怕他们叛乱,而不敢追究他们的罪责,朝廷的政治到了这种地步,事情的发展是可想而知的。财物难道可以死守着过一辈子吗?"高欢与司马子如、刘贵、贾显智、孙腾、侯景、尉景、蔡㒞特别友好亲密,都以仗义行侠而称雄于乡里。

北魏任命崔亮为吏部尚书,制订以待选时间长短为选官标准的方法。

当时官员录取的名额已然很少,但是应选的人却很多,吏部尚书李韶停止选官录用工作,招来很多人的埋怨,朝廷便另外任命崔亮为尚书。崔亮制定了录用标准,不管应选者是贤是愚,只用待选时间长短来判断,待选时间久的都称赞他有才能。崔亮的外甥刘景安给崔亮写信说:"商周时期由乡间学校选拔官员,两汉时期由州县推荐人才,魏晋时期因循汉代旧制,又设置中正,虽然不能达到尽善尽美的程度,但所选人才十有六七。然而现在朝廷选拔人才时,只是要求他们文章词采华丽,而不考察他讲述的道理如何。察举孝廉,只根据他们的章句学问如何,而不考察他有无治国的才能。设立中正,不考察他的才能、品行,只辨识他们的姓氏,选拔人才的路子不广,淘汰的办法不严密。舅舅您被委任负责铨选官员,应该改变那些不妥当的规定,为什么反而以年资长短为任官的标准呢,这样一来,天下的读书人,谁还会注重修励自己的名节和品行呢!"洛阳令薛琡上奏朝廷,认为:"百姓的性命,掌握在朝廷官吏的手中。如果选用官吏只按年资,而不管其能力大小,那么只需要一名官吏,拿着名册叫名字就够了,按顺序用人,这叫什么铨选人才呢!"奏书上呈后,没有得到答复。此后薛琡又上奏:"请求让王公大臣荐举贤才以补郡县官的职务。"朝廷下令公卿讨论这个问题,但是事情也没能办

寝。其后甄琛等继亮为尚书,利其便己,踵而行之。魏之选举失人,自亮始也。

魏以任城王澄为司徒,京兆王继为司空。 **魏复减百官禄。**

魏累世强盛,东夷西域,贡献不绝,又立互市以致南货,至是府库盈溢。太后常幸绢藏,命从行者百余人,各自负绢,称力取之,少者不减百余匹。崔光止取两匹,众皆愧之。

时宗戚权倖,竞为豪侈。世宗尝命宦者白整为高祖、高后凿二佛龛于龙门山,皆高百尺。刘腾复为世宗凿一龛,凡用十八万二千余工而未成。

太后复建寺不已,令诸州各建五级浮图,民力疲弊。诸王贵人,宦官羽林,各建寺于洛阳,相高以壮丽。太后设会施僧,动以万计。赏赐左右,所费不赀,而未尝施惠及民。府库渐虚,乃减削百官禄力。

任城王澄上表曰:“萧衍常畜窥觎之志,宜及国家强盛,早图混壹。比年公私贫困,宜节省浮费,以周急务。”太后不能用。魏自永平以来,营明堂、辟雍,役者不过千人,有司复借以修寺,十余年竟不能成。起部郎源子恭上书曰:“废经国之务,资不急之费。宜彻减诸役,早图成就,使祖宗有严配之期,苍生睹礼乐之富。”诏从之,然亦不能成也。

魏陈仲儒奏律准法,不行。

成。从这以后，甄琛等人相继代替崔亮做吏部尚书，因为这种办法对自己便利，就继续奉行。北魏选拔官员不得当，是从崔亮开始的。

北魏任命任城王元澄为司徒，京兆王元继为司空。 北魏又减少百官俸禄。

北魏接连几代都很强盛，东夷、西域都不断地向其进贡，又设立互换物品的市场来换取南方的货物，到现在府库非常充实。胡太后曾经去藏绢的仓库，命令随行的一百多人随便拿绢，根据自己的力量能拿多少拿多少，拿得最少的也不下于一百多匹。崔光只拿了两匹，众人都感到很惭愧。

当时皇族、外戚受宠掌权的大臣都争比豪华奢侈。宣武帝曾经命令宦官白整给孝文帝和文昭高后在龙门山凿两个佛龛，全都高达百尺。刘腾又替宣武帝凿一个佛龛，一共用了十八万二千多个工时也没能完成。

胡太后又没完没了地建造佛寺，下令各州分别修造五层佛塔，百姓财力耗尽，疲惫不堪。各位王公显贵、宦官、羽林分别在洛阳修建佛寺，互相用壮观华丽的寺庙来炫耀。胡太后设立斋会施舍僧人，动辄以万计。赏赐身边的人，耗费的财物难以计量，却不曾向老百姓施予恩惠。因此，国库渐渐空虚，就削减官员们的俸禄和差人。

任城王元澄上书说："萧衍一直对我国怀有侵略兼并的意图，所以我们应该趁国家强盛，早日规划统一大业。近年来公家和私人都很贫困，应该节制不必要的费用，以便保证紧急事务的开支。"胡太后没有采用他的建议。北魏自从永平年间以来，营建明堂和太学，用差役不超过一千人，有关部门还要用这些人去修建寺庙，因此十多年竟然没能修成。起部郎源子恭上奏说："废弃经邦治国的正经事，却资助不急需的花费，实在是不应该。应当撤消或减少各种劳役，早日完成明堂和太学的修造工程，使祖宗有上配苍天的时日，老百姓早日看到丰富多彩的礼乐。"朝廷采纳了他的建议，但明堂和太学仍然没能建成。

北魏陈仲儒上奏确定音律标准的方法，没能实行。

　　魏人陈仲儒，请依京房立准以调八音，曰："夫准本以代律，取其分数，调校乐器。而调声之体，宫商宜浊，徵羽用清。若依公孙崇，止以十二律声，而云还相为宫，清浊悉足，唯黄钟管最长，故以黄钟为宫，则往往相顺。若均之八音，犹须错采众音，配成其美。若以应钟为宫，蕤宾为徵，则徵浊而宫清，虽有其韵，不成音曲。若以中吕为宫，则十二律中，全无所取。今依京房书，中吕为宫，乃以去灭为商，执始为徵，然后方韵。而崇乃以中吕为宫，犹用林钟为徵，何由可谐？但声音精微，史传简略，旧志准十三弦，隐间九尺，不言须柱以不。又一寸之内，有万九千六百八十三分，微细难明。仲儒私考准当施柱，但前却柱中，以约准分，则相生之韵，已自应合。其中弦粗细，须与琴宫相类，施轸以调声，令与黄钟相合。中弦下，依数画六十律清浊之节，其余十二弦，须施柱如筝，即于中弦案尽一周之声度，著十二弦上。然后依相生之法，以次运行，取十二律之商徵。商徵既定，又依琴五调调声之法，以均乐器，然后错采众声以文饰之。若事有乖此，声则不和。"尚书萧宝寅奏仲儒学不师受，轻欲制作，事遂寝。

秋八月，魏中尉元匡免，复以为平州刺史。

　　魏中尉东平王匡，以论议数为任城王澄所夺，愤恚，复治其故棺，欲奏攻澄。澄因奏匡罪状，廷尉处以死刑，诏削官爵，而以侯刚代之。郎中辛雄奏曰："匡历奉三朝，骨鲠

北魏人陈仲儒请求依照京房所定的音准来校正八音，说："用音准来代替音律，就是用它的分度来调校乐器。然而声调本身，宫、商两音应当低沉，徵、羽两音应当清澄。如果依照公孙崇的说法，只用十二音律划分乐音，而说相继变换为宫音，清音浊音都很饱满，只有黄钟管最长，奏出的声音还很协顺。如果平均分成八音，仍然需要分别采纳各种音调，才能配成美妙的乐声。如果用应钟为宫音，蕤宾为徵音，那么徵音浊而宫音清，虽然有韵律，却成不了曲调。如果用中吕为宫音，那么十二音律就全无可取了。现在依照京房乐书中所说，用中吕为宫音，然后用减弱的音为商音，用起始的音为徵音，然后才形成韵律。而公孙崇却把中吕作为宫音，仍然用林钟为徵音，这样怎么能和谐呢？然而乐声十分精密微妙，史传所载都很简略，过去记载确定音准用十三弦，隐间九尺，没有说明需要弦柱与否。而且一寸之内，有一万九千六百八十三分音，精微细密难以分辨。我陈仲儒私下考定，确定音准应该使用弦柱，只要向前调动弦柱，以此来确定音准的分度，这样产生出来的音韵就自然和谐了。它的中弦粗细应当与琴宫相同，用转弦的轸来调音，让它与黄钟相合。中弦以下依照度数划分成六十音律的清浊音节，其余十二弦应当像筝那样设立弦柱，就是将中弦上的一周的声音分度，按度数标志在十二弦上。然后按照相生之法，按次序进行，取十二律的商、徵两音。商、徵二音确定后，再按照琴五调的调声方法来协调乐器，然后分别采用各种乐音来修饰它。如果不按照这种方法来进行，那么声音就不会和谐。"尚书萧宝寅上奏陈仲儒的学问没有老师传授，轻率地制定音律，于是这件事就搁置下来。

秋八月，北魏中尉元匡被罢免，后又被任命为平州刺史。

北魏中尉东平王元匡，因为自己的建议多次被任城王元澄驳回，非常气愤，便又重新收拾好过去与高肇抗衡时所做的棺材，准备上奏攻击元澄。元澄因此上奏元匡的罪状，廷尉判处元匡死刑，朝廷下令削夺元匡的官爵，而任命侯刚代替他的官职。郎中辛雄上奏朝廷，认为："元匡曾经侍奉过三朝皇帝，刚正不阿

之迹朝野具知,故高祖赐名曰匡。先帝已容之于前,陛下亦宜宽之于后。若终贬黜,恐杜忠臣之口。"乃复除匡平州刺史。

九月,魏太后游嵩高。

初,魏胡太后数幸宗戚勋贵之家,侍中崔光表谏曰:"《礼》,诸侯非问疾吊丧而入诸臣之家,谓之君臣为谑。不言王后夫人,明无适臣家之义。夫人,父母在有归宁,没则使卿宁。汉上官皇后将废昌邑,霍光,外祖也,亲为宰辅,后犹御武帐以接群臣,示男女之别也。愿陛下简息游幸,则率土属赖,含生仰悦矣。"不听,至是游嵩高,数日而还。

冬十二月,魏司徒任城王澄卒。

谥曰文宣。

高丽王云卒。

子安立。

魏汰郎官。

魏以郎选不精,大加沙汰,唯朱元旭、辛雄、羊深、源子恭、祖莹等以才用见留,余皆罢遣。

庚子(520)　梁普通元年,魏正光元年。

春正月,日食。　梁左将军冯道根卒。

梁主春祠二庙,既出宫,有司以道根讣闻,梁主问中书舍人朱异曰:"吉凶同日可乎?"对曰:"昔卫献公闻柳庄死,不释祭服而往哭之。道根有劳王室,临之礼也。"梁主即幸其宅,哭之恸。

的事迹，朝廷内外都知道，所以孝文帝赐名'匡'。先帝既然先前已经容忍了他，陛下现在也应该宽容他。如果最终贬黜了他的官职，恐怕会堵住忠臣的嘴巴。"于是重新授予元匡平州刺史。

九月，北魏胡太后游幸嵩山。

起初，北魏胡太后多次驾临皇室贵戚功臣显贵的家中，侍中崔光上书劝谏说："《礼记》中记载，如果诸侯不是为了慰问病人或追悼亡者而进入大臣的家中，就叫作君臣之间相戏谑。没有提到王后夫人，表明王后夫人根本没有去大臣家的道理。按照礼的规定，诸侯的夫人，父母在世时可以回家问候，父母去世，只能派大臣去问候。汉朝的上官皇后将要废掉昌邑王，霍光是她的外祖父，亲自担任宰相，上官皇后还要悬挂武帐来接见各位大臣，以表明男女要有区别。希望陛下减少和停止出游探视，那么国家社稷就有了依赖，天下苍生就会感到欢欣鼓舞了。"胡太后不听他的劝谏，至此时巡幸嵩山，几天后才返回。

冬十二月，北魏司徒任城王元澄去世。

谥号为文宣。

高丽王高云去世。

他的儿子高安继位。

北魏裁汰郎官。

北魏认为郎官选举不精，大加淘汰，只有朱元旭、辛雄、羊深、源子恭、祖莹等人因为有才能而被留用，其余的人都被罢免官职遣送回家。

庚子（520） 梁普通元年，魏正光元年。

春正月，发生日食。　　梁朝左将军冯道根去世。

梁武帝去祭祀太庙和小庙，已经出宫，有关部门把冯道根去世的消息告诉了他，梁武帝问中书舍人朱异说："吉凶的事发生在同一天里行吗？"回答说："过去卫献公听到柳庄的死讯，没有脱下祭服就前去吊唁。冯道根对王室有功劳，去吊唁他是合乎礼仪的。"于是梁武帝就到冯道根的住宅，非常悲恸地哭悼他。

高丽入贡于梁。　秋七月,魏侍中元义杀太傅、清河王怿,幽太后于北宫。

魏太傅、侍中、清河王怿美风仪,胡太后逼而幸之。然素有才能,辅政多所匡益,好学礼士,时望甚重。侍中、领军将军元义恃宠骄恣,怿每裁之以法。卫将军刘腾权倾内外,吏部用其弟为郡,怿抑而不奏,义、腾皆怨之。

乃使主食胡定自列云:"怿货定使毒魏主。"魏主时年十一,信之。义奉魏主御显阳殿,腾闭永巷门,太后不得出。怿入,义厉声止之,怿曰:"汝欲反邪!"义曰:"正欲缚反者耳。"命宗士执怿,腾称诏集公卿议,论怿大逆,众畏,无敢异者。唯仆射、新泰公游肇抗言以为不可,终不下署。

义、腾遂杀怿,诈为太后诏,自称有疾,还政魏主。幽太后于北宫,魏主亦不得省见,裁听传食而已。太后不免饥寒,乃叹曰:"养虎得噬,我之谓矣。"义遂与太师、高阳王雍等同辅政,魏主谓义为姨父。义与腾表里擅权,义为外御,腾为内防。常直禁省,威振内外。

朝野闻怿死,无不丧气,胡夷为之黥面者数百人。游肇愤邑而卒,谥曰文贞。

江、淮、海溢。　魏相州刺史中山王熙起兵讨元义,不克而死,弟略奔梁,梁以为中山王。

高句丽向梁朝进贡。 秋七月,北魏侍中元义杀死太傅、清河王元怿,幽禁胡太后于北宫。

北魏太傅、侍中、清河王元怿风度翩翩,仪容俊美,胡太后逼迫他和自己私通。但是元怿一向有才能,辅政多有匡益,又爱好文学,对士大夫很尊敬,因而在社会上声望很高。侍中、领军将军元义倚仗胡太后的宠信骄横放肆,元怿常常根据法律制裁他。卫将军刘腾的权势倾压朝廷内外,吏部为了讨刘腾的欢心,任用他的弟弟为郡太守,元怿压下了奏章,没有上报,元义、刘腾都怨恨他。

于是唆使主食太监胡定自己供认说:"元怿贿赂我,让我毒死皇上。"孝明帝当时只有十一岁,信了他的话。元义奉侍皇帝来到显阳殿,刘腾关闭永巷门,胡太后不能出来。元怿入宫,元义厉声喝止,元怿说:"你想造反吗!"元义说:"正想抓造反的人呢!"命令宗士抓住元怿,刘腾假称皇上的命令召集公卿大臣讨论,判定元怿的罪状为谋反,众人都畏惧元义,没有敢表示不同意见的。只有仆射、新泰公游肇反驳说不可能谋反,最后也没有下笔签名同意。

元义、刘腾杀掉元怿,伪造太后的诏令,说自己有了疾病,把政权交还给孝明帝。把胡太后幽禁在北宫,北魏孝明帝也不能探视,只允许递送食物进去。胡太后免不了忍饥受寒,于是她叹息道:"养虎却被虎咬,说的就是我。"元义便与太师、高阳王元雍等人一同辅政,孝明帝称元义为姨父。元义与刘腾内外勾结,专擅朝政,元义专管抵挡来自朝廷之外的攻击,刘腾负责对朝廷内部的监视。他们常常在殿中值勤,威震朝廷内外。

朝廷内外的人们听到元怿的死讯,莫不痛心疾首,胡人夷人中有好几百人划破面孔表示悲哀。游肇悲愤抑郁而死,谥号为文贞。

长江、淮河、海水暴涨。 北魏相州刺史、中山王元熙起兵讨伐元义,没能成功而死,他的弟弟元略投奔梁朝,梁朝任命元略为中山王。

魏相州刺史中山王熙,英之子也,与弟略、纂皆为清河王怿所厚,闻怿死,起兵于邺,表请诛元义、刘腾。长史柳元章等执之,元义遣使斩之于邺。熙好文学,有风义,名士多与之游,将死,与故知书曰:"太后见废北宫,清河横受屠酷,主上幼年,独在前殿。君亲如此,无以自安,故帅兵民,欲建大义于天下。但智力浅短,旋见囚执,上惭朝廷,下愧相知。本以名义干心,不得不尔,流肠碎首,复何言哉?凡百君子,各敬尔仪,为国为身,善勖名节!"闻者怜之。熙首至洛阳,亲故莫敢视,前骁骑将军刁整独收而藏之。

略亡抵故人河内司马始宾,始宾与略转依西河太守刁双,匿之经年。时购略甚急,略惧,双曰:"会有一死,所难遇者,为知己死耳!愿不以为虑。"略固求南奔,双乃使从子昌送略渡江,梁封为中山王。

梁车骑将军、永昌侯韦睿卒。

时梁主方崇释氏,士民无不从风而靡,独睿自以位居大臣,不欲与俗俯仰,所行略如平日。卒谥曰严。

魏以高阳王雍为丞相。 柔然杀伏跋可汗,其弟阿那瓌立,寻出奔魏,国人立婆罗门为可汗。

初,柔然佗汗可汗纳伏名敦之妻侯吕陵氏,生伏跋可汗,及阿那瓌等六子。伏跋既立,忽亡其幼子祖惠,有巫地万言祖惠今在天上,我能呼之。乃于大泽中施帐幄祀天神,祖惠忽在帐中,自云恒在天上。伏跋大喜,号地万为圣女,纳为可贺敦,信用其言,干乱国政。祖惠浸长,语其母

北魏相州刺史、中山王元熙是元英的儿子，他和弟弟元略、元纂都得到清河王元怿的厚待，听到元怿的死讯，在邺城起兵，上表请求杀掉元义、刘腾。长史柳元章等人抓获了他们，元义派遣使者将元熙等人在邺城斩首。元熙喜好文学，有风度，名士大多和他有交往，他临死时，写信给老朋友说："胡太后现在被废在北宫，清河王元怿横遭杀害，皇上年幼，一个人在前殿任人摆布。皇亲受到这种对待，我等无法保全自身，所以统帅军队和民众，想在全国伸张正义。但是我智力短浅，不久即被关进监狱，上对朝廷有愧，下对知己无颜。本是出于忠义之心而起兵，不得不这么做，肝脑涂地，还有什么可说的呢？希望众多的友人君子，各自敬奉你们的道德理想，为国家为自己妥善地保持名节！"听到这些话的人都哀怜他。元熙的首级送到洛阳，他的亲戚朋友没有敢去看的，只有从前的骁骑将军刁整收藏了他的尸身。

　　元略逃到老朋友河内人司马始宾那里，司马始宾又和元略一起转而投靠西河太守刁双，在那里藏了一年多。当时悬赏通缉元略的风声很紧，元略很害怕，刁双说："人必然有一死，最难得的是为知己的人而死！希望你不要担忧。"元略坚持要南逃，于是刁双让侄子刁昌护送元略渡过长江，梁朝封元略为中山王。

　　梁朝车骑将军、永昌侯韦睿去世。

　　当时梁武帝正崇信佛教，士人和百姓莫不跟随响应，只有韦睿自己认为身为大臣，不想与世人随波逐流，行事基本上和往常一样。去世后谥号为严。

　　北魏任命高阳王元雍为丞相。　柔然杀死伏跋可汗，他的弟弟阿那瓌继位，不久出奔北魏，国人立婆罗门为可汗。

　　起初，柔然佗汗可汗娶了伏名敦的妻子侯吕陵氏，生下伏跋可汗以及阿那瓌等六个儿子。伏跋即位后，忽然丢失了幼子祖惠，有个巫婆叫地万的说祖惠现在在天上，我能把他叫来。于是在大泽中搭起帐幕祈求天神，祖惠一下子出现在帐幕中，自己说一直在天上。伏跋非常高兴，称地万是圣女，娶她为正妻，听信她的话，任她参与干扰国事。祖惠渐渐长大了，告诉他的母亲

曰："我常在地万家,上天者,地万教我也。"其母以告,伏跋不信。既而地万谮祖惠杀之,侯吕陵氏遣其大臣具列等杀地万,伏跋欲诛具列。会阿至罗入寇,伏跋击之,败还,侯吕陵氏与大臣共杀伏跋,立其弟阿那瓌为可汗。阿那瓌立十日,其族兄示发击之,阿那瓌战败奔魏。示发杀侯吕陵氏。

冬十月,魏以汝南王悦为太尉。

魏清河王怿死,汝南王悦了无恨元义之意,以桑落酒候之,尽其私佞。义大喜,以悦为侍中、太尉。

十一月,魏立阿那瓌为蠕蠕王。

柔然可汗阿那瓌将至,魏主使京兆王继、侍中崔光等迎之,赐劳甚厚。引见置宴,置阿那瓌位于亲王之下。立为朔方公、蠕蠕王。时魏方强盛,于洛水桥南御道东,作金陵、燕然、扶桑、崦嵫四馆,道西立归正、归德、慕化、慕义四里,以处四方降者。及阿那瓌入朝,以燕然馆处之。阿那瓌屡求返国,朝议异同不决,以金百斤赂元义,遂听北归。

魏以京兆王继为司徒。　魏遣使如梁。
梁魏始复通好。

辛丑（521）　梁普通二年,魏正光二年。
春正月,梁置孤独园。
以收养贫民也。
魏发兵纳阿那瓌于柔然,不克。
魏发近郡兵万五千人,使怀朔镇将杨钧将之,送柔然可汗阿那瓌返国。右丞张普惠上疏曰:"蠕蠕久为边患,今

说:"我一直在地万家,在天上的话是地万教我说的。"他的母亲把这些话告诉伏跋,伏跋不相信。不久地万在伏跋面前诬陷祖惠并杀了他,侯吕陵氏派遣她的大臣具列等人杀掉地万,伏跋想杀死具列。恰巧阿至罗族入侵,伏跋前去抗击,兵败而回,侯吕陵氏和大臣一起杀死伏跋,立他的弟弟阿那瓌为可汗。阿那瓌立为可汗十天,他的族兄示发攻打他,阿那瓌战败,投奔北魏。示发杀死侯吕陵氏。

冬十月,北魏任命汝南王元悦为太尉。

北魏清河王元怿死后,汝南王元悦一点没有痛恨元义的意思,反而用桑落酒讨好元义,极尽谄媚讨好之能事。元义非常高兴,任命元悦为侍中、太尉。

十一月,北魏立阿那瓌为蠕蠕王。

柔然可汗阿那瓌将要来到,北魏孝明帝派遣京兆王元继、侍中崔光等人前去迎接他,十分优厚地赏赐、慰劳他。接见阿那瓌时设置筵席,把阿那瓌的座位排在亲王的下边。立阿那瓌为朔方公、蠕蠕王。当时北魏正强盛,在洛水桥的南面,御道的东面修建了金陵、燕然、扶桑、崦嵫四座客馆,御道的西面建起了归正、归德、慕化、慕义四条街,以安置四方来的归降者。等阿那瓌入朝晋见,就把他安置在燕然馆里。阿那瓌多次请求返回自己的国家,朝廷讨论意见不一致,阿那瓌就用黄金百斤贿赂元义,于是就听任他北归。

北魏任命京兆王元继为司徒。 北魏派遣使者去梁朝。

梁朝和北魏才重新开始亲善往来。

辛丑(521) 梁普通二年,魏正光二年。

春正月,梁朝设置孤独园。

用来收养贫穷百姓。

北魏调发军队送阿那瓌回柔然,没能成功。

北魏征发附近郡县一万五千多人,由怀朔镇将杨钧统领,送柔然可汗阿那瓌返国。右丞张普惠上疏说:"蠕蠕久为边患,现

革面稽首,束身归命,抚之可也。乃更自劳扰,兴师郊甸之内,投诸荒裔之外,救累世之勍敌,资天亡之丑虏,臣未见其可也。况今旱暵方甚,干时而动,其可济乎！脱其颠覆,钧之肉其足食乎！宰辅专好小名,不图安危大计,此微臣所以寒心者也。"弗听。

阿那瓌之南奔也,其从父兄婆罗门讨示发,破之,国人推婆罗门为弥偶可社句可汗。魏遣使者牒云具仁往谕之,使迎阿那瓌。具仁至柔然,婆罗门殊骄慢无逊避心,责具仁礼敬,具仁不屈,婆罗门乃遣大臣将兵二千随具仁迎阿那瓌。阿那瓌惧,不敢进,请还洛阳。

三月,魏元义杀将军奚康生,以宦者刘腾为司空,京兆王继为太保,崔光为司徒。

魏元义、刘腾之幽胡太后也,右卫将军奚康生预其谋,义使之领左右。康生子难当娶侯刚女,刚子,义之妹夫也,义以康生通姻,深相委托,三人常俱宿禁中。康生性粗武,义稍惮之,康生亦微惧不安。魏主朝太后于西林园,文武侍座,酒酣迭舞,康生乃为力士舞,及折旋之际,每顾视太后,举手、蹈足、瞋目、颔首,为执杀之势,太后解其意而不敢言。日暮,太后欲携帝宿宣光殿,侯刚不可,康生曰:"至尊陛下之儿,随陛下可也。"太后自起援帝下堂去。帝前入阁,左右竞相排,阁不得闭,康生夺千牛刀斫之,乃得定。帝既升宣光殿,康生乘酒势将出处分,为义所执。光禄勋贾粲绐太后曰:"侍官怀恐不安,陛下宜亲安尉。"太后适下

在他们洗心革面叩首顺从,阿那瓌只身来投奔,安抚他们就可以了。却自己劳师扰民,在京城内外兴师动众,把他们派遣到荒僻偏远的地方,去救助我们几代的劲敌,帮助上天要灭亡的丑虏,臣实在看不出这样做的必要。何况现在干旱正厉害,违背时势贸然行动,如何能够成功呢!万一发生不测之变,就是把杨钧杀了吃掉,又有什么用呢!宰相大臣们专门喜好个人的名声,不替国家的安危着想,这是小臣我感到寒心的地方。"没有听从他的劝谏。

阿那瓌南奔的时候,他的堂兄婆罗门讨伐示发,打败了他,柔然人推举婆罗门为弥偶可社句可汗。北魏派遣使者牒云具仁前往晓谕婆罗门,让他迎接阿那瓌。牒云具仁到达柔然,婆罗门非常傲慢,没有谦逊礼让的意思,让牒云具仁对他行礼以示尊敬,牒云具仁不肯屈从,婆罗门才派遣大臣率领士兵二千人跟随牒云具仁去迎接阿那瓌。阿那瓌害怕,不敢前去,请求返回洛阳。

三月,北魏元义杀死将军奚康生,任命宦官刘腾为司空,京兆王元继为太保,崔光为司徒。

北魏元义、刘腾囚禁胡太后时,右卫将军奚康生参与了他们的谋划,因此元义任用他统领禁军。奚康生的儿子奚难当娶了侯刚的女儿,侯刚的儿子又是元义的妹夫,元义因为和奚康生有姻亲关系,所以对他非常信任,他们三人经常一起住在宫城内。奚康生性格粗暴鲁莽,元义有些惧怕他,奚康生也有些畏惧不安。北魏孝明帝在西林园朝见胡太后,文武大臣一起陪坐,酒酣之时纷纷起舞,奚康生就趁势表演力士舞,每到回旋、转身的时候,总是看着胡太后,举手、投足、瞪眼、点头,做捕杀的姿势,胡太后知道他的用意却不敢说话。傍晚,胡太后想带着孝明帝一起住在宣光殿,侯刚不同意,奚康生说:"皇上是陛下的儿子,完全可以跟随陛下。"胡太后自己起身拉着孝明帝下堂而去。孝明帝前头进入殿门,手下的人互相拥挤着,门关不上,奚康生夺过千牛刀砍过去,才安定了局面。孝明帝登上宣光殿后,奚康生借着酒劲想要出来安排布置,被元义抓住。光禄勋贾粲欺骗胡太后说:"侍官们惶恐不安,陛下应该亲自前去安慰。"太后刚走下

殿,粲即扶帝出东序,前御显阳殿,还闭太后于宣光殿。乂遂杀康生,流难当。以刘腾为司空。公私属请,唯视货多少,刻剥六镇,岁入以巨万万计,远近苦之。京兆王继,自以权位太盛,请以司徒让崔光,乃以继为太保,崔光为司徒。

秋七月,梁以裴邃为豫州刺史。

邃镇合肥,欲袭寿阳,阴结寿阳民为内应,恐魏觉之,先移魏扬州云:"闻欲修白捺故城,稍相侵逼,此亦须营欧阳,设交境之备。"扬州刺史长孙稚谋于僚佐,皆曰:"此无修白捺之意,宜以实报之。"录事参军杨侃曰:"白捺小城,本非形胜,邃好狡数,今集兵遣移,恐有他意。"稚大寤,令侃报移曰:"彼之纂兵,想别有意,何为妄构白捺!'他人有心,予忖度之',勿谓秦无人也。"邃得移,以为魏人已觉,即散其兵。

高车击柔然,柔然可汗婆罗门降魏。冬十月,魏分柔然为二国。

高车伊匐击柔然可汗婆罗门,大破之,婆罗门帅十部落诣凉州,请降于魏。柔然余众相帅迎阿那瓖,阿那瓖乞兵送还。诏中书、门下博议,凉州刺史袁翻曰:"自国家都洛以来,蠕蠕、高车迭相吞噬,始则蠕蠕授首,既而高车被擒。今高车自奋于衰微之中,克雪仇耻,诚由种类繁多,终不能相灭。自二虏交斗,边境无尘,数十年矣,此中国之利也。今蠕蠕两主相继归诚,戎狄禽兽,终无纯固之节,然

殿,贾粲就扶着孝明帝从东门走了,前往显阳殿,回来把胡太后关闭在宣光殿内。于是元义杀死贾康生,将贾难当流放。任命刘腾为司空。刘腾不论别人请他办的是公事还是私事,只看所送财货多少而决定,对六镇敲诈勒索,每年的收入数以亿计,远近的人都身受其害。京兆王元继,自己认为职权太大,请求把司徒的位子让给崔光,于是就任命元继为太保,崔光为司徒。

秋七月,梁朝任命裴邃为豫州刺史。

裴邃镇守合肥,想袭击寿阳,暗地里交结寿阳的百姓作为内应,恐怕北魏人发觉,便先给北魏的扬州刺史写了一封信,说:"听说北魏想要修复白捺老城,这有些要发动侵略的意思,我们这边也要修筑欧阳城,增强边境的守备。"扬州刺史长孙稚和幕僚们商议此事,都说:"我们这边并没有修复白捺城的意思,把实情告诉他们。"录事参军杨侃说:"白捺是座小城,本来就不是险要之地,裴邃一贯狡诈,现在集结兵力,送来文书,恐怕有别的用意。"长孙稚顿时醒悟过来,令杨侃写了封回复的文书,说:"你们调动兵力,想来必有他意,何必妄自胡说我们要修筑白捺城呢!古语说得好:'他人有什么心思,我能猜得出来。'不要以为我们这里就没有能人。"裴邃收到文书,认为北魏人已经察觉,就遣散了他的军队。

高车进攻柔然,柔然可汗婆罗门投降北魏。冬十月,北魏把柔然分为两个国家。

高车伊匐进攻柔然可汗婆罗门,大败婆罗门,婆罗门统帅十个部落来到凉州,请求向北魏投降。柔然剩余部众一起来迎阿那瓌,阿那瓌请求派兵护送他回国。朝廷下令中书、门下集体议定,凉州刺史袁翻说:"自从国家建都洛阳以来,蠕蠕、高车互相吞并,开始是蠕蠕失去头领,接着高车王被抓。现在高车在衰败中奋起,报仇雪耻,但由于种族繁多,最终也不能灭掉对方。自从这两个敌虏国家相互交战以来,我们边境的尘土不起已经几十年了,这是中原国家的益处。现在蠕蠕两个国主相继归顺我国,虽然戎狄之族野性难改,最终也没有纯真坚固的节操,但是

存亡继绝,帝王本务。若弃而不受,则亏我大德,若纳而抚养,则损我资储,或全徙内地,则非直其情不愿,亦恐终有刘、石之患。且蠕蠕尚存,则高车犹有内顾之忧,未暇窥窬上国。若其全灭,则高车跋扈之势岂易可知!今蠕蠕虽乱,部落犹众,处处棋布,以望旧主,高车虽强,未能尽服也。愚谓蠕蠕二主并宜存之,居阿那瓌于东,处婆罗门于西,分其降民各有攸属。阿那瓌所居非所经见,不敢臆度,婆罗门请修西海故城以处之。西海在酒泉之北,去高车所居金山千余里,实北虏往来之冲要,二地沃衍,大宜耕稼。宜遣一良将,配以兵仗,监护婆罗门,因令屯田,以省转输之劳。其北则临大碛,野兽所聚,使蠕蠕射猎,彼此相资,足以自固。外以辅蠕蠕之微弱,内亦防高车之畔涣,此安边保塞之长计也。若婆罗门能收离聚散,复兴其国者,渐令北转徙度流沙,则是我之外藩,高车勍敌,西北之虞可以无虑。如其奸回反覆,不过为逋逃之寇,于我何损哉?"朝议是之。乃置阿那瓌于吐若奚泉,婆罗门于故西海郡。

十一月,魏讨叛氐,不克。

魏以东益、南秦氐皆反,以河间王琛为行台讨之。琛恃刘腾之势,贪暴无所畏忌,大为氐所败。

使危亡的国家幸存下去,使绝灭的种姓得以繁衍,是帝王的本务。如果对他们弃而不管,就会有损于我们的德行,如果收留并抚养他们,就会损失我们的物资储备,如果把他们全部迁徙内地,则不但他们不愿意,也担心成为我们的祸患,晋代的刘渊、石勒之乱就是这样发生的。况且只要蠕蠕还存在,那么高车就还有后顾之忧,没工夫觊觎我国。如果蠕蠕灭亡,那么高车的跋扈之势难道能够预测吗!现在蠕蠕虽然发生内乱,部落民众还很多,到处都有,都盼望着过去的主人,高车虽然强大,不能全部征服他们。我认为蠕蠕的两个国主应该同时并存,让阿那瓌居住在东部,让婆罗门住在西部,把降民分给他们,使他们各有所属。阿那瓌所住的地方我不曾见过,不敢妄加猜测,对于婆罗门,则请修筑西海旧城让他居住。西海在酒泉的北面,离高车所居的金山一千多里,实在是北方敌虏往来的要冲,这两处地方土地肥沃广阔,非常适合耕种。应该派遣一员良将,配备兵力武器,监视保护婆罗门,顺便让他们去屯田,可以节省粮草运输的烦劳。西海的北边面临大沙漠,是野兽聚集的地方,让蠕蠕们打猎,与守军互相资助,便完全能够坚守自固。对外可以辅助弱小的蠕蠕,对内可以防御高车的挑衅和侵犯,这是安定边疆保卫边塞的长远计策。如果婆罗门能够收集离散的部众,复兴他的国家,就让他逐渐向北迁徙,度过沙漠,便可以成为我国的外藩,高车的劲敌,西北一带的忧虑就可以解除。如果婆罗门狡诈反叛,也不过是外逃的流寇,对我国有什么损害呢?"经过朝廷讨论同意了他的意见。于是安置阿那瓌在吐若奚泉,婆罗门在过去的西海郡。

十一月,北魏讨伐反叛的氐人,没能取胜。

北魏因为东益、南秦二州的氐人都反叛了,任命河间王元琛为行台加以讨伐。元琛依仗刘腾的权势,贪婪残暴无所顾忌,被氐人打得大败。

壬寅（522）　梁普通三年，魏正光三年。

夏四月，高车王弟越居弑其王伊匐而自立。　五月朔，日食，既。　冬十一月，魏行《正光历》。

初，魏世宗以《玄始历》浸疏，命更造新历。至是著作郎崔光取张龙祥等九家所上历，候验得失，合为一历，行之。

梁西丰侯正德奔魏，既而逃归。

初，梁主养临川王宏之子正德为子，及太子统生，正德还本，赐爵西丰侯。怏怏不满意，常蓄异谋。是岁奔魏，魏人待之甚薄，正德逃归。梁主泣而诲之，复其封爵。

柔然王婆罗门叛魏，魏讨而执之。

柔然婆罗门叛魏，亡归嚈哒。魏以平西长史费穆为行台，将兵讨之。柔然遁去，穆曰："戎狄之性，见敌即走，乘虚复出。若不使之破胆，终恐疲于奔命。"乃简精骑伏山谷，以步兵之羸者为外营，柔然果至，奋击破之。婆罗门为凉州军所擒，送洛阳。

癸卯（523）　梁普通四年，魏正光四年。

春二月，柔然大饥，魏遣使抚之。

柔然大饥，阿那瓌帅其众入魏境求赈给，魏以左丞元孚为行台，持节抚之。将行，表陈便宜曰："蠕蠕久来强大，今自乱亡，宜因此时，善思远策。昔汉宣之世，呼韩款塞，汉遣董忠、韩昌领边郡士马，送出朔方，因留卫助。光武时亦使中郎将段彬置安集掾史，随单于所在，参察动静。今宜略依旧事，借其闲地，听其田牧，粗置官属，示相慰抚。

壬寅（522） 梁普通三年,魏正光三年。

夏四月,高车国王的弟弟越居杀死他的国王伊匐自立为王。
五月初一,发生日全食。　冬十一月,北魏颁行《正光历》。

起初,北魏世宗认为《玄始历》渐渐不准确了,下令另制新的
历法。到现在著作郎崔光选取张龙祥等九家所呈上的新历,经
过验证得失,合并成一种历法,颁行天下。

梁朝西丰侯萧正德投奔北魏,不久逃回。

起初,梁武帝抚养临川王萧宏的儿子萧正德为自己的儿子,
等到太子萧统出生,萧正德被交还父母,被封为西丰侯。萧正德
恨恨不平,一直想谋反。这一年投奔北魏,北魏人对待他很冷
淡,萧正德逃回梁朝。梁武帝流着泪教诲他,恢复他的爵位。

柔然国王婆罗门反叛北魏,北魏讨伐并抓获了他。

柔然婆罗门反叛北魏,逃至嚈哒。北魏任命平西长史费穆
为行台,率兵讨伐他。柔然人逃遁,费穆说:"戎狄的本性是见敌
就逃,乘虚又来。如果不吓破他们的胆子,恐怕最后会被他们折
腾得疲于奔命。"于是挑选精壮的骑兵埋伏在山谷中,派瘦弱的
步兵在外面扎营,柔然人果然来袭,费穆率领军队奋力进攻,大
败柔然人。婆罗门被凉州军队抓获,送到洛阳。

癸卯（523） 梁普通四年,魏正光四年。

春二月,柔然发生大饥荒,北魏派遣使者前去安抚。

柔然发生大饥荒,阿那瓌率领部众进入北魏境内请求赈济,
北魏派遣左丞元孚为行台,持符节前去安抚。临行前,元孚上表
陈述自己的主张说:"蠕蠕长期以来都很强大,现在他们自己发
生内乱而衰落,应该趁着这个时机,妥善地考虑一下长久的计
策。从前汉宣帝时,呼韩邪愿意通好,汉朝派遣董忠、韩昌统领
边郡的兵马,把他送出朔方,并且留下保护、扶助他们。东汉光
武帝时,也派中郎将段彬设置安集掾史,跟随单于行动,观察他
们的动静。现在应仿效从前的办法,把闲置土地借给他们,让
他们种田放牧,简单地设置官吏,以表示对他们的关心和爱护。

严戒边兵，因令防察，使亲不至矫诈，疏不容反叛，最策之得者也。"不从。

　　三月，魏司空刘腾卒。　夏四月，柔然王阿那瓌执魏使者犯魏边，魏发兵击之，不及而还。

　　魏元孚持白虎幡，劳阿那瓌于柔玄、怀荒二镇之间。阿那瓌众号三十万，阴有异志，遂拘留孚。引兵而南，所过剽掠，至平城，乃听孚还。有司奏孚辱命，抵罪。遣尚书令李崇、仆射元纂帅骑十万击柔然。阿那瓌闻之，驱民北遁。崇追之三千余里，不及而还。

　　纂使参军于谨追至郁对原，前后十七战，屡破之。谨性深沉有识量，涉猎经史。少时屏居闾里，不求仕进，或劝之仕，谨曰："州郡之职，昔人所鄙，台鼎之位，须待时来。"纂闻而辟之。

　　崇长史魏兰根说崇曰："昔缘边初置诸镇，地广人稀，或征发中原强宗子弟，或国之肺腑，寄以爪牙。中年以来，有司号为'府户'，役同厮养，官婚班齿，致失清流，而本来族类各居荣显，顾瞻彼此，理当愤怨。宜改镇立州，分置郡县，凡是府户，悉免为民，入仕次叙，一准其旧，文武兼用，威恩并施。此计若行，国家庶无北顾之虑矣。"崇为之奏闻，事寝，不报。

　　魏沃野镇民破六韩拔陵反。

　　初，元义既幽胡太后，常入直于魏主所居殿侧，曲尽佞媚，帝宠信之。义出入，恒令勇士持兵先后。时出休于千

严密布置边疆兵力,以便防卫和监视柔然人,让他们与我们亲近而不至于欺瞒,即使疏远我们,也不至于反叛,这才是对我们最有利的计策。"朝廷没有采纳。

三月,北魏司空刘腾去世。　夏四月,柔然国王阿那瑰扣留北魏使者侵犯北魏边境,北魏出兵攻打,没有追上而撤回。

北魏元孚手持白虎幡,慰劳阿那瑰于柔玄、怀荒二镇之间。阿那瑰号称有三十万人马,暗中怀有反叛之意,于是就拘留了元孚。率领军队向南开进,所过之处到处剽掠,到达平城,才让元孚还朝。有关部门上奏元孚辱没使命,把他判了罪。派遣尚书令李崇、仆射元纂统率十万骑兵进攻柔然。阿那瑰听到这一消息,驱赶部民向北逃跑。李崇追击了三千多里,没能赶上只好撤回。

元纂派遣参军于谨追击至郁对原,先后交战十七次,屡屡获胜。于谨性情深沉,有见识,有气量,经常阅读经典史传。少年时隐居乡间,不求仕进,有人劝他入仕做官,于谨说:"州郡官职,过去的人根本瞧不上,辅佐天子的职位,必须等到合适的时机才能获得。"元纂听说后就征召了他。

李崇的长史魏兰根劝李崇说:"过去沿边地区刚开始设置各镇时,地多人少,于是或者征调中原豪强的子弟,或者派遣宗室贵戚,前去镇守,朝廷委以重任。后来,当地的有关部门把他们称作'府户',像对待奴隶一样役使他们,他们在做官、婚配、论资、排辈等方面,没能享受上等人的优待,而留在各地原来的本族人却都荣华显贵,相互比较,他们理当感到愤怒不满。应该把镇改成州,分别设立郡和县,凡是府户,一概释放为平民,在做官和升迁方面和从前一样优待他们,这样文武并用,威恩兼施,才能使他们满意。如果实行这种策略,国家就可以解除北方的忧患了。"李崇替他上奏,但事情被搁置起来,没有上报朝廷。

北魏沃野镇的百姓破六韩拔陵造反。

起初,元义幽禁胡太后以后,经常入宫在孝明帝所住的殿堂旁边值勤,百般献媚,孝明帝因此开始宠信他。元义自由地出入宫禁,常常让勇士手持兵器在前后保护他。元义有的时候出宫在千

秋门外,施木栏楯,使腹心防守以备窃发。其始执政,矫情自饰,时事得失,颇以关怀。既得志,遂骄愎贪吝,嗜酒好色,与夺任情,纪纲坏乱。父京兆王继尤贪纵,受赂遗,请属有司,莫敢违者。牧守令长,率皆贪污之人。由是百姓困穷,人人思乱。

未几,沃野镇民破六韩拔陵聚众反,杀镇将,诸镇华夷之民往往响应。拔陵南侵,遣卫可孤攻围武川、怀朔二镇。尖山贺拔度拔及其三子允、胜、岳皆有材勇,怀朔镇将杨钧擢度拔为统军,三子为军主,以拒之。

冬,魏司徒崔光卒。

光宽和乐善,终日怡怡,未尝忿恚。于忠、元义用事,皆尊敬之,事多咨决,而不能救裴、郭、清河之死,时人比之张禹、胡广。且死,荐贾思伯为侍讲。帝从思伯受《春秋》,思伯倾身下士。或问曰:"公何以能不骄?"思伯曰:"衰至便骄,何常之有!"当世以为雅谈。

十一月朔,日食。 十二月,梁铸铁钱。

梁初,唯扬、荆、郢、江、湘、梁、益用钱,交、广用金银,余州杂以谷帛交易。后铸五铢钱,而民间私用古钱,禁之不能止,乃议罢铜钱,铸铁钱。

甲辰(524) 梁普通五年,魏正光五年。

春三月,魏遣临淮王彧督诸军讨拔陵。夏四月,高平敕勒胡琛反。拔陵陷武川、怀朔镇。五月,彧兵败绩,魏复遣都督李崇讨之。

秋门外休息,就设置木栅栏,让心腹守护以防止突发事件。他刚刚开始掌管朝政的时候,还伪装粉饰自己,时政的得失,还十分关心。等到得势以后,就开始傲慢无礼,贪得无厌,嗜酒好色,随心所欲地处理事务,朝廷的纲纪受到破坏。他的父亲京兆王元继尤其贪婪放肆,收受贿赂,操纵有关部门,没有人敢于违抗。风气所及各地方长官都是贪污受贿的人。因此百姓贫困窘迫,人人都想造反。

没过多久,沃野镇的百姓破六韩拔陵聚众造反,杀死镇将,各镇的汉族和夷族百姓纷纷响应。破六韩拔陵向南进军,派遣卫可孤围攻武川、怀朔二镇。尖山人贺拔度拔和他的三个儿子贺拔允、贺拔胜、贺拔岳都有才干和勇力,怀朔镇将杨钧提拔贺拔度拔为统军,他的三个儿子为军主,以抗拒叛军。

冬季,北魏司徒崔光去世。

崔光宽厚和蔼,乐善好施,整天快乐平和,从来不发火生气。于忠、元义专权擅政,都尊敬他,凡事都和他商议后才决定,但他并没能挽救裴植、郭祚和清河王元怿之死,当时人把他比作张禹、胡广。崔光将要死去时,推荐贾思伯为侍讲。孝明帝跟着贾思伯学习《春秋》,贾思伯礼贤下士。有人问贾思伯说:"您为什么能不骄傲自满呢?"贾思伯说:"人到衰老时就容易骄傲起来,很难保持一生的名声!"当时的人把它传为佳话。

十一月初一,发生日食。 十二月,梁朝铸造铁钱。

梁朝初年,只有扬州、荆州、郢州、江州、湘州、梁州、益州使用钱币,交州、广州使用金银,其他的州夹杂使用谷物、布帛进行交易。后来铸造五铢钱,但是民间私自使用古钱,根本无法禁止,于是商议废止使用铜钱,铸造铁钱。

甲辰(524) 梁普通五年,魏正光五年。
春三月,北魏派遣临淮王元彧都督各路军队征讨破六韩拔陵。夏四月,高平镇敕勒胡琛造反。破六韩拔陵攻陷武川、怀朔二镇。五月,元彧军队战败,北魏又派遣都督李崇前去征讨。

魏以临淮王彧讨破六韩拔陵。四月,高平镇敕勒酋长胡琛反,攻高平镇以应拔陵。魏将卢祖迁击破之,琛北走。

卫可孤攻怀朔镇经年,外援不至,杨钧使贺拔胜诣临淮王彧告急。胜募敢死少年十余骑,夜伺隙溃围出,贼追及之,胜曰:"我贺拔破胡也。"贼不敢逼。胜见彧,说之曰:"怀朔被围,旦夕沦陷,大王今顿兵不进,怀朔若陷,则武川亦危,贼之锐气百倍,虽有良、平,不能为大王计矣。"彧许为出师。胜还,复突围而入。钧复遣胜出觇武川,武川已陷,胜驰还,怀朔亦溃,胜父子俱为可孤所虏。五月,彧与拔陵战于五原,兵败,贼势日盛。

魏主引群臣问计,尚书元修义请遣重臣督军,镇恒、朔以捍寇,魏主曰:"去岁李崇求改镇为州,开镇户非冀之心,致有今日之患。然崇贵戚重望,器识英敏,意欲还遣崇行,何如?"群臣皆以为然。乃加崇使持节、北讨大都督,命将军崔暹、广阳王深,皆受节度。

魏秦州莫折大提反,陷高平。大提死,子念生代领其众,魏遣兵讨之。

魏自破六韩拔陵反,二夏、幽、凉寇盗蜂起。秦州刺史李彦残虐,城内薛珍等杀之,推其党莫折大提为秦王。魏遣雍州刺史元志讨之。南秦州人亦杀刺史崔游,以城应大提。大提遣其党袭高平,克之,杀镇将、行台。大提寻卒,子念生自称天子。魏遣尚书元修义为西道行台,帅诸将讨之。

秋七月,魏将军崔暹讨拔陵,战于白道,败绩。

北魏委任临淮王元彧征讨破六韩拔陵。四月,高平镇敕勒酋长胡琛造反,攻打高平镇以响应破六韩拔陵。北魏将领卢祖迁击败胡琛,胡琛向北逃去。

卫可孤攻打怀朔镇整整一年,外面援军没到,杨钧派贺拔胜到临淮王元彧处告急。贺拔胜招募了十余名不怕死的少年骑兵,夜间瞅空子突围而出,贼兵追上了他们,贺拔胜说:"我是贺拔破胡。"追兵吓得不敢逼近。贺拔胜见到元彧,向他游说道:"怀朔镇被包围,早晚将要沦陷,大王现在却按兵不动,怀朔一旦陷于敌手,那么武川就很危险了,那时贼寇锐气将增加百倍,虽然有张良、陈平在世,也不能为大王您计议了。"元彧许诺出兵援救怀朔。贺拔胜返回,又突破重围而入城。杨钧又派贺拔胜前去察看武川的战况,武川已经失陷,贺拔胜快马返回,怀朔也被攻破,贺拔胜父子都被卫可孤俘虏。五月,元彧与破六韩拔陵在五原交战,兵败,贼兵声势日益强盛。

北魏孝明帝召集群臣商议对策,尚书元修义请派遣重臣都督军事,镇守恒州、朔州,以抵御贼寇,孝明帝说:"去年李崇请求改镇为州,开启了镇中府户的非分之想,以致有今天的祸患。但是李崇是贵戚勋臣,名望高,见识远,英武机敏,我想还是派李崇前去,怎么样?"群臣都赞同。于是委任李崇为持符节特使,北讨大都督,命令将军崔暹、广阳王元深都受李崇指挥调遣。

北魏秦州莫折大提造反,攻陷高平。莫折大提去世,他的儿子莫折念生代领部众,北魏派兵讨伐。

北魏自从破六韩拔陵造反以来,夏州、东夏州、幽州、凉州等地寇盗蜂起。秦州刺史李彦残暴酷虐,城里薛珍等人杀死了他,推举他们的同党莫折大提为秦王。北魏派遣雍州刺史元志前去征讨。南秦州人也杀死刺史崔游,率领全城百姓响应莫折大提。莫折大提派遣他的党徒袭击高平,攻克该城,杀死镇将、行台。莫折大提不久便去世,他的儿子莫折念生自称天子。北魏派遣尚书元修义为西道行台,统率各位将领前去征讨。

秋七月,北魏将军崔暹进攻破六韩拔陵,在白道被打败。

崔暹违李崇节度，与拔陵战于白道，大败。拔陵并力攻崇，崇力战，不能御，引还云中。广阳王深上言："先朝都平城，以北边为重，盛简亲贤，拥麾作镇，配以高门子弟，以死防遏，非唯不废仕宦，乃更独得复除。当时人物，忻慕为之。太和中，李冲用事，凉州士人悉免斯役，帝乡旧门，仍防边戍，本镇驱使，遂隔清途，自非得罪当世，莫肯与之为伍。又以或多逃逸，乃峻边兵之格，镇人不听浮游在外。于是少年不得从师，长者不得游宦，独为匪人，言之流涕。自定鼎伊、洛，边任益轻，唯底滞凡才，乃出为镇将，转相模习，专事聚敛。或诸方奸吏，犯罪配边，为之指纵，政以贿立，边人无不切齿。及阿那瓌背恩纵掠，发奔命追之，十五万众度沙漠，不日而还，边人见之，遂轻中国。李崇求改镇为州，抑亦先觉，朝廷未许，而拔陵为乱。此段之举，指望销平，而崔暹只轮不返，将士之情，莫不解体。今日所虑，非止西北，将恐诸镇寻亦如此，天下之事，何易可量！"书奏，不省。诏征崔暹系廷尉，暹赂元义，卒得不坐。

莫折念生寇魏东益州，不克。

莫折念生遣其都督杨伯年等，攻仇鸠、河池二戍，东益州刺史魏子建击破之。东益州，本氐王杨绍先之国，将佐以城民劲勇，二秦反者，皆其族类，请收其器械，子建曰：

崔暹违背李崇的指挥，与破六韩拔陵在白道一带大战，一败涂地。破六韩拔陵集中兵力进攻李崇，李崇全力奋战，难以抵挡，便带领军队回到云中。广阳王元深上奏说："先朝建都平城，以北部边境为重，郑重地挑选亲近贤能，挂帅担任镇将，并且让高门大户的子弟做帮手，拼死防卫边境，不但不影响他们的仕途前程，而且还可以得到单独的提升。当时的人们，都欣慕能去边境保卫边防。太和年间，李冲专权用事，凉州士人全都免除服役，而平城的高门大户，却依然要去戍边守关，受到镇将的驱使，断绝了升迁之路，如果不是得罪了当权者，谁也不肯加入守边的行列。又因为有很多人逃跑，就制定了严厉的边兵制度，不允许边镇百姓浮游在外。因此镇上的少年不能从师学习，成年人不能外出做官，唯有这些人不被当作人看待，说起来便让人心酸流泪。自从国家迁都洛阳以来，边防职任更加不受重视，只有长期得不到升迁的人，才出任镇将，这些人互相仿效，专门聚敛财物。或者各地方的奸吏，因犯罪发配边疆，为镇将出谋划策，贪赃枉法，贿赂成风，边民们无不切齿痛恨。等到阿那瓌背弃恩德，纵兵抢掠，朝廷发兵长途追击，十五万大军越过沙漠，但不过几天就返回来了，边民看到这种情况，从内心里瞧不起中原之国。李崇请求改镇为州，或许也是先察觉到这一点，朝廷没有准许，因而破六韩拔陵趁机作乱。这一时期的举动，本来指望能够铲平叛乱，然而崔暹全军覆没，将士们的情绪一落千丈，无心再战。现在的忧虑，不仅在西北方面，恐怕各镇不久也会这样，天下的事情，怎么能很容易地估量透呢！"元深的上书奏呈后，孝明帝依然没有醒悟。下诏召崔暹进朝，由廷尉治罪，崔暹贿赂元义，最终也没被治罪。

莫折念生攻打北魏东益州，没能成功。

莫折念生派遣他手下都督杨伯年等人攻打仇鸠、河池两个寨堡，东益州刺史魏子建击败了他们。东益州本来是氐王杨绍先的封国，将佐们认为城中百姓勇悍有力，秦州和南秦州的反叛者都是他们的族人，因而请求收缴他们的兵仗器械，魏子建说：

"城民数经行阵,抚之足以为用,急之则腹背为患。"乃悉召而慰谕之,既而渐分其父兄子弟外戍诸郡,内外相顾,卒无叛者。

八月,梁徐州刺史成景隽拔魏童城。　魏都督元志讨莫折念生,战于陇口,败绩。

魏散骑侍郎李苗上书曰:"凡食少兵精利速战,粮多卒众宜持久。今陇贼猖狂,非有素蓄,其势在于疾攻,迟则人情离沮,故高壁深垒者,王师全制之策也。但天下久泰,人不晓兵,奔利不相待,逃难不相顾,将无法令,士非教习,不思长久之计,各有轻敌之心。如令陇东不守,汧军败散,则两秦遂强,三辅危弱,国之右臂于斯废矣。宜勒大将坚壁勿战,别命偏裨,帅精兵数千出麦积崖,以袭其后,则汧、岐之下,群妖自散矣。"以苗为统军,与别将淳于诞俱出梁、益,未至,莫折念生遣其弟天生将兵下陇,元志与战,兵败,东保岐州。

魏改镇为州。

东西部敕勒皆叛魏,附于拔陵,魏主始思李崇、元深之言,诏"诸州镇军贯,非有罪配隶者,皆免为民",改镇为州。

魏秀容人乞伏莫于等反,酋长尔朱荣讨平之。

荣,羽健之玄孙也。御众严整,时四方兵起,荣阴散其畜牧资财,招合骁勇,结纳豪杰,于是侯景、司马子如、贾显度、段荣、窦泰皆往依之。

"城中百姓多次经历战阵,安抚他们完全能够为我所用,逼他们太急,就会成为我们的腹背之患。"于是把他们都召集起来,安慰晓谕一番,然后逐渐把他们父子兄弟分派到各郡去戍守,这样内外兼顾,最终也没有出现反叛的人。

八月,梁朝徐州刺史成景隽攻拔北魏的童城。　北魏都督元志征讨莫折念生,在陇口大战,元志战败。

北魏散骑侍郎李苗上书说:"凡是食少兵精的利于速战,粮多兵众的利于打持久战。当今陇地贼寇猖獗,但是他们没有多少粮资储备,他们的势头在于疾攻,迟缓了就会人心离散,神情沮丧,所以说高壁深垒、坚守城池是王师克敌制胜的良策。然而天下长期安定和平,人们已经不知道如何打仗了,追逐利益唯恐落后,逃灾避难互不相顾,将领不知法令,士卒未经操练,不想长远的计谋,都有轻敌的念头。如果陇东失守,汧地元志的军队败溃,那么秦州和南秦州的叛军就会日益强大,长安附近的地区就会很危险,作为国家的右臂就会废掉了。应该严令主将坚守城池,不要出战,另外派遣偏将率领数千名精锐士兵出麦积崖从背后袭击叛军,那么汧、岐等地的叛贼就会不战自乱了。"于是任命李苗为统军,让他和其他的将领淳于诞分别从梁州、益州出发,还没到目的地,莫折念生便派遣他的弟弟莫折天生率兵前往陇地,元志与他大战,兵败,向东逃至岐州。

北魏改镇为州。

东部和西部的敕勒族都反叛北魏,投附破六韩拔陵,北魏孝明帝才想到李崇、元深所讲的话,下诏"各州镇在册的军人中,凡不是因为犯罪而被流放服役的,全部免为平民",改镇为州。

北魏秀容人乞伏莫于等人造反,酋长尔朱荣讨伐并平定了这场叛乱。

尔朱荣是尔朱羽健的玄孙。他管理部众特别严格,当时四方兵起,尔朱荣暗地里把自己的牲畜钱财散发给众人,招募纠合骁勇之徒,结交接纳豪杰,于是侯景、司马子如、贾显度、段荣、窦泰都前去依附他。

九月，梁取魏睢陵、荆山，袭寿阳，不克。

成景儁拔魏睢陵，赵景悦围荆山，裴邃帅骑三千袭寿阳，夜斩关而入，克其外郭。魏扬州刺史长孙稚御之，一日九战，后军失道不至，遂引兵还。别将击魏淮阳，魏使行台郦道元，都督、河间王琛救寿阳，安乐王鉴救淮阳，梁兵败绩。

魏凉州乱，刺史宋颖以吐谷浑讨平之。

魏凉州幢帅于菩提执刺史宋颖，据州反。颖密求救于吐谷浑，伏连筹自将救凉州，于菩提弃城走，追斩之。城民复推颖为刺史。

冬十月，梁取魏建陵、曲木、琅邪等城。

裴邃攻魏建陵城，克之，拔曲木，将军彭宝孙拔琅邪、檀丘。裴邃拔狄城、甓城，进屯黎浆。魏东海太守以司吾城降。将军曹世宗拔曲阳、秦墟。魏守将多弃城走。

魏营州人就德兴反，魏遣兵讨之，不克。 胡琛寇魏豳、夏、北华三州，魏遣兵讨之。 魏朔方胡反，夏州刺史源子雍讨平之。

魏朔方胡反，围夏州刺史源子雍，城中食尽，众无二心。子雍欲自出求粮，留其子延伯守统万，将佐皆曰："不若父子俱去。"子雍泣曰："吾世荷国恩，当毕命此城。但无食可守，故欲往东州，为诸君营数月之食。若幸而得之，保全必矣。"乃帅羸弱诣东夏州运粮，延伯与将佐哭而送之。行数日，为胡帅曹阿各拔所擒，子雍潜遣人赍书，敕城中努力固守。延伯曰："吾父吉凶未可知，方寸焦烂，但奉命守

九月，梁朝攻取北魏睢陵、荆山，袭击寿阳，未能攻克。

成景儁攻拔北魏睢陵，赵景悦围攻荆山，裴邃率领三千骑兵突袭寿阳，夜间攻破城门，进入城内，攻克了寿阳外城。北魏扬州刺史长孙稚抵御裴邃，一天交战九次，因为后面的军队没有及时赶到，裴邃只好领兵撤退。其他将领进攻北魏淮阳，北魏派遣行台郦道元，都督、河间王元琛救援寿阳，安乐王元鉴救援淮阳，梁朝军队战败。

北魏凉州发生了叛乱，刺史宋颖借用吐谷浑讨伐叛军，平定了叛乱。

北魏凉州幢帅于菩提拘捕了刺史宋颖，占据州城造反。宋颖暗地里求救于吐谷浑，伏连筹亲自率兵救援凉州，于菩提弃城逃跑，追上并斩杀了他。城中百姓又推举宋颖为刺史。

冬十月，梁朝攻取北魏建陵、曲木、琅邪等城。

裴邃进攻北魏建陵城，攻克了该城，又攻拔曲木，将军彭宝孙攻拔琅邪、檀丘。裴邃攻拔狄城、甓城，进军驻屯黎浆。北魏的东海太守献出司吾城投降。将军曹世宗攻拔曲阳、秦墟。北魏的守将大多弃城逃跑。

北魏营州人就德兴造反，北魏派兵征讨他，没能取胜。　胡琛进犯北魏幽、夏、北华三州，北魏派兵征讨他。　北魏朔方地区的胡人反叛，夏州刺史源子雍讨伐并平定了反叛。

北魏朔方地区的胡人反叛，围攻夏州刺史源子雍，城中的粮食已经吃完，众人守城意志更坚定，没有二心。源子雍想自己出城寻求粮食，留下他的儿子源延伯守卫统万城，将佐们都说："不如你们父子都去。"源子雍流着眼泪说："我家世世代代承荷国家的恩典，我应该拼死守住这座城。但是没有粮食，无法守城，所以想前去东州，为各位筹措几个月的粮食。如果有幸得到，就必定能守住城。"于是便率领瘦弱军士前去东夏州运粮，源延伯和将佐们哭着为他送行。走了几天，被胡人首领曹阿各拔抓住，源子雍暗中派人带着书信回统万城，命令城中努力固守。源延伯说："我父亲生死吉凶还不知道，我心急如焚，但是我奉父命守

城,所为者重,不敢以私害公。"于是众感其义,莫不奋厉。子雍虽被擒,胡人常以民礼事之,子雍为陈祸福,贼众遂降。子雍见行台北海王颢,具陈诸贼可灭之状,颢使为先驱。时东夏阖境皆反,子雍转斗而前,九旬之中,凡数十战,遂平东夏州,征税粟以馈统万,二夏由是获全。子雍,怀之子也。

魏以费穆为朔州刺史。

魏广阳王深上言:"今六镇尽叛,高车二部亦与之同,以此疲兵击之,必无胜理。不若选练精兵,守恒州诸要,更为后图。"遂与李崇引兵还平城。崇谓诸将曰:"云中者,白道之冲,贼之咽喉。若此地不全,则并、肆危矣。当留一人镇之,谁可者?"众举费穆,崇乃请穆为朔州刺史。

贺拔度拔父子及宇文肱纠合乡里豪杰,袭卫可孤,杀之。度拔寻与铁勒战死。肱,逸豆归之玄孙也。

魏北讨都督李崇免。

李崇引祖莹为长史,广阳王深奏莹诈增首级,盗没军资,莹坐除名,崇亦免官削爵征还。深遂专总军政。

十一月,莫折念生遣其弟天生陷魏岐州,杀都督元志。 蜀贼寇魏雍州,讨平之。 十二月,梁复取三关,围魏郢州,不克。 魏汾州胡反。 魏秦州平。

魏魏子建招谕南秦诸氏,稍稍降附,遂复六郡十二戍,魏以子建为行台,梁、巴、秦、益皆受节度。

城,责任重大,不敢因为私情而影响公务。请各位理解我的心情。"因此众人都被他的节义所感动,无人不奋发励志。源子雍虽然被抓住,但是胡人一直把他当作地方官看待,用下民的礼节奉事他,源子雍对胡人陈述了祸福利弊,胡人部众于是归降。源子雍面见行台北海王元颢,具体陈述了各路贼寇可以被消灭的情状,元颢让他做先锋。当时东夏州全境俱反,源子雍转战前行,九十天之内,经过几十次战斗,终于平定了东夏州,征收粮食送往统万城,夏州、东夏州因此而得到保全。源子雍是源怀的儿子。

北魏任命费穆为朔州刺史。

北魏广阳王元深上书说:"现在六镇都反叛了,高车二部的情况也与六镇相同,用这样疲乏的军队去攻打,肯定没有获胜的可能。不如选练精兵,把守恒州的各个要塞,然后再做以后的打算。"于是和李崇带领部队返回平城。李崇告诉各位将领说:"云中是白道的要冲,叛贼的咽喉要害。如果此地守卫不住,那么并州、肆州就危险了。应当留下一人镇守该地,谁是合适人选呢?"众人推举费穆,李崇就上书请求任命费穆为朔州刺史。

贺拔度拔父子和宇文肱纠集整个乡里的豪杰之士,袭击卫可孤,并杀了他。贺拔度拔不久又与敕勒交战而身死。宇文肱是逸豆归的玄孙。

北魏征讨北方的都督李崇被免职。

李崇引荐祖莹为长史,广阳王元深劾奏祖莹谎报斩敌首级数目,盗窃吞没军队资财,祖莹因此获罪被除名,李崇也被免去官职,削夺爵位,召回朝廷。于是元深独揽军政大权。

十一月,莫折念生派遣他的弟弟莫折天生攻下北魏岐州,杀死都督元志。 四川的叛贼进犯北魏雍州,被征讨平定。十二月,梁朝重新攻取三关,围攻北魏郢州,没能攻克。 北魏汾州胡人反叛。 北魏秦州平定。

北魏魏子建招降南秦州的各部氐人,氐人稍微归顺,就收复了六郡十二戍,北魏任命魏子建为行台,梁、巴、二秦、二益各州都受他的指挥调遣。

梁以散骑常侍朱异掌机政。

是岁周舍坐事免,朱异代掌机密,军旅谋议,方镇改易,朝仪诏敕皆典之。异多艺能,精力敏赡,梁主任之。

乙巳(525) 梁普通六年,魏孝昌元年。

春正月,梁取魏南乡郡及马圈等城。 魏徐州刺史元法僧反,魏发兵讨之,遂降梁。

法僧素附元义,见义骄恣,恐及祸,谓中书舍人张文伯曰:“吾欲与汝去危就安,能从我乎?”文伯曰:“我宁死见文陵松柏,安能去忠义而从叛逆乎!”法僧杀之,遂杀行台高谅,称帝改元。魏发兵击之,法僧乃遣其子景仲降梁。

长史元显和举兵与战,法僧擒之,执其手慰谕之,显和曰:“翁以地叛,独不畏良史乎!我宁为忠鬼,不能为叛臣。”法僧杀之。梁以元略为大都督,与将军陈庆之等,将兵应接。

魏行台萧宝寅、都督崔延伯讨莫折天生,败之,岐、雍、陇东皆平。

莫折天生军于黑水,魏以崔延伯为都督讨之,与行台萧宝寅军于马嵬。延伯素骁勇,宝寅趣之使战,延伯曰:“明晨为公参贼勇怯。”乃选精兵数千,西渡黑水,直抵天生营下,徐引兵还。天生开营争逐之,其众十倍蹙延伯于水次,宝寅望之失色。延伯自为后殿,不与之战,使其众先渡,部伍严整,天生兵不敢击。宝寅喜曰:“崔君之勇,关、张不如。”延伯曰:“此贼非老奴敌也,明公但安坐,观老奴

梁朝任命散骑常侍朱异掌管机要政务。

这一年,周舍因事获罪而被免官,朱异代替他掌管机密大事,军事方面的谋划,地方大员的任免,朝廷礼仪、诏令等都由他掌管。朱异多才多艺,精力过人,思维敏捷,梁武帝因此而信任他。

乙巳(525) 梁普通六年,魏孝昌元年。

春正月,梁朝攻取北魏南乡郡以及马圈等城。 北魏徐州刺史元法僧反叛,北魏发兵讨伐他,元法僧便投降了梁朝。

元法僧一向依附于元义,看到元义骄横放肆,担心祸及己身,告诉中书舍人张文伯说:"我打算和你一起去危就安,你能从我吗?"张文伯说:"我宁愿死了去见孝文帝,怎么能离弃忠义之道而和你一起叛逆呢!"元法僧杀了他,又杀死行台高谅,自己称帝改年号。北魏发兵征讨他,元法僧便派他的儿子元景仲投降了梁朝。

长史元显和起兵与他交战,元法僧抓住了元显和,握着他的手抚慰劝谕他,元显和说:"您据地反叛,难道不害怕丑行被记入史书吗!我宁愿做忠义之鬼,不能做叛逆之臣。"元法僧杀了他。梁朝任命元略为大都督,与将军陈庆之等人率领军队接应。

北魏行台萧宝寅、都督崔延伯征讨莫折天生,打败了他,岐、雍、陇东都被平定。

莫折天生驻军于黑水,北魏任命崔延伯为都督征讨他,和行台萧宝寅驻军于马嵬。崔延伯一向骁勇,萧宝寅催促他出战,崔延伯说:"明天早晨我为您去试探一下贼兵的士气高低。"就挑选了精兵数千名,向西渡过黑水,直抵莫折天生的营前,然后领兵徐徐而返。莫折天生的部下见状,打开营门争相追赶崔延伯的人马,他们的兵力超过崔延伯兵十倍,把崔延伯逼到水边,萧宝寅看到这一情况不禁大惊失色。崔延伯自己殿后,不和敌军作战,让他的部下先渡河,队列整齐不乱,莫折天生的部下不敢进攻。萧宝寅高兴地说:"崔君的勇武,关羽、张飞都比不上。"崔延伯说:"这些贼寇不是老奴我的对手,明公您安稳而坐,看老奴我怎么

破之。"乃勒兵出战,身先士卒,陷其前锋,将士尽锐竞进,大破之,俘斩十余万,追奔至小陇,岐、雍及陇东皆平。将士稽留采掠,天生遂塞陇道,由是诸军不能进。

宝寅破宛川,俘其民,以美女十人赏岐州刺史魏兰根。兰根辞曰:"此县介于强寇,不能自立,故附从以救死。官军之至,宜矜而抚之,奈何助贼为虐,剪以为贱役乎!"悉求其父兄而归之。

梁裴邃败魏师于寿阳。

梁裴邃拔魏新蔡郡,梁主诏西昌侯渊藻,将众前驱,豫章王综与诸将继进。邃拔郑城,汝颍之间所在响应。魏河间王琛等惮邃威名,军于城父,累月不进。魏朝遣使赍斋库刀以趣之。琛至寿阳,欲决战,长孙稚以为未可,不听,引兵出击。邃为四甄以待之,使将军李祖怜先挑战而伪退,稚、琛悉众追之,四甄竞发,魏师大败,斩首万余级。琛走入城,稚勒兵而殿,遂闭门自固,不敢复出。

魏讨徐州,不克。梁以元法僧为司空。

魏安乐王鉴将兵讨元法僧,击元略于彭城南,略大败。鉴不设备,法僧出击,大破之。梁以法僧为司空,封始安郡公。魏复遣安丰王延明、临淮王彧击之。

二月,魏元义解领军。

魏刘腾既卒,胡后及魏主左右防卫微缓,元义亦自宽,时出游不返。太后知之,对魏主谓群臣曰:"今隔绝我母

打败他们。"于是统率兵马出战，身先士卒，击败了敌军先锋，将士们鼓足勇气，争先恐后地冲向前，大败敌军，俘虏和斩杀了十多万敌军，一直追击到小陇，岐、雍和陇东都被平定。将士们逗留不前而大肆抢掠，莫折天生便堵塞了陇道，因此各路军马都不能前进。

萧宝寅攻下宛川，俘获该地百姓，把十个美女赏给岐州刺史魏兰根。魏兰根推辞说："这个县处于强大的贼寇之间，无法自立，所以不得不依附于贼寇以求活命。官军来到，应该怜悯而安抚他们，怎么能够助贼为虐，把百姓都抓去做奴隶呢！"把这十个女子的父兄都找到并把她们送回家。

梁朝裴邃在寿阳打败北魏的军队。

梁朝裴邃攻下北魏新蔡郡，梁武帝诏令西昌侯萧渊藻率领部队做前头部队，豫章王萧综与众将后继而前。裴邃攻下郑城，汝、颍一带纷纷响应。北魏河间王元琛等人慑于裴邃的威名，驻军在城父，几个月不敢前进。北魏朝廷派遣使者带着斋库刀催促他们进兵。元琛到达寿阳，打算决战，长孙稚认为不行，元琛不听，带领军队出击。裴邃排列四个长阵等待元琛军队前来，并派将军李祖怜先去挑战而伪装败退，长孙稚、元琛出动全部军队追击李祖怜，裴邃事先布置好的四个长阵争相出击，北魏军队大败，一万多人被斩首。元琛逃跑进城，长孙稚领兵殿后，便关门固守，再也不敢出战。

北魏征讨徐州，未能攻克。梁朝任命元法僧为司空。

北魏安乐王元鉴率兵征讨元法僧，在彭城南边攻击元略，元略大败。元鉴因胜利而不设防备，元法僧出城攻击，大败元鉴军。梁朝任命元法僧为司空，封为始安郡公。北魏又派安丰王元延明、临淮王元彧攻打元法僧。

二月，北魏元义被解除领军之职。

北魏刘腾死了以后，胡太后以及北魏孝明帝身边的监视稍微有所松缓，元义自己也很宽心，时常外出游玩而不返回。胡太后知道了这一情况，当着孝明帝的面对群臣说："现在把我们母

子,不听往来,复何用我为! 我当出家,修道于闲居寺耳。"
因欲自下发。魏主及群臣叩头泣涕苦请,太后声色愈厉,
魏主乃宿于嘉福殿,遂与太后密谋黜义。然魏主深匿形
迹,太后有忿恚言,皆以告义,义殊不以为疑,于是二宫无
复禁碍。

丞相、高阳王雍虽位居义上,而深畏惮之,会太后与魏
主游洛水,雍邀二宫幸其第,相与定图义之计。于是太后
谓义曰:"元郎若忠于朝廷无反心,何故不去领军,以余官
辅政!"义甚惧,乃求解领军,许之。

三月,梁遣豫章王综总督众军,摄徐州事,召元法僧等
还建康。

法僧至建康,梁主宠待甚厚,元略恶其为人,与之言,
未尝笑。

柔然阿那瑰为魏讨拔陵,败之,自称敕连头兵豆伐可
汗。 夏四月,魏太后复临朝,诛其尚书令元义,以元顺为
侍中,郑俨、徐纥、李神轨为中书舍人。

义虽解兵权,犹总内外,侍中穆绍劝太后速去之。潘
嫔有宠于魏主,宦官说之云:"义欲害嫔。"嫔泣诉于魏主
曰:"义非独欲杀妾,又将不利于陛下。"魏主信之,因义出
宿,解义侍中。明旦将入宫,门者不纳,太后遂复临朝摄
政。诏削腾官爵,除义名为民。清河国郎中令韩子熙上书
为清河王怿讼冤,乞诛义等。太后命发腾墓,散其骨,籍没
家赀,尽杀其养子。侯刚亦坐黜,寻卒于家。唯义以妹夫
故,未忍诛。

子隔绝开来,不让我们互相往来,那么我还有什么用处呢!我应当出家,去闲居寺修行做尼姑。"因此自己便要剃发。孝明帝和众臣磕头流泪苦苦哀求,胡太后言语表情却更加严厉,孝明帝便住在嘉福殿,于是和胡太后一起密谋贬黜元义。然而孝明帝故意深匿形迹,把胡太后不高兴的话都告诉了元义,元义一点也没有怀疑,于是两宫之间不再有什么禁限。

丞相、高阳王元雍虽然官位在元义之上,然而特别惧怕元义,正巧太后和孝明帝到洛水游玩,元雍邀请他们临幸自己府上,一起制定收拾元义的计划。因此,胡太后告诉元义说:"元郎如果忠于朝廷没有反心的话,为什么不辞去领军这一职务,而以其余的官职来辅政呢!"元义很害怕,就请求解除领军一职,朝廷允许了他的请求。

三月,梁朝派遣豫章王萧综总督各路军队兼管徐州府事,召元法僧等人到建康。

元法僧到了建康,梁武帝特别宠待他,元略厌恶元法僧的为人,和他说话时,从来不笑。

柔然阿那瓌为北魏征讨破六韩拔陵,打败了他,自称敕连头兵豆伐可汗。　夏四月,北魏太后重又临朝摄政,诛杀尚书令元义,任命元顺为侍中,郑俨、徐纥、李神轨为中书舍人。

元义虽然被解除了兵权,仍然总管朝廷内外之事,侍中穆绍劝说胡太后迅速除去元义。潘嫔很得孝明帝宠爱,宦官告诉她说:"元义想谋害您。"潘嫔流着泪告诉孝明帝说:"元义不仅想杀死妾,还将对陛下不利。"孝明帝相信了她的话,趁着元义出宫住宿之机,解除了他的侍中之职。第二天早晨,元义将要进宫,门卫没有让他进去,于是胡太后再次临朝摄政。下诏书削去刘腾的官职和爵位,将元义除名为平民。清河国郎中令韩子熙上奏为清河王元怿鸣冤,请求诛杀元义等人。胡太后下令挖开刘腾的坟墓,将他的尸骨抛散,没收他的家财,把他的养子全部杀死。侯刚也因此被贬官,不久在家中死去。只有元义因为是太后妹夫的缘故,没有忍心杀死他。

先是黄门侍郎元顺以刚直忤义意，出为齐州刺史，太后征还为侍中。侍坐于太后，顺曰："陛下奈何以一妹之故，不正元义之罪，使天下不得伸其冤愤！"太后嘿然。顺，澄之子也。未几，有告义谋诱六镇降户，反于定州，太后犹未忍杀。群臣固执不已，魏主亦以为言，乃赐义死。江阳王继废于家，病卒。

太后颇事妆饰，数出游，元顺面谏曰："《礼》，妇人夫没，自称未亡人，首去珠玉，衣不文彩。陛下母临天下，年垂不惑，修饰过甚，何以仪刑后世？"太后惭而还，召顺责之曰："千里相征，岂欲众中见辱邪？"顺曰："陛下不畏天下之笑，而耻臣之一言乎？"

顺与穆绍同直，醉入其寝，绍拥被而起，正色让顺曰："身二十年侍中，与卿先君亟连职事，纵卿方进用，何宜相排突也！"遂谢事还家，诏谕久之，乃起。

初，郑俨为胡国珍参军，私得幸于太后，至是拜中书舍人，领尝食典御，昼夜禁中。每休沐，太后常遣宦者随之，俨见其妻，唯得言家事。徐纥先以谄事赵修，坐徙枹罕，后又谄事清河王怿，怿死，复谄事元义。太后以纥为怿所厚，亦召为中书舍人，纥又谄事郑俨。俨以纥有智数，仗以为谋主，纥以俨有内宠倾身承接，共相表里，势倾内外，号为徐、郑。

俨累迁至中书令，纥累迁至给事黄门侍郎，仍领舍人，

起初,黄门侍郎元顺因为刚直不阿得罪了元乂,元乂把他贬出朝廷,外放为齐州刺史,胡太后把他召回,任命他为侍中。一次,元顺侍坐于太后旁边,元顺说:"陛下怎么能够因为一个妹妹的缘故,便不惩处元乂的罪行,致使天下人不能申冤解恨呢!"胡太后听后沉默不语。元顺是元澄的儿子。不久,有人告发元乂暗中勾结六镇降户在定州反叛,胡太后听说后还是没忍心杀死元乂。众臣们坚持要杀元乂,孝明帝也说要杀他,胡太后才令元乂自尽。江阳王元继被罢黜在家,病死。

　　胡太后很讲究梳妆打扮,数次外出游玩,元顺当面劝谏说:"按照《礼》的规定,妇人在丈夫去世以后自称为未亡人,头上去掉珠玉首饰,穿的衣服上面不加色彩花样。陛下您母临天下,年近四十,过分地修饰打扮,怎么能为后世做出榜样呢?"胡太后惭愧地返回宫中,召来元顺,责备他说:"把你从几千里远的地方征召回朝,难道就是为了让你在众人面前羞辱我吗?"元顺说:"陛下难道不怕天下人讥笑,而只为臣的一句话感到羞耻吗?"

　　元顺和穆绍同在宫中值宿,因喝醉酒而进入穆绍的寝室,穆绍拥着被站起来,表情严肃地斥责元顺说:"我做了二十年侍中,和你父亲屡次在一起共事,即使你刚刚得到重用,也不该对我这么唐突呀!"于是辞职回家,下诏劝谕了很长时间,他才重新回朝任职。

　　起初,郑俨担任胡国珍的参军,私下里得以和胡太后私通,到了现在任命他为中书舍人,并兼尚食典御,昼夜住在宫中。每次放假回家,胡太后经常派遣宦官跟随着他,郑俨见到他的妻子,只能说一些家事。徐纥原先谄媚追随赵修,因此受牵连流放枹罕,后来又谄媚讨好清河王元怿,元怿死后,又巴结讨好元乂。胡太后认为徐纥是元怿所厚待的人,也召任他为中书舍人,徐纥又谄媚攀附郑俨。郑俨认为徐纥有心计,依靠他为自己出谋划策,徐纥因为郑俨有胡太后宠信,对郑俨曲身奉迎,两人相为表里,权倾朝野,人称为徐、郑。

　　郑俨累次升至中书令,徐纥数次升至给事黄门侍郎,兼舍人,

总摄中书、门下之事,军国诏令,莫不由之。纥有机辩强力,终日治事,略无休息,不以为劳。时有急诏,令数吏执笔,人别占之,造次俱成,不失事理。然无经国大体,专好小数,见人矫为恭谨,远近辐凑附之。

神轨亦得幸于太后,亦领中书舍人,尝求婚于散骑常侍卢义僖,义僖不许。侍郎王诵谓曰:"昔人不以一女易众男,卿岂易之邪!"义僖曰:"所以不从,正为此耳。从之,恐祸大而速。"诵乃坚握义僖手曰:"我闻有命,不敢以告人。"女遂适他族。婚夕,太后遣中使宣敕停之,内外惶怖,义僖夷然自若。义僖,度世之孙也。

胡琛遣其将万俟丑奴寇魏泾州,崔延伯讨之,败死。

胡琛据高平,遣万俟丑奴、宿勤明达等寇魏泾州,将军卢祖迁、伊瓫生讨之,不克。萧宝寅、崔延伯既破莫折天生,引兵会祖迁等于安定,军威甚盛。丑奴时以轻骑挑战,兵未交,辄委走,延伯恃勇,乘胜击之。将战,有贼数百骑,持文书诈降,宝寅、延伯未及阅视,宿勤明达引兵至,与降贼腹背击之,延伯大败,宝寅退保安定。延伯耻其败,乃缮甲兵,募骁勇,独出袭贼,平其数栅,贼还击之,魏兵大败,延伯中流矢卒。于是贼势益盛。而群臣自外来者皆言贼弱以求悦媚,将帅求益兵者往往不与。

五月,梁豫州刺史夷陵侯裴邃卒。

总管中书省、门下省的事务，军事、政治方面的诏令都由他们负责。徐纥有机智才辩，精力过人，整天处理事务，很少休息，不感到劳累。有时有紧急诏令下达，徐纥命令几个属吏执笔，分别对每人口述诏令内容，让他们记下，很快就写成了，却没有不合事理的地方。但是没有治理国家的大才干，专门喜好小技巧，见到人就装出一副恭谨的样子，因而远近之人都争着依附他。

李神轨也和胡太后私通，也兼任中书舍人，他曾经向散骑常侍卢义僖求婚，但卢义僖没有答应他。侍郎王诵对卢义僖说："过去的人不以一个女儿而殃及几个儿子，你难道不怕殃及儿子吗！"卢义僖说："我之所以不答应，正是为了这一点。如果答应他的话，恐怕会很快大祸临头。"王诵于是紧握着卢义僖的手说："我听到您的见教，一定会保密，决不告诉别人。"卢义僖的女儿便嫁给了他姓男人。出嫁前夜，胡太后派中使宣旨让停止婚礼，卢家内外一片惶恐不安，卢义僖却泰然自若。卢义僖是卢度世的孙子。

胡琛派遣他的大将万俟丑奴入侵北魏泾州，崔延伯前去征讨，战败而死。

胡琛占据高平，派遣万俟丑奴、宿勤明达等人入侵北魏泾州，将军卢祖迁、伊瓮生率兵讨伐，未能取胜。萧宝寅、崔延伯击败莫折天生以后，带领军队在安定与卢祖迁等会合，军威很强盛。万俟丑奴不时地派轻骑挑战，双方还没交手，便败逃，崔延伯自恃勇武，乘胜追击。将要开战，有数百名敌骑手持文书前来诈降，萧宝寅、崔延伯还没来得及翻看，宿勤明达便带兵赶到，和诈降的敌人骑兵从背后发动进攻，崔延伯大败，萧宝寅退兵守卫安定。崔延伯因战败而感到耻辱，便缮治兵器，招募骁勇之士，独自出发突袭贼营，夷平敌营多重栅栏，贼兵回过头来还击，北魏军大败，崔延伯中流箭身亡。于是贼兵的凶焰更加炽盛。然而从外面回到朝廷中的臣子们都说贼势弱小以求取悦讨好于胡太后，将帅们向朝廷请求增兵，往往都不派兵。

五月，梁朝豫州刺史夷陵侯裴邃去世。

遂沉深有思略,为政宽明,将吏爱而惮之。及卒,梁以夏侯亶代之。

梁人围小剑,魏击败之。

梁益州刺史临汝侯渊猷遣其将樊文炽、萧世澄等,将兵围魏长史和安于小剑,魏益州刺史邴虬遣统军胡小虎救之。文炽袭擒之,使小虎说和安降,小虎遥谓安曰:"我失备为贼擒,观其兵力,殊不足言。努力坚守,魏行台援兵已至。"语未终,军士杀之。军司淳于诞救小剑,文炽置栅于龙须山以防归路,诞密募壮士夜烧其栅,梁军望见归路绝,皆恟惧,诞乘而击之,文炽大败,仅以身免。虏世澄等十一将,斩获万计。

六月,梁豫章王综叛降魏,魏师入彭城,立综为丹阳王,更名赞。

初,梁主纳齐东昏侯宠姬吴淑媛,七月而生综,宫中多疑之。淑媛宠衰怨望,谓综曰:"汝七月生儿,安得比诸皇子! 然汝太子次弟,幸保富贵,勿泄也。"与综相抱而泣。综由是自疑,夜于静室披发席藁,私祭齐氏七庙。微服至曲阿,拜齐太宗陵。俗说割血沥骨,渗则为父子,遂潜发东昏侯冢,并自杀一男试之,皆验,由是常怀异志,专伺时变。综有勇力,能手制奔马,轻财好士,屡求边任,梁主未之许。常于内斋布沙于地,终日跣行,足下生胝,日能行三百里。又使通问于萧宝寅,谓之叔父,人皆知之而不敢言。

裴邃深沉有谋略，为政宽厚有明断，将士和官吏们对他既喜爱又畏惧。他去世后，梁朝任命夏侯亶代替他。

　　梁朝人围攻小剑，北魏击败梁军。

　　梁朝益州刺史临汝侯萧渊猷派遣他手下将领樊文炽、萧世澄等人，率领军队围困北魏长史和安于小剑，北魏益州刺史邴虬派遣统军胡小虎前去援救。樊文炽袭击并擒获了胡小虎，让胡小虎劝说和安投降，胡小虎远远地对和安说："我防备不严被贼兵俘虏，我察看了他们的兵力，实在不足称道。你要努力坚守城池，魏子建行台的援兵已经到了。"话没说完，周围的军士就把他杀了。军司淳于诞救援小剑，樊文炽在龙须山上修筑栅寨以防守归路，淳于诞暗中招募壮士在夜间烧毁栅寨，梁朝军队看到自己的归路已经断绝，都惊惧不安，淳于诞乘机发动进攻，樊文炽大败，仅仅只身逃脱。魏军俘虏萧世澄等十一员将领，斩杀和擒获梁军以万计。

　　六月，梁朝豫章王萧综叛降北魏，北魏军队进入彭城，封萧综为丹阳王，改名为萧赞。

　　起初，梁武帝收纳齐东昏侯的宠姬吴淑媛，七个月后生下萧综，宫中很多人都怀疑萧综不是梁武帝之子。吴淑媛渐渐失去梁武帝的宠爱而心怀怨恨，她对萧综说："你是我入宫七个月就生下来的，怎么能与其他皇子相比！但你是太子的大弟弟，要善保富贵，不要泄露。"说完便和萧综抱头而哭。萧综从此便对自己的身世产生了怀疑，夜里独处静室，披头散坐在草席上，私下祭祀南齐的七庙祖先。微服到曲阿，拜祭齐明帝陵。民间传说把血滴到尸骨上，如果血渗进骨头就有父子关系，于是他暗地里挖开东昏侯的坟墓，并亲自杀死一个男子做试验，试验结果证明自己为东昏侯之子，因此便起了异心，一心等待时机变化。萧综勇猛有力，能够用手制服奔马，轻财好士，多次请求到边境任职，梁武帝没有批准。经常在内室布满沙子，整天光着脚在上面行走，脚底板长满老茧，一天能走三百里路。又派使者与萧宝寅接上关系，称他为叔父，人人都知道他的心思，却都不敢说出来。

及在彭城，魏临淮王彧兵逼彭城，胜负久未决，梁主虑综败没，敕引军还。综恐不复得至北边，乃密送降款于彧，魏人皆不之信。彧募人入综军，验其虚实，无敢行者。监军御史鹿悆请行，单骑径趣彭城，为综军所执，问其来状，悆曰："临淮王使我来，欲有交易耳。"综闻之，谓成景隽等曰："我常疑元略规欲反城，将验其虚实，故遣左右为略使入魏军中，呼彼一人。今其人果来，可遣人诈为略有疾在深室，呼至户外，令人传言谢之。"综又遣腹心梁话迎悆，密以意状语之。乃引至一所，令一人自室中出，为元略致意曰："我昔相呼，欲闻乡事，晚来疾作，不获相见。"悆曰："早奉音旨，冒险祗赴，不得瞻见，内怀反侧。"遂辞退。悆还，于路复与梁话申固盟约。综遂与话夜投彧军。及旦，斋阁不开，魏军呼曰："汝豫章王昨夜已来在我军中，汝尚何为！"城中求王不获，军遂大溃。魏人入彭城，乘胜追击梁兵，复取诸城，至宿预而还。将士死者什七八，唯陈庆之帅所部还。

梁主闻之，惊骇，有司奏削综爵土，绝属籍。西丰侯正德志行不悛，从综北伐，弃军辄还，亦免官削爵。寻皆赦之。

综至洛阳，见魏主，还就馆，为东昏侯举哀，服斩衰三年。拜司空，封丹阳王，更名赞。

综长史江革、司马祖暅之皆为魏所虏，安丰王延明闻

等到他在彭城的时候,北魏临淮王元彧的军队逼近彭城,双方交战了很久也决不出胜负,梁武帝担心萧综战败被擒,命令他带兵返回。萧综害怕不能再到北边来,就暗送降书给元彧,北魏人都不相信。元彧招募人进入萧综的军营中探看虚实,没有人敢前去。监军御史鹿念请求前去,一个人骑着马直奔彭城,被萧综的军士捉住,问他前来的目的,鹿念说:"临淮王让我来,想做一桩交易。"萧综听到后,告诉成景儁等人说:"我时常怀疑元略图谋举城反叛,所以派遣身边的人假装成元略的使者进入北魏军中,叫他们派一个人前来联系。现在这个人果然来了,可以派遣一个人诈称元略有病,在深室之中,再把他叫到门外,令人假传元略的话感谢他。"萧综又派心腹梁话去迎接鹿念,并秘密地把萧综打算投降北魏的意图以及上述安排告诉了他。便把鹿念带到一处地方,让一个人从屋内走出,替元略致意说:"我过去派人把你叫来,想了解一下家乡的情况,晚上生病,不能与你相见了。"鹿念说:"早就接到您的通知,冒险前来,不能拜见您,内心实在不安。"于是告辞退出。鹿念返回,在路上又和梁话重申盟约。萧综于是和梁话在夜里投奔元彧军营。等到天亮,王府大门紧闭不开,北魏军队高声叫喊道:"你们的豫章王昨天夜里已经前来投奔,现在我们军中,你们还等什么呢!"城中到处找不着萧综,军队便溃散了。北魏人进入彭城,乘胜追击梁军,又攻占了几座城市,到宿预才返回。将士们被杀被俘的有十分之七八,只有陈庆之率领自己的部下返回。

梁武帝听到这一消息,惊异万分,有关部门奏请削夺萧综的爵位和封地,并从皇族册籍中除名。西丰侯萧正德不思悔改,跟随萧综北伐,丢弃军队自己逃回,也被免除官职削去爵位。不久,赦免了萧综和萧正德。

萧综到了洛阳,拜见北魏孝明帝,回到客馆,为东昏侯举行悼念活动,穿粗麻布衣,服丧三年,以尽孝子之礼。北魏任命他为司空,封为丹阳王,并改名为萧赞。

萧综长史江革、司马祖暅之被北魏俘虏,安丰王元延明听说

其才名,厚遇之。革称足疾不拜,延明使暄之作《欹器铭》,革唾骂之。延明令革作《寺碑》,革辞,延明将棰之,革厉色曰:"江革行年六十,得死为幸,誓不为人执笔。"延明知不可屈,乃止。日给脱粟三升,仅全其生而已。

梁主密召夏侯亶还,使休兵合肥,俟淮堰成复进。

西部铁勒降魏,魏广阳王深击拔陵,破之,降其众二十万。

破六韩拔陵围魏广阳王深于五原,军主贺拔胜出战,贼稍退。深拔军向朔州,胜常为殿。云州刺史费穆招抚离散,四面拒敌。时北境州镇皆没,唯云中一城独存。久之,援军不至,粮仗俱尽,穆弃城南奔尔朱荣于秀容。

于谨言于深曰:"今寇盗蜂起,未易专用武力胜也。谨请奉大王之威命,谕以祸福,庶几可离。"许之。谨通诸国语,乃单骑诣叛胡营,见其酋长,开示恩信,于是西部铁勒酋长乜列河等,将三万余户诣深降。深欲引兵迎之,谨曰:"破六韩拔陵兵势甚盛,闻乜列河等来降,必引兵邀之,若先据险要,未易敌也。不若以乜列河饵之,而伏兵以待之,必可破也。"深从之。拔陵果引兵邀击乜列河,尽俘其众,伏兵发,拔陵大败,复得乜列河之众而还。

柔然头兵可汗大破破六韩拔陵,拔陵避柔然,南徙渡河,前后降附者二十万人。深与行台元纂,表乞于恒州北别立郡县,安置降户,随宜赈赉,息其乱心。不从。诏分处

他们的才名,对待他们十分优厚。江革借口脚有病而不拜,元延明让祖暅之撰写《歃器铭》,江革唾骂祖暅之。元延明命令江革撰写《寺碑》,江革推辞不干,元延明将要用鞭子打他,江革声色俱厉地说:"江革马上就到六十岁了,死了也很幸运,誓死不为人执笔!"元延明知道江革不可屈服,便停止了。每天给江革三升糙米饭,仅够维持生命而已。

梁武帝密召夏侯亶回朝,让他在合肥休整军队,等待淮河堰修成以后再进攻。

西部铁勒投降了北魏,北魏广阳王元深进攻破六韩拔陵,打败了他,收降了破六韩拔陵的部众二十多万人。

破六韩拔陵围困北魏广阳王元深于五原,军主贺拔胜出战,敌军稍稍退却。元深把军队开往朔州,贺拔胜经常担任后卫。云州刺史费穆招纳安抚离散的百姓,四面抵抗敌人。当时北部边境各州镇都陷落,只有云中一城还坚守。时间长了,援军还没到来,粮食兵器都用尽了,费穆只好弃城向南到秀容投奔尔朱荣。

于谨对元深说:"现在盗寇蜂起,不好专用武力来取胜。于谨我想奉大王您的威命,对众贼晓以利害祸福,或许可以离间他们。"元深允许他这么做。于谨通晓几个国家的语言,于是便一个人骑马到叛乱的胡人营地,面见他们的首长,表达朝廷的恩惠信义,因此西部铁勒首长乜列河等人率领三万多户来到元深处投降。元深想带兵迎接他们,于谨说:"破六韩拔陵兵力很强大,他听说乜列河等人来投降,必然会带兵阻截,如果他先占据了险要之地,就不容易对付了。不如让乜列河做诱饵,而埋伏下兵力等他们来,必然能够打败他。"元深听从了他的建议。破六韩拔陵果然率军截击乜列河,俘获了乜列河的全部人马,元深的伏兵出击,破六韩拔陵大败,北魏重新得到乜列河的部众而返回。

柔然头兵可汗大败破六韩拔陵,破六韩拔陵为避开柔然,向南迁移渡河,前后投降归附的有二十多万人。元深和行台元纂上表请求在恒州北部另立郡县,安置来降的人户,根据情况救济,以消除他们的反乱之心。朝廷不同意。诏令把降户分别安置

之于冀、定、瀛三州就食。深谓篡曰："此辈复为乞活矣。"

秋八月，魏柔玄镇民杜洛周反于上谷，魏遣兵讨之。

洛周反，高欢、蔡隽、尉景、段荣、彭乐皆从之。魏以常景为行台，与都督元谭讨之。

冬十二月，魏荆、郢群蛮叛，魏讨败之。梁取魏顺阳、马圈。

魏方有事西北，二荆、西郢群蛮皆反，寇掠襄城，屯据险要，道路不通，引梁将曹义宗等围魏荆州。魏更以临淮王或讨鲁阳蛮，辛雄为行台左丞趣叶城，别遣裴衍、王罴自武关出救荆州。

衍等未至，或军已屯汝上，州郡被蛮寇者争来请救，或以处分道别，不欲应之。辛雄曰："王秉麾阃外，见可而进，何论别道！"或恐后有得失之责，邀雄符下，雄遂符或令速赴击。群蛮闻之，果散走。

雄上疏曰："凡人所以临阵忘身触白刃而不惮者，一求荣名，二贪重赏，三畏刑罚，四避祸难，非此数者虽圣主不能使其臣，慈父不能厉其子矣。明主深知其情，故赏必行，罚必信，使亲疏贵贱，勇怯贤愚，闻钟鼓之声，见旌旗之列，莫不奋激，竞赴敌场，岂厌久生而乐速死哉？利害悬于前，欲罢不能耳。自秦陇逆节，蛮左乱常，已历数年，捍御之师，败多胜少，迹其所由，皆不明赏罚故也。陛下虽降明诏，赏不移时，然将士之勋，历稔不决，亡军之卒，晏然在

在冀、定、瀛三州居住生活。元深对元纂说:"这些人又将成为流民了!"

秋八月,北魏柔玄镇平民杜洛周在上谷造反,北魏派兵讨伐他。

杜洛周造反,高欢、蔡隽、尉景、段荣、彭乐都追随他,北魏任命常景为行台,与都督元谭一起讨伐杜洛周。

冬十二月,北魏荆州、郢州的蛮族都反叛,北魏讨伐并打败了他们。梁朝攻取北魏顺阳、马圈。

北魏正在用兵西北,西荆州、北荆州和西郢州的蛮族都反叛了,入侵并抢掠襄城,占据险要之处,以致道路不通,他们带领梁朝将领曹义宗等人围攻北魏的荆州。北魏改换临淮王元彧征讨鲁阳蛮族,辛雄为行台左丞,直趋叶城,另派裴衍、王罴从武关出发救援荆州。

裴衍等还没赶到,元彧的军队已驻扎在汝水之上,各州凡是被蛮族寇掠的争着前来求救,元彧认为这不是自己军事行动分内的事,不想答应他们。辛雄对他说:"大王您挥旗统兵在外,有需要便可进军,何必说分内分外呢!"元彧担心会有失误而受到责处,请求辛雄下一道符令,辛雄便下了一道符令,命令他们速去攻打蛮族。各部落蛮族听到这一消息,果然都散逃了。

辛雄上奏书说:"凡是人们都做到临阵忘身、白刃触身而不畏惧的,一是为了追求荣华富贵,二是为了贪求重赏,三是害怕军法惩处,四是逃避祸害,如果不是出于上述几种原因,即便是圣主也不能指使动他的臣子,慈父也不能激励起他的儿子。贤明的君主深知这一情况,所以赏必行,罚必信,使亲近的、疏远的、尊贵的、低贱的、勇敢的、怯懦的、贤德的、愚笨的各类人们,听到钟鼓之声,看见旌旗排列,无不奋发激励,争相奔赴敌军,这难道是厌恶活得太久而喜欢快点死吗? 这是因为利害就摆在眼前,想不这样做也不行啊。自从秦、陇之地叛逆,蛮族作乱,已经过了好多年,派军队讨伐,败多胜少,寻找其中的原因,都是由于不明赏罚的缘故。陛下虽然降下明诏,赏不移时,立即兑现,然而将士们的功劳历年而不定,从军中逃跑出来的兵卒,安然住在

家。是故节士无所劝慕,庸人无所畏慑。进而击贼,死交而赏赊;退而逃散,身全而无罪,此其所以望敌奔沮而莫肯尽力者也。陛下诚能号令必信,赏罚必行,则军威必张,盗贼必息矣。"疏奏,不省。

曹义宗等取魏顺阳、马圈。

梁邵陵王纶有罪,免官,削爵土。

纶摄南徐州事,肆行非法,遨游市里,问卖鲴者曰:"刺史何如?"对言:"躁虐。"纶怒,令吞鲴而死。百姓惶骇,道路以目。尝逢丧车,夺孝子服而著之,匍匐号叫。签帅以闻,梁主责之,纶不能改,于是遣代。纶乃取一老公短瘦类梁主者,加以衮冕,置之高坐,朝以为君,自陈无罪。就坐剥褫,捶之于庭。梁主恐其奔逸,以禁兵取之,将赐之死。太子统流涕固谏,乃免纶官,削爵土。

魏山胡刘蠡升反。

家中。这就导致了节义之士无人羡慕向往，庸碌之辈也无所畏惧。将士们前进而去杀贼，死亡就在眼前，而奖赏却遥不可期；后退而逃散，也能保全自身而不承担罪责，这就是他们所以望见敌人就奔逃而不肯尽力的缘故。陛下如果能做到号令必信，赏罚必行，则军队的威势必然就会强大，盗贼必然会熄灭。"辛雄的奏章上呈，孝明帝没有理睬。

曹义宗等人攻取顺阳、马圈。

梁朝邵陵王萧纶有罪，免去富爵，削去爵土。

萧纶代理南徐州刺史，在辖区内横行不法，在集市上游荡，问卖鳝鱼的人说："刺史怎么样？"回答说："暴躁贪虐。"萧纶大怒，令卖鳝鱼的人吞下鳝鱼而死。老百姓惊恐不安，人人侧目而行。他曾经遇到丧车，夺过孝子的衣服自己穿上，匍匐嚎叫。典签官害怕自己受牵连，把这些情况上报朝廷，梁武帝斥责了萧纶，但是他根本不思悔改，于是就派人代替萧纶的官职。萧纶于是找来一个矮小瘦弱而长得像梁武帝的老头，给他穿上衮服和皇冠，让他坐在高处，将他当作君王朝拜，自己陈述无罪。然后在座上就把老头的穿戴除去，在庭院里捶打他。梁武帝担心萧纶逃跑，派禁卫兵把他抓来，将要赐他死。太子萧统流着眼泪再三劝谏，才免去萧纶的官职，削夺他的爵位和封地。

北魏山胡刘蠡升反叛。

资治通鉴纲目卷三十一

起丙午(526)梁高祖普通七年、魏肃宗孝昌二年,尽壬子(532)梁高祖大中通四年、魏武帝永熙元年。凡七年。

丙午(526) 梁普通七年,魏孝昌二年。

春正月,魏以杨津为北道大都督。

初,魏都督广阳王深通于尚书令城阳王徽之妃,徽怨之,言于太后,以深心不可测,乃以津为都督代深。

魏五原降户鲜于修礼反。 二月,魏西部敕勒斛律洛阳反。三月,尔朱荣讨平之。 夏四月,魏以元顺为太常卿。

城阳王徽与黄门侍郎徐纥毁侍中元顺,出为太常卿。顺奉辞,时纥侍侧,顺指之曰:"此魏之宰嚭,魏国不亡,此终不死。"纥胁肩而出,顺叱之曰:"尔刀笔小才,正堪供几案之用,岂应污辱门下,敳我彝伦?"因振衣而起。太后默然。

魏朔州鲜于阿胡反。 魏都督李琚讨杜洛周,败死。魏长孙稚讨鲜于修礼,败绩。

魏以长孙稚为大都督,讨鲜于修礼,行至邺,复以河间王琛代之。稚言"与琛有私隙,难受其节度",不听。至呼沱,修礼邀击之,琛不救,稚大败,皆坐除名。

五月,元略自梁归于魏,魏以为侍中。

丙午（526）　梁普通七年，魏孝昌二年。

春正月，北魏任命杨津为北道大都督。

起初，北魏都督广阳王元深同尚书令城阳王元徽的妃子私通，元徽怨恨他，对胡太后说，元深心计太深，难以测知，于是就任命杨津为都督代替元深。

北魏的五原降户鲜于修礼造反。　二月，北魏西部敕勒斛律洛阳造反。三月，尔朱荣讨伐并平定了斛律洛阳。　夏四月，北魏任命元顺为太常卿。

城阳王元徽和黄门侍郎徐纥诋毁侍中元顺，使他外出为太常卿。元顺奉旨辞行，当时徐纥侍立在胡太后身边，元顺指着他说："此人是魏国的宰嚭，魏国不亡，他不会死心。"徐纥耸着肩膀走出去，元顺大声叱责他说："你的那点刀笔小才，只能做点案头文字工作，怎么能够污辱门下省，败坏我祖宗纲常呢？"于是振衣而起。胡太后默不作声。

北魏朔州鲜于阿胡造反。　北魏都督李琚讨伐杜洛周，战败阵亡。　北魏长孙稚征讨鲜于修礼，战败。

北魏任命长孙稚为大都督，讨伐鲜于修礼，行进到邺城时，又任命河间王元琛代替他。长孙稚上奏说："我与元琛私人之间有矛盾，难以接受他的指挥调遣。"朝廷没有答应。到了呼沱，鲜于修礼截击长孙稚，元琛不去救援，长孙稚的军队大败，长孙稚和元琛都因此获罪而被除名。

五月，元略从梁朝返回北魏，北魏任命他为侍中。

略自至江南,晨夕哭泣,常如居丧。及魏元义死,胡太后遣江革、祖暅之南还以求略,梁主礼遣之。太后拜略侍中,赐爵东平王,迁尚书令,委任之。然徐、郑用事,略亦不敢违也。

魏复以广阳王深为北道大都督。

魏复以深为大都督,讨鲜于修礼,章武王融、裴衍为左右都督,并受节度。城阳王徽复谮其有异志,后敕融、衍潜为之备。深惧,事无大小不敢自决。后使问其故,对曰:"徽衔臣次骨,朝夕欲陷臣于不测之诛,臣何以自安?陛下若使徽出临外州,臣无内顾之忧,庶可以毕命贼庭,展其忠力。"太后不听。徽与郑俨等更相阿党,外似柔谨,内实忌克,赏罚任情,魏政愈乱。

秋七月,魏行台常景败杜洛周于范阳。 鲜于阿胡陷魏平城。 八月,贼帅元洪业杀鲜于修礼降魏,其党葛荣复杀洪业而自立。 魏安北将军尔朱荣执肆州刺史,而以尔朱羽生代之。

魏以荣为安北将军,都督恒、朔二州军事。荣过肆州,刺史尉庆宾忌之,不出,荣怒,袭执之,署其从叔羽生为刺史,魏朝不能制。初,贺拔允及弟胜、岳在恒州,平城陷,岳奔荣,胜奔肆州。至是,荣得胜,大喜曰:"得卿兄弟,天下不足平也!"以为别将,军中大事多与之谋。

葛荣袭杀魏都督章武王融、广阳王深。

葛荣既得杜洛周之众,北趋瀛州,魏广阳王深引兵蹑

元略自从到了江南以后，早晚哭泣，常常像居丧一样。等到北魏元义死后，胡太后遣送江革、祖暅之返回江南以便换回元略，梁武帝按照礼节遣送元略回北魏。胡太后任命元略为侍中，赐爵位为东平王，升任尚书令，深受胡太后信任。然而徐纥、郑俨专权，元略也不敢违抗。

北魏又任命广阳王元深为北道大都督。

北魏又任命元深为北道大都督，征讨鲜于修礼，章武王元融、裴衍为左右都督，两人都受元深的指挥调遣。城阳王元徽又在胡太后面前诬告元深，说他有异心，胡太后便命令元融、裴衍暗中加以防备。元深很害怕，因此事情不论大小都不敢自己决定。胡太后派人问他缘故，元深说："元徽恨我入骨，从早到晚都想置我于死地，我怎么能放心得下呢？陛下如果能让元徽出朝到外州任职，臣就没有了内顾之忧，就可以战死在贼庭之上，为朝廷效忠尽力了！"胡太后不听。元徽与郑俨等人互相勾结，结党营私，表面上好像很温柔谨慎，内心里却非常阴毒，随心所欲地赏赐或惩罚，北魏的朝政更加混乱不堪。

秋七月，北魏行台常景在范阳打败杜洛周。 鲜于阿胡攻陷北魏平城。 八月，贼兵首领元洪业杀死鲜于修礼投降北魏，他们的同伙葛荣又杀死元洪业而自任头领。 北魏安北将军尔朱荣抓走肆州刺史，而让尔朱羽生代替他。

北魏任命尔朱荣为安北将军，都督恒、朔二州军事。尔朱荣路过肆州，刺史尉庆宾忌恨他，不出城迎接，尔朱荣发怒，袭击并抓住他，让他的堂叔尔朱羽生代理刺史，北魏朝廷不能制止他。起初，贺拔允和弟弟贺拔胜、贺拔岳在恒州，平城被攻陷，贺拔岳投奔尔朱荣，贺拔胜投奔到肆州。到了现在，尔朱荣得到贺拔胜，十分高兴地说："得到你们兄弟，天下不愁不能平定！"任命贺拔胜为别将，军中大事常和他一起商议。

葛荣率领军队袭击并杀死了北魏都督章武王元融、广阳王元深。

葛荣得到杜洛周部众，向北去瀛州，魏广阳王元深领兵追踪

之。荣轻骑掩击章武王融,杀之,自称天子。深闻融败,不进。侍中元晏宣言于太后曰:"广阳王盘桓不进,坐图非望。有于谨者,智略过人,为其谋主,风尘之际恐非陛下之纯臣也。"太后诏榜省门,募能获谨者有重赏。谨闻之,谓深曰:"今女主临朝,信用谗佞,苟不明白殿下素心,恐祸至无日,谨请束身归罪。"遂诣榜下,有司以闻。太后引见大怒,谨备论深忠款,兼陈停军之状。太后意解,舍之。深引军还趣定州。刺史杨津亦疑深有异志,遣都督毛谥讨深。深间行至博陵,逢葛荣游骑,劫以诣荣。贼徒见深颇有喜者,荣恶而杀之。城阳王徽遂诬深降贼,录其妻子。深府佐宋游道为之诉理,乃得释。

就得兴陷魏平州。　莫折念生降魏,既而复反。破六韩拔陵诱胡琛杀之。

天水民吕伯度,本莫折念生之党也,亡归胡琛。琛资以士马,使击念生,屡破其军。乃复叛琛,东引魏军,念生窘迫乞降。萧宝寅使左丞崔士和据秦州,大都督元修义停军不进,念生复反,执士和杀之。久之,伯度亦为万俟丑奴所杀,贼势益盛,宝寅不能制。琛与念生交通,事破六韩拔陵浸慢,拔陵诱琛斩之,丑奴尽并其众。

冬十一月,梁侵魏,取寿阳。

他。葛荣率轻骑突袭章武王元融，杀死了他，自称天子。元深得知元融战败，按兵不动。侍中元晏公开地对胡太后说："广阳王元深徘徊不进，坐图非分之想。有一个名叫于谨的人，机智胆略超越常人，为元深出谋划策，在如今动荡不安的年代，恐怕元深不是陛下的忠臣。"胡太后下令张榜于尚书省门前，以重赏招募能够捉获于谨的人。于谨听说后对元深说："如今女主临朝摄政，信任委用谗邪奸佞之徒，假如她不知道殿下您的一片真心，恐怕灾祸很快就会降临，于谨我请求捆绑自己赴朝投案服罪。"于是径自来到榜文前，有关部门把情况上报朝廷。胡太后召见于谨，勃然大怒，于谨详尽地论述元深忠心不二，并陈说停军不进的原因。胡太后终于放下心来，释放了于谨。元深率领军队返回，前往定州。刺史杨津也怀疑元深有叛逆之心，派遣都督毛谥讨伐元深。元深从小道跑到博陵地界，碰到葛荣的流动骑兵，抓获他送到葛荣那里。贼人们见了元深，有的人很喜欢他，葛荣对此很反感，就杀死了元深。城阳王元徽诬陷元深投降贼人，逮捕了他的妻子、儿女。元深的府佐宋游道为他们申诉，才被释放。

就得兴攻陷北魏平州。 **莫折念生投降北魏，不久又造反。破六韩拔陵诱杀了胡琛。**

天水的百姓吕伯度原来是莫折念生的同党，后来逃走归附了胡琛。胡琛资助他以军士战马，让他去进攻莫折念生，他多次打败莫折念生的军队。吕伯度于是又背叛胡琛，从东边引来了北魏军队，莫折念生陷入窘境，见走投无路，于是向北魏军队乞求投降。北魏萧宝寅让右丞崔士和占据秦州，大都督元修义顿兵不前，莫折念生又反叛了，抓住崔士和并把他杀死。过了很久，吕伯度也被万俟丑奴杀了，贼寇的势力变得更加强大，萧宝寅无法制伏。胡琛与莫折念生相互勾结，对破六韩拔陵渐渐不恭敬，破六韩拔陵诱骗胡琛并把他杀了，万俟丑奴全部兼并了胡琛的部众。

冬十一月，梁朝入侵北魏，攻占了寿阳。

梁主乘淮堰水盛,遣豫州刺史夏侯亶等侵魏。魏扬州刺史李宪以寿阳降,梁陈庆之入据其城。凡降城五十二,获男女七万五千。复以寿阳为豫州,改合肥为南豫州,以夏侯亶为二州刺史。寿阳久罹兵革,民多流散,亶轻刑薄赋,务农省役。顷之,民户充复。

魏幽州民执行台常景,叛降杜洛周。

魏盗贼日滋,征讨不息,国用耗竭。豫征六年租调犹不足,乃罢百官酒肉,税入市者人一钱,百姓嗟怨。吏部郎中辛雄上疏曰:"夷夏之民相聚为乱,岂有余憾哉?正以守令不得其人,百姓不堪其命故也。宜及此时早加慰抚。但郡县选举,由来共轻,贵游隽才莫肯居此。宜改其弊,妙尽才望,不拘停年,三载黜陟,称职者补,在京各官,不历守令不得为内职。则人思自勉,枉屈可申,强暴息矣。"不听。

丁未（527） 梁大通元年,魏孝昌三年。

春正月,葛荣陷魏殷州,刺史崔楷死之,荣遂围冀州。

魏分定、相四郡置殷州,以崔楷为刺史。楷表乞兵粮,不得。或劝楷单骑之官,楷曰:"吾闻食人之禄者忧人之忧,吾独往,将士谁肯固志哉?"遂举家之官。葛荣逼城,或劝减弱小以避之,楷遣幼子及一女夜出。既而悔之曰:"人谓吾心不固,亏忠而全爱也。"遂追还。贼至,将士争奋,皆曰:"崔公尚不惜百口,吾属何爱一身?"连战不息,死者相

梁武帝乘着淮河堰水势很大，派遣豫州刺史夏侯亶等人入侵北魏。北魏扬州刺史李宪献出寿阳城投降，梁朝陈庆之入据该城。一共有五十二城投降，俘获男女七万五千名。又改寿阳为豫州，改合肥为南豫州，任命夏侯亶为二州刺史。寿阳久遭战乱，老百姓大多离散，夏侯亶减轻刑罚，降低赋税，经营农桑，减免劳役。没过多长时间，民户又多了起来。

北魏幽州的百姓抓住行台常景，反叛北魏，投降杜洛周。

北魏盗贼日益增多，征讨不停，国家财用枯竭。提前征收六年租调还不够，于是罢除百官的酒肉钱，又向进入集市的每个人征收一钱的税，老百姓叹息怨恨。吏部郎中辛雄上奏说："夷、汉民众相聚造反，难道还有别的怨恨吗？完全是由于地方长官任用不当，老百姓不堪其压迫的缘故。应该趁着这个时候，早些加以慰问安抚。然而对于郡县守令的选拔荐举向来都不重视，王公贵族和才俊之士都不肯担任这些官职。应改掉这个弊端，使担任守令的职官具备才能和门望两个方面，不要拘泥于年资的长短，三年升降一次，称职的可以补任京官，如果没有担任守令的经历，便不能在朝廷内任职。这样就会人人都想振作起来，百姓的冤屈可以申雪，天下强暴自然就会被平息。"没有被采纳。

丁未（527） 梁大通元年，魏孝昌三年。

春正月，葛荣攻陷殷州，刺史崔楷被杀，葛荣于是围攻冀州。

北魏从定、相两州中分出四个郡设置殷州，任命崔楷为刺史。崔楷上表请求给予兵马粮草，没能得到。有人劝崔楷单人匹马赴任，崔楷说："我听说食人之禄者为别人的忧虑而忧虑，如果我单身赴任，将士们谁还肯坚定决心呢？"于是带全家去上任。葛荣逼近州城，有人劝崔楷把家中老弱幼小送到别处避难，崔楷便在夜间把幼子和一个女儿送出城。过后，后悔说："人们说我内心不坚固，为了父爱而损害忠义。"于是把他们追了回来。贼兵来到，将士奋勇争先，都说："崔公尚且不惜家中百口人的性命，我们又怎么能只爱惜自身呢！"连续奋战不停，死者尸体互相

枕,终无叛志。城陷,楷执节不屈,荣杀之,遂围冀州。

魏萧宝寅讨莫折念生,败绩。魏以杨椿为行台。

宝寅出兵累年,将士疲弊,至是大败于泾阳,汧城、岐州皆降于贼。豳州刺史毕祖晖战没,关中大扰。雍州刺史杨椿募民拒守,诏以椿为行台,节度关西诸将。右民郎路思令上疏曰:"比年将帅多宠贵子孙,轩眉攘腕,以攻战自许。及临大敌,锐气顿尽,乃令羸弱居前以当寇,强壮在后以卫身。器械不精,进止无节,以当负险之众,敌数战之虏,欲不败可得哉?是以兵知必败,始集而先逃,将帅畏敌,迁延而不进。国家谓官赏尚轻,屡加宠赉,帑藏空竭,民财殚尽,遂使贼徒益甚,生民凋弊,凡以此也。夫德可感义夫,恩可勤死士。今若明赏罚,练士卒,修器械,先遣辩士晓以祸福,如其不悛,以顺讨逆,何异励萧斧而伐朝菌,鼓洪炉而燎毛发哉!"弗听。

魏主戒严北讨,不果行。　莫折天生寇雍州,败死,众溃。

天生寇雍州,萧宝寅部将羊侃隐身堑中,射杀之,其众遂溃。

梁侵魏,围东豫州及琅邪,克三关。　魏以房景伯为东清河太守。

魏东清河郡山贼群起,诏以房景伯为太守。郡民刘简虎尝无礼于景伯,举家亡去。景伯擒之,署其子为掾,令谕

枕压着,但是大家终无叛逃之意。城被攻破,崔楷坚持气节不屈服,葛荣杀了他,便又围攻冀州。

北魏萧宝寅征讨莫折念生,战败。北魏任命杨椿为行台。

萧宝寅出兵征战多年,将士们疲惫不堪,到了现在在泾阳一败涂地,汧城、岐州都向贼寇投降。豳州刺史毕祖晖战败身亡,关中一片混乱。雍州刺史杨椿招募百姓守城抗敌,朝廷诏令杨椿为行台,指挥调遣关西诸将。右民郎路思令上奏说:"近年来将帅大多是宠贵子孙,他们眉飞色舞,摩拳擦掌,自认为自己在军事方面很有才干。等到面对强大的敌人,原先的锐气一下子都消失了,于是就让羸弱的在前面为自己抵挡贼寇,把强壮者留在后面以保卫自己。又加上武器不精良,指挥无章法,用这样的军队去对付据险而守的敌人,抵挡屡经战阵的贼寇,想不打败仗能办得到吗?所以士兵们知道必然战败,一开始集合就纷纷逃散,将帅们畏惧敌寇,徘徊推延而不前进。朝廷认为给他们的赏赐少了,多次给他们加官进爵,因此国库空虚,老百姓的财物费尽,只是让贼众越来越多,老百姓的生活越来越贫困,原因正在于此。道德可以感动礼义之人,恩惠可以劝励敢死之士。现在朝廷如果能够做到赏善罚恶,训练士卒,缮修武器,先派善辩之士去对盗贼晓以祸福利害,如果他们不思悔改,以正义之师讨伐叛逆之人,何异于用利斧而伐朝菌,煽洪炉而烧毛发呢!"朝廷没有采纳路思令的建议。

北魏孝明帝诏令内外戒严,将要亲自北征,最终没有成行。
莫折天生进犯雍州,战败而死,他的部众溃散。

莫折天生进犯雍州,萧宝寅部将羊侃隐藏在战壕中,用箭射死莫折天生,莫折天生的部众便溃散了。

梁朝侵犯北魏,围攻东豫州和琅邪,攻克三关。　　北魏任命房景伯为东清河太守。

北魏东清河郡山贼群起,朝廷下诏任命房景伯为太守。郡中的百姓刘简虎曾经对房景伯有过无礼举动,因此带着全家逃走了。房景伯抓住了刘简虎,任用他的儿子为掾吏,令他去晓谕

山贼。贼以景伯不念旧恶，相帅出降。景伯母崔氏通经有明识，贝丘妇人列其子不孝，景伯白其母，母曰："民未知礼义，何足深责？"乃召其母，与之对榻共食，使其子侍立堂下，观景伯供食。未旬日，悔过求还。崔氏曰："此虽面惭，其心未也，且置之。"凡二十余日，其子叩头流血，母涕泣乞还，然后听之，卒以孝闻。

二月，莫折念生据潼关。 梁攻彭城，魏人击却之。三月，魏主戒严西讨，不果行。 梁主舍身于同泰寺。夏四月，魏复以萧宝寅为西讨大都督。

宝寅之败也，免为庶人，至是杨椿有疾求解，复以宝寅代之。椿子昱将适洛阳，椿谓之曰："当今雍州无逾宝寅者，但其上佐，朝廷应遣心膂重人，何得任其牒用！且宝寅不藉刺史为荣，吾观其得州喜甚，至于赏罚云为，不依常宪，恐有异心。汝当以此意启二圣，并白宰辅，更遣长史、司马、防城都督，欲安关中，正须三人耳。不然必成深忧。"昱如言启闻，不听。

秋七月，魏陈郡乱，讨平之。

魏陈郡民刘获、郑辩反于西华，与梁谯州刺史湛僧智通谋。魏以曹世表为东南道行台以讨之。诸将以贼强不敢战，世表方病，舆出，呼统军是云宝，谓曰："湛僧智敢深入者，以获、辩州民之望，为之内应也。闻获引兵迎僧智，去此八十里，今出其不意，一战可破，获破，僧智自走矣。"

山贼。山贼见房景伯不念旧恶，相继出山投降。房景伯的母亲崔氏通晓经术，很有见识，贝丘有一个妇人诉说自己的儿子不孝，房景伯告诉他的母亲，母亲说："老百姓不知道礼义，何必深加责难呢？"于是召见这个妇人，同她对坐进食，让这个妇人的儿子侍立在堂下，以便让他观看房景伯怎样供奉母亲进食。不过十天，这个不孝的儿子悔过了，请求回家。崔氏说："他在面子上觉得惭愧了，但心里却未必如此，还是继续留一段时间。"又过了二十多天，这个妇人的儿子磕头流血，他母亲流着泪乞求还家，这才允许他们回去，这个不孝的儿子最后以孝而闻名。

二月，莫折念生占据潼关。　梁朝进攻彭城，北魏将他们赶走。　三月，北魏孝明帝宣布戒严，亲自西征，未成行。　梁武帝舍身于同泰寺。　夏四月，北魏又任萧宝寅为西讨大都督。

萧宝寅兵败以后，被免去官职黜为平民，到了现在杨椿有病请求辞职，朝廷又让萧宝寅代替他。杨椿的儿子杨昱将要前去洛阳，杨椿告诉他说："当今雍州刺史的人选没有超过萧宝寅的，但是他的高级僚佐，朝廷应该派遣心腹大臣来担任，怎么能由他任意选授呢！萧宝寅本来不会以担任刺史之职为荣，我看他得到雍州刺史特别喜悦，赏罚言行，多不依据常规，恐怕他有二心。你应当把我的这个意思启奏太后和圣上，并且告诉宰相，再派长史、司马、城防都督到关中，想安定关中，正需要这三个人辅助。否则，萧宝寅必将成为朝廷的大祸患。"杨昱把杨椿的意思启奏孝明帝和胡太后，但都没有采纳。

秋七月，北魏陈郡发生叛乱，被讨伐平定。

北魏陈郡百姓刘获、郑辩在西华一带造反，与梁朝谯州刺史湛僧智合谋。北魏任命曹世表为东南道行台以讨伐刘获等。众将领认为贼寇势力强大，不敢交战，曹世表正在生病，坐在车上让人推出来，叫来统军是云宝，对他说："湛僧智之所以敢深入内地，是因为刘获和郑辩是州中百姓的望族，为他做内应。听说刘获要带兵迎接湛僧智，离这儿八十里远近，如今出其不意发动进攻，一战即可击败他，刘获一旦被打败，湛僧智自然就会逃跑。"

乃选士马付宝击获等,大破,杀之。僧智闻之,遁还。

魏乐安王鉴以邺叛降葛荣。　魏李神轨杀高谦之。
初,魏侍御史高道穆奉使相州,按前刺史李世哲奢纵
不法。至是世哲弟神轨用事,道穆兄谦之家奴诉良,神轨
收谦之系廷尉。会赦将出,神轨启太后先赐谦之死,朝士
哀之。

**梁将彭群围魏琅邪,败死。　八月,魏大都督源子邕
拔邺城,诛元鉴。　九月,秦州人杀莫折念生以州降魏。
冬十月,梁将湛僧智、夏侯夔围魏广陵,克之。**

湛僧智围魏东豫州刺史元庆和于广陵,魏将军元显伯
救之。梁司州刺史夏侯夔引兵助僧智,庆和举城降。夔以
让僧智,僧智曰:"庆和欲降公,僧智今往,必乖其意。且僧
智所将应募乌合之人,不可御以法。公持军素严,必无侵
暴,受降纳附,深得其宜。"夔乃登城,拔魏帜建梁帜,庆和
束兵而出,吏民安堵。显伯宵遁,梁军追之,斩获万计。梁
主以僧智镇广陵,夔屯安阳,遣别将屠楚城。由是义阳北
道遂与魏绝。

梁将陈庆之攻魏涡阳,克之。
梁领军曹仲宗、直阁陈庆之攻魏涡阳,寻阳太守韦放
将兵会之。魏兵奄至,放营未立,麾下才二百人,放免胄下
马,据胡床处分,士皆殊死战,莫不一当百,魏兵遂退。放,
睿之子也。魏又遣将军元昭等帅众五万救涡阳,前军未至

于是就挑选人马交给是云宝进攻刘获,大败刘获,并杀了他。湛僧智听到这一消息,逃了回去。

北魏安乐王元鉴献邺城叛降葛荣。　北魏李神轨杀死高谦之。

起初,北魏侍御史高道穆奉命出使相州,立案查办前刺史李世哲奢侈放纵不守法制。到了现在,李世哲的弟弟李神轨当权执政,高道穆的哥哥高谦之的家奴告发高谦之强迫良民为奴婢,李神轨拘捕高谦之交给廷尉治罪。正逢将要颁布赦令,李神轨启奏胡太后先赐高谦之死,朝中人士无不哀怜他。

梁朝将领彭群围攻北魏琅邪,战败而死。　八月,北魏大都督源子邕攻下邺城,杀死元鉴。　九月,秦州人杀死莫折念生,献出州城归降北魏。　冬十月,梁朝将领湛僧智、夏侯夔围攻北魏广陵,攻克该城。

湛僧智围攻北魏东豫州刺史元庆和于广陵,北魏将军元显伯前去救援。梁朝司州刺史夏侯夔带领军队前去协助湛僧智,元庆和率全城投降。夏侯夔把受降权让给湛僧智,湛僧智说:"元庆和想投降大人您,我现在如果前去受降,必然和他们心意不符。况且我所统领的都是应募而来的乌合之众,无法用法令来约束他们。大人您一向治军严整,必然不会侵扰平民,前去接管受降,再合适不过了。"夏侯夔便登上城楼,拔去北魏的旗帜,树上梁朝的旗帜,元庆和放下兵器出城投降,全城吏民安居不乱。元显伯在夜间逃跑了,梁军追击他,斩杀和俘获数以万计。梁武帝命湛僧智镇守广陵,夏侯夔驻屯安阳,派遣其他将领攻破楚城并屠杀守城军民。从此义阳北边的通道便从北魏分割出来了。

梁朝将领陈庆之进攻北魏涡阳,攻克该城。

梁朝领军曹仲宗、直阁陈庆之攻打北魏涡阳,寻阳太守韦放领兵前去会合。北魏兵突然袭来,韦放的营垒还没建好,手下只有二百人,韦放脱掉盔甲下马,坐在胡床上指挥,兵士都拼死奋战,无不以一当百,北魏兵只好撤退。韦放是韦睿的儿子。北魏又派将军元昭等人统率五万人马前去救援涡阳,前军还没到,

四十里，庆之欲逆战，放曰："前锋必轻锐，不如勿击，待其来至。"庆之曰："魏兵远来疲倦，去我尚远，必不见疑，宜及未集挫之。"乃帅麾下进击，破之。还，与诸将连营而进，背涡阳城，与魏军相持。自春至冬，数十百战，将士疲弊。闻魏欲筑垒于军后，曹仲宗等恐，议引还，庆之杖节军门曰："吾闻置兵死地乃可求生，须虏大合，然后与战。审欲班师，庆之别有密敕，犯者行之。"乃止。

魏作十三城，欲以控制梁军，庆之衔枚夜出，陷四城。涡阳城主王纬乞降，韦放简遣降者三十余人，分报魏诸营，陈庆之陈其俘馘，鼓噪随之，九城皆溃。追击之，俘斩略尽，尸咽涡水。

魏萧宝寅杀关右大使郦道元，举兵反，魏遣行台长孙稚讨之。

萧宝寅之败于泾也，或劝之归罪洛阳，或曰不若留关中立功自效。宝寅自念出师累年，糜费不赀，一旦覆败，内不自安，魏朝亦疑之。中尉郦道元素严猛，汝南王悦嬖人弄权，道元杀之，并劾悦。时宝寅反状已露，悦乃奏以道元为关右大使。宝寅闻之，谓为取己，甚惧。长安轻薄子弟复劝使举兵，宝寅以问河东柳楷，楷曰："谣言'鸾生十子九子䭂，一子不䭂关中乱'。乱，治也，大王当治关中，何所疑！"宝寅遂遣将攻杀道元。

距离涡阳只有四十里，陈庆之打算前去迎战，韦放说："前锋必然是轻装而勇锐，不如不要进击，等待他们来到以后再说。"陈庆之说："北魏兵远道赶来，疲惫不堪，离我们还较远，必然不加戒备，应该趁他们还没有集结，挫动他们的锐气。"于是便率领部下进击，打败了敌军先锋。返回后和众位将领连营而进，背对涡阳城，与北魏军队相对峙。从春天到冬天，双方交战数十上百次，将士们都感到疲惫不堪。听说北魏打算在梁军背后修筑营垒，曹仲宗等人害怕腹背受敌，商议带兵撤回，陈庆之手持符节站在军营门口说："我听说军队置之于死地才可以求生，须让敌军全部聚集在一处，然后再和他们决战。如果你们确实想班师回去，我陈庆之另有皇上的密诏，谁敢触犯，我便依照圣旨处置他。"于是撤兵之事只好作罢。

北魏修筑十三座城堡，打算以此来控制梁军，陈庆之带领人马口含小木棍防止出声，在夜间出袭，攻陷四座城堡。涡阳城主王纬乞求投降，韦放于投降的士兵中挑选三十余人，分别报告北魏的各个军营，陈庆之把俘获的敌兵列成阵，鼓噪着跟在他们后边，于是北魏的其他城堡全都崩溃。梁朝军队乘胜追击魏军，把他们差不多都斩杀和俘虏了，尸体把涡河水都堵住了。

北魏萧宝寅杀死关右大使郦道元，率领军队造反，北魏派遣行台长孙稚讨伐他。

萧宝寅在泾州战败后，有人劝他回洛阳认罪，有人说不如留在关中立功赎罪。萧宝寅自认为出师多年，浪费的资财无法计算，一旦倾覆战败，内心难以安定，北魏朝廷也怀疑他。中尉郦道元性格咸严勇猛，汝南王元悦的宠幸之人专权纵恣，郦道元把他杀了，并且弹劾元悦。当时萧宝寅谋反的苗头已经显露，元悦便上奏请以郦道元为关右大使。萧宝寅听说这一消息，认为是来收拾自己，很害怕。长安的轻薄子弟又劝萧宝寅起兵反叛，萧宝寅就此事询问河东人柳楷，柳楷说："民谣说：'鸾生十卵九卵破，一卵不破关中乱'。乱就是治的意思，大王您该治关中，还有什么可怀疑的呢！"萧宝寅于是派遣将领攻杀了郦道元。

行台郎中苏湛以病卧家,宝寅令其姨弟姜俭说之曰:"道元之来,事不可测,吾不能坐受死亡。不复作魏臣矣,生死荣辱与卿共之。"湛大哭曰:"王本以穷鸟投人,朝廷假王羽翼以至于此。属国步多虞,不能竭忠报德,乃欲乘人间隙,守关问鼎。魏德虽衰,天命未改,湛不能以百口为王族灭。愿赐骸骨归乡里,庶得病死,下见先人。"宝寅素重湛,且知其不为己用,听还武功。

遂自称齐帝,改元,置百官。长史毛遐与弟鸿宾帅氏、羌起兵拒之,魏以长孙稚为行台,讨宝寅。正平民薛凤贤、薛修义亦聚河东,据盐池,围蒲坂,东西连结以应宝寅。诏都督宗正珍孙讨之。

十一月,梁以萧渊藻为北讨都督,镇涡阳。 **葛荣陷魏冀州,杀都督源子邕、裴衍,遂寇相州,不克。**

葛荣围信都,自春及冬,冀州刺史元孚帅励将士,昼夜拒守,粮储既竭,外无救援,城陷,与兄祐俱执。荣大集将士,议其生死,孚兄弟争相为死,都督潘绍等数百人,皆叩头请死以活使君。荣曰:"此皆魏之忠臣义士也。"皆免之。魏遣源子邕讨荣,裴衍表请同行,许之。子邕言:"衍行,臣请留;臣行,请留衍。若必同行,败在旦夕。"不许。行至漳水,荣击之,果败,俱死。相州闻冀州陷,人不自保,刺史李神志气自若,抚勉将士,大小致力,荣尽锐攻之,卒不能克。

行台郎中苏湛因为生病躺在家中，萧宝寅命令他的姨表弟姜俭游说他说："郦道元的前来，不知道会发生什么事情，我不能坐着等死。我不能再做北魏的臣子了，生死荣辱和您一起分担。"苏湛大哭，回答说："大王您本来是穷途之鸟来依附于人，朝廷给了大王羽翼，才有了今日的荣宠。现在正值国家多事之秋，大王不能竭尽忠诚报答朝廷的恩德，反而想乘人之危，把守潼关，窥伺皇位。北魏的气运虽然已经衰败，但是天命还没有改变，我苏湛不能为了大王您而使百口之家被灭族。希望您放我这把老骨头回归乡里，或许得以病死在家，下见祖先于九泉。"萧宝寅一向看重苏湛，并且知道他不会为自己所用，便允许他回武功老家去了。

于是萧宝寅自称齐帝，改变年号，设置百官。长史毛遐和弟弟毛鸿宾率领氐人、羌人起兵抗拒，北魏任命长孙稚为行台，讨伐萧宝寅。正平的百姓薛凤贤、薛修义在河东聚众造反，占据盐池，围攻蒲坂，东西连通来响应萧宝寅。北魏朝廷诏令都督宗正珍孙讨伐薛凤贤等人。

十一月，梁朝任命萧渊藻为北讨都督，镇守涡阳。　葛荣攻陷北魏冀州，杀死都督源子邕、裴衍，于是进犯相州，没能攻克。

葛荣围攻信都，从春天围攻到冬天，冀州刺史元孚激励将士，昼夜守御，储藏的粮食已经吃光，外面又没有援军，州城终于失陷，元孚和哥哥元祐都被抓住。葛荣把全体将士集合起来，议定元孚兄弟二人的生死去留，元孚兄弟争相去死，都督潘绍等数百人都磕头请死以便救活刺史元孚。葛荣说："这些人都是北魏的忠臣义士。"把他们都赦免了。北魏派遣源子邕讨伐葛荣，裴衍上表请求同行，朝廷同意了。源子邕说："裴衍去，臣请留下；臣去，请留下裴衍。如果必须二人同去，则败在旦夕。"朝廷不同意。他们行进到漳河边，葛荣进攻他们，他们果然战败，都阵亡了。相州得知冀州失陷，人人自危，刺史李神镇定自若，神色不改，抚慰勉励将士，人人尽力防御，葛荣出动全部精锐来攻城，最终也未能攻克。

戊申（528） 梁大通二年，魏孝昌四年，敬宗孝庄帝攸永安元年。

春正月，杜洛周陷魏定州，执行台杨津，遂陷瀛州。

魏复以杨津为北道行台，守定州，居鲜于修礼、杜洛周之间，迭来攻围。津蓄薪粮，治器械，随机拒击。使人潜说贼党，贼党有应津者，遗津书曰："所以围城，正为取北人耳。宜尽杀之，不然必为患。"津悉收北人内子城中而不杀，众感其仁。及葛荣统众使人说津，津斩其使，固守三年。洛周围之，魏不能救。长史李裔引贼入，执津。瀛州刺史元宁以城降贼。

魏大赦。

魏潘嫔生女，胡太后诈言皇子，大赦，改元。

魏长孙稚讨萧宝寅，败之，宝寅奔万俟丑奴。

宝寅围冯翊，长孙稚军至恒农，左丞杨侃谓稚曰："潼关险要，守御已固，不如北取蒲坂，渡河而西，入其腹心，置兵死地，则华州之围不战自解，潼关之守必内顾而走。支节既解，长安可坐取也。"稚曰："子之计则善矣，然今薛修义围河东，薛凤贤据安邑，宗正珍孙守虞坂不得进，如何可往？"侃曰："珍孙行阵一夫，可为人使，安能使人？河东治蒲坂，西逼河，封疆多在郡东。修义驱民西围郡城，其家皆留旧村，一旦闻官军至，皆有内顾之心，必望风自溃矣。"稚乃使其子彦与侃帅兵北渡，据石锥壁，命送降名者各还村，俟台军举三烽，当亦举烽相应，无应烽者乃贼党也，当进击屠之，以所获赏军。于是村民转相告语，虽实未降者亦诈

戊申（528） 梁大通二年，魏孝昌四年，敬宗孝庄帝元子攸永安元年。

春正月，杜洛周攻陷北魏定州，抓获行台杨津，乘胜攻陷瀛州。

北魏又任命杨津为北道行台，守卫定州，处于鲜于修礼、杜洛周之间，鲜于修礼和杜洛周不断来围攻定州城。杨津积蓄柴草、粮食，修治器械，相机抵御敌军。派人暗中劝说贼徒，贼徒中有人响应杨津，给杨津写信说："所以要围攻定州城，是为了得到城中的北方人。应把他们全杀掉，不然必然留下后患。"杨津将全部北方人集中于内城，却没有杀他们，这些人都感激杨津的仁爱。等到葛荣统领贼众后，派人游说杨津，杨津杀了他的使者，固守定州城三年。杜洛周包围定州，北魏不能救援。长史李裔引贼军进入城中，抓住杨津。瀛州刺史元宁率全城投降了贼军。

北魏实行大赦。

北魏孝明帝的潘嫔生了一个女儿，胡太后诈称为皇子，大赦天下，改变年号。

北魏长孙稚征讨萧宝寅，打败了他，萧宝寅投奔万俟丑奴。

萧宝寅围攻冯翊，长孙稚的军队到了恒农，左丞杨侃对长孙稚说："潼关地势险要，防御已经稳固，我军不如向北进攻蒲坂，渡过黄河向西进发，进入敌人腹心之地，置兵于必死之地，那么华州之间就会不战而自解，潼关的守敌必然会顾虑后方而逃走。枝节去掉后，长安城便可坐而取之。"长孙稚说："您的计策确实很好，但是现在薛修义包围河东，薛凤贤占据安邑，宗正珍孙守卫虞坂不能前进，我们怎样才能到达呢？"杨侃说："宗正珍孙只是一介武夫，只能被人驱使，哪能指挥别人？河东的郡治在蒲坂，西边靠近黄河，辖区多在郡东边。薛修义驱赶百姓西围蒲坂，他们的家属都留在原来的村庄，一旦听说官军到了，都有内顾之心，必然会望风溃逃。"长孙稚就派他的儿子长孙彦与杨侃一起率兵北渡黄河，占据石锥壁，命令送降名的人各自返回村庄，等到官军烧起第三堆烽火时，也烧起烽火相应，没有相应烽火的人就是贼军的同党，就进去杀掉他们，没收他们的财产犒赏军队。于是村民们互相转告，即使内心不想投降的人也假装

举烽,一宿之间火光遍数百里。贼围城者不测,各散归,修义、凤贤俱请降,稚遂克潼关。

会有诏废盐池税,稚上表曰:"臣前违严旨,径解河东,非缓长安而急蒲坂,诚以一失盐池,则三军乏食也。略论盐税,一年准绢三十万匹。昔高祖升平之年犹创盐官加典护,非与物竞利,恐由利乱俗也。况今国用不足,征六年之粟,折来岁之资,此皆夺人私财,事不获已。岂若宝天产之货,而均赡以理乎?臣已辄符所部依常收税。"萧宝寅将侯终德因其败,袭宝寅,宝寅奔万俟丑奴。

葛荣杀杜洛周,并其众。 魏太后胡氏进毒弑其主诩,而立临洮王世子钊。

太后再临朝以来,嬖幸用事,政事纵弛,盗贼蜂起,封疆日蹙。魏主年浸长,太后自以所为不谨,凡魏主所爱信者辄以事去之,务为壅蔽,不使知外事,由是母子之间嫌隙日深。是时车骑将军、六州大都督尔朱荣兵强,刘贵、段荣、尉景、蔡隽皆归之。贵屡荐高欢于荣,荣见其憔悴,未之奇也。厩有悍马,命欢翦之,欢不加羁绊而翦之,竟不蹄啮。起谓荣曰:"御恶人亦犹是矣。"荣奇其言,坐之床下,屏左右访以时事。欢曰:"闻公有马十二谷,色别为群,畜

举起烽火,一夜之间,火光遍布数百里。贼军围攻蒲坂城的不知其中原委,各自逃散回乡,薛修义、薛凤贤都请求投降,长孙稚于是攻克潼关。

正赶上孝明帝下诏废除盐池税,长孙稚向朝廷上表说:"臣前次违反圣旨,径自解除了河东之围,并不是以长安为缓而以蒲坂为急,实在是因为一旦失去盐池,三军就会缺乏粮食。粗略估算一下盐池的税收,一年的收入不少于三十万匹绢。从前孝文帝时的太平年代,还设置盐官对盐池加以管理保护,并不是为了和老百姓争夺利益,而是担心由于利益冲突而扰乱了社会秩序。况且如今国家的财政不足,征收了六年的租税,户调折合到明年,这些都是掠取百姓私财的措施,事情都是出于不得已。哪里能比得上好好保护盐池这个天然物产,而依照常理均衡地补给用度呢?臣已经让部下按照往常一样征收盐税。"萧宝寅的部将侯终德趁着萧宝寅势力受到削弱之际,袭击萧宝寅,萧宝寅投奔万俟丑奴。

葛荣杀死杜洛周,兼并了他的部众。 北魏胡太后进毒害死她的君主元诩,而拥立临洮王的世子元钊为帝。

胡太后再次临朝摄政以来,被她宠信的小人专权掌政,朝政败坏,盗贼蜂起,国家的疆土日益萎缩。北魏孝明帝年纪渐渐长大,太后自认为所作所为不够谨慎,所以把孝明帝平时所宠信的人都找借口除掉,竭力堵塞孝明帝的视听,不让他知道外面发生的事情,因此母子之间隔阂越来越深。当时车骑将军、六州大都督尔朱荣兵力强大,刘贵、段荣、尉景、蔡儁都归附了他。刘贵多次向尔朱荣推荐高欢,尔朱荣见他相貌憔悴,并没有感到他有什么奇异的地方。马棚中有一匹非常强悍凶猛的马,尔朱荣令高欢给这匹马剪毛,高欢没有给马套上笼头,也没捆住马脚,便修剪起来,这匹马竟然也没踢没咬。高欢修剪完后起身对尔朱荣说:"制服坏人也和这是一个道理。"尔朱荣很惊奇他能说出这样的话来,于是请高欢坐在床下,屏退左右,向他征询当前的国家大事。高欢说:"听说您有十二群马,按颜色分成不同的马群,畜养

此竟何用也?"荣曰:"但言尔意。"欢曰:"今天子暗弱,太后淫乱,嬖孽擅命,朝政不行。以明公之雄武,乘时奋发,讨郑俨、徐纥之罪,以清帝侧,霸业可举鞭而成,此贺六浑之意也。"荣大悦,自是每参军谋。

并州刺史元天穆与荣善,荣兄事之,常与天穆及贺拔岳密谋举兵入洛,内诛嬖幸,外清群盗,二人皆劝成之。表请不听,遂举兵塞井陉。

魏主亦恶俨、纥等,逼于太后,不能去。密诏荣举兵内向,欲以胁太后。荣以高欢为前锋,至上党,魏主复以私诏止之。俨、纥恐祸及己,阴与太后谋鸩魏主杀之,伪立皇子为帝。既而下诏曰:"潘嫔所生,实皇女也。临洮世子钊,高祖之孙,可立。"遂迎钊即位。生三年矣,太后欲久专政,故立之。

尔朱荣闻之大怒,谓元天穆曰:"吾欲赴哀山陵,翦诛奸佞,更立长君,何如?"天穆曰:"如此则伊、霍复见于今矣。"乃抗表曰:"大行皇帝背弃万方,海内咸称鸩毒致祸,又立皇女,虚行赦宥,上欺天地,下惑朝野。已乃选君于孩提之中,实使奸竖专朝,隳乱纲纪。今群盗沸腾,邻敌窥窬,而欲以未言之儿镇安天下,不亦难乎!愿听臣赴阙参预大议,问侍臣帝崩之由,访禁卫不知之状,以徐、郑之徒付之司败,雪同天之耻,谢远近之怨。然后更择宗亲,以承宝祚。"

它们究竟有什么用处呢？"尔朱荣说："请只管说出你的看法。"高欢说："如今皇上软弱，太后淫乱，奸佞小人专权执政，朝廷的政令得不到执行。凭着明公您的雄才大略，若乘此时机起兵，讨伐郑俨、徐纥的罪行，肃清皇上身边的小人，那么霸业举鞭就可成功，这是我贺六浑的主意。"尔朱荣听了非常高兴，从此以后，高欢便经常参与尔朱荣的军事谋划。

并州刺史元天穆和尔朱荣关系很密切，尔朱荣对他像对待哥哥一样，尔朱荣经常与元天穆及贺拔岳密谋，发兵进攻洛阳，对内诛杀佞幸，对外扫清群盗，二人都劝尔朱荣这样做。尔朱荣上表奏请诛奸平盗，朝廷没有答应，于是就率兵占据井陉。

北魏孝明帝也厌恶郑俨、徐纥等人，碍于胡太后，不能把他们除掉。秘密下诏书命尔朱荣发兵进入京城，想以此胁迫胡太后。尔朱荣任命高欢为前锋，行进到上党，北魏孝明帝又用私诏制止他们。郑俨、徐纥恐怕灾祸会降到自己身上，便暗中与胡太后策划阴谋毒死孝明帝，伪装立皇子为皇帝。不久又下诏说："潘嫔所生的实际上是皇女。临洮王的世子元钊是孝文帝的孙子，应该立为皇帝。"于是就迎接元钊即位。元钊才刚刚三岁，胡太后想长久地独揽朝政，所以才立他为帝。

尔朱荣听到这一消息非常愤慨，对元天穆说："我想奔赴国都哀悼皇上，除掉奸佞之人，改立年纪大一点的皇帝，怎么样？"元天穆说："如果这样，那可真是伊尹、霍光今日再生了。"于是上书朝廷，声称："大行皇帝离开人世，天下的人都认为是被毒酒害死的，又立皇女为皇帝，妄自实行大赦，对上欺骗天地，对下迷惑朝野之人。后来又选立孩童为帝，实际上是让奸佞把持朝政，败坏国家纲纪。现在各地盗贼猖獗，邻国的敌人随时伺机进犯，而想让一个不会说话的小孩镇抚安定天下，这不是太困难了吗！希望朝廷允许我入京参预国家大政，向侍卫之臣询问皇帝驾崩的缘由，访查禁卫衙门不知道的真实情况，把徐纥、郑俨等人交付法官查办，以雪天下之耻，消除远近的怨恨之情。然后再选择一位皇族成员继承皇帝的宝座。"

三月，葛荣陷魏沧州。　魏尔朱荣举兵晋阳。夏四月，至河阳，立长乐王子攸，而沉太后胡氏及幼主钊于河，杀王公以下二千人。自为都督中外诸军事，封太原王，遂入洛阳。

尔朱荣与元天穆议，以彭城武宣王有忠勋，其子长乐王子攸素有令望，欲立之。遣从子天光告之，子攸许之。荣以铜为显祖诸子孙各铸像，唯子攸像成，荣乃起兵发晋阳。灵太后闻之惧，悉召王公等入议，宗室大臣疾太后所为，皆莫肯言。太后乃用徐纥计，遣李神轨帅众拒之，别将郑先护、郑季明守河桥。

四月，子攸潜自高渚渡河，会荣于河阳。济河，即位，以荣为都督中外诸军事，封太原王。先护、季明开城纳之，将军费穆亦降，徐纥、郑俨皆亡走，太后落发出家。荣召百官奉玺绶，备法驾迎于河桥。遣骑执太后及幼主，至河阴，沉之河。

费穆密说荣曰："公士马不出万人，长驱向洛，以京师之众百官之盛，知公虚实有轻侮心。若不大行诛罚，更树亲党，恐公还北之日，未度太行而内变作矣。"荣心然之，谓所亲慕容绍宗曰："洛中人士终难制驭，欲悉诛之，何如？"绍宗曰："明公兴义兵以清朝廷，今乃无故歼夷多士，失天下望，非长策也。"荣不听。

至陶渚，引百官集于行宫西北，列胡骑围之，责以天下丧乱，肃宗暴崩，朝臣贪虐，不能匡弼之罪，因纵兵杀之。

三月,葛荣攻陷北魏沧州。 北魏尔朱荣在晋阳起兵。夏四月,到达河阳,立长乐王元子攸为帝,把胡太后及幼主元钊沉入黄河,杀死王公以下的达两千多人。自任都督中外诸军事,封为太原王,于是进入洛阳。

尔朱荣同元天穆商议,认为彭城武宣王元勰有功勋,他的儿子长乐王元子攸一向有很高的声望,想立他为帝。派遣侄子尔朱天光告诉他,元子攸答应了。尔朱荣用铜为显祖的子孙每人都铸铜像,只有元子攸的铜像铸成,尔朱荣这才从晋阳起兵出发。胡太后听到这一消息后非常恐惧,把全体王公大臣召集起来讨论对策,宗室大臣们都很痛恨胡太后的所作所为,都不肯说话。胡太后就用徐纥的计谋,派遣李神轨统率军队抵御尔朱荣,另派将领郑先护、郑季明率兵守卫河桥。

四月,元子攸暗地里从高渚渡过黄河,在河阳与尔朱荣会面。尔朱荣渡过黄河,元子攸即皇帝位,任命尔朱荣为都督中外诸军事,封为太原王。郑先护、郑季明打开城门,接纳尔朱荣的部队入城,将军费穆也投降了,徐纥、郑俨逃跑了,胡太后削发出家为尼姑。尔朱荣召集百官捧着皇帝的玉玺、绶带,准备好皇帝的车驾仪仗,到河桥迎接北魏孝庄帝。派遣骑兵抓住胡太后和小皇帝,带到河阴,把胡太后和小皇帝沉入黄河之中。

费穆暗中对尔朱荣说:"您的兵马不足一万人,长驱而至洛阳,以京城众多的军队、文武百官强大的势力,如果知道您的虚实,便会产生轻蔑之心。若不严厉地实行诛杀惩治,培植亲信,恐怕您回到北方之时,还未过太行山,内乱就会发生了。"尔朱荣内心赞同费穆的建议,于是便对亲信慕容绍宗说:"洛阳一带士人百姓,终究难以控制,我想把他们全部杀掉,你看怎么样?"慕容绍宗说:"明公您起义兵以肃清朝廷,现在却无故杀戮官吏和士人,恐怕会使天下人失望,这不是长远的计谋。"尔朱荣不听。

到了陶渚,带领百官集合在皇帝行宫的西北,用胡人骑兵把百官围起来,指责他们说,天下动乱,孝明帝突然死亡,都是朝廷大臣贪赃酷虐,不能匡正辅弼所造成,因此命令骑兵杀死他们。

自丞相高阳王雍、司空元钦、仪同三司元略以下，死者二千余人。荣乃令其军上言，"元氏既灭，尔朱氏兴"，皆称万岁。荣又遣数十人拔刀向行宫，杀魏主之兄无上王劭、弟始平王子正。迁魏主于河桥，置之幕下。

魏主忧愤，使人谕荣曰："帝王迭兴，盛衰无常。今四方瓦解，将军奋袂而起，所向无前，此天意，非人力也，宜以此时早正尊号。若欲存魏社稷，亦当更择亲贤而辅之。"时高欢劝荣称帝，左右多同之。贺拔岳进曰："将军首举义兵，志除奸逆，大勋未立，遽有此谋，正可速祸，未见其福。"荣乃自铸金为像，凡四铸不成。命参军刘灵助卜之，亦曰未可。荣亦精神恍惚，不自支持，久而方寤，深自悔曰："唯当以死谢朝廷。"岳请杀欢以谢天下，左右以四方多事，须藉武将，请舍之，乃止。荣夜复迎魏主还营，叩头请死。

荣所从胡骑杀朝士既多，不敢入洛，荣乃议欲迁都。其将汎礼固谏，乃奉魏主入城，大赦。时百官荡尽，唯散骑常侍山伟一人拜赦。洛中士民逃窜，直卫空虚，官守旷废。荣乃遣使巡城劳问，于是朝士稍出，人心少安。封劭之子韶为彭城王。荣犹执迁都议，都官尚书元谌争之，荣怒曰："河阴之役，君应知之。"谌曰："天下事当与天下论之，奈何以河阴之酷恐元谌乎！谌，国之宗室，位居常伯，正使今日

从丞相高阳王元雍、司空元钦、仪同三司元略以下,被杀死的达两千多人。尔朱荣于是命令手下军士们高呼"元氏既灭,尔朱氏兴",士兵们都高呼万岁。尔朱荣又派遣数十人持刀来到行宫,杀死北魏孝庄帝的哥哥无上王元劭、弟弟始平王元子正。把孝庄帝迁到河桥,置于自己的帐下。

北魏孝庄帝忧伤愤慨,派人向尔朱荣传达旨意说:"帝王一代代地兴起,兴盛和衰败不可能永恒不变。现在天下大乱,四方瓦解,将军您奋袂起兵,所向无敌,这是天意,不是靠人的力量所能达到的,应该趁此时早登皇位。如果您打算保存大魏的社稷,也应该另外选择亲信而又贤能的人立为皇帝,由您来辅佐他。"当时高欢劝尔朱荣称帝,尔朱荣身边的人大多数赞同。贺拔岳进言说:"将军您首先举起义兵大旗,志在清除奸逆之臣,现在大功还未告成,便急着有这种打算,恐怕只会招来灾祸,看不出有什么好处。"尔朱荣于是自己用黄金铸像,共铸了四次都没铸成。命令参军刘灵助占卜吉凶,刘灵助也说不可以称帝。尔朱荣这时也有些精神恍惚,支持不住了,过了很长时间才清醒过来,深感悔恨地说:"我只有以死来向朝廷谢罪了。"贺拔岳请求杀掉高欢向天下人谢罪,尔朱荣身边的人认为天下混乱,还要依靠武将,请求饶了高欢,这才作罢。尔朱荣在夜里又迎接孝庄帝返回军营,叩头请求赐死。

尔朱荣所率领的胡人骑兵杀死了很多朝廷大臣,不敢进入洛阳城,尔朱荣便想迁移都城。他的将领汛礼坚决谏阻迁都,于是就奉孝庄帝进入洛阳城,大赦天下。当时百官已荡然无几,只有散骑常侍山伟一人拜见皇帝,接受赦免。洛阳的士民百姓都逃到他乡,守备空虚,政府空无一人。尔朱荣便派遣使者巡城慰问百姓,这时朝廷官员才渐渐出头露面,人心才稍微安定下来。封元劭之子元韶为彭城王。尔朱荣仍然坚持迁都的主张,都官尚书元谌与他争论,尔朱荣大怒说:"河阴之事,你应该知道吧。"元谌说:"天下的事应该同天下人来商议,怎么能够用河阴的酷刑来恐吓元谌呢!元谌是朝廷的宗室,位居尚书之职,即使今日

碎首流肠亦无所惧!"荣大怒,欲抵谌罪,谌颜色自若,乃舍之。后数日,荣与魏主登高,见宫阙壮丽,列树成行,乃叹曰:"元尚书之言不可夺也。"由是罢议。

荣因入见,重谢河桥之事,誓言无复二心。魏主亦为荣誓,言无疑心。荣喜,求酒饮之,熟寐,魏主欲诛之,左右不可,乃止。荣夜半方寤,自是不复宿禁中矣。

荣举止轻脱,喜驰射,性严暴,喜愠无恒,左右恒有死忧。

魏徐纥奔泰山,郑俨伏诛。

俨与从兄荥阳太守仲明谋据郡起兵,为部下所杀。

魏汝南王悦、临淮王彧、北海王颢出奔梁。 **魏郓、青、南荆州皆叛附于梁。** **五月,魏立肃宗嫔尔朱氏为后。**

荣女先为肃宗嫔,荣欲魏主纳以为后,魏主疑之,黄门侍郎祖莹曰:"昔文公在秦,怀嬴入侍,事有反经合义,陛下独何疑焉?"遂从之,荣甚悦。

尔朱荣还晋阳,以元天穆为侍中,录尚书事,兼领军将军。

荣令元天穆入洛阳,朝廷要官悉用其腹心为之。

魏主听讼于华林园。

诏孝昌以来凡有冤抑无诉者,悉集华林东门,亲理之。

魏诏听民入粟。

肝脑涂地也无所畏惧!"尔朱荣非常生气,想要治元谌的罪,然而元谌却神色自如,尔朱荣放弃了这个打算。几天以后,尔朱荣和孝庄帝一起登高远眺,看到洛阳城宫殿巍峨壮丽,树木排列成行,便感叹说:"元谌尚书的话确实没有错啊!"因此就打消了迁都的念头。

尔朱荣入宫朝见孝庄帝,因河桥事件向孝庄帝表示谢罪,发誓说决不会对朝廷有二心。孝庄帝也对尔朱荣发誓说决不会对他起疑心。尔朱荣很高兴,要来酒喝,喝得酩酊不醒,孝庄帝想杀了他,身边的人认为不可,才作罢。尔朱荣到了半夜才醒过来,从此以后再也不在宫中留宿了。

尔朱荣举止轻佻,喜欢骑马射箭,生性严酷残暴,喜怒无常,手下的人总是担心会被杀。

北魏徐纥投奔泰山郡,郑俨被杀死。

郑俨与堂兄荥阳太守郑仲明图谋占据郡城起兵反叛,被部下杀死。

北魏汝南王元悦、临淮王元彧、北海王元颢逃出北魏投奔梁朝。 北魏郢州、青州、南荆州都叛魏归附梁朝。 五月,北魏立孝明帝的妃子尔朱氏为皇后。

尔朱荣的女儿先前是孝明帝的妃子,尔朱荣想让孝庄帝娶她为皇后,孝庄帝犹疑不决,黄门侍郎祖莹说:"从前晋文公在秦国避难时,侄媳怀嬴入侍,事情虽然违背经典但却合乎道理,陛下您何必疑虑呢?"于是孝庄帝听从了祖莹的劝说,尔朱荣非常高兴。

尔朱荣返回晋阳,任命元天穆为侍中,录尚书事,兼领军将军。

尔朱荣命元天穆到洛阳,朝廷的重要官职都由尔朱荣的心腹担任。

北魏孝庄帝在华林园亲理诉讼案件。

下诏书令孝昌年间以来凡是有冤屈无处投诉的,都集中到华林园东门,由皇帝亲自审理。

北魏下发诏书听任百姓交纳粮食做官。

时承丧乱之后，仓廪虚竭，始诏"入粟八千石者赐爵散侯，五百石者赐出身"。

梁遣将军曹义宗围魏荆州。

义宗围魏荆州，堰水灌城，不没者数板。时魏方多难，不能救。城中粮尽，刺史王罴煮粥与将士均食，每出战，不擐甲胄，仰天大呼曰："州城孝文皇帝所置，天若不祐国家，令箭中王罴额。不尔，王罴必当破贼。"弥历三年，前后搏战甚众，亦不被伤。

六月，元彧自梁归于魏。

彧闻魏主定位，求还，梁主惜其才而不能违，遣之。

魏免其侍郎高乾、高昂官。

魏高乾与弟敖曹、季式皆喜轻侠，与魏主有旧。尔朱荣之向洛也，逃奔齐州，闻河阴之乱，遂集流民起兵于河、济之间，频破州军，至是乃降。魏主以乾及敖曹皆为侍郎，尔朱荣以乾兄弟前为叛乱，不应复居近要，魏主乃听解官归。敖曹复抄掠，荣诱执之。敖曹名昂，以字行。

魏河间邢杲反。　万俟丑奴称帝。　秋八月，魏泰山太守羊侃据郡降梁。

侃以其祖规尝仕宋，常有南归之志。徐纥依之，劝侃起兵，遣使降梁。

九月，葛荣围魏相州，尔朱荣讨擒之，冀、定、沧、瀛、殷皆平。

葛荣引兵围邺，众号百万。尔朱荣帅精骑七千，马皆有副，倍道兼行，东出滏口，以侯景为前驱。葛荣曰："此

当时正值动乱之后，国库空虚，才下发诏书："向国家交纳粮食八千石的人赐爵散侯，交纳五百石的人赐给做官的资格。"

梁朝派遣将军曹义宗围攻北魏荆州。

曹义宗围攻北魏荆州，筑堰堵水灌城，荆州城只差几板高就被淹没。当时北魏正值多难之秋，朝廷不能派兵救援。城中粮食吃光了，刺史王罴就煮粥与将士们分着吃，每次出战，王罴连铠甲都不披，仰天大叫说："州城是孝文皇帝设置的，上天如果不保佑我们国家，就让箭射中我王罴的额头。否则，我王罴一定能够打败敌人。"这样持续了三年，前后多次搏斗厮杀，也没有受过伤。

六月，元彧从梁朝回到北魏。

元彧听说北魏孝庄帝的地位已经确定，请求返国，梁武帝爱惜他的才能却又不能拒绝他的请求，只好遣送他回国。

北魏免去侍郎高乾、高昂的官职。

北魏高乾和弟弟高敖曹、高季式都是轻财仗义之人，与孝庄帝有老交情。尔朱荣进兵洛阳之时，他们逃奔到齐州，得知河阴之乱后，就聚集流民在黄河、济水之间起兵，多次打败州郡的军队，到了现在才投降。孝庄帝任命高乾及高敖曹为侍郎，尔朱荣认为高乾兄弟以前曾背叛朝廷，不应该还让他们担任重要官职，孝庄帝只好解除了他们的官职，让他们回家乡。高敖曹又干起打家劫舍的勾当，尔朱荣诱捕了他。高敖曹名叫高昂，人们都以字来称呼他。

北魏河间人邢杲造反。 **万俟丑奴自称皇帝。** **秋八月，北魏泰山郡太守羊侃占据郡城投降梁朝。**

羊侃因为他的祖父羊规曾经在刘宋做官，常常有南归梁朝的想法。徐纥投奔羊侃后，劝羊侃起兵反叛北魏，派遣使者去梁朝表达投降之意。

九月，葛荣围攻北魏相州，尔朱荣征讨并擒获了葛荣，冀州、定州、沧州、瀛州、殷州都被平定。

葛荣带兵围邺城，号称百万。尔朱荣率七千精锐骑兵，各备两匹马，近路加速行军，东过滏口，以侯景为先锋。葛荣说："这

易与耳。"自邺以北列阵数十里,箕张而进。尔朱荣潜军山谷为奇兵,分督将已上三人为一处,处有数百骑。扬尘鼓噪,使贼不测多少。又以人马逼战,刀不如棒,勒军士务赍袖棒一枚,置马侧,至战时,虑废腾逐,不听斩级,以棒棒之而已。分命壮勇,所向冲突,号令严明,战士同奋。身自陷阵,出于贼后,表里合击,大破之,擒葛荣,余众悉降。纵其所之,群情大喜,数十万众一朝尽散。待出百里之外,乃始分道押领,随便安置。擢其渠帅,量才授任。槛车送葛荣赴洛,斩之,五州皆平。

初,宇文肱从鲜于修礼战死,其子泰从葛荣,至是尔朱荣爱其才,以为统军。

魏尔朱荣自为大丞相。　冬十月,梁立元颢为魏王,遣将军陈庆之将兵纳之。　魏遣将军费穆救荆州,获曹义宗。　十一月,魏复取泰山郡,羊侃、徐纥奔梁。

魏遣兵击羊侃于瑕丘,徐纥说侃乞师于梁,侃信之,纥遂奔梁。魏围益急,南军不进,侃亦溃围奔梁,魏复取泰山。

十二月,魏幽州韩楼反。

葛荣余党韩楼复据幽州反,北边被其患,尔朱荣以贺拔胜镇中山,楼畏胜,不敢南出。

容易对付。"从邺城往北排列数十里的长阵,队伍像张开的簸箕一样向前推进。尔朱荣将军队埋伏在山谷中,设置奇兵,分派督将以上军官三人为一处,每处有数百名骑兵。故意扬起尘土,擂鼓喊叫,让敌人摸不清有多少兵马。尔朱荣又考虑到人马近战时,用刀不如用棒,便命令军士每人带一根短棒,放在马肚的一侧,到双方交战时,担心下马斩首会影响骑兵追逐,只用棒子打就行了。分别命令勇士到处冲杀突击,号令严明,战士们奋勇冲杀。尔朱荣亲自冲锋陷阵,从敌军背后杀出,里应外合,内外夹击,大败葛荣军队,生擒葛荣,其余的部众全都投降。尔朱荣让投降的敌军各自决定去留,因而人人都很高兴,数十万大军一早晨都遣散完了。等到他们走出百里以外,才开始分路押解,根据各自的情况加以安置。又从其中选拔一批将领,量才授任。派人用囚车押解葛荣到洛阳,将其斩首,冀州、定州、沧州、瀛州、殷州被全部平定。

起初,宇文肱跟随鲜于修礼作战阵亡,他的儿子宇文泰投奔葛荣,到了这时,尔朱荣爱惜宇文泰的才干,任命他为统军。

北魏尔朱荣自任大丞相。 冬十月,梁朝立元颢为魏王,派遣将军陈庆之率领军队护送他返回北方。 北魏派将军费穆援救荆州,抓获了曹义宗。 **十一月,北魏重新攻占泰山郡,羊侃、徐纥投奔梁朝。**

北魏派兵在瑕丘一带进攻羊侃,徐纥游说羊侃让他去向梁朝请救兵,羊侃相信了他的话,徐纥便前去投奔梁朝。北魏围攻泰山郡越来越紧急,南朝的军队不能向前推进,羊侃只好突围而出,投奔梁朝,北魏重新收复了泰山郡。

十二月,北魏幽州人韩楼造反。

葛荣的余党韩楼又占据幽州城再次造反,北部边境地区受到叛军的蹂躏,尔朱荣让贺拔胜镇守中山,韩楼畏惧贺拔胜,不敢向南进犯。

己酉(529) 梁中大通元年，魏永安二年。

春正月，魏主追尊其父勰为皇帝。

魏主尊彭城武宣王为文穆皇帝，庙号肃祖。将迁神主于太庙，而以高祖为伯考。临淮王彧谏曰："汉光武于元帝属疏服绝，犹身奉子道，入继大宗，别祀南顿君于春陵。况肃宗于高祖，亲北面为臣乎？二后皆将配享，此为君臣并筵，嫂叔同室，臣切以为不可。"不听。请去"帝"著"皇"，亦不听。寻复尊无上王劭帝号，彧又谏，亦不听。

夏四月，魏王颢拔荥城，称皇帝。

魏元天穆将击邢杲，以颢北上，乃集文武议之，皆曰："杲众强盛，宜以为先。"尚书薛琡曰："邢杲鼠窃狗偷，非有远志。颢帝室近亲，来称义举，其势难测，宜先去之。"天穆不听，引兵东出。颢与陈庆之乘虚进拔荥城，有众七千，遂即帝位于睢阳城南。攻魏行台济阴王晖业于考城，擒之。

魏元天穆讨邢杲，平之。 **五月，魏王颢取梁国、荥阳、虎牢。**

颢克梁国，魏都督杨昱据荥阳，庆之攻之，未拔。元天穆继至，梁士卒皆恐，庆之解鞍秣马谕将士曰："君等杀人父兄，掠人子女多矣，天穆之众皆仇雠也。然我众才七千，虏三十余万，今日唯有必死，乃可得生。当及其未尽至，急取其城而据之耳。"乃鼓之，将士蚁附而入，执杨昱。诸将

己酉（529）　梁中大通元年,魏永安二年。

春正月,北魏孝庄帝追尊他的父亲元勰为皇帝。

北魏孝庄帝元子攸尊彭城武宣王元勰为文穆皇帝,庙号为肃祖。打算将牌位迁入太庙,而奉高祖孝文帝为伯考。临淮王元彧上表劝谏,认为:"东汉光武帝跟西汉元帝的关系早已超出五服,光武帝却仍然奉行后代子孙之道,入继大宗,另外祭祀他的父亲南顿君于舂陵。何况肃宗对于高祖而言,曾经北面称臣呢?两位皇后都要配享,这是君臣共筵,叔嫂同室,臣认为不可以这样做。"没有采纳。元彧又请求去掉"帝"字而保留"皇"字,也没有听从。不久又尊无上王元劭帝号,元彧又劝谏,孝庄帝也没有接受。

夏四月,魏王元颢攻占荥城,登基称帝。

北魏将领元天穆将要进攻邢杲,因为元颢率军北上,便集合文武大臣们一起讨论,大家都说:"邢杲兵马强盛,应该首先消灭他。"尚书薛琡说:"邢杲是鼠窃狗偷之辈,并没有远大的抱负。元颢是皇室近亲,此番前来号称义举,来势汹汹,难以预测,应该首先消灭他。"元天穆没有听从薛琡的建议,率军东进。元颢与陈庆之乘虚进攻并占领了荥城,有部众七千人,于是元颢在睢阳城南登基即位。进攻北魏行台济阴王元晖业于考城,生擒了元晖业。

北魏元天穆讨伐邢杲,平定了他们的叛乱。　五月,魏王元颢攻占梁国、荥阳、虎牢关。

元颢攻战了梁国城,北魏都督杨昱据守荥阳,陈庆之去攻打未能攻克。元天穆率领大军来到荥阳,梁军的士卒都非常恐惧,陈庆之解下马鞍,一边喂马一边告谕将士们说:"你们大家杀戮了人家的父兄,掠夺人家的子女,多得都数不过来,元天穆的部下都是我们的仇敌。但是我军才七千人,敌军有三十多万人,今天只有我们大家抱着必死的决心与敌人搏战,才可能有生路。应当趁敌人还没有到齐的时候,急速攻下荥阳城作为据守之地。"于是亲自擂鼓助战,将士们蜂拥着攻入城中,抓获了杨昱。诸将

请杀之,颢曰:"我闻梁主数称袁昂之忠,今奈何杀昱乎?"俄而天穆等引兵围城,庆之力战,破之,进拔虎牢。

魏主子攸奔河内。颢入洛阳,以陈庆之为车骑大将军。

魏主子攸将出,未知所之,或劝之长安,中书舍人高道穆曰:"关中荒残,何可复往?颢兵不多,乘虚深入,陛下若亲帅宿卫,背城一战,臣等竭其死力,破颢必矣。或恐胜负难期,则车驾不若渡河,征天穆及荣引兵进讨,此万全之策也。"子攸遂走河内。

临淮王彧、安丰王延明,帅百僚迎魏主颢。颢入洛阳,以庆之为车骑大将军。杨椿时在洛阳,颢意忌之,以其人望未敢诛也。或劝椿出亡,椿曰:"吾何所逃,正当坐待天命耳。"

元天穆拔大梁,颢使庆之击之,天穆将北走,郎中温子昇曰:"颢新入,人情未安,击之必克。平定京邑,奉迎大驾,桓、文之举也。舍此北渡,窃为大王惜之。"天穆不能用。费穆攻虎牢,将拔,闻天穆走,遂降。庆之进击大梁,下之。庆之以数千之众自发铚县至洛阳,凡取三十二城,四十七战,所向皆克。颢命黄门郎祖莹,作书遗子攸曰:"朕泣请梁朝,誓在复耻,正欲问罪于尔朱,出卿于虎口耳。"

河南州郡多附于颢,齐州刺史沛郡王欣集文武议所从,军司崔光韶抗言曰:"元颢受制于梁,引寇仇之兵以覆宗

请求杀死他，元颢说：“我听说梁主多次称赞袁昂的忠贞，杨昱也是一位忠臣，为什么要杀他呢？”很快，元天穆率军包围荥阳城，陈庆之奋力搏战，打败了元天穆，向前推进攻占虎牢关。

北魏国主元子攸逃奔河内。元颢进入洛阳，任命陈庆之为车骑大将军。

北魏国主元子攸将要离开洛阳以躲避元颢的大军，不知道该向哪儿去，有人劝他去长安，中书舍人高道穆说：“关中地区荒凉残破，怎么能再到那儿去呢？元颢的兵力不多，只是乘虚深入，陛下如果能够亲自率领禁卫军，与敌军背城一战，臣等竭尽全力，必然能够打败元颢。如果担心胜负难以预料的话，那么圣上您不如不渡过黄河，命令元天穆和尔朱荣领兵进讨，这是万全之策。”元子攸便逃往河内。

临淮王元彧、安丰王元延明率领文武百官迎接魏国主元颢。元颢进入洛阳，任命陈庆之为车骑大将军。杨椿当时在洛阳，元颢忌恨他，因为杨椿家素有名望，没有敢杀他。有人劝杨椿逃走，杨椿说：“我能逃到哪里去呢，正好安坐着等待天命的安排。”

元天穆攻下了大梁城，元颢让陈庆之前去攻打他，元天穆打算向北逃跑，郎中温子昇说：“元颢新近进入洛阳，民心还没安定下来，现在如果进攻他，必然能够成功。大王您平定了京邑以后，再奉迎皇帝的大驾，这是齐桓公、晋文公才有过的举动。如果舍此而不为，北渡黄河，我私下里真为大王您感到惋惜。”元天穆没能采用温子昇的建议。费穆进攻虎牢关，眼看就要攻下，听说元天穆逃跑了，于是便投降了。陈庆之进兵攻打大梁，攻克该城。陈庆之用数千人的军队，从铚县出发至洛阳，一共攻占了三十二座城池，经历四十七次战斗，所向无敌。元颢命令黄门侍郎祖莹写了一封信给元子攸，信中写道：“朕哭泣着请求梁朝发兵，誓在报仇雪耻，正是要向尔朱荣问罪，解救你于虎口。”

黄河以南的州郡大多数都归附了元颢，齐州刺史沛郡王元欣召集手下的文武官员来一起商议何去何从，军司崔光韶大声反对说：“元颢受梁朝的节制，勾结仇敌之兵来颠覆自己的国

国,此魏之贼臣乱子也。岂唯大王家事所宜切齿,下官等皆荷朝眷,未敢仰从!"众皆是之,欣乃斩颢使。

六月,魏都督费穆伏诛。
穆至洛阳,魏主颢责以河阴之事而杀之。

魏湖阳叛降于梁。　闰月,魏尔朱荣渡河。魏王颢走死。　陈庆之走归梁。魏主子攸归洛阳,荣自为天柱大将军。

魏主子攸之出也,单骑而去,侍卫后宫按堵如故。颢一旦得之,号令己出,四方想其风政。而颢遽骄怠,近习干政,日夜纵酒,不恤军国,所从南兵陵暴市里,朝野失望。高子儒自洛阳出从子攸,子攸问之,子儒曰:"颢败在旦夕,不足忧也。"

尔朱荣驰见子攸于长子,子攸即日南还,荣为前驱,旬日之间,兵众大集。
颢既得志,与临淮王彧、安丰王延明谋叛梁,以事难未平,藉陈庆之兵力,故外同内异,言多猜忌。庆之亦密为之备,说颢曰:"今远来至此,未服者尚多,彼若知吾虚实,连兵四合,将何以御之? 宜更请兵于梁。"颢欲从之,延明曰:"庆之兵已难制,今更增其众,宁肯复为人用乎? 大权一去,动息由人,魏之宗庙,于斯坠矣。"颢乃不用庆之言。军副马佛念谓庆之曰:"将军功高势重,为魏所疑,一旦变

家,是大魏的乱臣贼子。不仅是大王您家族中的事情应该对他切齿痛恨,我等都受朝廷的恩典,因此不敢听从您的意见!"大家都认为崔光韶说得对,元欣就杀了元颢的使者。

六月,北魏都督费穆被处死。

费穆到了洛阳,魏北海王元颢以河阴之事斥责他,并因此而杀了他。

北魏湖阳等地反叛并归降梁朝。 闰月,北魏尔朱荣渡过黄河。魏王元颢逃跑被杀。 陈庆之逃归梁朝。北魏孝庄帝元子攸回到洛阳,尔朱荣自封为天柱大将军。

北魏孝庄帝元子攸逃离洛阳的时候,只是单骑而去,宫廷侍卫、后宫嫔妃都依旧留在京城。元颢一旦得到政权,各种号令都由他来发出,四方的百姓都希望他励精图治。然而元颢很快就产生了骄傲怠惰之心,亲近之人干扰政事,他和这些人日夜纵酒为乐,毫不体恤军国大事,而跟随元颢来的南朝军士,更在城中欺凌百姓,因而使得朝野上下都很失望。高子儒从洛阳逃出去跟从元子攸,元子攸问他,高子儒说:"元颢很快就会失败,您不必担忧。"

尔朱荣骑着马前往长子会见元子攸,元子攸当天就开始南还,尔朱荣做先锋,十天之内,便集结了大批军队。

元颢既已夺取了政权,便和临淮王元彧、安丰王元延明密谋反叛梁朝,由于局势还没有平定,还需要借助陈庆之的兵力,所以他们表面上很团结一致,内地里同床异梦,言语之间多所猜忌。陈庆之也在暗中做了防备,他劝说元颢说:"如今我们远道而来到了此地,不服的人还很多,如果他们知道我们的虚实,联合兵力从四面包围我们,我们将如何抵御呢?应该向梁朝请求再增精兵。"元颢想要采纳他的建议,元延明说:"陈庆之的兵已经难以驾取了,如今还要增加兵力,那么他还怎么会听您的旨令呢?您的大权一旦丢失,一举一动都要由别人决定,这样大魏的宗庙从此就要覆亡了。"元颢便不用陈庆之的建议。军中副将马佛念劝陈庆之说:"将军您功高势强,被魏王元颢所猜疑,一旦发

生不测，可无虑乎？不若乘其无备，杀颢据洛，此千载一时也。"庆之不从。颢先以庆之为徐州刺史，庆之固求之镇，颢心惮之，不遣。

尔朱荣兵至，庆之守北中城，颢据南岸，庆之三日十一战，杀伤甚众。有夏州义士为颢守河中渚，与荣通谋，求破桥立效，及桥破而荣兵不至，颢悉屠之。荣既失望，又以无船，议还北，图后举。黄门郎杨侃曰："大王发并州之日，已知夏州义士之谋，指来应之邪？为欲广施经略，匡复帝室也？夫用兵者，何尝不散而更合，疮愈更战，况今未有所损，岂可以一事不谐，而众谋顿废乎？今四方颙颙，视公此举。若未有所成，遽复引归，民情失望，各怀去就，胜负所在未可知也。不若多为桴筏，间以舟楫，数百里中，皆为渡势，使颢不知所防。一旦得渡，必立大功。"高道穆曰："今若北归，使颢复得征兵完聚，养虺成蛇，悔无及矣！"荣乃使尔朱兆与贺拔胜缚筏夜渡，颢军溃失据，帅麾下南走。庆之收众结陈而还，荣追之，庆之军士死散略尽，乃削须发为沙门，间行还建康。

中军大都督杨津入宿殿中，洒扫宫庭，封闭府库，出迎魏主子攸于北邙，流涕谢罪。子攸遂入洛阳，加荣天柱大

生不测,能不担心吗?不如趁他还没有防备的时机,杀死元颢,占据洛阳,这是千载难逢的机遇啊。"陈庆之没有听从他的意见。元颢先任命陈庆之为徐州刺史,陈庆之坚决要求前去徐州,元颢心里很害怕,没敢让他去。

尔朱荣的军队来到了,陈庆之镇守北中城,元颢亲自据守河桥南岸,陈庆之在三天以内打了十一次仗,杀伤数人很多。有一位夏州义士为元颢守卫河中渚,暗中串通尔朱荣,请求破坏河桥立功,等到桥被破坏以后,尔朱荣的兵马还没赶到,元颢将参加破桥活动的人统统杀死了。尔朱荣失望之余,又因为没有船,打算先回师北方,再想办法打败元颢。黄门侍郎杨侃说:"大王您从并州出发的那天,是因为已经知道夏州义士的谋划指望他作为内应所以才来的呢?还是为了广泛施展您的雄才大略,匡复帝室而来的呢?凡是用兵打仗的人,谁不是打散了以后再聚集起来,伤好了再继续战斗,何况如今我们并没有受到损失,怎么能够因为一件事不顺利,而将所有的计划都废弃了呢?现在四方的百姓望眼欲穿,就看您的这次举动了。如果不能成功,很快回师,那就会让老百姓大失所望,他们就会各自考虑何去何从,那么谁胜谁负也就难说了。不如多多地做一些木筏,间杂一些舟船,在数百里的黄河岸边都做出渡河的架势,让元颢不知道该在哪里防御。一旦得以渡过黄河,必然就会立下大功。"高道穆说:"现在如果我们班师回到北方,让元颢得以征集兵力,加强守备,这可就真是养虺成蛇,后悔也来不及了!"尔朱荣便让尔朱兆与贺拔胜捆扎木筏,夜渡黄河,元颢的军队纷纷溃散奔逃,失去了依恃,元颢只好率部下向南逃跑。陈庆之收集部众结队而归,尔朱荣亲自率军追击陈庆之,陈庆之的军队死的死,逃的逃,差不多都没了,陈庆之便剃光头发和胡须,装扮成一个和尚模样,从小路回到建康。

中军大都督杨津在皇宫中住宿执勤,洒扫宫庭各个院落,封闭朝廷府库,外出到北邙,迎接北魏孝庄帝元子攸,他痛哭流涕地向孝庄帝谢罪。孝庄帝元子攸便进入洛阳城,加封尔朱荣为天柱大

将军。颢至临颍，为人所杀。或复自归于魏主，延明奔梁。

庆之自魏还，特重北人，朱异问之，曰："吾始以为大江以北皆戎狄之乡，比至洛阳，乃知衣冠人物非江东所及也，奈何轻之？"

秋七月，魏以高道穆为中尉。

魏主之姊寿阳公主行犯清路，道穆击破其车。公主泣诉之，魏主曰："中尉清直，岂可以私责之？"道穆见魏主，魏主劳之，道穆免冠谢，魏主曰："朕愧卿，卿何谢也？"

魏始铸永安五铢钱。

魏多细钱，米斗几直一千，高道穆上表曰："在市八十一钱得铜一斤，私造薄钱，斤赢二百。既示之以深利，又随之以重刑，抵罪虽多奸铸弥众。今钱徒有五铢之文而无二铢之实，置之水上，殆欲不沉。此乃朝廷科防不切之过也。宜改铸大钱，一斤七十文，载年号以记其始，则私铸无利而自息矣。"杨侃亦乞听官民并铸，使民乐为而弊自改。从之。

魏巴州叛附于梁。

初，魏以梁、益荒远，更立巴州，以统诸獠，凡二十余万户，以巴酋严始欣为刺史。始欣贪暴，诸獠反，围城，行

将军。元颢逃到临颍,被人杀死。元彧归附孝庄帝,元延明投奔梁朝。

陈庆之从北魏回到梁朝以后,特别看重北方人,朱异问他为什么这样做,他说:"我原来以为长江以北都是戎狄之乡,等到了洛阳以后,才知道礼仪典章、俊杰英才都在中原地区,不是江东所能企及的,我们有什么理由轻视北方人呢?"

秋七月,北魏任命高道穆为中尉。

北魏孝庄帝的姐姐寿阳公主行路时妨碍了清路开道的士卒们执行公务,高道穆下令击破了寿阳公主的车子。寿阳公主哭着向孝庄帝讲述了这件事,孝庄帝说:"中尉是清直之士,怎么能够以私情来责备他呢?"高道穆朝见孝庄帝,孝庄帝慰劳他,高道穆摘下官帽向孝庄帝谢罪,孝庄帝说道:"朕因此事而感到有愧于你,你何必还向我谢罪呢?"

北魏开始铸造永安五铢钱。

北魏有很多分量不足的薄钱,一斗米差不多值一千钱,高道穆为此向朝廷上表说:"现在市场上的价格是八十一钱买一斤铜,如果私人用以铸造薄钱,每斤铜便能铸造出二百多个钱。朝廷一方面给人们提供了私铸钱币获得丰厚利润的机会,一方面又对私铸钱币的人施以重刑,这样一来,被治罪的人虽然很多,然而私下偷铸钱币的人却越来越多。如今的五铢钱徒有'五铢'之名,而实际上连二铢的重量都没有,放在水面上,恐怕都不会沉下去。这种情况的出现,都是由于朝廷督察不够严厉。应该改铸大钱,一斤铜只能铸七十文,在钱币上刻上皇帝的年号以记载开始使用这种钱币的时间,这样一来,私人铸造钱币无利可赚,就不会再有人私铸钱币了。"杨侃也请求听任官府和民间都铸五铢钱,让老百姓愿意这样做,原来的弊端自然也被改正了。朝廷采纳了他们的建议。

北魏巴州反叛并归附于梁朝。

起初,北魏因为梁州、益州疆域太荒僻辽阔,另外设立了巴州用来统领各类獠人,共二十多万户,任用巴州当地的酋长严始欣为刺史。严始欣贪婪残暴,各部獠人反叛,包围了巴州城,行

台魏子建抚谕之,乃散。始欣恐获罪,阴请降梁,子建囚始
欣。既而魏以傅竖眼为行台。竖眼初至,州人相贺,既而
病,其子敬绍奢淫贪暴,始欣略敬绍得还巴州,遂降于梁。
敬绍阴有保据南郑之志,诱山民围城,欲为内应。围合而
谋泄,将士杀之,竖眼耻恚而卒。

八月,魏太保杨椿致仕。　九月,梁主舍身于同泰寺。

　　梁主幸同泰寺,设大会,释御服,持法衣,行清净大舍,
素床瓦器,乘小车,役私人,亲为四众讲《涅槃经》。群臣以
钱一亿万奉赎,表请还宫,三请乃许。

魏讨韩楼,获之,幽州平。
　　魏尔朱荣使大都督侯渊讨韩楼,配卒甚少,或以为言,
荣曰:“侯渊临机设变,是其所长。若总大众,未必能用。”
渊遂广张军声,多设供具,帅数百骑深入。去蓟百余里值
贼,渊潜伏以乘其背,大破之,虏五千人。皆还其马仗,纵使
入城。左右皆谏,渊曰:“我兵少,不可力战,为奇计以间之,
乃可克也。”度其已至,帅骑夜进,昧旦,叩其城门。楼果疑
降卒为内应,遂走,追擒之。诏以渊为平州刺史,镇范阳。

　　**万俟丑奴寇魏东秦州,陷之。　冬十一月,就德兴降
魏,营州平。　魏以城阳王徽为太保,萧赞为太尉,长孙稚
为司徒。　十二月,梁以陈庆之为北兖州刺史。**

台魏子建招抚晓谕他们,这才散去。严始欣恐怕因此获罪,暗地里请求投降梁朝,魏子建因禁严始欣。不久北魏任命傅竖眼为行台。傅竖眼刚到梁州时,州中百姓纷纷庆贺,不久傅竖眼生了病,他的儿子傅敬绍骄奢淫逸,贪婪残暴,严始欣贿赂傅敬绍,得以回到巴州,于是便投降了梁朝。傅敬绍暗中有占据南郑的打算,诱惑山民包围州城,自己做内应。梁州城被包围起来以后,傅敬绍的阴谋泄露了出来,将士们把他杀了,傅竖眼因感到耻辱和恼恨而死去。

八月,北魏太保杨椿退休。 九月,梁武帝在同泰寺举行舍身仪式。

梁武帝临幸同泰寺,设置大会,脱下御服,换上法衣,举行清净大舍仪式,在同泰寺内设素床瓦器,乘坐小车,用私人为差役,亲自为四部大众讲解《涅槃经》。梁朝文武群臣用一亿万钱奉请赎还皇帝,上表请求梁武帝返回皇宫,请了三次,梁武帝才同意。

北魏讨伐韩楼,抓获了他,幽州被平定。

北魏尔朱荣派大都督侯渊征讨韩楼,配给他的兵力很少,有人为此向尔朱荣进言,尔朱荣说:"侯渊的长处是善于临机应变。如果让他带领很多军队,反而未必能调度指挥。"侯渊于是大张旗鼓,大量增设器具,亲自统率几百名骑兵深入敌境。在离蓟州城一百余里的地方遇到敌军,侯渊潜伏下来从背后攻击,大败敌军,俘虏五千余人。归还了这些人的战马和兵器,放他们回到蓟州城去。侯渊身边的人都劝他不要这样做,侯渊说:"我的军队兵力少,不能力战拼命,只能用奇计离间敌人,才能取胜。"估计到那些被放还的敌兵已经回到蓟州城,于是率领骑兵连夜前进,在天亮之时,到达蓟州城下,敲击城门。韩楼果然怀疑那些降卒为内应,于是便弃城逃走,侯渊追击并擒获了韩楼。北魏朝廷任命侯渊为平州刺史,镇守范阳。

万俟丑奴进犯北魏东秦州,攻陷该城。 冬十一月,就德兴向北魏投降,营州被平定。 北魏任命城阳王元徽为太保,萧赞为太尉,长孙稚为司徒。 十二月,梁朝任命陈庆之为北兖州刺史。

有妖贼僧强，自称天子，土豪蔡伯龙起兵应之。众至三万，攻陷北徐州。庆之讨斩之。

庚戌（530）梁中大通二年，魏永安三年，主晔建明元年。

春正月，魏复取巴州。 三月，魏遣都督尔朱天光讨万俟丑奴。夏四月，获之，遂克高平，获萧宝寅，皆诛之。

万俟丑奴侵扰关中，魏尔朱荣遣贺拔岳讨之。岳私谓其兄胜曰："丑奴，勍敌也，攻之不胜，固有罪，胜之谗嫉将生。愿得尔朱氏一人为帅而佐之。"胜言于荣，荣以尔朱天光为都督，以岳及侯莫陈悦为左右都督，配军士千人。岳击赤水蜀贼，得马二千匹，简其壮健以充军。

三月，丑奴自将围岐州，遣尉迟菩萨攻围趣栅。贺拔岳救之，菩萨等已拔栅还，岳故杀掠其吏民以挑之。菩萨帅步骑二万至渭北，岳以轻骑数十隔水与语。明日复引百余骑与语，稍引而东。至水浅可涉处，岳即驰马东出，贼以为走，弃步卒轻骑渡渭追之。岳依横冈，设伏待之，贼半度冈东，岳还击之，贼败走。岳令贼下马者勿杀，贼悉投马，俄获三千人，马亦无遗，遂擒菩萨。仍度渭北，降步卒万余，收其辎重。丑奴闻之，弃岐州，北走安定。

有一妖贼名叫僧强,自称天子,土豪蔡伯龙起兵响应他。聚众达三万人,攻陷了北徐州。陈庆之率兵前往征讨,斩杀了僧强、蔡伯龙等人,平定了叛乱。

庚戌(530)　梁中大通二年,魏永安三年,主元晔建明元年。

春正月,北魏重新占领了巴州。　**三月,北魏派遣都督尔朱天光前去征讨万俟丑奴。夏四月,抓获万俟丑奴,于是攻克高平,抓获萧宝寅,把他们都杀了。**

万俟丑奴侵扰关中地区,北魏尔朱荣派遣贺拔岳前去征讨。贺拔岳私下里对他的哥哥贺拔胜说:"万俟丑奴是一个强敌,进攻假若不能取胜,固然有罪,战胜了他,诋毁嫉妒的话也将随之而来。希望能得到尔朱氏家族中的人为统帅,我作为助手辅佐他。"贺拔胜向尔朱荣转达了贺拔岳的建议,尔朱荣任命尔朱天光为都督,任命贺拔岳以及侯莫陈悦为左右都督,配备了一千名士兵。贺拔岳进攻赤水的蜀贼,得到二千匹战马,挑选其中的壮健士卒以充实军伍。

三月,万俟丑奴亲自率领部众围攻岐州,派遣尉迟菩萨围攻北魏军队的营栅。贺拔岳前去救援,尉迟菩萨等人已经攻下营栅返回了,贺拔岳故意杀害和掠夺他们的官吏和百姓,以此来激怒敌人。尉迟菩萨率领二万步兵和骑兵来到渭水北岸,贺拔岳率领数十名轻装的骑兵隔着渭水与尉迟菩萨对话。明天又带领一百余名骑兵和敌军对话,渐渐地把敌军引向东边。到了一处水浅可以涉水而过的地方,贺拔岳立即骑马向东边跑去,贼军以为贺拔岳要逃跑,便抛下步兵,轻骑渡过渭水追击贺拔岳。贺拔岳在一条横向土坡背后设下伏兵等待贼军,贼军的人马有一半追过冈东后,贺拔岳还军反击,贼军败逃。贺拔岳下令,贼军下马投降的不杀,贼军纷纷下马投降,很快就俘获三千人,马匹也没丢掉,最后活捉了尉迟菩萨。北魏军队来到渭水北岸,贼军万余步兵投降,收缴了敌军的辎重。万俟丑奴得知这一消息,放弃了岐州,向北逃到安定。

四月，天光至汧、渭之间，停军牧马，宣言俟秋更进，获觇者纵之。丑奴信之，散众归耕，据险立栅。天光知其势分，密严夜发，黎明围其大栅，拔之，所得俘囚皆纵遣之，诸栅皆降。天光径抵安定，丑奴走，追及于平凉，侯莫陈崇单骑入贼，生擒丑奴，众皆披靡，后骑益集，遂大破之。天光进克高平，执萧宝寅，皆送洛阳。赐宝寅死，斩丑奴于市。

六月，梁以元悦为魏王。　秋七月，魏讨万俟丑奴余党，灭之，三秦、河、渭、瓜、凉、鄯州皆平。

万俟丑奴既败，贼党皆降，唯万俟道洛帅众逃入山中。时高平大旱，尔朱天光以马乏草，退屯城东五十里，遣长孙邪利守原州，道洛袭杀之。天光帅诸军赴之，道洛战败，帅众入山，据险自守。尔朱荣以天光失邪利不获道洛，遣使杖之一百，贬其官爵。天光追击道洛，擒之，坑其降卒万七千人。于是三秦、河、渭、瓜、凉、鄯州皆降，乃复天光官爵。

魏以宇文泰为征西将军，行原州事。

宇文泰从贺拔岳入关，以功迁征西将军，行原州事。时关陇凋弊，泰抚以恩信，民皆感悦，曰："早遇宇文使君，吾辈岂纵乱乎？"

九月，长星见。　魏尔朱荣到洛阳，与太宰元天穆皆伏诛。

四月，尔朱天光来到汧水和渭水之间，军队停止前进，就地放养战马，到处散布说等到秋天再进攻，抓住了敌军的侦探放他回去。万俟丑奴相信了这些话，便解散部队回去种田，凭据险要，设立营栅。尔朱天光知道敌军的兵势已经分散，严厉督责各个部队半夜出发，黎明时分围攻敌军的大栅，把这个大栅攻下来，所俘获的俘虏全都放了回去，其他各营栅都投降了。尔朱天光直抵安定城下，万俟丑奴逃跑，在平凉被北魏军追上，侯莫陈崇只身骑马杀入贼阵，生擒万俟丑奴，贼众都望风披靡，北魏的后续骑兵越来越多，于是大败贼军。尔朱天光进军攻克高平，抓获萧宝寅，把万俟丑奴、萧宝寅都送到洛阳。北魏孝庄帝赐萧宝寅死，将万俟丑奴在街市上斩首。

六月，梁朝加封元悦为魏王。 **秋七月，北魏讨伐万俟丑奴的余党，消灭了他们，三秦之地，河、渭、瓜、凉、鄯等州都被平定。**

万俟丑奴战败以后，贼党都归降北魏，只有万俟道洛率领部众逃入山中，拒不投降。当时高平一带大旱，尔朱天光由于马匹缺少草料，退兵驻扎在城东五十里的地方，派遣长孙邪利守卫原州，万俟道洛偷袭并杀死了长孙邪利。尔朱天光统率各路人马前去救援，万俟道洛战败，率其部下逃入山中，据险自守。尔朱荣因为尔朱天光损失了长孙邪利又没有抓住万俟道洛，派遣使节打了尔朱天光一百杖，贬黜了他的官爵。尔朱天光追击万俟道洛，活捉了他，活埋了投降的士兵一万七千多人。这样一来，三秦之地，河、渭、瓜、凉、鄯等州都投降北魏，于是恢复了尔朱天光的官爵。

北魏任命宇文泰为征西将军，管理原州事务。

宇文泰跟随贺拔岳进入关中，因功升为征西将军，管理原州事务。当时关陇地区经济凋敝，宇文泰以恩惠信义安抚百姓，老百姓都很感激和高兴，说："如果早点遇到宇文使君，我们这些人怎么会跟着参加叛乱呢？"

九月，彗星出现。 **北魏尔朱荣到达洛阳，和太宰元天穆都被处死。**

魏尔朱荣虽居外藩，遥制朝政。魏主性勤政事，数亲览辞讼，理冤狱，荣闻之，不悦。魏主又与吏部尚书李神㑺议清治选部，荣尝关补曲阳令，神㑺以阶悬不奏。荣大怒，神㑺惧，辞位。荣使其从弟仆射世隆摄选，启北人为河南诸州，魏主未许。太宰、并州刺史元天穆曰："天柱有大功，若请普代天下官，恐陛下亦不得违。"魏主正色曰："天柱若不为人臣，朕亦须代。若犹存臣节，无代天下百官之理。"荣闻之，大恚恨。尔朱后性妒忌，数忿恚曰："天子由我家置立，今便如此。我父本即自作，今亦复决。"

魏主外逼于荣，内迫于后，恒怏怏不乐，幸寇盗未息，与荣相持。及闻关陇平，谓临淮王彧曰："天下便无贼矣。"彧曰："臣恐贼平之后，方劳圣虑耳。"荣见四方无事，累奏"参军许周劝臣取九锡，臣已斥去"，以讽朝廷，魏主不欲与，因称叹其忠以答之。

荣好猎，不舍寒暑，不避险阻，士卒苦之。天穆从容谓曰："王勋业已盛，宜顺时蒐狩，何必盛夏驰逐，感伤和气？"荣攘袂曰："未能混一海内，何得遽言勋业！今秋欲与兄戒勒士马，校猎嵩高，令贪污朝贵入围搏虎。仍出鲁阳，悉拥生蛮，北填六镇。明年简精骑，出江淮，缚取萧衍。

北魏尔朱荣虽然处在外边的藩镇，却遥控朝政。北魏孝庄帝生性勤于政事，多次亲自查看诉状，审理冤案，尔朱荣听到后，很不高兴。孝庄帝又和吏部尚书李神隽商量整顿官吏的选拔，尔朱荣曾经补授一位曲阳县令，李神隽认为官阶相差悬殊，没有奏补。尔朱荣对此非常生气，李神隽很害怕，辞去官职。尔朱荣让他的堂弟仆射尔朱世隆主持吏部的选举工作，奏请北方人为河南各州的刺史，孝庄帝没有同意。太宰、并州刺史元天穆说："天柱大将军对国家有大功，如果他要求调换全国的官员，恐怕陛下也不能违背他的旨意。"孝庄帝严肃地说："天柱大将军如果不想做人臣，朕也可以被取代。如果还想保持臣节，那就绝无调换天下百官的道理。"尔朱荣听说后，非常恼怒忿恨。尔朱皇后生性妒忌，多次忿恨恼怒地说："天子是由我家设立的，现在竟然这样。我父亲当初如果自己做皇帝的话，现在什么事情也就都解决了。"

北魏孝庄帝在外受尔朱荣的逼迫，在内受尔朱皇后的挟制，因此一直怏怏不乐，暗自庆幸寇盗还没有平息，可以与尔朱荣相抗衡。等到关陇地区被平定，对临淮王元彧说："从今以后天下再没有盗贼了。"元彧说："臣担心贼寇平定以后，才真正会使圣上您多费思虑呢。"尔朱荣见四方平安无事，多次上奏"参军许周劝臣取得朝廷赐予九锡的特殊荣宠，臣已经斥责了他，让他离开了"，以此来委婉地向朝廷暗示自己的愿望，孝庄帝不想给与他这一特殊礼遇，因此只是对他的忠诚大加称赞了一番。

尔朱荣喜好打猎，不论寒暑，不避险阻，手下士卒为此吃尽了苦头。元天穆曾经冷静地对他说："大王您已经建立了盛大的功业，应该依照季节行围打猎，为什么一定要在盛夏驰逐奔跑，伤害自然的和谐之气呢？"尔朱荣挽起袖子大声说："还未能统一海内，怎么能说是建立了盛大的功勋业绩！今年秋天我还想与你整顿兵马，到嵩山去打猎，让那些贪官显贵到围子中与老虎搏斗。然后再出兵鲁阳，将南方蛮贼一并擒获，向北去填充六镇荒残的地方。明年挑选精锐骑兵，出兵江淮地区，擒缚萧衍。

然后奉天子巡四方，乃可称勋耳。今不频猎，兵士懈怠，安可复用耶？”

城阳王徽、侍中李彧劝魏主除荣，侍中杨侃、仆射元罗、胶东侯李侃晞，亦预其谋。会荣请入朝，徽等劝因其入刺杀之，魏主疑未定而谋颇泄，人怀忧惧。武卫将军奚毅，建义初往来通命，魏主期之甚重，然犹以荣党，不敢与之言情。毅曰：“若必有变，臣宁死陛下，不能事契胡。”魏主曰：“朕保天柱无异心，亦不忘卿忠款。”

尔朱世隆疑有变，乃为匿名书云：“天子欲杀天柱。”取以白荣，荣恃其强，不以为意。九月，至洛阳，魏主即欲杀之，以天穆在并州，恐为后患，故忍未发，并召天穆。人有告荣以魏主之谋，荣具奏之，魏主曰：“外人亦言王欲害我，岂可信耶？”于是荣不自疑，每入谒从数人，不持兵仗。魏主欲止，城阳王徽曰：“纵不反，亦何可耐，况不可保耶？”

先是，长星出中台，扫大角，恒州人高荣祖曰：“除旧布新之象也。”荣甚悦。至是郎中李显和语人曰：“天柱至，那无九锡？”都督郭罗察曰：“今年真可作禅文，何但九锡！”荣下人皆陵侮魏主左右，无所忌惮，故其事皆上闻。

奚毅又见魏主，求间，魏主知其诚，乃召城阳王徽及杨

然后侍奉天子巡视四方,这才称得上是建立了功勋。现在如果不频频围猎的话,兵士就会懈怠,怎么能够再用他们去打仗呢?"

城阳王元徽、侍中李彧劝孝庄帝除掉尔朱荣,侍中杨侃、仆射元罗、胶东侯李侃晞也参预了他们的这一计划。正值尔朱荣请求入朝,元徽等人劝说孝庄帝趁着他入宫朝见的机会刺杀他,孝庄帝犹疑不决,而计划已经开始泄露出来,人人都感到忧虑害怕。武卫将军奚毅,从建义初年以来往返传达使命,孝庄帝对他抱有很大期望,然而因为他是尔朱荣的党羽,不敢跟他说实话。奚毅说:"如果有什么变化的话,臣宁愿为陛下而死,也不会为契胡做事。"孝庄帝说:"朕保证天柱将军尔朱荣不会有什么异心,朕也不会忘记你的忠诚。"

尔朱世隆怀疑孝庄帝有所图谋,就写了封匿名信,信上称:"天子打算杀死天柱大将军尔朱荣。"尔朱世隆取下这封信呈送给尔朱荣,尔朱荣自恃力量强大,根本没把这件事放在心上。九月,尔朱荣到达洛阳,北魏孝庄帝即想杀掉他,因为元天穆还在并州,恐怕他成为后患,所以忍住没有采取行动,同时召元天穆进京。有人向尔朱荣报告了孝庄帝的计划,尔朱荣把这些话上奏孝庄帝,孝庄帝说:"外边的人也传说你想害我,怎么可以相信这些话呢?"因此尔朱荣不再怀疑,每次入朝拜谒皇帝,随从只有几个人,并且都不带兵器。孝庄帝想取消刺杀计划,城阳王元徽说:"即使尔朱荣不反叛,又怎么能够忍耐他呢,何况又怎么能保证他不反叛呢?"

在此之前,彗星经过中台星,扫过牧夫座第一星,恒州人高荣祖说:"这是除旧布新的征兆。"尔朱荣听了很高兴。到了此时,郎中李显和对别人说:"天柱将军来到京城,怎么能不赐予他九锡的荣宠呢?"都督郭罗察说:"今年定可以撰写禅让的诏文,何止是加九锡呀!"尔朱荣手下的人都凌辱孝庄帝身边的人,无所顾忌,所以这些事都传到了孝庄帝那里。

奚毅又面见孝庄帝,请求前去尔朱荣那里施行离间计,孝庄帝这才知道奚毅对自己忠心耿耿,于是召见城阳王元徽以及杨

侃、李彧，告以毅语。及天穆至，魏主乃召中书舍人温子昇，告以杀荣状，并问以杀董卓事，子昇具道本末。魏主曰："王允若赦凉州人，必不至此。"良久，又曰："吾宁为高贵乡公死，不为常道乡公生！若杀荣与天穆，而赦其党，亦应不动耳。"应诏王道习曰："尔朱世隆、司马子如、朱元龙特为荣所委任，具知天下虚实，亦不宜留。"徽、侃皆曰："若世隆不全，仲远、天光岂有来理！"魏主亦以为然。乃伏侃等十余人于明光殿东。荣与天穆并入，坐食未讫，起出，事不果，谋遂泄。世隆又以告荣，劝其速发，荣不听。

然预谋者皆惧，魏主患之。城阳王徽曰："以生太子为辞，荣必入矣。"魏主从之。乃伏兵明光东序，声言皇子生，遣徽驰告荣，荣遂与天穆俱入。温子昇预作赦文，执以出，遇荣问之，子昇色不变，曰："赦。"荣不取视。入坐，李侃晞等抽刀从东户入，荣即起趋御坐，魏主先横刀膝下，遂手刃之，天穆亦死。内外喜噪，百僚入贺。魏主登门大赦，遣奚毅将兵镇北中城。是夜，尔朱世隆帅荣部曲走屯河阴。

初，荣党田怡闻变，议攻宫门，贺拔胜止之。及世隆走，胜亦不从，魏主甚嘉之。朱瑞虽为荣所委，而善处朝廷

侃、李彧，把奚毅的话告诉了他们。等到元天穆来到洛阳，孝庄帝就召见中书舍人温子昇，告诉了他准备杀掉尔朱荣的计划，并向他询问东汉末年王允刺杀董卓的事情，温子昇从头至尾详细地谈了那件事的经过。孝庄帝说："王允如果立即赦免了凉州人的话，一定不会落到最后那种地步。"过了一会儿，孝庄帝又说："我宁愿像高贵乡公那样去死，也不愿像常道乡公那样活着！如果杀死尔朱荣与元天穆而赦免他们的党羽，那些人便不会反叛了。"应诏王道习说："尔朱世隆、司马子如、朱元龙深受尔朱荣的信任，很了解国家的虚实，也不应该留着他们。"元徽、杨侃都说："如果尔朱世隆被杀，那么，尔朱仲远、尔朱天光怎么可能还会来呢！"孝庄帝也认为他们说的话有道理。于是杨侃等十余人便在明光殿东边埋伏起来。尔朱荣与元天穆一起入朝，坐下来还没吃完饭便起身出去了，这一次行动没能成功，谋划便泄露了。尔朱世隆又把这些消息告诉了尔朱荣，并且劝他赶快采取行动，尔朱荣不听。

然而参加谋划的人都很害怕，孝庄帝也很担心。城阳王元徽说："以皇后生下太子为借口，尔朱荣肯定会入朝的。"孝庄帝听从了他的建议。于是伏兵在明光殿的东厢，对外声言皇后生下了皇子，派遣元徽骑着马飞速前去告诉尔朱荣，尔朱荣便和元天穆一起来到了皇宫。温子昇预先写好赦文，拿着它走出宫门，正遇上尔朱荣从外面进来，问他拿的是什么，温子昇神色不变，答道："这是圣旨。"尔朱荣没有拿过来看一下，便走了进去。刚一坐下，李侃晞等人持刀从东门进来，尔朱荣赶快起身奔向孝庄帝的座位，孝庄帝预先将刀横放在膝下，于是便亲手杀死尔朱荣，元天穆也被杀死。朝廷内外一片欢喜之声，文武百官入朝庆贺。孝庄帝登上皇宫楼门，宣布大赦，派遣奚毅率兵镇守北中城。这一天夜里，尔朱世隆率领尔朱荣的部曲逃出洛阳屯驻河阴。

起初，尔朱荣的党羽田怡得知事变发生，商议攻打皇宫，贺拔胜阻止了他们。等到尔朱世隆逃跑的时候，贺拔胜也没有一起走，孝庄帝嘉奖了他。朱瑞虽是尔朱荣所委任，但是他和朝廷

之间，魏主亦善遇之。故瑞从世隆走，而中道逃还。

魏仆射尔朱世隆反，与汾州刺史尔朱兆立长广王晔于长子。冬十二月，入洛阳，迁其主子攸于晋阳而弑之。

世隆欲还北，司马子如曰："当此之际，不可以弱示人。若亟北走，恐变生肘腋。不如分兵守河桥，还军向京师，出其不意，或可成功。假使不得所欲，亦足示有余力，使天下畏我之强，不敢叛散。"世隆从之。攻河桥，杀奚毅，据北中城。魏朝大惧。

高敖曹从荣至洛，荣死，魏主引见，劳勉之。其兄乾亦自冀州驰赴洛阳，魏主以乾为河北大使，敖曹为直阁将军，使归集乡曲为形援。送之河桥，举酒指水曰："卿兄弟冀部豪杰，能令士卒致死，京城傥有变，可为朕河上一扬尘。"乾垂涕受诏，敖曹援剑起舞，誓以必死。

十月，世隆遣尔朱拂律归将胡骑一千，皆白服来郭下。魏主遣谓之曰："太原王立功不终，阴图篡逆，罪止荣身，余皆不问。若降，官爵如故。"拂律归曰："愿得太原王尸，生死无恨。"因涕泣，群胡皆恸哭，声振城邑。魏主募敢死士讨世隆，一日得万人，与拂律归等战于郭外，不克。

魏主集群臣博议，皆悒惧不知所出。散骑常侍李苗奋衣起曰："今朝廷有不测之危，正是忠臣烈士效节之日。臣

的关系相处得很好，孝庄帝也很善待他。所以朱瑞虽然跟随尔朱世隆出逃，却在中途又逃了回来。

北魏仆射尔朱世隆反叛，与汾州刺史尔朱兆一起在长子立长广王元晔为帝。冬十二月，进入洛阳城，将其国主元子攸迁到晋阳，并杀死了他。

尔朱世隆想返回北方，司马子如对他说："在现在这种情况下，不能够向别人示弱。如果马上北还的话，恐怕内部就会发生不测的事变。不如分派军队守卫河桥，回军指向京师，出其不意，或许可以成功。即使不能成功，也足以显示我们还有余力，让天下人畏惧我们的强大，不敢叛离。"尔朱世隆听从了他的建议。攻占了河桥，杀死奚毅，占据了北中城。北魏朝廷大为惊惧。

当初高敖曹跟随尔朱荣来到洛阳，尔朱荣死后，孝庄帝接见了他，慰问嘉勉了他一番。他的哥哥高乾也从冀州骑马赶到洛阳，孝庄帝任命高乾为河北大使，高敖曹为直阁将军，让他们回去招集乡党部曲为外援。孝庄帝亲自送他们到河桥，举起酒杯，指着黄河之水说："你们兄弟二人是冀州一带的豪杰，能让士卒为你们拼死效力，京城如果有什么变故，你们可以在黄河上为朕一扬尘土。"高乾流着眼泪接受了诏命，高敖曹拔剑起舞，发誓以死报效孝庄帝。

十月，尔朱世隆派遣尔朱拂律归率领胡人骑兵一千人，都穿着白色孝服来到洛阳城下。孝庄帝派遣使者对他们说："太原王尔朱荣为国立功晚节不终，阴谋策划叛乱，治罪只限于尔朱荣一人，其余的人一概不予追究。如果投降的话，官职爵位一切照旧。"尔朱拂律归说："我们希望得到太原王的尸首，那就死而无恨了。"说完便流下了眼泪，胡兵们也都放声痛哭，哭声震动了洛阳城。孝庄帝招募敢死壮士讨伐尔朱世隆，一天便招募了一万人，与尔朱拂律归等人在城外交战，未能取胜。

北魏孝庄帝召集朝廷大臣广泛商讨对策，大臣们都吓得不知如何是好。散骑常侍李苗奋力甩起衣襟站起来说："如今朝廷面临无法预测的危难，正是忠臣烈士为国报效尽忠的时候。臣

虽不武,请以一旅之众为陛下径断河桥。"魏主许之。苗募人从马渚上流乘船夜下,纵火船焚桥。尔朱氏兵在南岸者,望之争桥北度,俄而桥绝,溺死者甚众。苗泊小渚,南援不至,尔朱氏就击之,苗赴水死。世隆亦收兵北遁。诏行台源子恭镇太行丹谷,筑垒防之。汾州刺史尔朱兆闻荣死,自汾州帅骑据晋阳。世隆至长子,兆来会之,共推太原太守长广王晔即位。晔,英之弟子也。世隆兄仲远,亦起兵徐州向洛阳。

魏主以城阳王徽总统内外,徽忧怖不知所出。性多忌嫉,群臣有献策者,辄劝勿纳。又靳财货,赏赐薄少,或多而中减,或与而复追,故徒有糜费而恩不感物。

十一月,仲远陷西兖州,贺拔胜与战不胜,降之。初,尔朱荣尝从容问左右曰:"一旦无我,谁可主军?"众以兆对,荣曰:"兆虽勇,然所将不过三千骑,多则乱矣。堪代我者唯贺六浑耳。"因戒兆曰:"尔非其匹,终当为其穿鼻。"乃以高欢为晋州刺史。及兆引兵向洛,召欢,欢曰:"兆狂愚如是,而敢为悖逆,吾势不得久事尔朱矣。"乃以山蜀未平,辞不至。

兆遂轻兵涉河,骑叩宫门,宿卫散走。魏主步出云龙门外,遇城阳王徽乘马走,屡呼之,不顾而去。兆执魏主,

虽然不是武将，请求率领一支部队为陛下截断河桥。"孝庄帝答应了他的请求。李苗招募人员从马渚的上游乘船在夜间顺流而下，放出火船焚烧河桥。尔朱世隆的那些在南岸的士兵，看到这种情况纷纷涌上桥争相北逃，不一会儿河桥被烧断，溺水而死的人很多。李苗驻军在水中小岛上，南边的援军没有来到，尔朱世隆向他发动攻击，李苗投水而死。尔朱世隆也收兵向北逃去。孝庄帝下令行台源子恭镇守太行山的丹谷，修筑堡垒以防备尔朱氏家族的部队。汾州刺史尔朱兆听到尔朱荣的死讯，从汾州率领骑兵占据了晋阳。尔朱世隆到达长子，尔朱兆前来与他会面，共同推举太原太守长广王元晔即皇帝位。元晔是元英弟弟的儿子。尔朱世隆的哥哥尔朱仲远，也从徐州起兵指向洛阳。

北魏孝庄帝任命城阳王元徽负责朝廷内外的一切事务，元徽心中忧虑、恐惧不知该怎么办。元徽生性忌妒，群臣中如果有人向孝庄帝献计献策，他总是劝孝庄帝不要采纳。又吝惜钱财，对有功的将士赏赐都很微薄，有时本来赏赐较多，他又从中克扣减少，有的已经赏赐给了人家，却又追夺回来，所以徒费钱财而人们却感受不到朝廷的恩泽。

十一月，尔朱仲远攻陷西兖州，贺拔胜与他交战失利，投降了尔朱仲远。起初，尔朱荣曾经随便地问他身边的人说："一旦我死了，谁可以统领军队？"众人都说尔朱兆可以，尔朱荣说："尔朱兆虽然勇敢，但是他率领的不过是三千人的骑兵，人数再多就会乱了。能够代替我的人只有贺六浑啊。"因此告诫尔朱兆说："你不是高欢的对手，最终要受到他的制约。"于是便任命高欢为晋州刺史。等到尔朱兆率兵向洛阳进发的时候，派人召见高欢，高欢说："尔朱兆如此猖狂愚蠢，竟然敢做悖逆之事，看来我是不能长久侍奉尔朱氏了。"便以山蜀的叛乱还未平息为借口，推辞没有前去。

尔朱兆率领轻装骑兵涉过黄河，骑兵叩击皇宫大门，值宿卫兵四散奔逃。孝庄帝走出云龙门外，遇到城阳王元徽骑马逃跑，连声呼叫元徽，元徽不顾孝庄帝而逃去。尔朱兆抓获孝庄帝，

锁之,扑杀皇子,纵兵大掠,杀临淮王彧等。徽赉金百斤,马五十匹,以前洛阳令寇祖仁一门三刺史,皆己所引拔,故往投之。祖仁私谓子弟曰:"今日富贵至矣。"乃怖徽云:"捕将至。"令其逃于他所,使人于路邀杀之,送首于兆,兆不之赏。既而梦徽谓己曰:"我有金二百斤,马百匹在祖仁家,卿可取之。"兆即捕祖仁,依梦征之,不得,杀之。

世隆、仲远皆至洛阳,兆责世隆曰:"叔父在朝,如何令天柱受祸!"按剑瞋目,声色甚厉。世隆逊谢,然后得已,由是深恨之。

初,魏主杀尔朱荣,诏河西贼帅纥豆陵步蕃袭秀容,至是步蕃南下,兵势甚盛。兆留世隆镇洛阳,亟还晋阳以御之,迁魏主于晋阳。高欢闻之,帅骑邀之不及,因与兆书,为陈祸福。兆不纳,竟弑之三级佛寺。

初,世隆等征兵于大宁太守房谟,谟斩其使。及兆得志,其党是兰安定执谟系州狱,郡中蜀人闻之,皆叛。安定给谟弱马,令往慰劳,诸贼见谟遥拜。谟先所乘马,别给将士,战败,蜀人得之,善养之,儿童妇女竞投草粟曰:"此房公马也。"世隆闻之,以为长史。

魏纥豆陵步蕃大破尔朱兆于秀容,兆及晋州刺史高欢击杀之。兆使欢统六镇。

将他锁住,杀害了皇子,让兵士大肆抢掠,杀死临淮王元彧等。元徽带着一百斤黄金和五十四马,来到前洛阳令寇祖仁家,他认为寇祖仁一家出了三位刺史,都是自己引荐提拔的,所以前来投奔。寇祖仁私下里对家人说:"今天我们富贵的日子到了。"于是恐吓元徽说:"抓捕你的人就要到了。"让他逃到别处去,派人在半路上杀死了他,将他的首级送给尔朱兆,但尔朱兆并没有给寇祖仁奖赏。不久,尔朱兆梦见元徽对自己说:"我有黄金二百斤,马一百匹在寇祖仁家中,你可以派人去取。"尔朱兆便收捕了寇祖仁,按照梦里所说的数目向他索要黄金和马匹,没能得到这么多,便杀死了寇祖仁。

尔朱世隆、尔朱仲远都来到洛阳,尔朱兆责备尔朱世隆说:"叔父您身在朝廷,为什么竟然让天柱大将军受此大祸!"说话时手按宝剑,怒目圆睁,声色俱厉。尔朱世隆只好说好话谢罪,这才算完事,但从此以后尔朱世隆对尔朱兆深为怨恨。

起初,孝庄帝杀死尔朱荣,诏令河西贼帅纥豆陵步蕃攻袭秀容郡,到了此时,纥豆陵步蕃率兵南下,兵势十分强盛。尔朱兆留下尔朱世隆镇守洛阳,马上返回晋阳以防御纥豆陵步蕃,把孝庄帝迁到晋阳。高欢听到这一消息,率领骑兵打算截住孝庄帝,但未能赶上,因此便给尔朱兆写了一封信,向他陈述祸福。尔朱兆没有采纳高欢的劝说,竟然将孝庄帝杀死在晋阳三级佛寺中。

起初,尔朱世隆等人向大宁太守房谟征调兵员,房谟斩杀了他的使者。等到尔朱兆得志以后,他的党羽是兰安定将房谟抓起来囚禁在建州城监狱之中,太宁郡的蜀人得知这一消息,都反叛了。是兰安定给房谟一匹弱马,让他前往慰劳安抚,贼众们见到房谟远远地叩头跪拜。房谟原先所乘的那匹马,被是兰安定另外给别的将士,战败后,那匹马被蜀人得到,蜀人认为房谟被害了,精心饲养这匹马,儿童妇女争相给这匹马喂草料,说:"这是房公的马。"尔朱世隆听说后,任命房谟为自己府中的长史。

北魏纥豆陵步蕃在秀容大败尔朱兆,尔朱兆与晋州刺史高欢合力进攻纥豆陵步蕃,杀死了他。尔朱兆让高欢统领六镇。

纥豆陵步蕃大破尔朱兆于秀容，南逼晋阳。兆惧，使人召高欢并力。僚属皆劝欢勿应召，欢不听，遂行。贺拔焉过兒请缓行以弊之，欢往往逗留。步蕃兵日盛，兆屡败告急，欢乃往从之，与兆进兵合击，大破斩之。兆德欢，相与誓为兄弟，诣欢宴饮。

初，葛荣部众流入并、肆者二十余万，为契胡陵暴，皆不聊生，大小二十六反，诛夷者半，犹谋乱不止。兆患之，问计于欢，欢曰："六镇反残，不可尽杀，宜选腹心使统之，有犯者罪其帅，则所罪者寡矣。"兆曰："善，谁可者？"贺拔允请使欢领之，欢殴允折齿，曰："天下事取舍在王，何敢妄言？请杀之。"兆以欢为诚，遂以其众委焉。欢以兆醉，恐醒而悔之，遂出宣言："受委统州镇兵，可集汾东受号令。"乃建牙阳曲川。军士素恶兆而乐属欢，莫不皆至。

居无何，又使刘贵请兆，以并、肆频岁霜旱，请令降户就食山东。兆从之。慕容绍宗谏曰："高公雄才盖世，复使握大兵于外，譬如借蛟龙以云雨，将不可制矣！"兆曰："有香火重誓，何虑邪！"绍宗曰："亲兄弟尚不可信，何论香火！"时兆左右已受欢金，因称绍宗与欢有隙，兆怒，囚绍

纥豆陵步蕃在秀容大败尔朱兆，南下进逼晋阳。尔朱兆很恐惧，派人召请高欢并力攻敌。高欢的僚属都劝他不要答应尔朱兆的召请，高欢没有听从，于是率军出发。贺拔焉过儿请高欢缓慢前进，以使尔朱兆更加疲敝，高欢的部队时时逗留不进。纥豆陵步蕃的兵马气势越来越强盛，尔朱兆屡战屡败，向高欢告急，高欢这才前往增援，与尔朱兆合力进攻，大败纥豆陵步蕃，杀死了他。尔朱兆很感激高欢，与高欢相互发誓结为兄弟，并亲自来到高欢的住所饮酒宴乐。

起初，葛荣部众被流放到并州、肆州的有二十多万人，深受胡人的欺凌，都难以生存下去，前后反叛了二十六次，被杀死的有一半以上，仍然图谋叛乱不止。尔朱兆对此很担忧，向高欢问计，高欢说："六镇之民反叛，不能全都杀死，应该选派一位您的心腹之人，让他统领六镇军民，如果有犯罪的，就惩罚其头领，那样受惩罚的人就少了。"尔朱兆听了他的话以后说："这是个好主意，但派谁去才合适呢？"贺拔允请求让高欢统领六镇军民，高欢抬手就朝贺拔允打去，打掉了他一颗牙齿，并假装愤怒的样子说："天下之事取舍全在大王，你贺拔允怎敢大胆妄言？请大王杀了他。"尔朱兆认为高欢对自己很忠诚，于是便把六镇军民交与他统领。高欢以为尔朱兆喝醉了，担心他酒醒以后反悔，于是便走到外面对将士们宣布说："我受大王委托统领州镇兵，你们可以到汾河东岸集合，听我的号令。"就在阳曲川建立了幕府，安置所部。军士们一向憎恨尔朱兆，都乐意做高欢的部属，纷纷前来集合。

没过多长时间，高欢又派刘贵向尔朱兆请示，因为并州、肆州连年霜旱灾害，请求让降户到太行山东边去乞食。尔朱兆批准了。慕容绍宗劝谏道："高欢雄才盖世，又让他在外握有重兵，就好像是借云雨给蛟龙，您将无法控制他了。"尔朱兆说："我与高欢有结拜重誓，何必多虑！"慕容绍宗说："亲兄弟尚且不能相信，何况是结拜兄弟！"当时尔朱兆身边的人都已接受了高欢的贿赂，因此说慕容绍宗与高欢有旧仇，尔朱兆大怒，囚禁了慕容绍

宗,趣欢发。欢道逢尔朱荣妻北乡长公主自洛阳来,有马三百匹,尽夺之。兆闻之,乃释绍宗而问之,绍宗曰:"此犹是掌握中物也。"

兆乃自追欢至襄垣,会漳水暴涨,欢隔水拜曰:"借马非他,备山东盗耳。王信谗来追,今不辞渡水而死,恐此众便叛。"兆因轻马渡水谢欢,引颈授刀,使欢斫之。欢大哭曰:"自天柱之薨,贺六浑更何所仰!但愿大家千万岁,得伸力用耳。大家何忍出此言?"兆乃投刀,复斩白马与欢为誓,因留宿夜饮。尉景伏壮士欲执兆,欢止之曰:"今杀之,其党必奔归聚结,兵饥马瘦不可与敌。若英雄乘之而起,则为害滋甚。兆虽骁勇,凶悍无谋,不足图也。"旦日,兆归营,复召欢,欢将诣之,长史孙腾牵欢衣,乃止。

魏齐州乱,刺史萧赞走死。

齐州附于尔朱兆,赞走,卒于阳平。梁人或窃其枢以归,梁主犹以子礼葬之陵次。

梁以陈庆之为南、北司州刺史。

庆之屡破魏兵,遂罢义阳镇兵,停水陆漕运,江湖诸州并得休息。开田六千顷,二年之后,仓廪充实。

宗,催促高欢尽早出发。高欢中途遇上从洛阳来的尔朱荣的妻子北乡长公主,北乡长公主有三百匹马,高欢将这些马全都截夺下来。尔朱兆听说这件事后,便放出慕容绍宗,与他商议对策,慕容绍宗说:"高欢现在还是您的掌中之物啊。"

尔朱兆于是亲自追赶高欢,一直追到襄垣县境,正值漳河水暴涨,高欢隔着漳河遥拜尔朱兆说:"我之所以借公主的马匹,不是有别的目的,只是为了防备山东的盗贼。大王您听信谗言,亲自前来追赶,如今我不怕渡过河去受死,但恐怕我的这些部下就要叛离了。"尔朱兆于是骑着马渡过漳河向高欢谢罪,伸着脖子,把佩刀交给高欢,让高欢砍死自己。高欢大声哭着说:"自从天柱将军去世后,我贺六浑还有谁可依靠! 只希望大王您长命百岁,我得以为您效力就行了。大王您怎么忍心说出这种话来呢?"尔朱兆这才把刀扔在地上,又杀死白马,与高欢盟誓,并留下来与高欢通宵宴饮。尉景埋伏下士兵想擒捉尔朱兆,高欢制止了他,说道:"如今我们杀死尔朱兆,他的党羽肯定会聚集起来并力来攻击我们,我们兵饥马瘦不能与他们相匹敌。如果这时候有英雄乘机而发难,那么祸害就更大了。尔朱兆虽然骁勇,但是却凶悍无谋,不难对付。"第二天早晨,尔朱兆返回自己的营地,又召请高欢,高欢将要前去,长史孙腾牵住高欢的衣服,这才没去。

北魏齐州发生叛乱,萧赞逃跑后死去。

齐州归附于尔朱兆,萧赞逃跑,死于阳平。梁朝有人将萧赞的棺柩盗出,送回梁朝,梁武帝仍然按照皇子之礼将他葬在皇族墓地旁。

梁朝任命陈庆之为南、北司州刺史。

陈庆之屡次打败北魏军队,于是便遣返了义阳镇兵,停止水陆漕运,江湖沿岸各州都得以休养生息。开垦田地六千顷,二年以后,仓廪充实。

辛亥（531） 梁中大通三年，魏节闵帝恭普泰元年，主朗中兴元年。

春二月，魏乐平王尔朱世隆废其主晔，而立广陵王恭。

尔朱世隆兄弟密议，以魏主晔疏远无人望，欲立近亲。广陵王恭，羽之子也，好学有志度，以元义擅权，阳托喑疾。郎中薛孝通说尔朱天光曰："广陵，高祖犹子，夙有令望，沉晦不言，多历年所，若奉以为主，则天人允叶矣。"天光使尔朱彦伯潜往胁之，恭乃曰："天何言哉！"世隆等大喜，乃废晔而立之。邢子才为赦文，叙敬宗枉杀尔朱荣之状，魏主曰："永安手翦强臣，非为失德，直以天未厌乱，故逢成济之祸耳。"魏主闭口八年，至是乃言，中外欣然，以为明主。诏以："三皇称皇，五帝称帝，三代称王，递为冲挹。自秦以来，竞称皇帝，今但称帝，亦已褒矣。"

初，敬宗使史仵龙守太行，及尔朱兆南向，仵龙先降，兆遂乘胜入洛。至是世隆论仵龙功，封千户侯，魏主曰："于王有功，于国无勋。"竟不许。

魏幽州行台刘灵助反。

灵助推算知尔朱氏将衰，乃起兵，云"刘氏当王"，幽、瀛、沧、冀之民多从之。

魏河北大使高乾起兵信都，以冀州迎高欢。

乾与前河内太守封隆之等袭信都，奉隆之行州事，为敬宗举哀，将士皆缟素，升坛誓众，移檄州郡，共讨尔朱氏。殷州刺史尔朱羽生袭之，高敖曹不暇擐甲，将十余骑驰击

辛亥（531） 梁中大通三年，魏节闵帝元恭普泰元年，主元朗中兴元年。

春二月，北魏乐平王尔朱世隆废黜其国主元晔，而拥立广陵王元恭为帝。

尔朱世隆兄弟暗中商议，认为北魏国主元晔与皇族嫡系比较疏远，而且又素无声望，打算重新立一位皇族嫡系为皇帝。广陵王元恭是元羽的儿子，好学而又有远大的志向，因为元义专权，元恭便假托嗓子哑了。郎中薛孝通对尔朱天光说："广陵王是孝文帝的侄儿，一向有好的声望，沉默不言，已经多年，如果推奉他为国主，一定会天人和谐。"尔朱天光派尔朱彦伯秘密前去请元恭，并加以胁迫，至此元恭才说出："天何言哉！"尔朱世隆等人大喜过望，于是便废黜元晔而立元恭为皇帝。邢子才草拟了赦文，文中记叙了孝庄帝枉杀太原王尔朱荣的情况，节闵帝元恭说："孝庄帝翦灭强臣，并不是失德之举，只是出于天意还没有厌恶祸乱，所以才重蹈成济杀死高贵乡公的灾祸罢了。"北魏节闵帝闭口八年不说话，到了此时才开口说话，朝廷内外无不欣然欢悦，认为他是一位贤明的君主。节闵帝下诏认为："三皇称'皇'，五帝称'帝'，三代称'王'，大致是越来越谦让。自从秦朝以来，竞相称'皇帝'，我现在只称'帝'，也已经是很高的褒奖了。"

起初，孝庄帝派史仵龙守卫太行山，等到尔朱兆大军南下时，史仵龙率先投降了，尔朱兆于是得以乘胜进入洛阳。到了现在，尔朱世隆为史仵龙表功，要求封为千户侯，节闵帝说："史仵龙对大王您有功，对国家却无功。"终未批准。

北魏幽州行台刘灵助反叛。

刘灵助推算知道尔朱氏将要衰败，于是便起兵叛乱，扬言说："刘氏当王。"因此幽、瀛、沧、冀等州的老百姓很多都响应他。

北魏河北大使高乾从信都起兵反叛，用冀州城迎接高欢。

高乾和前河内太守封隆之等人袭击信都，推举封隆之代行州政，为孝庄帝举哀，将士们都身穿孝服，登坛誓师，向各州郡发送檄文，要求他们共同讨伐尔朱氏。殷州刺史尔朱羽生率兵袭击他们，高敖曹来不及披挂铠甲，就率领十多名骑兵飞速前去迎

之,羽生败走。敖曹马稍绝世,左右无不一当百。高欢屯壶关,声言讨信都,众惧,高乾曰:"吾闻高晋州雄略盖世,其志不居人下。且尔朱无道,弑君虐民,正是英雄立功之会。今日之来,必有深谋,吾当轻马迎之,诸君勿惧。"乃潜谒欢于滏口,说之曰:"尔朱酷逆,痛结人神,凡曰有知,莫不思奋!明公威德素著,天下倾心,若兵以义立,则屈强之徒不足为明公敌矣。鄴州虽小,户口不减十万,谷秸之税足济军资,愿熟思之。"欢大悦,与同帐寝。

初,赵郡李显甫喜豪侠,集诸李数千家居殷州西山,方五六十里。显甫卒,子元忠继之。家素富,多出贷求利,元忠悉焚契免责,乡人敬之。时盗贼蜂起,清河人西戍还,经赵郡,以路梗共投元忠。元忠遣奴为导,贼皆避之。及葛荣起,元忠帅宗党作垒以自保,贼至辄击却之。荣乃悉众攻围,执之。贼平,拜南赵郡太守,好酒无政绩。

及尔朱兆弑敬宗,元忠弃官归,谋举兵讨之。会高欢东出,元忠乘露车载素筝浊酒以迎欢,欢未即见。元忠下车独酌,谓门者曰:"公闻国士到门,不吐哺辍洗,其人可知。还吾刺,勿通也。"门者以告,欢遽见之,引入,觞再行,

击,尔朱羽生大败而逃。高敖曹的槊术盖世无双,他的部下也个个都以一当百。高欢驻军于壶关,扬言讨伐信都,信都人都很害怕,高乾说道:"我听说高欢雄才大略盖世无双,他的志向决不会久居人下。况且尔朱氏无道,上弑国君,下虐百姓,这正是英雄建功立业的时机。今天高欢到信都来,必定有更深的谋划,我要轻骑前往迎接,诸位不用担心害怕。"于是高乾秘密至滏口谒见高欢,游说高欢道:"尔朱氏残暴悖逆,人神共愤,凡是明白事理的人,谁不想奋起讨伐!明公您一向威德卓著,天下之人倾心归慕,如果您能依据道义起兵讨贼,则那些倔强之徒,均不能与您抗衡。我们冀州虽然很小,但户数不下十万,租赋税收足够接济军资,希望您能好好考虑一下。"高欢非常高兴,当夜与高乾同帐而卧。

起初,赵郡李显甫性格豪放行侠仗义,集聚数千户姓李的人家居住在殷州西山,那一带方圆五六十里。李显甫死后,他的儿子李元忠继承了家业。他家一直很富有,过去多将钱借贷给他人以获利息,李元忠将借贷契约都焚烧掉,免除了所有借钱人的债务,因此,乡里的百姓都很敬重他。当时盗贼蜂起,清河人西戍边关,返回的时候途经赵郡,因路途不通,便一同投奔李元忠。李元忠派手下仆人为他们做向导,贼寇对他们都回避放行。等到葛荣起兵后,李元忠率领宗族党修筑堡垒用来自卫,贼军一到,就将其击退。葛荣就出动全部军队前来围攻,抓获了李元忠。葛荣的叛乱被平定以后,朝廷任命李元忠为南赵郡太守,李元忠在太守任上喜好饮酒,没能做出什么政绩。

等到尔朱兆杀死孝庄帝的时候,李元忠便弃官归乡,计划兴兵讨伐尔朱兆。正值高欢出兵东进,李元忠乘一辆敞篷车,车上载着素筝浊酒前来迎接高欢,高欢没有马上会见他。李元忠便下车独自饮酒,对高欢的门卫说:"现在高欢已知道国士到了门前,却不能像周公那样放下碗筷、停止洗发去迎接贤士,此人也可想而知了。请退还我的名片,不必再通报了。"门卫报告给高欢,高欢听说后马上接见李元忠,引入大帐之中,喝过两杯酒后,

取筝鼓之,长歌慷慨,歌阕,谓欢曰:"天下形势可见,公犹事尔朱邪?"欢曰:"富贵皆彼所致,敢不尽节!"元忠曰:"非英雄也!"欢曰:"赵郡醉矣。"使人扶出。孙腾曰:"此君天遣来,不可违也。"欢乃复留与语。元忠慷慨流涕,欢亦悲不自胜。元忠因进策曰:"殷州小,无粮仗,不足以济大事。若向冀州,高乾邕兄弟必为明公主人,殷州便以见委。冀、殷既合,沧、瀛、幽、定自当弥服矣。"欢急握元忠手而谢焉。

欢至山东,约勒士卒,丝毫不犯,远近闻之,亦归心焉。至信都,封隆之、高乾纳之。高敖曹时在外略地,闻之,以乾为妇人,遗以布裙。欢使子澄以子孙礼见之,敖曹乃与俱来。

魏封其故主晔为东海王。　魏以尔朱世隆为太保。
时天光专制关右,兆奄有并、汾,仲远擅命徐、兖,世隆居中用事,竞为贪暴。而仲远为尤甚,所部富室多诬以谋反,没其妇女财物,而投其男子于河,人畏之如豺狼。由是四方皆恶尔朱氏,而惮其强,莫敢违也。

魏以高欢为渤海王。
魏封欢为渤海王,征之不至,乃以为东道大行台、冀州刺史。
魏都督侯渊讨刘灵助,诛之。

李元忠拿来筝弹奏起来,长歌一曲,慷慨悲壮,唱完歌后,对高欢说:"天下形势已经明朗,明公您还要为尔朱氏效力吗?"高欢说:"我的功名富贵都是从尔朱氏那儿得来的,怎敢不为其尽节!"李元忠说:"这样怎么能称得上是英雄啊!"高欢说:"看来赵郡太守是真醉了。"让人将李元忠扶出去。孙腾说:"这个人是上天派来的,您不能违背天意啊。"高欢于是又留下李元忠,与他交谈。李元忠言辞慷慨,泪流满面,高欢也不禁悲从中来。李元忠趁机向高欢献计说:"殷州太小,缺乏粮草器械,不足以成就大事。如果前往冀州,高乾兄弟定会成为明公您的东道主,殷州便可委托给我李元忠。冀州、殷州联为一体,那么沧州、瀛州、幽州、定州就会自然归顺了。"高欢听了这些话后,紧紧握住李元忠的手,向他称谢。

高欢来到太行山东面,对士兵严加约束,不允许他们对百姓有丝毫的侵犯,各地的百姓听到这一消息,都倾心归服。高欢到达信都,封隆之、高乾等迎接他入城。高敖曹当时正在外地攻城略地,听到这一消息,认为高乾只配做妇人,送给他一件裙子。高欢派长子高澄执子孙之礼往见高敖曹,高敖曹这才和高澄一起来到信都。

北魏封前国主元晔为东海王。 **北魏任命尔朱世隆为太保。**

当时尔朱天光控制着关右地区,尔朱兆拥有并州、汾州等地,尔朱仲远独擅徐州、兖州,尔朱世隆身居朝中,大权独揽,这四个人一个更比一个贪婪、残暴。其中尤以尔朱仲远为最,他所管辖境内的富家大户多被诬告以谋反大罪,没收其妇女和财产,而将男子投入河中杀死,人人都像畏惧豺狼一样惧怕尔朱仲远。因此四方百姓都憎恶尔朱氏,但是畏惧尔朱氏势力强大,没有人敢反抗。

北魏任命高欢为渤海王。

北魏封高欢为渤海王,征召他入朝,高欢没有应召,于是任命他为东道大行台、冀州刺史。

北魏都督侯渊讨伐刘灵助,杀死了他。

魏都督侯渊、叱列延庆讨刘灵助,至固城,渊畏其众,欲据关拒险,以待其变。延庆曰:"不如出营城外,诈言西归,灵助闻之,必自宽纵,然后潜军击之,往则成擒矣。"渊从之,出顿城西,声云欲还。简精骑一千夜发,直抵其垒,灵助战败,斩之。初,灵助起兵,自占曰:"三月之末,我必入定州,尔朱氏不久当灭。"至是首函入定州,果如其期。

夏四月,梁太子统卒。

统自加元服,梁主使省录朝政,辨析诈谬,秋毫必睹,但令改正,不加案劾。断狱多所全宥,宽和容众,喜愠不形于色。好读书属文,引接才俊,不畜声乐。每霖雨积雪,遣左右周行闾巷,视贫者赈之。天性孝谨,在东宫坐起恒西向。母丁贵嫔卒,水浆不入口,腰带十围,减削过半。及寝疾,恐贻梁主忧,敕参问,辄自力手书。及卒,朝野惋愕。谥曰昭明。

梁主立子纲为太子。六月,封孙欢为豫章王、誉为河东王、詧为岳阳王。

初,昭明太子葬丁贵嫔,有道士云此地不利长子,请厌之,乃为腊鹅及诸物,埋于墓侧。宫监鲍邈之有宠于太子,晚而见疏,乃密启梁主云:"太子有厌祷。"梁主遣检掘,得鹅等,大惊,将穷其事,徐勉固谏而止,但诛道士。由是太

北魏都督侯渊、叱列延庆率军讨伐刘灵助,来到固城,侯渊畏惧刘灵助人多势众,打算占据关隘凭险拒守,以等待时机变化。叱列延庆说:"不如到城外扎营,诈称要领兵往西回去,刘灵助听说后,必然会自己松懈起来,然后,我们秘密出兵袭击敌军,我军一到必能擒获刘灵助。"侯渊听从了叱列延庆的建议,出兵驻扎在城西,声言要回师。挑选一千名精锐骑兵夜间出发,直抵刘灵助营垒,刘灵助战败被杀。起初,刘灵助起兵之时,自己占卜胜负说:"三月底,我一定会进入定州,尔朱氏不久就要灭亡。"到了此时刘灵助的首级用匣子装着送入定州城,果然是三月底。

夏四月,梁朝太子萧统去世。

萧统自从举行冠礼以后,梁武帝便让他亲自处理朝政,他辨析真伪谬误,洞察入微,一丝一毫也不放过,但只是命令犯错误的人改正错误,并不追究罪责。他断案公正,对犯人多加保全宽宥,待人谦和,胸怀豁达,喜怒不形于色。他好读书做文章,引进接纳贤士俊才,不蓄养乐工歌伎。每逢大雨成灾或积雪不化,他就派遣身边之人巡视大街小巷,发现有贫苦的百姓就加以赈济。他天性孝顺恭谨,在东宫的时候,一起一坐都要面朝西边。他的生母丁贵嫔去世,萧统因此而滴水不进,原来体胖腰带有十围长,因为哀伤体重遽减,腰带减了一半还多。病重以后,唯恐梁武帝担忧,每次派人送来问候的敕文,他总是亲手写回信奉答。等到萧统去世的时候,朝廷内外的人都非常惋惜、惊愕。谥号为昭明。

梁武帝立儿子萧纲为太子。六月,封孙子萧欢为豫章王、萧誉为河东王、萧詧为岳阳王。

起初,昭明太子在埋葬丁贵嫔的时候,有一位道士说这个地方不利于长子,让他想办法镇一镇,于是便把腊鹅及其他物品埋在丁贵嫔墓旁。宫内太监鲍邈之受太子宠信,后来又被疏远,于是便暗中向梁武帝奏报说:"太子曾经诅咒祈祷。"梁武帝派人去检查挖掘,发现了腊鹅和其他物品,梁武帝大惊,将要彻底追查这件事,徐勉极力谏阻才作罢,只诛杀了那位道士。因此太

子终身惭愤，不能自明。及卒，梁主欲立其长子华容公欢为嗣，衔其旧事，犹豫久之，竟不立。

既而立太子母弟晋安王纲为太子，朝野多以为不顺。侍郎周弘正以尝为纲主簿，乃奏记曰："谦让道废，多历年所。愿殿下抗目夷之义，执子臧之节，改浇竞之俗，以大吴国之风。"纲不能从。

纲以徐摛为家令，兼管记。摛文体轻丽，春坊学之，时人谓之宫体。梁主闻之怒，召摛，欲加诮责。及见，应对明敏，意更释然，因问经史及释教，摛商较从横，梁主甚叹异之，宠遇日隆。朱异不悦，谓所亲曰："徐叟渐来见逼，我须早为之所。"遂乘间白梁主曰："摛老爱泉石，意在一郡。"梁主谓摛真欲之，乃谓曰："新安大好山水。"遂出为守。

寻以人言不息，封欢、誉、詧等以慰其心。久之，鲍邈之坐事，法不至死，纲追思昭明之冤，挥泪诛之。

魏冀州刺史高欢起兵讨尔朱氏。

欢将起兵讨尔朱氏，斛律金、库狄干与娄昭、段荣皆劝成之。欢乃诈为书，称尔朱兆将以六镇人配契胡为部曲，众皆忧惧。又为并州符，征兵讨步落稽，乃发万人，将遣之。孙腾、尉景为请留五日，如此者再。欢亲送之郊，雪涕

子终生惭愧忧愤，难以自明。等到太子去世以后，梁武帝想立萧统的长子华容公萧欢为继承人，因为记恨那件往事，犹豫了好长时间，最终还是没有立萧欢为嗣。

不久，立昭明太子的同母弟晋安王萧纲为太子，朝野之人都认为不符合正常的顺序。侍郎周弘正因为自己曾经担任过萧纲的主簿，便上书劝谏道："谦让之道不存，已经有许多年了。希望殿下能像目夷那样崇尚仁义，像子臧那样坚守臣节，改变浇薄竞争之俗，使吴国那样的好风气发扬光大。"萧纲没有能够听从周弘正的劝谏。

萧纲命徐摛为家令，兼任管记。徐摛的文章轻靡艳丽，东宫的文人都模仿他的风格，当时的人称之为宫体。梁武帝听说后很恼怒，召见徐摛，打算讥诮责备他。等到见了徐摛以后，看出他应对很机敏，内心的不快便消失了，又向徐摛问了些经史和佛教方面的问题，徐摛纵横比较，应答如流，梁武帝对他大加称赞，对他反而越来越宠信。朱异很不高兴，对自己亲信之人说："徐摛这个老头对我越来越构成威胁了，我必须早点做出安排。"于是便乘机向梁武帝进言道："徐摛年纪已大，喜爱山水林泉，他希望能得到一任地方官以自养。"梁武帝以为徐摛真要这样，便告诉他说："新安郡山水景色非常美。"于是将徐摛调出京城出任新安郡太守。

不久，梁武帝因为人们议论不休，封萧欢、萧誉、萧詧等人为王以安慰他们。过了好长时间，鲍邈之犯法获罪，但罪不至死，太子萧纲回想昭明太子的冤屈，便挥泪将他斩杀。

北魏冀州刺史高欢起兵讨伐尔朱氏。

高欢将起兵讨伐尔朱氏，斛律金、库狄干与娄昭、段荣等人都极力促成。高欢假借尔朱兆的名义写信，说尔朱兆将要把六镇的百姓配给契胡为部曲，大家听后都很担心害怕。高欢又伪造了一张并州的符令，要征调兵力去讨伐步落稽，于是高欢派了一万人马，正要出发。孙腾、尉景为应征出发的军士向高欢请求停留五天，这样停留了两次。高欢亲自送将士到郊外，流着眼泪

执别,众号恸。欢乃谕之曰:"与尔俱为失乡客,义同一家,不意在上征发乃尔! 今直西向已当死,后军期又当死,配国人又当死,奈何?"众曰:"唯有反耳!"欢曰:"然当推一人为主,谁可者?"众推欢,欢曰:"尔不见葛荣乎? 虽有百万之众,曾无法度,终自败灭。今以吾为主,当与前异,毋得陵汉人,犯军令,生死任吾则可。不然,不能为天下笑。"众皆顿颡曰:"死生唯命!"欢乃椎牛飨士,起兵信都,亦未敢显言叛尔朱氏也。

会李元忠举兵逼殷州,欢令高乾救之,乾轻骑入见刺史尔朱羽生,因斩之,持首谒欢。欢抚膺曰:"今日反决矣!"乃以元忠为殷州刺史,抗表罪状尔朱氏。斛律金,敕勒酋长也,尝为怀朔军主,行兵用匈奴法,望尘知马步多少,嗅地知军远近。

魏广宗王尔朱天光杀侍中杨侃。秋七月,尔朱世隆杀司空杨津、太保杨椿,夷其族。津子愔奔信都。

魏杨播及弟椿、津皆有名德。播刚毅,椿、津谦恭,家世孝友,缌服同爨,男女百口,人无间言。椿、津至三公,一门七太守,三十二刺史。敬宗之诛尔朱荣也,播子侃预其谋。尔朱兆入洛,侃乃逃归华阴,至是天光杀之。时椿以太保致仕,在华阴,津为司空在洛,尔朱世隆诬奏杨氏谋反,请收治之。魏主不许,世隆苦请,不得已,命有司检案以闻。世隆遂遣兵围津第,天光亦遣兵掩椿家,东西之族皆灭。

和他们告别,大家都失声痛哭。高欢于是又抚慰他们说:"我和你们大家都是失去了故乡之人,情义如同一家人,没想到上面如此征调我们!现在我们向西去征讨步落稽,必然是死亡,延误军期又该处死,配属契胡做他们的部曲也是死,怎么办呢?"大家都说:"只有造反了!"高欢说:"应当推举一个人为首领,谁能胜任呢?"大家都推举高欢,高欢说道:"你们不见当初的葛荣吗?虽然拥有百万大军,但是全无法令制度,最终还是败亡。现在如果让我做首领,就应该和以前有所不同,不准凌辱汉人,违犯军令,生死听我指挥调度才行。否则,就会被天下人所耻笑。"大家都点头说:"不论生死都听您的号令!"高欢于是杀牛犒赏军士,在信都起兵,但尚未敢公开宣言反叛尔朱氏。

正值李元忠率军进逼殷州,高欢命高乾前往救援,高乾轻骑入城会见刺史尔朱羽生,趁机杀了他,带着尔朱羽生的首级来拜见高欢。高欢摸着胸口说:"今天只好决计造反了!"于是命李元忠为殷州刺史,上表历举尔朱氏的罪状。斛律金是敕勒族的酋长,曾经做怀朔镇军主,行军作战采用匈奴的战法,望见飞扬的尘土就知道对方有多少骑兵步兵,闻一闻地面就知道敌军走了多远。

北魏广宗王尔朱天光杀死侍中杨侃。秋七月,尔朱世隆杀死司空杨津、太保杨椿,抄斩杨氏一族。杨津的儿子杨愔逃奔信都。

北魏杨播和弟弟杨椿、杨津都有声望德行。杨播性情刚毅,杨椿、杨津则性格谦恭,杨家世代孝悌友爱,缌服以内的亲属同灶共食,全家男女上百口,无人有异言。杨椿、杨津官位至三公,一门出了七位太守,三十二位刺史。孝庄帝策划诛杀尔朱荣,杨播的儿子杨侃参预了谋划。尔朱兆进入洛阳,杨侃逃归华阴家中,至此被尔朱天光所杀。当时杨椿以太保的身份退休,在华阴,杨津做司空在洛阳,尔朱世隆诬奏杨家谋反,请朝廷治罪。北魏节闵帝没有同意,尔朱世隆苦苦奏请,节闵帝不得已,命令有关部门按查审核上报。尔朱世隆派兵包围杨津的府第,尔朱天光也派兵搜捕杨椿一家,杨家东西两支被杀得精光。

魏主惋怅久之,朝野无不痛愤。唯津子愔适出获免,往见高欢,泣诉家祸,因为言讨尔朱氏之策,欢甚重之,以为行台郎中。

梁赐其宗戚沐食乡亭侯有差。　冬十一月,魏高欢立渤海太守元朗,自为丞相,败尔朱兆等军于广阿。

尔朱仲远、度律等闻高欢起兵,不以为虑,独世隆忧之。孙腾说欢曰:"今朝廷隔绝,号令无所禀,不权有所立,众将沮散。"欢乃立渤海太守元朗为帝,朗以欢为丞相、都督中外诸军事,高乾为侍中、司空,封拜有差。尔朱仲远军阳平,兆军广阿,欢纵反间云:世隆兄弟谋杀兆,复云兆与欢同谋杀仲远等。由是迭相猜贰,徘徊不进。仲远等屡使斛斯椿、贺拔胜往谕兆,兆执之,仲远等惧,引兵南遁。欢畏兆众强,以问段韶,韶曰:"所谓众者,得众人之死;所谓强者,得天下之心。尔朱氏上弑天子,中屠公卿,下暴百姓,王以顺讨逆,如汤沃雪,何众强之有?"欢曰:"恐无天命,不能济耳。"韶曰:"尔朱暴乱,人心已去,天意安有不从者哉?"欢遂进战,大破兆军。

魏南兖州人执刺史刘世明以降于梁,梁遣归魏。

魏南兖州民劫刺史,举州降梁。梁主以世明为征西大将军,不受,固请北归。至洛阳,奉送所持节,归乡里,不仕而卒。

北魏节闵帝怅然惋惜了好长时间，朝野之人听到此事无不痛惜愤慨。只有杨津的儿子杨愔恰巧外出不在家中，得以幸免，前往信都见高欢，流着眼泪诉说家族所遭的灾祸，并趁机为讨伐尔朱氏出谋划策，高欢很器重他，任命他为行台郎中。

梁朝赐给皇室宗亲汤沐邑，乡亭侯不等。　冬十一月，北魏高欢立渤海太守元朗为皇帝，自己做丞相，在广阿打败尔朱兆等人的军队。

尔朱仲远、尔朱度律等人听说高欢起兵，并不感到担心，只有尔朱世隆非常忧虑。孙腾劝说高欢道："现在我们和朝廷隔绝不通，号令无所禀受，如果不权且立一位皇帝的话，军队就会没有斗志而溃散。"高欢就立渤海太守元朗为皇帝，元朗任命高欢为丞相、都督中外诸军事，高乾为侍中、司空，封爵拜官不等。尔朱仲远驻军阳平，尔朱兆驻扎在广阿，高欢施反间计，说尔朱世隆兄弟要谋杀尔朱兆，又说尔朱兆和高欢同谋要杀尔朱仲远等人。于是尔朱氏互相猜疑，都徘徊不进。尔朱仲远等人屡次让斛斯椿、贺拔胜前去尔朱兆处调停，尔朱兆将他们抓了起来，尔朱仲远知道后非常害怕，带领自己的部队向南逃走。高欢畏惧尔朱兆军队强大，向段韶问计，段韶对他说："所谓军队多，是指得到军士们的拼死效力；所谓势力强，是指得到天下人的拥护。尔朱氏上弑天子，中屠公卿百官，对下凌虐百姓，大王您以顺讨逆，就像用开水浇雪，尔朱氏有什么强大可言呢？"高欢说："恐怕没有上天的保佑也不能成功。"段韶说："尔朱氏暴乱天下，已经失去人心，天意怎会不顺从于您呢？"高欢于是率军进击，大败尔朱兆军。

北魏南兖州百姓抓获刺史刘世明投降于梁朝，梁朝遣送回北魏。

北魏南兖州百姓劫持刺史，全州人都投降梁朝。梁武帝任命刘世明为征西大将军，他不接受，坚决请求回归北朝。到了洛阳，奉还随身带着的符节，回到家乡，不再做官，直至去世。

壬子（532） 梁中大通四年，魏普泰二年、中兴二年，孝武帝修永熙元年。

春正月，梁以袁昂为司空。　梁封西丰侯正德为临贺王。

正德自结于朱异，异言正德失职，故王之。

魏丞相欢克相州，以杨愔为行台右丞。

时文檄教令皆出于愔及谘议参军崔㥄。

二月，梁以元法僧为东魏王。　梁邵陵王纶有罪，免为庶人，既而复之。

纶为扬州刺史，市物不给其直，市皆闭邸。少府丞何智通启闻，纶被责还第，遣人刺智通。事觉，免为庶人，锁之三旬，既而复之。

三月，魏主朗入居于邺，高欢自为太师。　闰月，魏尔朱天光等会兵攻邺，高欢击破之。

尔朱世隆卑辞谕兆，使之赴洛，又请魏主恭纳其女为后，兆乃悦，并与天光、度律复相亲。将军斛斯椿阴谓贺拔胜曰：“天下怨毒尔朱，而吾等为之用，亡无日矣，不如图之。”胜曰：“天光与兆各据一方，去之不尽，必为后患，奈何？”椿曰：“此易致耳。”乃说世隆追天光等共讨高欢。天光不至，使椿往邀之，天光不得已，从之。将行，问策于雍州刺史贺拔岳，岳曰：“王家跨据三方，士马殷盛，高欢乌合，岂能为敌？莫若且镇关中以固根本，分遣锐师与众军合势，进可以克敌，退可以自全。”天光不从。闰月，天光自长安，兆自晋阳，度律自洛阳，仲远自东郡，皆会于邺，众号二十万，夹洹水而军。

壬子(532) 梁中大通四年,魏普泰二年、中兴二年,孝武帝元修永熙元年。

春正月,梁朝任命袁昂为司空。 梁朝封西丰侯萧正德为临贺王。

萧正德主动与朱异交好,朱异进言说萧正德爵位太低,所以梁武帝封他为王。

北魏丞相高欢攻克相州,任命杨愔为行台右丞。

当时文告檄文敕令都出自杨愔和谘议参军崔㥄之手。

二月,梁朝任命元法僧为东魏王。 梁朝邵陵王萧纶因犯罪被黜为平民,不久又恢复了他的封爵。

萧纶为扬州刺史,到市场上买东西不付钱,商店都关门。少府丞何智通上报朝廷,萧纶被责令削官回府,他派人刺杀何智通。事情败露,被黜为平民,软禁三十天,不久又恢复了他的封爵。

三月,北魏国主元朗移居邺城,高欢自封为太师。 闰月,北魏尔朱天光等人联兵进攻邺城,被高欢击败。

尔朱世隆派人低声下气地劝说尔朱兆,让他到洛阳来,又让节闵帝元恭纳尔朱兆的女儿为皇后,尔朱兆这才高兴,并和尔朱天光、尔朱度律重新互相亲睦。将军斛斯椿暗地里对贺拔胜说:"天下人都痛恨尔朱氏,而我们还在为他们卖命,灭亡之日不远了,不如想办法对付他们。"贺拔胜说:"尔朱天光与尔朱兆各据一方,如果不能全部除掉他们,必定会留下祸患,怎么办呢?"斛斯椿说:"这容易做到。"于是劝说尔朱世隆督促尔朱天光等人共同讨伐高欢。尔朱天光不来,尔朱世隆派斛斯椿前往邀请,尔朱天光不得已,只好听从。将要率军出发时,尔朱天光向雍州刺史贺拔岳问计,贺拔岳说:"大王您一家雄踞三方,兵马强盛,高欢是乌合之众,怎么能与您对抗呢? 不如暂且镇守关中以稳固自己的根本,分路派遣精锐部队与众军联合,这样进可以战胜敌人,退可以保全自己。"尔朱天光没有采纳贺拔岳的建议。闰月,尔朱天光从长安,尔朱兆从晋阳,尔朱度律从洛阳,尔朱仲远从东郡出发,在邺城会合,军队号称二十万,沿洹河两岸驻扎。

高欢出顿紫陌，高敖曹以部曲从，欢曰："高都督所将皆汉兵，恐不足集事，欲割鲜卑千人杂之，如何？"敖曹曰："敖曹所将练习已久，前后格斗，不减鲜卑。今若杂之，情不相洽，胜则争功，退则推罪，不烦更配也。"

欢马不满二千，步兵不满三万，乃于韩陵为圆陈，连牛、驴塞归道，以示必死。兆望见欢，责以叛己，欢曰："本所以戮力者，共辅帝室，今天子何在？"兆曰："永安枉害天柱，我报仇耳。"欢曰："以君杀臣，何报之有？今日义绝矣。"遂战，欢将中军，敖曹将左，弟岳将右。欢战不利，兆等乘之。岳以五百骑冲其前，别将斛律敦收散卒蹑其后，敖曹以千骑横击之，兆等大败，贺拔胜于陈降欢。兆对慕容绍宗抚膺曰："不用公言，以至于此！"欲轻骑西走，绍宗反旗鸣角收散卒，成军而去。兆还晋阳，仲远奔东郡，度律、天光走洛阳。

夏四月，魏将军斛斯椿执尔朱天光、度律送邺。世隆伏诛，仲远奔梁。

斛斯椿谓贾显度、显智曰："不先执尔朱氏，吾属死无类矣。"于是入据河桥，杀尔朱氏之党。度律、天光出走，擒之，送高欢。又使显智袭执世隆，斩之。魏主恭使中书舍人卢辩劳欢于邺，欢使见魏主朗，辩抗辞不从，欢不能夺。侯景降于高欢。尔朱仲远奔梁。仲远帐下乔宁、张子期诣

高欢率军出邺城驻扎于紫陌，高敖曹率部曲跟随，高欢说："高都督所率领的都是汉兵，恐怕不足以成事，我打算拨给你一千名鲜卑兵，跟汉兵混杂在一起使用，你看怎么样？"高敖曹说："我所率领的部队已经训练了很长时间，前后几次作战，并不比鲜卑兵弱。现在如果混杂在一起，彼此感情不相融洽，打了胜仗就会争功，打了败仗就会互相推诿，所以不必再配给鲜卑兵。"

高欢战马不足二千四，步兵不足三万人，便在韩陵布成一个圆阵，将牛、驴等牲畜用绳索连系起来堵塞了归路，以表示拼死决战决心。尔朱兆望见高欢，责骂他背叛自己，高欢说："我原来与你同心协力，是为了共同辅佐皇室，现在皇帝在哪儿呢？"尔朱兆说："孝庄帝杀死天柱大将军，我是为了报仇才杀了他。"高欢说："君杀臣是天经地义的事，你又有什么仇可报呢？今天你我一切情义都断绝了。"于是大战起来，高欢率领中军，高敖曹率领左军，高欢的堂弟高岳率领大军。高欢的中军作战不利，尔朱兆等趁机进攻。高岳率五百名骑兵从正面冲击尔朱兆，部将斛律敦收集散卒从后面攻打尔朱兆，高敖曹率一千名骑兵横击尔朱兆，尔朱兆等大败，贺拔胜在阵中投降了高欢。尔朱兆摸着胸口对慕容绍宗说："没有采用您的劝说，才到了这个地步！"打算率轻骑向西逃跑，慕容绍宗调转大旗，吹响号角收集散卒，编成阵列而退兵。尔朱兆逃回晋阳，尔朱仲远逃奔东郡，尔朱度律、尔朱天光逃往洛阳。

夏四月，北魏将军斛斯椿抓获尔朱天光、尔朱度律送到邺城。尔朱世隆被处死，尔朱仲远逃奔梁朝。

斛斯椿对贾显度、贾显智说："现在如果不先抓获尔朱氏的话，我们这些人就都要死无葬身之地了。"于是出兵占据河桥，杀死了尔朱氏的党羽。尔朱度律、尔朱天光逃走，抓获了他们，送给高欢。又派贾显智袭击并抓获了尔朱世隆，将他杀死。北魏国主元恭派中书舍人卢辩前去邺城慰劳高欢，高欢让他去见魏国主元朗，卢辩高声抗议不去会见，高欢不能使他屈服。侯景投降高欢。尔朱仲远投奔梁朝。尔朱仲远的部下乔宁、张子期到

欢降,欢责之曰:"仲远为逆,汝为戎首,仲远南走,汝复叛之。事天子则不忠,事仲远则无信,犬马尚识饲者,汝曾犬马之不如!"遂斩之。

魏雍州刺史贺拔岳诛尔朱显寿。

天光之东下也,留其弟显寿镇长安,召侯莫陈悦欲与俱东。岳知天光必败,欲留悦共图显寿,宇文泰曰:"悦虽为将,不能制物。若先说其众,必人有留心,悦进失尔朱之期,退恐人情变动,乘此说之,事无不遂。"岳喜,从之。悦与岳袭长安。欢以岳为关西大行台,岳以泰为左丞,事无巨细皆委之。

高欢入洛阳,废其主恭及朗,而立平阳王修,自为大丞相。

魏主朗至邙山,高欢以为疏远,使魏兰根观魏主恭之为人,欲复奉之。兰根以恭神采高明,恐后难制,劝欢废之。欢集百官问所宜立,莫有应者,太仆綦毋儁称恭贤明,宜主社稷,欢将从之。崔㥄作色曰:"广陵既为逆胡所立,何得为天子?若从儁言,王师何名义举?"欢遂幽恭于崇训寺,遂入洛阳。斛斯椿谓贺拔胜曰:"今天下事在吾与君耳,若不先制人,将为人所制。高欢初至,图之不难。"胜曰:"人有功而害之不祥。"椿乃止。时诸王多逃匿,平阳王修,怀之子也,匿于田舍。欢欲立之,使斛斯椿求之。椿从

高欢处投降，高欢斥责他们说："尔朱仲远叛逆，你们是罪魁，尔朱仲远南逃，你们又背叛他。你们对天子不忠，对尔朱仲远则不讲信义，犬马还不忘记饲养它们的主人，你们真是犬马不如！"于是把他们杀了。

北魏雍州刺史贺拔岳诛杀尔朱显寿。

尔朱天光率兵东进的时候，留下他的弟弟尔朱显寿镇守长安，召见侯莫陈悦打算让他一起东进。贺拔岳知道尔朱天光此行一定会失败，想留下侯莫陈悦与他共同对付尔朱显寿，宇文泰说："侯莫陈悦虽然是主将，却不能控制人。如果先说服他的部下，必然会人人都愿意留下，侯莫陈悦如果向东进，必然会误了与尔朱天光约定的日期，如果向后退，则又担心人心浮动，趁此时机劝说他，事情肯定会成功。"贺拔岳非常高兴，听从了宇文泰的建议。侯莫陈悦与贺拔岳一起袭击长安。高欢任命贺拔岳为关西大行台，贺拔岳任命宇文泰为左丞，无论大事小事都交与他办理。

高欢进入洛阳，废黜其国主元恭以及元朗，而改立平阳王元修为皇帝，自己做大丞相。

北魏国主元朗到达邙山，高欢认为元朗与皇族嫡系疏远，让魏兰根去观察节闵帝元恭的为人，打算再推奉他为皇帝。魏兰根认为节闵帝元恭神采飞扬，聪睿机智，恐怕以后难以驾驭，劝高欢废掉节闵帝。高欢集合百官征询大家应该立谁为帝，没有人回答，太仆綦毋儁称赞节闵帝贤明，应该做社稷之主，高欢将要听从他的建议。崔㥄正颜厉色地说："广陵王元恭既然由叛逆的胡人所立，怎么能做天子呢？如果听从了綦毋儁的话，王师怎么能称得上是义举？"高欢于是把元恭幽禁在崇训寺，这才进入洛阳。斛斯椿对贺拔胜说："现在天下大事全在于我和您，如果不先发制人，必将为人所制。高欢刚到洛阳，现在对付他还不难。"贺拔胜说："人家有功于国家，害了他不吉祥。"斛斯椿这才作罢。当时诸王大多四处躲避，平阳王元修是元怀的儿子，藏在农民家里。高欢想立他为皇帝，让斛斯椿去寻找他。斛斯椿从

修所亲王思政见修,修惧曰:"卖我邪?"思政曰:"不也。"曰:"敢保之乎?"曰:"变态百端,何可保也!"欢乃为朗作诏策而禅位焉。

修即位,用代都旧制,以黑毡蒙七人,欢居其一。修于毡上西向拜天毕,入御殿,以高欢为大丞相、天柱大将军。欢以司马子如为行台尚书、参知军国,征贺拔岳为冀州刺史。岳欲入朝,行台右丞薛孝通曰:"欢方内抚群雄,外抗劲敌,安能去其巢穴,与公争关中之地乎?公以华山为城,黄河为堑,进可以兼山东,退可以封函谷,奈何欲束手受制于人!"岳曰:"君言是也。"乃不就征。

魏尔朱度律、天光伏诛。
高欢还邺,送尔朱度律、天光于洛阳,斩之。
五月,魏封其故主朗为安定王。　魏主修弑其故主恭。秋七月,魏大丞相欢讨尔朱兆,走之,遂据晋阳。
高欢击尔朱兆军于武乡,兆大掠晋阳,北走秀容。并州平。欢以晋阳四塞,乃建大丞相府而居之。

冬十一月,魏主修弑安定王朗、东海王晔。　十二月,魏主杀汝南王悦。
魏主以悦属近地尊,故杀之。

魏立后高氏。
欢之女也。

元修的亲信王思政那里打听到元修的下落,去与元修见面,元修害怕地说:"你出卖我了?"王思政说:"没有啊。"元修说:"你敢担保吗?"王思政说:"事情千变万化,怎么能担保呢!"高欢于是替元朗写诏书禅位于元修。

元修即位后,用鲜卑族在代都时的旧制,将黑毡蒙在七个人身上,高欢便是其中之一。元修在黑毡上面朝西,拜祭天神以后,进入御殿,任命高欢为大丞相,天柱大将军。高欢让司马子如为行台司马,参知军国大事,征召贺拔岳为冀州刺史。贺拔岳想入朝,行台右丞薛孝通说:"高欢现在正内抚群雄,外抗强敌,怎能够离开他们的老巢,和明公您争夺关中之地呢? 明公您以华山为城墙,黄河为堑壕,进可以兼并崤山以东的地区,退可以封闭函谷关,为什么要束手受制于人呢!"贺拔岳说:"您说得对。"于是没有应召入朝。

北魏尔朱度律、尔朱天光被处死。

高欢回到邺城,送尔朱度律、尔朱天光至洛阳,处死了他们。

五月,北魏封其从前的国主元朗为安定王。 北魏孝武帝元修弑其从前的国主节闵帝元恭。 秋七月,北魏大丞相高欢讨伐尔朱兆,将其击走,于是占据晋阳城。

高欢在武乡进攻尔朱兆的部队,尔朱兆大肆抢掠晋阳城,向北逃奔秀容县。并州从此平定。高欢因为晋阳四面有山为屏障,于是在此建大丞相府,住在那里。

冬十一月,北魏孝武帝元修杀死安定王元朗、东海王元晔。
十二月,北魏孝武帝杀死汝南王元悦。

北魏孝武帝元修因为元悦与自己亲属关系近而且地位又高,所以杀死了元悦。

北魏立高氏为皇后。
高氏是高欢的女儿。

资治通鉴纲目卷三十二

起癸丑(533)梁高祖中大通五年、魏孝武永熙二年,尽丁卯(547)梁高祖太清元年、魏文帝大统十三年、东魏孝静武定五年。凡十五年。

癸丑(533)　梁中大通五年,魏永熙二年。

春正月,魏大丞相欢袭秀容,杀尔朱兆。

兆至秀容,分守险隘。高欢扬声讨之,师出复止者数四,兆意怠。欢揣其岁首当宴会,遣窦泰以精骑驰之,一日一夜行三百里,欢以大军继之。兆军惊走,泰追破之,兆缢死山中。慕容绍宗降,欢厚待之。先是,兆左右皆密通启于欢,唯张亮无之,至是欢以亮为参军。

魏罢诸行台。　魏以贺拔胜为荆州刺史。

魏侍中斛斯椿与南阳王宝炬、将军元毗、王思政密劝魏主图高欢,增置都督、部曲各数百员。以关中大行台贺拔岳拥重兵,密与相结,出其弟胜为荆州刺史,欲以敌欢。欢不悦。

初,侍中司空高乾遭父丧,解侍中。魏主既贰于欢,冀乾为己用,尝与共立盟约,乾不之知,对曰:"臣以身许国,何敢有贰?"及是,乾乃谓所亲曰:"上不亲勋贤,而招集群小,数遣人往来关中,又令贺拔兄弟相近。祸难将作,必及于

癸丑（533） 梁中大通五年，北魏永熙二年。

春正月，北魏大丞相高欢偷袭秀容，杀尔朱兆。

尔朱兆率军队到秀容，部署各部分别把守险要的地势。高欢扬言讨伐尔朱兆，先后出兵四次都中途停止了，尔朱兆便放松了警惕。高欢猜测尔朱兆在正月初会举行宴会，便派遣窦泰率精锐骑兵急驰秀容。窦泰的骑兵一天一夜行军三百里，高欢又派大军为后续。尔朱兆的军队惊慌逃走，窦泰紧追击溃他们，尔朱兆吊死在山中。慕容绍宗投降高欢，高欢给予慕容绍宗优厚的待遇。先前，尔朱兆的左右近臣都暗中向高欢表示投降，唯独张亮没有与高欢联系，到这时高欢很赞许张亮，任命他为参军。

北魏罢免各位行台。　北魏任命贺拔胜为荆州刺史。

北魏侍中斛斯椿和南阳王元宝炬、将军元毗、王思政秘密劝魏孝武除掉高欢，增设守卫皇宫的都督、部曲各数百名。因为关中大行台贺拔岳手中掌握重兵，魏孝武帝秘密和他联系，又派贺拔岳的弟弟贺拔胜出任荆州刺史，想以此来对抗高欢。高欢不高兴。

当初，侍中司空高乾遇上父亲去世，辞掉了侍中职务。现在魏孝武帝既然对高欢已经不信任，希望高乾能为己所用，曾经想与高乾一起订立盟约，高乾不知道孝武帝的意图，回答说："我把生命都给予国家，哪敢有二心呢！"到这时，高乾才对亲近的人说："皇上不亲近有功的良臣，而招集一群小人，几次派遣他们往来关中，还让贺拔兄弟结合在一起。灾祸将要来临，必然会殃及到

我。"乃密启欢。欢召乾诣并州,乾因劝欢受魏禅。欢掩其口曰:"勿妄言!今令司空复为侍中,门下事一以相委。"屡启请之,魏主不许。乾知变将起,求为徐州,从之。

三月,阿至罗复附于魏。

魏正光以前,阿至罗常内属,及中原多事,遂叛。高欢招之,阿至罗复降,凡十万户。欢与之粟帛,议者以为徒费无益,欢不从。及经略河西,大收其用。

魏徐州刺史高乾伏诛。大都督高敖曹奔晋阳。

乾将之徐州,魏主闻其漏泄机事,乃诏欢曰:"乾邕与朕有盟,今乃反覆。"欢闻亦恶之,取乾前后启论时事者封上。魏主召乾责之,遂赐死。密敕潘绍业杀其弟敖曹,敖曹奔晋阳。敖曹兄仲密亦间行奔晋阳。

夏四月,魏青州人耿翔杀其刺史降梁,梁以翔为刺史。

五月,魏下邳叛降于梁。　秋八月,魏以贺拔岳为雍州刺史。

初,贺拔岳遣行台郎冯景诣晋阳。高欢与景歃盟,约与岳为兄弟。景还,言于岳曰:"欢奸诈有余,不可信也。"府司马宇文泰请使晋阳,以观欢之为人。欢奇其状貌,曰:"此儿视瞻非常。"将留之,泰固求复命。欢既遣而悔之,发驿急追,至关,不及而返。

我。"于是高乾秘密告诉了高欢。高欢把高乾召到并州,高乾便劝说高欢胁迫魏孝武帝禅让。高欢掩住高乾的口说:"不要胡说!现在叫司空你重新担任侍中,门下省的事全都委托你了。"高欢屡次上书请求让高乾复职,魏孝武帝不允许。高乾觉得孝武帝对他不信任了,请高欢为他谋求徐州刺史的职位,孝武帝同意了。

三月。阿至罗国又归附北魏。

北魏正光年间以前,阿至罗国曾经归属北魏,到中原战事纷纷时,就反叛了。高欢进行招抚,阿至罗又投降了,阿至罗国共十万户。高欢要给他们粮食和丝织品,参加议事的人认为这是白白浪费财物,不会有益处。高欢没听从他们的意见。到高欢征伐河西时,得到阿至罗人的大力支持。

北魏徐州刺史高乾被杀。大都督高敖曹逃到晋阳。

高乾将要到徐州赴任,魏孝武帝听说他泄露了机密的事情,就写诏书给高欢说:"高乾曾和我有过盟约,现在竟然反复无常。"高欢听后对高乾也产生了厌恶,取来高乾先后给他的议论时事的文书,密封好,派人送到魏孝武帝那里。魏孝武帝召见高乾,谴责了他,就赐他死。之后,魏孝武帝写密信给潘绍业,命令他杀掉高乾的弟弟高敖曹,但高敖曹已经逃到晋阳。高敖曹的哥哥高仲密也悄悄跑到晋阳。

夏四月,北魏青州人耿翔杀死了胶州刺史投降了梁朝,梁朝任命耿翔为刺史。

五月,北魏下邳的百姓背叛北魏,投降梁朝。 秋八月,北魏任命贺拔岳为雍州刺史。

当初,贺拔岳派遣行台郎冯景到晋阳去。高欢与冯景歃血为盟,约定同贺拔岳结为兄弟。冯景回去后,对贺拔岳说:"高欢奸诈有余,不可信任。"府司马宇文泰请求出使晋阳,以便观察高欢的为人。高欢见了宇文泰,惊奇他的容貌,说:"这个人的相貌看起来不同寻常。"高欢要留下宇文泰,宇文泰坚决要回去复命。高欢让宇文泰走了之后又很后悔,派人乘驿马急忙追赶,到了关口,没有追上,只好返回。

泰至，谓岳曰："欢所以未篡者，正惮公兄弟耳。侯莫
陈悦之徒非所忌也。公但潜为之备，图欢不难。今费也头
控弦之骑不下一万，夏州刺史斛拔弥俄突胜兵三千余，灵
州刺史曹泥、河西流民纥豆陵伊利各拥部众，未有所属。
若移军近陇，扼其要害，震之以威，怀之以惠，收其士马以
资吾军。西辑氐、羌，北抚沙塞，还军长安，匡辅魏室，此
桓、文之功也！"岳大悦，复遣诣洛阳请事，密陈其状。魏主
喜，以岳为都督二十州军事，雍州刺史。岳遂引兵西屯平
凉。弥俄突、伊利及费也头、万俟受洛干、铁勒斛律沙门等
皆附于岳，唯曹泥附欢。岳以夏州被边要重，欲求良刺史，
众举宇文泰。岳曰："左丞，吾左右手，何可废也！"沉吟累
日，卒表用之。

九月，魏大丞相欢分封邑以颁勋义。

欢表让王爵，不许。请分封邑十万以颁勋义，许之。

冬十二月，魏人侵梁雍州。

魏荆州刺史贺拔胜侵梁雍州，拔下迮戍，扇动诸蛮。
刺史庐陵王续屡为所败，汉南震骇，城邑多陷。于是沔北
荡为丘墟矣。

魏大丞相欢使翟嵩如关中。

欢患贺拔岳、侯莫陈悦之强，右丞翟嵩曰："嵩能间之，
使其自相屠灭。"欢遣之。

宇文泰回去后,对贺拔岳说:"高欢之所以未篡帝位,正是害怕你们兄弟。侯莫陈悦那些人他并不畏惧。你只要悄悄地准备,谋取高欢不难。现在费也头部族会射箭的骑兵不少于一万人,夏州刺史斛拔弥俄突的优秀兵马三千多,灵州刺史曹泥、河西流民纥豆陵伊利等各自都拥有不少人马,未有归属。若是让军队逼近陇地,扼守要塞之处,以威力震慑,以恩惠安抚,便可把他们的兵马收服过来以壮大我军。向西同氐、羌人和睦,北边抚慰沙漠塞外,然后再回师长安,辅助魏国皇室,这是如同齐桓公、晋文公般的功业呀!"贺拔岳听了非常高兴,又派宇文泰到洛阳向皇帝请示,秘密陈述高欢的情况。魏孝武帝很高兴,命令贺拔岳都督二十州军事,任雍州刺史。贺拔岳便领兵西进,驻扎在平凉。斛拔弥俄突、纥豆陵伊利以及费也头、万俟受洛干、铁勒斛律沙门等都归附了贺拔岳,唯有曹泥依附高欢。贺拔岳认为夏州地处边境,位置重要,想找一位能干的刺史,大家推举宇文泰。贺拔岳说:"左丞,是我的左右手,怎么可以离开我去当刺史呢?"他沉思了几天,最终还是上书皇帝任用宇文泰为夏州刺史。

九月,北魏大丞相高欢把自己的封地分给有功勋的人。

　　高欢上表要求辞掉爵位,魏孝武帝不同意。高欢请求把他封地之内的十万户人家分给有功勋的人,孝武帝允许了。

冬十二月,北魏人入侵梁朝的雍州。

　　北魏荆州刺史贺拔胜侵犯梁朝的雍州,攻克下迮的军事营垒,煽动许多蛮民归附北魏。梁雍州刺史庐陵王萧续几次被贺拔胜打败,汉水以南地区震惊,城镇大都陷落了,于是沔北一带被荡为废墟。

北魏大丞相高欢派翟嵩到关中。

　　高欢害怕贺拔岳、侯莫陈悦的势力强大起来,右丞翟嵩说:"我能够离间他们,使他们自相残杀。"于是,高欢就派遣翟嵩到关中去了。

甲寅（534） 梁中大通六年,魏永熙三年,东魏孝静帝善见天平
元年。是岁,魏分二,凡三国。

春正月,魏大丞相欢攻纥豆陵伊利,执之。

高欢使侯景招纥豆陵伊利,伊利不从,击之于河西,擒
之,迁其部落于河东。魏主让之曰:"伊利不侵不叛,为国
纯臣,王忽伐之,讵有一介行人先请之乎!"

魏永宁浮图灾。 **魏泰州刺史侯莫陈悦杀贺拔岳,魏
以宇文泰统其军。**

魏贺拔岳将讨曹泥,使都督赵贵至夏州与宇文泰谋
之。泰曰:"曹泥孤城阻远,未足忧。侯莫陈悦贪而无信,
宜先图之。"不听,召悦会于高平,与共讨泥。悦既得翟嵩
之言,乃谋取岳。岳数与悦宴语,长史雷绍谏不听。悦果
诱岳斩之。岳众皆不敢动,而悦心犹豫,不即抚纳,还屯水
洛城。岳众散还平凉,未有所属。赵贵曰:"宇文夏州英略
冠世,远近归心。赏罚严明,士卒用命。若迎而奉之,大事
济矣!"都督杜朔周请轻骑告哀,且迎之。

既至,泰与将佐宾客议去留,前太中大夫韩褒曰:"此
天授也,又何疑乎？悦井中蛙耳,使君往必擒之。"众以为
悦已有贺拔之众,图之实难,愿且留以观变。泰曰:"悦既
害元帅,自应乘势直据平凉,而退屯水洛,吾知其无能为
也。夫难得易失者,时也。若不早赴,众心将离。"因与诸

甲寅（534） 梁中大通六年，北魏永熙三年，东魏孝静帝善见天平元年。这一年，魏国分为两个国家，共三个国家。

春正月，北魏大丞相高欢攻打纥豆陵伊利，抓住了他。

高欢派侯景招抚纥豆陵伊利，纥豆陵伊利不服从，高欢在河西地区袭击他，并把他生擒，将他的部落迁到河东。魏孝武帝责备高欢道："纥豆陵伊利既没侵犯我们，也没背叛我们，是魏国的忠诚臣子，你忽然讨伐他，难道有一个使者预先来请示过吗？"

北魏永宁寺佛塔发生火灾。 **北魏秦州刺史侯莫陈悦杀死贺拔岳，北魏让宇文泰统领贺拔岳的军队。**

北魏贺拔岳将要讨伐曹泥，派遣都督赵贵到夏州与宇文泰谋划。宇文泰说："曹泥驻守的是座孤城，离得又远，不必担心他。侯莫陈悦贪心又不讲信义，应该先谋取他。"贺拔岳不听，请侯莫陈悦到高平会合，与他共同讨伐曹泥。侯莫陈悦已经听到了翟嵩告诉他的话，便决定谋害贺拔岳。贺拔岳多次与侯莫陈悦在宴会上聊天，长史雷绍劝贺拔岳提高警惕，他不听。侯莫陈悦果然把贺拔岳引诱出去杀了。贺拔岳的部属都不敢轻举妄动，可侯莫陈悦心里还犹豫，没有立即招抚收纳，又回到水洛城驻扎。贺拔岳散乱的部属回到平凉，没有归属。赵贵说："夏州刺史宇文泰才干谋略超人，远近的人都归服于他。他赏罚严明，士卒都愿意听从他的命令。若是把他迎来尊奉他，大事就成功了！"都督杜朔周请求骑马驰往宇文泰那里报告噩耗，并把他迎来。

杜朔周到了夏州说明来意，宇文泰与他的将领、幕僚、宾客等商量去留问题。前太中大夫韩褒说："这是上天授予您的，还有什么可怀疑的呢？侯莫陈悦是井中之蛙，你去了一定能捉住他。"众人都认为侯莫陈悦已拥有了贺拔岳的兵马，要算计他实在困难，希望暂且留下来观察形势的变化。宇文泰说："侯莫陈悦既然谋害了贺拔岳元帅，自然应该乘机直接占据平凉，而退兵驻守水洛，我知道他已没有能力干什么了。容易失去而又难以得到的，是时机。若不早日赶到那里，人心会散的。"便与众

将同盟讨悦,轻骑赴平凉。时民间惶惧,逃散者多,军士欲掠之,朔周曰:"宇文公方伐罪吊民,奈何助贼为虐乎!"抚而遣之,远近悦附。泰闻而嘉之。欢使侯景招抚岳众,泰至安定遇之,谓曰:"贺拔公虽死,宇文泰尚存,卿何为者?"景遂还。

泰至平凉,哭岳哀恸,将士悲喜。欢复使侯景、张华原、王基劳泰。泰不受,欲劫留之,华原不屈,乃遣之。基还,言泰雄杰,请及其未定,击灭之。欢曰:"卿不见贺拔、侯莫陈乎?吾当以计拱手取之。"

魏主遣元毗慰劳岳军,召还洛阳,并召侯莫陈悦。悦附高欢,不肯应召。泰因毗上表曰:"臣岳忽罹非命,都督寇洛等令臣权掌军事。今高欢之众已至河东,侯莫陈悦犹在水洛,士卒多西人,顾恋乡邑,乞少停缓,徐就东引。"魏主乃以泰为大都督,即统岳军。

岳之死也,都督李虎奔荆州,说贺拔胜使收岳众,胜不从而还,为欢别将所获,送洛阳。魏主方谋取关中,得虎甚喜,拜卫将军,使就泰。虎,歆之玄孙也。泰与悦书责之曰:"君党附国贼,共危宗庙。吾已发兵为贺拔公报仇,指日相见。"

夏四月朔,日食。 魏宇文泰讨侯莫陈悦,诛之,遂定秦陇。魏以泰为关西大都督。

将领共同盟誓讨伐侯莫陈悦，他们的轻骑兵迅速赶到平凉。当时百姓都惊惶恐惧，逃散的人很多，宇文泰的士兵想掠夺老百姓的财物，杜朔周说："宇文泰大人正在讨伐罪人，抚慰百姓，怎么能助贼为虐呢？"他们对百姓进行安抚后都送回去了，远近的人都很高兴地归附他们。宇文泰听说后，嘉奖了杜朔周。高欢派侯景去招募安抚贺拔岳的旧部，宇文泰到安定时遇见了侯景，便对他说："贺拔公虽然已经去世，但宇文泰还活着，你想干什么？"侯景就回去了。

　　宇文泰到平凉，十分悲痛地哭吊贺拔岳，贺拔岳的将士们既悲又喜。高欢又派侯景、张华原、王基去慰劳宇文泰。宇文泰不接受，还想把他们扣下来，但张华原不屈服，宇文泰只好让他回去了。王基回去后，对高欢说宇文泰是英雄豪杰，请趁他未站稳脚，袭击消灭他。高欢说："你没看见贺拔岳和侯莫陈悦的情况吗？我会用计谋拱手取他。"

　　北魏孝武帝派遣元毗去慰劳贺拔岳的旧部，把他们召回洛阳，并且下诏召侯莫陈悦。侯莫陈悦却归附了高欢，不听宣召。宇文泰通过元毗上书皇帝说："忠臣贺拔岳忽然罹难，死于非命，都督寇洛等人令我暂且掌管军事。现在高欢的部队已经到达河东，侯莫陈悦还在水洛，我的部属多是西部的人，他们留恋乡土，请允许我暂时停一停，渐渐地往东边引导。"魏孝武帝于是任命宇文泰为大都督，统领贺拔岳的部队。

　　贺拔岳死后，都督李虎到了荆州，游说贺拔胜去收编贺拔岳的部队，贺拔胜不采纳，他又回来了，在途中被高欢的将领抓获，送到洛阳。北魏孝武帝这时正打算夺取关中，得到李虎非常高兴，任命他为卫将军，派他去宇文泰手下任职。李虎，是李歆的玄孙。宇文泰给侯莫陈悦写信谴责他道："你做国贼的同党和附庸，一起危害宗庙。我已经发兵为贺拔公报仇，很快就刀兵相见。"

　　夏四月初一，日食。　北魏宇文泰讨伐侯莫陈悦，把他杀了，于是平定秦陇一带。北魏孝武帝任命宇文泰为关西大都督。

宇文泰引兵上陇,军令严肃,秋毫无犯,百姓大悦。水洛降,悦退保上邽,召南秦刺史李弼与之拒泰。弼举城降,悦军溃,缢死。

泰入上邽,散府库以赏士卒。左右窃一银瓮以归,泰知而罪之,剖赐将士。

悦党孙定兒不下,有众数万,泰遣刘亮袭之。亮先竖纛于近城高岭,自将二十骑驰入城。定兒方置酒,亮麾兵斩之,遥指城外纛,命二骑曰:"出召大军!"城中皆慑服,莫敢动。

先是,故氐王杨绍先乘魏乱,逃归武兴,复称王。氐、羌、吐谷浑所在蜂起,自南岐至瓜、鄯,跨州据郡者不可胜数。泰令弼镇原州,拔也恶蚝镇南秦州,可朱浑道元镇渭州,赵贵行秦州事,征豳、泾、东秦,岐之粟以给军。杨绍先惧,称藩送质。

长史于谨言于泰曰:"明公据关中险固之地,将士骁勇,土地膏腴。今天子在洛,迫于群凶,若陈公恳诚,请都关右。挟天子以令诸侯,奉王命以讨暴乱,此桓、文之业,千载一时也。"泰善之。高欢复遣使甘言厚礼以结泰。泰不受,封其书以闻。魏主命泰引军而东,泰使雍州刺史梁御入据长安。魏主以泰为关西大都督、略阳县公,承制封拜。

六月,魏大丞相欢举兵反。秋七月,魏主修奔长安。欢入洛阳,推清河王亶承制决事。魏主以宇文泰为大将军、尚书令。

宇文泰率部队来到上陇，军令严肃，秋毫不犯，百姓非常高兴。水洛的部队投降后，侯莫陈悦退守上邽，召南秦刺史李弼和他共同抵抗宇文泰。李弼却率部全城投降了宇文泰，侯莫陈悦的军队溃败，他上吊而死。

宇文泰进入上邽，打开官府的仓库奖赏士兵。他身边的人偷了一个银瓮回来，宇文泰发现后惩处了那人，剖开银瓮赠给将领和士兵。

侯莫陈悦的同党孙定儿攻不下来，他有几万兵马，宇文泰派刘亮袭击他们。刘亮先在离城不远的山岭上竖起一杆大旗，亲自带领二十个骑兵飞奔城里。当时孙定儿正在摆酒宴，刘亮指挥士兵杀掉孙定儿，遥指城外的大旗，命令两个士兵说："出城把大部队叫进城里来！"城中人都被镇服，不敢妄动。

先前，过去的氐族王杨绍先趁北魏混乱，逃回武兴，重新称王。氐族、羌族、吐谷浑族所在地区叛乱蜂拥而起，从南岐到瓜、鄯，跨州等地区占领地盘的人多得不可胜数。宇文泰命令李弼镇守原州，拔也恶蚝镇守南秦州，可朱浑道元镇守渭州，赵贵代管秦州事务，征收豳、泾、东秦、岐等地的粮食以供军需。杨绍先害怕了，自称藩属，送去人质。

长史于谨对宇文泰说："您占据关中险要易于固守的地方，军中将士勇猛善战，土地肥沃。现在天子在洛阳，受到一群坏人的胁迫，如果对他陈述您的诚心，请他迁都关右。您可挟天子以令诸侯，奉行皇帝的命令来平息叛乱，这是齐桓公、晋文公那样的大业，千载只有一时的机会啊！"宇文泰同意于谨的意见。高欢又派遣使者用甜言蜜语和厚礼来结交宇文泰。宇文泰没接受，把高欢的书信封好转给孝武帝。北魏孝武帝命令宇文泰率领部队东进，宇文泰让雍州刺史梁御进驻长安。孝武帝命令宇文泰为关西大都督、略阳县公，可以秉承皇帝旨意封官。

六月，北魏大丞相高欢兴师叛乱。秋七月，魏孝武帝元修奔到长安。高欢占领洛阳，推举清河王元亶决断朝廷事务。魏孝武帝任命宇文泰为大将军、尚书令。

侍中封隆之言于高欢曰："斛斯椿等必构祸乱。"孙腾泄其言，椿白魏主，隆之及腾皆逃就欢。华山王鸷在徐州，欢使大都督邸珍夺其管钥。建州刺史韩贤、济州刺史蔡儁，欢党也，魏主皆罢之，又增置勋府庶子、骑官各数百人，欲伐晋阳，下诏戒严，云欲伐梁，发河南兵诣洛阳。六月，密诏欢曰："宇文黑獭、贺拔胜有异志，故假南伐，潜为之备，王宜近为形援。"欢表曰："臣今潜勒兵马三万，自河东渡，又遣库狄干等自来违津渡，娄昭等讨荆州，尉景等讨江左，皆勒所部伏听处分。"

魏主知欢觉其变，乃止欢军。欢亦表云："臣为嬖佞所间，一旦受疑。陛下若垂信赤心，愿赐斟量，亟令废出。"

魏主使源子恭守阳胡，汝阳王暹守石济，又以贾显智为济州刺史。蔡儁不受代，魏主愈怒，乃为敕赐欢曰："闻库狄干语王云：'本欲取懦弱者为主，无事立长君，使其不可驾御，今但作十五日行，自可废之。'此论自是王间勋人，岂出佞臣之口？隆之、孙腾逃去不罪。王若尽诚，何不斩送？启云西去，而四道俱进，南度洛阳，东临江左。闻者宁能不疑？王若举旗南指，纵无匹马只轮，犹欲奋拳而争死。假令还为王杀，幽辱虀粉，了无遗恨。"

王思政言于魏主曰："高欢之心昭然可知，洛阳非用武之地。宇文泰乃心王室，今往就之，还复旧京，何虑不克？"魏主

侍中封隆之对高欢说:"斛斯椿等人必然会造成灾祸混乱。"孙腾把此话泄露给斛斯椿,斛斯椿把孙腾的话报告了魏孝武帝。封隆之和孙腾都跑到高欢那里。华山王元鸷在徐州,高欢派大都督邸珍夺了他的钥匙。建州刺史韩贤、济州刺史蔡儁等,是高欢的同党,北魏孝武帝把他们的官职都免掉了,又增设勋府、庶子、骑兵军官等各几百人,想讨伐晋阳,下达诏书戒严,说是将要伐梁,派遣河南的兵马到洛阳。六月,又秘密下诏书给高欢说:"宇文黑獭、贺拔胜有意叛变,所以我假借讨伐南方,暗中进行准备,你应该做出好似增援的样子。"高欢上表说:"我现在暗中率领兵马三万,自河东渡河,再派遣库狄干等从来违津渡河,娄昭等人进攻荆州,尉景等人讨伐江东地区,他们都率领部属听从您的调遣。"

魏孝武帝发现高欢觉察到要发生事变,就制止高欢出兵。高欢又上书魏孝武帝说:"我被奸臣陷害,皇上一时产生了怀疑。陛下若相信我的赤胆忠心,请斟酌再三,赶快下令除掉奸臣。"

魏孝武帝派源子恭镇守阳胡,汝阳王元暹镇守石济,又任命贾显智为济州刺史。蔡儁不接受被别人所代替,魏孝武帝更加愤怒,就写诏书给高欢说:"听说库狄干对你说:'本来想立软弱无能的人当皇帝,无端立了年长的君主,弄得不能驾御,现在只要出兵十五日,自然可以废掉他。'这样的议论自然出于你的功臣之间,难道是出自我身边的佞臣之口吗?封隆之、孙腾逃到你那里你却不惩处他们。你若对我忠诚,为什么不把他们的头砍掉送到我这里来呢?奏表中你虽说西去,而实际上你却四路进军,想往南来渡河到洛阳,东边靠近江东地区。听到这消息的人能不怀疑你吗?你如果举起旗帜,挥师南进,我纵然是没有一匹马、一辆车,也要用拳头斗个你死我活。假使我最终被你杀掉,受尽污辱,粉身碎骨,我也决不后悔。"

王思政对魏孝武帝说:"高欢的心思昭然若揭,人人可知,洛阳不是施展才能的地方。宇文泰的心忠于皇室,现在到他那里去,将来还可以再光复旧京城,何必担心不成功呢?"魏孝武帝

深然之,遣侍郎柳庆见泰于高平。泰请奉迎舆驾。魏主复私谓庆曰:"朕欲向荆州,何如?"庆曰:"关中形胜,宇文泰才略可依。荆州地非要害,南逼梁寇,臣愚,未见其可。"时东郡太守裴侠帅兵诣洛,王思政问以西巡之计,侠曰:"宇文泰已操戈矛,宁肯授人以柄。虽欲投之,恐无异避汤入火也。"思政曰:"然则如何而可?"侠曰:"图欢有立至之忧,西巡有将来之虑,且至关右,徐思其宜耳。"思政然之,乃进侠于魏主,授左中郎将。

初,欢欲迁都于邺,魏主不可。至是复谋迁都,遣骑镇建兴,益河东及济州兵,拥诸州和籴粟,悉入邺。魏主又以敕谕欢,令归兵罢戍,送相州之粟,使蔡隽受代,邸珍出徐。欢不奉诏。

魏主以广宁太守任祥兼仆射。祥弃官走,渡河据郡待欢。魏主乃下制书数欢罪恶,召贺拔胜赴行在所。胜以问掾卢柔,柔曰:"高欢悖逆,公席卷赴都,与决胜负,死生以之,上策也。北阻鲁阳,南并旧楚,东连兖豫,西引关中,中策也。举三荆之地,庇身于梁,功名皆去,下策也。"胜笑而不应。

魏主以宇文泰为关西大行台,令遣骑奉迎。欢遂勒兵南出,以诛斛斯椿为名,以高敖曹为前锋。宇文泰亦移檄州郡,数欢罪恶。自将大军发高平,前军屯弘农。

七月,魏主亲勒兵十余万屯河桥,以斛斯椿为前驱,陈于邙山之北。椿请帅精骑二千夜度河,掩其劳弊。魏主然之。

非常同意王思政的意见，便派遣侍郎柳庆于高平会见宇文泰。宇文泰请求亲自去迎接皇帝的车驾。柳庆回来后，魏孝武帝又悄悄对柳庆说："我想去荆州，你看怎么样？"柳庆说："关中地势好，宇文泰才干谋略都可靠。荆州不是要害地区，南边靠近梁国，依我的愚见，没有可去的理由。"这时东郡太守裴侠领兵到了洛阳，王思政问裴侠西巡的办法，裴侠说："宇文泰手中掌握着武器，怎么同意将把柄授予别人呢？虽然想去投靠他，恐怕和躲开沸腾的热水又进入火坑没有两样。"王思政说："那么怎样办才可以呢？"裴侠说："想征服高欢有眼前的忧虑，向西去有将来的麻烦，暂且到关西地区，慢慢再想合适的办法。"王思政同意了，就把裴侠引荐给魏孝武帝，孝武帝授予裴侠左中郎将。

当初，高欢想迁都到邺城，魏孝武帝不同意。到这时高欢又想迁都，派遣部队镇守建兴，又增派河东及济州的兵马，把从几个州购置的粮食运进邺城。魏孝武帝又下诏给高欢，命令他撤回兵马，停止军事行动，送走相州的粮食，让蔡隽接受别人取代他的职务，让邸珍离开徐州。高欢不奉行皇帝的诏令。

魏孝武帝以广宁太守任祥兼任仆射。任祥弃官逃跑，渡过黄河，占据一块地盘等待高欢。魏孝武帝又下诏书历数高欢的罪恶，让贺拔胜赶赴自己身边。贺拔胜问掾卢柔，卢柔说："高欢犯上作乱，你率领大军奔赴京城，与他决一胜负，不论生死坚持到底，是上策。你在北面阻隔鲁阳，南边吞并过去的楚地，东面连合兖州、豫州，西面争取关中，这是中策。以三荆地区为资本投降梁国，求得庇护，功名都丢掉了，这是下策。"贺拔胜笑而不答。

魏孝武帝任命宇文泰为关西大行台，并叫他派骑兵迎接。高欢于是率领部队向南进发，以讨伐斛斯椿为名，令高敖曹为前锋。宇文泰这时也下檄文到各州郡，揭露高欢的罪恶。他又亲自率大军到高平，先头部队驻扎在弘农。

七月，魏孝武帝御驾亲征，率十余万兵马屯驻河桥，以斛斯椿为先锋，陈兵于邙山的北面。斛斯椿请求率领精锐骑兵二千在夜间渡过黄河，乘高欢部队疲惫时袭击。魏孝武帝允许了。

侍郎杨宽曰："假兵于人恐生他变,椿若有功,是灭一高欢,生一高欢矣。"魏主敕椿停行。椿叹曰："顷荧惑入南斗,今上信左右间构,不用吾计,岂天道乎?"宇文泰闻之,谓左右曰："高欢数日行八九百里,此兵家所忌,当乘便击之。而主上以万乘之重,不能度河决战,方缘津据守,且长河万里,扦御为难。若一处得度,大事去矣。"即以赵贵自蒲坂济,趣并州。遣李贤将精骑一千赴洛阳。

魏主使斛斯椿与颍川王斌之镇虎牢,贾显智镇滑台。显智阴约降于欢,军司元玄觉之,驰还请益师。遣大都督侯几绍赴之,战于滑台东。显智以军降,绍战死。欢引军度河。

斌之与椿争权,还给魏主云："欢兵已至。"魏主即召椿还,与南阳王宝炬,清河王亶,广阳王湛,以五千骑宿于瀍西,众知魏主将西,亡者过半,亶、湛亦逃归。将军独孤信单骑追魏主,魏主叹曰："将军辞父母,捐妻子而来,世乱识忠臣,岂虚言也。"明日,西奔长安。欢遂入洛阳,遣娄昭、高敖曹帅劲骑追魏主,不及。魏主糇浆乏绝,唯饮涧水。至稠桑,都督毛鸿宾迎献酒食,始解饥渴。欢集百官,责以处不谏诤、出不陪从之罪,杀仆射辛雄以下数人,推清河王亶为大司马,承制决事。

宇文泰使赵贵、梁御帅甲骑奉迎。魏主循河西上,谓御等曰："此水东流,而朕西上。若得复见洛阳,亲谒陵庙,

侍郎杨宽说："把兵马借给别人恐怕会产生变故，斛斯椿如果立了功，是消灭一个高欢，又产生一个高欢！"魏孝武帝又下诏书令斛斯椿停止行动。斛斯椿叹息说："近来火星进入南斗，现在皇上听左右亲信的挑拨离间，不采纳我的计策，难道这是天意吗？"宇文泰听说后，对他身边的人说："高欢的部队几天内行军八九百里，这是兵家忌讳的事情，我们应当乘机袭击他。今皇上以万乘之重，不能渡河决战，却沿各渡口驻扎防守，况且黄河长万里，防御困难。如果有一个地方让高欢的军队渡过去，全局就完了。"他立即命令赵贵自蒲坂渡河，向并州进军。又派遣李贤率精锐骑兵一千人奔赴洛阳。

魏孝武帝派斛斯椿和颍川王元斌之镇守虎牢地区，贾显智镇守滑台。贾显智暗中与高欢约定投降，军司元玄觉察到了，飞马奔到魏孝武帝那里，要求增派军队。魏孝武帝派大都督侯几绍前往，在滑台东与高欢军交战。贾显智带领军队投降，侯几绍阵亡。高欢领兵渡河。

这时元斌之与斛斯椿争夺权力，元斌之回来欺骗魏孝武帝说："高欢的军队已经来了。"魏孝武帝立即召斛斯椿回来，斛斯椿和南阳王元宝炬、清河王元亶、广阳王元湛，带五千骑兵宿营瀍水西边，大家知道魏孝武帝将要西迁，逃亡的人超过一半，元亶、元湛也逃回了。将军独孤信单人匹马追赶上魏孝武帝，魏孝武帝感叹说："将军辞别父母，舍弃妻子而来，危难的时候才能识别出忠臣！这不是句假话啊！"第二天，魏孝武帝奔赴长安。高欢就进入洛阳，派娄昭、高敖曹率劲旅追赶孝武帝，没有追上。魏孝武帝粮食和饮水都断绝了，只能喝山涧小溪的水。到稠桑，都督毛鸿宾迎接魏孝武帝献上酒饭，才解除饥渴。高欢召集百官，责备他们在朝中不谏诤、皇帝出门不陪同跟随的罪过，杀掉仆射辛雄以下数人，推举清河王元亶为大司马，决断朝廷事务。

宇文泰派遣赵贵、梁御率戴盔披甲的士兵迎接皇帝。魏孝武帝沿黄河向西行进，对梁御等人说："这黄河水往东流，我却往西走。日后如果能再回到洛阳，我亲自到皇陵、宗庙拜谒，

卿等功也。"魏主及左右皆流涕。泰备仪卫迎魏主,谒见于
东阳驿。免冠流涕曰:"臣不能式遏寇虐,使乘舆播迁,臣
之罪也。"魏主曰:"朕不德致寇。方以社稷委公,公其勉
之。"遂入长安,以泰为大将军,雍州刺史兼尚书令,军国
之政咸取决焉。别置二尚书,分掌机事,以毛遐、周惠达为
之。时军国草创,二人积粮储,治器械,简士马,魏朝赖之。

先是,荧惑入南斗,去而复还,留止六旬。梁主以谚云
"荧惑入南斗,天子下殿走",乃跣而下殿以禳之。及闻魏
主西奔,惭曰:"虏亦应天象耶!"

魏大丞相欢屯华阴,使侯景取荆州。贺拔胜奔梁。

高欢自追迎魏主至弘农,遂攻潼关。克之,进屯华阴。
贺拔胜帅所部西赴关中,至淅阳,闻欢已屯华阴,欲还。行
台左丞崔谦曰:"今帝室颠覆,主上蒙尘,公宜倍道兼行,朝
于行在,然后与宇文行台同心戮力,唱举大义,天下孰不望
风响应?今舍此而退,恐人人解体,一失事机,后悔何及。"
不听,遂还。欢自发晋阳,至是凡四十启,魏主皆不报,乃
还。遣侯景等向荆州。胜至,景逆击之,胜败奔梁。

魏阁内都督赵刚以东荆州兵赴长安,遇盗,败没。

这都是你们的功劳啊!"说完,魏孝武帝和身边的人都流下泪来。宇文泰预备了仪仗队和卫队迎接魏孝武帝,在东阳驿站拜谒接见。宇文泰脱掉帽子流着泪说:"我没能遏制住贼寇的作乱,使御驾颠簸迁徙,这都是我的罪过。"魏孝武帝说:"我缺乏才德,致使贼寇作乱。现在把国家的大事托付给你了,你要竭尽全力啊!"于是他们进入长安,魏孝武帝任命宇文泰为大将军,雍州刺史兼尚书令,国家的军政大事都由他处理。魏孝武帝另外还设置两名尚书,分别掌管军机要事,由毛遐、周惠达担任。这个时候军政权力机构刚刚组建起来,毛遐、周惠达二人征集储备粮食,制办武器,选择兵士战马,魏朝都依靠他们。

先前,火星进入南斗星群,离开了又回去,共停留六十天。梁武帝因为谚语说"荧惑入南斗,天子下殿走",就赤脚下殿祈祷消灾。等到听说魏孝武帝往西奔去了,梁武帝羞愧地说:"敌虏也上应天象吗!"

北魏大丞相高欢屯兵华阴,派侯景攻打荆州。贺拔胜投奔梁朝。

高欢亲自到弘农追赶魏孝武帝要把他迎接回来,紧接着就攻潼关。攻克潼关后,部队驻扎在华阴。贺拔胜率领他的部队往西赶赴关中,到达浙阳,听说高欢已经屯兵华阴,想返回去。行台左丞崔谦说:"现在王室被颠覆,皇上蒙受风尘,你应日夜兼行,到皇帝那里朝拜,然后与宇文行台同心协力,弘扬大义,天下的人哪个不望风响应呢?今天你舍弃这正义的行动而退却,恐怕人人都会离开你,一旦失去良机,后悔就来不及了。"贺拔胜不听,又返回去了。高欢自晋阳出发,到这时共写给魏孝武帝四十道奏折,魏孝武帝都不回复,高欢于是就返回去了。他又派遣侯景等率兵开往荆州。贺拔胜到荆州,侯景迎头袭击,贺拔胜被打败,投奔了梁朝。

北魏阁内都督赵刚调遣东荆州兵马奔赴长安,途中遇到叛乱者,吃了败仗,赵刚逃亡。

魏主之在洛阳也,密遣阁内都督赵刚召东荆州刺史冯景昭入援。兵未及发,魏主入关,景昭集文武议所从,冯道和请待北方处分,刚曰:"公宜勒兵赴行在所。"久之更无言者,刚抽刀投地曰:"公若欲为忠臣,请斩道和。如欲从贼,可速见杀。"景昭感悟,即率众赴关中。侯景引兵逼穰城,东荆州民杨祖欢起兵应之,以其众邀景昭于路。景昭战败,刚没蛮中。

冬十月,魏大丞相欢立清河世子善见于洛阳。

欢至洛阳,又遣僧道荣奉表于魏主曰:"陛下若远赐一制,许还京洛,臣当帅勒文武式清宫禁。若返正无日,则七庙不可无主,万国须有所归,臣宁负陛下,不负社稷。"魏主亦不答。欢乃集百官耆老议所立。时清河王亶出入已称警跸。欢丑之,遂立其世子善见为帝,谓亶曰:"欲立王,不如立王之子。"亶不自安,南走,欢追还之。善见即位,时年十一。

魏以宇文泰为大丞相。
泰攻潼关,斩高欢守将薛瑜,还长安,进位大丞相。

梁伐东魏。 十一月,东魏迁于邺。
高欢以洛阳西逼西魏,南近梁境,乃议迁邺。书下三日即行,四十万户狼狈就道。欢留后部分,事毕,还晋阳。改司州为洛州,以元弼为刺史,镇洛阳。仆射司马子如、高隆之,侍中高岳、孙腾留邺,共知朝政。出粟一百三十万石以赈

魏孝武帝在洛阳,秘密派遣阁内都督赵刚召唤东荆州刺史冯景昭援救洛阳。兵马还没来得及出发,魏孝武帝已入了关中,冯景昭集合文武官员商量跟随哪一边,冯道和请求冯景昭等待北方高欢做出决定,赵刚说:"您应率领兵马赶赴皇上所在的地方。"过了好久再无人说话,赵刚抽出刀来扔在地上说:"您如果想做忠臣,请杀掉冯道和。假如想追随高欢那贼,请马上杀掉我!"冯景昭被赵刚感动,觉悟过来,立即率兵马奔赴关中。侯景领兵逼近穰城,东荆州平民杨祖欢组织武装响应侯景,半路阻截冯景昭的队伍。冯景昭失败,赵刚逃入蛮人地区。

冬十月,北魏大丞相高欢拥立清河王嫡长子元善见为皇帝,在洛阳登基。

高欢到了洛阳,又派遣僧人道荣将一份奏表送给魏孝武帝,说:"陛下如果远在长安赐给我一份诏令,同意回京都洛阳,我一定率文武百官打扫干净宫殿。如果您回京无一定时间,那么国家不能没有君主,万里国土必须有所归附,我宁可背叛陛下,也不能背叛国家!"魏孝武帝也不作回答。高欢就召集百官元老商量立谁做皇帝。当时清河王元亶进出时已按皇帝的规格侍卫警戒,清道止行。高欢厌恶他,就立元亶的嫡长子善见为皇帝,对元亶说:"要立你为皇帝,还不如立你的儿子。"元亶自己心里不安,往南方跑去,高欢把他追回来。元善见登基,当时十一岁。

西魏任命宇文泰为大丞相。

宇文泰攻打潼关,斩杀了高欢镇守潼关的大将薛瑜,回到长安,升为大丞相。

梁朝进攻东魏。　十一月,东魏把京都迁移到邺城。

高欢认为洛阳西边靠近西魏,南边接近梁朝国境,就提议把京都迁到邺城。文书刚下达三天就开始行动,四十万户人家狼狈地踏上迁徙之路。高欢留在后面安排搬迁事宜,待事情结束后,又回到晋阳。朝廷把司州改名为洛州,任命元弼为洛州刺史,镇守洛阳。仆射司马子如、高隆之,侍中高岳、孙腾留在邺城,共同主持朝廷政务。另外还拿出一百三十万石粮食来赈济

迁民。十一月,东魏主至邺,改相州刺史为司州牧。魏郡
太守为魏尹。

闰十二月,魏大丞相泰进毒弑其君修。

魏孝武闺门无礼,从妹不嫁者三人。平原公主明月,
南阳王宝炬之同产也,从入关。宇文泰使人杀之,魏主不
悦。由是复与泰有隙,饮酒遇酖而殂,殡于佛寺。谏议大
夫宋球恸哭呕血,浆粒不入口者数日,泰以其名儒不之罪
也。东魏高欢闻之,启请举哀制服。东魏主使群臣议之,
博士潘崇和以为君遇臣不以礼则无反服,是以汤之民不哭
桀,周之臣不服纣。卫既隆、李同轨以高后于永熙离绝未
彰,宜为之服。东魏从之。

魏独孤信克荆州。东魏人袭之,信奔梁。

东魏既取荆州,魏以独孤信为刺史,招怀之。

蛮酋樊五能攻破淅阳郡以应魏。东魏刺史辛纂欲讨
之,郎中李广曰:"淅阳深险,表里群蛮,今少遣兵不能制
贼,多遣则根本虚弱。脱不如意,州城难保。闻台军不久
应至,公但约勒属城,使完垒抚民以待之,虽失淅阳不足惜
也。"纂不从而败。

城民召独孤信。东魏遣田八能拒之,又遣张齐民出
信后。信谓其众曰:"今士卒不满千人,首尾受敌,若还击
齐民,土民谓我退走,必来邀我,不如进击八能破之,齐民

移民。十一月,东魏皇帝到邺城,将相州刺史改名为司州牧。魏郡太守改称为魏尹。

十二月闰月,西魏大丞相宇文泰在皇帝喝的酒中放进毒药,毒死了孝武帝元修。

魏孝武帝在宫中乱伦,堂妹中不出嫁的有三个。平原公主明月,与南阳王元宝炬是同母所生,跟随孝武帝到关中。宇文泰派人杀了明月,魏孝武帝很不高兴。因此又与宇文泰产生隔阂,饮酒中毒身亡,殡葬在佛教寺院。谏议大夫宋球悲伤痛哭而吐血,几天之内水米不进一点,宇文泰因他是位名儒,没怪罪他。东魏高欢听说魏孝武帝死的消息,上书东魏皇帝要求为孝武帝举行哀悼服丧。东魏皇帝叫各位大臣商量,博士潘崇和认为君主对臣子无礼,臣子就不为他服丧,因此商汤的国民不哭夏桀,周朝的大臣不为纣王服丧。卫既隆、李同轨认为高皇后与孝武帝断绝关系的事未公布,她应为孝武帝服丧。东魏孝静帝同意了他们的意见。

西魏独孤信攻克荆州。东魏派军队袭击荆州,独孤信投奔梁朝。

东魏已经攻取荆州,西魏任命独孤信为荆州刺史,以此招抚独孤信。

蛮族酋长樊五能攻破了淅阳郡以策应西魏。东魏刺史辛纂想讨伐他们,郎中李广说:"淅阳郡处在幽深险要的地方,里外有许多蛮人,现在派少数兵马去不可能征服他们,派大部队去大本营就空虚了。如果不能如愿取胜,州城难以保住。听说朝廷派遣的军队很快就要到达,您只要约束住荆州所辖的各座城市,使它们完好无损,同时安抚百姓以等待时机,这样虽然失掉淅阳也不值得可惜。"辛纂没听从李广的意见而失败。

城中百姓请独孤信过去。东魏派遣田八能阻挡他,又派张齐民由背后袭击独孤信。独孤信对部属说:"现在士兵不足一千人,前后都有敌人,如果回头攻击张齐民,当地的老百姓会说我是撤退,必然来拦击我们,不如进攻田八能击溃他,这样张齐民

自溃矣。"遂击破八能,乘胜袭穰城。辛纂出战,大败,还趣城,门未及阖,信前驱武川杨忠叱门者曰:"大军已至,城中有应,尔等求生,何不避走?"门者皆散,忠帅众入城,斩纂以徇,城中慑服。信分兵定三荆。居半岁,东魏高敖曹、侯景将兵奄至城下,信兵少不敌,与杨忠皆奔梁。

乙卯(535)　梁大同元年,魏文帝宝炬大统元年,东魏天平二年。

春正月朔,魏大丞相泰立南阳王宝炬。

魏宇文泰与群臣议所立,多举广平王赞,濮阳王顺垂涕谓泰曰:"高欢逼逐先帝,立幼主以专权,明公宜反其所为。广平冲幼,不如立长君而奉之。"泰乃立南阳王宝炬。

魏将军李虎克灵州。

宇文泰遣李虎等击曹泥。虎等招谕费也头之众,与之共攻灵州,凡四旬,曹泥请降。

魏大丞相泰自为都督中外诸军事,封安定公。

魏以泰为都督中外诸军事、录尚书事、大行台,封安定王。泰固辞王爵及录尚书,乃封安定公。

魏立后乙弗氏。

后仁恕节俭,不妒忌。魏主重之。

东魏大丞相欢击稽胡,斩刘蠡升。

蠡升自称天子,居云阳谷,魏之边境常被其患,谓之"胡荒"。欢袭击,大破之,其下斩之以降。

东魏大丞相欢自为相国,假黄钺,加殊礼,复辞不受。

东魏人袭魏华州,不克。

自己就溃败了。"于是他击败了田八能,乘胜又袭击穰城。辛纂率兵马出来迎战,遭惨败,又奔回城中,城门还没来得及关上,独孤信的先锋武川人杨忠大声呵斥守门的人:"我们的大部队已经到了,城中还有人接应,你们这些人想找活路,为什么还不避开逃走?"守门的人都逃散了。杨忠帅众入城,杀辛纂以示众,城里的军民都被慑服。独孤信兵分三路平定了三荆地区。半年之后,东魏高敖曹、侯景率领兵马突然攻到城下,独孤信兵马少,不敢对抗,与杨忠都投奔梁朝。

乙卯(535) 梁大同元年,西魏文帝宝炬大统元年,东魏天平二年。

春正月初一,西魏大丞相宇文泰立南阳王元宝炬为皇帝。

西魏宇文泰与文武百官商量立谁为皇帝,多数大臣主张立广平王元赞,濮阳王元顺流着眼泪对宇文泰说:"高欢逼走了先帝,立年幼的皇帝以便他独揽大权,你应该反其道而行之。广平王还年幼,不如立一位年长的君王而恭敬地对待他。"宇文泰就立南阳王元宝炬为西魏皇帝。

西魏将军李虎攻克灵州。

宇文泰派遣李虎等去袭击曹泥。李虎招抚费也头的兵马,和他们一起攻击灵州,一共持续了四十天,曹泥请求投降。

西魏大丞相宇文泰自为都督中外诸军事,被封为安定公。

西魏以宇文泰为都督中外诸军事、录尚书事、大行台,被封为安定王。宇文泰坚持辞掉王爵及录尚书,就被封为安定公。

西魏皇帝立乙弗氏为皇后。

乙弗皇后仁慈宽厚、勤俭节约,不妒忌。西魏皇帝很敬重她。

东魏大丞相高欢袭击稽胡部落,杀掉刘蠡升。

刘蠡升在稽胡部落自称皇帝,占据云阳谷,东魏的边境经常受他侵扰,当时被称为"胡荒"。高欢袭击刘蠡升,把他打得大败,他的部下将他杀死后投降了东魏。

东魏大丞相高欢自任相国,可以用皇帝的仪仗,赐给他特殊礼遇,高欢反复推辞不接受。 **东魏人攻打西魏华州,没有攻克。**

东魏大行台尚书司马子如帅都督窦泰、韩轨等攻潼关。魏宇文泰军于霸上。子如从蒲津宵济攻华州。入之，刺史王罴未起，闻阁外匈匈有声，袒跣持梃，大呼而出，逐至东门。左右稍集，击破，走之。

魏作新制二十四条。

魏宇文泰以军旅未息，吏民劳弊，命所司斟酌古今，可以便时适治者。为二十四条新制，奏行之。

魏大丞相泰以苏绰为行台左丞。

宇文泰用苏绰为行台郎中。居岁余，未之知也，而台中皆称为能，有疑事皆就决之。泰与仆射周惠达论事，惠达请出议之。以告绰，绰为之区处。惠达入白之，泰称善，曰："谁与卿为此议者？"惠达以绰对，且称绰有王佐之才。泰与公卿如昆明池观渔，行至汉故仓池，顾问左右，莫有知者。召绰问之，具以状对。泰悦，因问天地造化之始，历代兴亡之迹，绰应对如流。遂留至夜，问以政事，卧而听之。绰陈为治之要，泰起整衣危坐，不觉膝之前席。语达曙不厌。诘朝谓惠达曰："苏绰真奇士，吾方任之以政。"即拜左丞，参典机密，自是宠遇日隆。绰始制文按程式，朱出墨入，及计帐户籍之法，后人多遵用之。

东魏大行台尚书司马子如率都督窦泰、刺史韩轨等进攻潼关。西魏宇文泰屯兵霸上。司马子如从蒲津连夜渡河袭击华州。东魏的军队进入华州城后,刺史王罴还躺在床上没起来,听到房子外边有喧杂声,立即露身赤脚举着一根大棒,大叫着冲了出去,于是到了东门。他的部下才刚刚集合起来,就击退东魏的部队,司马子如带领部队撤退了。

西魏制订二十四条新法令。

西魏宇文泰因考虑到战争不停,官吏和百姓疲劳,就命令有关部门参照古今法令,制订适合于当时治理国家的新法令。他们制订出二十四条,上奏皇帝,皇帝批准后实行。

西魏大丞相宇文泰任命苏绰为行台左丞。

宇文泰任用苏绰为行台郎中。一年后,宇文泰对苏绰还不甚了解,而台署中的人都说苏绰能干,遇到疑难的事都去请他解决。宇文泰和仆射周惠达议论一件事,周惠达请求允许他出去找别人商量一下。周惠达把这件事告诉了苏绰,苏绰为周惠达作了分析解答。周惠达回去把苏绰的看法告诉了宇文泰,宇文泰认为很好,说:“谁和你做出的这番议论?”周惠达说是苏绰,并且称赞苏绰有辅佐君主的才干。宇文泰与公卿一起去昆明池观鱼,走到汉代的仓池,回头问左右随行的人,没有人回答出来。他把苏绰叫过来问,苏绰绘声绘色地详细做出回答。宇文泰非常高兴,便问天地开始创造化育的情况,历代兴盛衰亡的经过,苏绰都对答如流。宇文泰于是把苏绰留到晚上,问他一些军政大事,宇文泰躺着倾听。苏绰陈述治理国家的关键之处时,宇文泰从睡榻上坐起来,整好衣服端坐着,不知不觉中腿往前移。苏绰一直说到天亮,宇文泰也没觉得厌烦。第二天一早,宇文泰对周惠达说:“苏绰真是位奇人,我马上就让他管理重要政务。”随即拜苏绰为左丞,参与掌管机密事务,从此苏绰越来越受到宇文泰的宠信。苏绰开始制订处理文书的程式,用红笔批出,黑笔签收,还有计账、户籍等管理办法,后来的人大多遵照沿用。

夏五月,魏大丞相泰自加柱国。 秋七月,魏东益州叛降于梁。 八月,东魏作新宫。 魏赵刚以东荆州归于魏。

赵刚自蛮中往见东魏东荆州刺史李愍,劝令附魏。愍从之,刚由是得至长安。宇文泰以刚为光禄大夫。刚说泰召贺拔胜、独孤信等于梁。泰使刚往请之。

十一月,梁侍中徐勉卒。

勉虽骨鲠不及范云,亦不阿意苟合,故梁世言贤相者称范、徐云。

魏梁州叛降于梁。 东魏封高洋为太原公。

洋,欢之子也,内明决而外如不慧,众皆嗤鄙之,独欢异之,谓长史薛琡曰:"此儿识虑过吾幼时。"欢尝欲观诸子意识,使各治乱丝,洋独抽刀斩之,曰:"乱者必斩。"又各配兵四出,使都督彭乐帅甲伪攻之。兄澄等皆怖挠,洋独勒众与格。乐免胄言情,犹擒以献。

十二月,东魏始赋文武官禄。 魏与柔然和亲。

柔然头兵可汗求婚于东魏,高欢以常山王妹为兰陵公主,妻之。魏亦与约和亲,由是不复为寇。

丙辰(536) 梁大同二年,魏大统二年,东魏天平三年。

春正月,东魏大丞相欢袭魏夏州,取之。魏灵、凉州亦叛附于欢。

夏五月,西魏大丞相宇文泰自己又兼任柱国将军。 秋七月,西魏东益州刺史投降梁朝。 八月,东魏建筑新的皇宫。西魏赵刚带着东荆州回归西魏。

赵刚从蛮人那里出来去见东魏东荆州刺史李愍,劝说李愍让他归附西魏。李愍同意了,赵刚因此能够到达长安。宇文泰任命赵刚为光禄大夫。赵刚又劝说宇文泰将贺拔胜、独孤信等人从梁朝召回来。宇文泰派赵刚去邀请他们。

冬十一月,梁朝侍中徐勉去世。

徐勉的骨气虽然不如范云那么硬,但也不阿谀苟合,所以在梁朝有这样的说法:"称得上贤相的只有范云、徐勉。"

西魏梁州刺史背叛,投降梁朝。 东魏封高洋为太原公。

高洋,是高欢的儿子,内心精明决断,而外表却好像不聪明,众人都嗤笑他鄙视他,唯有高欢认为他与众不同,高欢对长史薛琡说:"这孩子的见识与思考能力超过我小的时候。"高欢曾试图观察几个孩子的智力,叫他们各自整理乱丝,只有高洋抽出刀来砍断乱丝,并且说:"乱者必须用刀斩!"高欢又给他们分别配备兵力,让他们四面出击,让都督彭乐率骑兵假装进攻他们。高洋的哥哥高澄等都害怕得乱了阵脚,只有高洋率兵马与彭乐的骑兵格杀。彭乐脱去盔甲叙说事情的实情,高洋还擒拿了他献给高欢。

十二月,东魏开始根据文武百官的职位给予俸禄。 西魏和柔然结亲。

柔然的头兵可汗向东魏求婚,高欢封常山王的妹妹为兰陵公主,嫁给可汗为妻。西魏也和柔然订立和亲条约,从此,柔然不再侵扰西魏。

丙辰(536) 梁大同二年,西魏大统二年,东魏天平三年。

春正月,东魏大丞相高欢进攻西魏的夏州,夏州被攻破。西魏的灵州、凉州也叛变归附高欢。

　　高欢自将万骑袭魏夏州,不火食,四日而至。缚稍为梯,夜入其城,擒刺史斛拔俄弥突,因而用之。留张琼将兵镇守,迁其部落以归。魏灵州刺史曹泥与其婿凉州刺史刘丰复叛降东魏。魏人围之,水灌其城,不没者四尺。欢发阿至罗骑径度灵州,绕出魏师之后,魏师退。欢迎泥及丰,拔其遗户五千以归。

　　二月,东魏大丞相欢,遣其世子澄入邺辅政。东魏以为尚书令、京畿大都督。

　　东魏勃海世子澄,年十五,入邺辅政。用法严峻,事无凝滞,中外震肃。引崔暹为左丞,亲任之。

　　初,澄通于欢妾,一婢告之,欢杖澄而幽之。娄妃亦隔绝不得见。欢纳魏敬宗之后尔朱氏,有宠。生子浟,欲立之,澄求救于司马子如。子如入见,伪为不知者,请见娄妃。欢告其故,子如曰:“妃是王结发妇,常以家财奉王。王在怀朔被杖,背无完皮,妃昼夜供侍,同走并州,然马矢自作靴,恩义何可忘也?且娄领军之勋何宜摇动?一女子如草芥,况婢言不必信邪。”欢因使子如更鞫之。子如尽反其辞,乃启欢曰:“果虚言也。”欢大悦,父子,夫妇相泣,复如初。

　　东魏大丞相欢以陈元康为功曹。

　　高季式荐元康于高欢,曰:“是能夜中暗书,快吏也。”欢召

高欢亲自率万余骑兵袭击西魏夏州，不吃不喝，连续四天行军到达夏州。他们把长矛捆起来作云梯，夜间攻进夏州城，生擒刺史斛拔俄弥突，高欢又起用了他。留下张琼派兵镇守，把斛拔俄弥突的部落迁到晋阳后率兵返回。西魏灵州刺史曹泥和他的女婿凉州刺史刘丰也反叛投降东魏。西魏兵马把灵、凉二州包围起来，往城里灌水，只差四尺水就要将城淹没。高欢派阿至罗率骑兵径直越过灵州，绕到西魏军队背后袭击，西魏军队撤退。高欢迎接曹泥和刘丰，并把他们遗留的五千户人家归到晋阳。

二月，东魏大丞相高欢，派遣他的嫡长子高澄进邺城辅助朝廷政务。东魏任命高澄为尚书令、京畿大都督。

东魏勃海王高欢的长子高澄，十五岁，到邺城辅佐朝政。他执法严厉，办事雷厉风行，朝廷内外为之震惊并肃然起敬。高澄引荐崔暹为左丞，并亲近信任他。

起初，高澄和高欢的妾私通，一奴婢报告了高欢，高欢把高澄杖打以后幽禁起来。娄妃也被隔离起来，不许外人见。高欢又将魏敬宗的皇后尔朱氏纳为妾，对她很宠爱。尔朱氏生了个儿子叫高浟，高欢想立高浟为继承人，高澄向司马子如求救。司马子如去见高欢，假装不知道这件事，请求见娄妃。高欢把高澄的事和娄妃被隔离的情况告诉了司马子如，司马子如说："娄妃是您的结发妻子，曾经把她家的钱财供您使用。您在怀朔被杖打，后背没有一点完好的皮肤，娄妃白天夜里侍候您，和您一起到了并州，点燃马粪做饭，亲自制作靴子，她的恩爱情义怎能忘记呢？何况娄妃的弟弟娄领军的功勋怎么能动摇呢？一个女子就像草芥，况且婢女的话不一定可信呢。"高欢便叫司马子如再调查一次。司马子如调查的结果全部与原来的相反，就对高欢说："果然原来的是假话。"高欢非常高兴，于是高欢父子，夫妻相对而泣，和好如初。

东魏大丞相高欢任陈元康为功曹。

高季式将陈元康推荐给高欢，说："这就是能在夜间昏暗的情况下书写公文的人，这个人是位办事很快的官员。"高欢叫来

之,一见即授功曹,掌机密。时军国多务,元康问无不知。与功曹赵彦深同知机密,而元康性柔谨,欢甚亲之,曰:"此人天赐我也。"

三月,梁处士陶弘景卒。

弘景博学,好养生,仕齐为奉朝请,弃官隐居茅山。梁主早与之游,及即位,恩礼甚笃。每得其书,焚香虔受。屡以手敕招之,弘景不出。国家每有大事,必先咨之。时人谓之"山中宰相"。将没,为诗曰:"夷甫任散诞,平叔坐论空。岂悟昭阳殿,遂作单于宫。"时士大夫竞谈玄理,不习武事,故弘景诗及之。

夏四月,梁以江子四为右丞。

子四上封事,极言得失,梁主诏曰:"古人有言:'屋漏在上,知之在下。'朕有过失,不能自觉,子四所言,尚书时加检括,速以启闻。"

秋七月,魏贺拔胜自梁归于魏。

梁主待贺拔胜等甚厚,胜请讨高欢,不许。厚结朱异,乃得归,与史宁、卢柔皆北还。梁主饯之南苑胜怀梁主恩,自是见鸟兽南向者皆不射之。至襄城,东魏高欢遣侯景以轻骑邀之,胜等自山路逃归。宇文泰引柔为从事中郎,与苏绰对掌机密。

九月,东魏行台侯景侵梁,梁陈庆之击败之。　冬十二月,东魏及梁平。　魏大饥。

陈元康,一见面就授予他功曹的官职,叫他掌管机密要事。当时军事和政务方面的工作繁忙,问陈元康,他没有不知道的。他和功曹赵彦深一同掌握机密事务,而陈元康性情柔顺严谨,高欢很亲近他,说:"这人是上天赐给我的。"

三月、梁朝隐士陶弘景去世。

陶弘景知识渊博,对养生很有兴趣,担任过南齐的奉朝请,后来放弃做官,隐居茅山。梁武帝早年和他有交往,到做了皇帝后,对他的恩惠和礼遇十分厚重。每次收到他的信,都点上香认真阅读。梁武帝多次亲自写信邀请陶弘景,陶弘景总是不出山。国家每当有大事要商量时,梁武帝事先必然向陶弘景咨询。当时人们称陶弘景是"山中宰相"。陶弘景将要去世之前,写了一首诗说:"王衍任情放诞,何晏议论空洞。怎能想到昭阳殿,竟然作了单于宫。"当时梁朝士大夫们都竞相谈论玄学理论,不关心军事方面的事情,所以陶弘景写诗用魏晋时的事情影射梁朝。

夏四月、梁朝任命江子四为右丞。

江子四呈给皇帝密封的奏折,详尽地论述国家政事方面的得失,梁武帝下诏书说:"古人有句话:'屋漏在上边,知道的人在下边。'我有过失,不能自己觉察到,江子四所说的情况,尚书应时时检查,并迅速向我报告。"

秋七月,西魏贺拔胜从梁朝回到西魏。

梁武帝给予贺拔胜等人很厚的待遇,贺拔胜请求带部队去讨伐高欢,梁武帝不同意。贺拔胜与朱异结成好友,因此梁武帝才允许他回西魏,他和史宁、卢柔都回到北方。临行前,梁武帝为他们在梁皇宫的南苑饯行,贺拔胜怀念梁武帝的大恩,从此以后只要看见往南去的飞禽、走兽,都不射杀。在北归途中路过襄城时,东魏高欢派遣侯景率轻骑兵去拦截他们,贺拔胜等人从山路逃了回去。宇文泰推荐卢柔任从事中郎,与苏绰共同掌管机密要事。

九月,东魏行台侯景率兵侵犯梁朝,梁朝陈庆之击溃侯景的军队。 **冬十二月,东魏和梁朝讲和。** **西魏发生大饥荒。**

人相食，死者什七八。

丁巳（537） 梁大同三年，魏大統三年，東魏天平四年。

春正月，東魏大丞相歡侵魏。魏大丞相泰擊破之，殺其將竇泰。歡別將襲魏洛州，執其刺史泉企。

初，魏主下詔，數高歡二十罪。歡亦移檄謂宇文泰、斛斯椿為逆徒。

至是，歡遣司徒高敖曹攻上洛，大都督竇泰攻潼關，而自將軍蒲坂，造三浮橋，欲度河。魏宇文泰軍廣陽，謂諸將曰：“賊掎吾三面，作浮橋以示必度，此欲綴吾軍，使竇泰得西入耳。泰屢勝而驕，襲之必克。克泰，則歡不戰自走矣。”諸將皆曰：“不如分兵御之。”宇文泰曰：“賊雖作橋，未能徑度，不過五日，吾取竇泰必矣。”蘇綽、達奚武亦以為然。宇文泰還長安，隱其計，以問族子直事郎中深，深曰：“竇泰歡之驍將，今大軍攻蒲坂，則歡拒守，而泰救之，吾表裏受敵，此危道也。不如選輕銳潛出小關，竇泰躁急，必來決戰，歡持重未即救，我急擊泰，必可擒也。擒泰則歡勢自沮，回師擊之，可以決勝。”宇文泰喜曰：“此吾心也。”乃聲言欲保隴右，而潛軍東出。竇泰猝聞軍至，度河。宇文泰擊破之，士眾皆盡，竇泰自殺。高歡撤浮橋而退。

敖曹自商山轉斗而進，所向無前，遂攻上洛。郡人

出现人吃人的情况,十个人中就有七八个死去。

丁巳(537) 梁大同三年,西魏大统三年,东魏天平四年。

春正月,东魏大丞相高欢亲率大军侵犯西魏。西魏大丞相宇文泰率领军队击败东魏军队,杀死高欢的大将窦泰。高欢的别将偷袭西魏的洛州,捉住洛州刺史泉企。

当初,魏孝武帝下诏书,揭露高欢二十条罪状。高欢也发檄文称宇文泰、斛斯椿是叛逆之徒。

到这时,高欢派遣司徒高敖曹进攻西魏的上洛,大都督窦泰攻击潼关,而他本人则率兵马驻扎在蒲坂,修造了三座浮桥,准备渡过黄河。西魏宇文泰屯兵广阳,对各位将领说:"贼从三个方面牵制我们,修造浮桥以表示他们一定要渡过黄河,这是想吸引我们的军队,以便使窦泰得以西进。窦泰屡次打胜仗而骄傲,我们偷袭他必然取胜。打垮了窦泰,高欢就会不战而自己撤退。"各位将领都说:"不如兵分几路袭击他们。"宇文泰说:"贼兵虽然修造浮桥,但不能径直渡河,不超过五天,我一定捉住窦泰。"苏绰、达奚武也是这么认为的。宇文泰回到长安,没有把自己的计谋告诉别人,便问担任直事郎中的侄子宇文深有什么打退贼兵的办法,宇文深说:"窦泰是高欢的骁勇将领,现在我们的大军如果进攻蒲坂,那么高欢据险坚守,而窦泰前去救援,我们便会腹背受敌,这是条危险的道路。不如挑选轻装的精锐部队悄悄从小关出去,窦泰性格急躁,必然来决战,高欢老成持重不会立即前去救援,我们迅速攻击窦泰,必然可以活捉他。活捉了窦泰则高欢进攻的势头自然会受阻,我们再回师袭击他们,可以取得决定性的胜利。"宇文泰高兴地说:"这也是我的想法。"于是宇文泰声称要保陇右地区,而实际却悄悄率部队向东边出发。窦泰突然听说西魏的军队到了,连忙渡河。宇文泰击溃窦泰的部队,窦泰全军覆没,窦泰本人自杀。高欢闻讯后拆掉浮桥撤退了。

高敖曹由商山转战前进,所向无敌,于是攻克上洛。本郡人

泉岳及弟猛略与杜窋等谋翻城应之，洛州刺史泉企知之，杀岳及猛略。窋走归敖曹，敖曹以为向导而攻之。企固守旬余，二子元礼、仲遵力战，仲遵伤目，城遂陷。企见敖曹曰："吾力屈，非心服也。"敖曹以杜窋为洛州刺史。欲遂入蓝田关，闻窦泰败没而还，以企及元礼自随。企私戒二子曰："吾余生无几，汝曹才器足以立功，勿以吾故遂亏臣节。"元礼逃还，与仲遵阴结豪右，袭窋杀之。魏以元礼世袭洛州刺史。

东魏郎中杜弼以在位贪污，请治之。欢曰："今督将家属多在关西，宇文黑獭常招诱之，人情去留未定。江东复有一吴翁萧衍，专事衣冠礼乐，中原士大夫望之以为正朔所在。我若不相假借，恐督将尽归黑獭，士子悉奔萧衍。人物流散，何以为国？宜少待，吾不忘之。"至是将出兵拒魏，弼请先除内贼，欢问为谁，弼曰："诸勋贵掠夺百姓者是也。"欢不应，使军士皆张弓注矢，举刀按矟，夹道罗列，命弼冒出其间。弼战栗流汗，欢乃徐谕之曰："矢注不射，刀举不击，矟按不刺，尔犹亡魂失胆，况诸勋人身犯锋镝，百死一生。虽或贪鄙，所取者大，岂可同之常人哉？"弼顿首谢。欢每号令军士，其语鲜卑，则曰："汉民是汝奴，夫为汝耕，妇为汝织，输汝粟帛，令汝温饱，汝何为陵之？"其语华人，

泉岳以及他弟弟泉猛略和杜窋等人密谋翻城墙出去接应高敖曹的军队，洛州刺史泉企知道了他们的阴谋，杀了泉岳和泉猛略。杜窋逃走投降高敖曹，高敖曹让杜窋作向导攻上洛。泉企坚守十余天，两个儿子泉元礼、泉仲遵奋力作战，泉仲遵眼睛受伤，战斗力削弱，上洛城陷落。泉企见到高敖曹时说："我是因为没有力量作战了，不是心服你！"高敖曹任命杜窋为洛州刺史。高敖曹还想进军蓝田关，听说窦泰全军覆没就返回去了，高敖曹让泉企及泉元礼跟随着。泉企曾悄悄对他的两个儿子说："我这一生余下的时间不多了，你们的才能足以建功立业，不要因为我的缘故而失掉了作为臣子的气节。"泉元礼逃了回去，与泉仲遵暗中串联豪门显贵，袭击杜窋并把他杀了。西魏让泉元礼世袭洛州刺史。

东魏郎中杜弼认为在位的官员都贪污公家财物，请高欢管教他们。高欢说："现在都督、将军们的家属大多在西魏的关西地区，宇文黑獭经常招抚引诱他们，这些人的心里是去是留拿不定主意。江东吴地还有个老头子萧衍，专门推行儒家礼乐，中原地区的士大夫认为那里是正统所在。我如果不宽容，恐怕都督、将军全都归附宇文黑獭了，士大夫全跑到萧衍那里去了。人才失散，还能成为一个国家吗？应该等待一段时间，这事我不会忘记。"到高欢要率兵抵抗西魏时，杜弼请求先除掉内奸，高欢问谁是内奸，杜弼说："就是那些功勋权贵中掠夺老百姓的人。"高欢没有应答，让士兵们都拉开弓搭上箭，举起刀握紧矛，面对面排成两列，然后命杜弼从中间走过。杜弼浑身发抖，冷汗直流，高欢便慢慢对他说："箭在弦上没射出去，刀举起不攻击，矛在手也没刺出，你就魂飞胆失，何况那些有功勋的人的身体要和刀箭相对抗，死里逃生。虽然有人贪财卑鄙，我们所取的是他们的长处，哪能像对待普通人一样呢？"杜弼叩头谢罪。高欢每次对士兵们发布命令，若是面对鲜卑人讲话，就说："汉人是你们的奴隶，男人为你们耕种，妇女为你们纺织，供你们粮食和绢帛，让你们能够温饱，你们为何欺凌他们呢？"他面对汉人讲话，

则曰："鲜卑是汝作客,得汝一斛粟,一匹绢,为汝击贼,令汝安宁,汝何为疾之?"

时,鲜卑共轻华人,唯惮高敖曹。欢号令将士,常鲜卑语。敖曹在列,则为之华言。敖曹尝诣相府,门者不纳,敖曹射之。欢知而不责。

夏六月,东魏遣使如梁。

东魏遣散骑常侍李谐聘于梁。梁主与语,应对如流。因目送之,谓左右曰："卿辈常言北间无人物,此等何自而来?"是时南北通好,务以俊乂相夸,衔命接客,必尽一时之选。每梁使至邺,邺下为之倾动。宴日,高澄常使左右觇之,一言制胜,为之拊掌。魏使至建康亦然。

魏独孤信自梁归于魏。

独孤信求还北,梁主许之。信父母皆在山东,梁主问信所适,信曰："事君者不敢顾私亲而怀二心。"梁主以为义,礼送甚厚。信与杨忠皆至长安。魏以为骠骑大将军。宇文泰爱忠之勇,留置帐下。

秋八月,魏大丞相泰伐东魏,克恒农,遣使谕降河北城堡。

魏宇文深劝宇文泰取恒农。泰伐东魏,以于谨为前锋,拔恒农。时,河北诸城多附东魏,左丞杨㯹请往说之,乃与土豪举兵,收邵郡守令斩之。说谕东魏城堡,旬月之间,归附甚众。

就说:"鲜卑人是你们的客人,得到你们一石粮食,一匹绢帛,为你们打击敌人,让你们得到安宁,你们为什么还疾恨他们呢?"

当时,鲜卑人普遍轻视汉族人,只是惧怕高敖曹。高欢向将士发布命令时,经常用鲜卑语。但高敖曹在队列时,高欢就为他说汉语。高敖曹曾经有一次到丞相府,门卫不让他进去,高敖曹用箭把门卫射死了。高欢知道了却不责备他。

夏六月,东魏派遣使者到梁朝。

东魏派遣散骑常侍李谐出使梁朝。梁武帝与他交谈,他对答如流。梁武帝趁着目送李谐离开时,对身边的人说:"你们曾经说北方没有能干的人物,这些人是从哪里来的呢?"当时南北两方已经和好,各自都想让对方夸自己的一方有俊才,奉命出使或接待客人的,必须从当时最优秀的人才中选拔。每当梁朝的使者到邺城,邺城就为之惊动。举行宴会的日子,高澄经常派身边的人去,只要有一句话胜过来使,高澄就为他们鼓掌。东魏的使者到梁朝,梁朝也是这样。

西魏独孤信从梁朝回到西魏。

独孤信要求回到北方,梁武帝同意了。独孤信的父母亲都在山东,梁武帝问独孤信要到哪里去,独孤信说:"为君王尽忠的人不敢顾念亲人而对君王三心二意。"梁武帝觉得独孤信很讲信义,送给他很丰厚的礼物。独孤信和杨忠都到了长安。西魏任命独孤信为骠骑大将军。宇文泰喜欢杨忠的骁勇,把他留在营帐中作部下。

秋八月,西魏大丞相宇文泰率军讨伐东魏,攻克恒农,派遣使者游说河北的城堡投降。

西魏宇文深劝说宇文泰进攻恒农。宇文泰发兵讨伐东魏,让于谨任前锋,攻下了恒农。当时,黄河以北的城市大都归附东魏,左丞杨檦请求前去游说,杨檦就与当地土豪共同起兵,攻取了邵郡,杀了郡守及县令。随后他们又游说东魏城堡,不足一个月的时间,东魏的许多城堡都归附西魏。

梁修长干塔。

梁主修长干寺阿育王塔,出佛爪发舍利。幸寺,设无碍食,大赦。

闰九月,梁以武陵王纪为益州刺史。 东魏大丞相欢侵魏。冬十月,魏大丞相泰迎战渭曲,大败之。

东魏高欢将兵二十万趣蒲津,使高敖曹将兵三万出河南。时,关中饥,魏宇文泰所将不满万人,屯恒农五十余日。闻欢将济河,乃引兵入关。敖曹遂围恒农,长史薛琡言于欢曰:“西人连年饥馑,故冒死入陕州,欲取仓粟。今敖曹已围陕城,粟不得出,但置兵诸道,勿与野战,比及麦秋,其民自应饿死。宝炬、黑獭何忧不降?愿勿度河。”侯景曰:“今兹举兵形势极大,万一不捷,猝难收敛,不如分为二军,相继而进,前军若胜,后军全力;前军若败,后军承之。”欢不从,自蒲津济河。至冯翊,谓魏刺史王罴曰:“何不降?”罴大呼曰:“此城是王罴冢,欲死者来!”欢知不可攻,乃涉洛,军于许原西。

泰至渭南,征诸州兵皆未会,欲进击欢,诸将以众寡不敌,请待欢更西,以观其势。泰曰:“欢若至长安,人情大扰。今及其新至,可击也。”即造浮桥于渭,令军士赍三日粮,轻骑度渭。十月,至沙苑,距东魏军六十里,诸将皆惧,宇文深独贺曰:“欢镇抚河北,甚得众心,以此自守,未易

梁朝修缮长干寺。

梁武帝修缮长干寺的阿育王佛塔,挖出了佛爪佛发舍利。梁武帝幸临长干寺,设置无碍食,大赦天下。

九月闰月,梁武帝任命武陵王萧纪作益州刺史。　东魏大丞相高欢率军进攻西魏。冬十月,西魏大丞相宇文泰到渭曲迎战高欢,高欢惨败。

东魏高欢率兵马二十万奔赴蒲津,派高敖曹带三万人马从河南出发。当时,关中正发生饥荒,西魏宇文泰所率领的军队不足一万人,他们驻扎在恒农五十多天。听说高欢将要过黄河,就带领部队进入关中。高敖曹于是包围了恒农,长史薛琡对高欢说:"西魏人连年饥饿,所以冒着亡命的危险进入陕州,他们想夺取仓库的粮食。现在高敖曹已经包围陕城,他们无法把粮食运出去,我们只要在各条道路上部署兵力,不和他们在旷野作战,等到秋天,他们的老百姓自然就饿死了。我们还担心元宝炬、宇文黑獭不投降吗?希望您不要下令渡黄河。"侯景说:"这次出兵规模很大,万一不能取得胜利,难以控制局面,不如兵分两路,相继前进。如果前边的部队取得胜利,后边的军队全力支援;前边的部队如果失败,后边的军队顶替上去。"高欢不采纳他们的意见,从蒲津渡过黄河。高欢到达冯翊城下,对西魏刺史王黑说:"你为什么不投降?"王黑大声喊道:"这城是我王黑的坟墓,想死的就进来!"高欢知道无法攻进去,就涉水过洛河,在许原的西面安营扎寨。

宇文泰到了渭河南岸,征调的各州兵马都还没有到,他想进攻高欢的军队,各位将领却都认为敌众我寡,请求等待高欢再向西进军时,观察一下形势。宇文泰说:"高欢如果到了长安,人们的情绪就会受到扰乱。现在趁他刚刚到达,我们可以进攻。"随即他们在渭河上修造浮桥,命令将士们带上三天的干粮,之后便让轻骑兵渡过渭河。十月,宇文泰到达沙苑,离东魏的军队六十里地,各位将领都很恐惧,宇文深却表示祝贺,说:"高欢镇守安抚河北,很得民心,他凭这一点自守原有的疆土,不容易

可图。今悬师度河，非众所欲，独欢耻失窦泰，愎谏而来，所谓忿兵，可一战擒之也。愿假深一节，发王罴之兵，邀其走路，使无遗类。"泰遣须昌公达奚武觇欢军。武从三骑，皆效欢将士服，日暮，去营数百步下马，潜听得其军号，因上马历营，若警夜者，有不如法，往往挞之，具知敌之情状而还。

欢闻泰至，引兵会之。李弼谓泰曰："彼众我寡，不可平地置陈，此东十里有渭曲，可先据以待之。"泰从之，背水东西为陈。李弼、赵贵为左右拒，命将士皆偃戈于苇中，约闻鼓声而起。晡时，东魏兵至，斛律羌举曰："黑獭举国而来，欲一死决，渭曲苇深土泞，无所用力，不如缓与相持，密分精锐径掩长安，巢穴既倾，则黑獭不战成擒矣。"欢曰："纵火焚之，何如？"侯景曰："当生擒黑獭，以示百姓。若烧死，谁复信之。"彭乐盛气请斗，曰："我众贼寡，何忧不克？"欢从之。东魏兵望见魏兵少，争进击之，无复行列。泰鸣鼓，士皆奋起合战。李弼等帅铁骑横击之，东魏兵中绝，遂大破之。欢欲收兵更战，众已尽去。斛律金曰："众心离散，不可复用，宜急向河东。"欢乃驰去，夜度河，丧甲士八万人，

打他的主意。如今他率孤军渡过黄河，不是人心所向，只有高欢对失去窦泰感到羞耻，不理会别人的劝告坚持要来，这就是所谓的愤怒之师，只要一次交战就可擒拿他们。希望丞相授予我一个符节，让我去调王黑的部队，在高欢逃跑的道上阻截，使高欢的人马一个也不能漏网。"宇文泰派遣须昌县公达奚武去观察高欢军队的情况。达奚武带三个骑兵，都仿效穿上高欢将士一样的服装，天黑以后，他们到离高欢军营一百步远的地方下马，偷听到了敌人的口令，然后上马穿过敌人军营，好像是夜间执行警戒任务的，发现有不守军法的，就用鞭子抽打，详细了解了敌人的情况后就返回了。

　　高欢听说宇文泰已经来到，带领兵马准备会战。李弼对宇文泰说："对方兵马多，我们人马少，不可以在平坦的地带布阵，这东边十里的地方有个渭曲，可以抢先占领，在那里等待高欢的兵马。"宇文泰同意了，在渭曲背面靠近河水的东西两面布置了阵地。李弼、赵贵分别指挥左右方阵，又命令将士都拿着长矛武器隐藏在芦苇丛中，约好只要听到鼓声就马上出来。傍晚，东魏的兵马到达这里，斛律羌举对高欢说："宇文黑獭把全国的军队都带来了，想和我们决一死战，渭曲这地方芦苇丛深土地泥泞，无法施展兵力，不如暂且不与他们相对峙，秘密分出一部分精锐部队径直突袭长安，这样巢穴被毁，那么宇文黑獭不战就可活捉了。"高欢说："放火烧了芦苇丛，怎么样？"侯景说："应该活捉宇文黑獭，到百姓中示众。如果把他烧死，谁会相信他死了。"彭乐很气盛地请求出战，说："我们人多敌人兵少，还担心我们不能取得胜利吗？"高欢同意了。东魏的士兵在远处看见西魏的兵马少，都争先恐后地冲锋，原来的队列都乱了。宇文泰敲响战鼓，士兵们奋起而战。李弼等率领身穿铁甲的骑兵横着冲进敌人的阵营，东魏的部队中间被切开，于是东魏部队溃不成军。高欢想把兵士们集中起来再进行战斗，士兵们已经逃跑了。斛律金说："战士们的心已经散了，不能再战斗了，应该赶紧向河东撤退！"高欢才骑马急驰而去，他们在夜间渡过黄河，共丧失八万士兵，

铠仗十八万。泰追至河上,选留甲士二万余人,余悉纵归。李穆曰:"高欢破胆矣,速追之可获。"泰不听,还军渭南。所征之兵甫至,乃于战所人种柳一株,以旌武功。

侯景言于欢曰:"黑獭骤胜而骄,必不为备,愿得精骑二万径往取之。"欢以告娄妃,妃曰:"设如其言,景岂有还理?得黑獭而失景,何利之有?"欢乃止。高敖曹闻欢败,释恒农,退保洛阳。

魏大丞相泰伐东魏。东魏秦州降。泰遂略定汾、绛。

魏遣行台王季海与独孤信趣洛阳,李显趣三荆,贺拔胜、李弼围蒲坂。

高欢之西伐也,蒲坂民敬珍谓其从祖兄祥曰:"高欢迫逐乘舆,天下忠义之士皆欲劘刃于其腹。今又称兵西上,吾欲与兄起兵断其归路,此千载一时也。"祥从之。纠合乡里,有众万余。会欢自沙苑败归,祥、珍帅众邀之,斩获甚众。贺拔胜、李弼至河东,祥、珍帅六县十余万户归之。宇文泰以珍为平阳太守,祥为行台郎中。

东魏秦州刺史薛崇礼守蒲坂,其族弟善为别驾,言于崇礼曰:"高欢有逐君之罪,善与兄忝衣冠绪余,世荷国恩。今大军已临而犹为欢守,一旦城陷,送首长安,署为逆贼,死有余愧。及今归款,犹为愈也。"崇礼犹豫不决,善与族人斩

丢失铠甲、兵器十八万件。宇文泰率兵追到黄河岸上,从高欢的兵士中挑选二万人留下来,其余的全部释放回去。李穆说:"高欢吓破胆了,迅速追赶可以俘虏他。"宇文泰不听他的意见,把部队撤回渭南。这时那些被征调的士兵才赶到,宇文泰让他们每人在交战的地方栽一棵柳树,以此纪念表彰这次战斗的胜利。

侯景对高欢说:"宇文黑獭取得了胜利,一定会骄傲松懈,必然没有准备。我愿意率二万精锐骑兵径直去捉住他。"高欢把侯景的话告诉了娄妃,娄妃说:"假如按侯景说的那样去做,侯景哪里还有回来的道理?抓获宇文黑獭,而失去侯景,有什么好处呢?"所以高欢没有让侯景去。高敖曹听说高欢征西魏失败,放弃恒农,退回去保护洛阳。

西魏大丞相宇文泰领军队讨伐东魏。东魏秦州投降西魏。宇文泰就攻占并平定了汾、绛两地。

西魏派遣行台王季海和独孤信带部队奔赴洛阳,李显出兵三荆,贺拔胜、李弼围攻蒲坂。

高欢讨伐西魏时,蒲坂的一个老百姓敬珍对他的堂兄敬祥说:"高欢赶走了皇上,天下忠义之士都想把刀扎进他的腹部。今天高欢又举兵向西进攻,我想和你一道组织一支队伍,切断他的归路,这是千载难逢的好机会。"敬祥同意了。于是他们便在本乡招募一万多人马。刚好遇上高欢从沙苑打了败仗往回撤,敬祥、敬珍指挥他们的人马在路上阻截,杀死和俘虏高欢部队中的许多人。贺拔胜、李弼到河东,敬祥、敬珍率领六个县十余万户的人家归附西魏。宇文泰任命敬珍为平阳太守、敬祥为行台郎中。

东魏秦州刺史薛崇礼负责守卫蒲坂,他的族弟薛善是他的别驾,薛善对薛崇礼说:"高欢犯有赶走君王的罪过,我和兄长有幸列身于衣冠贵族的后代,世代蒙受国家的恩惠。现在皇家大军已经来临而我们还替高欢防守,一旦城池被攻破,把我们的头送到长安,还得被放在逆贼的位置上,死而有愧。趁这时归附投降,还不算晚!"薛崇礼犹豫不决,薛善和同族人一起杀掉

关纳魏师。宇文泰进军蒲坂,略定汾、绛,凡薛氏预开城之谋者皆赐五等爵。善曰:"背逆归顺,臣子常节,岂容阖门俱叨封邑?"与其弟慎固辞不受。

魏取洛阳,豫州、颍、梁、广、阳等州皆降。

独孤信至新安,高敖曹引兵北渡河,信逼洛阳。洛州刺史广阳王湛弃城归邺,信遂据金墉城。孝武之西迁也,散骑常侍裴宽谓诸弟曰:"天子既西,吾不可以东附高氏。"帅家属逃于大石岭,闻信入洛,乃出见之。

颍州长史贺若统举城降魏,魏都督梁迥入据之。梁州、荥阳、广州皆降。十一月,东魏行台任祥攻颍川,宇文泰使大都督宇文贵救之,诸将咸以为彼众我寡,不可争锋。贵曰:"彼谓吾兵少,必不敢进。合攻颍川,城必危也。今进据颍川,有城可守,又出其不意,破之必矣。"遂疾趋据颍川,背城为陈。以待其至,合战,大破之,俘其士卒万余人,悉纵之。乘胜进击,大败之。东魏将是云宝杀其阳州刺史以降。魏都督韦孝宽攻豫州,拔之。

荆州刺史郭鸾攻东荆州,刺史慕容俨昼夜拒战二百余日,乘间出击,大破之。时东魏河南诸州多失守,唯东荆州获全。

东魏濮阳、阳平盗起,济州刺史高季式讨平之。

负责关卡的将士,迎接西魏的军队进城。宇文泰进军蒲坂,夺取并平定了汾、绛,对薛氏家族中凡是参与谋划开城门的人都赐予五等爵位。薛善说:"背弃叛逆者归顺君主,是为臣必须具备的节操,怎么能允许我们全族的人都受封呢?"他和他的弟弟薛慎坚决推辞不接受。

西魏攻取洛阳,豫州、颍州、梁州、广州、阳州等各州都纷纷投降。

独孤信到新安,高敖曹带领兵马渡过黄河,独孤信很快进逼洛阳。洛州刺史广阳王元湛弃城逃回邺城,独孤信于是占领了金墉城。当年孝武帝西迁时,散骑常侍裴宽对弟弟们说:"皇帝既然迁到西边,我们不可归附东边的高欢。"于是他们率领家属逃到大石岭,听说独孤信占领了洛阳,就出山去会见独孤信。

颍州长史贺若统率全城军民投降西魏,西魏都督梁迥进去占领了该城。接着梁州、荥阳、广州都投降西魏。十一月,东魏行台任祥进攻颍川,宇文泰派大都督宇文贵去救援,各位将领都认为对方兵马多我们人马少,不可交锋。宇文贵说:"敌人以为我们兵马少,一定不敢向他们进攻。他们联合几路兵马攻颍川,颍川城必定危险。现在我们抢先进驻颍川,据城防守,又出乎敌人的意料,我们一定能打败敌人。"于是他们快速往颍川进军,占领了颍川,然后背靠城墙,列开方阵。等东魏的军队到来以后,两军立即交锋,宇文贵指挥西魏军队大大击垮了敌军,俘虏东魏士兵一万多人,又将他们全放走了。随后宇文贵又率兵乘胜追击,大败东魏军队。东魏大将是云宝杀了他们的阳州刺史投降了西魏。西魏都督韦孝宽进攻豫州,占领了这个城市。

荆州刺史郭鸾进攻东荆州,东荆州刺史慕容俨率兵马昼夜抵抗,苦战二百多天以后,他们乘机攻出去,打败了郭鸾的军队。当时东魏在黄河南边的几个州大都失守,只有东荆州保住了。

东魏所辖的濮阳、阳平等地发生武装造反,济州刺史高季式讨伐并平定了他们。

东魏濮阳民为盗,济州刺史高季式讨擒之,又击阳平贼,平之。或为季式曰:"盗不侵境,而使私军远战,万一失利,岂不获罪乎?"季式曰:"君何言之不忠也?我与国家同安共危,以此获罪,亦无所恨。"

戊午(538) 梁大同四年,魏大统四年,东魏元象元年。

春正月朔,日食。 二月,**东魏遣行台侯景治兵虎牢,复取汾、颍、豫、广四州。** **魏废其后乙弗氏,立柔然女郁久闾氏为后。**

初,柔然头兵可汗始得返国,事魏尽礼。永安以后,不复称臣,置侍中黄门等官,得魏淳于覃,亲宠任事,使典文翰。及是数为边患,魏宇文泰欲结婚以抚之,以舍人元翌女为化政公主,妻头兵弟。又言于魏主以乙弗后为尼,使扶风王孚迎头兵女为后。

头兵遂留东魏使者而送悼后于魏。柔然营幕,户席皆东向,孚请正南面,后曰:"我未见魏主,固柔然女也。魏仗南面,我自东向。"

秋七月,梁大赦。

以得如来舍利故也。

八月,东魏遣兵围魏金墉。魏大丞相泰救之,斩其将高敖曹,复战不利,引还。

东魏侯景、高敖曹等围魏独孤信于金墉,高欢帅大军继之。魏主与宇文泰俱东,李弼、达奚武帅千骑为前驱,

东魏濮阳老百姓收集人马造反,济州刺史高季式派兵讨伐,活捉为首的人,接着又袭击阳平盗贼,将他们平定。有人对高季式说:"盗贼没侵犯你的济州境,你却派出自家的军队到那么远的地方作战,万一失败了,你难道不承担罪责吗?"高季式说:"你为什么说出不忠于国家的话呢?我和国家同安共危,因为这而承担罪责,我也没有遗憾。"

戊午(538)　梁大同四年,西魏大统四年,东魏元象元年。

春正月初一,发生日食。　二月,东魏派遣行台侯景在虎牢整顿部队,又将汾州、颍州,豫州、广州夺取回去。　西魏废掉文帝的皇后乙弗氏,立柔然国女子郁久闾氏为皇后。

当初,柔然国的头兵可汗刚被北魏放回时,对北魏的礼仪很周到。永安年间以后,对北魏不再称臣纳贡,他们自己按北魏的官制,设置侍中、黄门等官职,得到北魏的淳于覃,宠信重用他,让他主管文书。到现在柔然国多次在西魏的边境制造事端,西魏宇文泰想用联婚安抚柔然国,封舍人元翌的女儿为化政公主,嫁给头兵可汗的弟弟。宇文泰又劝说魏文帝废掉乙弗皇后,叫她削发做尼姑,派遣扶风王元孚去柔然国迎接头兵可汗的女儿来做皇后。

头兵可汗于是扣留东魏的使者而送悼后去西魏。柔然人宿营时,门户、席棚都朝向东方,元孚请他们朝向南面,悼后却说:"我现在还没见到西魏的君主,仍然是柔然国的女子。你们魏国的仪仗队可以向南方,我自己面向东方。"

秋七月,梁朝颁布大赦令。

因为得到如来佛的舍利,梁武帝大赦天下。

八月,东魏派兵马包围西魏的金墉。西魏大丞相宇文泰亲自前往救援,斩杀东魏的将领高敖曹,又继续与东魏军队作战,因态势不利,宇文泰带领部队撤回去了。

东魏侯景、高敖曹等将西魏独孤信围在金墉城,高欢率大军援助。魏主和宇文泰一道东行,李弼、达奚武率千余骑兵做先驱,

至谷城。侯景等欲整陈以待其至,莫多娄贷文请击之,进遇李弼,败死。泰进军瀍东,景等夜解围去。泰帅轻骑追至河上,景为陈,北据河桥,南属邙山,与泰合战。泰马惊逸坠地,东魏兵追及之,左右皆散,李穆以策挟泰骂之,追兵不疑,穆因以马授泰,与俱逸。

魏兵复振,击东魏兵,大破之。高敖曹意轻泰,建旗盖以陵陈。魏人尽锐攻之,一军皆没,敖曹单骑走,投河阳南城。守将高永乐与敖曹有怨,闭门不受,追者斩之。高欢闻之,如丧肝胆。泰赏杀敖曹者,布绢万段,岁岁稍与之,比及周亡,犹未能足。魏又杀东魏将宋显等,虏甲士万五千人,赴河死者以万数。

然是日置陈既大,首尾悬远,从旦至未,战数十合,氛雾四塞,莫能相知。魏诸军战不利,烧营而归,留仪同三司长孙子彦守金墉。王思政举稍陷陈,被创闷绝。思政每战,常著破衣弊甲,敌不知其将帅,故得免。

将军蔡祐下马,帅左右十余人击东魏兵,杀伤甚众。东魏人围之,祐弯弓持满,四面拒之。东魏人募厚甲长刀者,直进取之。去祐三十步,左右劝射之,祐曰:"吾曹之命,在此一矢,岂可虚发?"将至十步,祐乃射之,应弦而倒。

到达了谷城。侯景等准备列阵以等待宇文泰的到来，莫多娄贷文请求出击宇文泰的先头部队，向前进发时遇到李弼的军队，交战失败被杀死。宇文泰进军瀍水东部地区，侯景等人在夜里撤离金墉。宇文泰率轻装骑兵追到黄河岸上，侯景部署阵地，占领北面的桥梁和南面的邙山，与宇文泰交战。战斗中宇文泰的马受惊，将宇文泰摔在地上，这时东魏的部队追赶上来了，宇文泰身边的人都跑了，只有李穆用鞭子抽着宇文泰，嘴里还不停地骂，东魏追赶过来的士兵没有怀疑宇文泰是高官，李穆便把马让给宇文泰，他俩一起逃走了。

西魏军又振作起精神，袭击东魏的军队，大败东魏军队。高敖曹轻视宇文泰，树起旗盖来显示军威。西魏军队迅猛攻击高敖曹，高敖曹全军覆没，他一人骑马投奔河阳南城。该城的守将高永乐与高敖曹有怨仇，关上城门不让他进去，西魏追来的人把高敖曹杀死了。高欢听说后，好像丧失肝胆一样。宇文泰重赏斩杀高敖曹的人，奖给他布匹、绢帛一万段，每年给他一部分，一直到北周灭亡时，还未能全部付足。西魏又杀东魏将领宋显等人，俘虏士兵一万五千人，渡黄河时淹死的数以万计。

但是这一天西魏部署的阵地太大，首尾相距很远，从早到晚，双方战斗了几十回合，战场上尘土烟雾四处弥漫，相互之间都看不清楚。西魏的各路军队在交战中都失利，于是他们烧掉军营撤回去了，只留下仪同三司长孙子彦镇守金墉城。王思政举着长矛陷入敌人的阵地，受伤昏倒。王思政每次打仗，常常穿着破旧衣服，披着破旧盔甲，所以敌军士兵不知道他是位将帅，因此才能幸免于死。

将军蔡祐跳下马来，率领身边十余人向东魏的士兵冲杀，杀伤许多敌人。东魏的部队把蔡祐围了起来，蔡祐用力拉满弓，四面射杀抵抗。东魏人征求身着厚甲手持长刀的人，向前猛冲想抓活的。在离蔡祐三十步之远时，身边的人劝他射箭，他说："我们的性命就在这枝箭头上，怎么可以射空呢？"待东魏围上来的人离蔡祐十步时，蔡祐才把箭射出去，东魏士兵应箭倒下去。

东魏兵稍却,祐徐引还。祐每战,常为士卒先,战还,诸将皆争功,祐终无所言。泰每叹曰:"承先口不言勋,我当代其论叙。"因以王思政为东道行台,使镇恒农。

魏长安乱,大丞相泰讨平之。

魏之东伐也,关中守兵少,前后所虏东魏士卒散在民间,闻魏兵败,谋作乱。李虎与周惠达等奉太子钦出屯渭北,关中大扰。于是赵青雀等遂反,据长安子城。雍州民于伏德与咸阳太守慕容思庆各收降卒,以拒还兵。长安大城民相帅以拒青雀,屡破之。

魏主留阌乡。宇文泰以士马疲弊,不可速进,且谓青雀等乌合,不能为患,曰:"我至长安,以轻骑临之,必当面缚。"散骑常侍陆通谏曰:"贼逆谋久定,不可轻也。且贼诈言东寇将至,若以轻骑临之,百姓益当惊扰。今军虽疲弊,精锐尚多,以明公之威,总大军以临之,何忧不克?"泰从之,引兵西入。父老悲喜,士女相贺。华州刺史宇文导袭咸阳,斩思庆,擒伏德,南渡渭,与泰会,攻青雀,破之。

东魏大丞相欢拔金墉,魏师走。

欢自晋阳将骑济河,遣别将追魏师,至崤,不及。自攻金墉,长孙子彦弃城走。欢毁金墉而还。

东魏范阳人起兵应魏,东魏讨平之。

东魏士兵稍微往后退却了一些,蔡祐才带领他身边的人回到营地。蔡祐每次战斗,常常都是身先士卒,打仗回来,其他各个将领都争战功,蔡祐总是不说话。宇文泰常常感叹道:"承先不亲口说自己的功劳,我应当代替他叙说。"于是任命王思政为东道行台,让他镇守恒农。

西魏长安发生叛乱,大丞相宇文泰回兵讨伐,平定了叛乱。

西魏大军东伐,在关中留守的军队很少,前后俘虏的东魏士兵都分散在民间,他们听说西魏军队打了败仗,便阴谋造反作乱。李虎和周惠达等奉太子元钦的命令率军驻扎在渭河以北地区,关中地区发生骚乱。于是从东魏俘虏过来的赵青雀等便造反,占领长安的小城。雍州百姓于伏德和咸阳太守慕容思庆各自收拢由东魏投降过来的士兵,以便抵抗从战场上撤回来的军队。长安城里的百姓互相联合起来抗拒赵青雀等,多次打败赵青雀等人的军队。

这时西魏文帝留在阌乡。宇文泰认为士兵和战马都很疲惫,不可能快速行军,而且赵青雀不过乌合之众,不会发展成大的灾祸,他说:"我回到长安后,只让轻骑部队冲上去,赵青雀那些人一定自缚而降。"散骑常侍陆通劝谏道:"那些奸贼很早以前就策划叛乱了,不可以轻视他们。况且那些奸贼造谣惑众,说东魏寇贼将要打到长安,如果只让轻骑部队冲上去,老百姓更加会受到惊扰。现在兵马虽然疲惫,但精锐兵马还很多,以您的威望,带领大部队进长安,还担心不能取胜吗?"宇文泰同意了,率大军西进。男女老少都悲喜交加,相互庆贺。接着华州刺史宇文导等攻打咸阳,杀掉慕容思庆,活捉于伏德,随即又南渡渭河,与宇文泰会合,然后向赵青雀发起进攻,击败了他。

东魏大丞相高欢攻取金墉,西魏军队撤走。

高欢从晋阳率领兵马渡过黄河,然后派遣其他将领率部队追赶西魏的军队,追到崤县,还没赶上。高欢便进攻金墉,长孙子彦弃城逃跑。高欢进去,捣毁金墉城之后又撤回晋阳。

东魏范阳人起兵叛乱策应西魏,东魏派部队平息了他们。

范阳卢仲礼及从弟景裕起兵应魏，东魏讨平之。景裕本儒生，欢释之，使教诸子。景裕讲论精微，难者或相诋诃，大声厉色，而景裕神采俨然，风调如一，从容往复，无际可寻。性清静，历官屡有进退，无得失之色，弊衣粗食，恬然自安，终日端严，如对宾客。

冬十二月，魏复取洛阳及广州。

魏是云宝袭洛阳，赵刚袭广州，皆拔之。于是自襄、广已西城镇复为魏。

东魏禁擅立寺。

魏自正光以后，四方多事，民避赋役，多为僧尼。至二百万人，寺三万余区。至是，始诏长吏，擅立寺者，计庸以枉法论。

盗杀魏广州刺史李延孙。

初，魏伊川土豪李长寿为防蛮都督。孝武西迁，长寿帅其徒拒东魏，魏以为广州刺史。侯景攻杀之，子延孙复收其兵，魏之贵臣皆往依之，延孙资遣卫送，使达关中。东魏高欢患之，数遣兵攻之，不能克。延孙以澄清伊、洛为己任，魏以韦法保为东洛州刺史，助之。既至，与延孙连兵，置栅于伏流。是岁，延孙为其长史所杀，法保即据其栅。

魏取宜阳，行台王思政城玉壁，徙镇之。

范阳人卢仲礼和他的堂弟卢景裕起兵叛乱,以策应西魏军队的进攻,东魏派军队讨伐并平息了他们。卢景裕本来是位儒生,高欢释放了他,让他教自己的孩子们读书。卢景裕议论问题精辟细致,跟他辩论的人辩不过他,有时就诋毁呵斥他,甚至大声嚷叫神色严厉,而卢景裕却不动声色,风度不变,很从容地辩论,没有一点情绪受到影响的痕迹。他性情沉静,仕途生涯中多次晋升或降职,从来没有表现出得意和失意的神色,穿破旧衣服吃粗质食物,恬淡安然,整天端庄严肃,好像总是面对客人一样。

冬十二月,西魏又发兵攻占洛阳和广州。

西魏派是云宝进攻洛阳,赵刚进攻广州,都取得了胜利。从此自襄州、广州以西的城镇又重归西魏。

东魏下诏禁止擅自建立寺庙。

北魏自从正光年间以后,各地不断发生战乱,老百姓为逃避赋税和徭役,很多人都落发做和尚或尼姑。当时僧尼多达二百万人,寺庙三万多座。到这时,东魏才颁布诏令给各地方长官,凡擅自建造寺庙的人,根据花费财力的多少,以私意歪曲破坏法律论处。

西魏广州刺史李延孙被反叛分子杀死。

当初,西魏伊川的地方土豪李长寿出任防蛮都督。孝武帝西迁关中时,李长寿率领他的步兵抵抗东魏,西魏又任命他为广州刺史。东魏的侯景攻下广州,把李长寿杀死,李长寿的儿子李延孙又重新集中起其父人马,继续抗拒东魏,因此西魏的一些大臣都跑去投靠他,李延孙送给他们一些钱财,并派卫队护送他们到达关中。东魏高欢认为李延孙是祸患,几次派兵进攻广州,都没取得胜利。李延孙将肃清伊州、洛州作为自己的责任,西魏派韦法保出任东洛州刺史,以便帮助李延孙。韦法保到东洛州后,与李延孙的部队合并到一起,在伏流城安营扎寨。这一年,李延孙被他的长史杀害,韦法保就占领了营盘。

西魏攻占宜阳,行台王思政在玉壁建筑新城,并在那里镇守。

东魏将段琛等据宜阳,遣牛道恒诱魏边民,韦孝宽患之,乃诈为道恒书归款,使谍遗之琛营。琛果疑之,孝宽乘其猜阻,袭而擒之,崤、渑遂清。王思政以玉壁险要,请筑城。自恒农徙镇之。

东魏改停年格。

东魏以高澄摄吏部尚书,始改崔亮年劳之制,铨擢贤能,又沙汰尚书郎,妙选人地以充之。凡才名之士,皆引致门下,与之游宴。

己未(539) 梁大同五年,魏大统五年,东魏兴和元年。

春正月,梁以何敬容为尚书令。

自晋、宋以来,宰相皆以文义自逸,敬容独勤簿领,日旰不休,为俗所嗤。自徐勉、周舍既卒,当权要者,外朝则何敬容,内省则朱异。敬容质悫无文,以纲维为己任。异文华敏洽,曲营世誉,善伺主意为阿谀,用事三十年,广纳货赂,欺罔视听,远近莫不忿疾。园宅玩好,饮膳声色,穷一时之盛。每休下,车马填门,唯王承、王稚及褚翔不往。

魏大丞相泰置行台学。

泰于行台置学,令丞郎府佐旦治公务,晚就讲习。

夏五月,东魏立后高氏。

欢之女也。

东魏的将领段琛等占据宜阳,派遣牛道恒引诱西魏边境的老百姓,西魏的韦孝宽感到忧虑,就伪造一封牛道恒给他的信,信中谈到牛道恒想归附西魏,随后派间谍丢在段琛的军营里。段琛看到那信,果然对牛道恒产生了怀疑,韦孝宽趁段琛对牛道恒怀疑不信任时,出兵袭击宜阳,活捉了段琛和牛道恒,从此,崤山和渑水地区都被平定。王思政认为玉壁地势险要,请求在玉壁修筑新城。他由恒农迁去镇守。

东魏改变按年资深浅录用官员的制度。

东魏委任高澄代理吏部尚书,他开始改变原来崔亮制订的按待选年限提拔官职的制度,选拔提升德才兼备的人做官,又淘汰了尚书郎,精选门第才能合适的人充任。凡有才能有名望的人士,他都招引到门下,与他们谈古论今,饮酒吃饭。

己未(539) 梁大同五年,西魏大统五年,东魏兴和元年。

春正月,梁任命何敬容担任尚书令。

自晋、宋以来,宰相都以善写文章自娱,只有何敬容勤勤恳恳地处理各种文件,日夜不停,被当时的人们嗤笑。从徐勉、周舍去世以后,掌管大权的,外朝官员中是何敬容,朝廷内省中是朱异。何敬容本性忠厚而缺少文才,以维护国家的法制为自己的责任。朱异文思敏捷,善用手段博得社会上的称赞,他还善于迎合皇帝的心意,进行阿谀奉承,任职三十年,广泛地接受贿赂、欺上瞒下,远近没有人不痛恨他。他住宅华丽,古玩珍贵,饮食以及声乐美色,都是当时最高水准的。每当他从省里回家休息,车马把他家的大门都堵塞住了,只有王承、王稚和褚翔不去那里。

西魏大丞相宇文泰在行台设置学堂。

宇文泰在行台署设置学堂,命令丞郎府的工作人员全部白天办公,晚上去学堂听讲习。

夏五月,东魏皇帝册封高氏为皇后。

高氏是高欢的女儿。

秋九月,东魏城邺。 冬十月,魏置纸笔于阳武门以求言。 十一月,东魏行《兴光历》。

校书郎李业兴所修也,行之。

梁分诸州为五品。

朱异奏:"顷来置州稍广,而小大不伦,请分为五品,其位秩高卑,参僚多少,皆以是为差。"诏从之。于是上品二十州,次品十州,次品八州,次品二十三州,下品二十一州。梁主方事征伐,恢拓境宇,北踰淮、汝,东距彭城,西开牂柯,南平俚洞,建置州郡,纷纭甚众。其下品皆异国降人,有名无地,职贡罕通。五品之外又有二十余州,不知处所。凡一百七州,又以边境镇戍,虽领民不多,欲重其将帅,皆建为郡。州郡虽多,而户口日耗矣。

魏制礼乐。

魏自西迁以来,礼乐散逸,宇文泰命仆射周惠达、郎中唐瑾,损益旧章,至是稍备。

庚申(540) 梁大同六年,魏大统六年,东魏兴和二年。
春二月,柔然侵魏。魏主杀其故后乙弗氏。

魏文后既为尼,居别宫,悼后犹忌之。柔然为之举国南侵,魏乃赐文后自尽。宇文泰召诸军屯沙苑,以备柔然。

秋九月,东魏修筑邺城。　冬十月,西魏在阳武门放上纸和笔以便人们建言献策。　十一月,东魏实行《兴光历》。

这是根据《正光历》出现的误差,由校书郎李业兴修正的新历,并开始实行。

梁朝将各州分为五个等级。

朱异向梁武帝上奏折,说:"近来设置的州略微多了些,而且大小不一样,请求皇上将各州分为五等,各州长官地位和俸禄的高低,参佐幕僚的多少,都以等级形成差别。"梁武帝下诏表示同意。于是把全国的州区分五类:第一等级的二十个州,第二等级的十个州,第三等级的八个州,第四等级的二十三个州,最末一等级的二十一个州。这时梁武帝正在进行征战讨伐,收复失地,开拓疆域,在北部越过了淮、汝地区,东边到达彭城,西边开发了䍧柯,南面平定了俚洞,建立设置州郡,情况混乱无章。那些第五等级各州的居民都是少数民族投降过来的,徒有州名而没有土地,应缴的赋税贡品几乎都送不到朝廷。第五等级之外还有二十多个州,不知设在什么地方。梁朝共一百零七个州,又以边境地区对待,派兵镇守,虽然管辖的老百姓不多,但为了表示对驻守在那里将领的重视,都设置为郡。州郡虽然多,可老百姓却日益减少。

西魏制订礼乐制度。

魏自从西迁关中以来,礼乐制度散失废弃,所以宇文泰命令仆射周惠达、郎中唐瑾,对旧的礼乐典章进行修订,到这时已初步形成新的礼乐典章。

庚申(540)　梁大同六年,西魏大统六年,东魏兴和二年。

春二月,柔然国入侵西魏。西魏文帝杀了他原来的皇后乙弗氏。

西魏文后乙弗氏做了尼姑后,住在别宫,悼后还是妒忌她。柔然为此倾其全国兵力向南进犯,魏文帝害怕了,就赐文后乙弗氏自杀。宇文泰召集各军驻扎沙苑,以防备柔然的入侵。

周惠达发士马守京城,堑诸街巷,召雍州刺史王罴议之。罴谓使者曰:"若蠕蠕至渭北,王罴自帅乡里破之,何为天子城中作如此惊扰!"柔然至夏州而退,未几悼后亦遇疾殂。

夏闰五月朔,日食。 秋八月,梁司空袁昂卒。

昂遗疏不受赠谥,梁主不许,谥曰:"穆正。"

冬十一月,吐谷浑遣使如东魏。

吐谷浑自莫折之乱,不通于魏。伏连筹卒,子夸吕立,始称可汗。其地东西三千里,南北千余里。是岁,始遣使假道柔然,聘于东魏。

辛酉(541) 梁大同七年,魏大统七年,东魏兴和三年。

秋七月,魏以宇文测为大都督,行汾州事。

测,深之兄也,为政简惠,得士民心。汾州地接东魏,东魏人数来寇抄,测擒获之,解缚引见,待以客礼,并给粮饩,卫送出境。东魏人大惭,不复为寇。或告测交通境外者,宇文泰怒曰:"测为我安边,何得间我骨肉?"命斩之。

九月,魏省官员,置屯田,颁六条。

魏宇文泰欲革易时政,为强国富民之法。度支尚书苏绰赞成其事,减官员,置二长,并置屯田,以资军国。又为六条诏书,一曰:清心;二曰:敦教化;三曰:尽地利;四曰:擢贤良;五曰:恤狱讼;六曰:均赋役。泰常置诸坐右,令

周惠达征调兵马守卫京城长安,他们在各街巷都挖掘壕沟,又派人请雍州刺史王罴去长安,商量守城措施。王罴对使者说:"如果柔然人真的到了渭北,我王罴一定率乡里父老将他们打败,为什么要使皇帝居住的京城如此人心惶惶呢!"柔然的兵马到夏州后就退回去了,不久悼后也生病死去。

夏季闰五月初一,发生日食。　秋八月,梁朝司空袁昂去世。

袁昂临死前写遗书,表示死后不接受任何赠谥,但梁武帝没有同意,还是根据袁昂生前的官职,谥号为:"穆正。"

冬十一月,吐谷浑派遣使者到东魏。

吐谷浑自从莫折念生发动叛乱之后,不与魏国来往。伏连筹死后,他的儿子伏夸吕继位,开始称可汗。吐谷浑的疆土东西三千里,南北千余里。这一年,他们才派使者借道柔然,到东魏探访。

辛酉(541)　梁大同七年,西魏大统七年,东魏兴和三年。
秋七月,西魏任命宇文测为大都督,兼管汾州事务。

宇文测,是宇文深的兄长,他处理事务果断仁慈,很得士大夫和老百姓的拥护。汾州地区和东魏的疆域接壤,东魏人多次前来掠夺,宇文测的军队抓到他们后,宇文测就叫人给他们松绑,并和他们见面,以对待客人的礼仪对待他们,还给他们粮食,派人护送他们出境。东魏人非常惭愧,便不再到边境骚扰。有人诬告宇文测里通国外,宇文泰听后气愤地说:"宇文测替我安定边境,怎么能离间我们骨肉情呢?"他下令把诬告宇文测的人杀死。

九月,西魏裁减官员,实行屯田,颁布六条诏令。

西魏宇文泰想对当时的政治进行改革,采取强国富民的制度。度支尚书苏绰赞成他的改革,裁减官员,设置两个令长,并实行屯田,用来补充国家军费开支。又撰写诏书颁布六条法令,一:纯洁心灵;二:敦厚政教风化;三:充分利用土地资源;四:提拔品德高尚又有才能的人;五:慎重处理诉讼方面的事;六:公平地收纳赋税。宇文泰经常把这六条放在自己座位的右边,命令

百司习诵之,非通六条及计帐者不得居官。既而又益新制十二条。

冬十月,东魏颁《麟趾格》。

东魏诏群臣于麟趾阁议定法制,谓之《麟趾格》,行之。

十二月,梁交州李贲反,遣兵讨之。

交趾李贲世豪右,仕不得志。又有并韶者,富词藻,诣选求官,尚书蔡撙以并姓无前贤,除广阳门郎。韶耻之,遂与贲谋作乱。会交州刺史武林侯咨以刻暴失众心,二人因连结数州豪杰俱反。梁主遣咨与高州刺史孙冏、新州刺史卢子雄将兵击之。

东魏大稔。

魏自丧乱以来,农商失业,六镇之民就食齐、晋。东西分裂,连年战争,公私困竭,民多饿死。高欢命诸州滨河,皆置仓积谷,以相转漕供军旅,备饥馑,又于傍海煮盐。军国粗赡。又以诸州调绢不依旧式,民甚苦之,奏令悉以四十尺为匹。至是东方连岁大稔,谷斛至九钱。山东之民稍复苏息矣。

临淮王孝友言:"令制百家为族,二十五家为闾,五家为比,百家之内,有帅二十五,征发皆免,苦乐不均,复有蚕食,为弊久矣。京邑诸坊,或七八百家唯一里正、二史,庶事无阙。请每闾止为二比,计族省十二丁,赀绢、番兵,

百官学习背诵,不熟悉六条和户籍情况的人不能任官职。后来又增补了十二条新的制度。

冬十月,东魏颁布《麟趾格》新法。

东魏孝静帝诏令朝廷百官在麟趾阁商议制订新的法律制度,称之为《麟趾格》,在十月颁布实行。

十二月,梁朝交州人李贲造反,梁武帝派兵讨伐他。

交趾人李贲世代是豪门大族,他本人仕途上却不得志。还有一位叫并韶的人,擅长诗词文章,他到吏部谋求官职,尚书蔡撙认为姓并的以前未曾有过有名望的人,便授予广阳门郎这小小的官职。并韶感到耻辱,就和李贲策划造反。正巧遇上交州刺史武林侯萧咨因为苛刻残暴失掉民心,他们两个人便联合几个州的豪杰一起造反。梁武帝派遣萧咨和高州刺史孙同、新州刺史卢子雄率兵去围剿李贲、并韶。

东魏大丰收。

北魏自从陷入战乱以来,农民不得耕种,商人不得正常营业,六镇的老百姓流亡到齐、晋去谋生。北魏分裂成东西魏后,连年战争,国家和个人都极其贫困,百姓大多被饿死。高欢命令各州的河岸、渡口,都设置仓库积蓄粮食,以便通过水路运输供应军队,应付饥荒,又在靠近海的地方煮海水制盐。由于这些措施,军事和行政的开支基本够用了。高欢又发现各州征调绢帛时不按照原来的规定办事,给百姓造成许多困难,因此他上奏孝静帝,请求颁布诏令,一律以四十尺为一匹,减轻老百姓的负担。到这时东部地区连年大丰收,十斗谷的价钱降到九个钱。崤山以东的百姓稍微得到了复苏和养息。

临淮王元孝友上书孝静帝说:"规定以一百户人家为一族,二十五户为一闾,五家为一比,一百户人家里,有二十五位长官都免掉兵役、劳役,他们和老百姓相比苦乐差别大,还有相互蚕食现象,造成的危害已经很久了。京城的各个坊里,有的七八百户人家才一个里正、两个史,日常事务都做得不错。因此,请求每闾只设两个比,算起来一个族就减少十二个丁,税收、绢帛和兵役,

所益甚多。"事下尚书,寝不行。

壬戌(542) <small>梁大同八年,魏大统八年,东魏兴和四年。</small>
春正月,梁安成妖人作乱。三月,江州司马王僧辩讨平之。

安成望族刘敬躬以妖术惑众,遂据郡反。南方久不习兵,人情扰骇。江州刺史湘东王绎遣司马王僧辩讨斩之。僧辩该博辩捷,器宇肃然,虽射不穿札,而志气高远。

魏初置六军。 八月,东魏以侯景为河南大行台。 冬十月,东魏大丞相欢围魏玉壁,不克而还。

高欢击魏,入自汾、绛,连营四十里。宇文泰使王思政守玉壁,以断其道。欢围玉壁九日,遇大雪,士卒多死,遂解围去。

十二月,梁卢子略作乱,广州参军陈霸先讨平之。

孙冏、卢子雄讨李贲,以春瘴方起,请待至秋。武林侯咨趣之,众溃而归。咨诬奏冏及子雄逗留,赐死。子雄弟子略及杜僧明、周文育等帅众攻广州。参军吴兴陈霸先帅精甲三千击破之,擒僧明、文育。霸先以二人骁勇过人,释之,以为主帅。诏以霸先为直阁将军。

这样可以增加许多。"孝静帝把这事交给尚书办理,但这事却被搁置起来,没有实施。

壬戌(542) <small>梁大同八年,西魏大统八年,东魏兴和四年。</small>

春正月,梁朝安成郡舞弄妖术的人叛乱。三月,江州司马王僧辩率军平定了叛乱。

安成的名门望族子弟刘敬躬用妖术迷惑群众,利用这种办法纠集起不少人,占领了安城郡发动叛乱。当时南方很久没有这样的战事了,人们惶恐不安。江州刺史湘东王萧绎派遣司马王僧辩率兵马去讨伐并斩杀刘敬躬。王僧辩学识渊博,辩才敏捷,气度严肃,虽然射箭不能穿透铠甲,但志气高远。

西魏开始设置六军。 **秋八月,东魏任侯景为河南大行台。** **冬十月,东魏大丞相高欢率领军队包围玉壁,没有攻破便撤退了。**

高欢进攻西魏,从汾州、绛州进入西魏的地盘,他的营寨连结起来长达四十里。宇文泰派王思政守卫玉壁,以便切断高欢的后路。高欢包围玉壁九天,期间遇上大雪,士兵被冻死了很多,高欢只好率军撤退。

十二月,梁朝卢子略发起叛乱,广州参军陈霸先率兵平定了这次叛乱。

孙冏、卢子雄率军队讨伐李贲,因当时正值春天,瘴气弥漫,他们请求等到秋天再进军。但武林侯萧咨却催促他们进军,孙冏、卢子雄的部队在进军途中受瘴气侵害,队伍溃散,孙、卢他们只好返回。萧咨上书梁武帝,诬告孙冏和卢子雄故意逗留不往前进军,梁武帝赐孙冏、卢子雄自杀。卢子雄的弟弟卢子略和杜僧明、周文育等率领兵马攻打广州,想杀死萧咨等人为孙冏、卢子雄报仇。参军吴兴人陈霸先率领三千精锐士兵击败卢子略的部队,活捉了杜僧明、周文育。陈霸先因为杜僧明、周文育骁勇过人,就释放了他们,让他们担任主帅。梁武帝下诏,任命陈霸先为直阁将军。

癸亥（543） 梁大同九年，魏大统九年，东魏武定元年。

春二月，东魏北豫州刺史高仲密以虎牢降魏。三月，魏大丞相泰帅军应之。及东魏大丞相欢战于邙山，大败而还。

东魏御史中尉高仲密取崔暹之妹，既而弃之，由是与暹有隙。选用御史，多其亲党，高澄奏令改选。仲密疑暹构己，愈恨之。仲密后妻李氏艳而慧，澄见而悦之，李氏不从，以告仲密，仲密益怨。寻出为北豫州刺史，阴谋外叛。高欢疑之，遣奚寿兴典其军事。仲密执之，以虎牢降魏。欢以事由崔暹，将杀之，高澄为之固请，欢乃释之。魏宇文泰帅诸军应仲密。三月，围河桥南城。

高欢将兵十万至河北，泰退军瀍上，纵火船于上流，以烧河桥。斛律金使张亮以小艇百余，载长锁，伺火船将至，以钉钉之，引锁向岸，桥遂获全。欢渡河，据邙山为陈。数日，泰留辎重夜袭之。欢闻之，正陈以待。黎明泰至，东魏彭乐以数千骑冲魏军。所向奔溃，遂驰入魏营，虏泰督将僚佐四十八人。诸军乘胜击魏，大破之，斩首三万余级。

欢使乐追泰。泰窘，谓乐曰："痴男子，今日无我，明日岂有汝邪！何不急还营，收汝金宝。"乐从其言，获泰

癸亥（543）　梁大同九年，西魏大统九年，东魏武定元年。

春二月，东魏北豫州刺史高仲密投降西魏，并献上虎牢。三月，西魏大丞相宇文泰亲率军队接应高仲密。和东魏大丞相高欢在邙山交战，宇文泰遭到惨败撤回。

东魏御史中尉高仲密娶崔暹的妹妹为妻，不久之后又把她遗弃了，因此高仲密和崔暹产生了隔阂。高仲密选用的御史，不少是他的亲戚朋友，高澄上书皇帝报告了这种情况，孝静帝下令重新挑选御史。高仲密怀疑崔暹在陷害自己，对崔暹更加痛恨。高仲密后娶的妻子李氏美丽而贤惠，高澄见了很喜欢她，想施行非礼，李氏不从，把这个情况告诉了高仲密，高仲密更加怨恨高澄、崔暹那些人。不久他离开京城做了北豫州刺史，暗中准备叛变外逃。高欢对他生了疑心，派遣奚寿兴去主管豫州的军事。高仲密把奚寿兴抓起来，占领了虎牢，投降了西魏。高欢认为高仲密叛逃是由崔暹引发的，要把崔暹杀掉，高澄一再为崔暹求情，高欢才把崔暹释放了。西魏宇文泰率各军接应高仲密。三月，宇文泰的军队包围了河桥南城。

高欢率十万兵马到达黄河以北，宇文泰把部队撤到瀍水上游，从上游放出火船，想烧毁河桥。东魏的斛律金派张亮用一百多只小艇，载着长锁链，等火船将到河桥时，用钉子钉上，然后牵拉锁链，把火船拖到岸上，河桥就这样被保全了。高欢渡过黄河，占领邙山部署军阵。过了几天，宇文泰把辎重留在大本营，指挥其他队伍在夜里袭击高欢的营寨。高欢听说后，严阵以待。黎明时分，宇文泰的兵马到了，东魏彭乐指挥几千骑兵迅猛冲进西魏的军阵中。他们冲到哪里，哪里的西魏兵马便逃跑溃散，于是彭乐的骑兵驰入西魏大本营，俘虏宇文泰的都督、将领、僚佐四十八人。彭乐的部队乘胜追击西魏，打得西魏溃不成军，杀掉西魏三万多人。

高欢派彭乐追赶宇文泰。宇文泰处境很危险，对彭乐说："痴傻的汉子，今天没有了我，明天难道还能有你吗！为什么还不赶紧返回营地，收取你的金银财宝。"彭乐听从了宇文泰的话，获得了宇文泰

金带一囊以归，言于欢曰："黑獭漏刃破胆矣。"欢怒其失泰，捽其头连顿之，举刃将下者三，嚌齿良久。乐曰："乞五千骑，复为王取之。"欢曰："汝纵之，何意而言复取邪？"明日复战，泰为中军，与右军若干惠合击东魏，大破之，悉俘其步卒。欢失马，赫连阳顺下马以授欢。欢走，从者七人。追兵至，都督尉兴庆拒战，矢尽而死。

东魏降者告泰以欢所在，泰募勇敢三千人，皆执短兵，配贺拔胜攻之。胜执矟逐之，驰数里，矟刃垂及，欢气殆绝。段韶射胜马毙之，欢逐逸去。胜叹曰："今日不执弓矢，天也。"

左军赵贵亦战不利，东魏兵复振。泰与战，又不利，遂遁入关，屯渭上。欢进至陕，泰使开府仪同三司达奚武拒之。行台郎中封子绘言于欢曰："混一东西，正在今日。若复迟疑，后悔何及。"欢深然之。诸将咸以为野无青草，人马疲瘦，不可远追。陈元康曰："两雄交争，岁月已久，今幸大捷，天授我也。时不可失、当乘胜追之。"欢曰："若遇伏兵奈何？"元康曰："前沙苑失利，彼尚无伏，今奔败若此，何能远谋？君舍而不追，必成后患。"欢不从而归，独使刘丰生将数千骑追泰。

一袋子金带后返回去了。彭乐回去对高欢说:"宇文黑獭从我的刀下逃掉,已经吓破胆了。"高欢恼恨彭乐没有抓住宇文泰,揪住彭乐的头发,把他的头连连往地上磕,随后三次举起刀要砍掉彭乐的脑袋,气得好长时间咬牙切齿。彭乐说:"请求你拨给我五千骑兵,再去为你把他抓回来。"高欢说:"你把他放跑了,现在出于何意,要再去把他抓回来呢?"第二天双方又交战,宇文泰亲任中军,与右翼军若干惠夹击东魏军队,击溃了东魏军队,将东魏步兵全部俘虏。高欢在战斗中失掉了战马,赫连阳顺跳下马来,把自己的马让给高欢骑。高欢骑马逃跑,只有七个人跟随着他。西魏的追兵到了,都督尉兴庆回过头去抵抗,随身带的箭用完后,被西魏追来的兵杀死。

东魏投降过来的人把高欢所在的地方告诉了宇文泰,宇文泰召募了三千名勇敢壮士,让他们都手拿短的兵器,配备上贺拔胜做指挥,对高欢所在的地方发起了进攻。贺拔胜手拿长矛紧追,追赶几里路后,矛尖几乎扎到了高欢的后背上,高欢吓得差点断了气。危急之时,段韶用箭射死了贺拔胜的马,高欢才得以逃脱。贺拔胜感叹道:"今天没带弓箭,是天意啊!"

左翼军队的赵贵也作战不利,东魏军又乘机振作起来。宇文泰与他们交战,又不利,就逃回关中,在渭河岸上扎下营寨。高欢率军进入陕地,宇文泰派开府仪同三司达奚武指挥部队抵抗。东魏行台郎中封子绘对高欢说:"统一东西,时机就在今天。如果你再犹豫不决,后悔就来不及了。"高欢非常同意封子绘的意见。各位将领都认为旷野没有青草,人和战马都疲乏瘦弱,不能再继续远追了。陈元康说:"两个强国交战争斗,时间已经很长了,今天有幸取得辉煌胜利,这是上天给予我们的好机会。时机不可失掉,应该乘胜追击他们。"高欢说:"如果遇上埋伏怎么办呢?"陈元康说:"以前您在沙苑战役中失利时,他们还没设埋伏,今天他们遭到如此惨败,疲于奔跑逃命,怎么能有深谋远虑呢?您失掉这次机会不去追赶他们,必成后患。"高欢没有采纳陈元康的意见,返回去了,只派刘丰生领几千骑兵追赶宇文泰。

初,泰召王思政于玉壁,将使镇虎牢。未至而败,乃以为并州刺史,守恒农。思政入城,开门解衣而卧,慰勉将士,示不足畏。后数日,丰生至,惮之,引还。思政乃修城郭,起楼橹,营农田,积刍粟,由是恒农始有守御之备。

泰亦广募关陇豪右,以增军旅。高仲密之将叛也,阴遣人煽动冀州豪杰,使为内应。东魏遣高隆之驰驿慰抚,由是得安。高澄密书与隆之曰:"仲密枝党与之俱西者,宜悉收其家属,以惩将来。"隆之以为恩旨既行,理无追改,若复收治,示民不信,脱致惊扰,所亏不细,乃启欢罢之。

夏四月,清水氐叛魏,魏遣使谕降之。

清水氐酋李鼠仁乘魏之败,据险作乱,独孤信屡击之,不克。宇文泰遣典签赵昶往谕之,诸酋长或从,或否。其不从者欲刃昶,昶神色自若,辞气逾厉。鼠仁感悟,遂相率降。泰即以昶为都督,使领之。

东魏复取虎牢。
宇文泰遣谍潜入虎牢,令守将魏光固守。侯景获之,改其书云:"宜速去。"纵谍入城,光宵遁。景获高仲密

当初，宇文泰把王思政从玉壁召回来，想派他镇守虎牢。王思政还没到虎牢，西魏的军队就失败了，于是宇文泰任命王思政为并州刺史，镇守恒农。王思政进入恒农城，下令打开城门脱掉衣服睡觉，他还亲自去慰问勉励将士们，表示形势没有什么可怕的。几天以后，刘丰生的兵马到达恒农城外，见城门大开，害怕了，没进城领着部队就回去了。随后王思政才下令修筑城墙，建起瞭望敌情的高台，耕种农田，囤积粮草，从此恒农才有了防御的设施。

宇文泰也广泛征募关陇地区的豪门贵族子弟，补充增加军队的力量。高仲密将要叛变时，曾暗中派人去煽动冀州豪杰，让他们做内应。东魏派遣高隆之骑驿站的马疾速赶到冀州慰问安抚，因此冀州才得以平安。高澄秘密写信给高隆之说："高仲密的党羽中，凡是跟着他一起叛逃到西魏去的，应将他们的家属全部拘捕，以惩戒将来。"高隆之认为表示恩惠的圣旨既然已经执行，按理不该再改变，如果再把那些人的家属拘捕治罪，等于向老百姓表示朝廷言而无信，若是引起人心动摇，所损失的就大了，于是他请示高欢后，没有按高澄的旨意去办。

夏四月，清水郡的氐族背叛西魏，西魏派遣使者去劝说，氐族又投降西魏。

清水郡氐族首长李鼠仁乘西魏战败的机会，占领了战略要地造反作乱，陇右大都督独孤信多次率军攻击他，都没有取得胜利。宇文泰便派遣典签赵昶前往清水郡劝说他们投降，那些首长们有的顺从，有的不顺从。不顺从的那些人想杀掉赵昶，赵昶神色泰然自若，对他们说话的言辞语气更加严厉逼人。李鼠仁觉悟了，就和其他首长带领兵马投降西魏。宇文泰随即任命赵昶为都督，让他管理那些首长。

东魏又夺取虎牢。

宇文泰派遣间谍潜入虎牢，命令虎牢守将魏光坚决守卫。侯景捉住那个间谍，把宇文泰的信改为："应该尽快撤离。"又让间谍带着信进入虎牢城，魏光看了信连夜逃走。侯景抓获了高仲密

妻子送邺。北豫、洛二州复入于东魏。高欢以高乾有义
勋，高昂死王事，季式先自告，皆为之请，免其从坐。仲密
妻当死，高澄纳之。

**魏以侯景为司空。　秋八月，魏以斛律金为大司马。
冬十一月，东魏筑长城于肆州。**

西自马陵，东至土墱。

甲子（544）　梁大同十年，魏大统十年，东魏武定二年。
春三月，东魏以高澄为大将军，领中书监。

高欢多在晋阳，委孙腾、司马子如、高岳、高隆之以朝
政，邺中谓之"四贵"。权势熏灼，专恣骄贪。欢欲损夺其
权，故以澄领中书监，移门下机事，总归中书，文武赏罚皆
禀于澄。孙腾见澄，不肯尽敬，澄叱左右牵下，筑以刀环，
立之门外。欢谓群公曰："儿子浸长，公宜避之。"于是公卿
以下无不耸惧。库狄干，澄姑之婿也，自定州来谒，立门外
三日乃得见。澄欲置腹心于东魏主左右，擢崔季舒为中书
侍郎。

夏四月，梁尚书令何敬容有罪免。

敬容复为太子詹事，太子尝于玄圃自讲老庄。敬容谓
人曰："昔，西晋祖尚玄虚，使中原沦于胡羯。今东宫复尔，
江南亦将为戎乎？"

五月，魏大都督琅邪公贺拔胜卒。

宇文泰常谓人曰："诸将对敌，神色皆动，唯贺拔公临
阵如平时，真大勇也。"

的妻子儿女,送到东魏京都邺城。从此北豫、洛两个州又重为东魏的辖地。高欢因为高乾曾经在信都起义拥戴自己,高昂战死在沙场,高季式首先跑来报告战场的情况,所以在孝静帝面前都替他们说情,没有让他们受牵连。高仲密的妻子应该判死罪,高澄将她纳为妾。

东魏任命侯景为司空。 秋八月,东魏任用斛律金为大司马。冬十一月,东魏在肆州修筑长城。

这条长城西边从马陵开始,东边到达土墱。

甲子(544) 梁大同十年,西魏大统十年,东魏武定二年。

春三月,东魏任命高澄为大将军,领中书监。

东魏丞相高欢多数时间住在晋阳,委托孙腾、司马子如、高岳、高隆之管理朝政,邺城中称这四个人为"四贵"。他们的权势炙手可热,专横放肆,骄奢贪婪。高欢想削弱他们的权力,所以任命高澄担任中书监,把原来属于门下省的机要事务,都移交中书省,对文武百官的奖赏与惩罚都要禀报高澄。孙腾见到高澄,不肯毕恭毕敬,高澄大声喝令左右把孙腾拉下去,用刀环打,叫他站在门外。高欢对大臣们说:"我这儿子渐渐长大了,你们应该避免与他冲突。"于是公卿以下的官员见了高澄没有不感到恐惧的。库狄干是高澄的姑父,他从定州到邺城拜谒高澄,在门外站了三天才见到。高澄想把心腹安排在东魏皇帝的身边,提拔崔季舒为中书侍郎。

夏四月,梁朝尚书令何敬容因有罪被免职。

何敬容又被任命为太子詹事,太子曾经在玄圃亲自讲解老子和庄周的学说。何敬容对别人说:"过去,西晋的祖宗崇尚玄妙虚幻的学说,使中原地区沦陷到胡羯人的手中。今天东宫和西晋的做法没有两样,江南也将被戎人所征服吗?"

五月,西魏大都督琅邪公贺拔胜去世。

宇文泰常常对人说:"各位将领在面对敌人时,神色都会有变化,唯独贺拔胜上了战场像平时一样,真是一位大勇士。"

秋七月,魏更权衡度量,颁新制。

魏更权衡度量,命尚书苏绰损益三十六条之制,颁行之。搜简贤才,为牧守令长,皆依新制而遣焉。数年之间,百姓便之。

东魏以崔暹为中尉,宋游道为左丞。

魏自正光以后,政刑弛纵,在位多贪污。高欢启以宋游道为御史中尉。澄请以崔暹为之,以游道为尚书左丞,谓曰:"卿一人处南台,一人处北省,当使天下肃然。"暹选毕义云等为御史,时称得人。

澄与诸公出之东山,遇暹于道。前驱为赤棒所击,澄回马避之。尚书令司马子如、太师咸阳王坦,贪黩无厌,暹弹之,削其官爵,其余死黜者甚众。欢与邺下诸贵书曰:"崔暹居宪台,咸阳王、司马令皆吾布衣之旧。同时获罪,吾不能救,诸君其慎之。"

游道奏驳尚书违失数百条,省中豪吏并鞭斥之。高隆之诬游道有不臣之言,罪当死。黄门侍郎杨愔曰:"畜狗求吠,今以数吠杀之,恐将来无复吠狗。"游道竟坐除名。

后欢至邺,百官迎于紫陌,欢握崔暹手而劳之。然暹实巧诈。高澄纳魏琅邪公主,意暹必谏。暹入咨事,不复假以颜色。居三日,暹怀刺坠之于前。澄问何为,暹悚然曰:"未得通公主。"澄大悦,把暹臂入见之。季舒语人曰:

秋七月,西魏改革度量衡制度,颁布新制度。

西魏改革度量衡制度,命令尚书苏绰修改原来的条款,增补为三十六条的新制度,颁布实施。同时还挑选贤能的人才,担任牧、守、令、长等各级地方官吏,都按新的制度派遣。几年之间,老百姓都得到了方便。

东魏任命崔暹为中尉,宋游道为左丞相。

北魏自从正光年间以后,政务松弛刑律宽纵,在职的官吏大都贪污。高欢上奏要求任命宋游道为御史中尉。高澄请求让崔暹做御史中尉,让宋游道做尚书左丞,对他们说:"你们一个人在南边御史台,一个人在北面尚书省,将会使天下安定。"崔暹挑选毕义云等做御史,当时人们称赞用人得当。

高澄与各位王公大臣往东山去,在途中遇到崔暹。崔暹的随从用红棒打高澄马队的前驱,高澄便掉转马头避开他。尚书令司马子如、太师咸阳王元坦,贪得无厌,崔暹弹劾了他们,免掉他们的官职,其余被处死或被免职的人很多。高欢写信给邺城的权贵们说:"崔暹官居御史台,咸阳王元坦、司马子如尚书令都是我做平民时的老朋友。他们两个同时获罪,我不能救助,请各位谨慎从事。"

宋游道上书孝静帝,列举了尚书省数百条失误,鞭挞了尚书省骄横的官吏。高隆之诬告宋游道曾说过臣子不应说的话,犯了该死的罪。黄门侍郎杨愔说:"养狗就是为了让它叫,现在要是因为它叫了几声就把它杀掉,恐怕将来再没有狗敢叫了。"宋游道最终还是被革职除了名。

后来高欢到了邺城,朝廷文武百官到大街上迎接,高欢紧握着崔暹的手而慰劳他。然而崔暹实际上却很奸诈。高澄纳西魏琅邪公主为妾,心想崔暹一定会劝谏。等崔暹向高澄请示工作时,高澄不再对他和颜悦色。过了三天,崔暹怀里揣着名片去见高澄,名片掉落在高澄面前。高澄问崔暹为什么带着名片来见他,崔暹胆怯地说:"因为我还没有进见过公主。"高澄听了非常高兴,拉着崔暹的手臂进去见琅邪公主。崔季舒对别人说:

"崔暹常忿吾佞,及其自作,乃过于吾。"

冬十月,东魏括户均赋。

东魏以丧乱之后,户口失实,徭赋不均。以孙腾、高隆之为括户大使,分行诸州。得无籍之户六十余万,侨居者,皆勒还本属。

乙丑(545) 梁大同十一年,魏大统十一年,东魏武定三年。

春正月,东魏作晋阳宫。

高欢言:"并州军器所聚,动须女功,请置宫以处配没之口。"于是置晋阳宫。

三月,魏遣使如突厥。

突厥本西方小国,姓阿史那氏,世居金山之阳,至其酋长土门始强大,颇侵魏西边。至是魏使至,其国人皆喜曰:"大国使者至,吾国其将兴矣。"

夏六月,魏作《大诰》。

晋氏以来,文章竞为浮华,魏宇文泰欲革其弊,命苏绰作《大诰》,宣示群臣,戒以政事,仍命:"自今文章皆依此体。"

梁遣兵讨李贲,败之。

贲自称越帝,置百官。梁遣交州刺史杨瞟讨贲,以陈霸先为司马,定州刺史萧勃会瞟于西江,诡说留瞟。瞟集诸将问计,霸先曰:"定州偷安目前,不顾大计,节下奉辞伐罪,当死生以之,岂可逗挠不进,长寇沮众乎?"遂勒兵先发。瞟以霸先为前锋,贲败奔嘉宁城,围之。

"崔暹常恨我奸佞,而他自己的作为,早已超过我了。"

冬十月,东魏进行户籍登记,平均徭赋。

东魏自从动乱之后,官方掌握的户口数与实际不符,徭役和赋税也不能按实际户口数平均摊派。朝廷派孙腾、高隆之出任括户大使,分别到各州去查访。经过调查,无户籍的户多达六十多万,凡侨居在外地的户,都被勒令回到原本所属的地区。

乙丑(545)　梁大同十一年,西魏大统十一年,东魏武定三年。

春正月,东魏建造晋阳宫殿。

高欢上书孝静帝说:"并州集中了很多军需品和武器,随时都需要些妇女工作,请设置宫室以便安置那些女工。"于是设置了晋阳宫。

三月,西魏派遣使者到突厥。

突厥本来是西方的一个小国,以阿史那氏为姓,世代居住在金山的南边,到首长土门时开始强大起来,多次侵犯西魏的西部边疆。到这时西魏的使者到了,突厥人都高兴地说:"大国使者到来,我们的国家就要兴盛了。"

夏六月,西魏撰写《大诰》。

自晋朝以来,文章竞相以华丽浮词夸耀,西魏宇文泰想革除这弊病,命令苏绰作《大诰》,向文武大臣宣读,劝诫大臣们勤于政事,并命令:"从今以后,文章都必须按这种风格写。"

梁朝派遣军队讨伐李贲,李贲失败。

李贲自称越国皇帝,设置文武百官。梁朝派遣交州刺史杨瞟讨伐李贲,任命陈霸先为司马,定州刺史萧勃到西江与杨瞟会合,萧勃花言巧语劝杨瞟在西江停止前进。杨瞟把各位将领集合起来询问计策,陈霸先说:"定州刺史萧勃只顾眼前苟且偷安,没有长远打算,您现在奉皇上的命令讨伐罪人,应该不顾生死,怎么能在这里逗留不前,长敌人的志气灭自己的锐气呢?"于是陈霸先率领他的军队首先出发。杨瞟以陈霸先为先锋,李贲战败逃到嘉宁城,杨瞟指挥各路军队包围了嘉宁城。

冬，梁复赎刑法。　梁散骑常侍贺琛上书论事，诏诘责之。

琛启陈四事，一曰："今北边稽服，正是生聚教训之时，而天下户口减落，关外弥甚，郡不堪州之控总，县不堪郡之裒削，民不堪命，各务流移，此岂非牧守之过欤？东境户口空虚，皆由使命繁数，驽困拱手，听其渔猎。黠吏因之重为贪残，虽年降复业之诏，屡下蠲赋之恩，而民不得反其居也。"二曰："今守宰所以贪残，良由风俗侈靡使之然也。今之燕喜相竞夸豪，积果成丘，列肴如绮，而宾主之间裁改满腹。又畜妓之夫无有等秩、淫侈成俗，日见滋甚，欲使人守廉白，安可得邪！诚宜严为禁制，道以节俭，纠奏浮华，变其耳目。"三曰："陛下忧念四海，不惮勤劳，至于百司，莫不奏事。但斗筲之人，诡竞求进，不论国之大体，惟务吹毛求疵，以深刻为能，以绳逐为务。迹虽似于奉公，事更成其威福。诚愿责其公平之效，黜其谗慝之心，则下安上谧，无徼幸之患矣。"四曰："今天下无事，而犹日不暇给，宜省事息费，养民聚财，应内省职掌，各简所部，有宜除除之，有宜减减之，兴造有非急者，征求有可缓者，皆宜停省，以息费休民。夫畜其财者将以大用之也，养其民者将以大役之也。若言小事不足害财，则终年不息矣。以小役不足妨民，

冬季,梁朝重新颁布有罪的人交钱可以赎罪。 梁朝散骑常侍贺琛上书梁武帝议论国家政事,梁武帝下诏书责问他。

贺琛上奏提出四件事,第一:"现在北方的东魏已经降服,正是让那里的老百姓繁衍后代,对他们进行教育的时候了,而天下的户口减少,关外户口减少得更多,郡不堪忍受州的控制,县不堪忍受郡的搜刮,老百姓不堪忍受重压,各家纷纷向别处迁移,这难道不是牧守等地方官吏的过错吗? 东部地区户口空虚,都是由于国家政令繁多,使那些地区受到骚扰,无能的地方官员们没办法,只好拱手听命,允许他们鱼肉猎取。强暴奸诈的地方官吏乘机更贪婪地盘剥,虽然朝廷每年都降诏恢复生产,多次下令免除赋税,但老百姓还是不能回到家园。"第二:"现在官吏之所以贪婪残暴,确实是由于奢侈糜烂的风俗造成的。现在的喜庆宴席攀比摆阔,水果堆成小山,摆上的美味佳肴如锦绣一般,而客人、主人只是需要吃饱肚子而已。另外蓄养妓女的人没有等级,淫靡奢侈成为社会风气,一天比一天厉害,要想让人们保持廉洁清白,怎么可能呢! 实在应该制定严格制度,引导人们节俭,纠正浮华不实之风,使其面目一新。"第三:"皇上您忧国忧民挂念天下,不辞劳苦,以至于各部门,都向您奏事。但那些气量狭小的人,是欺骗您在力争飞黄腾达,而不顾国家大局,只是在吹毛求疵,以苛刻为能干,把纠举别人的过错、呵斥驱逐人视为自己的任务。这些人的作为虽然似乎是在奉公,事实上是在作威作福。我诚恳地希望达到公平的效果,去掉奸佞之辈进谗言的邪恶念头,则全国上下安定,没有侥幸心理带来的忧患。"第四:"现在天下太平,国家财用仍然不足,应该精简事务节省经费,让老百姓休养生息聚集资财,各部门根据各自的职责范围,分别检查所属机构,有应该革除的就革除,有应该减掉的就减掉,兴建的工程有的并不急需,征收的赋税可以暂缓的,都应该停止以便节约经费,让百姓休息。积蓄财物是为了以后有大的用处,让百姓休养生息是为了将来要让他们服大役。如果认为小事不足以消耗财物,就会常年小事不断。如果认为小的劳役不会妨害百姓,

则终年不止矣。如此则难可以语富强，而图远大矣。"

启奏，梁主大怒，召主书于前，口授敕书曰："朕有天下四十余年，公车谠言日关听览。卿不宜自同阘茸，止取名字，宣之行路：'言我能上事，恨朝廷之不用。'何不分别显言某刺史横暴，某太守贪残，某使者渔猎耶。士民饮食过差，若加严禁，益增苛扰。若指朝廷，我无此事。昔之牲牢久不宰杀，朝中会同菜蔬而已。我非公宴不食国家之食，凡所营造，皆以雇借成事。绝房室三十余年，雕饰之物不入于宫，不饮酒，不好音，朝中曲宴未尝奏乐。三更治事，日常一食。昔腰十围，今裁二尺。为谁为之？救物故也。卿又欲禁百司奏事，诡竞求进。'偏听生奸，独任成乱。'二世之委赵高，元后之付王莽，呼鹿为马，又可法欤？治、署、邸、肆，何者宜除，何者宜减，何处兴造非急，何处征求可缓，各出其事，具以奏闻。富国强兵之术，息民省役之宜，并宜具列。若不具列，则是欺罔。"琛但谢过而已，不敢复言。

梁主为人孝慈恭俭，博学能文，勤于政务，冬月视事，执笔触寒，手为皲裂。自天监中用释氏法，长斋一食，惟菜羹粝饭而已。身衣布衣，木绵皂帐，一冠三载，一衾二年，

就常年劳役不停。这样的话就很难谈到国富民强，从而图谋远大事业了。"

贺琛启奏后，梁武帝勃然大怒，把主书召到殿前，口授敕书说："我有天下四十余年，从公车官署转来的臣民直言不讳的上书，耳闻目睹了很多。你不该和那些才能低下的混同在一起，只图个虚名，向行路人炫耀说：'我上书皇帝陈述意见，可惜朝廷不采纳。'你为什么不分别说明某刺史横征暴敛，某太守贪婪残暴，某使者鱼肉践踏百姓呢！士民的饮食过度铺张，如果加以严禁，恐怕更增加了对百姓的骚扰。如果你指的是朝廷，我是没有这种事情的。过去喂养的供祭祀用的牲畜，好久没有宰杀了，朝中有会也仅是吃些蔬菜罢了。如果不是公宴，我是不吃国家的饮食的，凡是建筑方面的事，我都是出钱雇人来完成的。我不进内室已有三十多年，雕刻装饰的东西不运进宫里，我不好喝酒，不喜欢声色，朝中设宴不曾演奏过乐曲。我三更便起身处理国家大事，常常每天只进一次餐。过去我腰肥十围，现在瘦得只有二尺了。我这是为谁工作呢？是为了拯救百姓。你又想禁止各部门奏报事情，因为一些人使尽伎俩求得升官。'可是偏听偏信会出现奸佞小人，只任用一个人会出现祸乱。'秦二世把国家大事托付给赵高，西汉的元后将朝廷大权交给王莽，结果赵高指鹿为马，又怎么可以效法他们呢？官府、衙门、官邸、市肆，哪个应该除掉，哪个应该削减，哪个地方兴建的工程不是急需，哪些税赋可以缓缴，你要分别举出具体的事实，全部奏报给我。富国强兵的策略，让老百姓休养生息的方法，这些你都要详细地列举出来。如果你不能详细地列举，就是欺君罔上。"贺琛只是向梁武帝谢罪而已，不敢再说什么了。

梁武帝为人慈悲守孝道，讲礼节，生活节俭，而且博学多才，擅长诗文，对国家政务非常勤勉，冬天办公，天气寒冷，握笔的手都粗糙得裂了口子。自从天监年间信奉释迦牟尼的佛法，他长期吃斋食，每天一顿饭，也只是菜汤粗米饭罢了。他身上穿的是布衣，用的是木绵织的帐子，一顶帽子戴三年，一条被子盖二年，

后宫衣不曳地。性不饮酒,非祭祀飨宴及诸法事,未尝作乐。虽居暗室,恒理衣冠,小坐,盛暑,未尝褰袒,对内竖小臣如遇大宾。然优假士人太过,牧守多侵渔百姓,使者干扰郡县。又好亲任小人,颇伤苛察,多造塔庙,公私费损。江南久安,风俗奢靡,故琛启及之。梁主恶其触实,故怒。

魏遣使执其瓜州刺史邓彦。

魏东阳王荣为瓜州刺史,与其婿邓彦偕行。荣卒,瓜州首望表荣子康为刺史。彦杀康而夺其位,魏不能讨,因以彦为刺史,屡征不至。宇文泰以申徽为河西大使,令图彦。

徽以五十骑行,既至,止于宾馆。彦入谒,徽执之。因宣诏慰谕吏民,且云大军续至,城中无敢动者。

丙寅(546) 梁中大同元年,魏大统十二年,东魏武定四年。

春三月,梁主讲佛书于同泰寺。夏四月,同泰浮图灾,复作之。

梁主幸同泰寺讲《三慧经》。四月,解讲,是夕浮图灾。梁主曰:"此魔也,更宜广为法事。"遂起十二层浮图,将成,值侯景乱,乃止。

五月,魏凉、瓜州乱,讨平之。

魏以史宁为凉州刺史,前刺史宇文仲和据州不受代。瓜州民张保杀刺史,晋昌民吕兴杀太守以应之。宇文泰遣独孤信、怡峰与史宁讨之,宁晓谕吏民,率皆归附。独宇文

后宫里嫔妃不穿拖地的衣裙。梁武帝生性不好饮酒，如果不是举行祭祀或大的宴会以及其他的佛法活动，不曾奏乐。他即使住在幽暗的房间里，也一直坚持衣冠整齐，在宫中便坐，或盛暑的日子里，他也不曾袒胸露怀，对待宫里的宦官小吏也像对待贵宾一样。但是对士大夫太过优待宽厚，牧守大都渔猎百姓，朝廷的使者到各郡县干扰。梁武帝又喜好任用奸诈小人，失于严格考察，兴造了很多佛塔寺庙，耗费了许多公家和私人的财力。江南长期没有战事，形成了奢侈的风气，所以贺琛在奏折中提到了这些事。但梁武帝不喜欢他触及事实，因此大怒。

西魏派遣使者抓住瓜州刺史邓彦。

西魏东阳王元荣出任瓜州刺史，和他的女婿邓彦一起来到瓜州。元荣死后，瓜州最有威望的大族上表朝廷，请求让元荣的儿子元康做刺史。但邓彦却杀掉元康，篡夺了官位，西魏不能去讨伐，便任命邓彦为刺史，可朝廷多次征召他，他都不去。宇文泰以申徽作河西大使，密令他除掉邓彦。

申徽带五十名骑兵，到瓜州后，住在宾馆里。邓彦到宾馆拜谒，申徽把邓彦抓起来。便宣读诏书告谕百姓和官吏，并且说大批人马随后就来，瓜州城里没有敢乱动的人。

丙寅（546）　梁中大同元年，西魏大统十二年，东魏武定四年。

春三月，梁武帝在同泰寺主讲佛经。夏四月，同泰寺佛塔起火，又重新修复。

梁武帝临幸同泰寺讲《三慧经》。四月，讲经结束，当天夜里佛塔起火。梁武帝说："这是魔鬼作怪，要更加广泛地做佛事。"于是修起十二层高的佛塔，快要竣工时，赶上侯景叛乱，才停止。

五月，西魏凉州、瓜州发生叛乱，西魏讨伐平息了叛乱。

西魏任史宁为凉州刺史，可前任刺史宇文仲和占据着凉州，不让史宁取代。瓜州百姓张保杀了瓜州刺史，晋昌百姓吕兴杀了太守，以此来响应史宁。宇文泰派遣独孤信、怡峰和史宁一同讨伐，史宁向凉州的官吏百姓讲明道理，他们都归顺了。唯独宇文

仲和据城不下，至是独孤信袭擒之。

初，张保欲杀州主簿令狐整，以其人望，恐失众心，虽外相敬，内忌之。整阳为亲附，因使人说保，曰："今东军逼凉州，彼势孤危，宜急分精锐以救之。令狐延保兼资文武，使将兵以往，蔑不济也。"保从之。整行及玉门，召豪杰，述保罪状，驰还袭之。先克晋昌，斩吕兴，进击瓜州。州人素信服整，皆弃保来降，保奔吐谷浑。

众议推整为刺史，整曰："吾属以张保逆乱，恐阖州之人俱陷不义，故相与讨诛之。今复见推，是效尤也。"乃推魏使者张道义行州事，具以状闻，而帅宗族乡里三千余人入朝，累迁侍中。

秋七月，梁禁用短钱。

先是，江东唯建康及三吴、荆、郢、江、湘、梁、益用钱，其余州郡杂以谷帛。交、广专以金银为货。梁主自铸五铢及女钱，二品并行，禁诸古钱。普通中，更铸铁钱，由是私铸者多，物价腾踊，交易者至以车载钱，不复计数。又或以八十为百，或以七十为百，或以九十为百。梁主患之，乃下诏禁之，而人不从，钱陌益少。至于季年，遂以三十五为百云。

八月，梁以邵陵王纶为南徐州刺史。

仲和占据凉州城不肯投降,到这时,独孤信攻击凉州城,活捉了宇文仲和。

当初,张保想杀掉瓜州主簿令狐整,但因为令狐整很有名望,张保担心杀掉他会失掉民心,所以表面上虽然很尊敬令狐整,但内心却忌恨他。令狐整假装对张保亲近,好像是依附他,便派人劝说张保说:"现在从东边来的军队已逼近凉州,那里的形势危急,应该马上分派一些精锐部队去救援。令狐延保文武兼备,如派遣他率兵前往凉州,没有不成功的。"张保采纳了这个建议。令狐整率军到达玉门关,召集英雄豪杰,历数张保的罪状,又急速返回瓜州袭击张保。首先攻克晋昌,斩了吴兴,又进一步攻打瓜州。瓜州人向来都信服令狐整,都背叛张保向令狐整投降。张保逃往吐谷浑。

大家商议推举令狐整为刺史,令狐整说:"我们这些人因为张保叛逆作乱,恐怕全瓜州的人都陷入不义境地,所以才共同讨伐他。现在我又被大家推举为刺史,这是明知错误而仿效啊!"于是他便推举西魏使者张道义暂且主持瓜州事务,然后将情况上报朝廷,并率领他的亲族及乡亲三千多人进京入朝。之后,他逐步升为侍中。

秋七月,梁朝颁布命令,禁止使用短钱。

先前,江南只有建康和三吴、荆州、郢州、江州、湘州、梁州、益州等地使用钱币,其余的州郡都以谷物布帛等实物交换。交、广两地专以金银为货币。梁武帝自己铸造了五铢钱和女钱,这两种钱在市场上同时流通,并禁止市场上使用各种古钱。普通年间,又铸造了铁钱,因此民间私自铸造钱的人很多,物价飞涨,做买卖的人以至于用车载着钱,不再逐个计算。还有的以八十文折合一百文,或者以七十文折合一百文,或者以九十文为一百。梁武帝对这种现象很忧虑,便下诏书禁止这一现象,但诏书颁布后人们并不遵守,因此钱陌更少了。到了末年,就以三十五文为一百文了。

八月,梁武帝任命邵陵王萧纶为南徐州刺史。

梁主年高，诸子心不相下，互相猜忌。邵陵王纶为丹杨尹，湘东王绎在江州，武陵王纪在益州，皆权侔人主。太子纲恶之，常选精兵以卫东宫，出纶为南徐州刺史。

东魏迁《石经》于邺。

凡五十二碑。

魏以韦孝宽为并州刺史，守玉壁。

魏徙王思政为荆州刺史，使之举可代者。思政举孝宽，宇文泰从之。

梁讨李贲，败之。

李贲复帅众自獠中出，屯典澈湖。众军惮之，屯湖口不敢进。陈霸先曰："我师老而无援，入人心腹，若战不捷，岂望生全？今藉其屡奔，人情未固，正当共出百死，决力取之，无故停留，时事去矣。"诸将皆莫应。是夜江水暴起七丈，注湖中，霸先勒所部兵乘流先进，众军鼓噪俱前，贲众大溃，复窜獠中。

冬十月，梁以岳阳王詧为雍州刺史。

梁主舍詧兄弟，而立太子纲，内常愧之，宠亚诸子。使詧为东扬州，以慰其心。詧兄弟亦内怀不平，至是詧以梁主衰老，朝多秕政，遂蓄财下士，招募勇敢，左右至数千人。以襄阳形胜，梁业所基，可图大功，乃克己为政，抚循士民，数施恩惠，延纳规谏，所部称治。

梁武帝年事已高，他的儿子们互相不服，互相猜疑忌恨。邵陵王萧纶任丹阳尹，湘东王萧绎任江州刺史，武陵王萧纪任益州刺史，他们的权力都和皇帝一样大。太子萧纲忌恨他们，常常选精锐军队保卫东宫，萧纶出任南徐州刺史。

东魏把《石经》迁到邺城。

东魏高澄将五十二个刻有《石经》的碑石，由洛阳迁到邺城。

西魏任命韦孝宽为并州刺史，镇守玉壁。

西魏将王思政由并州刺史调任为荆州刺史，并让他推举继任人。王思政推举韦孝宽，宇文泰同意了他。

梁朝派军讨伐李贲，李贲被击败。

李贲又率军队从獠人居住区出发，到典澈湖一带屯驻。梁朝的军队到达典澈附近，因惧怕李贲的军队，屯驻典澈湖口不敢前进。陈霸先对各位将领说："我军出征的时间已经很长了，又孤军无援，如果攻入敌人的心腹地区，不能取得战争的胜利，哪里指望都能活着回来呢？现在我们应该乘敌人屡次奔跑，人心不稳定之机，共同出生入死，竭尽全力击败李贲，现在无缘无故地停留这里，会失去取胜的机会。"各位将领都不响应。这天夜里江水暴涨七丈，注满了典澈湖，陈霸先率领他的军队顺流进入湖中，将士们一起呐喊冲杀，李贲的军队惨败，又逃回獠人居住区。

冬十月，梁朝任命岳阳王萧詧为雍州刺史。

梁武帝没有选择萧詧兄弟，而立萧纲为太子，内心常常感到愧对萧詧兄弟，因此对萧詧的宠爱仅次于其他几个儿子。他让萧詧兄弟轮流到物产丰富的东扬州作刺史，用这来安慰他们的心。萧詧兄弟也内心常常感到不平，到现在萧詧觉得梁武帝已经衰老，朝廷的政治混乱，因此他就积蓄财产礼贤下士，招募勇敢善战的人才，他的身边已经聚集了几千人。因为襄阳地形险要，梁朝的基业，可以图谋大功，所以他严格要求自己，精心办好政事，抚慰官吏百姓，不断地施行恩惠，广泛地听取规劝和意见，他管辖的地区治理得非常有秩序。

十一月,东魏大丞相欢侵魏,围玉壁,不克而还。

东魏高欢悉山东之众伐魏,至玉壁,围而攻之,昼夜不息。魏韦孝宽随机拒之。城中无水,汲于汾。欢使移汾,一夕而毕。又于城南起土山,欲乘之以入。孝宽缚木接楼以御之。欢凿地为十道,孝宽掘长堑邀之,每穿至堑,辄擒杀之。塞柴投火,以皮排吹之,在地道内者亦皆焦烂。欢以攻车撞城,孝宽缝布为幔,随其所向悬空张之,车不能坏。欢又缚松麻于竿,灌油加火,以烧布焚楼,孝宽作长钩遥割之。欢又于城四面穿地,中施梁柱,纵火烧之,柱折城崩。孝宽随处竖木栅以扞之,敌不得入。城外尽攻击之术,而城中守御有余,又夺据其土山,欢无如之何,乃使祖珽说之使降。孝宽曰:"攻者自劳,守者常逸。孝宽关西男子,必不为降将军也。"珽乃射募格于城中云:"能斩孝宽者,拜太尉,封郡公。"孝宽题书背返射城外云:"能斩高欢者,准此。"东魏苦攻五十日,士卒死者七万人,共为一冢。欢智力皆困,因而发疾,乃解围去。

十一月，东魏大丞相高欢率军进攻西魏，包围了玉壁，未能攻破，率师返回。

东魏高欢让山东的军队倾巢而出，由他率领着进攻西魏。到了玉壁，把玉壁包围起来，昼夜不停地发动进攻。西魏韦孝宽随机应变，组织抵抗。城里没有水，便从汾河中汲水。高欢派人在上游把汾水移流，使城中断水，这移流工程只用了一个晚上就完成了。高欢又在城南堆起土山，想利用土山攻入城里。韦孝宽让人把木头绑在城楼上，以加高城楼，用来抵御高欢的军队。高欢又让他的军队掘出十条地道，而韦孝宽就组织人挖一条很长的沟堑，截断高欢的地道，每当东魏的人穿过地道到达沟堑时，西魏的兵士就把他捉住杀死。另外，西魏军队还往地道里塞柴草，放火燃烧，并用皮排吹风助燃，把地道里的人也都烧焦烧烂了。高欢又用攻城车撞击城墙，韦孝宽又让人用布缝制很长的帷幔，随着攻城车的移动，在空中张开，攻城车却无法撞坏它。高欢又令部队把松枝、麻杆之类的东西绑在长竿上，浇上油点燃火，用来烧帷幔和城楼，韦孝宽又让部队做很长的钩子远远去割那些长竿。高欢又在城的四周挖地道，地道中放上梁柱，然后放火烧掉，结果梁柱折断城墙倒塌。韦孝宽又命令部队在城墙倒塌处立起木栅栏，以抵御敌人，敌人攻不进城里。攻城的人一切办法都用尽了，而城里韦孝宽抵御的办法还绰绰有余。韦孝宽又抢占了高欢部队堆起的那座土山，高欢已无计可施，便派祖珽劝韦孝宽投降。韦孝宽说："攻城的人是白白劳苦，而我们守城的人是以逸待劳。我韦孝宽是关西男子汉，誓不作投降的将军！"祖珽又往城里射去悬赏捉拿韦孝宽的告示说："凡是能斩杀韦孝宽的人，就拜为太尉，并加封郡公。"韦孝宽便在祖珽射进来的告示的背面写上字，返射回去，上面写着："能杀掉高欢的人，也能得到同样的奖赏。"东魏对玉壁城艰苦攻打了五十天，死亡的士兵多达七万人，全埋在一个墓坑里。高欢的智慧和谋略都用尽了，因此急得生了病，于是解除了对玉壁城的围攻而离开了。

军中讹言："孝宽以定功弩射杀丞相。"欢闻之，勉坐见诸贵，使斛律金作《敕勒歌》，自和之，哀感流涕。

东魏大将军澄如晋阳。

高欢病，使太原公洋镇邺，而征澄赴晋阳。

魏度支尚书苏绰卒。

绰性忠俭，常以丧乱未平为己任，荐贤拔能，纪纲庶政。宇文泰推心任之。或出游，常预署空纸以授绰，有须处分，随事施行。绰尝谓："为国之道，当爱人如慈父，训人如严师。"每与公卿论议，自昼达夜，事无巨细，若指诸掌。积劳成疾而卒，泰深痛惜之，谓公卿曰："苏尚书平生廉让，吾欲全其素志，则恐悠悠之徒，有所未达。如厚加赠谥，又乖宿昔相知之心，何为而可？"令史麻瑶越次进曰："俭约所以彰其美也。"泰从之，归葬武功，载以布车一乘。泰与群公步送之，酹酒言曰："尔知吾心，吾知尔心。方欲共定天下，遽舍吾去，奈何？"因举声恸哭，不觉卮落于手。

丁卯（547） 梁太清元年，魏大统十三年，东魏武定五年。

春正月朔，日食。

不尽如钩。

梁以湘东王绎为荆州刺史。

初，绎为荆州有微过，庐陵王续代之，以状闻。至是续卒，

东魏军中传布流言:"韦孝宽用定功弩射死了丞相高欢。"高欢听说这件事后,勉强坐起来会见权贵们,并让斛律金作《敕勒歌》,高欢自己跟着乐曲唱和,悲哀之情油然而生,流下泪来。

东魏大将军高澄到晋阳去。

高欢生病,派太原公高洋镇守邺城,而征调高澄到晋阳。

西魏度支尚书苏绰去世。

苏绰秉性忠厚俭朴,他常常把消除祸乱作为自己的责任,举荐提拔贤能人才,不管是国家政事还是日常琐事他都以法度为准绳。宇文泰对他推心置腹,非常信赖。有时宇文泰外出,常常预先把一些签了名的空白纸交给苏绰,如有需要处理的事务,可以随时处理。苏绰曾说:"治国之道,对待百姓应当像慈父爱护孩子一样,训导百姓像严师训导学生一样。"每当与王公大臣们商议公务时,都是从白天谈到黑夜,不管是国家大事小事,他都了如指掌。他积劳成疾而死,宇文泰对他的死深感悲痛惋惜,对王公大臣们说:"苏尚书一生廉洁谦让,我想按他平时的作风办理他的后事,又怕众官吏和百姓不理解我的用意。如果对他厚加追谥,又违背了我们过去的相知之心,该怎么办呢?"令史麻瑶越次进言道:"节俭办理苏绰的后事,可以表彰他的美德。"宇文泰同意了,他们用一驾白布罩着的车载着苏绰的遗体,送武功安葬。宇文泰和大臣们步行护送灵车,宇文泰把酒洒到地上说:"你知道我的心意,我知道你的志向。我正想与你共同平定天下,你却突然离开我走了,这如何是好呢?"便放声恸哭,不知不觉酒杯从手中落到地上。

丁卯(547)　梁太清元年,西魏大统十三年,东魏武定五年。

春季正月初一,发生日食。

这次是日偏食,未被遮尽的太阳像钩一样。

梁武帝任命湘东王萧绎为荆州刺史。

当初,萧绎任荆州刺史犯了些小错误,庐陵王萧续接替了他,萧续上任后把萧绎的过错报告了朝廷。到现在萧续死了,

绎闻之喜,入阁而跃,履为之破。梁主复以绎刺荆州。

东魏大丞相勃海王高欢卒。

欢性深密,终日俨然,人不能测。驭军严肃,听断明察,雅尚俭素,刀剑鞍勒无金玉之饰。病笃,谓子澄曰:"侯景专制河南十四年矣,常有飞扬跋扈之志,顾我能畜养,非汝所能驾御也。今四方未定,勿遽发哀。库狄干、斛律金并性遒直,终不负汝。堪敌侯景者唯有慕容绍宗,我故不贵之,留以遗汝。"又曰:"段孝先忠亮仁厚,智勇兼备,军旅大事宜共筹之。"遂卒。澄秘不发丧,唯行台丞陈元康知之。

东魏大行台侯景以河南降魏。

景右足偏短,弓马非其长,而多谋算。诸将高敖曹、彭乐等皆勇冠一时,景常轻之,尝言于高欢:"愿得兵三万,横行天下,要须济江缚取萧衍老公,以为太平寺主。"欢使将兵十万,专制河南。

景素轻高澄,尝曰:"高王在,吾不敢有异。王没,吾不能与鲜卑小儿共事矣。"及欢疾笃,澄诈为欢书以召景。先是,景与欢约曰:"今握兵在远,人易为诈,所赐书,背请加微点。"至是景得书无点,辞不至。又闻欢疾笃,用其行台郎王伟计,拥兵自固。

欢卒,遂以河南降魏。魏以景为太傅大行台。景执豫、襄、广州刺史,潜遣兵袭西兖州。刺史邢子才掩捕获之,

绎听说后非常高兴,入阁后高兴得跳起来,鞋都被撑破了。梁武帝再次任命萧绎为荆州刺史。

东魏大丞相勃海王高欢去世。

高欢性格深沉缜密,整天都是庄严的样子,谁也猜测不到他心里在想什么。他指挥军队法令严明,处理事情能明察秋毫,喜欢节俭朴素,所用的刀、剑、马鞍、缰绳没有金玉装饰。高欢病重,对他的长子高澄说:"侯景在河南专制十四年了,他一直有飞扬跋扈的志向,只有我能降伏他,不是你所能驾驭的。现在天下还不安定,如果我死了,不要急于发丧。库狄干、斛律金都是性格耿直的人,不管什么情况下都不会背叛你。能够与侯景抗衡的只有慕容绍宗,所以我故意没有给他高禄位,就是把他留下来给你。"高欢又说:"段孝先忠实坦荡,仁慈厚道,智勇双全,军机大事应和他一起商量。"说完高欢就死了。高澄秘不发丧,只有行台左丞陈元康知道这件事。

东魏大行台侯景以河南投降西魏。

侯景右脚略短,是跛腿,弓和马不是他的长度,多谋算。高敖曹、彭乐等诸将都是当时最勇敢的,侯景却常常轻视他们,曾经对高欢说:"我想率领三万兵马,横扫天下,争取渡过长江把萧衍那老头子绑来,叫他作太平寺的主人。"高欢派他率十万兵马,全权管理河南地区。

侯景一向轻视高澄,曾经对别人说:"高欢在世时,我不敢有二心。如果他死了,我不能与这些鲜卑小儿们共事。"到高欢病重时,高澄假称以其父高欢的信召侯景前去。过去,侯景曾与高欢有约,说:"我在远方掌握兵权,人们容易对我进行欺骗,您以后赐给我信时,在背面请加小黑点。"到这时侯景接到的信背面未加小黑点,他就推托没有回来。侯景又听说高欢病重,就采纳了行台郎王伟的计谋,聚集军队固守河南。

高欢死后,侯景就以河南投降了西魏。西魏任命侯景为太傅大行台。侯景又抓住豫州刺史、襄州刺史、广州刺史,暗中派兵袭击西兖州。西兖州刺史邢子才乘其不备捕获了侯景派去的全部兵马,

因散檄东方诸州,各为之备。高澄遣韩轨督诸军讨之。

三月,魏除宫刑。
魏诏:"自今应宫刑者,直没官,勿刑。"

侯景复以河南叛附于梁。梁封景为河南王,遣兵援之。

景又遣郎中丁和奉表于梁,请举河南十三州内附。梁主召群臣廷议,仆射谢举等皆曰:"顷与魏和,边境无事,不宜纳其叛臣。"梁主曰:"机会难得,岂宜胶柱?"

先是,正月乙卯,梁主梦中原牧守皆以地来降。旦见朱异告之,异曰:"此宇内混一之兆也。"及丁和至,称景定计,实以正月乙卯,梁主愈神之,然意犹未决,尝独言:"我国家如金瓯,无一伤缺,今忽受景地,讵是事宜?脱致纷纭,悔之何及?"朱异揣知梁主意,对曰:"今景分魏土之半以来,自非天诱其衷,何以至此?若拒而不内,恐绝后来之望,愿陛下无疑。"

梁主乃以景为大将军,封河南王,都督河南北诸军事。遣司州刺史羊鸦仁督兖州桓和、仁州湛海珍等,将兵三万趣悬瓠以应之。平西咨议周弘正善占候,前此谓人曰:"国家数年后,当有兵起。"及闻纳景,曰:"乱阶在此矣。"

三月,梁主舍身于同泰寺。　夏四月,东魏大将军澄如邺。

便向东边的几个州散发檄文揭露侯景的阴谋，因此东边的各州都有了准备。高澄派遣韩轨督领兵马讨伐侯景。

三月，西魏废除宫刑。

西魏朝廷诏令："从现在起应该受宫刑的人，直接没收为官奴，不再施刑。"

侯景又率河南各州背叛西魏归附梁朝。梁武帝封侯景为河南王，并派遣军队救援他。

侯景又派遣行台郎中丁和向梁朝廷上表，请求率领河南十三州归附。梁武帝召集百官在朝廷商议，仆射谢举等都说："我们刚与西魏友好相处，边境平安无事，现在不应该接纳它的叛逆之臣。"梁武帝说："机会难得，怎么能胶柱鼓瑟而不会变通呢？"

在这之前，正月乙卯（十七日），梁武帝梦见中原地区各牧守都献地投降。早上他见到朱异，把梦中的事告诉了朱异，朱异说："这是天下要统一的征兆。"等丁和到来，告诉侯景定下计谋，要在正月十七日归附的消息，梁武帝更觉得这梦是神的意志，但他仍犹豫不决，曾自言自语地说："我的国家像金瓯一样，国土完整，无一点破碎之处，现在忽然接受侯景献来的土地，难道这是合乎事理的吗？若是因此招致混乱，后悔还能来得及吗？"朱异已经揣测到了梁武帝的心思，便回答说："现在侯景把魏的一半土地分割出来归附我们，如果不是天意引导，怎么会有这种情况呢？如若拒绝不接纳他，恐怕会杜绝以后来归人的希望，希望陛下不要再犹豫了。"

梁武帝被朱异说服了，便任命侯景为大将军，封为河南王，都督黄河南北诸军事。梁武帝派遣司州刺史羊鸦仁督率兖州刺史桓和、仁州刺史湛海珍等人，率领三万兵马往悬瓠方向靠近，以接应侯景。平西咨议周弘正擅长观察天象，在侯景归附之前曾经对人说："几年以后，国内会有兵乱。"到他听说梁朝接纳侯景后，说："祸乱原因就在这里。"

三月，梁武帝离开宫殿，到同泰寺出家。　夏四月，东魏大将军高澄到邺城。

澄虑诸州有变,乃自出巡抚,因朝于邺。东魏主与之宴,澄起舞,识者知其不终。

六月,东魏遣兵讨侯景,魏遣兵救之,征景入朝。景不受命,魏师乃还。

东魏高澄遣将军元柱等将兵数万袭景,大败。景以梁羊鸦仁等军犹未至,乃退保颍川。东魏复遣韩轨等兵围之。景惧,割东荆、北兖州、鲁阳、长社四城,赂魏以求救。仆射于谨曰:"景少习兵,奸诈难测,不如厚其爵位,以观其变,未可遣兵。"荆州刺史王思政以为不若因机进取,即引兵自鲁阳向阳翟。宇文泰闻之,遣太尉李弼,仪同赵贵将兵赴颍川。

景恐梁主责之,遣使奉启曰:"王旅未接,死亡交急,求援关中,自救目前。割弃四州,事非得已。其豫州以东,齐海以西,悉归圣朝,事须迎纳,愿敕境上各置重兵,与臣影响,不使差互。"梁主优诏报之。

韩轨等闻魏师将至,引兵还邺。景欲因会执弼与贵,而夺其军,贵疑之不往,欲诱景入营而执之,弼止之。羊鸦仁遣兵至汝水,弼等引兵还长安,王思政入据颍川。景引军出屯悬瓠,复使乞兵于魏。宇文泰使同轨防主韦法保等将兵助之,左丞王悦言于泰曰:"彼既能背德于高氏,岂肯尽节于朝廷?今益之以势,援之以兵,窃恐朝廷贻笑将来也。"泰乃召景入朝。

高澄担心各州出现变故，便亲自出巡，到各州安抚下属，因此到邺城朝拜。东魏孝静帝设宴招待高澄，席间高澄跳起舞来，有见识的人都觉得高澄这样不会有好下场。

六月，东魏派兵马讨伐侯景，西魏派兵救援侯景，征召侯景入朝。侯景不接受入朝的命令，西魏的军队才撤回了。

东魏高澄派遣将军元柱等率领几万兵马袭击侯景，元柱的军队遭到惨败。侯景因为梁朝羊鸦仁等将军的兵马还未赶到，就退守颍川。东魏又派遣韩轨等率军队包围侯景的军队。侯景惧怕了，把东荆州、北兖州、鲁阳、长社四座城市割让给了西魏，以此贿赂西魏求得救援。西魏的仆射于谨说："侯景自年少时就学习兵术，奸诈难测，不如封他很高的爵位，然后再观察他的变化，不可以派遣军队去救援。"荆州刺史王思政则认为不如趁机进取，他就率领兵马自鲁阳向阳翟进发。宇文泰听到消息后，就派遣太尉李弼，仪同三司赵贵率兵奔赴颍川。

侯景恐怕梁武帝责怪他与西魏勾结，派遣使者给梁武帝送去一封信说："君王的军队没来到，生死关头形势危急，我便求援关中，挽救目前的困难局面。我割弃了四个州给西魏，是出于不得已。豫州以东，齐海以西，都归梁朝，这事需你派人去接管，希望圣上命令在边境上各设重兵，与我呼应，不要使我们之间相互发生误会。"梁武帝又下诏书回答。

韩轨等人听说西魏的军队将要到来，便率兵马回了邺城。这时侯景想趁机抓获李弼和赵贵，夺取他们的军队，赵贵对侯景有怀疑，不去颍川，而是想把侯景引诱到他的营寨抓起来，李弼制止了赵贵。此时，梁朝羊鸦仁派遣军队到达汝水，李弼等带领军队回了长安，王思政占领了颍川。侯景带领军队离开颍川驻扎在悬瓠，又派遣使者去长安向西魏求援兵。宇文泰派同轨防主韦法保等率兵马前往救援，左丞王悦对宇文泰说："侯景既然对高氏能背信弃义，怎么会对本朝廷尽忠节呢？现在您扩大他的势力，派兵援助他，我暗暗担心朝廷的决策会贻笑将来。"宇文泰就召侯景入朝。

景叛计未成,厚抚法保等。长史裴宽谓法保曰:"侯景狡诈,必不入关。欲托款于公,恐未可信。若伏兵斩之,亦一时之功也。不尔即应深为之防。"法保然之,遂辞还镇。王思政亦觉其诈,分布诸军,据景七州十二镇。景果辞不入朝,泰乃召诸军还,以思政都督河南诸军事。景遂决意降梁,鸦仁遂入悬瓠。高澄以书谕景使还,许以为豫州刺史,而还其妻子,景不听。

秋七月,梁遣贞阳侯渊明督诸将侵东魏。

梁主下诏大举伐东魏,欲以鄱阳王范为元帅。朱异曰:"鄱阳雄豪盖世,得人死力,然所至残暴,非吊民之材,且陛下昔登北顾亭,谓江右有反气,骨肉为戎首,今宜详择。"梁主曰:"会理何如?"对曰:"陛下得之矣。"遂以会理与贞阳侯渊明分督诸将。会理庸懦骄倨,不礼渊明。渊明密告朱异,追还代之。

东魏大将军澄还晋阳,自为都督中外诸军、录尚书事、勃海王。

高澄将归晋阳,以其弟洋为京畿大都督留邺,遂归发丧。东魏主赠欢相国、齐王,备九锡殊礼。以澄为大丞相,督中外录尚书事。澄辞丞相,许之。澄虚葬齐献武王于漳水之西,而潜凿鼓山石窟佛寺之旁为穴,纳其柩而塞之,杀群匠。及齐亡,一匠之子知之,发石取金而逃。

侯景反叛西魏的计划没有实现，便优抚韦法保等人。长史裴宽对韦法保说："侯景狡诈，必然不会入关。他想托你向朝廷讲情，恐怕是不可信的。如果设伏兵把侯景杀死，也是一时的功劳。不然，你就认真地设防。"韦法保同意裴宽的意见，便找个借口返回镇所。王思政也觉得侯景奸诈，因此部署军队，占领侯景所辖的七州二十镇。侯景果然推辞不入西魏朝廷，宇文泰才将派去救援侯景的兵马召了回来，让王思政都督河南诸军事。侯景于是决心归降梁朝，羊鸦仁于是率梁朝的军队进入悬瓠。东魏高澄写信给侯景，劝他回邺城，答应让他作豫州刺史，并把他妻子还给他，但侯景不听。

秋七月，梁朝廷派遣贞阳侯萧渊明率众将领入侵东魏。

梁武帝诏令梁朝军队大举进攻东魏，他想以鄱阳王萧范为元帅。朱异对梁武帝说："鄱阳王萧范是世上无双的英雄豪杰，使得许多人能为他尽力效劳，然而他所到之处非常残暴，不是爱惜百姓的人才，况且陛下过去登北顾亭时，说长江西边有反叛之气，骨肉之亲是战乱的祸首，现在您应仔细选择元帅。"梁武帝说："萧会理怎么样？"朱异回答说："陛下选对了。"梁武帝就让萧会理和贞阳侯萧渊明分别督领众将领。萧会理平庸怯懦又骄横无理，对萧渊明很不礼貌。萧渊明把萧会理这些情况秘密告诉了朱异，朱异把萧会理追了回去，让萧渊明一人任都督。

东魏大将军高澄返回晋阳，自任都督中外诸军、录尚书事、勃海王。

高澄将要回晋阳时，任命他弟弟高洋为京畿大都督留守邺城，高澄就回到晋阳发丧。东魏孝静帝追赠高欢为相国、齐王，备九锡特殊厚礼。任命高澄为大丞相、都督中外军事、录尚书事。高澄辞丞相之职，东魏孝静帝同意了。高澄把齐献武王高欢虚葬在漳水西边，而秘密在成安鼓山石窟佛寺旁边挖掘墓穴，把灵柩放了进去又塞上，杀掉那些挖穴筑墓的工匠。到北齐灭亡后，一个工匠的儿子知道了高欢的墓地，便撬开石板，将墓穴里的金银取出来逃走了。

东魏大将军澄入邺，幽其主于宫中，杀侍读荀济等而还。

东魏主多力善射，好文学，时人以为有孝文风烈，高澄深忌之。始高欢自病逐君之丑，事魏主礼甚恭，事无大小必以闻，可否听旨。每侍宴，俯伏上寿。魏主设法会，乘辇行香，欢执香炉步从，鞠躬屏气，承望颜色。

及澄当国，倨慢顿甚，使崔季舒察魏主动静。澄尝侍饮，举大觞属魏主。魏主不胜忿，曰："自古无不亡之国，朕亦何用此生为？"澄怒骂，使季舒拳殴魏主，奋衣而出。

魏主不堪忧辱，咏谢灵运诗曰："韩亡子房奋，秦帝鲁连耻。"侍讲荀济知魏主意，乃与祠部郎中元瑾、华山王大器等谋诛澄，于宫中作土山，开地道，向北城至千秋门。门者觉之，以告澄。澄勒兵入宫，见魏主不拜而坐，曰："陛下何意反？"魏主正色曰："自古唯闻臣反君，不闻君反臣。王自欲反，何乃责我？必欲弑逆，缓速在王。"澄乃下床叩头，大啼谢罪。居三日，幽魏主于含章堂，烹济等于市，遂还晋阳。

初，济少居江东，博学能文，与梁主有布衣之旧。知梁主有大志，然负气不服，常谓人曰："会于盾鼻上磨墨檄之。"梁主甚不平，及即位，或荐之，梁主曰："乱俗好反，不可用也。"济上书谏梁主崇信佛法，塔寺奢费。梁主大怒，

东魏大将军高澄进入邺城,把东魏孝静帝幽禁在宫中,杀掉侍读荀济等人,而后返回晋阳。

东魏孝静帝力气大善射箭,喜欢文学,当时的人们都认为他有北魏孝文帝的风姿,高澄很忌恨孝静帝。当初高欢自恨背上了驱逐君主的丑名,侍奉东魏孝静帝时非常礼貌恭敬,不管事情大小一定要汇报孝静帝,听旨而行。每次侍宴,都俯身向皇帝祝寿。孝静帝举行法会,乘坐銮驾去进香时,高欢总是手捧香炉,徒步跟从,弯腰鞠躬屏住气息,看着皇帝的脸色行事。

等高澄掌握国家大权以后,顿时傲慢起来,让中书黄门郎崔季舒暗中窥探皇帝的动静。高澄曾经在侍奉皇帝喝酒时,举起大酒杯劝皇帝喝酒。东魏孝静帝非常愤怒,说:"从古到今没有不灭亡的国家,我还珍惜生命干什么呢?"高澄恼羞成怒,大骂孝静帝,命令崔季舒用拳头打了孝静帝,把衣服一甩就走了。

东魏孝静帝忍受不了这种侮辱,便吟诵谢灵运的诗:"韩亡子房奋,秦帝鲁连耻。"侍读荀济了解孝静帝的心思,便与祠部郎中元瑾、华山王元大器等密谋杀掉高澄。他们在宫中造土山,开地道,通向北城直至千秋门。守千秋门的士卒发现了,报告了高澄。高澄带兵进入皇宫,见了孝静帝没有叩拜便坐下来,问孝静帝:"陛下为什么要谋反呢?"东魏孝静帝板着面孔严肃地说:"自古至今只听说臣反叛君王,没听说过君王反叛臣子。你自己想反叛,为什么反而指责我呢?你如果一定要反叛杀君王,早动手晚动手都在你自己。"高澄听了,便下床伏地叩头,痛哭流涕地向孝静帝请罪。过了三天,高澄便把东魏孝静帝囚禁在含章堂,把荀济等在街市上油炸了,之后高澄又回到晋阳。

当初,荀济年轻时住在江东,他学识渊博,善于诗文,与梁武帝萧衍是布衣之交。他知道梁武帝心怀大志,但心里不服气,常对人说:"如果萧衍要造反篡位,我将在盾鼻上磨墨写檄文声讨他。"梁武帝很气愤,到他即位后,有人举荐荀济,梁武帝说:"这人常做违犯习俗的事,喜欢讲反对意见,不可以用。"荀济上书梁武帝,劝他不要崇信佛法,佛塔寺院耗费太大。梁武帝大怒,

欲斩之。朱异密告之,济逃奔东魏,澄以为侍读。及败,下辩曰:"自伤年纪摧颓,功名不立,故欲挟天子诛权臣。"澄欲宥其死,亲问之曰:"荀公何意反?"济曰:"奉诏诛高澄,何谓反邪?"遂烹之。

九月,梁师堰泗水,以攻东魏之彭城。冬十一月,东魏行台慕容绍宗击败之,获萧渊明。

梁主命侍中羊侃与渊明堰泗水于寒山,以灌彭城。俟得彭城,乃进军与景犄角。堰成,东魏徐州刺史王则婴城固守,侃劝渊明乘水攻之,不从。诸将与议军事,渊明不能对,但云"临时制宜"而已。

东魏遣大都督高岳救彭城,欲以潘乐为副,陈元康曰:"乐缓于机变,不如慕容绍宗,且先王之命也。"乃以绍宗为东南道行台,与岳、乐偕行。景闻绍宗来,叩鞍有惧色,曰:"谁教鲜卑儿解遣绍宗来?若然,高王定未死邪!"绍宗帅众十万据橐驼岘,羊侃劝渊明乘其远来击之,不从。侃乃帅所领出屯堰上。绍宗至,攻营,渊明醉不能起,诸将皆不敢出,兖州刺史胡贵孙独率麾下与战,斩首二百。东魏兵败走。

初,景常戒梁人曰:"逐北勿过二里。"绍宗将战,以梁人轻悍,恐其众不能支,引将卒谓之曰:"我当阳退,诱吴儿使前,

想把荀济杀掉。朱异密告了荀济,荀济逃奔到东魏,高澄让他任侍读。到他们谋划除掉高澄的事败露以后,荀济被关进牢狱,在狱中时有人为他辩白说:"荀济对自己的衰老感到悲哀,功名还没建立,因此想挟天子杀权臣。"高澄想宽宥荀济,免他死罪,亲自问荀济:"荀公为什么要谋反?"荀济回答道:"我奉诏令杀高澄,怎么能说是谋反呢?"于是高澄下令把荀济油炸了。

九月,梁朝军队筑水坝堵泗水,用来攻东魏彭城。冬十一月,东魏行台慕容绍宗打败梁军,抓住了萧渊明。

梁武帝命令侍中羊侃和萧渊明在寒山附近筑堤坝,堵泗水,用来灌淹彭城。待取得彭城后,便进军与侯景的军队形成分兵夹攻之势。堤坝修成了,东魏徐州刺史王则环城固守,羊侃劝萧渊明趁水势进攻,萧渊明不采纳羊侃的意见。众将领与萧渊明商量军事形势,萧渊明不能做出决断,只是说"到时再根据形势采取相应的措施"罢了。

东魏派遣大都督高岳率兵救援彭城,并想让潘乐担任副将,陈元康说:"潘乐随机应变的能力弱,他不如慕容绍宗,况且让慕容绍宗去对付侯景是先王高欢的命令。"东魏就让慕容绍宗任东南道行台,与高岳、潘乐一起前往。侯景听说慕容绍宗来了,手敲打着马鞍,脸上有惧怕的神色,说:"谁教高澄这鲜卑小儿懂得派遣慕容绍宗来呢? 如果是这样,高欢一定还活着。"慕容绍宗率十万兵马占领了橐驼岘,羊侃劝萧渊明趁慕容绍宗远道而来,在人困马乏时进攻他们,萧渊明不听从羊侃的意见。羊侃便率领他的部队驻扎在新修好的堤坝上。慕容绍宗率军来到,攻打梁朝军队的营垒时,萧渊明还醉卧在床上起不来,各位将领都不敢出去迎战,兖州刺史胡贵孙独自率领他的部属迎战东魏的军队,杀了二百多名东魏士卒。东魏军队遭到失败逃走了。

当初,侯景曾告诫梁朝的人说:"追赶溃败的兵不要超过二里地。"慕容绍宗将要发动攻击时,认为梁朝士兵轻巧灵活,又很勇敢,担心他的士卒在战场上支撑不住,便把将领士卒叫到跟前,对他们说:"我们应该假装败退,引诱吴国的士兵向前追击,

尔击其背。"至是梁人不用景言,乘胜深入。东魏将卒以绍宗之言为信,争掩击之。梁兵大败,渊明,贵孙皆为所虏,失亡士卒数万人。羊侃结阵徐还。

梁主闻之,惊骇几欲坠床,叹曰:"吾得无复为晋家乎!"

初,高澄以杜弼为军司,问以政要,弼曰:"天下大务莫过赏罚,赏一人使天下之人喜,罚一人使天下之人惧。二事不失,自然尽善。"澄大悦。至是,使弼作檄移梁朝,略曰:"侯景以鄙俚之夫,遭风云之会,位班三事,邑启万家,而离披不已,意亦可见。彼乃授之以利器,诲之以慢藏,使之势得容奸,时堪乘便。终恐倔强不掉,狼戾难驯,横使江淮士子,荆扬人物,死亡矢石之下,夭折雾露之中。彼梁主者轻险有素,老耄及之,用舍乖方,废立失所,矫情动俗,饰智惊愚,毒螫满怀,妄敦戒业,躁竞盈胸,谬治清净。灾异降于上,怨讟兴于下,传险躁之风俗,任轻薄之子孙。朋党路开,兵权在外,必将祸生骨肉,衅起腹心。强弩冲城,长戈指阙。徒探雀毂,无救府藏之虚;空请熊蹯,讵延晷刻之命?外崩中溃,今实其时。"其后梁室祸败,皆如弼言。

十二月,梁立元贞为咸阳王。

你们从背后打他们。"到这时梁朝人忘记了侯景的告诫,便乘胜追击得很远。而东魏的将领们却按照慕容绍宗的话行动,争先恐后从背后袭击梁军。梁军大败,萧渊明、胡贵孙都被东魏军队俘虏,损失和死亡了几万名士卒。羊侃摆开阵势,边战边撤,缓缓而退,终于回到建康。

梁武帝听说与东魏交战的惨败消息,吃惊得几乎从床上摔下去,感叹道:"我难道也要落到晋朝那样的下场?"

在这之前,高澄任命杜弼为军司,曾询问他有关政事要点,杜弼说:"天下大事,没有比赏罚更重要的了,奖赏一个人能使天下人都高兴,罚一个人可以令天下人都害怕。这两方面并施,自然是最好了。"高澄听了非常高兴。到这时,高澄让杜弼写檄文送到梁朝,檄文中有这样一些话:"侯景本是个出身贫贱的乡俚之夫,他赶上了风云变幻的际遇,所以位列三卿高位,能对万户人家发号施令,他反复无常,朝三暮四,其用意也是很清楚的。可是你们还授予他兵权,引诱他做坏事,使他得势能够行使奸计,乘机实现阴谋。不过你们应该明白,倔强的东西不容易转身,暴戾的狼不可能驯服,终究会使江淮士子,荆扬人物,死于乱箭飞石之下,丧身于迷雾湿露之中。你们梁朝君主向来轻薄阴险,暮年来临,任免官员违背原则,废立太子没有顺序,违背常情煽动俗人,弄巧设诈惊服愚人,满怀螫毒,却假装笃信佛法,心里想的全是争权夺利,却表面上谎称清净。上天降下灾异,下边的百姓怨声载道,他还倡导邪异的风俗,任用言行轻薄的子孙。朋党泛滥,兵权在外,这样骨肉之间必然会酿出灾祸,心腹之间出现事端。强弩射向都城,长戈指向宫殿。到时候就是像赵武灵王那样去抓雏鸟吃也是白费,无法补救脏腑的空虚;就是像楚成王那样请求吃了熊掌再死也无济于事了,又怎么能使生命延长片刻呢?你们的朝廷外部分崩离析,内部溃败不堪,现在实际上就是这种时刻。"后来梁室在祸乱中崩溃,情况都如杜弼所说的那样。

十二月,梁朝封太子舍人元贞为咸阳王。

侯景遣王伟说梁主曰：“高澄幽元善见于金墉，杀诸元六十余人。河北物情俱念其主，请立元氏一人以从人望。如此则陛下有继绝之名，臣景有立功之效。”梁主然之，以太子舍人元贞为咸阳王，资以兵力，使还主魏。须度江即位，仪卫以乘舆之副给之。贞，树之子也。

侯景败东魏兵于涡阳。

慕容绍宗引军击侯景。景辎重数千两，马数千匹，士卒四万人，退保涡阳。绍宗士卒十万，旗甲耀日，鸣鼓长驱而进。景命战士皆被短甲，执短刀，入东魏阵，但低视斫人胫马足。

东魏兵遂败，绍宗奔谯城。裨将斛律光、张恃显尤之，绍宗曰：“吾战多矣，未见如景之难克者也。君辈试犯之。”光等被甲将出，绍宗戒之曰：“勿度涡水。”二人军于水北，光轻骑射之，景谓光曰：“尔求勋而来，我惧死而去。我，汝之父友，何为射我？汝岂自解不度水南，慕容绍宗教汝也。”光无以应。景使其徒田迁射光马，洞胸。光易马隐树，又中之，退入于军。景擒恃显而舍之。光走入谯城，绍宗曰：“今定何如？而尤我也？”段韶潜于上风纵火，景帅骑入水，出而却走。草湿火不复然。

魏以郑穆为京兆尹。

侯景派遣王伟到建康游说梁武帝说:"高澄把元善见囚禁在金墉,杀死了元氏家族中的六十多个人。河北百姓的人心都思念他们的君主,请求立元氏家族中的一人为主,以便顺从百姓的愿望。这样陛下就有兴废继绝的美名,我侯景也有立功建业的成就。"梁武帝认为侯景说得有道理,便任命太子舍人元贞为咸阳王,并拨给他军队,让他回到北方入主魏国。待元贞渡过长江,登上王位,按仅次于皇帝的规格配备仪仗和卫士。元贞,是元树的儿子。

侯景在涡阳击败东魏的军队。

慕容绍宗率领军队袭击侯景。侯景带数千辆辎重,几千匹马,四万兵士退守涡阳。慕容绍宗有十万士兵,旌旗铠甲在阳光下闪闪发光,他们敲着战鼓声势浩荡地长驱直入。侯景命令战士们都披短甲,持短刀,进入东魏军队的阵营,他们只是低头而视,专砍东魏士兵的小腿和马腿。

东魏军于是溃败了,慕容绍宗逃往谯城。他的副将斛律光、张恃显指责他作战不利,慕容绍宗说:"我打的仗多了,没有遇到像侯景这样难以战胜的。你们试着进攻一下。"斛律光、张恃显等披上铠甲要出战,慕容绍宗告诫他们说:"不要渡过涡水。"他们把军队驻扎在涡水北边,斛律光轻骑用箭射侯景,侯景对斛律光说:"你为求功勋而来,我因为畏惧死而离开。我是你父亲的朋友,你为什么用箭射我呢? 你哪里懂得不可渡过涡水到南边来的道理,一定是慕容绍宗教你的。"斛律光无言以对。侯景让他的部下田迁用箭射斛律光的马,箭穿透了斛律光马的胸膛。斛律光换了一匹马,躲到一棵树的后面,可田迁的箭又射中斛律光的马,斛律光便退回了军营。侯景活捉张恃显又把他放走了。斛律光回到谯城,慕容绍宗说:"现在你决定怎么办? 还指责我吗?"段韶潜到上风放了大火,想火烧侯景的军队。侯景率骑兵进入涡水,出来然后又撤退了。因为草湿,火没有继续燃烧起来。

西魏任命郑穆为京兆尹。

　　魏岐州久经乱，刺史郑穆初到，有户三千。穆抚循安集，数年至四万余户。考绩为诸州之最。宇文泰擢为京兆尹。

西魏的岐州久经战乱,刺史郑穆刚到那里时,只有三千户人家。郑穆逐家逐户抚慰安置,几年以后居民达四万多户。经考查,他的政绩在各州中最好。于是宇文泰把他提升为京兆尹。

资治通鉴纲目卷三十三

起戊辰（548）梁高祖太清二年、魏文帝大统十四年、东魏孝静武定六年，尽甲戌（554）梁世祖承圣三年、魏恭帝廓元年、齐显祖洋天保五年。凡七年。

戊辰（548）　梁太清二年，魏大统十四年，东魏武定六年。

春正月，东魏慕容绍宗击侯景。景众溃走，袭据寿春。梁以为南豫州牧。

慕容绍宗以铁骑五千夹击侯景。景诳其众曰："汝家属已为高澄所杀。"众信之。绍宗遥呼曰："汝家属并完，若归，官勋如旧。"景士卒不乐南渡，遂大溃。景与数骑济淮，稍收散卒，得步骑八百人。昼夜兼行，追军不敢逼。使谓绍宗曰："景若就擒，公复何用？"绍宗乃纵之。

景既败，不知所适。梁马头戍主刘神茂，素为监州事韦黯所不容。闻景至，故往候之。景问曰："寿阳去此不远，欲往投之，韦黯其纳我乎？"神茂曰："黯，监州耳。王若至，彼必出迎，因而执之，可以集事。得城之后，徐以启闻。朝廷喜王南归，必不责也。"景执其手曰："天教我也！"遂行，夜至城下。韦黯以为贼也，授甲登陴。景遣其徒告曰："河南王战败来投，愿速开门。"黯曰："既不奉敕，不敢闻命。"景谓神茂曰："事不谐矣！"神茂曰："黯懦而寡智，

戊辰（548） 梁太清二年,西魏大统十四年,东魏武定六年。

春正月,东魏慕容绍宗攻打侯景。侯景一群人败逃,袭击并占据寿春。梁朝让侯景担任南豫州牧。

慕容绍宗率领五千精锐骑兵夹击侯景的军队。侯景欺骗他的士兵们说:"你们的家属已被高澄杀掉了。"士兵们相信了。慕容绍宗在远处喊道:"你们的家属都平安无事,如果你们归顺,官职勋爵照旧。"侯景的士兵不愿意南渡,于是崩溃不成军。侯景与几个随从渡过淮河,逐渐收集了一些溃散的士兵,得到步兵、骑兵八百人。他们昼夜兼程,追兵不敢逼近。侯景派人对慕容绍宗说:"侯景如果被抓住,你还有什么用呢?"慕容绍宗便放过了侯景。

侯景战败后,不知投奔哪里。梁朝马头戍主刘神茂,平素被监州事韦黯所不容。他听说侯景到来,因此前去迎候。侯景问道:"寿阳离这里不远,我想去投奔,韦黯会接纳我吗?"刘神茂说:"韦黯不过是个监州罢了。如果大王到那里去,他肯定会出城迎接,大王趁机拘捕他,事情就可以成功。得到寿阳后,再慢慢报告朝廷。朝廷喜欢大王南来归顺,一定不会怪罪的。"侯景握住刘神茂的手说:"真是上天指教我啊!"于是他们一同前行,夜里到达寿阳城下。韦黯以为是盗贼来了,披甲登上城墙。侯景派部下告诉韦黯说:"河南王侯景战败来投奔寿阳,希望快开城门。"韦黯说:"侯景不是奉圣旨来的,我不敢听他的命令。"侯景对刘神茂说:"事情不妙!"刘神茂说:"韦黯懦弱缺少智谋,

可说下也。"乃遣徐思玉入见黯曰:"河南王为朝廷所重,君所知也。今失利来投,何得不受?"黯曰:"吾受命守城,河南自败,何预吾事?"思玉曰:"国家付君以阃外之略,若魏追兵至,河南见杀,君岂能独存?纵存,亦何颜以见朝廷邪?"黯乃开门纳景。景遣其将分守四门。

梁朝闻景败,咸以为忧。詹事何敬容言于太子曰:"得景遂死,深为朝廷之福。"太子失色问故。敬容曰:"景翻覆叛臣,终当乱国。"景以败乞自贬。梁主不许,以景为南豫州牧。光禄大夫萧介谏曰:"臣闻凶人之性不移,天下之恶一也。侯景以凶狡之才,荷高欢卵翼之遇。欢坟未干,即还反噬逆。力不逮,乃复逃死关西。宇文不容,故复投身于我。陛下前者所以受之,正欲比属国降胡,冀获一战之效耳。今既亡师失地,直是境上之匹夫。陛下爱匹夫而弃与国,臣窃不取。若犹待其岁暮之效,则彼弃乡国如脱屣,背君亲如遗芥,岂知远慕圣德,为江淮之纯臣乎?"梁主不能用。介,思话之孙也。

二月,东魏求成于梁。
萧渊明至邺,东魏主升阊阖门受俘。让而释之,送于晋阳,高澄待之甚厚。侯景既败,羊鸦仁亦还义阳。

东魏遂得悬瓠、项城,悉复旧境。高澄数遣书求好于梁,梁未之许。澄谓渊明曰:"若梁主不忘旧好,诸人并

可以劝他转变态度。"刘神茂便派徐思玉进城拜见韦黯说:"河南王为朝廷所器重,您是了解的。现在他失利来投奔您,怎能不接纳呢?"韦黯说:"我是受命守城,河南王是自己战败,与我的事有何相干!"徐思玉说:"国家把统兵在外的权力交给您,如果东魏的追兵来了,河南王被杀,您难道能够独自存活吗? 纵然存活,又有什么脸面去见朝廷呢?"这样,韦黯才打开城门接纳侯景。侯景派他的将领分别把守四个城门。

　　梁朝听到侯景战败的消息,都为此而担忧。詹事何敬容对太子说:"得知侯景终于死了,这实在是朝廷的福分啊!"太子大惊失色,问他为什么这样说。何敬容说:"侯景是个反复无常的叛臣,终将乱国。"侯景把战败的事报告朝廷,请求革职贬官。梁武帝不同意,让侯景担任南豫州牧。光禄大夫萧介进谏说:"臣听说恶人的本性不会改变,天下的恶人都是一样的。侯景靠凶恶狡猾的才能,受到高欢的豢养和庇护。高欢的坟土未干,他就背叛了高欢。他的力量不足,才又逃命到关西。宇文泰不收容他,所以又投靠我们。陛下上次之所以接纳侯景,正是想让侯景像汉代在边境设属国安置投降的胡人来对付匈奴那样,希望他同东魏打一仗。现在侯景既然亡师失地,他就只是边境上的一个平常人了。陛下爱惜一个平常之人而舍弃与友好国家的和睦,我个人认为这不可取。如果还想等待他晚年为国效力,那他抛弃祖国就像脱掉鞋子一样轻率,背叛君亲就像丢掉草芥一样容易,难道能够想象他是远慕圣德而来,做我们梁朝纯贞的臣子吗?"梁武帝未能采纳萧介的意见。萧介,是萧思话的孙子。

　　二月,东魏请求与梁朝恢复友好关系。

　　萧渊明到了邺城,东魏孝静帝亲临阊阖门接受他这名俘虏。孝静帝责备他一顿而释放了他,把他送到晋阳,高澄待他很宽厚。侯景战败后,羊鸦仁也回到义阳。

　　东魏于是得到悬瓠、项城,完全恢复了原有的疆域。高澄多次派人送交国书,请求与梁朝友好,梁朝没有同意他。高澄对萧渊明说:"如果梁主不忘过去的友好,梁朝留在东魏的人会一起

即遣还,侯景家属亦当同遣。"渊明遣人奉启还梁,梁主与朝臣议之,朱异等皆以为便。司农卿傅岐独曰:"此高澄设间,欲令侯景自疑而作乱耳。若许通好,正堕其计中。"异等固执宜和,梁主亦厌用兵,乃许之。

使还过寿阳,侯景知之,摄问具服。乃启梁主曰:"高澄忌贾在翟,恶会居秦;求盟请和,冀除其患。若臣死有益,万殒无辞;唯恐千载有秽良史。"又致书于异,饷金三百两。异纳金而不通其启。

梁主遂遣使吊澄。景又启曰:"臣与高氏衅隙已深,今陛下复与连和,使臣何地自处?"梁主报之曰:"朕与公大义已定,岂有成而相纳,败而相弃乎?"景乃诈为邺中书,求以渊明易景。梁主将许之。傅岐曰:"侯景以穷归义,弃之不祥。且百战之余,宁肯束手受执?"谢举、朱异曰:"景奔败之将,一使之力耳。"梁主从之,复书曰:"贞阳旦至,侯景夕返。"景谓左右曰:"我固知吴老公薄心肠!"王伟说景曰:"今坐听亦死,举大事亦死,唯王图之!"景于是始为反计:属城居民,悉召募为军士,辄停责市估及田租,百姓子女悉以配将士。

三月,梁交州司马陈霸先讨李贲,平之。

立即遣返，侯景的家属也会一同遣返。"萧渊明派人回梁朝送信，梁武帝与朝中大臣们商议此事，朱异等人都认为可以。只有司农卿傅岐说："这是高澄设下的离间计，不过是想让侯景自己产生猜疑而发动叛乱而已。如果同意与东魏友好往来，正好中了他的奸计。"朱异等人坚持认为应该讲和，梁武帝也厌倦了战争，便批准了。

萧渊明的使者回途路过寿阳，侯景知道了，捉拿审问，使者供出了全部情况。于是侯景向梁武帝启奏说："高澄忌恨我投奔梁朝，就像当年晋国人忌恨贾季投奔翟、随会投奔秦一样；他请求讲和结成盟国，只是希望除掉他的心腹之患。如果我死了对国家有益，我万死不辞；怕只怕千年之后，在青史上留下污点。"侯景又写信给朱异，赠给他三百两黄金。朱异收了他的黄金，却不呈递他向梁武帝的奏折。

梁武帝于是派遣使者慰问高澄，吊唁高欢。侯景又向梁武帝启奏说："我与高氏父子之间的嫌隙与仇恨已经很深，现在陛下又与他们结盟讲和，让我何处安身呢？"梁武帝写信回答他说："朕与你之间君臣大义已定，怎会有你打了胜仗就接纳你，打了败仗就抛弃你的道理呢？"侯景于是假造了一封来自邺城的书信，信中要求用萧渊明交换侯景。梁武帝打算答应这一要求。傅岐说："侯景是因山穷水尽而来归附正义，舍弃了他是不吉祥的。况且他身经百战，难道肯束手就擒？"谢举、朱异说："侯景是失败逃命的将领，用一个使者就可把他召回来。"梁武帝听从了谢举、朱异的话，给邺城回信说："贞阳侯萧渊明早晨一到，侯景晚上就可以遣返过去。"侯景对身边的人说："我就知道这个老家伙是个薄情寡义之人！"王伟劝说侯景道："现在，我们等着听候梁朝的安排也是死，图谋大事也是死，希望大王考虑一下。"侯景于是开始做反叛的打算：城内所有的居民，全都招募为士兵，立即停收市场税及田租，百姓的子女，都被分派给将士们。

三月，梁朝交州司马陈霸先讨伐李贲，将他歼灭。

屈獠洞斩李贲。贲兄天宝收余兵围爱州,交州司马陈霸先帅众讨平之。诏以霸先为西江督护、高要太守,督七郡诸军事。

夏四月,东魏遣兵围魏颍川。

东魏遣高岳、慕容绍宗、刘丰生等,将步骑十万攻魏王思政于颍川。思政命卧鼓偃旗,若无人者。岳恃其众,四面陵城,思政选骁勇开门出战。岳兵败走,更筑土山,昼夜攻之。思政随方拒守,夺其土山,置楼堞以助防守。

五月,魏以宇文泰为太师。　梁遣散骑常侍徐陵如魏。

复修好也。

秋七月朔,日食。　东魏罢南郊道坛。

高澄以道士多伪滥,故罢之。

八月,东魏遣兵略地江淮,取二十三州。　梁侯景反寿阳,梁主遣邵陵王纶督诸军讨之。

侯景自至寿阳,征求无已,梁皆与之。景请娶于王、谢。梁主曰:"王、谢门高非偶,可于朱、张以下访之。"景恚恨,表疏稍悖慢。又闻徐陵等使魏,反谋益甚。元贞知景有异志,累启还朝。景谓曰:"河北事虽不果,江南何虑失之?"贞惧,逃归建康,具以事闻。梁主不问。

景知临贺王正德屡以贪暴得罪,阴养死士,幸国家有变。

陈霸先在屈獠洞杀了李贲。李贲的哥哥李天宝收集残余兵力围攻爱州，交州司马陈霸先率领军队讨伐并歼灭了他。梁武帝下诏任命陈霸先为西江督护、高要太守，都督七郡诸军事。

夏四月，东魏派兵包围西魏颍川。

东魏派遣高岳、慕容绍宗、刘丰生等人，率领十万步兵和骑兵到颍川攻打西魏王思政的军队。王思政命令部队把战鼓和军旗都放倒在地，好像没有人一样。高岳自恃人马众多，从四面攻城，王思政选拔骁勇善战的将士打开城门出去交战。高岳的军队失败逃跑，又筑了一座土山，昼夜攻城。王思政随机应变，守卫城池，夺取土山，在土山上修筑岗楼和低矮的城墙来辅助城池的防守。

五月，西魏任命宇文泰为太师。　梁朝派遣散骑常侍徐陵出使西魏。

梁朝和西魏恢复并加强友好关系。

秋七月初一，出现日食。　东魏废除南郊道坛。

高澄因为道士中有许多是假冒的，所以废除南郊道坛。

八月，东魏派兵夺取江淮地区，占领了二十三个州。　梁朝侯景在寿阳反叛，梁武帝派遣邵陵王萧纶督诸军讨伐他。

侯景自从到了寿阳，就不断提出要求，梁朝他都满足了他的要求。侯景请求梁武帝，要娶王家或谢家的女子为妻。梁武帝说："王家和谢家门第高贵，你与他们不相配，你可以从朱、张以下的家族中寻访聘娶。"侯景心中怨恨，写给梁武帝的奏折态度渐渐不恭和傲慢起来。他又听说徐陵等人出使东魏，反叛的念头就更强烈了。元贞知道侯景对梁朝有异心，多次请求返回朝廷。侯景对他说："黄河北边的事虽然没有成功，长江南边又何必担心失掉呢？"元贞听后很是恐惧，逃回了建康，把这些事都告诉了梁武帝。梁武帝不加过问。

侯景知道临贺王萧正德屡次因为贪婪残暴受到梁武帝的怪罪，暗中豢养一批肯为他效忠的敢死之人，希望国家发生变乱。

遣徐思玉致笺曰："天子年尊,奸臣乱国。大王属当储贰,中被废黜。景虽不敏,实思自效。"正德大喜,报之曰："仆为其内,公为其外,何有不济？机事在速,今其时矣！"

合州刺史鄱阳王范密启景谋,朱异以为必无此理。梁主乃报范曰："景孤危寄命,安能反乎？"范复请自以合肥之众讨之,梁主不许。朱异谓其使曰："王遂不许朝廷有一客耶？"自是不复通范启。

景邀羊鸦仁同反,鸦仁执其使以闻。异曰："景何能为？"以使者付狱,俄解遣之。景益无所惮,启梁主,乞控督江西,如不许,即帅甲骑向闽、越。梁主遣使谕解之。景遂反于寿阳,以诛中领军朱异、少府卿徐驎、太子右卫率陆验、制局监周石珍为名,异等皆以奸佞骄贪,蔽主弄权,为时人所疾,故景托以兴兵。

初,傅岐尝以所闻责异,异曰："外间谤讟,知之久矣。心苟无愧,何恤人言？"岐谓人曰："朱彦和将死矣！恃谄以求容,肆辩以拒谏,闻难而不惧,知恶而不改,天夺其鉴,其能久乎？"

景西攻马头,遣其将宋子仙东攻木栅,执戍主曹璆等。梁主闻之,笑曰："是何能为？吾折箠笞之耳。"诏以鄱阳王范、封山侯正表、司州刺史柳仲礼、散骑常侍裴之高为四道都督,邵陵王纶持节兼督众军以讨景。

侯景派遣徐思玉给萧正德送了一封信说："天子年纪已大,奸臣乱国。大王实属是君位的继承人,中途却被废黜。侯景虽不聪敏,实在想亲自为您效劳。"萧正德非常高兴,回信说："我在朝廷里面,您在朝廷外面,我们互相配合,哪有不成功的呢?事不宜迟,现在正是时机!

合州刺史鄱阳王萧范秘密启奏梁武帝,揭发侯景的阴谋,朱异认为萧范所说的肯定没有道理。梁武帝于是给萧范回信说："侯景孤单一人,情况危险才寄身于我们,怎么可能反叛呢?"萧范又请求动用合肥的军队去讨伐侯景,梁武帝不同意。朱异对萧范的使者说："鄱阳王竟不允许朝廷养一个食客!"从此以后,萧范给梁武帝的奏表,朱异便不再呈递给梁武帝了。

侯景邀羊鸦仁一同反叛,羊鸦仁拘捕了侯景派来劝他反叛的信使,并把这件事报告了朝廷。朱异说："侯景能有什么作为?"把侯景的信使关进监狱,不久又释放了他。侯景更加肆无忌惮,启奏梁武帝,请求将长江以西划归他来控制,如果不答应,他就统帅兵马,杀向闽、越。梁武帝派遣使者向侯景说明解释。侯景于是在寿阳反叛,以诛杀中领军朱异、少府卿徐骥、太子右卫率陆验、制局监周石珍为名,朱异等人都因为人奸诈、阿谀奉承、骄横贪婪,蒙蔽朝廷玩弄权术,被当时的人所痛恨,因此侯景以此为借口起兵叛乱。

起初,傅岐曾因听到的情况斥责朱异,朱异说："外面对我的诽谤和怨言,我知道已经很久了。心里如果无愧,何必顾虑别人的言论呢?"傅岐对别人说："朱异快要完了!他仗着巴结奉承来求得欢心,肆意狡辩而拒绝别人的劝告,听到灾难临头而不惧怕,知道罪恶却不思改悔,上天要惩罚他,他还能长久吗?"

侯景向西进攻马头,派遣他的将领宋子仙向东进攻木栅,捉住了戍主曹璆等人。梁武帝听说这件事,笑着说："这些人能干出什么?我折断一根木棍就能鞭打他们。"下令让鄱阳王萧范、封山侯萧正表、司州刺史柳仲礼、散骑常侍裴之高为四道都督,邵陵王萧纶持节监督各路军队去讨伐侯景。

冬十月，梁临贺王正德叛，引侯景兵渡江。梁主命宣城王大器将军，羊侃督军御之。

侯景闻台军讨己，问策于王伟。伟曰："邵陵若至，必为所困。不如决志东向，直掩建康。临贺反其内，大王攻其外，天下不足定也。兵贵拙速，今宜即进。"景乃诈称出猎。十月，袭谯州，执刺史萧泰。

攻历阳，太守庄铁以城降，因说景曰："国家承平岁久，人不习战，闻大王举兵，内外震骇。宜乘此际，速趋建康，可兵不血刃而成大功。若使朝廷徐得为备，遣羸兵千人直据采石，虽有精甲百万不得济矣。"景以铁为导，引兵临江。梁主问策于尚书羊侃。侃请以二千人急据采石，令邵陵王袭取寿阳，使景进不得前，退失巢穴，乌合之众自然瓦解。朱异曰："景必无度江之志。"遂寝其议。侃曰："今兹败矣！"

梁主以正德督诸军屯丹阳。正德遣大船数十艘，诈称载荻，密以济景。时梁主遣将军王质将兵三千巡江，临川太守陈昕启以采石急须重镇，而质军轻弱，恐不能济。梁主召质还而以昕代之。质去而昕未至，景闻之喜曰："吾事办矣！"乃济江，有马数百匹，兵八千人。是夕梁朝始命戒严。

南津校尉江子一帅舟师欲邀景，其徒皆溃，子一亦还。景至慈湖，建康大骇。梁主悉以内外军付太子，以宣城王大器都督城内诸军事，羊侃为军师将军副之，遣舍人贺季劳景于板桥。季曰："此举何名？"景曰："欲为帝耳。"

冬十月，梁朝临贺王萧正德反叛，带领侯景的军队渡过长江。梁武帝任命宣城王萧大器为将军、羊侃为督军抵抗侯景。

侯景听说官军来讨伐自己，便向王伟询问对策。王伟说："邵陵王的军队如果到来，我们肯定要被围困。我们不如决意向东进军，直袭建康。临贺王萧正德在建康城内反叛，大王在建康城外发动攻势，天下就不难平定了。兵贵神速，现在可以立即进军。"侯景于是诈称出外打猎。十月，袭击谯州，拘捕了刺史萧泰。

进攻历阳，太守庄铁率领全城军民投降，并对侯景说："国家安定多年，人们不习惯打仗，听说大王起兵，朝廷内外都震惊害怕。应该乘机迅速逼近建康，可以兵不血刃而取得巨大成功。如果让朝廷渐渐有所防备，派上一千名瘦弱的士兵直接据守采石，大王即使有百万精锐部队也不能奏效。"侯景让庄铁担任向导，带领军队来到长江边上。梁武帝向羊侃询问对策。羊侃请求用二千人急速占据采石，命令邵陵王袭击、夺取寿阳，让侯景不能前进，退又失去巢穴，这些乌合之众自然也就土崩瓦解了。朱异说："侯景肯定没有渡江的决心。"于是，梁武帝没有采纳羊侃的建议。羊侃说："这次要失败啊！"

梁武帝任命萧正德督诸军驻扎丹阳。萧正德派遣几十艘大船，谎称是要运芦苇，暗中是要载侯景的军队过江。这时梁武帝派遣将军王质率领三千士兵沿江巡逻，临川太守陈昕启奏梁武帝说采石急需重兵防守，而王质的部队力量薄弱，恐怕不能顶事。梁武帝撤回王质而任命陈昕代替他。王质离开采石而陈昕尚未到达，侯景听说这一情况高兴地说："我的事能成了！"于是渡过长江，有马几百匹，士兵八千人。当晚梁朝才下令戒严。

南津校尉江子一统帅水军想拦击侯景的军队，他的人马都被打垮了，江子一也回来了。侯景的军队到达慈湖，建康全城都非常惊恐。梁武帝将朝廷内外的军政事务全部交给了太子，任命宣城王萧大器都督城内诸军事，羊侃为军师率军来辅助王大器，派遣舍人贺季去板桥慰劳侯景。贺季说："你这一举动到底是要干什么？"侯景说："想当皇帝。"

百姓闻景至，竞入城，公私混乱。羊侃区分防拟，皆以宗室间之。军人争入武库，侃命斩数人，方止。是时梁兴四十七年。境内无事，贼至猝迫，公私骇震。军旅指拟一决于侃。侃胆力俱壮，太子深仗之。

萧正德引侯景围梁台城。十一月，景以正德称帝。

景至朱雀桁南，太子犹未知正德之情，使守宣阳门，庾信守朱雀门。欲开大桁以挫贼锋，正德止之。俄而景至，信乃帅众开桁，见景军皆著铁面，遂弃军走。正德之党复闭桁度景，正德帅众迎之。景军乘胜至阙下，城中恟惧。羊侃诈称得射书云："邵陵王、西昌侯援兵已至近路。"众乃少安。石头降景，景遣于子悦守之。

列兵绕台城，射启于城中曰："陛下若诛异等，臣则敛辔北归。"梁主将诛之，太子曰："贼以异等为名耳，杀之，无救于急，适足贻笑将来，俟贼平诛之未晚。"梁主乃止。

景绕城既匝，百道俱攻。鸣鼓吹唇，喧声震地。作木驴数百攻城，城上投石碎之。景更为尖项，石不能破。羊侃使作雉尾炬，灌以膏蜡，丛掷焚之。攻既不克，士卒死伤多，乃筑长围以绝内外。朱异、张绾议出兵击之，羊侃曰：

百姓听说侯景的军队来到,争相逃入城里,官员与百姓混杂在一起。羊侃布置防守计划,每处都安排皇室成员来监督。军人争相进入武器库,羊侃下令斩杀了几个人,才制止住了。这时是梁朝建立后的第四十七年。国内一直平安无事,叛贼突然到来,形势紧迫,官员和百姓都很震惊。军队的指挥完全由羊侃一人决定,羊侃胆大力强,太子十分仰仗他。

　　萧正德带领侯景的军队围攻梁朝台城。十一月,侯景让萧正德称帝。

　　侯景的军队到达朱雀门浮桥的南面,太子还不知道萧正德与侯景勾结的情况,让他守宣阳门,庾信守朱雀门。太子想断开大浮桥以打击侯景部队的锋芒,被萧正德阻止了。一会儿侯景的部队到了,庾信就率领人马断开浮桥,他看到侯景的士兵都戴着铁面具,于是抛弃军队逃走了。萧正德的同党又闭合浮桥,让侯景的部队过河,萧正德带领人马迎接。侯景乘胜进军来到城楼下面,城里的人十分恐惧。羊侃谎称得到一封射进来的书信,说:“邵陵王、西昌侯的援兵已经到达附近。”大家这才稍稍安定下来。石头城军民投降了侯景,侯景派遣于子悦守卫石头城。

　　侯景的士兵列队围绕在台城周围,向城中射去了一封书信,信上说:“陛下如果杀掉朱异等人,那么臣就收兵回归北方。”梁武帝将要杀掉朱异,太子说:“叛贼不过是以杀掉朱异等人为借口罢了,杀掉朱异,对当前的紧急情况也无济于事,恰恰会被后人耻笑,等到平定叛贼之后再杀他也不晚。”于是梁武帝才没有杀朱异。

　　侯景的军队将台城团团包围,各路一齐攻城。他们敲着战鼓,吹着口哨,喧嚣声震撼大地。他们制作了几百头木驴用来攻城,城上的人投掷石块把它砸碎了。侯景又改制成一种尖脖子的木驴,石块也无法把它砸碎。羊侃让人制作了一种野鸡尾火炬,灌上油和蜡,密集地投向木驴,把木驴烧掉。侯景攻城没有成功,士兵死伤的又很多,于是就筑起一道长长的围子来断绝城内和城外的联系。朱异、张绾商议要出兵攻打侯景,羊侃说:

"出人若少,不足破贼,徒挫锐气;若多,则一旦失利,门隘桥小,必大致失亡。"异等不从,使千余人出战;锋未及交,退走争桥,赴水死者大半。

侃子鹭,为景所获,执以示侃。侃曰:"我倾宗报主,犹恨不足,岂计一子,幸早杀之!"数日复持来,侃引弓射之。景以其忠义,亦不之杀。

十一月朔,正德即帝位,以景为丞相。景攻东府,三日克之,声言梁主已殂,虽城中亦以为然。太子请梁主巡城,众心粗安。

江子一之败还也,梁主责之。子一拜谢曰:"臣以身许国,常恐不得其死;今所部皆弃臣去,臣以一夫安能击贼!若贼遂能至此,臣誓当碎身以赎前罪。"至是,与弟左丞子四、东宫主帅子五,帅所领百余人开门出战。子一直抵贼营,径前刺贼;从者不继,贼解其肩而死。子四、子五相谓曰:"与兄俱出,何面独旋!"皆免胄赴贼死。

景初至建康,谓朝夕可拔,号令严整,士卒不敢侵暴。及屡攻不克,人心离沮。景恐援兵四集,一旦溃去;又军中乏食,乃纵士卒掠夺民米及金帛子女。是后米一升直七八万钱,人相食,饿死者什五六。景驱士民于城东、西起土山,有疲羸者杀以填山,号哭动地。城中亦筑土山以应之。太子、宣城王以下,皆亲负土畚锸,于山上起楼四丈。募

"派出的人如果少了,不足以攻破贼兵,只会白白挫伤自己的锐气;派出的人如果多了,一旦失利,城门狭窄,浮桥又小,一定会导致严重伤亡。"朱异等不听劝告,派遣一千余人出战;还没交锋,就退了回来,在争着过桥时掉进水中淹死的就有半数以上。

羊侃的儿子羊鹭,被侯景俘获,被押着让羊侃看。羊侃说:"我豁出整个宗族报效君主,还恨不够,怎么会在乎一个儿子,希望你早点杀掉他!"几天以后又押来,羊侃拉弓射羊鹭。侯景因羊侃是个忠义之人,也没有杀掉羊鹭。

十一月初一,萧正德即皇帝位,任命侯景为丞相。侯景攻打东府,三日攻克,声称梁武帝已经去世,即使城里的人也以为侯景的话是真的。太子请梁武帝巡视全城,军心这才稍稍安定下来。

江子一战败回到朝廷,梁武帝责怪他。江子一向梁武帝叩拜谢罪说:"臣以身许国,常担心不能为国尽忠而死;现在臣的下属都背弃臣而去,臣一个人怎能迎战侯景!如果侯景竟能攻打到这儿的话,臣发誓要粉身碎骨以救赎前罪。"到这时,他与弟弟左丞江子四、东宫主帅江子五,率领一百多人开城门出战。子一直抵贼营,径直向前刺杀贼兵;跟从的人没有随他继续向前冲,贼兵砍下他的肩膀把他杀死了。江子四、江子五互相说道:"我们和哥哥一同出来,有什么脸面独自回去呢!"他们都脱掉甲胄冲向敌人而牺牲。

侯景刚到建康时,认为很快就可攻克建康,号令严格,军容整齐,士兵们不敢侵扰凌暴百姓。等到屡次进攻不能攻克建康,人心便离散沮丧了。侯景担心救援建康的军队从四面八方汇集而来,自己的部队会有崩溃的一天;加上军中缺粮,侯景就纵容士兵去掠夺老百姓的粮食及金银、绸缎和子女。这以后大米的价格涨到一升七八万钱,发生人吃人的情况,饿死的人达十分之五六。侯景驱赶士兵和百姓在城东、西两面筑起土山,那些疲惫不堪和衰弱有病的人就被杀掉填山,哭喊号叫声惊天动地。建康城里也筑土山来对付侯景。太子、宣城王以下的人,都亲自背土,手握簸箕、铁锹,在土山上建起了四丈高的楼。朝廷又招募

敢死士二千人，分配二山，昼夜交战。会大雨，城内山崩，贼乘之垂入。羊侃令多掷火为城，以断其路，徐于内筑城，贼不能进。

景募人奴降者，悉免为良，于是群奴出就景者以千数。景厚抚之，人人感恩，为之致死。景土山稍逼城楼，将军柳津命作地道以取其土，山崩压贼且尽。又于城内作飞桥，悬罩二土山上，景众皆走。又掷炬焚其东山，楼栅荡尽，贼死甚众。贼复引玄武湖水以灌台城，阙前皆为洪流。

陈昕为景所擒，欲用之。昕不可，景使其党范桃棒囚之。昕因说桃棒，使杀王伟、宋子仙而降。桃棒从之，潜遣昕夜缒入城。梁主大喜，镌银券赐桃棒，许以封王，即有景众。太子恐其诈，召公卿会议。朱异、傅岐曰：“桃棒降必非谬。桃棒既降，贼景必惊，乘此击之，可大破也。”太子曰：“吾守坚城，以俟外援，万全策也。今开门纳桃棒，万一为变，悔无所及。”朱异抚膺曰：“失此，社稷事去矣！”俄而桃棒事泄，景拉杀之。陈昕不知，如期而出，景逼使射书城中，言“桃棒今入，因衷甲随之”。昕不肯，期以必死，景乃杀之。

梁荆州刺史湘东王绎，移檄遣兵赴援。
荆州刺史湘东王绎，移檄所督湘州刺史河东王誉、雍州刺史岳阳王詧、江州刺史当阳公大心、郢州刺史南平王

二千名敢死队员，分配在东、西二座土山上，昼夜与侯景的军队交战。正好赶上大雨，城内的土山崩溃，贼兵趁此机会，从高处往城内垂吊士兵。羊侃命令部队多多投掷火把，形成一道火墙，来切断贼兵的来路，慢慢在城内筑起城墙，贼兵无法攻进来。

侯景征募那些身为奴仆而投降了他的人，一律免除他们的奴仆身份，让他们成为平民，于是数以千计的奴仆都出城投降了侯景。侯景优厚地抚慰他们，他们人人感恩，愿意为他拼死效力。侯景修筑的土山渐渐逼近了城楼，将军柳津命令士兵挖地道来取土山下面的土，土山崩塌，施工的贼兵几乎全被压死。柳津又让在城内修筑了一座飞桥，飞桥悬空笼罩在两座土山上，侯景的人马都逃跑了。城里的人又向城外投出火炬，焚烧东土山，上面的楼和栅栏全被烧毁，贼兵死亡的很多。贼兵又引玄武湖水来淹灌台城，宫门前都是洪水。

陈昕被侯景抓获，侯景想任用他。陈昕没有同意，侯景便派他的党羽范桃棒把陈昕关押起来。陈昕便趁机劝说范桃棒，让他杀掉王伟、宋子仙而投降。范桃棒听从了陈昕的劝说，夜间秘密地用绳子将陈昕放到建康城内。梁武帝非常高兴，命令赏赐给范桃棒银券，上面刻字说保证封他为王，拥有侯景的人马。太子怀疑范桃棒是诈降，召公卿开会商议。朱异、傅岐说："范桃棒投降肯定不是假的。范桃棒既已投降，叛贼侯景必然惊慌，趁此机会攻击他，可彻底打垮。"太子说："我们坚守城池，等待外面的援兵，这才是万全之策。现在打开城门接纳范桃棒，万一发生变故，后悔莫及。"朱异捶胸说："失掉这个机会，国家大事完蛋了！"不久，范桃棒的事泄露，侯景把他五马分尸杀掉了。陈昕不知道这一情况，仍按原定日期从城内出来，侯景逼他往建康城里射一封书信，说"范桃棒现在入城，由内穿甲衣的士兵跟随"。陈昕不肯，决心一死，侯景就杀掉了他。

梁朝荆州刺史湘东王萧绎发布文告，派遣军队进京救援。

荆州刺史湘东王萧绎，发布文告给所督的湘州刺史河东王萧誉、雍州刺史岳阳王萧詧、江州刺史当阳公萧大心、郢州刺史南平王

恪等，发兵入援，遣司马吴晔、天门太守樊文皎将兵发江陵，又遣世子方等将兵入援。方等有俊才，善骑射，每战亲当矢石，以死节自任。绎寻自将锐卒三万发江陵。

景以书告城中士民曰："梁自近岁以来，权倖用事，割剥齐民，以供嗜欲。公等试观：今日国家池苑、王公第宅、僧尼寺塔，及在位庶僚，姬姜百室，仆从数千，不耕不织，锦衣玉食，不夺百姓，从何得之！仆所以趋赴阙庭，指诛权佞，非倾社稷。今城中指望四方入援，吾观王侯诸将，志在全身，谁能竭力致死，与吾争胜负哉？"

梁邵陵王纶还军赴援，侯景击之，大溃。

邵陵王纶行至钟离，闻侯景已度采石，昼夜兼道，旋军入援，遂帅步骑三万自京口西上。景遣军拒之。谯州刺史赵伯超曰："若从黄城大路，必与贼遇，不如径指钟山，突据广莫门，出贼不意，城围必解矣。"纶从之，夜行失道，迂二十余里，且营于蒋山。景见之大骇，悉送所掠妇女、珍货于石头，具舟欲走。分兵攻纶，纶与战，破之。景陈兵于覆舟山北，纶进军玄武湖，相持不战。至暮，景更约明日会战，纶许之。安南侯骏见景军退，以为走，即与壮士逐之。景旋军击之，骏败走，趣纶军。景乘胜追击之，诸军皆溃。纶奔朱方，景擒西丰公大春、主帅霍俊等。还至城下，使言曰

萧恪等人，让他们出兵进京救援；萧绎派遣司马吴晔、天门太守樊文皎率领军队从江陵出发，又派遣他的长子萧方等率领军队进京救援。萧方等才智过人，擅长骑马射箭，每次与敌人交战，他都亲自冒着箭林石雨杀敌，以为国战死为己任。萧绎随即亲自率领三万精锐部队从江陵出发。

　　侯景用书信告诉建康城中的士兵和百姓说："梁朝自近年以来，奸臣当权，搜刮平民，以满足自己的嗜好和欲望。请你们看看这些：今日国家的园林、王公贵族的住宅、僧侣尼姑的寺塔，还有那些在位的官员，他们妻妾成群，随从和仆人达几千人，他们不耕田不织布，穿的是锦绣衣服，吃的是珍贵食物，如不掠夺百姓，这些会从哪里得到呢！我之所以来到都城，是旨在杀掉掌权的奸佞之人，并不是想推翻国家。现在城中的人们指望四方来的援兵，我看这些来援的王侯诸将，他们的心意只在于保全自己，谁能竭尽全力战斗到死，和我争夺胜负呢？"

　　梁朝邵陵王萧纶回军救援朝廷，侯景袭击他，萧纶的军队彻底溃败。

　　邵陵王萧纶行军到了钟离，听说侯景已从采石渡江，便日夜兼程，回军建康援救朝廷，于是率领三万步兵、骑兵从京口西上。侯景派遣军队阻击。谯州刺史赵伯超说："如果从黄城的大路上走，必然与贼相遇，不如径直进军钟山，突然占领广莫门，出贼不意，建康城之围就一定会解除。"萧纶采纳了这一建议，夜间行军迷失道路，多走了二十多里，次日早晨在蒋山宿营。侯景见了这种情况十分惊恐，把掠夺来的妇女、珍宝全部送到石头城，准备船只想要逃跑。同时分兵攻打萧纶，萧纶与他交战，把他打败了。侯景把军队布置在覆舟山北面，萧纶进军到玄武湖，双方相持不战。到了黄昏，侯景提出改在第二天交战，萧纶答应了。安南侯萧骏看到侯景退兵，以为是逃跑，就和精壮的士兵一起追赶。侯景回军袭击他们，萧骏战败逃跑，奔向萧纶的军营。侯景乘胜追击他们，梁军全部溃败。萧纶逃往朱方，侯景活捉西丰公萧大春、主帅霍俊等人。回到建康城下，让他们对城里喊话说

"邵陵已为乱军所杀",俊独曰:"王小失利,已全军还京口。城中但坚守,援军寻至。"贼以刀殴其背,俊辞色弥厉。正德杀之。

十二月,梁鄱阳王范、南康王会理,将兵入援。

鄱阳王范遣其世子嗣,与西豫州刺史裴之高、建安太守赵凤举,各将兵入援,军于蔡洲,以待上流诸军。封山侯正表镇钟离,叛附侯景,景以为南郡王。正表乃于欧阳立栅以断援军,帅众一万欲袭广陵。广陵令刘询以告南兖州刺史南康王会理。十二月,会理使询帅兵夜袭破之,收其兵粮,归就会理,与之入援。

梁将军羊侃卒。
城中益惧。
梁散骑常侍韦粲及东西道都督裴之高、柳仲礼等,各以兵入援,推仲礼为大都督。

梁主征衡州刺史韦粲为散骑常侍,以欧阳頠监州事。粲至庐陵闻乱,简阅部下,得精兵五千,倍道赴援。至豫章,闻景已渡江,以问内史刘孝仪,孝仪曰:"必如此,当有敕;或恐不然。"孝仪置酒,粲怒,以杯抵地曰:"贼已度江,便逼宫阙,水陆俱断,何暇有报!假令无敕,岂得自安!韦粲今日何情饮酒!"即驰马出部分。将发,会江州刺史当阳公大心遣使邀粲,粲乃驰往见大心,曰:"江州去京最近,殿下情计诚宜在前。但中流任重,当须应接。今宜移镇溢城,遣偏将见随,足矣。"大心然之,遣中兵柳昕帅兵随粲。

"邵陵王已被乱军杀掉",霍俊只喊道:"邵陵王只是小小失利,他已率领全部军队返回京口。城中只要坚守,援军不久就到。"贼兵用刀殴打霍俊的后背,霍俊的言辞神情更为严厉。萧正德杀死了他。

十二月,梁朝鄱阳王萧范、南康王萧会理,带领军队救援建康。

鄱阳王萧范派遣他的长子萧嗣,与西豫州刺史裴之高、建安太守赵凤举,各自率领军队援救建康,军队驻扎在蔡洲,等待长江上游的各路人马。封山侯萧正表镇守钟离,叛变投降了侯景,侯景任命他为南郡王。萧正表就在欧阳设立栅栏以阻断援救建康的军队,率领一万人马要袭击广陵。广陵令刘询把此事报告了南兖州刺史南康王萧会理。十二月,萧会理让刘询领兵在夜间袭击正表,把他打败,没收他的武器粮食,归给了萧会理,并和他一起去援救建康。

梁朝将军羊侃去世。

建康城里更是人心惶恐。

梁朝散骑常侍韦粲及东西道都督裴之高、柳仲礼等,各带领军队救援建康,推柳仲礼为大都督。

梁武帝征召衡州刺史韦粲为散骑常侍,以欧阳頠为监州事。韦粲到庐陵时听说侯景叛乱,检阅部下,得五千精兵,加倍赶路前去援救朝廷。到达豫章,听说侯景已渡江,询问内史刘孝仪,刘孝仪说:"如果情况真是这样,皇帝应该有敕令传达;也许情况并不是这样。"刘孝仪设置酒宴,韦粲发怒了,把酒杯摔在地上说:"贼已渡江,就要逼近皇宫,水陆交通都断绝了,皇帝怎么会有空闲向我们通报情况呢?假如皇帝无法发出敕令,难道我们能够自己安心吗!韦粲今日哪有情绪饮酒!"他立即骑马出去,布置军事行动。将要出发时,碰上江州刺史当阳公萧大心派遣使者来邀请韦粲,韦粲便骑马去见萧大心,说:"江州离京最近,殿下按情理来说,应该行动在前。但您是中流砥柱,身负重任,应做后应。现在应该移军镇守湓城,派你的副将随我一同去,就足够了。"萧大心同意了他的建议,派中兵柳昕率兵跟随韦粲。

粲至南洲，外弟司州刺史柳仲礼亦帅步骑至横江，粲即送粮仗，并散私财以赏其战士。

裴之高自张公洲遣船度之。粲、仲礼遂与李孝钦、羊鸦仁、陈文彻合军屯新林。粲议推仲礼为大都督，裴之高自以年位耻居其下。粲抗言于众曰："今者同赴国难，义在除贼。所以推柳司州者，正以久捍边疆，先为侯景所惮；且士马精锐，无出其前。若论年位，皆在粲下，直以社稷之计，不得复论。今日形势，贵在将和，若人心不同，大事去矣。粲请为诸君解之。"乃单舸至之高营，切让之曰："今二宫危逼，猾寇滔天，臣子当戮力同心，岂可自相矛盾！豫州必欲立异，锋镝便有所归。"之高垂泣致谢，遂推仲礼为大都督。

宣城内史杨白华遣其子雄将兵继至。援军大集，众十余万。景囚之高弟、侄、子、孙列于阵前，以鼎镬刀锯随其后，谓曰："裴公不降，今即烹之！"之高召善射者使射其子，不中。柳仲礼以晦夜入韦粲营，部分众军。旦日会战，诸将各有据守。令粲顿青塘，粲以青塘当石头中路，贼必争，颇惮之。仲礼曰："青塘要地，非兄不可；若疑兵少，当更遣军相助。"乃使直阁将军刘叔胤助之。

魏太师泰杀其国臣王茂。
魏太师泰杀安定国臣王茂而非其罪。左丞柳庆谏，泰怒曰："卿党罪人，亦当坐。"执庆于前，庆辞色不挠，曰："庆闻

韦粲到达南洲时,他的表弟司州刺史柳仲礼也率领步兵和骑兵到达横江,韦粲马上送给他粮食、武器,并散发自己的财物来奖赏他的战士。

裴之高从张公洲派船渡柳仲礼过江。韦粲、柳仲礼就与李孝钦、羊鸦仁、陈文彻合军驻扎新林。韦粲提议推举柳仲礼为大都督,裴之高自认为年龄和官位高,耻于居柳仲礼之下。韦粲高声对众人说:"今天共赴国难,大义在于除贼。我之所以推举柳司州,正因他长期守卫边疆,以前曾让侯景害怕;况且他兵马精锐,没有人能超过他。如果论年龄和官位,他都在我之下,只是为国家考虑,大家不要再争论了。现在的形势,贵在将领团结,如果人心不团结,大事就完了。我韦粲请求为各位解决这件事。"于是韦粲一个人乘船到了裴之高的军营,严厉责备他说:"现在皇上和太子危在旦夕,狡诈的贼寇罪恶滔天,做臣子的应该齐心协力,怎么能自相矛盾! 裴豫州一定要与大家离心异志的话,刀锋箭头就要有所指了。"裴之高流泪向韦粲谢罪,于是推柳仲礼为大都督。

宣城内史杨白华派遣他的儿子杨雄率领部队随后赶来。众多援军汇集一起,达十多万人。侯景把裴之高的弟弟、侄子、儿子、孙子押在战阵之前,将鼎镬、刀锯放在他们身后,对裴之高说:"裴公如果不投降,今天就把他们煮了!"裴之高把善于射箭的人召来,让他们射自己的儿子,没有射中。柳仲礼在这个月最后一天的夜里进入韦粲军营,部署各路军队。第二天早晨,与侯景的军队交战,各位将领各有要把守的地方。柳仲礼命令韦粲驻扎在青塘,韦粲因为青塘处于通往石头城的中路,是叛贼必争之地,所以他很怕驻扎在这里。柳仲礼说:"青塘是战略要地,非得老兄你去不可;如果你担心兵力少的话,我会再派军队协助你。"于是,柳仲礼便派遣直阁将军刘叔胤协助韦粲。

西魏太师宇文泰杀了他封地的臣属王茂。

西魏太师宇文泰杀安定国臣属王茂,但王茂并没有死罪。左丞柳庆进谏,宇文泰发怒说:"你偏袒罪人,也应当被治罪。"将柳庆拘捕在面前,柳庆的言辞和神色毫不屈服,他说:"我听说

君蔽于事为不明,臣知而不争为不忠。庆既竭忠,不敢爱死,但惧公为不明耳。"泰寤,亟使赦茂,不及,乃赐茂家钱帛,曰:"以旌吾过。"

己巳(549) 梁太清三年,魏大统十五年,东魏武定七年。

春正月,侯景袭梁援军,韦粲死之。柳仲礼击景,败之。

正月朔,柳仲礼徙营大桁。会大雾,韦粲军迷失道,比及青塘,夜已过半。立栅未合,侯景亟帅锐卒攻之。粲使军主郑逸逆击之,命刘叔胤以舟师截其后。叔胤不敢进,逸遂败。景乘胜入粲营。左右牵粲避贼,粲不动,叱子弟力战,遂与子尼及弟助、警、构、从弟昂皆战死,亲戚死者数百人。仲礼方食,投箸被甲,与其麾下百骑驰往救之,与景战,大破之,斩首数百级,溺死千余人。仲礼稍将及景,而贼自后斫之中肩。景得免,自是不敢复济南岸。仲礼亦气衰,不复言战矣。邵陵王纶复收散卒,自东道至,列营桁南,亦推柳仲礼为大都督。

梁中领军朱异卒。

朝野以侯景之祸共尤朱异,异惭愤发疾卒。梁主痛惜,特赠仆射。

梁北徐州刺史萧正表以州叛降东魏。　梁援军击侯景,天门太守樊文皎战死。

台城与援军信命久绝。援军募人能入城送启者,李朗请先受鞭,诈为得罪,叛投贼,因得入城。城中方知援兵

做国君的被事情的假象蒙蔽就是不明,做臣子的知道事情真相而不去争辩就是不忠。我已经尽忠了,不敢吝惜一死,只怕您是不明而已!"宇文泰醒悟了,急忙让人赦免王茂,没来得及,宇文泰便赐给王茂的家属金钱绸缎,说:"用这来表明我的过失吧。"

己巳(549) 梁太清三年,西魏大统十五年,东魏武定七年。

春正月,侯景袭击梁朝援军,韦粲牺牲。柳仲礼进攻侯景,结果失败。

正月初一,柳仲礼将军营迁往大桁。遇上大雾,韦粲的军队迷了路,等到达青塘,已过半夜。宿营围扎下的栅栏还未合拢,侯景就急速率领精锐部队进攻他。韦粲派主帅郑逸迎击他,命刘叔胤用舟船部队从后面截击。刘叔胤不敢前进,郑逸于是遭到失败。侯景乘胜攻进韦粲的军营。身边的人都拉韦粲躲避贼兵,韦粲一动不动,叱令子弟奋力战斗,最后他与儿子韦尼以及弟弟韦助、韦警、韦构,堂弟韦昂都战死了,同时死去的亲戚共有几百人。柳仲礼正在吃饭,听到后扔下筷子披上盔甲,与他部下的一百多名骑马赶去救援,与侯景战斗,把他打得大败,斩敌数百首级,在水中淹死的达一千多人。柳仲礼的梢眼看就要扎到侯景,而贼兵从柳仲礼身后挥刀而来,砍中他的肩膀。侯景才免于一死,从此不敢再渡河到南岸。柳仲礼也气势衰弱,不再提交战的事。邵陵王萧纶重新聚集逃散的士兵,从东边赶到,在大桁的南面摆开营垒,也推举柳仲礼为大都督。

梁朝中领军朱异去世。

梁朝朝廷内外都因为侯景造成的祸患共同归罪于朱异,朱异惭愧气愤,得病而死。梁武帝感到痛惜,特地追封他为仆射。

梁朝北徐州刺史萧正表带领全州军民投降东魏。 梁朝援军袭击侯景,天门太守樊文皎战死。

朝廷与援军之间的书信往来已经中断很久。援军招募能进城送文书的人,李朗请求先打自己一顿鞭子,然后假装是得罪了上司,背叛投贼,便得到机会进入城中。城中军民才知援军

四集,举城鼓噪。诸军度淮攻东府前栅,焚之。高州刺史李迁仕及樊文皎帅锐卒五千独进深入,所向摧靡。至菰首桥东,景将宋子仙伏兵击之,文皎战死,迁仕遁还。仲礼神情傲很,陵蔑诸将。邵陵王纶每日执鞭至门,亦移时弗见,由是与纶及诸将有隙,互相猜阻,莫有战心。援军初至,建康士民扶老携幼以候之,才过淮,即纵兵剽掠,由是士民失望。贼中有谋应官军者,闻之亦止。

二月,梁以侯景为大丞相,与之盟。敕止援军,湘东王绎次于武城。

初,台城之闭也,公卿以食为念,男女贵贱并出负米,收诸府藏钱帛聚德阳堂,而不备薪刍鱼盐。至是,坏尚书省为薪,撤荐剉以饲马。军士或煮铠、熏鼠、捕雀而食之,屠马于殿省间,杂以人肉,食者必病。侯景众亦饥,抄掠无所获。东城有米,可支一年,援军断其路。景甚患之。王伟请伪求和以缓其势,运米入石头,然后休士息马,缮修器械,伺其懈怠击之。景从之,拜表求和。太子白梁主,请许之。梁主怒曰:"和不如死!"太子固请,梁主迟回久之,乃曰:"汝自图之,勿令取笑千载。"遂报许之。景乞割江右四州之地,并求宣城王大器出送,然后济江。中领军傅岐固争曰:

已聚集在四周，全城上下高兴得又是擂鼓又是呐喊。各路援军渡过秦淮河，攻打并焚烧了东府前面的栅栏。高州刺史李迁仕及樊文皎率领五千名精锐的士兵单独前进，深入敌阵，所向披靡。到达菰首桥东，侯景的将领宋子仙埋伏的部队袭击了他们，樊文皎战死，李迁仕逃了回去。柳仲礼神情傲慢狠戾，平时经常欺侮蔑视各位将领。邵陵王萧纶按照部将求见主帅时的礼节，每天拿着鞭子来到他的门口，他也有时不接见，因此他与萧纶及各位将领之间有隔阂，互相猜疑、设置障碍，都没有打仗的心思。援军刚到的时候，建康的官吏和百姓扶老携幼出来迎接，可部队刚刚渡过秦淮河，就放纵将士们抢劫掠夺，因此官吏和百姓失望了。叛贼中有打算响应官军的，听到这种情况也就停止了行动。

二月，梁朝任命侯景为大丞相，与他订立盟约。朝廷下令援军停止前进，湘东王萧绎驻扎在武城。

当初，台城关闭城门的时候，公卿们将粮食问题记挂在心上，男的、女的、尊贵的、低贱的都出来背米，收集各个府第贮藏的钱帛集中到德阳堂，但是没有储备柴火、牲口草料、鱼和盐。到了这时，只好拆除尚书省的建筑作柴火，撤了床上的垫席磨碎喂马。军人们有的煮甲衣上的皮革、烤老鼠、捕捉鸟雀来吃！他们在皇宫与各省的办公地点之间杀马，煮的马肉中还夹杂着人肉，吃的人必然得病。侯景的部队也很饥饿，四处搜寻掠夺没有什么收获。东府城内有米，可以供应他的部队整整一年，可是援军切断了去路。侯景对这种情况十分忧虑。王伟请求假装求和以缓和这一形势，把大米运进石头城，然后使将士和战马都得到休息，修理好器械，等到对方懈怠下来再袭击他们。侯景听从了他的意见，恭敬地向台城递上文书求和。太子报告梁武帝，请他答应侯景的要求。梁武帝愤怒地说："跟侯景讲和，还不如去死！"太子再三请求，梁武帝犹豫了很久才说："你自己考虑吧，不要取笑于千载。"于是通报侯景，皇上已答应他的请求。侯景乞求朝廷割让长江西面的四个州给他，并要求让宣城王萧大器出面送他，然后他才渡过长江。中领军傅岐坚持争辩说：

"岂有贼举兵围宫阙而更与之和乎！此特欲却援军耳。且宣城嫡嗣之重，国命所系，岂可为质！"梁主乃以大器之弟、石城公大款质于景，敕诸军不得复进，诏以景为大丞相、豫州牧。设坛门外，遣仆射王克与王伟等盟。既盟，而景围不解，专修铠仗，了无去志。

会南康王会理、湘潭侯退、西昌世子彧，众合三万至马卬洲。景请敕还南岸，太子从之。景又启曰："永安侯确、直阁赵威方频隔栅见诟云：'天子自与汝盟，我终当破汝。'乞召侯及威方入，即当引路。"梁主召确，确累辞不入。邵陵王纶泣谓确曰："围城既久，圣上忧危，臣子之情切于汤火，故欲且盟而遣之，更申后计。成命已决，何得拒违！"确曰："侯景虽云欲去而不解长围，其意可见，入城何益！"纶大怒，欲斩之，确乃流涕入城。

梁主常蔬食，至是蔬茹皆绝，乃食鸡子。纶乃因使上鸡子数百枚。

湘东王绎军于郢州之武城，与河东王誉、桂阳王慥皆淹留不进。中记室参军萧贲骨鲠士也，以绎不早下，心非之。尝与绎双六，食子未下，贲曰："殿下都无'下'意。"绎深衔之。及得梁主敕，绎欲旋师，贲曰："景以人臣举兵

"哪里有叛贼兴兵包围宫殿,而我们转过头来跟他们讲和的道理!这不过是叛贼想让我们的援军退却罢了。况且宣城王是皇上的直系后裔,地位如此重要,国家的命运维系在他的身上,怎么可以让他去当人质!"梁武帝便让萧大器的弟弟、石城公萧大款到侯景那里做人质,下令各路援军不得继续前进,颁布诏书任命侯景为大丞相、豫州牧。梁武帝让在城门外设立神坛,派遣仆射王克与王伟等订立盟约。盟约已经订立了,然而侯景军队的包围却未解除,他们专修铠甲和兵器,一点也没有撤走的意思。

这时赶上南康王萧会理、湘潭侯萧退、西昌侯长子萧彧,率领集合起来的三万人马来到马印洲。侯景请皇帝发布敕令,让这些人马回到长江南岸,太子听从侯景的意见。侯景又启奏梁武帝说:"永安侯萧确、直阁赵威方频繁地隔着栅栏骂我说:'皇上同你订立盟约是他自己的事,我终究要打败你。'我乞求皇上召永安侯及赵威方入城,我立即指挥部队返回北方。"梁武帝召回萧确,萧确屡次启奏梁武帝,坚决推辞,不进台城。邵陵王萧纶哭着对萧确说:"台城已经被围很久,皇上处于患难危急之中,臣子的急切心情就跟沸水和大火差不多,所以我们想暂且与侯景订立盟约,打发他离开,以后再作其他打算。这一决定已经做出,怎么能够抗拒与违反!"萧确说:"侯景虽然说要撤离,但又不解除长长的包围圈,他的意图由此可见,让我入城有什么好处!"萧纶大怒,要杀萧确,萧确才流着泪进城。

梁武帝平时常吃蔬菜,到现在蔬菜和蘑菇都吃光了,他就吃鸡蛋。萧纶便通过使者呈送给梁武帝几百个鸡蛋。

湘东王萧绎的部队驻扎在郢州的武城,与河东王萧誉、桂阳王萧慥都久留在原地不前进。中记室参军萧贲是位耿直的人,看到萧绎不尽早向下游进发,心里反感。他曾经和萧绎玩一种叫做"双六"的赌博游戏,吃了萧绎的子儿都不拿下,萧贲说:"殿下你全然没有'下'的意思。"萧绎特别怨恨萧贲。等得到梁武帝的敕令,萧绎打算回师原地,萧贲说:"侯景以臣子的身份带兵

向阙,今若放兵,童子能斩之矣,必不为也。大王以十万之
众,未见贼而退,奈何!"绎不悦,未几,因事杀之。

东魏河内之民归于魏。

东魏河内民四千余家,以魏北徐州刺史司马裔其乡里
也,相帅归之。宇文泰欲封裔,裔固辞曰:"士大夫远归皇
化,裔岂能帅之? 卖义士以求荣,非所愿也。"

**三月,侯景陷梁台城,自称大都督录尚书事。邵陵王
纶奔会稽,柳仲礼等叛降景。景废萧正德,以为大司马。**

侯景既运东府米入石头,王伟闻荆州军退,援军不相
统一,乃说景曰:"王以人臣举兵,围守宫阙,逼辱妃主,残
秽宗庙,今日持此,欲安所容身乎! 背盟而捷,自古多矣,
愿且观其变。"景遂启陈梁主十失,曰:"陛下崇饰虚诞,恶
闻实录,以祅怪为嘉祯,以天谴为无咎。敷演六艺,排摈前
儒,王莽之法也。以铁为货,轻重无常,公孙之制也。烂羊
镂印,朝章鄙杂,更始、赵伦之化也。豫章仇父,邵陵冠布,
石虎之风也。修建浮图,四民饥馁,笮融、姚兴之代也。"又
言:"建康宫室崇侈,陛下唯与主书参断万机,政以贿成,诸
阉豪盛,众僧殷实。皇太子珠玉是好,酒色是耽;邵陵所在

攻打皇宫,现在他如果放下武器,一个小孩子就能杀掉他,所以他肯定不会放下武器。大王您拥有十万大军,还没看见叛贼就撤退,这怎么行呢!"萧绎听了很不高兴,没有多久,便找了一个理由杀了萧贲。

东魏河内地区的老百姓归附西魏。

东魏河内地区有四千多户百姓,因为西魏的北徐州刺史司马裔是他们的同乡,所以都相互领着归附了他。宇文泰想要授司马裔爵位,司马裔坚决推辞说:"士大夫远道而来归附到皇上的政令、教化所能达到的地方,我司马裔哪里能率领他们? 出卖忠义之士以追求荣华富贵,不是我的心愿。"

三月,侯景攻陷梁朝的台城,自称大都督录尚书事。邵陵王萧纶逃亡到会稽,柳仲礼等背叛梁朝投降侯景。侯景废除萧正德的帝位,让他担任大司马。

侯景已经把东府城的大米运进了石头城,王伟听说荆州的军队撤退了,援军内部不统一,就劝侯景说:"大王您以臣子的名义兴兵,包围宫殿,逼迫凌辱嫔妃皇上,毁坏糟蹋皇家宗庙,今日弄到这种地步,您还想平安地呆在一个地方吗! 背盟而取胜的事,自古以来多了,希望你姑且观察事态的变化。"侯景就上书陈述梁武帝的十大罪状,说:"陛下喜欢粉饰虚诞,不喜欢听到实录,将反常怪异视为吉祥的象征,对上天的谴责认为自己没有责任。您解释六艺,排斥前儒,这是王莽的做法。您用铁来铸造货币,轻重时常变化,这是公孙述所采用的办法。您滥授官爵,乱刻官印,使官职像烂羊头、烂羊胃一样不值钱,弄得朝纲混乱,这是汉朝更始年间、晋代赵王伦篡位时期的风气。豫章王萧综将父皇视为仇敌,邵陵王萧纶在父皇在世之时,便把一个老头装扮成自己的父亲而加以捶打,这是晋朝石虎时的社会风气。您修建佛塔,四方百姓饥饿不堪,这是当年笮融、姚兴佞佛的重演。"又说:"建康的皇宫中崇尚奢侈,陛下只跟起草文书的人一起决断一切机要大事,政务要通过贿赂才能办成,宦官们豪奢富足,僧人们产业殷实。皇太子一味喜好珠宝,沉湎于酒色;邵陵王到处

残破；湘东群下贪纵；南康、定襄之属，皆如沐猴而冠耳。伏愿小惩大戒，放谗纳忠，使臣无再举之忧，陛下无婴城之辱，则万姓幸甚！"

梁主览启，惭怒。三月朔，以景违盟举烽鼓噪。初，闭城之日，男女十余万，擐甲者二万余人。被围既久，人多身肿气急，死者什八九，乘城不满四千人，率皆羸喘。横尸满路，而众心犹望外援。柳仲礼唯聚妓妾，置酒作乐，诸将日往请战，仲礼不许。安南侯骏说邵陵王纶曰："城危如此，而都督不救，若万一不虞，殿下何颜自立于世！今宜分军为三道，出贼不意攻之，可以得志。"纶不从。仲礼父津登城谓仲礼曰："汝君父在难，不能竭力，百世之后，谓汝为何！"仲礼亦不以为意。梁主问策于津，对曰："陛下有邵陵，臣有仲礼，不忠不孝，贼何由平！"

南康王会理与羊鸦仁、赵伯超等，进营于东府城北，约夜度军，为景所败。景又求和，梁主使御史中丞沈浚至景所，见景无去志，发愤责之。景横刀叱之，浚曰："负恩忘义，违弃诅盟，固天地所不容！沈浚五十之年，常恐不得死所，何为以死相惧邪！"因径去不顾。

于是景复攻城，昼夜不息。邵陵世子坚屯太阳门，终日蒱饮，不恤吏士。其书佐董勋、熊昙朗夜引景众登城。永安侯确力战，不能却，乃排闼入，启梁主云："城已陷。"梁主

残害百姓;湘东王的官员们贪婪放纵;南康王、定襄王之类,也都不过像沐猴而冠罢了。我希望陛下您受到这次小的惩罚之后,能够引起足够的警戒,放逐那些谗佞小人,接纳忠贞的臣子,这样就使我不用忧虑再次发动兵变,陛下您也不用蒙受被围困在城中的耻辱了,这实在是千千万万老百姓的莫大幸运啊!"

梁武帝看了侯景的上书,羞惭愤怒。三月初一,以侯景违背盟约为由,下令全城点燃烽火擂鼓呐喊。当初,关闭城门的时候,城内居民有十多万人,披盔带甲的将士有二万多人。被围困的时间一长,人们多身体浮肿,气喘吁吁,死去的十有八九,现在能登上城墙的不满四千人,人人都瘦弱不堪。城里道路上到处横陈着尸体,而大家还是把希望寄托在外面的援军上。柳仲礼只是聚集歌妓,摆酒作乐,将领们天天向他请战,柳仲礼都不答应。安南侯萧骏劝邵陵王萧纶说:"台城危机如此,而都督不救,如果万一发生了预想不到的情况,殿下还有什么脸面在这个世界上立身!现在应分兵三路,出其不意地攻打叛贼,这样就可取胜。"萧纶不采纳这一建议。柳仲礼的父亲柳津登城对柳仲礼说:"你的君王和父亲正在难中,你不能竭尽全力救援,百代以后,人们将会把你说成什么人呢!"柳仲礼听了也不在意。梁武帝向柳津询问计策,柳津回答说:"陛下有邵陵王这样的儿子,我有柳仲礼这样的儿子,他们不忠不孝,叛贼靠什么平定呢!"

南康王萧会理与羊鸦仁、赵伯超等,把军营推进到东府城北,约定夜里渡江,被侯景打败。侯景又求和,梁武帝派御史中丞沈浚到侯景处,见侯景没有撤离的意思,沈浚便愤怒斥责侯景。侯景横刀大声责骂沈浚,沈浚说:"你忘恩负义,违背盟誓,真是为天地所不容!我沈浚已经五十岁,经常担心自己不能死得其所,何必用死来吓唬我呢!"说着便径直离去,头也不回。

于是侯景又攻城,昼夜不息。邵陵王的长子萧坚驻扎在太阳门,终日赌博饮酒,不体恤官兵疾苦。他的书佐董勋、熊昙朗夜里引导侯景的兵马登城。永安侯萧确奋力拼搏,不能打退敌人,就推开小门进入宫中,报告梁武帝说:"城已被攻陷。"梁武帝

安卧不动,叹曰:"自我得之,自我失之,亦复何恨!"因谓确曰:"速去语汝父,勿以二宫为念。"

景入见于太极东堂,以甲士五百人自卫;稽颡殿下,典仪引就三公榻。梁主神色不变,问曰:"卿在军中日久,无乃为劳!"景不敢仰视,汗流被面。复至永福省见太子,太子亦无惧容。侍卫皆惊散,唯徐摛、殷不害侍侧。摛谓景曰:"当以礼见!"景乃拜。

退谓王僧贵曰:"吾常跨鞍对陈,矢刃交下,而意气安缓,了无怖心;今见萧公,使人自慑,岂非天威难犯!吾不可以再见之。"于是悉撤两宫侍卫,纵兵掠乘舆、服御、宫人皆尽;收朝士、王侯送永福省;矫诏大赦,自加大都督中外诸军、录尚书事。

建康士民逃难四出。景以诏命解外援军。柳仲礼召诸将议之,邵陵王纶曰:"今日之命,委之将军。"仲礼熟视不对。裴之高、王僧辩曰:"将军拥众百万,致宫阙沦没,正当悉力决战,何所多言?"仲礼竟无一言,诸军乃散。纶奔会稽,仲礼及羊鸦仁、王僧辩、赵伯超并开营降贼,军士叹愤。仲礼等入城,先拜景而后见梁主,梁主不与言。见津,津恸哭曰:"汝非我子,何劳相见!"

景遣仲礼归司州,僧辩归竟陵。初,临贺王正德与景约,平城之日,不得全二宫。及城开,正德帅众挥刀欲入,不得。

安卧不动，叹息说："从我这儿得到的，又从我这里失去，又有什么悔恨的呢！"于是他便对萧确说："快去告诉你父亲，不要记挂我和太子。"

侯景来到太极殿的东堂晋见梁武帝，用五百名全副武装的士兵保卫自己；他在大殿下跪拜，以额触地，主持仪式的人引领他走到三公坐的榻前。梁武帝神色不变，问道："你在军中时间很长，恐怕劳累了吧！"侯景不敢仰视，汗流满面。侯景又到永福省拜见太子，太子也没有显出害怕的神情。太子的侍卫都惊慌地逃散了，只有徐摛、殷不害在一旁侍奉。徐摛对侯景说："你来拜见应当遵守礼节！"侯景才跪下参拜。

侯景退出后对王僧贵说："我经常跨上马鞍与敌人对阵，刀箭交加，而心绪安稳，毫不害怕；今天见到萧公，让人不由自主地害怕，难道不是天威难犯吗！我不能再见他们了。"从此开始，侯景把皇上、太子两宫的侍卫全部撤掉，放纵将士将皇帝及后妃使用的车马、服饰、宫女都抢掠一空；将朝士、王侯们都抓了送到永福省；假托梁武帝的诏书，下令大赦天下，加封自己为大都督中外诸军、录尚书事。

建康的百姓四出逃难。侯景用梁武帝的诏书下令解散外面的援军。柳仲礼召集各位将领商议此事，邵陵王萧纶说："现在发布命令，就委托给将军您了。"柳仲礼注目细看萧纶，不作回答。裴之高、王僧辩说："将军您拥有百万人马，却致使皇宫沦陷，眼下正应当全力决战，何必多言呢？"柳仲礼始终不发一言，各路援军只好分散。萧纶逃亡到会稽，柳仲礼及羊鸦仁、王僧辩、赵伯超一道打开营门向侯景投降，将士们叹息、愤怒。柳仲礼等人进入京城，先拜见侯景而后见梁武帝，梁武帝不和他们说话。柳仲礼拜见父亲柳津，柳津痛哭着说："你不是我的儿子，何必来跟我相见！"

侯景派遣柳仲礼回到司州，王僧辩回到竟陵。当初，临贺王萧正德与侯景约定，平定台城的那一天，不得保全皇上与太子。等到城门打开，萧正德率领人马挥刀准备进去，却没能实现。

景更以正德为大司马。正德入见梁主,拜且泣。梁主曰:
"啜其泣矣,何嗟及矣!"

梁东徐、北青州及淮阳郡皆叛降于东魏,东魏遂取梁
青州及山阳郡。　梁湘东王绎归江陵,杀桂阳王慥。

初,梁主以河东王誉代张缵为湘州刺史,徙缵代岳阳
王詧为雍州刺史。缵恃才轻誉,迎候有阙。誉至,留缵不
遣。缵轻舟夜遁,将之雍部,复虑詧拒之。缵与湘东王绎
有旧,欲因之以杀誉兄弟,乃如江陵。及台城陷,诸王各还
州镇,誉归湘州。信州刺史桂阳王慥留军江陵,欲待绎至
拜谒乃还。缵遗绎书曰:"河东欲袭江陵,岳阳共谋不逞。"
江陵军主朱荣亦遣使告绎云:"桂阳留此,欲应誉、詧。"绎
惧,自蛮中步道驰归江陵,囚慥杀之,树栅掘堑以自守。

侯景陷梁广陵。

侯景以董绍先为江北行台,使赍敕召南康王会理。绍
先以羸兵二百至广陵,会理士马甚盛。僚佐说会理曰:"景
已陷京邑,欲除诸藩,然后篡位。若四方拒绝,立当溃败,
奈何委全州之地以资寇乎?不如杀绍先,发兵固守,与魏
连和,以待其变。"会理素懦,即以城授之。

东魏取梁淮阴。　梁吴郡太守袁君正以郡叛附侯景。

侯景遣于子悦等将羸兵数百,东略吴郡。新城戍主戴僧
逷有精甲五千,说太守袁君正曰:"贼今乏食,台中所得,不支

侯景让萧正德改任大司马。萧正德进入皇宫拜见梁武帝，一边跪拜一边哭泣。梁武帝说："哭哭啼啼，叹息怎么来得及啊！"

梁朝东徐州、北青州及淮阳郡都背叛梁朝，向东魏投降，东魏终于夺取梁朝的青州及山阳郡。 梁朝湘东王萧绎回到江陵，杀死桂阳王萧慥。

当初，梁武帝任命河东王萧誉取代张缵为湘州刺史，调张缵取代岳阳王萧詧为雍州刺史。张缵仗恃自己的才能而轻视萧誉，迎接萧誉时缺乏应有的礼节。萧誉到任后，留下张缵不放他走。张缵乘着小船偷偷逃跑了，将要到达雍州时，他又担心萧詧会拒绝接纳他。张缵与湘东王萧绎过去有交情，便想通过他来杀掉萧誉兄弟，于是来到江陵。等到台城陷落后，藩王们都回到各自镇守的州郡，萧誉也回到湘州。信州刺史桂阳王萧慥的部队留在江陵，他想等萧绎来了拜见他之后再回信州。张缵送了一封书信给萧绎说："河东王想袭击江陵，岳阳王和他共同密谋起事没有得逞。"江陵军主朱荣也派人告诉萧绎说："桂阳王留在这里，是准备响应萧誉、萧詧。"萧绎害怕了，从蛮人地区的陆路上骑马赶回江陵，把萧慥囚禁起来并杀了他，设立栅栏、挖掘壕沟进行防守。

侯景攻陷梁朝的广陵。

侯景让董绍先担任江北行台，派他带着梁武帝的敕令去召南康王萧会理。董绍先带着二百名弱兵到了广陵，萧会理的兵马却非常强盛。僚佐们劝萧会理说："侯景已经攻占了京城，准备除掉各个藩王，然后篡夺皇位。如果四面八方都不接受他，他立即就会溃败，我们怎么能用全州的土地来资助强盗呢？我们不如杀掉董绍先，发兵拒守我们的地盘，联合魏国，来等待形势的变化。"萧会理一向懦弱，就将全城交给了董绍先。

东魏夺取梁朝的淮阴。 梁朝吴郡太守袁君正献出全郡背叛梁朝，归附侯景。

侯景派遣于子悦等带领几百名弱兵，去东部掠夺吴郡。戍守新城的主将戴僧遏拥有五千名精锐士兵，他劝说太守袁君正道："贼兵现在缺少粮食，他们从台中得到的粮食，不够支持

一旬。若闭关拒守，立可饿死。"君正素怯，郊迎之。子悦执君正，掠夺财物、子女。东人皆立堡拒之。

梁宣城、吴兴起兵拒侯景。

侯景遣来亮入宛陵，宣城太守杨白华诱而斩之。景遣李贤明攻之，不克。御史中丞沈浚避难东归，与吴兴太守张嵊起兵讨景。景号令所行，唯吴郡以西、南陵以北而已。

东魏攻魏颍川，魏人击之，杀其将慕容绍宗、刘丰生。

东魏高岳等攻魏颍川，逾年不克。刘丰生建策，堰洧水以灌之，城多崩颓。王思政身当矢石，与士卒同劳苦。城中泉涌，悬釜而炊。宇文泰遣赵贵督东南诸州兵救之，阻水不得前。东魏人使善射者乘大舰临城射之，城垂陷；慕容绍宗与丰生临堰视之，暴风忽至，飘船向城。城上人以长钩牵船，弓弩乱发，二人皆死。

东魏大将军澄如邺。

东魏进澄位相国，封齐王，加殊礼。澄固辞，不许。澄召将佐密议之，皆劝澄受之；独陈元康以为未可，澄由是嫌之。

梁岳阳王詧执雍州刺史张缵。

湘东王绎之入援也，令所督诸州皆发兵，雍州刺史岳阳王詧遣司马刘方贵将兵出汉口；绎召詧使自行，詧不从。方贵潜与绎谋袭襄阳。未发，会詧以它事召方贵，以为谋泄，

十天。如果我们闭关据险防守,抗拒他们,他们马上就会饿死。"袁君正一向懦怯,他到郊外迎接于子悦。于子悦扣押了袁君正,掠夺百姓的财物、子女。东部人都建起城堡抵抗他。

梁朝宣城、吴兴发兵抵抗侯景。

侯景派萧来亮来到宛陵,宣城太守杨白华将他诱而杀之。侯景派李贤明攻打宣城,没有攻克。御史中丞沈浚避难回到东部,与吴兴太守张嵊发兵讨伐侯景。侯景的号令能够得到执行的地方,仅是吴郡以西、南陵以北罢了。

东魏进攻西魏颍川,西魏人进行反击,杀死东魏的将领慕容绍宗、刘丰生等人。

东魏高岳等人进攻西魏的颍川,过了一年也没有攻克。刘丰生想出一个办法,在洧水上建拦河堰用水来灌淹颍川城,颍川的城墙多处崩塌。王思政亲身在箭石横飞的情况下指挥作战,与士兵同甘共苦。城中水如泉涌,他们就把锅吊起来做饭。宇文泰派遣赵贵督率东南各个州的部队援救颍川,因被水阻隔不能向前靠近。东魏人让善于射箭的人乘着大舰靠近颍川往城内射箭,颍川城眼看就要陷落;慕容绍宗与刘丰生一起来到拦河堰前视察,暴风忽然刮来,慕容绍宗和刘丰生乘的船向城里漂去。城上的人用长钩拉住这条船,弓箭乱射,他们二人都死了。

东魏大将军高澄到邺城。

东魏晋升高澄为相国,封为齐王,加以特殊的礼遇。高澄坚决推辞,但孝静帝不批准。高澄召集将领和辅佐官员秘密商议此事,都劝高澄接受朝廷的任命;唯独陈元康认为不可以,高澄从此开始嫌恶他。

梁朝岳阳王萧詧拘捕雍州刺史张缵。

湘东王萧绎进京救援时,令他督管的各州都要派兵,雍州刺史岳阳王萧詧派司马刘方贵领兵出汉口;萧绎召见萧詧让他本人也出征,萧詧没有服从。刘方贵暗中与萧绎密谋袭击襄阳。还没出兵,碰上萧詧因其他事情召见刘方贵,刘方贵以为密谋泄露,

遂据樊城，詧遣军攻之。绎厚资遣张缵使赴镇，缵至大堤，詧已拔樊城，斩方贵。闻台城陷，遂执缵。

五月，梁主衍殂，太子纲立。

梁主虽外为侯景所制，而内甚不平。景欲以宋子仙为司空，梁主曰："调和阴阳，安用此物！"景不能强，心甚惮之。太子泣谏，梁主曰："若社稷有灵，犹当克复。如其不然，何事流涕！"是后，梁主所求，多不遂志，饮膳亦为所裁节；忧愤成疾，口苦索蜜，不得，再曰："荷！荷！"遂殂。年八十六。景秘不发丧，太子呜咽流涕，不敢泄声；既而发丧，遂即位。立宣城王大器为太子。高祖之末，建康士民争尚豪华，粮无半年之储，常资四方委输。自景乱，道路断绝，人至相食，不免饿死，存者百无一二。贵戚豪族，皆自出采稆，填委沟壑，不可胜纪。

魏诏代人复其旧姓。　六月，梁湘东王绎杀太常卿刘之遴。

初，侯景将使之遴授临贺王正德玺绶，之遴剃发僧服而逃。将归江陵，行至夏口，绎素嫉其才，密送药杀之。而自为志铭，厚其赗赠。

东魏大将军澄克颍川；以王思政归，魏师还。

东魏高岳既失慕容绍宗等，志气沮丧，不敢复逼长社。陈元康言于高澄曰："王自辅政以来，未有殊功。今颍川垂陷，愿王自以为功。"澄从之，自将攻长社。亲临作堰，堰三决，澄怒，推负土者及囊并塞之。

于是占据了樊城，萧詧派遣军队攻打樊城。萧绎厚资打发张缵去雍州赴任镇守，张缵到了大堤，萧詧已攻下樊城，杀掉刘方贵。萧詧听说台城陷落，就拘捕了张缵。

五月，梁武帝萧衍去世，太子萧纲登皇位。

梁武帝虽然表面上被侯景控制，但他的心里却非常不平。侯景想让宋子仙出任司空，梁武帝说："调和阴阳，怎么能用这个东西！"侯景不能强迫，心里很害怕梁武帝。太子流泪进谏，梁武帝说："如果国家有灵，还可以恢复。如果不是这样，何必流泪！"从此以后，梁武帝所提出的要求，大多不能被满足，饮食也被减少；他忧愤成疾，嘴里发苦要蜂蜜，得不到，他发出两声："荷！荷！"就去世了。享年八十六岁。侯景密不发丧，太子鸣咽流泪，不敢出声；不久以后发丧，才登皇位。立宣城王萧大器为太子。梁武帝末年，建康的百姓竞相崇尚豪华，粮食没有半年的储备，常常要依靠各地运来。自从侯景叛乱，交通断绝，发展到人吃人的地步，仍免不了饿死人，保住命的不到百分之一二。那些皇亲国戚、豪门大族、都自己出来采野生的稻子，饿死而埋在沟壑的，不可胜计。

西魏下诏书：代郡人恢复他们的旧姓。　六月，梁朝湘东王萧绎杀掉太常卿刘之遴。

当初，侯景要派刘之遴去把印玺授给临贺王萧正德，刘之遴剃光头发、穿上和尚服逃跑了。他将要回到江陵，走到夏口的时候，萧绎一向妒忌他的才能，暗中送药毒死了他。然而萧绎又亲自为他撰写墓志铭，送了很多钱给他办丧事。

东魏大将军高澄攻克颍川；因王思政归附东魏，西魏军撤回。

东魏的高岳失去了慕容绍宗等人，志气沮丧，不敢再进攻长社。陈元康对高澄说："大王自从辅佐皇室以来，没有特殊的功劳。现在颍川快要攻陷了，希望大王亲自去立下这一功劳。"高澄听从了他的意见，亲自率领军队进攻长社。他亲自督造拦河堰，拦河堰三次决口，高澄发怒了，把背土的人及土袋子一起推下去堵塞决口。

城中无盐,挛肿死者什八九。水入城坏,澄令城中曰:"有能生致王大将军者封侯;若有损伤,左右皆斩。"王思政帅众据土山,告之曰:"吾力屈计穷,唯当以死谢国。"因仰天大哭,西向再拜,欲自刎。众共执之,不得引决。澄遣赵彦深执手申意,延而礼之。思政初入颍川,将士八千人,及城陷,才三千人,卒无叛者。澄改颍川为郑州,遇思政甚重。祭酒卢潜曰:"思政不能死节,亦何足重!"澄曰:"我有卢潜,乃是更得一王思政。"潜,度世之曾孙也。

初,思政屯襄城,欲以长社为行台治所,启陈于宇文泰。浙州刺史崔猷曰:"襄城控带京、洛,寔为要地,如有动静,易相应接。颍川既邻寇境,又无山川之固,贼若潜来,径至城下。莫若顿兵襄城,以为行台,颍川置州,遣将镇守,则表里胶固,人心易安,纵有不虞,不能为患!"泰令从猷策,思政固请,泰乃许之。至是,泰深悔之;以侯景所献诸城道路阻绝,令诸将拔军还。

梁湘东王绎自称假黄钺、大都督中外诸军、承制。
侯景杀萧正德。

正德怨侯景卖己,密书召鄱阳王范使以兵入。景遮得其书,缢杀之。

梁永安侯确谋讨侯景,不克而死。

景爱永安侯确之勇,常置左右。邵陵王纶潜遣人呼之,确曰:"景轻佻,一夫力耳。我欲手刃之,恨未得其便,

长社城中没有盐吃，痉挛、浮肿而死的人有十分之八九。大水灌进城里，城被冲坏，高澄向城里的人宣布说："有能把王大将军活捉来的人封他为侯；如果有损伤王大将军的，他身边的人都要被杀。"王思政率领人马占据土山，告诉大家说："我的力气已经使尽，计策已经用光，只有用一死来报国了。"说着便仰面朝天大哭，面向西拜了两拜，准备自杀。大家一起拉住他，他自杀未遂。高澄派赵彦深来到土山，握着王思政的手申明来意，欢迎他归附东魏，并以礼相待。王思政当初进入颍川的时候，将士有八千人，等到陷落，才剩三千人，最终也没有一个叛变的。高澄将颍川改为郑州，给王思政很高的礼遇。祭酒卢潜说："王思政不能以死保全气节，又有什么值得看重的！"高澄说："我有卢潜，就是又得到一个王思政。"卢潜，是卢度世的曾孙。

　　当初，王思政屯兵襄城，想把长社做为行台所在地，书面报告给宇文泰。浙州刺史崔猷说："襄城控制并连着京、洛，实在是战略要地，如果有风吹草动，容易相互接应。颍川既临近敌寇占领的地方，又没有山川之险，敌人如果秘密攻来，可以直接到达城下。不如屯兵于襄城，做为行台，在颍川设置州郡，派将领镇守，这样内外就都牢固了，人心容易安定，纵然发生意料不到的情况，也不能造成祸患！"宇文泰下令听从崔猷的计策，王思政坚决请求，宇文泰才同意了他的意见。及至长社陷落，宇文泰很是后悔；因侯景所献的各城交通断绝，命令各将领率领部队返回。

**　　梁朝湘东王萧绎自称假黄钺、大都督中外诸军、承制。　侯景杀了萧正德。**

　　萧正德怨恨侯景出卖自己，秘密写信召请鄱阳王萧范，叫他带兵来京。侯景截得了这封信，勒死了萧正德。

**　　梁朝永安侯萧确谋求讨伐侯景，没有成功而死。**

　　侯景欣赏永安侯萧确的勇敢，经常把他安置在身边。邵陵王萧纶悄悄派人叫萧确回去，萧确说："侯景为人狂妄轻佻，一夫之勇而已。我想亲手用刀杀掉他，只遗憾没找到下手的机会，

卿还启家王，勿以确为念。"景与确游钟山，引弓射鸟，因欲
射景。弦断不发，景觉而杀之。

**梁湘东王绎使其世子方等攻湘州刺史河东王誉，击
之，方等败死。绎杀其妃徐氏。**

绎娶徐妃，生世子方等。妃多失行，故方等无宠。及
自建康归江陵，绎见其御军和整，始叹其能，入告徐妃，妃
泣而退。绎怒，疏其秽行，榜于大阁，方等见之，益惧。湘
州刺史河东王誉骁勇得士心，绎将讨侯景，使督其粮众。
誉不与，方等请讨之。绎乃以少子方矩代誉，使方等将兵
送之。方等将行，谓所亲曰："是行也，吾必死之，死得其所，
吾复奚恨！"

至麻溪，誉击之，方等败死。绎无戚容。宠妃王氏，生
子方诸而卒。绎疑徐妃为之，逼令自杀，妃赴井死。

**秋七月，梁广州刺史元景仲谋反，西江督护陈霸先讨
诛之。**

霸先欲起兵讨侯景，景使人诱景仲，许奉以为主，使图
霸先。霸先驰檄讨之，景仲众溃，缢死。霸先迎定州刺史
萧勃镇广州，勃以霸先监始兴郡事。

梁湘东王绎使信州刺史鲍泉攻湘州。

绎遣竟陵太守王僧辩、信州刺史鲍泉击湘州，僧辩欲
俟众集而行。绎疑其观望，斫之中髀，闷绝久之。泉惧不
敢言，独将兵伐湘州。

您回去告诉我的父王，不要把我记挂在心上。"侯景与萧确一同游览钟山，萧确拉弓射鸟，就想射死侯景。不巧弓弦拉断没有发出，侯景发觉后杀掉了他。

梁朝湘东王萧绎让他的嫡长子萧方等攻打湘州刺史河东王萧誉，萧誉袭击他，萧方等遭到失败而死。萧绎杀掉自己的妃子徐氏。

萧绎娶了徐妃，生下嫡长子萧方等。徐妃常常有失检点，所以萧方等不受父亲的宠爱。及至萧方等从建康回到江陵，萧绎看到他驾御部队有条有理，这才感叹他有才能，萧绎回房间把这一情况告诉了徐妃，徐妃流着泪退出了房间。萧绎发怒了，写下徐妃的肮脏行为，贴到大阁上，萧方等看见这一情况，更加害怕。湘州刺史河东王萧誉骁勇善战，很得士兵们拥戴，萧绎要讨伐侯景，派遣使者去督察他的粮食和人马。萧誉不给粮食和人马，萧方等请求去讨伐他。萧绎就让小儿子萧方矩代替萧誉，让萧方等率领部队护送。萧方等将要出发时，对他亲近的人说："这次出发，我肯定会死，死得其所，我又有什么可遗憾的呢！"

走到麻溪，萧誉袭击他，萧方等兵败身死。萧绎没有悲戚的神情。他所宠爱的妃子王氏，生下儿子萧方诸就死了。萧绎怀疑是徐妃下毒杀害的，逼迫徐妃自杀，徐妃投井而死。

秋七月，梁朝广州刺史元景仲阴谋反叛，西江督护陈霸先讨伐并杀掉他。

陈霸先打算带兵讨伐侯景，侯景派人诱劝元景仲，许诺拥戴他为首领，使他谋取陈霸先。陈霸先迅速发布檄文讨伐他，元景仲的人马逃散，他上吊自杀。陈霸先迎接定州刺史萧勃镇守广州，萧勃委派陈霸先为监始兴郡事。

梁朝湘东王萧绎派信州刺史鲍泉攻打泉州。

萧绎派遣竟陵太守王僧辩、信州刺史鲍泉袭击湘州，王僧辩打算等到部队全部集中后再出兵。萧绎怀疑他是在观望，砍中了他的大腿，王僧辩昏厥了很久。鲍泉吓得不敢说话，独自带兵攻打湘州。

梁合州刺史鄱阳王范以州附于东魏，以乞师。

范闻台城陷，戒严，欲入。僚佐或说之曰：“今魏人已据寿阳，大王移足，则虏必窥合肥。”范乃止。会高澄遣李伯穆逼合肥，范方谋讨侯景，籍东魏为援，乃以合州输伯穆，送二子于邺以乞师。出屯濡须，以待上游之军。久之不至，东魏亦不为出师。范粮乏，进退无计，乃西军柽阳。

盗杀东魏大将军勃海王高澄于邺。

澄尝谓济阴王晖业曰：“比读何书？”晖业曰：“数寻伊、霍之传，不读曹、马之书。”

澄以其弟太原公洋次长，忌之。洋深自晦匿，每退朝，辄闭阁静坐，虽对妻子，能竟日不言。或时祖跣奔跃，夫人问其故，洋曰：“为尔漫戏。”其实欲习劳也。

澄获衡州刺史兰钦子京，以为膳奴。京屡自诉，澄杖之曰：“更诉，当杀汝！”京与其党六人谋作乱。澄嬖琅邪公主，欲其往来无间，侍卫者常遣出外。一日，与陈元康、杨愔、崔季舒屏左右，谋受禅。京进食，置刀盘下杀之。元康以身蔽澄，亦被伤。洋闻之，神色不变，入讨群贼，斩而脔之，秘不发丧。元康手书辞母，口占，使功曹祖珽作书陈便宜。至夜而卒。

勋贵以重兵皆在并州，劝洋早如晋阳，洋从之。夜召督护唐邕，使部分将士镇遏四方，须臾而毕。

梁合州刺史鄱阳王萧范将全州归附东魏，以请求东魏出兵。

萧范听说台城陷落，下令戒严，准备打进建康。僚佐中有人劝他说："现在东魏人已占据寿阳，您动身离开，那么这些胡骑肯定要窥伺合肥。"萧范就没有行动。这时恰逢高澄派遣李伯穆带兵逼近合肥，萧范才考虑讨伐侯景，借助东魏的力量为援，就将合肥献给李伯穆，送两个儿子去邺作人质，以请求东魏出兵。萧范屯驻濡须，等待上游的部队。很久没有等到，东魏也不为他出兵。萧范粮食缺乏，进退都没办法，就率军西上驻扎在枞阳。

强盗在邺城杀东魏大将军勃海王高澄。

高澄曾经对济阴王元晖业说："近来你读了什么书？"元晖业说："我读了许多遍伊尹、霍光的传记，不读曹氏、司马氏的书。"

高澄因他的弟弟太原公高洋在兄弟排行中仅次于自己而忌恨他。高洋将自己要说的话深深埋在心底，每每退朝，就关门静坐，即使面对妻子，也能一天不讲一句话。有时他赤脚又跑又跳，妻子问他为什么要这样，高洋说："给你随便做游戏。"其实他是想锻炼吃苦的精神。

高澄抓到衡州刺史兰钦的儿子兰京，让他充当服侍自己用餐的奴仆。兰京常常把自己的苦处说给别人，高澄就杖打他说："再诉苦，就杀了你！"兰京与他的六个伙伴密谋作乱。高澄宠幸琅邪公主，为了两人往来方便，侍卫们常被打发在外。一天，高澄与陈元康、杨愔、崔季舒打发走身边的侍卫，密谋逼东魏皇帝将皇位让给高澄。兰京送来食品，把刀放在盘子底下，杀了高澄。陈元康用身子掩护高澄，也被砍伤。高洋听到消息，神色不变，进来讨伐这群贼人，杀掉他们剁成肉块，并且封锁高澄的死讯，秘不发丧。陈元康亲笔给母亲写了封诀别信，又向功曹祖珽口述，由他写成文书，陈述国家应办的事项。到了夜里陈元康便死了。

功臣权贵们因重兵都在并州，劝高洋尽早赶到晋阳，高洋听从了他们的劝告。高洋连夜召集督护唐邕，让他部署将士镇守四方，一会儿他就部署完了。

东魏主闻之,窃谓左右曰:"大将军死,似是天意,威权当复归帝室矣!"洋留高岳、高隆之、司马子如、杨愔守邺,入谒东魏主。从甲士八千人,登阶者二百余人,皆攘袂扣刃,若对严敌。令主者传奏曰:"臣有家事,须诣晋阳。"再拜而出。东魏主失色,目送之曰:"此人又似不相容,朕不知死在何日!"晋阳旧臣、宿将素轻洋,及至,大会文武,神采英畅,言辞敏洽,众皆大惊。澄政令有不便者,洋皆改之。隆之、子如等恶度支尚书崔暹,奏暹及季舒过恶,鞭二百徙边。

九月,侯景陷吴兴。梁太守张嵊、御史中丞沈浚死之。

景使侯子鉴寇吴兴。吴兴兵力寡弱,张嵊书生,不闲军旅,或劝嵊效袁君正迎降。嵊叹曰:"袁氏世济忠贞,不意君正一旦隳之。吾岂不知此难久全,但以身许国,有死无贰耳!"战败还府,整服安坐,子鉴执送建康。景欲活之,嵊曰:"吾忝任专城,朝廷倾危,不能匡复,速死为幸!"景犹欲存其一子,嵊曰:"吾一门已在鬼录,不就尔虏求恩!"景怒,尽杀之,并杀沈浚。

梁岳阳王詧攻江陵,湘东王绎遣兵袭襄阳,詧遁还。绎使竟陵太守王僧辩攻湘州。

鲍泉攻湘州,河东王誉逆战而败。退保长沙,泉围之。岳阳王詧留参军蔡大宝守襄阳,帅众伐江陵以救湘州。湘东王绎大惧,遣左右就狱中问计于王僧辩。僧辩具陈方略,

东魏孝静帝听说高澄被杀的消息,私下对身边的人说:"大将军的死,好像是天意,权威应当重新归于皇室了!"高洋留下高岳、高隆之、司马子如、杨愔守卫邺城,他入宫拜见东魏孝静帝。跟从他的披甲戴盔的士兵有八千人,登上宫殿台阶的就有二百多人,他们都捋着袖子按住刀剑,如临大敌一般。高洋命令主持朝仪的官员给孝静帝传报说:"臣有家事,必须赶到晋阳。"他拜了两拜就出来了。孝静帝大惊失色,目送高洋说:"这人好像对我又不能相容,朕不知死在哪一天!"晋阳原来的文官武将一向轻视高洋,等到高洋到达,大会文武官员,神采英伟,气概不凡,言辞敏锐,大家都大吃一惊。高澄的政令有不便执行的,高洋都加以修改。高隆之、司马子如等人讨厌度支尚书崔暹,曾向上汇报过崔暹及崔季舒的过错和罪恶,高洋命令打他们二百鞭发配到边疆。

九月,侯景攻陷吴兴。梁朝太守张嵊、御史中丞沈浚被杀死。

侯景派侯子鉴侵犯吴兴。吴兴兵力薄弱,张嵊是一介书生,不懂军事,有人劝张嵊仿效袁君正迎接侯子鉴,向他投降。张嵊感叹道:"袁家世世代代都以忠贞著称,没想到被袁君正毁于一旦。我难道不知吴兴难以长久保全,只是以身报国,除死别无选择罢了!"他战败后回到府中,穿戴整齐安然而坐,侯子鉴拘捕了他,送到建康。侯景想保全他的性命,张嵊说:"我有愧于担任吴兴郡守,朝廷危亡,我不能挽救危亡,转危为安,现在以快死为幸!"侯景还是想留下他的一个儿子,张嵊说:"我一家都已上了录鬼簿,不会向你这胡虏乞求恩惠!"侯景大怒,把他全家老小都杀掉,并且还杀了沈浚。

梁朝岳阳王萧詧攻打江陵,湘东王萧绎派兵袭击襄阳,萧詧逃回。萧绎派竟陵太守王僧辩攻打湘州。

鲍泉攻打湘州,河东王萧誉迎战而失败。他撤退保卫长沙,鲍泉围攻长沙。岳阳王萧詧留参军蔡大宝守卫襄阳,自己率领人马攻打江陵以援救湘州。湘东王萧绎非常害怕,派身边的人到狱中向王僧辩询问计策。王僧辩详细地陈述了用兵的策略,

绎乃赦之,以为城中都督。詧攻江陵,会大雨,平地水深四尺,詧军气沮。绎与新兴太守杜崱有旧,密邀之,崱帅所部降。其兄岸请以五百骑袭襄阳,距城三十里,城中始觉。蔡大宝奉詧母登城拒战。詧闻之,遁还。岸亦走。绎遂以僧辩代泉攻长沙。

邵陵王纶致书于绎曰:"今社稷危耻,创巨痛深,唯应剖心尝胆,泣血枕戈,其余小忿,或宜容贳。若外难未除,家祸仍构,料今访古,未或不亡。夫征战之理,唯求克胜;至于骨肉之战,愈胜愈酷,劳兵损义,亏失多矣。弟若陷洞庭,不戢兵刃,雍州疑迫,何以自安?必引魏军以求形援。弟若不安,家国去矣!"绎不从。纶流涕曰:"天下之事,一至于斯,湘州若败,吾亡无日矣!"

冬十月,梁豫章内史庄铁叛,袭江州,败走。

初,铁既降侯景,复叛之,寻阳王大心为豫章内史。铁至郡即叛,推观宁侯永为主。引兵袭寻阳,大心遣其将徐嗣徽逆击,破之。铁单骑还南昌。

十一月,梁湘东王绎遣兵攻襄阳。岳阳王詧乞师于魏,魏遣开府杨忠率师救之。

詧遣使求援于魏,请为附庸。湘东王绎使柳仲礼镇竟陵以图詧。詧惧,遣其妃王氏及世子寮为质于魏。宇文泰欲经略江、汉,以杨忠都督三荆诸军,镇穰城。仲礼帅众趣襄阳。泰遣忠及仆射长孙俭将兵击仲礼以救詧。

萧绎才赦免了他,让他担任城中都督。萧詧攻打江陵,遇上大雨,平地水深四尺,萧詧的部队士气沮丧。萧绎与新兴太守杜崱过去有交情,秘密邀请他,杜崱率领自己所属的部队投降了萧绎。他的哥哥杜岸请求以五百骑兵袭击襄阳,距城三十里,城中才发觉。蔡大宝侍奉萧詧的母亲登上城墙进行防守。萧詧听到这一消息,逃跑回来。杜岸也逃跑了。萧绎就让王僧辩代替鲍泉进攻长沙。

邵陵王萧纶写信给萧绎说:"现在国家危难,蒙受耻辱,创伤巨大,痛苦深重,我辈只应剖心尝胆,泣血枕戈,其余的小怨恨,应该互相宽容谅解才是。如果外难未除,家祸仍然产生,观今鉴古,没有不灭亡的。战争的原理,只求取胜;至于骨肉之间的战争,愈是获胜则愈加残酷,动用武力践踏道义,损失太大啦。弟如果攻陷洞庭,不收敛武力,雍州方面必然怀疑您将要进逼,靠什么自安呢?势必引进西魏的军队以求支援。弟如果不安,那么国家也就完了!"萧绎不听萧纶的劝告。萧纶流泪说:"天下之事,竟到了这种地步,湘州如果陷落,我离灭亡也没几天了!"

冬十月,梁朝豫章内史庄铁叛变,袭击江州,失败逃跑。

当初,庄铁投降侯景以后,又背叛了侯景,寻阳王萧大心让他担任豫章内史。庄铁到了该郡就叛变了,推举观宁侯萧永为首领。庄铁指挥部队袭击寻阳,萧大心派遣他的将领徐嗣徽迎击,打垮了他。庄铁单枪匹马返回南昌。

十一月,梁朝湘东王萧绎派兵攻打襄阳。岳阳王萧詧向西魏求援,西魏派遣开府杨忠率领部队救他。

萧詧派遣使者向西魏求援,请求充当西魏的附庸。湘东王萧绎派柳仲礼镇守竟陵,图谋对付萧詧。萧詧害怕了,就派他的妃子王氏以及他的嫡长子萧㽗到西魏当人质。宇文泰想占领江、汉地区,便任命杨忠都督三荆诸军事,镇守穰城。柳仲礼率领人马赶往襄阳。宇文泰派遣杨忠和仆射长孙俭率领部队袭击柳仲礼,以援救萧詧。

十二月,侯景陷钱塘、会稽,执梁刺史南郡王大连。

宋子仙陷钱塘,乘胜度浙江至会稽。邵陵王纶奔郢阳。时会稽丰沃,胜兵数万,粮仗山积。东人惩侯景残虐,咸乐为用。而大连朝夕酣饮,不恤军事;司马留异,凶狡残暴,为众所患,大连悉以军委之。子仙至,大连弃城走,异以其众降。为子仙乡导,追及大连,执送建康,大连犹醉不之知。梁主闻之,掩袂而泣。于是三吴尽没于景。公侯在会稽者,俱南度岭。景以留异为东阳太守,收其妻子为质。

梁始兴太守陈霸先起兵讨侯景。

霸先结郡中豪杰,欲讨侯景。郡人侯安都、张偲等各帅众千余人归之。霸先遣杜僧明将二千人顿于岭上,广州刺史萧勃遣人止之。霸先曰:"京都覆没,君辱臣死。君侯体则皇枝,任重方岳,不能赴援,遣仆一军,犹贤乎已,乃更止之乎?"乃遣使间道诣湘东王绎受节度。时南康土豪蔡路养起兵据郡,勃乃以谭世远为曲江令,与路养相结,同遏霸先。

东魏取梁司州。

于是东魏尽有淮南之地。

庚午(550) 梁太宗简文帝纲大宝元年,魏大统十六年,东魏武定八年,齐显祖文宣帝高洋天保元年。是岁,东魏亡。

春正月,东魏高洋自为丞相,都督中外诸军,录尚书事,封齐王。　梁以陈霸先为交州刺史。

十二月，侯景攻陷钱塘、会稽，拘捕梁朝刺史南郡王萧大连。

宋子仙攻陷钱塘，乘胜渡浙江到会稽。邵陵王萧纶投奔鄱阳。当时会稽物产丰富，土地肥沃，能承受几万兵员的负担，粮食兵器堆积成山。东部地区的人苦于侯景的凶残暴虐，都乐意为萧大连效力。然而萧大连从早到晚耽于喝酒，不考虑军事；司马留异，凶狠狡诈又残暴，众人都痛恨他，而萧大连却将军事大权都交给他。宋子仙一到，萧大连弃城逃跑，留异带领他的人马投降。他给宋子仙做向导，追上萧大连，押到建康，萧大连还大醉不醒，不知怎么回事。简文帝听到这一消息，用衣袖捂住脸哭泣。于是三吴地区全被侯景占领。在会稽的公侯，都越过岭向南而逃。侯景任留异为东阳太守，留下他的妻儿充当人质。

梁朝始兴太守陈霸先起兵讨伐侯景。

陈霸先集结郡中豪杰，准备讨伐侯景。郡人侯安都、张偲等各自率领一千多人来归附他。陈霸先派遣杜僧明率领二千人到大庾岭上屯驻，广州刺史萧勃派人来阻止他。陈霸先说："国都沦陷，国君蒙受耻辱，大臣们丧了性命。您身为皇亲国戚，任重如山，不能去救援，如果派遣我这一支部队去讨伐国贼，倒比阻止我还要好些，现在却怎么又来进行阻止呢？"于是他就派遣使者抄小路赶到湘东王萧绎那里，表示接受他的指挥调度。当时南康土豪蔡路养起兵占据郡城，萧勃就任命谭世远做曲江令，与蔡路养联合起来，共同遏制陈霸先。

东魏夺取了梁朝司州。

于是东魏完全拥有了淮南之地。

梁简文帝

庚午（550）　梁太宗简文帝萧纲大宝元年，西魏大统十六年，东魏武定八年，北齐显祖文宣帝高洋天保元年。这一年，东魏灭亡。

春正月，东魏高洋自立为丞相，都督中外诸军，录尚书事，被封为齐王。　梁朝任命陈霸先为交州刺史。

霸先发始兴,至大庾岭,蔡路养拒之。其党萧摩诃,年十三,单骑出战,无敢当者。霸先击之,路养败走。进军南康,湘东王绎承制授霸先交州刺史。

梁邵陵王纶至江夏,自称都督中外诸军,承制。

纶自鄱阳进至九江,寻阳王大心以江州让之。纶不受,引兵西上。至江夏,南平王恪以郢州让之,亦不受。乃推纶为假黄钺都督,承制。

魏人围安陆,获梁司州刺史柳仲礼,遂取汉东。

魏杨忠围安陆,柳仲礼驰归救之。诸将恐仲礼至,请急攻之。忠曰:"攻守势殊,未可猝拔;若引日劳师,表里受敌,非计也。南人多习水军,不闲野战,仲礼师在近路,吾出其不意,以奇兵袭之,彼怠我奋,一举可克。克仲礼,则安陆不攻自拔,诸城可传檄定也。"乃选骑二千,衔枚夜进,败仲礼于漴头,获之。安陆、竟陵皆降。于是汉东尽入于魏。

梁祖皓起兵广陵,杀侯景将董绍先。

梁广陵人来嶷,说前太守祖皓曰:"董绍先轻而无谋,人情不附,袭而杀之,此壮士之任耳。今欲纠帅义勇,奉戴府君。若其克捷,可立桓、文之勋;必天未悔祸,犹足为梁室忠臣。"皓曰:"此仆所愿也。"乃相与纠合勇士百余人,袭广陵,斩董绍先。驰檄远近,推萧勔为刺史。景遣郭元建攻之,皓婴城固守。

二月,魏师进次石城。梁湘东王绎请盟,魏师还。

陈霸先率军从始兴出发,抵达大庾岭,蔡路养进行抵抗。他的部下萧摩诃,十三岁,单骑出战,没有敢抵挡他的。陈霸先袭击他,蔡路养失败逃跑。陈霸先进军南康,湘东王萧绎以皇帝之命授予陈霸先交州刺史。

　　梁朝邵陵王萧纶到达江夏,自称都督中外诸军,以皇帝的名义设置百官。

　　萧纶从鄱阳到达九江,寻阳王萧大心把江州让给他。萧纶不接受,挥军西上。到达江夏,南平王萧恪把郢州让给他,萧纶也不接受。于是推举萧纶为假黄钺都督,以皇帝的名义设置百官。

　　西魏人围攻安陆,俘获梁朝司州刺史柳仲礼,于是夺取汉东。

　　西魏杨忠围攻安陆,柳仲礼火速回来救援。西魏诸将担心柳仲礼到达,请求赶快进攻。杨忠说:"攻和守的情势很不相同,安陆不是一下子就可攻克的;如果拖延时间,部队疲劳,援军一到,腹背受敌,这可不是办法。南方人大多习惯于水战,不熟悉野战,柳仲礼的军队就在附近,我出其不意,以奇兵袭击他,敌军懈怠我军奋勇,一举可以攻克。打败了柳仲礼,那么安陆不攻自破,诸城也就可传檄而定了。"于是精选两千骑兵,令所有的人口中衔着小木棍以免泄露消息,夜里行军,在漴头打败柳仲礼,俘获了他。安陆、竟陵都投降了。从此汉东之地全部归于西魏。

　　梁朝祖皓在广陵起兵,杀死侯景的将领董绍先。

　　梁朝广陵人来嶷,劝前太守祖皓说:"董绍先轻浮而缺乏智谋,人心不服,攻打他把他杀掉,这是一个壮士的责任。现在我想召集率领义勇之士,尊奉拥戴您去做这件事。如果这件事成功了,就可以建立齐桓公、晋文公那样的功勋;即使他气数未尽,也足以表明您是梁室的忠臣。"祖皓说:"这正是我的心愿。"于是和来嶷一起组织勇士一百多人,袭击广陵,杀掉董绍先。向远近各方发布告示,推举萧勔为刺史。侯景派遣郭元建进攻广陵,祖皓环城固守。

　　二月,西魏军队进驻石城。梁湘东王萧绎请求订立盟约,西魏军队撤走。

魏杨忠乘胜至石城，欲进逼江陵。梁湘东王绎遣舍人庾恪说忠曰："詧来伐叔而魏助之，何以使天下归心？"忠遂停湅北。绎请送质求和，魏人许之，乃盟而还。

侯景陷广陵，杀梁祖皓，屠其城。　三月，梁主禊饮乐游苑。

侯景取梁主之女溧阳公主，甚爱之。请梁主禊饮乐游苑，梁主闻丝竹，凄然泣下。

梁旱蝗。

时江南连年旱蝗，江、扬尤甚，百姓流亡，草根木叶食之皆尽。富室或衣罗绮，怀金玉而死，白骨成丘。侯景性残酷，于石头立大碓，有犯法者捣杀之。常戒诸将曰："破栅平城，当争杀之，使天下知吾威名。"由是，百姓不附。又禁人偶语，犯者刑及外族。

夏四月，梁王僧辩克湘州，杀河东王誉。

初，湘东世子方等之死，湘州将周铁虎功最多，誉委遇甚重。至是僧辩得铁虎，命烹之。呼曰："侯景未灭，奈何杀壮士！"僧辩奇其言而释之。

梁湘东王绎移檄讨侯景。

绎闻高祖之丧，以长沙未下，匿之。至是始发丧，刻檀为高祖像，事之甚谨，动静必咨焉。以天子制于贼臣，不肯从大宝之号，犹称太清四年。下令大举讨侯景，移檄远近。

五月，梁鄱阳王范卒。

西魏杨忠乘胜抵达石城，准备进逼江陵。梁湘东王萧绎派舍人庾恪去劝说杨忠说："萧詧竟来攻打叔父，而魏国帮助他，这怎么使天下归心呢？"杨忠听了，就停兵于灄北。萧绎请求送人质求和，西魏人答应了他，就和萧绎订立盟约而撤军。

侯景攻陷广陵，杀掉梁朝的祖皓，屠杀全城居民。 三月，梁简文帝在乐游苑举行修禊宴饮。

侯景娶梁简文帝的女儿溧阳公主，非常喜爱她。举行禊礼时，侯景请梁简文帝在乐游苑饮酒，梁简文帝听到管弦的乐音，凄然泪下。

梁朝发生旱灾和蝗灾。

当时江南连年发生旱灾和蝗灾，江州、扬州尤其严重。百姓流离失所，草根树叶都吃光了。富裕人家，有的穿着绫罗绸缎，怀抱着黄金美玉而被饿死，田野里白骨成山。侯景本性残酷，他在石头城设立大碓，有犯法的就用大碓捣杀。他常常告诫诸将说："一旦攻破栅栏，踏平城市，应当争着杀人，使天下知道我的厉害。"因此，百姓不服。又禁止人民在一起谈话，违犯者刑罚株连到外族。

夏四月，梁朝王僧辩攻克湘州，杀河东王萧誉。

当初，湘东王嫡长子萧方等被杀死，湘州将领周铁虎的功劳最大，萧誉对他的委任和待遇很是厚重。到如今王僧辩抓到周铁虎，命令手下烹杀他。周铁虎大叫道："侯景这一大敌还没有消灭，为什么现在就杀壮士呢！"王僧辩觉得他出言不凡，就释放了他。

梁朝湘东王萧绎发布檄文讨伐侯景。

萧绎听说梁武帝去世，因为长沙还没打下，所以封锁了这一消息。到现在才开始发丧，用檀木雕刻梁武帝像，朝拜非常恭谨，事无巨细都要过问。萧绎认为天子被贼臣挟制，不肯采用"大宝"的年号，还是按照旧年号称太清四年。萧绎下令大举讨伐侯景，檄文远近传布。

五月，梁朝鄱阳王萧范死。

范自枞阳遣信,告江州刺史寻阳王大心,大心以溢城处之。既至,以晋熙为晋州,遣其世子嗣为刺史。大心政令不出一郡,遣兵击庄铁。嗣与铁善,遣侯瑱将兵助之。由是二镇相猜,无复讨贼之志。大心使徐嗣徽筑垒稽亭以备范。市籴不通,范数万之众,无所得食,多饿死,愤恚而卒。

齐王洋称皇帝,废东魏主为中山王。

东魏徐之才、宋景业善图谶。因高德政劝齐王洋受魏禅,洋以告娄太妃。太妃曰:"汝父如龙,汝兄如虎,犹以天位不可妄据,终身北面,汝独何人,欲行舜禹之事乎?"洋以告之才,之才曰:"正为不及父兄,故宜早升尊位耳。"洋铸像,卜之而成。以问肆州刺史斛律金,金固言不可,请杀景业等。洋以人心不一,使德政如邺察之,未还,洋拥兵而东,至平都城,召诸勋贵议之,莫敢对。长史杜弼曰:"关西,国之勍敌,今若受禅,彼必挟天子称义兵而东,王何以待之乎?"徐之才曰:"彼亦欲为王所为,纵其屈强,不过随我称帝耳。"弼无以应。德政至邺,公卿莫有应者。司马子如逆洋于辽阳,固言未可。景业等复劝之,洋乃发晋阳。

东魏进洋位相国,总百揆,备九锡。洋至邺作圜丘,备法物;使侍中张亮等见东魏主,逼以禅位。魏主敛容曰:"推挹已久,谨当逊避。"乃下御坐,步就东廊,咏范晔《汉献帝赞》。求入与六宫别,举宫皆哭。直长赵道德以故犊车一乘,送出云龙门。百寮拜辞,遂迁于北城,遣彭城王韶

萧范从枞阳派人送信，告诉江州刺史寻阳王萧大心，萧大心住在湓城。萧范到了湓城，把晋熙改为晋州，派他的嫡长子萧嗣为晋州刺史。萧大心能够发号施令的地方不过一郡，他派兵进击庄铁。萧嗣与庄铁关系很好，派侯瑱率领部队帮助庄铁。从此鄱阳、寻阳二镇互相猜忌，再也没有讨贼的心思了。萧大心派徐嗣徽在稽亭筑垒以防备萧范。于是粮食买卖不通了，萧范的数万军队，没地方得到粮食，大多饿死了，萧范怨愤而死。

齐王高洋自称皇帝，废东魏孝静帝，封他为中山王。

　　东魏徐之才、宋景业善于图谶占验之术。因为高德政劝齐王高洋接受东魏皇位的禅让，高洋便把这事告诉了娄太妃。太妃说："你父亲像龙，你哥哥像虎，他们尚且认为皇位不可妄自窃据，终其一生北面事君，你单单是什么人，想效法舜、禹禅让的事吗？"高洋把这话告诉徐之才，徐之才说："正因为你比不上父兄，所以才应早日升上尊位呀。"高洋铸自己的像，是通过占卜而铸成的。去问肆州刺史斛律金，斛律金坚决说不可以，请求杀了宋景业。高洋因为人心不一，派高德政去邺城观察风声，高德政还没回来，高洋带兵向东，到平都城，召集诸位元勋重臣商议这件事，没有敢答话的。长史杜弼说："关西宇文氏，是我国的强敌，现在你如果接受禅让，宇文氏必然要挟天子称正义之师向东讨伐，大王拿什么来对付他呢？"徐之才说："他也是想做大王所做的事，纵然他倔强，也不过是随着我们的样子称帝罢了。"杜弼无话可答。高德政到了邺城，公卿大臣没有响应的。司马子如到辽阳去迎接高洋，高洋坚持说不可以。宋景业又劝高洋，高洋才向晋阳进发。

　　东魏晋升高洋为相国，总领百官，加九锡。高洋到邺城筑圜丘，备了法物；派侍中张亮等人去见孝静帝，逼他让位。孝静帝神色凝重地说："这事推让很久了，我谨当逊位让贤。"于是走下御座，步向东廊，吟咏范晔写的《汉献帝赞》。他要求入内与六宫嫔妃告别，举宫皆哭。直长赵道德用原来的一辆牛车，送孝静帝出云龙门。百官拜辞，孝静帝就迁到北城，派彭城王萧韶

等奉玺绶,禅位于齐。齐王洋即皇帝位于南郊。自魏敬宗以来,百官绝禄,至是始复给之。封东魏主为中山王,待以不臣之礼。追尊献武王、文襄王皆为皇帝,献武庙号高祖,文襄庙号世宗。尊王太妃为皇太后。降魏朝封爵有差。

梁武陵王纪遣其世子圆照将兵赴援,次于白帝。

时梁境唯荆、益所部尚完实。益州刺史武陵王纪移告征、镇,使世子圆照帅兵受湘东王节度。绎授以信州刺史,令屯白帝,未许东下。

梁侯瑱杀庄铁,据豫章。

鄱阳王范既卒,侯瑱往休庄铁,铁忌之;瑱不自安,诈引铁谋事,因杀之,自据豫章。

齐立子殷为太子。

齐主娶赵郡李希宗之女,生子殷及绍德;又纳段韶之妹。及将建中宫,高隆之、高德政欲结勋贵之援,乃言:"汉妇人不可为天下母。"不从,乃立李氏为后,以其子殷为太子。

魏立萧詧为梁王。

魏人欲令岳阳王詧发哀嗣位,詧辞。乃遣使册命詧为梁王,建台,置百官。

梁高州刺史李迁仕反,高凉太守冯宝妻洗氏讨败之。

初,燕昭成帝奔高丽,使其族人冯业以三百人浮海奔宋,因留新会。自业至孙融,世为罗州刺史,融子宝为高凉太守。高凉洗氏,世为蛮酋,部落十余万家。有女,多

等人捧着玉玺印绶，把皇位禅让给齐王。齐王高洋在南郊即皇帝位。自魏敬宗以来，朝廷百官都断绝了俸禄，到这时才又发放。封孝静帝为中山王，待他不用臣下之礼。追尊献武王、文襄王都为皇帝，献武庙号高祖，文襄庙号世宗。尊王太妃为皇太后。把东魏给大臣们的封爵都按不同情况降了级。

梁朝武陵王萧纪派遣他的嫡长子萧圆照率兵去援救朝廷，驻扎在白帝城。

这时候梁朝境内只有荆州、益州所管辖的地区还比较完整充实。益州刺史武陵王萧纪发文通告各征镇，让他的嫡长子萧圆照率兵接受湘东王指挥。萧绎任命萧圆照为信州刺史，命令他驻扎白帝城，不许东下。

梁朝侯瑱杀庄铁，占据豫章。

鄱阳王萧范死后，侯瑱去投靠庄铁，庄铁对他心怀猜忌；侯瑱心里不安，假称约庄铁一块商量事情，乘机杀掉了他，自己占据豫章。

北齐立高洋儿子高殷为太子。

北齐国主高洋娶了赵郡李希宗的女儿，生下儿子高殷及高绍德；又纳段韶的妹妹为妃。等到要建立中宫的时候，高隆之、高德政想勾结元勋贵戚来作为帮手，就说："汉族妇女不可为国母。"高洋没有采纳这个意见，就册立李氏为皇后，立她生的儿子高殷为太子。

西魏立萧詧为梁王。

西魏人想让岳阳王萧詧为梁武帝发丧致哀，继承梁朝帝位，萧詧推辞了。于是派使者册封萧詧为梁王，建立台省，设置百官。

梁朝高州刺史李迁仕造反，高凉太守冯宝的妻子洗氏讨伐并战败了他。

当初，燕国昭成帝投奔高丽，派他同族的人冯业带三百人渡海投奔宋国，这些人便留在了新会。从冯业到他的孙子冯融，世代都任罗州刺史，冯融的儿子冯宝任高凉太守。高凉洗氏，世代都是蛮族的首长，拥有的部落十余万家。洗氏有一个女儿，多

筹略,善用兵,诸洞皆服其信义;融聘以为宝妇。融虽世为方伯,非其土人,号令不行。洗氏约束本宗,使从民礼;参决辞讼,虽亲戚无所纵舍,由是冯氏始得行其政。

高州刺史李迁仕遣使召宝,宝欲往,洗氏止之曰:"刺史被召援台,乃称有疾,铸兵聚众而后召君,此必欲质君以发君之兵也,愿且无往以观其变。"数日,迁仕果反,遣主帅杜平虏将兵逼南康,陈霸先使周文育击之。洗氏谓宝曰:"平虏今与官军相拒,势不得还,迁仕在州,无能为也。君若自往,必有战斗,宜遣使卑辞厚礼告之曰:'身未敢出,欲遣妇参。'彼必喜而无备。我将千余人,步担杂物,唱言输赂,得至栅下,破之必矣。"宝从之。迁仕果不设备,洗氏袭击,大破之。迁仕走保宁都。文育亦击走平虏,据其城。洗氏与霸先会于灨石,还,谓宝曰:"陈都督非常人也,甚得众心,必能平贼,宜厚资之。"

梁王詧入朝于魏。 秋七月,侯景陷江州及豫章。

初,东魏遣牒云洛等迎鄱阳世子嗣,使镇皖城。未行,侯景遣任约将兵寇江州,洛等引去,嗣失援败死。约遂略地至溢城,寻阳王大心出兵战败。帐下犹有战士千余人,咸劝大心走保建州,大心不能用,遂以州降。

景遣于庆略地至豫章,侯瑱力屈亦降之。景以瑱同姓,待之甚厚,质其妻子,遣随庆徇赣南诸郡。巴山人黄法氍

谋略,善用兵,各部落都佩服她的信义;冯融聘她为冯宝的妻子。冯融虽然世代为一方之长,但因不是当地土著,号令行不通。洗氏与冯宝结婚以后,约束本宗族的人,使他们遵守百姓应遵守的礼仪;她和冯宝一起研究诉讼之事,即使是自己的亲戚也不能宽恕,因此冯氏的政令才能行得通。

高州刺史李迁仕派使者召见冯宝,冯宝想应召而行,洗氏劝阻他说:"刺史受诏令去支援朝廷,乃声称有病,铸造兵器聚集队伍,然后又召您去,这肯定是要拿您做人质从而调去您的军队,希望您暂且别去,来观察形势的变化。"过了几天,李迁仕果然造反了,派遣主帅杜平虏率领军队进逼南康,陈霸先让周文育去攻打他。洗氏对冯宝说:"杜平虏现在与官军相对抗,看这形势他回不来了,迁仕在州里,也无法可想。您如果自己带兵去,肯定要有一场战斗,所以应派遣使者,带上厚礼,用谦卑的言辞对他说:'我自己不敢出头露面,想派妻子参加。'他肯定高兴而没有戒备。我带领一千多人,步行挑担,带上各种杂物,声言是要去交纳财物以抵罪过,进到军营的栅栏,必定能打败他。"冯宝听从了她的计策。李迁仕果然不加防备,洗氏挥军袭击,大破李军。李迁仕逃到宁都自保。周文育也击退了杜平虏,占据了他的城堡。洗氏与陈霸先在灨石会面,回来后,对冯宝说:"陈都督不是一般人,很得人心,肯定能平定贼寇,可以多给他一些资助。"

梁王萧詧到西魏朝见西魏国主。 秋七月,侯景攻陷江州及豫章。

当初,东魏派遣牒云洛等人迎接鄱阳王的嫡长子萧嗣,让他镇守皖城。萧嗣还未出发,侯景派任约带兵进犯江州,牒云洛等人离去,萧嗣失去援助,兵败身死。任约于是把地盘扩大到浔城,寻阳王萧大心出兵战败。帐下还剩士兵一千余人,都劝萧大心退保建州,萧大心不能采纳这一意见,于是献出江州投降。

侯景派遣于庆扩大地盘直到豫章,侯填力量不济,也投降了。侯景因为侯填和他同姓,对待他很是宽厚,把他的妻子和儿女留作人质,派遣他跟随于庆去夺取蠡南诸郡。巴山人黄法氍

有勇力,合徒众保乡里。太守贺诩下江州,命法氍监郡事。屯新淦,庆分兵袭之,法氍败之。陈霸先使周文育进军击庆,法氍引兵会之。

齐定律,始立九等户。

齐主初立,励精为治。赵道德以事属黎阳太守房超,超不发书,棓杀其使。齐主善之,命守宰各设棓以诛属请之使。久之,中郎宋轨奏曰:"若受使请赇,犹致大戮,身为枉法,何以加罪!"乃罢之。

寻诏仆射薛琡等,取魏《麟趾格》,讨论损益,以为齐律。简练六坊之人,每一人必当百人,任其临陈必死,然后取之,谓之"百保鲜卑"。又简华人勇力者,谓之"勇士",以备边要。始立九等之户,富者税其钱,贫者役其力。

九月,梁湘东王绎取郢州。邵陵王纶奔齐昌,侯景兵袭之;纶遂奔齐,齐以为梁王。

邵陵王纶大修铠仗,将讨侯景。湘东王绎恶之,遣王僧辩、鲍泉等帅舟师袭之,至鹦鹉洲。纶遣其子碛将兵击之,且以书责僧辩曰:"将军前年杀人之侄,今岁伐人之兄,以此求荣,恐天下不许!"僧辩送书于绎,绎命进军。纶乃集其麾下于西园,涕泣言曰:"我本无他,志在灭贼,湘东常谓与之争帝,遂尔见伐。今日欲守则交绝粮储,欲战则取笑千载,不容无事受缚,当于下流避之。"麾下壮士争请出战,纶不从,与碛登舟北出。僧辩入据郢州,绎以其世子方诸为刺史。

勇猛有力,纠合徒众保卫家乡。太守贺诩乘船下江州,命令黄法氍监管郡中之事。黄法氍驻扎在新淦,于庆分兵袭击新淦,黄法氍打败了他。陈霸先让周文育进军攻打于庆,黄法氍带领军队和他会合。

北齐制订法律,开始设立九等户。

齐主高洋刚刚登基,励精图治。赵道德因事委托黎阳太守房超,房超不拆来信,用木杖打死使者。高洋赞许这件事,命令地方官各设木杖,用来诛杀求托的使者。过了很久,中郎宋轨向高洋启奏说:"奉命去行贿的,还要受到诛杀,本人贪赃枉法的,又怎么治罪呢!"于是废除了这一重刑。

不久,高洋下诏命令仆射薛琡等,取来北魏《麟趾格》,进行讨论,加以删减和补充,作为北齐的法律。精选六坊之人,每一人必能抵挡一百个人,要求他们临战抱有必死的决心,然后录取他们,叫做"百保鲜卑"。又选拔汉人中有勇气有力量的,叫做"勇士",以备边疆的需要。开始设立九等户,富户纳税交钱,贫户服役出力。

九月,梁朝湘东王萧绎夺取郢州。邵陵王萧纶投奔齐昌,侯景的军队袭击他;萧纶最终投奔北齐,北齐封他为梁王。

邵陵王萧纶大修铠甲兵器,将要讨伐侯景。湘东王萧绎厌恶他,派王僧辩、鲍泉等人率领水军袭击他,抵达鹦鹉洲。萧纶派遣他的儿子萧确率兵攻打他们,并且写信责备王僧辩说:"将军前年杀了别人的侄子,今年讨伐别人的兄长,以此求荣,恐怕天下都不会同意的!"王僧辩将信送给萧绎,萧绎命令进军。萧纶就把他的部下集中到西园,流着泪说:"我本来没有别的想法,一心想着消灭叛贼,湘东王常说我要和他争夺帝位,于是就被他讨伐。今天想要坚守则断绝了储存粮食的道路,想要作战就会贻笑千古,无缘无故地被俘受缚是不能容许的,我们还是到长江下游躲避他一下吧。"部下战士争着请求出战,萧纶不同意,与萧确登船向北出发。王僧辩进占郢州,萧绎任命自己的嫡长子萧方诸为郢州刺史。

纶与左右轻舟奔武昌,长史韦质、司马姜律等,闻纶尚存,驰往迎之,说七栅流民以求粮仗。纶出营巴水,流民八九千人附之,稍收散卒,屯于齐昌。遣使请降于齐,齐以纶为梁王。任约进寇西阳、武昌,纶引齐兵未至,移营马栅,距西阳八十里。任约闻之,遣叱罗通等袭之。纶不为备,策马亡走。至汝南,魏城主李素,纶故吏也,开城纳之。任约遂据西阳、武昌。

侯景自称汉王。

景又自加宇宙大将军、都督六合诸军事。梁主惊曰:"将军乃有宇宙之号乎!"

冬十月,魏太师泰伐齐,不战而还。洛阳、平阳皆降于齐。

泰以齐主称帝伐之,自弘农为桥济河,至建州。齐主自将,出顿东城。泰闻其军容严盛,叹曰:"高欢不死矣!"会久雨,畜产多死,乃还。于是,河南自洛阳、河北自平阳已东,皆入于齐。

梁宁州刺史徐文盛败侯景兵于贝矶。

初,梁宁州刺史徐文盛募兵讨侯景,湘东王绎使将兵东下,与任约遇军贝矶。任约逆战,文盛大破之,进军大举口。侯景以约守西阳,久不能进,自出屯晋熙。

侯景杀梁南康王会理、武林侯咨。

南康王会理以侯景既出,建康空虚,与柳敬礼、西乡侯劝、东乡侯勔谋起兵诛王伟。建安侯贲、中宿世子子邕以告伟,伟收会理等杀之。钱塘褚冕以会理故旧,捶掠千计,

萧纶与身边的人乘小船投奔武昌,长史韦质、司马姜律等人,听说萧纶还活着,驰马前往迎接他,并游说七栅流民来求得粮食武器。萧纶在巴水结营,有八九千流民归附他,又慢慢收集了一些散失的士兵,驻扎在齐昌。派遣使者向北齐请求投降,北齐封萧纶为梁王。任约进犯西阳、武昌,萧纶引领的北齐军队还未抵达,又转移军营到了马栅,距离西阳八十里。任约听到了这一消息,派遣叱罗通等人袭击他。萧纶没有做任何的准备,策马扬鞭逃跑了。到了汝南,西魏所封的汝南城长官李素,原来是萧纶的老部下,开城门接纳了他。任约于是占据了西阳、武昌。

　　侯景自称汉王。

　　侯景又给自己加封宇宙大将军、都督六合诸军事。梁简文帝惊讶地说:“将军里竟然有宇宙这样的称号吗!”

　　冬十月,西魏太师宇文泰讨伐北齐,不战而回。洛阳、平阳都投降了北齐。

　　宇文泰因为齐主高洋称帝而讨伐他,在弘农建桥渡过黄河,到达建州。齐主高洋亲自率领军队,驻扎在晋阳的东城。宇文泰听说齐主高洋的军容威严盛大,感叹说:“高欢没有死去啊!”遇到久雨不晴,战马死了很多,才撤退了。从此,黄河以南从洛阳往东、黄河以北从平阳往东,都纳入北齐版图。

　　梁朝宁州刺史徐文盛在贝矶打败侯景的军队。

　　当初,梁朝宁州刺史徐文盛招兵买马讨伐侯景,湘东王萧绎让他带兵东下,与任约的军队在贝矶相遇。任约迎战,徐文盛把他打得大败,进军大举口。侯景因为任约驻守西阳,很久不能前进,自己便出兵驻扎在晋熙。

　　侯景杀梁朝南康王萧会理、武林侯萧谘。

　　南康王萧会理因侯景已出发,建康空虚,就与柳敬礼、西乡侯萧劝、东乡侯萧勔等人密谋起兵杀王伟。建安侯萧贲、中宿嫡长子萧子邕将这一密谋向王伟告发,王伟抓住了萧会理等人,把他们都杀了。钱塘人褚冕因是萧会理的故交,被千般拷打,

终无异言。会理隔壁谓之曰："卿虽忍死明我，我心实欲杀贼！"冕竟不服，景乃宥之。

梁主既立，景防卫甚严，唯武林侯谘及仆射王克、舍人殷不害，并以文弱得出入卧内，讲论而已。及是，克、不害惧祸，稍自疏。谘独不去，景恶之，使人杀之。封贲为竟陵王，子邕为随王，赐姓侯氏。

魏初作府兵。

初，魏敬宗以尔朱荣为柱国大将军，位在丞相上，荣败官废。大统以来，安定公宇文泰、广陵王欣、赵郡公李弼、陇西公李虎、河内公独孤信、南阳公赵贵、常山公于谨、彭城公侯莫陈崇八人为之，谓"八柱国"。泰始籍民之才力者为府兵，身租庸调，一切蠲之，以农隙讲阅战陈，马畜粮备，六家供之；合为百府，每府一郎将主之，分属二十四军。泰任总百揆，督中外诸军。欣以宗室宿望，从容禁闼而已。余六人各督二大将军，凡十二大将军。每大将军各统开府二人，开府各领一军。是后功臣位至柱国大将军、开府仪同三司、仪同三司者甚众，率为散官，无所统御。虽有继掌其事者，闻望皆出诸公之下云。

齐行《天保历》。
宋景业所造也。

辛未（551） 梁大宝二年，魏大统十七年，齐天保二年。
春二月，魏攻齐汝南，拔之，杀其梁王萧纶。

但终无二话。萧会理在隔壁对他说:"你虽然是忍着死亡的威胁而要开脱我,但我心里实在是想杀贼!"褚冕最终也不屈服,侯景就放了他。

梁简文帝即位后,侯景的防卫很严,只有武林侯萧谘及仆射王克、舍人殷不害,都是因为身体文弱才能够在皇上居处出出进进,也不过是和简文帝闲谈罢了。等到萧会理被杀,王克、殷不害害怕惹祸,就慢慢和简文帝疏远了。只有萧谘不离开简文帝,侯景厌恶他,指使人杀掉了他。封萧贲为竟陵王,萧子邕为随王,赐他们姓侯。

西魏初订府兵制度。

当初,魏敬宗任命尔朱荣为柱国大将军,地位在丞相之上,尔朱荣势败之后,这个官职也就废止了。大统以来,安定公宇文泰、广陵王元欣、赵郡公李弼、陇西公李虎、河内公独孤信、南阳公赵贵、常山公于谨、彭城公侯莫陈崇八人担任这个职务,叫"八柱国"。宇文泰开始将老百姓中有才智有力气的人登记在册,称为府兵,一个府兵所负担的租粮、帛、银和劳役,一概免掉,用农闲时间学习操练战斗本领及战争阵法,他所需要的马匹粮草,由六个家庭负责供给;全国共设置一百个府,每府由一个郎将为首领,分别隶属于二十四军。宇文泰任总百揆,督中外诸军。元欣因在皇帝宗室中的资格和名望,只是可以自由出入皇宫而已。其他六个人每个人各统率两个大将军,共有十二个大将军。每个大将军各统率开府二人,每个开府各领一军。从此以后功臣的职位升到柱国大将军、开府仪同三司、仪同三司的很多,但大抵都是闲散之官,没有统率军队的。即使有继续掌管军队的,可是其声名威望都在"八柱国"之下。

北齐实行《天保历》。

《天保历》是宋景业制订的。

辛未(551) 梁大宝二年,西魏大统十七年,北齐天保二年。

春二月,西魏进攻北齐汝南,城被攻破,杀了梁王萧纶。

邵陵王纶在汝南,修城池,集士卒,将图安陆。魏宇文泰遣杨忠攻拔汝南,执纶杀之,投尸江岸。

梁陈霸先讨李迁仕,杀之。

李迁仕击南康,陈霸先遣杜僧明等擒斩之。湘东王绎使霸先进兵取江州,以为江州刺史。

三月,魏主宝炬殂,太子钦立。　梁徐文盛克武昌。齐以梁湘东王绎为梁相国,承制。　闰月,梁徐文盛伐侯景,败之。

任约告急,侯景自帅众西上,以太子大器为质,留王伟居守。至西阳,与徐文盛夹江筑垒,文盛击败之,景遁还营。

夏四月,侯景陷梁郢州,执刺史萧方诸。徐文盛奔江陵。

方诸年十五,恃文盛在近,不设备,日以蒱酒为乐。侯景使宋子仙、任约袭之。入其城,方诸迎拜,泉匿床下,擒以送景。景因便风,中江举帆,遂越文盛等军,直入江夏。文盛众惧而溃,逃归江陵。巴州刺史王珣、将军杜幼安降景。

五月,魏陇西公李虎卒。　梁湘东王绎遣大都督王僧辩伐侯景,次巴陵;景攻之,不克。六月,绎使胡僧祐击景,败之,获其将任约,景遁还。

湘东王绎以王僧辩为大都督,帅诸将东击景。至巴陵,闻郢州陷,因留戍之。绎遗僧辩书曰:"贼既乘胜,必将西下。不劳远击,但守巴丘,以逸待劳,无不克矣。"又谓僚佐曰:"景若水步两道,直指江陵,此上策也;据夏首,积兵粮,中策也;悉力攻巴陵,下策也。巴陵城小而固,僧辩可任。

邵陵王萧纶在汝南,修筑城池,集结士兵,准备夺取安陆。西魏宇文泰派遣杨忠攻破汝南,抓住并杀死萧纶,投尸江岸。

梁朝陈霸先讨伐李迁仕,并杀死了他。

李迁仕攻打南康,陈霸先派遣杜僧明等人捉住他并将他杀死。湘东王萧绎派陈霸先进军占领江州,任命他为江州刺史。

三月,西魏文帝元宝炬去世,太子元钦继位。 **梁朝徐文盛攻克武昌。** **北齐任命梁朝湘东王萧绎为梁朝相国,秉承皇帝的命令办事。** **闰三月,梁朝徐文盛讨伐侯景,并打败了他。**

任约告急,侯景亲自率领军队向西进发,以太子萧大器为人质,留王伟守卫建康。到达西阳,与徐文盛隔江对峙修筑营垒,徐文盛击败侯景,侯景逃跑回到兵营。

夏四月,侯景攻陷梁朝郢州,拘捕刺史萧方诸。徐文盛逃奔江陵。

方诸十五岁,仗恃徐文盛的部队在近旁,就不再设防,整天以玩樗蒱、喝酒取乐。侯景派宋子仙、任约袭击他。攻进他的城池,方诸下拜迎接,鲍泉藏到床下,于是抓住鲍泉送给侯景。侯景因遇到顺风,就在长江中流扬帆,超越了徐文盛等人的军队,径直攻进江夏。徐文盛的军队害怕而溃散了,逃回江陵。巴州刺史王珣、将军杜幼安投降了侯景。

五月,西魏陇西公李虎去世。 **梁朝湘东王萧绎派遣大都督王僧辩讨伐侯景,驻扎巴陵;侯景进攻他,没有攻克。六月,萧绎派胡僧祐攻打侯景,把他打败,俘虏了侯景的将领任约,侯景逃回。**

湘东王萧绎以王僧辩为大都督,率领诸将向东出发进攻侯景。到了巴陵,听说郢州陷落,于是便留下守卫巴陵。萧绎给王僧辩写信说:"贼兵既然胜了,一定会乘胜西下。我军不用远出进攻,只要守住巴丘,以逸待劳,不会打不败贼兵的。"又对身边的将领谋士们说:"侯景贼兵如果水陆两路,直指江陵,这是上策;如果据守夏首,蓄兵积粮,这是中策;如果全力攻打巴陵,这是下策。巴陵城很小却很坚固,王僧辩可以胜任守城之职。

景攻不拔,野无所掠,暑疫时起,食尽兵疲,破之必矣。"乃命徐嗣徽自岳阳,杜崱自武陵,引兵会僧辩。

景使丁和守夏首,宋子仙为前驱,趣巴陵;分遣任约直指江陵。景帅大兵,水步继进。于是缘江戍逻,望风请服。僧辩乘城固守,偃旗卧鼓,安若无人。景众济江,执王珣等至城下,使说其弟宜州刺史琳。琳曰:"兄受命讨贼,不能死难,曾不内惭,翻欲赐诱!"取弓射之,珣惭而退。景百道攻城,城中鼓噪,矢石雨下,杀贼甚众,景乃退。僧辩著绥乘舆,奏鼓吹巡城。

景军饥疫,死伤大半。绎遣胡僧祐援巴陵,戒之曰:"贼若水战,以大舰临之,必克。若步战,鼓棹就巴丘,不须交锋也。"僧祐至湘浦,景遣任约帅锐卒据白塝待之。僧祐由他路西上,潜引兵至赤沙亭,会信州刺史陆法和至,与之合军。法和有异术,隐于百里洲,豫言多中,人莫能测。至是以任约向江陵,请行,既至,与僧祐纵兵击之,约兵大溃,杀溺甚众,擒约送江陵。景焚营遁。约至,绎赦之。徐文盛坐怨望,下狱死。

梁王僧辩克郢州,获侯景将宋子仙,杀之。
湘东王绎复遣王僧辩引兵东下。陆法和请还,既至,谓绎曰:"侯景平矣,蜀贼将至,请守险以待之。"乃引兵屯峡口。僧辩至汉口,攻鲁山,擒贼将支化仁。至郢州,四面攻之。

侯景攻城没有攻下，野外又没有什么可抢掠的东西，酷暑季节流行疾病不时发生，军粮吃完，士兵疲惫，我们打败他是必然的。"于是命令徐嗣徽从岳阳出发，杜崱从武陵出发，率领军队和王僧辩会师。

侯景让丁和守夏首，宋子仙为先锋，进逼巴陵；另外派遣任约直指江陵。侯景率领大军，从水陆两路继续进军。于是萧绎部下沿长江防卫巡逻的士兵，望风而请求归降。王僧辩依城固守，偃旗息鼓，静若无人。侯景的部队渡过长江，把王珣等人押到城下，让他劝降他的弟弟宜州刺史王琳。王琳说："哥哥接受命令讨伐贼军，不能以身殉难，竟然不内疚，反而想要来公开诱我投降！"拿过弓箭就射王珣，王珣惭愧得退回去了。侯景的各路部队攻城，城中鼓声大作，呐喊声震天，箭石像雨一样落下，杀贼很多，侯景于是退兵。王僧辩佩着绶带，坐着轿子，奏着鼓乐，巡视全城。

侯景的军队饥病交加，死伤大半。萧绎派遣胡僧祐支援巴陵，告诫他说："贼兵如果水战，就用大兵舰对付他，一定能击败他。如果是步兵作战，那你就开船来巴陵，不必交锋了。"胡僧祐到湘浦，侯景派遣任约率领精锐士卒据守白塥等待他。胡僧祐抄另路西上，暗中把部队带到赤沙亭，恰巧信州刺史陆法和到达，与他会师。陆法和有奇异的法术，隐居在百里洲的时候，他的预言大多准确，而别人却不能预测。到现在因为任约进攻江陵，陆法和自动请缨，到达江陵以后，与胡僧祐指挥部队发动进攻，任约的部队大败，被杀被淹死的很多，任约被活捉送到江陵。侯景烧掉营帐逃跑。任约被送到江陵，萧绎赦免了他。徐文盛因心怀怨恨而获罪，下狱死去。

梁朝王僧辩攻克郢州，俘虏侯景的将领宋子仙，将他杀掉。

湘东王萧绎又派遣王僧辩带兵东下。陆法和请求回江陵，到达后，对萧绎说："侯景就要被平定了，蜀地的贼兵又要到来，请守卫险要之地，等待贼兵到来。"于是他带兵驻守峡口。王僧辩到达汉口，攻鲁山，活捉贼将支化仁。到达郢州，四面进攻。

豫州刺史苟朗自巢湖出濡须邀景，破其后军。太子船入枞阳浦，腹心皆劝太子因此入北，太子曰："自国家丧败，志不图生，主上蒙尘，宁忍违离左右！吾今去乃是叛父，非避贼也。"因涕泗呜咽，即命前进。

宋子仙等困蹙，乞输城而还。僧辩伪许之，命给船百艘，以安其意。子仙将发，僧辩命杜龛帅精勇千人攀堞而上，鼓噪奄进。水军主宋遥帅楼船，暗江云合。子仙走至白杨浦，大破之，周铁虎生擒子仙，送江陵，杀之。

梁湘东王绎诱江安侯圆正执之。

圆正，武陵王纪之子也，为西阳太守，宽和好施，归附者众，有兵一万。湘东王绎欲图之，署为平南将军。及至，囚之，分其部曲，使人告其罪。荆、益之衅，自此起矣。

魏以公主嫁突厥。

铁勒将伐柔然，突厥酋长土门邀击，破之，尽降其众五万余落。土门恃其强盛，求婚于柔然，柔然头兵可汗大怒，使人詈辱之曰："尔，我之锻奴也，何敢发是言！"土门亦怒，杀其使者，遂与之绝，而求婚于魏。魏宇文泰以长乐公主妻之。

秋七月，豫章复为梁。王僧辩克湓城，江州刺史陈霸先引兵会之。

侯景还至建康。于庆自鄱阳还豫章，侯瑱闭门拒之。庆走江州，景悉杀瑱子弟。

王僧辩乘胜下湓城。陈霸先引兵三万人发南康，进顿西昌，会僧辩于湓城。西军乏食，霸先有粮五十万石，分三十万以资之。于庆等皆弃城走。绎命僧辩且顿寻阳，以待诸军之集。

豫州刺史荀朗从巢湖出兵到濡须阻击侯景,击败侯景的后续部队。太子乘坐的船进了枞阳浦,左右心腹都劝太子从这里投奔北方,太子说:"自亡国以来,我不图生存,现在皇上蒙难,我怎能忍心离开他!我现在跑了就是背叛父亲,而不是躲避乱贼。"一面说一面痛哭流涕,便命令继续前进。

宋子仙等人感到困窘,要求献出郢城,允许他回到侯景那里。王僧辩装作答应他们的要求,命令给他们一百只船,以稳定他们的情绪。宋子仙将要出发,王僧辩命令杜龛率领精兵勇士一千人攀着城墙上的短墙爬了上去,擂鼓呐喊,火速入城。水军主帅宋遥率领楼船进攻,楼船四合如云,江水变暗。宋子仙逃到白杨浦,被彻底打败,周铁虎活捉宋子仙,送到江陵,杀了他。

梁朝湘东王萧绎诱骗并拘捕江安侯萧圆正。

萧圆正,是武陵王萧纪的儿子,是西阳太守,为人宽容好施,归附他的人很多,有兵一万。湘东王萧绎想吞并他,封他为平南将军。等他来的时候,将他囚禁起来,把他的兵马分散编入别的部队,让人告发他的罪状。荆州、益州之间的纠纷,从此开始了。

西魏把公主嫁给突厥。

铁勒将要讨伐柔然,突厥酋长土门发兵截击,打败铁勒,他属下的五万多个部落全部降服。土门仗着自己强盛,向柔然求婚,柔然头兵可汗勃然大怒,派人责骂羞辱土门说:"你,是为我打铁的奴才,怎敢口吐此言!"土门也大怒,杀掉柔然的使者,就与柔然绝交,而向西魏求婚。西魏宇文泰把长乐公主嫁给他为妻。

秋七月,豫章又归梁朝。王僧辩攻克溢城,江州刺史陈霸先带兵和他会师。

侯景回到建康。于庆从鄱阳回豫章,侯瑱关上城门不让他进。于庆跑到江州,侯景把侯瑱的子弟全部杀了。

王僧辩乘胜攻下溢城。陈霸先带三万部队从南康出发,进驻西昌,到溢城和王僧辩会师。王僧辩所率领的西军缺粮,陈霸先有粮食五十万石,分出三十万石支援西军。于庆等人都弃城逃跑。萧绎命令王僧辩暂且停顿在寻阳,以等待各路大军的汇集。

八月,侯景废梁主纲,杀太子大器,而立豫章王栋。

初,景既克建康,常言吴儿怯,易取,须定中原,然后为帝。后纳溧阳公主,妨于政事,王伟屡谏。景以告主,主怒,伟恐为所谮,因说景除梁主。及景自巴陵败归,猛将多死,自恐不能久存,王伟因说以废立,景从之。遣彭隽等帅兵入殿,废梁主为晋安王,幽于永福省。杀哀太子大器及王侯在建康者二十余人。太子神明端嶷,于景党未尝屈意,所亲窃问之,太子曰:"贼若未见杀吾,虽陵慢呵叱,终不敢言。若见杀时至,虽一日百拜,亦无益也。"又曰:"殿下居困阨而神貌怡然,何也?"太子曰:"若诸叔能灭贼,贼必先见杀,然后就死;若其不然,贼亦杀我以取富贵。安能以必死之命为无益之愁乎?"及难,颜色不变,徐曰:"久知此事,嗟其晚矣!"景迎豫章王栋立之。栋,欢之子也。

太尉郭元建谓景曰:"吾挟天子令诸侯,犹惧不济。无故废之,自危必矣!"景欲迎梁主复位,以栋为太孙。王伟曰:"废立大事,岂可数改邪!"乃止。景使使杀南海王大临等。以太子妃赐元建,元建曰:"岂有皇太子妃乃为人妾乎?"竟不与相见,听使入道。

冬十月,侯景弑梁主纲。
王伟说侯景弑梁太宗以绝众心,景从之,使伟与彭隽、

八月，侯景废梁简文帝萧纲，杀太子萧大器，而立豫章王萧栋为帝。

当初，侯景攻克建康以后，常说吴儿胆小，容易收拾，他必须平定中原，然后再当皇帝。后来娶了溧阳公主，妨碍了政事，王伟多次劝谏。侯景把这话告诉了溧阳公主，公主发怒，王伟担心自己被她的谗言所害，就劝侯景废掉梁简文帝。等到侯景从巴陵失败而归，猛将很多都战死了，他担心自己也不能久存，王伟便劝他废简文帝而自立为帝，侯景采纳了他的意见。他派彭隽等人率领士兵进入宫殿，废掉梁简文帝，让他当晋安王，将他幽禁在永福省。杀掉哀太子萧大器以及在建康的王侯二十多个人。太子萧大器神色端庄凝重，在侯景乱党面前从没曲意逢迎过，他所亲近的人私下问他为什么要这样，太子说："贼如果还不想杀我，即使我对他们傲慢轻蔑，呵叱他们，他们总不敢害我。如果杀我的时候到了，我就是一天跪拜一百次，也没有什么用。"亲近的人又问："殿下处于艰难危险的处境而神色怡然，这是为什么呢？"太子说："如果我几位叔叔能把贼灭掉，贼一定先杀我，然后自己再去死；如果不是这样，贼也要杀我以获得富贵。我怎么能将自己一定要死的生命去沉浸在无益的忧愁之中呢？"到临死时，他神色不变，慢慢说："我很早就知道这事一定会发生，可叹它来得太晚了！"侯景把豫章王萧栋接到建康，立他为帝。萧栋，是萧欢的次子。

太尉郭元建对侯景说："我们挟持天子，用他的名义命令诸侯，还担心不能成功。无故把简文帝废掉，这必然是自取危亡！"侯景想迎接梁简文帝复位，以萧栋为太孙。王伟说："废旧帝立新帝是大事，怎么可以几次更改呀！"于是作罢。侯景派使者杀掉南海王萧大临等人。他把萧大器的妃子赐给郭元建，郭元建说："哪有皇太子妃竟然充当人家侍妾的道理！"最终不和她见面，听从她的意愿让她去做道姑。

冬十月，侯景杀梁简文帝萧纲。

王伟劝侯景杀梁简文帝以绝众心，侯景听从了，派王伟和彭隽、

王修纂进酒。太宗知将杀己,尽醉而寝。雋进土囊,修纂坐其上而殂。

魏侵梁南郑。

侯景之逼江陵也,湘东王绎求援于魏,命梁、秦二州刺史宜丰侯循以南郑与魏,循不可。魏宇文泰遣达奚武取汉中。循遣参军刘璠求援于武陵王纪,纪遣潼州刺史杨乾运救之。

侯景将刘神茂以浙东附梁湘东王绎。

侯景东道行台刘神茂闻景自巴丘败还,阴谋叛景。吴中士大夫咸劝之,乃据东阳以应江陵。新安民程灵洗起兵据郡,以应神茂。于是浙江以东皆附江陵。

侯景废梁主栋,自称汉帝。

景即位于南郊,还登太极殿,其党数万,皆吹唇呼噪而上。封梁主栋为淮阴王,锁于密室。景居禁中,非故旧不得见,由是诸将多怨望。

十二月,齐主洋弑中山王。

齐主每出入,常以中山王自随,王妃太原公主恒为之尝饮食,护视之。至是,齐主饮公主酒,使人鸩王杀之,并其三子。谥之曰"魏孝静帝",葬于邺西,后忽掘而投之漳水。

齐主杀美阳公元晖业。

彭城公元韶以高氏婿,宠遇异于诸元。美阳公元晖业以位望隆重,又志气不伦,尤为齐主所忌。尝于宫门外骂韶曰:"尔不及一老妪,负玺与人。何不击碎之!我出此言,知即死,尔亦讵得几时!"齐主闻而杀之。

王修纂去给梁简文帝献酒。梁简文帝知道要杀自己了，喝得大醉而睡。彭隽弄来一个土袋压在梁简文帝脸上，王修纂坐在土袋上，梁简文帝就这样死了。

西魏侵占梁朝南郑。

侯景进逼江陵的时候，湘东王萧绎向西魏求援，命令梁、秦二州刺史宜丰侯萧循把南郑送给西魏，萧循认为不可以。西魏宇文泰派遣达奚武攻占汉中。萧循派遣参军刘璠向武陵王萧纪求援，萧纪派遣潼州刺史杨乾运去援救他。

侯景的将领刘神茂献出浙东，归附梁朝湘东王萧绎。

侯景的东道行台刘神茂听说侯景从巴陵失败而归，阴谋反叛侯景。吴中的士大夫们都劝他这样做，于是他就占据东阳来响应江陵。新安平民程灵洗起兵占据新安郡，来响应刘神茂。于是浙江以东都归附了江陵。

侯景废掉梁朝皇帝萧栋，自称汉帝。

侯景在南郊即位，从南郊回来登上太极殿，他的党徒好几万人，都吹口哨喊口号，上殿朝拜。封梁朝皇帝萧栋为淮阴王，锁到密室里。侯景住在宫苑之中，不是故旧不能相见，因此诸将有许多抱怨的。

十二月，齐主高洋杀中山王。

高洋每次进进出出，常让中山王亲自跟随，中山王的妃子太原公主经常为中山王尝饮食，保护他。到这时，高洋请公主喝酒，派人用毒酒害死中山王，他的三个儿子一并被害。给中山王的谥号是"魏孝静帝"，葬于邺城西边，后来又忽然掘出投进漳水。

齐主高洋杀美阳公元晖业。

彭城公元韶因是高欢的女婿，受到的恩宠礼遇不同于其他元姓成员。美阳公元晖业因位高望重，而且志向气概不同一般，特别被高洋忌恨。元晖业曾在宫门外骂元韶说："你还不如一个老村妇，竟能背着皇帝的玉玺送给人家。你为什么不打碎它！我说出这话，知道马上就死，你又能苟活几时！"高洋听到这话，就杀了元晖业。

壬申（552） 梁世祖孝元帝绎承圣元年,魏主钦元年,齐天保三年。

春正月,齐主伐库莫奚,败之。

齐主连年出塞,给事中唐邕练习军书,自督将以降劳效本末,及四方军士强弱多少、番代往还、器械精粗、粮储虚实,靡不谙悉。或时简阅,虽数千人,不执文簿,唱其姓名,未尝谬误。宠待赏赐,群臣莫及。

突厥土门袭柔然,杀头兵可汗,自号"伊利可汗"。

突厥土门袭击柔然,大破之,头兵可汗自杀。土门自号"伊利可汗",号其妻为"可贺敦",子弟谓之"特勒",别将兵者皆谓之"设"。

二月,梁湘东王绎遣王僧辩、陈霸先讨侯景。

湘东王始命僧辩等东击侯景。二月,诸军发寻阳,舳舻数百里。陈霸先帅甲士三万,舟舻二千,自南江出溢口,会僧辩于白茅湾。筑坛歃血,共读盟文,流涕慷慨。使侯瑱袭江陵、鹊头二戍,克之。

侯景陷东阳。

侯景使谢答仁攻刘神茂于东阳,程灵洗、张彪皆勒兵将救之,神茂欲专其功,不许,营于下淮。或谓神茂曰:"贼长于野战,下淮地平,四面受敌,不如据七里濑。"不从。偏裨多降贼者,神茂亦请降,送建康杀之。

三月,梁王僧辩、陈霸先击败侯景,景亡走吴。

王僧辩等至芜湖,景闻之惧。侯子鉴据姑孰、南洲以拒西师,景遣人戒之曰:"西人善水战,勿与争锋。若得步骑

梁元帝

壬申（552） 梁世祖孝元帝萧绎承圣元年，西魏主钦元年，北齐天保三年。

春正月，齐主高洋讨伐库莫奚，并打败了他。

齐主高洋连年出塞用兵，给事中唐邕练习兵书，自督将以下的将领们的功劳、能力、经历，以及各路部队战斗力强弱、人员多少，轮流驻防调动往返情况、粮食储备的虚实，无不熟悉。有时检阅军队，虽然好几千人，不拿文簿，高声点名，未曾有错。他受到的恩宠赏赐，群臣莫及。

突厥人土门袭击柔然，杀头兵可汗，自号"伊利可汗"。

突厥人土门袭击柔然，把柔然打得大败，头兵可汗自杀。土门自加封号"伊利可汗"，给他的妻子的封号是"可贺敦"，子弟叫做"特勒"，其他带兵的人都叫做"设"。

二月，梁朝湘东王萧绎派遣王僧辩、陈霸先讨伐侯景。

湘东王萧绎开始命令王僧辩等人向东进军，攻打侯景。二月，诸军从寻阳出发，兵船从头到尾达几百里。陈霸先率领甲兵三万人，舟船二千只，从南江出溢口，在白茅湾和王僧辩会师。两军筑坛歃血，一起宣读盟文，痛哭流涕，激昂慷慨。派侯瑱袭击江陵、鹊头两个戍所，将这两个戍所攻克了。

侯景攻陷东阳。

侯景派谢答仁向东阳进攻刘神茂，程灵洗、张彪都率兵将去救援，刘神茂想独占战功，不让他们救援，在下淮扎营。有人对刘神茂说："贼兵擅长野外作战，下淮地势平坦，四面受敌，不如占据七里濑，贼兵肯定不能打进来。"刘神茂不听。他的偏将、裨将很多都投降了贼兵，刘神茂也请求投降，被送到建康杀了。

三月，梁朝王僧辩、陈霸先击败侯景，侯景逃跑到吴地。

王僧辩等人到达芜湖，侯景听到这一消息很害怕。侯子鉴据守姑孰、南洲以抵抗从西面来的军队，侯景派人告诫他说："西人善于水战，不要和他们在水上争输赢。如果能够用步兵、骑兵

一交，必当可破，汝但结营岸上，引船入浦以待之。"子鉴乃舍舟登岸，闭营不出。僧辩等停军芜湖十余日，景党大喜，告景曰："西师将遁，不击且失之。"景乃复命子鉴为水战之备。

僧辩至姑孰，子鉴帅步骑挑战，又以鹢舸千艘载战士，僧辩麾细船皆退，留大舰夹泊两岸。子鉴之众谓水军欲退，出趋之；大舰断其归路，鼓噪大呼，合战中江，子鉴大败，仅以身免。景大惧。僧辩督诸军乘潮入淮。景塞淮口，缘淮作城，十余里中，楼堞相接。僧辩问计于陈霸先，霸先曰："前柳仲礼数十万兵隔水而坐，韦粲在青溪，竟不度岸。贼登高望之，表里俱尽，故能败我。今围石头，须度北岸。诸将若不能当锋，霸先请往。"乃进于石头西落星山筑栅，众军次连八城，直出石头西北。景恐西州路绝，自帅侯子鉴等亦于石头东北筑五城以遏大路。

王僧辩进军招提寺北，侯景帅众万余人、铁骑八百余匹，陈于西州之西。陈霸先命诸将分处置兵，以分其势。景冲官军，官军小缩，霸先遣将军徐度将弩手二千横截其后，景兵却。霸先与王琳、杜龛等以铁骑乘之，僧辩以大军继进，景兵败入栅。其将卢晖略以石头降，僧辩入据之。景与霸先殊死战，景帅百余骑，弃矟执刀，左右冲陈不动，众遂大溃。

景至阙下，不敢入台，与其党数人东走，欲就谢答仁于吴。僧辩不戢军士，剽掠居民，号泣满道。是夜，军士遗火，焚太极殿及东西堂，宝器、羽仪、辇辂无遗。明日，乃命

进行交锋，一定可以破敌，你只需在岸上安下营寨，把船只摆在水边等待他们。"侯子鉴就舍舟登岸，闭营不出。王僧辩等人在芜湖停兵十几天，侯景党徒大喜，报告侯景说："西边来的军队将要逃跑，不出击就要失去战机。"侯景于是又令侯子鉴做水战的准备。

王僧辩到达姑孰，侯子鉴率领步兵、骑兵挑战，又用狭长的船千艘装载战士，王僧辩指挥小船全部撤退，留大舰夹泊两岸。侯子鉴的士兵们以为敌人水师要退却，径直出来追赶；王僧辩的大舰断其归路，击鼓呐喊，两岸夹击，在中流作战，侯子鉴大败，仅只身逃脱。侯景非常害怕。王僧辩带领诸军乘着涨潮进入秦淮河。侯景堵塞住秦淮河口，沿着秦淮河修筑城墙，十余里的城墙上，城楼和齿状矮墙相接。王僧辩向陈霸先询问计策，陈霸先说："以前柳仲礼几十万大军隔水而坐，韦粲在青溪，最终不渡江登岸进攻。贼兵登高眺望，里里外外一览无余，所以能打败我们的军队。现在我军要包围石头城，必须渡江到达北岸。诸将如果不能当先锋，霸先请求去北岸。"陈霸先于是前进到石头城西面的落星山扎营筑栅，其他各军依次接连修了八个城堡，一直延伸到石头城西北面。侯景担心通往西州的道路被切断，亲自率领侯子鉴等人也在石头城东北面筑起五个城堡以扼守大路。

王僧辩向招提寺北进军，侯景率兵一万余人、铁甲骑兵八百余骑，排列在西州以西。陈霸先命令诸将分多处布置兵力，以分散敌人的兵势。侯景冲击官军，官军稍稍退却，陈霸先派将军徐度率弓箭手两千名横截敌军的后路，侯景的军队退却。陈霸先与王琳、杜龛等用铁甲骑兵追击，王僧辩大军紧接着前进，侯景兵败退入营栅。他的将领卢晖略献出石头城投降，王僧辩进占石头城。侯景与陈霸先殊死决战，侯景率一百多骑兵，扔了长矛手执短刀，左右冲击，陈霸先阵势不动，侯景的兵众于是大败。

侯景来到宫阙下，不敢入朝，与他的党徒数人往东而逃，想去吴地投奔谢答仁。王僧辩对士兵不加约束，抢劫掠夺建康居民，哭声载道。当夜，士兵放了火，烧毁太极殿和东西堂，珍宝神器、仪仗羽饰、轿子车辆，全被烧得干干净净。第二天，才命令

侯瑱等帅精甲追景。王克、元罗等帅台内旧臣迎僧辩于道。僧辩问克:"玺绂何在?"克良久曰:"赵平原持去。"僧辩曰:"王氏百世卿族,一朝坠矣!"迎太宗梓宫升朝堂,帅百官哭踊如礼。

上表劝进于湘东王,且迎都建业,不许。景党郭元建等皆请降,僧辩遣陈霸先将兵向广陵受之。会侯子鉴度江至广陵,谓元建等曰:"我曹梁之深仇,何颜复见其主?"遂皆降齐。获王伟,送建康。僧辩启陈霸先镇京口。

梁湘东王绎杀豫章王栋。

王僧辩之发江陵也,启湘东王曰:"平贼之后,嗣君何以为礼?"王曰:"六门之内,自极兵威。"僧辩曰:"讨贼之谋,臣为己任;成济之事,请别举人。"王乃密谕朱买臣,使为之所。及景败,豫章王栋及二弟桥、樛相扶出于密室,逢杜崱于道,为去其锁。二弟曰:"今日始免横死矣!"栋曰:"倚伏难知,吾犹有惧!"买臣呼之就船,并沉于水。

夏四月,梁武陵王纪称帝于成都。

纪颇有武略,在蜀十七年,南开宁州、越嶲,西通资陵、吐谷浑,内修耕桑盐铁之政,外通商贾远方之利,故能殖其财用,器甲殷积,有马八千匹。闻侯景陷台城,湘东王绎将讨之,谓僚佐曰:"七官文士,岂能匡济!"长史刘孝胜等劝纪称帝,纪虽未许,而大造乘舆车服。会内寝殿柱绕节生花,

侯瑱等人率领精锐甲兵追击侯景。王克、元罗等人率领朝中旧臣在道路上迎接王僧辩。王僧辩问王克说："玉玺印绶在哪里?"王克好一会儿才说："赵平原拿走了。"王僧辩说："王氏一家,百代公卿士族,今天一落千丈!"王僧辩把梁简文帝的棺材迎放到朝堂上,率百官按礼仪痛哭跪拜。

王僧辩上表劝湘东王萧绎即皇帝位,并建议迎接萧绎来建康建都,萧绎不同意。侯景的党徒郭元建等人都请求投降,王僧辩派陈霸先带兵去广陵受降。正逢侯子鉴渡江来广陵,他对郭元建等人说："我们这些人,是梁朝的大仇人,有什么脸面再去见他们的主子?"于是都投降了北齐。俘虏了王伟,把他送到建康。王僧辩经请求让陈霸先镇守京口。

梁朝湘东王萧绎杀豫章王萧栋。

王僧辩出发到江陵去的时候,问湘东王萧绎说："灭贼以后,继承君位要奉行什么礼仪呢?"萧绎说："台城六门之内,你自己可以任意显示军威。"王僧辩说："为讨伐贼寇出谋划策,臣作为己任;至于干像成济杀掉魏君那样的事,请另外推举别人。"萧绎就密示朱买臣,让他干所要干的事。等到侯景失败,豫章王萧栋和他的两个弟弟萧桥、萧樛互相搀扶着走出密室,在道路上碰见杜崱,杜崱为他们去掉锁链。两个弟弟说："今天才算免了横死的灾祸了!"萧栋说："祸与福互相倚伏,难以知道,我还有恐惧!"朱买臣喊他们上船,三人全被沉入水中。

夏四月,梁朝武陵王萧纪在成都称帝。

萧纪很有武艺韬略,在蜀十七年,向南开发了宁州、越巂,向西打通了资陵、吐谷浑,对内努力兴办农业、纺织、食盐、冶铁等经济事业,对外发展与远方的通商贸易,所以能使财富增长,兵器蓄积了很多,有马八千匹。萧纪听说侯景攻陷台城,湘东王萧绎将要讨伐侯景的消息,就对身边官员说:"七官萧绎是个文人,岂能匡扶社稷,救济黎民!"长史刘孝胜等劝萧纪称帝,萧纪虽然没有答应,然而大力制造皇帝所乘的车子,置办皇帝所穿的服装。恰巧碰上他住的宫殿里殿柱环绕树节的地方开了花,

纪以为己瑞,遂即帝位,立子圆照为太子。司马王僧略、参军徐怦固谏,不从。僧略,僧辩之弟;怦,勉之从子也。

初,台城之围,怦劝纪速入援,纪意不欲行,内衔之。会人告怦反,纪谓曰:"以卿旧情,当使诸子无恙。"对曰:"生儿悉如殿下,留之何益!"纪乃尽诛之,亦杀僧略。永丰侯扰叹曰:"王事不成矣!善人,国之基也,今先杀之,不亡何待!"

纪征刘璠为中书侍郎,使者八反,乃至,又苦求还。中记室韦登私谓璠曰:"殿下忍而畜憾,足下不留,将致大祸。"璠正色曰:"卿欲缓颊于我邪?我与府侯分义已定,岂以夷险易其心乎!殿下方布大义于天下,终不逞志于一夫。"纪知必不为己用,乃厚礼遣之。

侯景伏诛。
谢答仁闻侯景败,欲北出候之,其党赵伯超据钱塘拒之。侯瑱追及景于松江,进击败之,擒彭隽等斩之。

景与腹心数十人单舸走,将入海,羊侃之子鹍为景都督,杀之。送尸建康,传首江陵,截其手送于齐;暴景尸于市,士民争取食之,并骨皆尽。溧阳公主亦预食焉。景五子在北,齐皆杀之。赵伯超、谢答仁皆降,王僧辩并王伟等送于江陵。始葬简文帝,号其庙曰太宗。

盗窃梁传国玺归之于齐。
侯景之败也,以传国玺自随,使其侍中赵思贤掌之,

萧纪以为是自己的祥瑞征兆,于是即帝位,立儿子萧圆照为皇太子。司马王僧略、参军徐怦坚决进谏,萧纪不听。王僧略,是王僧辩的弟弟;徐怦,是徐勉的侄子。

当初,台城被侯景围困的时候,徐怦曾劝萧纪快去援救,萧纪的意愿是不想去,心里怨恨徐怦。恰巧有人告发徐怦造反,萧纪对徐怦说:"因为和你的旧交情,我会让你的儿子们安然无恙的。"徐怦回答说:"生儿都如殿下,留下他们有什么益处!"萧纪于是把徐怦和他的儿子全杀了,也杀了王僧略。永丰侯萧扬感叹说:"武陵王的帝业不会成功啊! 善良的人,是国家的基础,现在先杀他们,不灭亡更待何时!"

萧纪征召刘璠为中书侍郎,使者往返八趟,才把他请来,他又苦苦要求放他回去。中记室韦登私下对刘璠说:"殿下残忍而记仇,你不留下,将招致大祸。"刘璠严肃地说:"您是想劝说我吗? 我与府侯的名分和大义已定,难道能因为要消除危险而变心吗! 殿下正向天下广布大义,终究不会在我一个人身上遂了心志的。"萧纪知道他一定不能为自己所用了,就赠以厚礼,派遣他回去。

侯景被处死刑。

谢答仁听说侯景兵败的消息,想向北出兵等候侯景,侯景的党徒赵伯超据守钱塘阻击侯景。侯填在松江追上了侯景,发动进攻,打败了他,并捉住彭儁等,将他们杀掉。

侯景与身边的亲信几十人乘一只小船逃跑,将要入海,羊侃的儿子羊鹍是侯景的都督,将侯景杀掉。将侯景的尸体送到建康,将他的头送到江陵,将他的手截下来送到北齐;将侯景的尸体暴露在街头,士兵民众争着去挖他的肉来吃,骨头都被抢光了。溧阳公主也参加了吃侯景肉的行列。侯景的五个儿子在北方,北齐将他们都杀了。赵伯超、谢答仁全都投降,王僧辩将他们和王伟一起送到江陵。这时才埋葬简文帝,定庙号为太宗。

被盗的梁朝传国玉玺归齐所有。

侯景兵败时,自己携带传国玉玺,派他的侍中赵思贤掌管,

曰:"若我死,宜沉于江。"思贤济江遇盗,从者弃之草间。
至广陵以告郭元建,元建取之送邺。

齐以杨愔为仆射,尚太原公主。

公主即魏孝静帝之后也。

梁遣兵救南郑,魏人败之。

杨乾运至剑北,魏达奚武逆击破之。刘璠还至白马
西,为武所获,送长安。宇文泰素闻其名,待之如旧交。时
南郑久不下,武请屠之,泰将许之。璠请之,不许;泣请不
已。泰曰:"事人当如是。"乃从其请。

**梁以王僧辩为司徒,陈霸先为征虏将军、开府仪同三
司。　王伟等伏诛。**

湘东王诛王伟、吕季略、周珍、严亶于市,赵伯超、伏知
命饿死于狱。以谢答仁不失礼于太宗,特宥之。初,伟于
狱中上诗,王爱其才,欲宥之。有言于王者曰:"伟作檄文
甚佳。"王求得之,见其有"湘东一目"之语,乃怒诛之。

梁以鲁悉达为北江州刺史。

扶风民鲁悉达,纠合乡人以保新蔡,力田蓄谷。时江
东饥乱,饿死者什八九,遗民携老幼归之。悉达分给粮廪,
全济甚众,招集晋熙等五郡,尽有其地。使其弟广达将兵
从王僧辩讨侯景,因而命之。

齐人侵梁,围秦郡,陈霸先击败之。

齐主使潘乐、郭元建将兵围秦郡。行台辛术谏曰:"朝
廷与湘东王信使不绝。阳平,侯景之土,取之可也。今

说:"如果我死了,应当把它沉到江里去。"赵思贤渡江时遇到盗贼,他的随从把传国玉玺扔到草中。他到广陵把这事告诉了郭元建,郭元建取回来送到了邺城。

北齐任命杨愔为仆射,把太原公主嫁给他。

太原公主就是北魏孝静帝的皇后。

梁朝派兵救南郑,被西魏人打败。

杨乾运率军队抵达剑北,西魏达奚武进行阻击,把他打败。刘璠回到白马西边,被达奚武捉获,押送到长安。宇文泰久闻其名,对待他像老朋友一样。这时南郑久攻不下,达奚武要求实行屠城,宇文泰准备答应。刘璠请求宇文泰不要答应,宇文泰不同意他这一请求;刘璠哭着不住地请求。宇文泰说:"臣子侍奉主子就应当这样。"于是听从了他的请求。

梁朝任命王僧辩为司徒,陈霸先为征虏将军、开府仪同三司。 王伟等伏法受死。

湘东王萧绎命令将王伟、吕季略、周珍、严亶斩首于市,赵伯超、伏知命饿死在狱中。因为谢答仁对简文帝不失臣子之礼,特别赦免了他。当初,王伟在狱中献诗,萧绎爱他的才华,想赦免他。有人对萧绎说:"王伟作的檄文很好。"萧绎让人找来看看,见檄文中有"湘东王只有一只眼睛"之类的话,就发怒了,命令杀了他。

梁朝任命鲁悉达为北江州刺史。

扶风平民鲁悉达,组织乡亲来保卫新蔡,努力种田,积蓄粮食。当时江东饥荒,社会动乱,饿死的十有八九,活下来的老百姓扶老携幼来归顺他。鲁悉达分给他们粮食,周济的人很多,这样就把晋熙等五郡的老百姓召集在了他的周围,这五郡也就归他管理了。他又让他的弟弟广达带兵跟随王僧辩讨伐侯景,因而萧绎才任命他。

北齐人侵犯梁朝,围攻秦郡,陈霸先打败了他们。

齐主派潘乐、郭元建率兵围秦郡。行台辛术进谏说:"朝廷与湘东王信使不断。阳平,是侯景的地盘,拿下它是可以的。现在

王僧辩已遣严超达守秦郡,何得争之!且水潦方降,不如班师。"弗从。陈霸先命徐度引兵助守。齐众七万,攻之甚急。僧辩使杜崱救之,霸先亦自欧阳来会,与战破之,斩首万余级。

齐以辛术为吏部尚书。

自魏迁邺以来,大选之职,知名者数人,互有得失:高澄少年高朗,所弊者疏;袁叔德沈密谨厚,所伤者细;杨愔风流辩给,取士失于浮华。唯术性尚贞明,取士必以才器,循名责实,新旧参举,管库必擢,门阀不遗。考之前后,最为折衷。

梁秦、梁刺史萧循以州降魏。

魏达奚武遣左丞柳带韦入南郑,说萧循曰:"足下所固者险,所恃者援,所保者民。今险不足固,援不可恃,民不可保,而宗国丧乱,社稷无主,欲谁为为忠乎?"循乃请降。魏开府仪同三司贺兰德愿请攻之,大都督赫连达曰:"不战而获城,策之上者;岂可利其子女,贪其货财,而不爱民命乎!且观其士马犹强,城池尚固,攻之纵克,必彼此俱伤;如困兽犹斗,则成败未可知也。"武曰:"公言是也。"乃受循降,获男女二万口而还,于是剑北皆入于魏。

秋七月,梁陈霸先围广陵,不克,引还。

齐政烦赋重,江北之民不乐属齐,其豪杰数请兵于王僧辩。僧辩以与齐通好,不许。七月,广陵侨人朱盛等潜聚党,谋袭杀齐刺史温仲邕,遣使求援。谋泄,霸先因进军围

王僧辩已派严超达守卫秦郡,怎么能争这个地方呢! 况且正赶水涝,不如班师回朝。"高洋不听。陈霸先命令徐度带兵去协助秦郡的防卫。北齐的军队有七万之众,攻打得很猛烈。王僧辩让杜崱去救援,陈霸先也从欧阳赶来会师,他们和潘乐、郭元建开战,把潘乐、郭元建打败,斩敌首级一万多。

北齐任命辛术为吏部尚书。

自从西魏迁都到邺城以后,吏部负责选官的人,知名的有几个人,各有长短:高澄年少有为,志气高扬,缺点是草率疏忽;袁叔德沉着细致,谨慎忠厚,缺点是有点琐细;杨愔文采风流,口齿伶俐,但录用人才偏于浮华。只有辛术性情偏重忠贞清明,录用人才一定看他的才干器识,按其名而求其实,以求名实相符,新旧人员兼顾,看管仓库的有才也一定提拔,世家子弟也不遗漏。考察他前后选人的情况,最为折衷。

梁朝秦、梁二州刺史萧循献州投降西魏。

西魏达奚武派左丞柳带韦到南郑,劝萧循说:"您所固守的是险要之地,所依靠的是外援,所要保护的是百姓。现在险要之地不能保证固守,外援不可依靠,百姓不能够保护,而且朝廷沦丧动乱,社稷无主,你想尽忠,可忠于谁呢?"萧循才请求投降。西魏开府仪同三司贺兰德要求攻打萧循,大都督赫连达说:"不战而得城,是上策;怎么可以看中城中的子女,贪图货物财产,而不爱惜老百姓的生命呢! 而且据我观察,萧循的兵马还强壮,城池还坚固,纵然我们能够攻克,也肯定是彼此两伤;如果困兽犹斗,那么成败还未可知呢。"达奚武说:"您的话很对。"于是接受萧循投降,俘获男女二万人而归,从此剑北一带都划归西魏的版图。

秋七月,梁朝陈霸先围攻广陵,未能攻克,带兵回归。

北齐政令繁多,赋税很重,长江以北的老百姓不愿意归属北齐,其中的豪杰之士多次请求王僧辩出兵讨伐北齐。王僧辩因为国家正和北齐发展友好关系,所以没有答应。七月,侨居广陵的朱盛等人暗暗聚集党徒,密谋袭击杀死北齐刺史温仲邕,派遣使者请求援助。他们的密谋泄露了,陈霸先就进军包围了

广陵。齐主使告王僧辩及霸先曰:"请释广陵之围,必归广陵、历阳两城。"霸先引兵还京口,江北之民,从霸先济江者万余口。

梁萧循自魏归于江陵。

萧循之降魏也,宇文泰许其南还,久而未遣。从容问刘璠曰:"我于古谁比?"对曰:"璠常以公为汤、武,今日所见,曾桓、文之不如。"泰曰:"何也?"对曰:"齐桓存三亡国,晋文不失信于伐原。"语未竟,泰抚掌曰:"我解尔意。"乃厚礼循,遣还江陵。循以文武千家自随,湘东王疑之,遣使觇察,命劫窃其财。循启输马仗,王乃安之。

冬十月,齐筑长城。

自黄栌岭起长城,北至社平戍,四百余里,置三十六戍。

梁湘州刺史王琳下狱,其长史陆纳入于湘州以叛。

琳本会稽兵家,其姊妹皆入湘东王宫,故琳少在王左右。琳好勇,倾身下士,所得赏赐,不以入家。麾下万人,多江、淮群盗。从王僧辩平侯景,与杜龛功居第一。在建康,恃宠纵暴,僧辩不能禁。乃密启王,请诛琳。王以琳为湘州,琳自疑及祸,使长史陆纳帅部曲赴州,身诣江陵。谓纳等曰:"吾若不返,子将安之?"咸曰:"请死之。"相泣而别。至江陵,王下琳吏,以子方略代琳,以黄罗汉为长史,使与太舟卿张载至巴陵,据琳军。载有宠于主,御下峻刻,

广陵。齐主高洋派使者告诉王僧辩及陈霸先说："请解除对广陵的包围,一定会归还广陵、历阳两个城市。"陈霸先带兵回到京口,长江以北的老百姓,跟从陈霸先渡过长江的有一万多人。

梁朝萧循从西魏回归到江陵。

萧循投降西魏时,宇文泰曾答应放他回南方,过了很久也没有放。宇文泰曾从容地问刘璠说:"我能和古人中的谁相比?"刘璠回答:"我曾认为您是商汤、周武王,现在看来,您连齐桓公、晋文公还不如。"宇文泰说:"为什么呢?"刘璠回答说:"齐桓公使三个要灭亡的国家存在下来,晋文公对讨伐原国的事没有失信。"话还没说完,宇文泰拍手说:"我理解你的意思。"于是给萧循赠送了厚礼,放他回江陵。萧循因为有文武官员一千家跟随,湘东王萧绎怀疑了,派人窥视,命令抢劫、盗窃他的财物。萧循报告说要把马匹、兵器献出来,萧绎才放心了。

冬十月,北齐筑长城。

自黄栌岭开始修长城,北到社平戍所,四百余里,设置三十六个戍所。

梁朝湘州刺史王琳入狱,他的长史陆纳到了湘州反叛梁朝。

王琳本来是会稽的兵家子弟,他的姊妹都被送进湘东王萧绎的宫中,所以王琳小时生活在萧绎身边。王琳喜好逞勇力,谦恭下士,得到的赏赐,从不拿到家去。他手下一万人,多是江、淮群盗。他跟随王僧辩平定侯景,与杜龛并列,功居第一。在建康,他仗恃自己受宠,任意逞凶,连王僧辩也不能禁止。王僧辩就秘密向萧绎汇报,请求杀掉王琳。萧绎命令王琳到湘州去,王琳自己怀疑会遭祸,就派长史陆纳率领部队去湘州,亲身到江陵表达谢恩之情。他对陆纳等人说:"我要是回不来,你们将到哪里去?"大家都说:"请允许我们都为您而死。"便相泣而别。王琳到了江陵,萧绎解除了王琳的官职,任命自己的儿子萧方略代替王琳,任命黄罗汉为长史,派他与太舟卿张载到巴陵,接管王琳的军队。张载很得萧绎的宠爱,他管理手下部属严峻苛刻,

荆人疾之如仇。至军,陆纳及士卒并哭不受命,杀载,以罗汉清谨而免之,与诸将引兵袭据湘州。

十一月,梁主绎立。

梁公卿藩镇数劝进于湘东王,王遂即位于江陵。是日不升正殿,公卿陪列而已。

侯景之乱,州郡大半入魏,自巴陵以下至建康,以长江为限;荆州界北尽武陵,西拒峡口;岭南复为萧勃所据,诏令所行,千里而近,民户著籍,不盈三万。

梁以萧循为湘州刺史。陆纳袭巴陵,循击败之。

陆纳袭击衡州刺史丁道贵于渌口,破之,降其众。梁主闻之,征王僧辩等,与萧循共讨纳。循军巴陵以待之。顷之,纳请降,求送妻子。循曰:"此诈也,必将袭我。"乃密为之备。纳果夜以轻兵继至鼓噪,军中皆惊。循坐胡床,于垒门望之,略无惧色,徐部分将士击之,获其一舰。纳退保长沙。

癸酉(553) 梁承圣二年,魏主钦二年,齐天保四年。
春正月,魏太师泰自加都督中外诸军事。 二月,突厥伊利可汗死,弟木杆可汗俟斤立。

伊利死,子科罗立,号乙息记可汗,寻卒。舍其子摄图而立其弟俟斤,号木杆可汗。木杆刚勇,多智略,善用兵,邻国畏之。

三月,梁武陵王纪伐江陵,魏遣大将军尉迟迥伐成都以救之。

荆州人恨他像仇人一样。他和黄罗汉来到王琳的军中,陆纳和士兵都痛哭起来,不接受命令,杀掉张载,黄罗汉因清廉谨严而得免。陆纳和诸将带兵袭击并占据湘州。

十一月,梁元帝萧绎登帝位。

梁朝公卿大臣、各路军事头领多次劝湘东王萧绎登皇帝位,萧绎于是在江陵即位。这一天,他不登正殿,只是让公卿大臣在他左右排列一下而已。

侯景之乱以来,梁朝的州郡有一大半被并入西魏,自巴陵以下至建康,是以长江为界;荆州境内北到武陵,西到峡口;岭南又被萧勃所占据,朝廷诏令所到的地方,不过方圆千里以内,百姓户口登记在册的,不满三万户。

梁朝任命萧循为湘州刺史。陆纳袭击巴陵,萧循进攻他,将他打败。

陆纳在渌口袭击衡州刺史丁道贵,打败了他,他的兵众投降。梁元帝听到消息以后,征召王僧辩等人,与萧循共同讨伐陆纳。萧循驻军巴陵以等待陆纳。不久,陆纳请求投降,要求送妻子、儿子为人质。萧循说:"这是假的,他一定会来袭击我军。"于是秘密做了准备。陆纳果然在夜里派轻装士兵擂鼓而来,萧循军中都很吃惊。萧循坐在胡床上,从营门向外观望,毫无惧色,从容地指挥将士袭击陆纳,缴获了陆纳军的一条军舰。陆纳退守保卫长沙。

癸酉(553) 梁承圣二年,西魏主钦二年,北齐天保四年。

春正月,西魏太师宇文泰自封都督中外诸军事。 二月,突厥伊利可汗死,他的弟弟木杆可汗俟斤立。

伊利死,儿子科罗立,号为乙息记可汗,不久也死了。没有立他的儿子摄图而立其弟俟斤,号为木杆可汗。木杆刚强勇猛,足智多谋,善于用兵,邻国都怕他。

三月,梁朝武陵王萧纪讨伐江陵,西魏派大将军尉迟迥进攻成都,以援助江陵。

武陵王纪帅诸军东下,留萧扢守成都。梁主闻之,使方士画版为纪像,亲钉支体以厌之。世子圆照时镇巴东,启云:"侯景未平,荆镇已为所破,宜急进讨。"纪信之,趣兵东下。

梁主甚惧,与魏书曰:"子纠,亲也,请君讨之。"宇文泰曰:"取蜀制梁,在兹一举。"诸将咸难之。大将军尉迟迥,泰之甥也,独以为可克。泰问以方略,迥曰:"蜀与中国隔绝百有余年,恃其险远,不虞我至,若以铁骑兼行袭之,无不克矣。"泰乃遣迥自散关伐蜀。

夏四月,梁遣王僧辩围湘州。

僧辩军于车轮,陆纳夹岸为城以拒之。纳士卒皆百战之余,僧辩惮之,不敢轻进,稍作连城以逼之。纳以僧辩为怯,不设备。僧辩命诸军水陆齐进,急攻之。僧辩亲执旗鼓,萧循身受矢石,拔其二城。纳众大败,走保长沙,僧辩进围之。僧辩坐垒上,视筑围垒,纳遣吴藏等帅锐卒千人开门突出,蒙楯直进。杜崱、杜龛与甲士百余人力战拒之。僧辩据胡床不动。裴之横从旁击之,藏等乃退。

魏师围成都,梁武陵王纪还兵救之,次于西陵。

武陵王纪至巴郡,闻有魏兵,遣谯淹还军救蜀。初,潼州刺史杨乾运兄子略说乾运曰:"今侯景初平,宜同心戮力,保国宁民,而兄弟寻戈,此自亡之道也。不如送款关中,可以功名两全。"乾运然之。迥至涪水,乾运以州降。

武陵王萧纪率领诸军东下，留萧捴守成都。梁元帝听说这一消息，让方士在木版上画上萧纪的像，亲自往像的四肢躯体上钉钉子来解恨。萧纪的嫡长子萧圆照这时镇守巴东，报告萧纪说："侯景还未平定，荆州已被他攻破，应该赶快进军讨伐侯景。"萧纪相信了这一报告，仓促派兵东下。

梁元帝非常害怕，给西魏写信说："子纠，是我的亲族，请您讨伐他（这是引用《左传》中鲍叔中的话，让宇文泰出兵攻打萧纪）。"宇文泰说："夺取蜀地，制服梁朝，在此一举。"诸将都感到为难。大将军尉迟迥，是宇文泰的外甥，只有他认为能打下来。宇文泰问他用兵的策略，尉迟迥说："蜀地和中原地区隔绝有一百多年了，仗着地势险要，位置偏远，不会料到我们会去的，如果用铁甲骑兵昼夜兼行去偷袭，不会攻不克的。"宇文泰就派尉迟迥从散关进发讨伐蜀地。

夏四月，梁朝派遣王僧辩包围湘州。

王僧辩把军队驻扎在车轮，陆纳在两岸修筑城垒，以抵抗王僧辩。陆纳的士兵都身经上百战，王僧辩害怕陆纳，不敢轻易进攻，慢慢修筑相连的城垒来逼近陆纳的部队。陆纳以为王僧辩胆怯，不加防备。王僧辩命令诸军水陆齐进，猛烈攻击。王僧辩亲自举旗擂鼓，萧循亲自迎着飞箭乱石，攻下陆纳的两座城垒。陆纳的队伍大败，逃跑退守长沙，王僧辩进攻包围长沙。王僧辩坐在土岸上，督察士兵修筑围垒，陆纳派吴藏等人率领精锐士兵一千人开城门冲出来，拿着楯牌向王僧辩径直进攻。杜崱、杜龛与甲士百余人拼死抵抗。王僧辩倚仗胡床一动不动。裴之横从侧面袭击，吴藏等人才退却了。

西魏军队包围成都，梁朝武陵王萧纪回师营救，驻到西陵。

武陵王萧纪抵达巴郡，听说有西魏士兵出现，派谯淹回师救蜀。当初，潼州刺史杨乾运的侄子杨略劝杨乾运说："现在侯景之乱刚平定，应同心协力，保国安民，然而兄弟之间开战，这是自取灭亡之道。我们不如到关中向西魏表示诚恳归顺，可以功名两全。"杨乾运也这样认为。尉迟迥进军到涪水，杨乾运献州投降。

迥进袭成都,时成都见兵不满万人,仓库空竭。萧㧑婴城自守,迥围之。谯淹遣兵赴援,迥击走之。

纪至巴东,知侯景已平,乃悔,召圆照责之。对曰:"侯景虽平,江陵未服。"纪亦已称尊号,不可复为人下,欲遂东进。将卒日夜思归,皆以为宜还救根本,更思后图。圆照及刘孝胜固言不可,纪从之,宣言于众曰:"敢谏者死!"遂至西陵,军势甚盛。陆法和筑二城于峡口两岸,运石填江,铁锁断之。

梁主拔任约于狱,使助法和。纪筑连城,攻绝铁索。梁主复拔谢答仁于狱,配兵使助法和。

六月,梁复以王琳为湘州刺史,陆纳降。

梁主遣使送王琳,令说谕陆纳。僧辩使送示之,纳众悉拜且泣。使谓僧辩曰:"朝廷若赦王郎,乞听入城。"梁主从之,纳遂降。梁主复琳官爵,使将长沙兵西援峡口。

秋七月,梁武陵王纪众溃,梁主杀之,及其诸子。

武陵王纪遣将侯睿与陆法和相拒。梁主遣使与纪书,许其还蜀,专制一方,纪不从。顿兵日久,频战不利,又闻魏寇深入,成都孤危,忧懑不知所为,乃遣乐奉业诣江陵求和。奉业启梁主曰:"蜀军乏粮,士卒多死,危亡可待。"梁主遂不许其和。

尉迟迥进军袭击成都，这时成都有兵不满万人，仓库空虚罄尽。萧㧑环城自守，尉迟迥包围了全城。谯淹派士兵前来支援，被尉迟迥打败逃跑了。

萧纪到了巴东，知道侯景已被平定，就后悔了，把萧圆照找来责备一番。萧圆照回答说："侯景虽然平定了，江陵萧绎没有臣服我们啊！"萧纪也已称帝，不可再在人下，就想继续东进。将士们日日夜夜想回家乡，都认为应该回去，解救成都的大本营，再重新考虑以后的办法。萧圆照及刘孝胜坚决说不行，萧纪听从了他们，当众宣布说："敢进谏的处死！"于是抵达西陵，军势很强盛。陆法和在峡口长江两岸筑了两座城堡，运石填江，用铁锁把江面航道切断。

梁元帝把任约从狱中放出来，派他协助陆法和。萧纪筑连城，攻断了铁索。梁元帝又把谢答仁从狱里放出来，配以士兵，派他去协助陆法和。

六月，梁朝又任命王琳为湘州刺史，陆纳投降。

梁元帝派遣使者送王琳去陆纳那里，让他去劝说陆纳归顺。王僧辩派人送王琳，把他指给陆纳看，陆纳的部众全都拜倒在地，痛哭流涕。使者告诉王僧辩说："朝廷如果赦免了王琳，请你放他到城里来。"梁元帝听从了他的话，陆纳于是投降。梁元帝恢复了王琳的官职爵位，让他带领长沙兵向西去支援峡口。

秋七月，梁朝武陵王萧纪的军队溃败，梁元帝杀了他，还有他的几个儿子。

武陵王萧纪派遣将领侯睿和陆法和相对抗。梁元帝派遣使者给萧纪送信，允许他归还蜀地，专制一方，萧纪不听从这一意见。他驻兵日久，频频战斗都不顺利，又听说西魏敌寇深入后方，成都处于孤立、危险的状态，忧愁愤懑不知自己该干什么，就派遣乐奉业到江陵向萧绎求和。乐奉业报告梁元帝说："蜀军缺乏粮食，士兵有很多都死了，灭亡指日可待。"梁元帝于是不答应萧纪求和。

纪以黄金一斤为饼，饼百为箧，至有百箧，银五倍之，锦彩称是。每战悬示将士，而不以为赏。有请事者，辞疾不见。

巴东民斩峡口城主，降于王琳。谢答仁、任约进攻侯睿，破之，拔其三垒，于是两岸十四城俱降。纪不获退，顺流东下，将军樊猛追击之，纪众大溃，赴水死者八千余人。猛围而守之，梁主密敕猛曰："生还，不成功也。"猛遂斩纪及其幼子圆满。陆法和收圆照兄弟三人送江陵。梁主绝纪属籍，下圆照等于狱，绝其食，至啮臂啖之，十三日而死。远近闻而悲之。

八月，成都降魏，魏以尉迟迥为益州刺史。

魏尉迟迥围成都五旬，萧㧑屡战皆败，乃请降。诸将欲不许，迥曰："降之则将士全，远人悦；攻之则将士伤，远人惧。"遂受之。吏民皆复其业，唯收奴婢及储积以赏将士，军无私焉。魏以迥为益州刺史。

九月，梁遣王僧辩还建康，陈霸先还京口。

梁主下诏将还建康。将军胡僧祐、黄罗汉、宗懔、刘毅谏曰："建业王气已尽，与虏正隔一江，若有不虞，悔无及也。"梁主令朝臣议之，侍郎周弘正、仆射王褒曰："今百姓未见舆驾入建康，谓是列国诸王，愿陛下从四海之望。"时群臣多荆州人，皆曰："弘正等东人，故欲东下，然非计也。"弘正面折之曰："东人劝东，谓非良计；西人欲西，岂长策乎？"

萧纪用一斤黄金做成一个饼，一百个黄金饼装成一箱，积下的黄金共有一百箱，白银五百箱，锦缎、丝绸论重量和黄金、白银一样多。每次作战，他都把这些东西悬挂起来让将士们看，却不用这些东西作为奖赏。有人请求享用这些财物，萧纪推辞有病，不予接见。

巴东一个平民杀了峡口守城主将，投降了王琳。谢答仁、任约进攻侯睿，打败了他，攻下他的三座堡垒，于是长江两岸十四城全部投降。萧纪没有退路，顺流东下，将军樊猛追击他，萧纪的军队大溃，投江而死的有八千多人。樊猛将萧纪包围起来并严加防守，梁元帝秘密下令给樊猛说："如果让萧纪活着回来，那就是不成功。"樊猛于是杀了萧纪和他的小儿子萧圆满。陆法和收捕萧圆照兄弟三人送到江陵。梁元帝取消了萧纪的族籍，将萧圆照等下到狱中，断绝他们的食物，以至于他们饿得咬自己的臂膀肉吃，经过十三天而死。远近听到这样的消息，都为他们悲伤。

八月，成都投降西魏，西魏任命尉迟迥为益州刺史。

西魏尉迟迥包围成都五十天，萧㧑屡战皆败，于是请求投降。西魏的将领们想不答应，尉迟迥说："允许他投降，则我军将士完好无伤，远方百姓高兴；进攻他则我军将士必有伤亡，远方百姓会害怕。"于是接受萧㧑投降。官吏、百姓都各复其业，只没收奴婢和仓库积粮用来赏赐将士们，军中没有人敢私下抢掠的。西魏任命尉迟迥为益州刺史。

九月，梁朝派遣王僧辩回建康，陈霸先回京口。

梁元帝下诏令准备回建康。将军胡僧祐、黄罗汉、宗懔、刘毅进谏说："建业王气已尽，和胡虏只隔一条长江，如有不测之灾，后悔就来不及了。"梁元帝让朝廷大臣讨论这件事，侍郎周弘正、仆射王褒说："现在百姓还没看见皇上的车辆仪仗进入建康，以为皇上还是列国诸王之一，希望陛下依从四海百姓的瞩望。"当时群臣大多是荆州人，都说："周弘正等是东边的人，所以愿意东下，但不是好主意。"周弘正当面争辩说："东边的人劝皇上去东边，有人说不是好主意；西边的人想在西边，难道倒成了妙策了吗？"

又议于后堂,会者五百人。梁主曰:"劝吾去者左袒。"左袒者过半。朱买臣言于梁主曰:"建康旧都,山陵所在;荆镇边疆,非王者之宅。愿陛下勿疑,以致后悔。臣家在荆州,岂不愿陛下居此,但恐是臣富贵,非陛下富贵耳!"梁主使术士杜景豪卜之,不吉,对曰:"未去。"退而言曰:"此兆为鬼贼所留也。"梁主以建康凋残,江陵全盛,意亦安之,卒从僧祐等议。乃诏王僧辩还镇建康,陈霸先复还京口。

梁以陆法和为郢州刺史。

法和为政,不用刑狱,专以沙门法及西域幻术教化。部曲数千人。

齐纳萧退于梁,不克。

齐主使郭元建治水军于合肥,将袭建康,纳梁湘潭侯退。梁主使南豫州刺史侯瑱与战于东关,败之,溺死万人,齐师退。

冬十月,齐主伐契丹,大破之。

契丹寇齐边,齐主伐之。至昌黎城,使安德王韩轨断其走路,遂倍道兼行以掩之。露髻肉袒,昼夜不息,行千余里,唯食肉饮水,壮气弥厉。与契丹遇,奋击,大破之。

十一月,突厥攻柔然。齐主击之,迁柔然于马邑川,突厥请降。

突厥攻柔然,柔然举国奔齐。齐主击突厥,迎纳柔然。废其可汗库提,立阿那瓌子菴罗辰为可汗,置之马邑川,给其廪饩缯帛。亲追突厥,突厥请降,许之而还。自是贡献相继。

又在后堂讨论,与会者五百人。梁元帝说:"劝我去建康的把左肩膀袒露出来。"袒露左肩的人过了一半。朱买臣向梁元帝进言说:"建康是梁朝的旧都,是帝室祖宗陵墓的所在地;荆州是边疆的军事重镇,不是帝王居住的地方。希望陛下不要犹豫,以致后悔。我家就在荆州,难道不愿陛下住在这儿?只怕这样是臣下的富贵之计,不是陛下的富贵之计啊!"梁元帝让术士杜景豪占卜,结果不吉利,杜景豪应答说:"不吉。"退朝后他又说:"这个征兆是鬼贼留下的。"梁元帝认为建康凋弊残破,而江陵正处于全盛之时,心思也就安放在江陵,最后听从了胡僧祐等人的建议。于是下诏命令王僧辩回建康镇守,陈霸先仍回京口。

梁朝任命陆法和为郢州刺史。

陆法和处理政事,不用刑罚,不靠监狱,专靠佛法及西域幻术的教育感化。他的属下有几千人。

北齐接受梁朝萧退的投降,仗没打赢。

齐主高洋派郭元建在合肥训练水军,准备袭击建康,接受梁朝湘潭侯萧退的投降。梁元帝派南豫州刺史侯瑱与北齐在东关打了一仗,北齐大败,士兵淹死上万人,齐军退却。

冬十月,齐主高洋讨伐契丹,大败契丹。

契丹虏掠北齐的边境,齐主高洋讨伐契丹。抵达昌黎城,派安德王韩轨切断契丹逃跑的道路,于是齐主高洋以加倍的速度昼夜行军,以便趁其不备袭击契丹。齐主高洋露着发髻光着膀子,昼夜不息,行军一千多里,只吃肉喝水,气势很盛。与契丹的军队相遇,奋勇进击,大败契丹的军队。

十一月,突厥进攻柔然。齐主高洋袭击突厥,把柔然迁到马邑川,突厥请求投降。

突厥进攻柔然,柔然全国都投奔了北齐。齐主高洋袭击突厥,迎接并接受柔然的投靠。废掉柔然的可汗库提,立阿那瓖的儿子菴罗辰为可汗,把柔然安置在马邑川,供给他们粮食、衣服。齐主高洋亲自带兵追击突厥,突厥请求投降,齐主高洋答应了他们,于是回师。从此突厥就年年向北齐进贡了。

魏太师泰杀尚书元烈。

烈谋杀泰,事泄,泰杀之。

十二月,齐宿预叛降于梁。

齐宿预民东方白额以城降,江西州郡皆起兵应之。

甲戌(554) 梁承圣三年,魏恭帝廓元年,齐天保五年。

春正月,齐主击山胡,败之。

齐主讨山胡,大破之,男子十三以上皆斩,女子及幼弱皆赏军,遂平石楼。石楼绝险,自魏世所不能至,于是远近山胡莫不慑服。有都督战伤,其什长不能救。齐主命刳其五藏,令九人食之,肉及秽恶皆尽。自是始为威虐。

梁陈霸先侵齐。

陈霸先自丹徒济江,围齐广陵。严超达自秦郡进围泾州,侯瑱、张彪皆出石梁,为之声援,使杜僧明助东方白额。

魏作"九命""九秩"之典。

宇文泰始作"九命"之典,以叙内外官爵,改流外品为"九秩"。

魏宇文泰废其主钦,而立齐王廓,复姓拓跋氏。

魏主自元烈之死有怨言,密谋诛宇文泰。临淮王育、广平王赞垂涕切谏,不听。泰诸子皆幼,以诸婿为心膂,清河公李基、义城公李晖、常山公于翼分掌禁兵。由是魏主谋泄,泰废魏主,置之雍州,立其弟齐王廓,复姓拓跋氏。魏初统国三十六,大姓九十九,后多灭绝。泰乃以诸将功

西魏太师宇文泰杀尚书元烈。

元烈谋杀宇文泰,事情泄露,宇文泰把他杀了。

十二月,北齐宿预背叛北齐,投降梁朝。

北齐宿预的百姓东方白额献出宿预城投降梁朝,江西各州郡都起兵响应。

甲戌(554) 梁承圣三年,西魏恭帝廓元年,北齐天保五年。

春正月,齐主高洋袭击山胡,把它打败。

齐主高洋讨伐山胡,把它打得大败,男子十三岁以上的都被杀头,女子和孩子都赏给部队,于是平定了石楼。石楼极为险要,是自北魏开国以来所不能抵达的地方,现在北齐抵达,于是远近山胡没有不慑服的。有一个都督在战斗中受了伤,他的什长没有救他。齐主高洋命令挖出他的五脏,命令九个人吃掉,把肉和内脏等腥秽的东西都吃光了。从此齐主高洋就开始凶恶残暴起来。

梁朝陈霸先侵犯北齐。

陈霸先从丹徒渡江,围攻北齐的广陵。严超达从秦郡进军围攻泾州,侯瑱、张彪都从石梁出发,为陈霸先声援,梁朝派杜僧明去帮助东方白额。

西魏制定"九命""九秩"的典章制度。

宇文泰开始制定"九命"的典章制度,以区别朝廷内外的官爵,改订朝廷外的命官级别,分为"九秩"。

西魏宇文泰废除其国主元钦,而立齐王元廓为帝,帝室重新恢复姓拓跋。

西魏国主元钦自从元烈之死就有怨言,密谋杀掉宇文泰。临淮王元育、广平王元赞垂泪直言极谏,元钦不听。宇文泰的儿子们都年幼,宇文泰便以他的女婿们为心腹,让清河公李基、义城公李晖、常山公于翼分掌禁兵。因此西魏国主元钦的密谋泄露,宇文泰废掉西魏国主元钦,把他发落到雍州,立他的弟弟齐王元廓为帝,帝室重新恢复姓拓跋。北魏当初统一了三十六国,共有九十九个大姓,后来大多灭绝了。宇文泰就把他的将领们功劳

高者为三十六姓,次者为九十九姓,所将士卒亦改从其姓。

三月,梁以王僧辩为太尉,陆法和为司徒。

法和上启自称司徒,梁主以为先知,就拜之。

魏遣使如梁。

魏侍中宇文仁恕聘于梁,会齐使者亦至,梁主接仁恕不及齐使,仁恕归,以告宇文泰。梁主又请据旧图定疆境,辞颇不逊,泰由是有图江陵之志。梁王詧闻之,益重其贡献。魏荆州刺史长孙俭屡陈攻取之策,泰征俭入朝,问以经略,复命还镇,密为之备。马伯符密使告梁主,梁主弗之信。

齐主杀其尚书左丞卢斐、李庶。

齐中书令魏收撰《魏书》,颇用爱憎为褒贬,每谓人曰:"何物小子,敢与魏收作色!举之则使升天,按之则使入地!"既成,中书舍人卢潜、左丞卢斐、李庶皆言其诬罔不直。收启齐主云:"臣既结怨强宗,将为刺客所杀。"齐主怒,于是斐、庶皆坐谤史,鞭二百,配甲坊。潜亦坐系狱,斐、庶死狱中。然时人终不服,谓之"秽史"。

夏四月,柔然寇齐,齐主击败之。

柔然寇齐肆州,齐主讨之。至恒州,柔然散走。齐主以千余骑为殿,宿黄瓜堆。柔然别部数万骑奄至,齐主安卧,平明乃起,神色自若,指画形势,纵兵奋击,柔然披靡,

高的封为三十六姓,功劳低一点的封为九十九姓,他们率领的兵卒也改姓了主将的姓。

三月,梁朝任命王僧辩为太尉,陆法和为司徒。

陆法和上书时自称司徒,梁元帝认为他是先知,就任命他为司徒。

西魏派遣使者到梁朝。

西魏侍中宇文仁恕访问梁朝,刚好北齐的使者也到了梁朝,梁元帝接待宇文仁恕不如对北齐的使者隆重,宇文仁恕回去,把这一情况报告了宇文泰。梁元帝又要求按过去的版图来划定疆界,言辞颇为不逊,宇文泰因此有攻打江陵的打算。梁王萧詧听说这一消息,更加看重宇文泰的贡献。西魏荆州刺史长孙俭曾多次陈述攻取梁朝的计策,宇文泰就把长孙俭征召入朝,询问他进攻梁朝的方略,又命令他回到镇守的地方,秘密进行进攻梁朝的准备。马伯符秘密派使者把这一情况告诉梁元帝,梁元帝不相信。

齐主高洋杀了他的尚书左丞卢斐、李庶。

北齐中书令魏收撰写《魏书》,片面地用自己的爱憎为褒贬的标准,常常对人说:"你是什么东西,敢对我魏收使颜色! 我抬举你就能让你升天,贬低你就能叫你入地!"《魏书》写成以后,中书舍人卢潜、左丞卢斐、李庶都说《魏书》写得冤枉不公正。魏收启奏齐主高洋说:"我已经和强大的宗族结下怨仇,将要被刺客所杀。"齐主高洋发怒了,于是卢斐、李庶都因诽谤史书而获罪,每人被鞭打二百下,发配到甲坊里制兵器。卢潜也因获罪入狱,卢斐、李庶死在狱中。但当时人们终究不服气,把《魏书》说成"秽史"。

夏四月,柔然侵犯北齐,齐主高洋率军击败了它。

柔然侵犯北齐的肆州,齐主高洋率军讨伐它。到了恒州,柔然人四散而逃。齐主高洋用一千多骑兵为后卫,宿营在黄瓜堆。柔然的另一支部队几万骑兵突然到来,齐主高洋安然睡卧,天明才起,神色自若,指画军势阵容,出兵奋击,柔然人溃散,

因溃围而出。柔然走,追击,败之。令都督高阿那肱帅骑数千塞其走路。阿那肱以兵少请益,齐主更减其半。阿那肱奋击,大破之。

梁以陈霸先为司空。 **魏宇文泰弑其故主钦。** **五月,魏以李迁哲为信州刺史。**

魏直州、洋州乱,宇文泰命将军李迁哲讨平之。南出徇地,巴濮之民皆附之。泰以迁哲为信州刺史,镇白帝。信州先无储蓄,迁哲与军士共采葛根为粮,有异味,辄分尝之,军士感悦。屡击叛蛮,破之,群蛮慑服,皆送粮遣质。

梁以王琳为广州刺史。

广州刺史萧勃,自以非梁主所授,内不自安,启求入朝。梁主徙勃为晋州刺史,以琳部众强盛,又得众心,故使代勃以远之。琳私谓主书李膺曰:"琳,小人也,蒙官拔擢至此! 今天下未定,迁琳岭南,如有不虞,安得琳力! 窃揆官意不过疑琳,琳分望有限,岂与官争为帝乎! 何不以琳为雍州刺史,镇武宁,琳自放兵作田,为国御捍。"膺然其言,而弗敢启。

六月,齐冀州刺史段韶伐梁,拔宿预。

齐步大汗萨将兵四万趣泾州,王僧辩使侯瑱、张彪助严超达拒之,瑱、彪迟留不进。齐冀州刺史段韶讨宿预,广陵、泾州皆告急,诸将患之。韶曰:"梁氏丧乱,国无定主,人怀去就,强者从之。霸先等外托同德,内有离心,吾揣之

北齐军便突围而出。柔然人逃跑,北齐军追击,打败了它。齐主命令都督高阿那肱率领几千骑兵堵住柔然人逃跑的道路。阿那肱因兵力少请求增加,齐主高洋反而将他的兵力再减一半。阿那肱奋勇攻击,大破柔然。

梁朝任命陈霸先为司空。 **西魏宇文泰杀死故主元钦。五月,西魏任命李迁哲为信州刺史。**

西魏直州、洋州发生动乱,宇文泰命令将军李迁哲讨伐平定了动乱。李迁哲向南进发攻占土地,巴濮的百姓都归附了李迁哲。宇文泰任命李迁哲为信州刺史,镇守白帝。信州过去没有粮食储备,李迁哲与士兵共采葛根做粮食,有其他好吃的,就分给士兵们品尝,士兵们又感动又高兴。李迁哲屡次袭击叛乱的蛮族,打败了他们,各部蛮族全被慑服了,都送粮进贡,送子弟当人质。

梁朝任命王琳为广州刺史。

广州刺史萧勃,自己认为官职不是梁元帝所授予的,心里不踏实,请求朝见梁元帝。梁元帝调任萧勃为晋州刺史,因为王琳的兵马强盛,又得人心,所以让他替换萧勃,从而把他放到边远的地方。王琳私下对主书李膺说:"我王琳出身平民百姓,承蒙皇上提拔到这个份上! 现在天下未定,就把我调到岭南去,如果发生不测的灾祸,怎么能得到我王琳的力量呢! 我私下揣度皇上的意思不过是怀疑我,我对职位的期望有限,难道还能与皇上争帝位吗! 为什么不任命我为雍州刺史,镇守武宁,我自会带兵屯田,为国御敌,捍卫梁朝。"李膺对他的话表示赞同,但不敢启奏梁元帝。

六月,北齐冀州刺史段韶讨伐梁朝,攻下宿预。

北齐步大汗萨带兵四万人逼近泾州,王僧辩派侯瑱、张彪帮助严超达抵抗,侯瑱、张彪迟迟滞留不肯前进。北齐冀州刺史段韶讨伐宿预,广陵、泾州都告急,将领们很担心。段韶说:"梁朝丧乱,国无定主,臣子各怀去留之心,看谁强大就归附谁。陈霸先等人表面与梁朝同德,内在有叛离之念,我对这都揣摩

熟矣!"乃留兵围宿预,自引兵倍道趣泾州,击超达,破之。回趣广陵,霸先解围走,杜僧明、瑱、彪等皆还。吴明彻围海西,镇将郎基固守,削木为箭,剪纸为羽,围之十旬,卒不能克而还。

韶还至宿预,使人说东方白额,白额出迎,执而斩之。

八月,齐杀其太保高隆之。

齐主之未为魏相也,高隆之常侮之,及将受禅,隆之复以为不可,由是衔之。隆之尝与仪同元旭饮,谓旭曰:"与王交,当生死不相负。"至是,旭坐事赐死;人白其语,齐主怒,令壮士筑杀之,并其子二十人。

齐筑四城于洛阳。

齐主使人于洛阳西南筑四城,而亲巡之,欲以致魏师,魏师不出。

梁主讲《老子》于龙光殿。　冬十月,魏遣柱国于谨帅师伐梁。十一月,入江陵。十二月,执梁主绎,杀之。

初,散骑郎庾季才言于梁主曰:"去年八月丙申,月犯心中星;今月丙戌,赤气干北斗。心为天王,丙主楚分,臣恐建子之月,有大兵入江陵,陛下宜整旆还都,以避其患。"梁主亦晓天文,叹曰:"祸福在天,避之何益!"

至是,魏遣柱国于谨、中山公宇文护、大将军杨忠将兵五万伐梁。长孙俭问谨曰:"为绎计,将如何?"谨曰:"耀兵汉、沔,还据丹杨,上策也;退保子城,以待援军,中策也;

透了！"于是留下一部分兵力围攻宿预，自己带领一部分兵力以加倍的速度进逼泾州，攻打严超达，打败了他。回头逼近广陵，陈霸先突围逃跑，杜僧明、侯瑱、张彪等人也都回师。吴明彻围困海西，守将郎基固守城池，削木作箭头，剪纸作箭羽，吴明彻围困了一百天，最终也没攻下海西而回师。

段韶回军抵达宿预，派人游说东方白额，东方白额出城迎接段韶，段韶把他抓起来杀了。

八月，北齐杀其太保高隆之。

齐主高洋还未当东魏丞相的时候，高隆之曾经欺负他，等到高洋将接受禅让的时候，高隆之又认为不能这样做，因此高洋怀恨在心。高隆之曾经与仪同元旭一起饮酒，对元旭说："与您相交，当生死都不相负。"到这时，元旭因犯罪被皇帝赐死；有人把高隆之的这句话告诉齐主高洋，齐主发怒，命令壮士像捣土一般用拳头把高隆之打死，同时杀了他的儿子二十人。

北齐在洛阳修筑四城。

齐主派人在洛阳西南修筑四城，而且亲自视察这四座城堡，想用这一举动把西魏的军队引诱过来，但西魏军不出来。

梁元帝在龙光殿讲解《老子》。 冬十月，西魏派柱国于谨率领军队讨伐梁朝。十一月，攻进江陵。十二月，拘捕梁元帝萧绎，杀掉了他。

当初，散骑郎庾季才向梁元帝进言说："去年八月丙申，月亮冲犯心中星；这月丙戌，赤气干犯北斗。'心'代表天王，'丙'代表楚地的命运，臣担心十一月有大兵进入江陵，陛下应整顿旗鼓回建康去，来躲避这一灾祸。"梁元帝也通晓天文，叹息说："祸福在天，躲避它何益！"

到这时，西魏派柱国于谨、中山公宇文护、大将军杨忠带兵五万人讨伐梁朝。长孙俭问于谨说："替萧绎考虑，他将怎么办呢？"于谨说："如果他在汉江、沔水一带炫耀兵力，回到丹阳据守，这是上策；如果他退到江陵内城防守，以等待援军，这是中策；

难于移动，据守罗郭，下策也。"俭曰："绎出何策？"谨曰："下策。"俭曰："何故？"谨曰："绎懦而无谋，多疑少断，愚民难与虑始，皆恋邑居，所以知其用下策也。"

武宁太守宗均告魏兵且至，领军胡僧祐、黄罗汉曰："二国无隙，必应不尔。"乃复使王琛使魏。于谨至樊、邓，梁王詧帅众会之。梁主乃停讲戒严。琛至石梵，驰报罗汉曰："境上帖然，前言皆儿戏耳。"梁主乃复讲，百官戎服以听。

征王僧辩为大都督，命陈霸先徙镇扬州。僧辩遣侯瑱帅程灵洗等为前军，杜僧明帅吴明彻等为后军。陆法和闻魏师至，将赴江陵。梁主使逆止之曰："此自能破贼。"法和还州，垩其城门，著衰绖，坐苇席，终日乃脱之。

十一月，魏军济汉，于谨令宇文护、杨忠帅精骑先据江津，断东路。梁主出城行栅，插木为之，周六十里。以将军胡僧祐、仆射王褒分督城东西军事。魏军至栅下，梁主乃征王琳为湘州刺史，使引兵入援。于谨令筑长围，中外遂绝。

梁主巡城，犹口占为诗，群臣亦有和者。梁主又裂帛为书，趣王僧辩曰："吾忍死待公，可以至矣！"胡僧祐等出战，皆败。朱买臣按剑进曰："唯斩宗懔、黄罗汉，可以谢天下！"梁主曰："曩实吾意，宗、黄何罪！"

王琳军至长沙，长史裴政请间道先报江陵，至百里洲为魏人所获。梁王詧谓政曰："我，武皇帝之孙也，不可为尔君乎？若从我计，贵及子孙；不然，腰领分矣！"政诡

如果他难于移动,据守外城,这是下策。"长孙俭说:"萧绎会出何策?"于谨说:"下策。"长孙俭说:"为什么?"于谨说:"萧绎懦弱而无谋,多疑而寡断,百姓难于在事情开始时就有所考虑,都留恋家园,所以我知道萧绎要用下策。"

武宁太守宗均报告西魏军队将要抵达,领军胡僧祐、黄罗汉说:"两国没有矛盾,肯定不会这样的。"于是又派王琛出使西魏。于谨的队伍抵达樊、邓,梁王萧詧率领部属和他会合。梁元帝才停止讲解《老子》,实行戒严。王琛抵达石梵,急报黄罗汉说:"边境上很安宁,以前说的都不过是儿戏罢了。"梁元帝于是又开讲,百官都穿着军装来听。

征召王僧辩为大都督,命令陈霸先移兵镇守扬州。王僧辩派侯瑱率领程灵洗等为先头部队,杜僧明率领吴明彻等为后卫部队。陆法和听说西魏军队到达,将赶赴江陵抗击。梁元帝派人拦住他说:"我这儿自能打败贼兵。"陆法和回到郢州,用白土涂城门,穿丧服,坐苇席,静坐一天才脱掉丧服。

十一月,西魏军队渡过汉江,于谨命令宇文护、杨忠率精锐骑兵先占领了江津,切断东路。梁元帝出城视察栅栏,栅栏用木头插在地上做成,周围六十里。让将军胡僧祐、仆射王褒分督城东西军事。西魏军队进抵梁军的栅栏下,梁元帝才征召王琳为湘州刺史,让他带兵入江陵救援。于谨下令修筑一个很长的包围圈,城内外的联系于是断绝。

梁元帝巡视城防,还随口吟咏作诗,群臣也还有与他和诗的。梁元帝又撕裂绢帛写了一封信,催促王僧辩说:"我忍着要死的熬煎等待您,您现在可以到了吧!"胡僧祐等人出城迎战,都失败了。朱买臣按着宝剑向梁元帝进言说:"只有杀了宗懔、黄罗汉,才可以向天下谢罪!"梁元帝说:"过去不回建康,其实是我的意思,宗懔、黄罗汉有什么罪呢!"

王琳的军队抵达长沙,长史裴政请求走小路先把援军到来的消息报告江陵,走到百里洲被西魏人抓住了。梁王萧詧对裴政说:"我是武皇帝的孙子,不能当你的君主吗?若听从我的计策,富贵可延及子孙;不然,你的腰和脖子就要分家了!"裴政假意

曰：“唯命。”督锁之至城下，使言曰：“僧辩已自为帝，王琳不复能来。”政乃言曰：“援兵大至，各思自勉。”督怒，命杀之。参军蔡大业谏曰：“此民望也，杀之则荆州不可下矣。”乃释之。

魏人百道攻城，胡僧祐亲当矢石，昼夜督战，奖励将士，明行赏罚，众咸致死，所向摧殄，魏不得前。俄而僧祐中流矢死，内外大骇。魏悉众攻栅，反者开西门纳魏师。梁主退保金城，令汝南王大封等质于于谨以请和。魏军之初至也，众以王僧辩子颙可为都督，梁主不用，更夺其兵，及僧祐死乃用之。时城南虽破，而城北诸将犹苦战，日暝，闻城陷，乃散。

梁主乃焚古今图书十四万卷，以宝剑击柱折之，叹曰：“文武之道，今夜尽矣！”命御史中丞王孝祀作降文。谢答仁谏曰：“城中兵众犹强，乘暗突围而出，贼必惊，因而薄之，可度江就任约。”梁主素不便走马，曰：“事必无成，祇增辱耳。”答仁求自扶梁主。王褒曰：“答仁，侯景之党，岂可信？”答仁又请守子城收兵，梁主然之。褒又以为不可，答仁呕血而去。于谨征太子为质，梁主使王褒送之。谨子以褒善书，给之纸笔，褒乃书曰“柱国常山公家奴王褒”。梁主遂白马素衣出门，督使铁骑拥之入营，囚于乌幔之下。

梁主性残忍，且惩高祖宽纵之弊，故为政尚严。狱中死囚常数千人，有司请释之以充战士；梁主不许，悉令棓杀之，事未成而城陷。

回答:"遵命。"萧詧把他用锁链系住,推至江陵城下,让他喊话说:"王僧辩已自立为皇帝,王琳不能再来救援了。"裴政却喊道:"大批援军已经到达,你们每个人都要自奋自励。"萧詧发怒了,命令杀掉他。参军蔡大业进谏说:"这样的人是百姓的希望,杀了他荆州就攻不下来了。"萧詧这才放了他。

西魏军队从四面八方一齐攻城,胡僧祐亲自冒着飞箭流石,昼夜督战,奖励将士,严明赏罚,大家都拼命抗击,所向披靡,西魏军队无法前进。不久胡僧祐中流箭而死,内外城军民非常惊骇。西魏军队倾巢而出进攻栅栏,反叛的人打开西门迎纳西魏军入城。梁元帝退到金城自保,命令汝南王萧大封等做人质,到于谨军中去求和。西魏军刚到的时候,众人认为王僧辩的儿子王颛可以当都督,梁元帝不用他,还剥夺了他率领的士兵,到胡僧祐死了才用他。这时城南虽被攻破,但城北诸将还在苦战,天黑了,听说全城陷落,他们才散。

梁元帝于是烧毁古今图书十四万卷,他用宝剑砍柱子,把宝剑折断了,叹息说:"文武之道,今夜全完了!"命令御史中丞王孝祀写投降文告。谢答仁进谏说:"城中兵力还算强大,乘着黑夜突围而出,贼兵必然惊慌,从而逼近贼兵,可以渡过长江去依靠任约的部队。"梁元帝平时不善于骑马,这时他说:"事情肯定不会成功的,只不过增加耻辱罢了。"谢答仁要求亲自照顾梁元帝。王褒说:"谢答仁是侯景的党羽,怎么可以信任?"谢答仁又请求去防守子城,收拾残兵,梁元帝同意了。王褒又认为不可,谢答仁气得吐血而死。于谨提出让太子当人质,梁元帝派王褒去送太子。于谨的儿子因王褒善于书法,给他纸和笔,王褒就写道"柱国常山公家奴王褒"。梁元帝于是骑着白马、穿着素衣出了城门,萧詧派铁甲骑兵簇拥着梁元帝进入军营,被囚禁在黑帐幕之下。

梁元帝生性残忍,又鉴于梁武帝为政过于宽厚放纵的弊病,所以他为政崇尚严酷。到西魏军队围城时,监狱里关的死罪囚犯还有几千人,有关部门请求释放出来让他们充当战士;梁元帝不同意,命令全都用木棍打死,这事还未办而城池已被攻陷。

中书郎殷不害失其母,时冰雪交积,死者满沟,不害行哭于道,见沟中死人,辄投下捧视。举体冻湿,水浆不入口,号哭不辍声,如是七日,乃得之。

或问梁主"何意焚书",梁主曰:"读书万卷,犹有今日,故焚之!"

十二月,魏人杀梁主及愍怀太子元良等。于谨收府库珍宝及宋浑天仪、梁铜晷表及诸法物,尽俘王公以下及选百姓男女数万口为奴婢,分赏三军,小弱者皆杀之。得免者三百余家,而人马所践及冻死者什二三。宇文泰赏谨奴婢千口及梁之宝物并雅乐一部,别封新野公。谨固辞,不许。自以久居重任,乃上先所乘骏马及所著铠甲等。泰识其意,曰:"今巨猾未平,公岂得遽尔独善!"遂不受。

魏取襄阳,徙梁王詧,使称帝于江陵,屯兵守之。

魏立詧为皇帝,取其雍州之地,而资以荆州,延袤三百里。又置防主,将兵居西城,名曰"助防",实以制詧也。

初,魏师未还,詧将尹德毅说詧曰:"江东之人涂炭至此,咸谓殿下为之。人尽仇也,谁与为国?今魏之精锐尽萃于此,若殿下为设享会,预伏武士,因而毙之。分命诸将掩其营垒,大歼群丑,俾无遗类。收江陵百姓,抚而安之。文武群僚,随材铨授。魏人慴息,未敢送死;王僧辩之徒,折简可致。然后朝服济江,入践皇极,晷刻之间,大功可立。古人云:'天与不取,反受其咎。'愿殿下恢弘远略,

中书郎殷不害失去母亲,当时冰雪堆积,死者满沟,殷不害在路上一边走一边哭,见了沟中死人,就跳下去捧起来看看。他全身衣服都湿透了,水饭不入口,号哭不住声,像这样过了七天,才找到了母亲的遗体。

有人问梁元帝"为什么想要烧书",梁元帝说:"读书万卷,还有今日,所以烧掉!"

十二月,西魏人杀掉梁元帝以及愍怀太子萧元良等人。于谨没收了宫廷库府中的珍宝及刘宋朝铸的浑天仪、梁朝造的铜晷表及各种法物,把王公以下的百官和挑选出来的百姓男女共几万人全部俘虏去当奴婢,分赏给三军将士,那些幼小体弱的都杀掉了。有三百余家未遭虏掠,但被人马踩死及冻死的也有十分之二三。宇文泰赏给于谨一千个奴婢以及梁朝的宝物,还有一个雅乐班子,另外封他为新野公。于谨坚决推辞,宇文泰不同意。于谨因自己久任重职,就献上先前所骑的骏马及所穿的铠甲等表示退休之意。宇文泰明白他的意思,说:"现在大敌未平,您怎么能够突然独善其身呢!"于是没接受他献的东西。

西魏夺取襄阳,迁徙梁王萧詧,让他在江陵称帝,屯兵守卫。

西魏立萧詧为梁朝的皇帝,夺走了他原来拥有的雍州之地,而将荆州给他,最宽之处也就是三百里。西魏又设置江陵城防主将,带兵住在西城,名义上叫做"助防",实际上是控制萧詧。

当初,西魏军队还未返回,萧詧的部将尹德毅劝萧詧说:"江东的人们遭此涂炭,都说是殿下干的。人们都把殿下视为仇敌,谁还肯为国出力?现在西魏的精锐都集中在这儿,如果殿下为他们设下宴会,预先埋伏下武士,乘机杀了他们。分别命令诸将突然袭击他们的营垒,彻底歼灭这帮群丑,让他们一个也不漏网。收拢江陵的百姓,安抚他们。手下的文武百官,根据他们的才能授予官职。西魏人被震慑住了,没有敢妄动送死的;王僧辩的党羽,写封信就能招他降伏。然后您穿戴朝衣渡江而下,回建康登上皇位,顷刻之间,大功可以告成。古人说:'上天给的东西你不拿,反而会受到上天的责怪。'希望殿下弘扬雄才大略,

勿怀匹夫之行。"詧曰:"卿此策非不善也,然魏人待我厚,若遽为此,人将不食吾余。"至是阖城系虏,又失襄阳,乃恨不用德毅之言。

梁王僧辩、陈霸先奉晋安王方智承制。 魏加益州刺史尉迟迥承制。

魏加尉迟迥督十八州,自剑阁以南,得承制封拜黜陟。迥明赏罚,布威恩,绥辑新民,经略未附,华、夷怀之。

不要满足于普通庸人的作为。"萧詧说:"您的这一计策不是不好,然而西魏人待我厚道,如果突然这样干,人们将会厌弃鄙视我。"到这时江陵全城百姓都被俘虏,又失去襄阳,萧詧才悔恨没有听取尹德毅的话。

　　梁朝王僧辩、陈霸先侍奉晋安王萧方智,以皇帝的名义行事。　西魏给益州刺史尉迟迥增加了承受皇帝的旨意行事的权力。

　　西魏增加尉迟迥督管的地区为十八个州,从剑阁以南的地区,他能够承受皇帝的旨意而自行封官拜将,有任免之权。尉迟迥赏罚严明,恩威并用,能妥善管理和安抚百姓,开拓未归附的地区,华人、夷人都感怀他。

资治通鉴纲目卷三十四

起乙亥(555)梁敬帝方智绍泰元年、魏恭帝二年、齐显祖天保六年,尽辛卯(571)陈高宗太建三年、齐后主武平二年、周高祖天和五年。凡十七年。

乙亥(555)　梁敬帝方智绍泰元年,魏恭帝二年,齐天保六年,后梁中宗宣帝詧大定元年。凡四国。

春正月,梁王詧始称帝。

梁王詧即位,改元于江陵,是为后梁。赏罚制度并同王者,唯上疏于魏则称臣,奉其正朔。以蔡大宝为侍中、尚书令,王操为五兵尚书。大宝严整有智谋,雅达政事,文辞赡速,操亦亚之。

梁广州刺史王琳救江陵,弗及。次于长沙,遣兵伐后梁。

琳将兵北下,至蒸城,闻江陵已陷,为世祖发哀,三军缟素,遣别将侯平帅舟师攻后梁。琳屯兵长沙,传檄州郡,为进取之计。长沙王韶及上游诸将皆推琳为盟主。

齐遣兵救江陵,不及。取梁郢州。

齐主使清河王岳将兵攻魏安州,以救江陵。岳至义阳,江陵陷,因进军临江,郢州刺史陆法和举州降之。长史王珉不从,杀之。齐使仪同三司慕容俨戍郢州。王僧辩遣侯瑱攻之。

齐遣梁贞阳侯渊明还梁称帝,以兵纳之。　二月,梁

梁敬帝

乙亥（555）　梁敬帝萧方智绍泰元年，西魏恭帝二年，北齐天保六年，后梁中宗宣帝萧詧大定元年。共四国。

春正月，梁王萧詧开始称帝。

梁王萧詧即帝位，在江陵改元正定，这就是后梁。赏赐刑罚制度和称王时一样，只有上疏西魏时自称臣，用西魏的历法。任命蔡大宝为侍中、尚书令，任命王操为五兵尚书。蔡大宝为人严谨有章法有智谋，熟悉精通政事，文辞优美思路敏捷，王操也仅次于他。

梁广州刺史王琳率兵援救江陵，没有到达。后屯兵长沙，派军队攻打后梁。

王琳率兵北下，到达蒸城，听说江陵已经陷落，便为梁世祖萧绎居丧致哀，三军都穿白衣素服，并派遣别将侯平率一支水军攻打后梁。王琳则屯兵长沙，发文告到各州郡，为进取天下而策划。长沙王萧韶和上游诸将都推举王琳为盟主。

北齐派兵援救江陵，没能赶到。取得了梁的郢州。

北齐文宣帝高洋派清河王高岳领兵攻打西魏的安州，用这个办法援救江陵。高岳到达义阳，江陵已经陷落，便进军临江，郢州刺史陆法和献出州郡投降。长史王珉不顺从，被杀。齐派仪同三司慕容俨戍守郢州。王僧辩派侯瑱攻打郢州。

北齐遣梁贞阳侯萧渊明回梁称帝，并派兵护送。　二月，梁

王方智立。

晋安王自寻阳入建康，即梁王位，时年十三。以王僧辩为中书监、录尚书、骠骑大将军，都督中外军事。加陈霸先征西大将军。

三月，齐人克梁东关。

齐主先使邢子才诣建康，与王僧辩书曰："嗣主冲藐，未堪负荷。彼贞阳侯，梁武犹子，长沙之胤，以年以望，堪保金陵，故置为梁主。卿宜迎接。"僧辩不从。三月，渊明至东关，散骑常侍裴之横御之，败死。僧辩大惧，出屯姑孰，谋纳渊明。

魏免梁俘数千口。

魏宇文泰得庾季才，厚遇之，令参掌太史。季才散私财，购亲旧之为奴婢者。泰问其故，对曰："仆闻克国礼贤，古之道也。今郢都覆没，其君信有罪矣，搢绅何咎？皆为皂隶！鄙人羁旅，不敢献言，诚窃哀之，故私购之耳。"泰乃悟曰："吾之过也！微君，遂失天下之望！"因出令，免梁俘数千口。

五月，梁王僧辩奉渊明归建康，以梁王方智为太子。

王僧辩遣使奉启于渊明，定君臣之礼，因求以梁王为太子，渊明许之，自采石济江。齐师还，渊明入建康，望朱雀门而哭，道逆者以哭对。入即位，以方智为太子，王僧辩为大司马，陈霸先为侍中。

六月，齐筑长城。

齐发民一百八十万筑长城，自幽州夏口西至恒州九百余里。

王萧方智立。

晋安王萧方智从寻阳进入建康,即梁王位,当时年仅十三岁。任命王僧辩为中书监、录尚书、骠骑大将军,都督中外军事。加封陈霸先为征西大将军。

三月,齐人攻下了梁朝的东关。

北齐文宣帝高洋在送贞阳侯萧渊明回梁朝前,先派邢子才到建康,给王僧辩送去书信,信中说:"你们立的嗣位君主年幼,不能担负治国重任。那个贞阳侯,是梁武帝的侄子,长沙王萧懿的后代,以他的年龄和声望,都能够保住金陵,所以我立他为梁朝的国主。你应该迎接他。"王僧辩没有听从。三月,萧渊明到了东关,梁散骑常侍裴之横带兵抵抗,战败而死。王僧辩闻讯大惊失色,带兵屯驻姑孰,准备接受萧渊明为梁主。

魏免除梁朝俘虏数千口当奴婢的惩罚。

魏宇文泰得到庾季才,优厚地对待他,让他参与掌管太史的工作。庾季才拿出自己的钱财,为亲朋故旧沦为奴婢的人赎身。宇文泰问他缘故,他回答说:"我听说战胜国礼遇贤士,自古就是这样做的。如今郢都统治者被推翻,他们的君主确实有罪,但官绅士大夫有什么罪?都被罚做奴隶!我一个寄居之人,不敢向您进言,心里实在可怜他们,所以用私财为他们赎身。"宇文泰才省悟过来说:"这是我的过错!要不是你提醒,就要失去天下人的期望了。"便发布命令,免除梁朝俘虏数千人当奴婢的处罚。

夏五月,梁朝王僧辩奉迎萧渊明回建康,立梁王萧方智为太子。

王僧辩派使臣向萧渊明奉上书信,确定君臣之礼,便要求以梁王萧方智为皇太子,萧渊明答应了,从采石渡过长江。北齐军队返回,萧渊明进入建康,看到朱雀门时失声痛哭,道旁迎接的群臣也相对痛哭。萧渊明入朝登帝位,立萧方智为太子,任命王僧辩为大司马,陈霸先为侍中。

六月,北齐修筑长城。

北齐征发民工一百八十万修筑长城,从幽州夏口向西到恒州,有九百多里长。

齐人归郢州于梁。

齐慕容俨始入郢州，而侯瑱等奄至城下，俨随方备御，乘间出击破之。城中食尽，煮草木靴带食之，坚守半岁，人无异志。至是渊明命瑱还豫章。齐人以地远难守，割以予梁，凡梁民亦还之。

秋七月，齐主伐柔然，大破之。　八月，齐以道士为沙门。

齐主以佛、道二教不同，欲去其一，集二家学者论难于前，遂敕道士皆剃发为沙门，有不从者，杀四人，乃奉命。

九月，梁陈霸先杀王僧辩，废渊明。冬十月，复立方智，称藩于齐。

初，王僧辩与陈霸先共灭侯景，情好甚笃。僧辩居石头城，霸先在京口，僧辩推心待之，子颀屡谏，不听。及僧辩纳渊明，霸先遣使争之，不从。霸先叹曰："武帝子孙甚多，唯孝元能复仇雪耻，其子何罪？而忽废之！吾与王公并处托孤之地，而王公一旦改图，外依戎狄，援立非次，其志欲何为乎！"乃密聚金帛为赏赐之具。

会有告齐师至者，僧辩遣人告霸先，使为备。霸先部分将士，分赐金帛。使徐度、侯安都帅水军趋石头，自帅马步自江乘、罗落会之。人皆以为将御齐师，不之怪也。

北齐人把郢州归还梁朝。

北齐慕容俨刚进入郢州时，侯瑱等突然来到城下，慕容俨按照方略指挥守备防御，趁间隙突然袭击，击败侯瑱军队。郢州城中粮食吃完了，就煮草根树皮靴子皮带吃，坚守半年，军民没有动摇离散的想法。到萧渊明即位后，下令侯瑱回兵豫章，解除了对郢州的围困。北齐人因为郢州在长江以南，地远难守，就把它割让给了梁朝，凡是梁朝的百姓也归还梁朝。

秋七月，齐主高洋讨伐柔然，把柔然打得大败。　八月，齐主高洋让道士都做和尚。

齐主高洋因为佛教、道教二教教义不同，便想除去其中一个，于是召集佛、道二家学者在殿前辩论，相互非难，佛家胜出，于是敕令道士都剃发当和尚，有不服从的，杀了四人，才奉行了这道命令。

九月，梁朝陈霸先杀了王僧辩，废了梁王萧渊明。冬十月，重新立萧方智为梁王，成为齐的附属国。

当初，王僧辩和陈霸先共同消灭侯景，感情很好。王僧辩居住在石头城，陈霸先驻防在京口，王僧辩推心置腹地对待陈霸先，王僧辩之子王颁多次劝王僧辩要对陈霸先有所提防，他都不听。等到王僧辩要迎接贞阳侯萧渊明回建康时，陈霸先派使者劝阻、争论，王僧辩不听。陈霸先感叹道："梁武帝子孙很多，只有孝元帝能平定侯景之乱，为祖宗报仇雪耻。他的儿子有什么罪？突然就废了他！我和王僧辩共处于先帝托孤的重臣地位，而王僧辩一个早晨就改变了主意，外边依靠戎狄，立帝不按次序，他到底想要干什么呢！"于是秘密聚集金银彩帛作为赏赐部下的物品，准备起事。

正好有人来报告北齐军队已经到达，准备南侵。王僧辩派人告诉陈霸先，使他做好迎战准备。陈霸先部署将士，分赐金银布帛，准备起事。派徐度、侯安都率领水师向石头城进军，自己率领骑兵、步兵从江乘、罗落走陆路与之会合。人们都以为陈霸先要去抵御齐军，一点也不觉得奇怪。

安都引舟舰将趣石头,霸先控马未进,安都大惧,追霸先骂曰:"今日作贼,事势已成,生死须决,在后欲何所望!"霸先乃进。安都至石头城北,弃舟登岸,被甲带刀,军人捧之,投于女垣内,众随而入。霸先兵亦自南门入。僧辩方视事,外白有兵,俄而兵自内出。僧辩与子頠帅左右苦战,败走就执。霸先曰:"我有何辜,公欲与齐见讨?而乃无备如此?"僧辩曰:"委公北门,何谓无备?"霸先杀之。既而竟无齐兵。前青州刺史程灵洗帅兵救僧辩,力战军败,久之乃降,霸先义之。

渊明逊位就邸。十月,方智即皇帝位,告齐以僧辩阴图篡逆,仍请称藩于齐。封渊明为建安公。

梁陈霸先自为尚书令、都督中外诸军事。 梁吴兴太守杜龛叛,梁遣陈蒨讨之。谯、秦刺史徐嗣徽、南豫刺史任约,袭建康,不克,入于石头以叛。十一月,齐遣兵援之。

初,龛恃王僧辩之势,不礼于陈霸先。在吴兴,每以法绳其宗族,霸先深怨之。及将图僧辩,密使兄子蒨还长城,立栅以备龛。僧辩死,龛据吴兴拒霸先,义兴太守韦载以郡应之。僧辩弟僧智为吴郡太守,亦据城拒守。蒨至长城,收兵才数百人,龛遣其将杜泰将兵攻之,数旬,不克而退。霸先使周文育攻义兴,不利,自表东讨,留侯安都、杜稜宿卫。至义兴,拔其水栅。

侯安都指挥水师舟舰将要趋向石头城，陈霸先却勒马不进，侯安都大惊，追上陈霸先大骂："今天造反，事势已成无可挽回，生死必须有个决断，你在后头迟迟不进，还存什么念头！"陈霸先于是带兵前进。侯安都率军到石头城北面，扔下船上了岸，身披盔甲手执长刀，兵士们把他抬起，扔到女墙里，众兵士接着蜂拥而入。陈霸先的兵也从南门进入石头城。王僧辩正处理军政事务，只听外边有人报告有兵进来，一小会儿兵从里面冲出。王僧辩和儿子王颙率身边卫士苦苦应战，败退时被逼就擒。陈霸先质问王僧辩："我有什么罪，你想联合齐军讨伐我？北齐军进逼，你竟无防备到如此地步？"王僧辩回答说："委派你驻守京口，守卫建康北门，怎么能说没有戒备？"陈霸先杀了王僧辩父子。后来终究没有发现齐兵的影子。前青州刺史程灵洗率兵来救王僧辩，奋力苦战最后兵败，过了很久才投降，陈霸先为他的义气所感动。

梁王萧渊明退位，搬回自己的府邸。十月，萧方智登基即皇帝位，派人告知北齐王僧辩阴谋篡位被杀，仍然请求对齐称臣，藩属于齐。敕封萧渊明为建安公。

梁朝陈霸先自封为尚书令、都督中外诸军事。梁朝吴兴太守杜龛反叛，梁朝派陈蒨讨伐他。谯、秦二州刺史徐嗣徽、南豫州刺史任约，联合出兵偷袭建康，没有成功，逃入石头，反叛梁朝。十一月，北齐派兵援助他们。

当初，杜龛仗恃王僧辩的权势，对陈霸先一直很不客气。在吴兴，经常对陈霸先的宗族中人绳之以法，陈霸先深为怨恨。等到将要除掉王僧辩时，陈霸先秘密派他的侄子陈蒨潜回长城，修筑营栅以防备杜龛。王僧辩死后，杜龛据守吴兴对抗陈霸先，义兴太守韦载以全郡积极响应。王僧辩的弟弟王僧智是吴郡太守，也占据城池固守抵抗。陈蒨到达长城后，招兵才数百人，杜龛派他的部将杜泰带兵去攻打，打了几十天，也没攻下来，只好退兵。陈霸先派周文育攻打义兴韦载，进攻不顺利，陈霸先发布战表亲自带兵东进讨伐，让侯安都、杜稜留守台省。陈霸先到达义兴后，派兵拔掉了韦载设的水栅。

谯、秦刺史徐嗣徽从弟嗣先,僧辩之甥也。亡就嗣徽,以州入于齐。嗣徽密结南豫州刺史任约,将兵乘虚袭建康,据石头,游骑至阙下。侯安都闭门,令城中:"登陴窥贼者斩!"及夕,嗣徽等还,安都夜为战备。将旦,嗣徽等又至,安都出战,大破之,嗣徽等奔还石头。

霸先以书谕韦载,载降。霸先引与谋议,卷甲还建康。使周文育讨杜龛。裴忌攻吴郡,忌轻行,夜,至城下,鼓噪薄之。僧智奔吴兴,忌入据郡。十一月,齐遣兵度江据姑孰,又遣兵度粮、马入石头。霸先问计于韦载,载曰:"齐若分兵先据三吴之路,略地东境,则时事去矣。今可急于淮南筑城,以通东道转输,分兵绝彼粮运,使进无所资,则齐将之首旬日可致。"霸先从之。使侯安都夜烧齐船千余艘,周铁虎断齐运输,仍遣载于大航筑垒,使杜稜守之。齐人亦立栅与相拒,使都督萧轨将兵屯江北。

齐主杀其清河王岳。

初,齐平秦王高归彦幼孤,高祖令清河王岳养之,情礼甚薄,归彦心衔之。岳屡将兵立功,有威名,而性豪侈,好酒色,起第城南。归彦谮之,言其僭拟,齐主恶之。

谯、秦二州刺史徐嗣徽的堂弟徐嗣先,是王僧辩的外甥。王僧辩死后,徐嗣先逃亡投奔到徐嗣徽处,徐嗣徽献上谯、秦二州,投靠了北齐。徐嗣徽秘密勾结南豫州刺史任约,乘陈霸先攻打义兴建康空虚时带精兵袭击,他们先占据了石头城,担任巡逻突击的骑兵到达建康宫阙之下。侯安都闭门拒战,并传令城中:"凡登高偷看贼兵者斩首!"等到天黑,徐嗣徽等收兵回石头城,侯安都夜间积极做好战斗准备。快天亮时,徐嗣徽等又率兵前来进攻,侯安都突然带兵冲出城门迎战,大败敌兵,徐嗣徽等人逃跑回石头。

陈霸先派人带书信给韦载,劝他投降,韦载投降了。陈霸先很重视他,留在身边,有事和他谋划商议,然后收兵回建康。派周文育讨伐杜龛。派裴忌攻打吴郡,裴忌带领精兵轻装急行,夜里,到达吴郡城下,全军大声鼓噪着逼近城墙。王僧智以为大军攻城,急忙乘船逃奔吴兴,裴忌一举占领吴郡。十一月,北齐派遣军队过长江占据了姑孰,又派兵渡江运粮食、战马进入石头城。陈霸先向韦载问计策,韦载说:"齐军如果分兵先占据了通三吴的道路,然后从东部边境一路攻城略地,那局势就完了。现在可以赶紧在淮南一带修城筑堡,打通东边的运输道路,同时分出一支军队断绝他们的粮道,使齐军进攻没有后援,这样齐军将领的首级不出十日就可送到。"陈霸先听从了韦载的对策。派侯安都夜间偷袭,烧毁齐军舟船千余艘,周铁虎切断齐军运输通道,仍然派遣韦载在大航修筑堡垒,派杜稜守卫。北齐人也在仓门、水南一带修建营栅,与梁军对峙,北齐派大都督萧轨率兵屯驻长江北岸。

齐主高洋杀清河王高岳。

当初,北齐平秦王高归彦从小就成了孤儿,高祖高欢下令让清河王高岳扶养高归彦,高岳对高归彦感情淡薄不近情理,所以高归彦心里恨他。高岳带兵打仗屡立战功,很有威望,但性格豪放奢侈,喜好美酒女色,在城南盖了一所大宅第。高归彦在齐主高洋那儿进谗言,说清河王高岳僭越,从此齐主特别讨厌高岳。

齐主纳倡妇薛氏，有宠，既而知其尝与岳通，益怒，使归彦鸩岳。久之，齐主无故斩薛氏，藏首于怀，出东山宴饮。劝酬始合，忽出其首，投于柈上，一座大惊。复命收取，对之流涕，载尸以出，被发步哭而随之。

十二月，梁陈霸先及齐人战，败之。徐嗣徽、任约奔齐。

陈霸先帅诸军攻徐嗣徽栅，齐将柳达摩等度淮置陈，霸先疾战烧栅，齐兵大败，溺死者以千数。嗣徽与任约引齐兵还据石头，霸先遣兵先据要险。嗣徽等不敢进，顿浦口，霸先遣侯安都袭破之，嗣徽等单舸脱走。

霸先攻石头，城中无水，达摩请和，且求质子。时建康虚弱，粮运不继，乃与齐和，以霸先从子昙朗及永嘉王庄、丹阳尹王冲之子珉为质，而与齐盟。嗣徽、约皆奔齐。庄，方等之子也。

梁以陈宝应为晋安太守。

初，晋安民陈羽，世为闽中豪姓，其子宝应多权诈，郡中畏服。侯景之乱，晋安太守萧云以郡让羽，羽令宝应典兵。时东境荒馑，而晋安独丰衍，至是羽求传郡于宝应，霸先许之。

魏降其宗室王者为公。　突厥灭柔然，可汗邓叔子奔魏，突厥取而杀之。

齐主高洋把娼妇薛氏接入皇宫,对她十分宠爱,后来得知薛氏曾与高岳有过私情,更加恼怒,派高归彦用鸩酒毒死了高岳。过了很久,齐主高洋无缘无故地把薛氏斩首,把她的头藏在怀里,就到东山去宴饮。席间互相劝酒酬答,刚开始欢宴,齐主高洋忽然从怀里取出薛氏的头,掷于盘上,满座大惊失色。又命人把头收取过来,对着薛氏的头痛哭流涕,用车载着薛氏尸体运出去,自己披头散发跟着车边哭边走。

十二月,梁朝陈霸先与北齐军队交战,打败了齐军。徐嗣徽、任约逃奔北齐。

陈霸先统帅各路军队攻打徐嗣徽修筑的营栅,北齐将领柳达摩等渡过秦淮河摆开阵势迎战,陈霸先督促军士猛攻急进,并放火焚烧齐军设置的栅栏,齐军大败,争船逃跑掉下水中淹死的数以千计。徐嗣徽和任约带领北齐剩下的军队退回石头城,据守不出,陈霸先派兵抢先占据了江宁一带的险要之地。徐嗣徽等人率领的水师、步兵都不敢贸然前进,只好驻扎在浦口,陈霸先派侯安都从水路袭击攻破徐营,徐嗣徽等人乘小船逃脱。

陈霸先围攻石头城,城里断水,北齐将领柳达摩派人向陈霸先请求议和,并且要求以儿子为人质以表议和诚意。当时建康实力空虚,粮草运输又供不上,于是与北齐言和,把陈霸先的侄子陈昙朗和永嘉王萧庄、丹阳府尹王冲的儿子王珉做人质,与齐将柳达摩订立城下之盟。徐嗣徽、任约都投奔了北齐。萧庄,是萧方等的儿子。

梁朝任命陈宝应为晋安太守。

当初,晋安百姓陈羽,世代都是闽中豪门大姓,他的儿子陈宝应善权术,奸诈多谋,郡里的人都害怕他。侯景之乱时,晋安太守萧云把郡守之权让给陈羽,陈羽让儿子宝应主管军事。当时晋安以东一带闹饥荒,而晋安却丰收富足,到这时陈羽年老,要求把晋安郡太守的职位传给陈宝应,陈霸先答应了。

西魏把宗室诸王都降为公。 **突厥消灭了柔然的军队,柔然可汗邓叔子投奔西魏,被突厥要走杀死了。**

突厥木杆可汗击柔然，灭之。柔然主邓叔子收其余烬奔魏。时，木杆西破咽哒，东走契丹，北并契骨，威服塞外。其地东自辽海，西至西海，长万里，南自漠北五、六千里皆属焉。木杆恃其强，请尽诛邓叔子等于魏，宇文泰收叔子以下三千余人付其使者，尽杀之于青门外。

丙子(556) 梁太平元年，魏恭帝三年，齐天保七年。

春正月，魏初建六官，以宇文泰为大冢宰。

初，宇文泰以汉、魏官繁，命苏绰及尚书令卢辩依《周礼》定六官。至是行之，以泰为太师、大冢宰，李弼为太傅、大司徒，赵贵为太保、大宗伯，独孤信为大司马，于谨为大司寇，侯莫陈崇为大司空。自余百官，皆仿《周礼》。

梁陈蒨克吴兴，获杜龛杀之。

陈蒨、周文育合军攻杜龛于吴兴。龛勇而无谋，嗜酒常醉，其将杜泰阴与蒨等通。龛战败，泰因说龛使降，龛然之。其妻王氏曰："仇隙如此，岂复可和！"因出私财赏募，复击蒨等，破之。泰遂出降，龛醉见杀。王僧智与弟僧愔奔齐。

梁遣兵击侯瑱于湓城。

江州刺史侯瑱本事王僧辩，亦拥兵据豫章及江州，不附陈霸先。霸先使周文育将兵击湓城，又遣侯安都、周铁虎立栅于梁山，以备之。

三月，齐仪同三司萧轨侵梁，次于芜湖。

突厥木杆可汗攻击柔然，消灭了柔然。柔然可汗邓叔子收拾残兵余物投奔西魏。当时，突厥木杆可汗率兵向西大破咽哒，向东赶跑契丹，向北吞并了契骨，威力征服塞外地区。他的领地东起辽海，西到西海，长达万里，南边从沙漠起，往北五、六千里都属于他。木杆可汗仗恃他的强大武力，请求西魏把邓叔子等人全部杀掉，西魏宇文泰把邓叔子以下三千多人抓起来，交给了突厥使者，在青门外全部杀死。

丙子（556） 梁太平元年，西魏恭帝三年，北齐天保七年。

春正月，西魏刚建立六官之职，任命宇文泰为大冢宰。

当初，西魏宇文泰认为汉朝、魏朝官职太多，命令苏绰及尚书令卢辩按照《周礼》制定六官之制。到这时开始实施，任命宇文泰为太师、大冢宰，李弼为太傅、大司徒，赵贵为太保、大宗伯，独孤信为大司马，于谨为大司寇，侯莫陈崇为大司空。其余百官的设置，都仿照《周礼》。

梁朝陈蒨攻克吴兴，将杜龛抓获杀死。

陈蒨、周文育两支军队联合起来在吴兴攻打杜龛。杜龛勇敢没有谋略，爱好喝酒，经常喝得酩酊大醉，他的部将杜泰暗中和陈蒨等人勾结。杜龛交战失败，杜泰便劝说杜龛投降，杜龛同意了。杜龛的妻子王氏说："你和陈霸先之间结仇至深，哪里还能言和！"于是便拿出私财犒赏、招募军士，再次与陈蒨交战，大败陈蒨等人。杜泰就投降了陈蒨，出降时陈蒨派人把酒醉的杜龛背出杀死。王僧智和他弟弟王僧愔逃奔到北齐。

梁朝派兵在溢城攻打侯瑱。

江州刺史侯瑱原来听命于王僧辩，所以也凭借手中的军队占据豫章和江州，不归附陈霸先。陈霸先派周文育率领军队攻击溢城，又派遣侯安都、周铁虎在梁山一带设立营栅，用来防备江州。

三月，北齐仪同三司萧轨入侵梁朝，退守芜湖。

齐遣萧轨等与任约、徐嗣徽合兵十万侵梁,出栅口,向梁山。陈霸先帐内荡主黄丛逆击,破之,齐师退保芜湖。霸先遣沈泰等就侯安都,共据梁山以御之。

夏五月,梁建安公渊明卒。 **六月,梁陈霸先及齐师战,败之,杀萧轨及徐嗣徽。**

齐人召建安公渊明,诈许退师,陈霸先具舟送之,会其病卒。齐兵遂至秣陵。陈霸先召周文育与徐度、杜稜御之。

齐人跨淮立桥栅度兵,夜至方山,徐嗣徽等列舰青墩,以断文育归路。文育攻之,斩其骁将鲍砰,嗣徽众大骇,因留船芜湖,自丹杨步上。

齐兵进及倪塘,建康震骇。霸先拒嗣徽等于白城,适与文育会。将战,风急,霸先曰:“兵不逆风。”文育曰:“事急矣,何用古法!”抽槊上马先进,众军从之,风亦寻转,杀伤数百人。安都帅十二骑突其阵,破之。六月,齐兵至幕府山,霸先遣别将击其粮运,尽获之,齐军杀马驴以食。

至玄武湖西北,会连日大雨,平地水丈余,昼夜坐立泥中,悬鬲以爨。而台中及潮沟北路燥,梁军每得番易。然四方粮运不至,将战,调市人得麦饭,分给军士,士皆饥疲。会陈蒨馈米三千斛、鸭千头,霸先命炊米煮鸭,裹以荷叶,未明,蓐食,出幕府山。与吴明彻、沈泰等首尾齐举,

北齐派遣萧轨等与任约、徐嗣徽几支军队联合一起，共十万大军入侵梁朝，从栅口出发，直奔梁山。陈霸先军帐里一名专门率勇士突击敌军的将领黄丛率勇士迎击，打败齐军，北齐军队只好退保芜湖。陈霸先派沈泰等归侯安都指挥，共同据守梁山以防御北齐。

夏五月，梁朝建安公萧渊明去世。　六月，梁朝陈霸先军队和北齐军队交战，打败北齐军队，杀死萧轨和徐嗣徽。

北齐人要召见建安公萧渊明，假意答应退兵，陈霸先准备船只要送萧渊明去，恰在这时萧渊明病死。北齐军队于是到达秣陵。陈霸先召集周文育与徐度、杜稜分别设防，抵御北齐军队。

北齐军队横跨秦淮河修筑桥栅渡军队过河，深夜到达方山，徐嗣徽等指挥水师排列战舰在青墩一带，用来切断周文育军队的退路。周文育率军队反攻，斩杀徐嗣徽手下骁勇之将领鲍砰，徐嗣徽部下众军非常害怕，便把战船留在芜湖，从丹杨步行上岸。

北齐军队进军到达倪塘，建康城内人人自危，惊吓不已。陈霸先率军队在白城抵抗徐嗣徽等人，正好和周文育的军队相会。将要与北齐军队交战时，刮起大风，陈霸先说："军队不要逆风进攻。"周文育说："军情紧急，何必非用古法！"抽出槊跃马率先前进，众军紧跟着他冲上前去，一会儿风也转了方向，杀伤齐军数百人。侯安都率领十二个骑兵袭击齐军阵地，将齐军打败。六月，齐兵到达幕府山，陈霸先派别将袭击齐军运粮船队，把粮食全部缴获，齐军只好杀马杀驴当饭吃。

齐军到达玄武湖西北，正值连日大雨，平地积水一丈多深，将士昼夜坐着站着都泡在烂泥中，做饭都得把锅悬挂起来。然而皇城和潮沟北路比较干燥，梁朝军队容易轮换休息作战。但四方交通受阻，粮食运不到，将要交战，陈霸先从商人那里征调了些麦子，做成麦饭分给军士们吃，军士们都又饥饿又疲劳。正好陈蒨送来大米三千斛、鸭子一千只，陈霸先下令烧饭煮鸭，用荷叶包着米饭鸭肉分给军士，天不亮，就让士兵们坐在草席上吃了饭，然后向幕府山出发。陈霸先与吴明彻、沈泰等首尾一齐进攻，

纵兵大战,侯安都自白下引兵横出其后,齐师大溃,死者不可胜计,擒徐嗣徽,斩以徇,追奔至于临沂。诸军相次克捷,虏萧轨等斩之。军士缚荻筏以济,溺死甚众,唯任约、王僧愔得免。

军士以赏俘贸酒,一人裁得一醉。齐人杀陈昙朗。

梁王琳遣使奉表于魏、于齐。

侯平频破后梁军,以王琳兵威不接,不受指麾,琳遣将讨之。平收其众奔江州,侯瑱与之结为兄弟。琳军势益衰,遣使奉表于齐。江陵之陷,琳妻子没于魏,琳又献款于魏以求之,亦称臣于梁。

齐大治宫室。

齐发丁匠三十余万,修广三台宫殿。齐主之初立也,留心政术,务存简靖,坦于任使,人得尽力。又能以法驭下,内外肃然。至于军国机策,独决怀抱,每临行阵,亲当矢石,所向有功。数年之后,渐以功业自矜,遂嗜酒淫泆,肆行狂暴,袒露形体,街坐巷宿。

娄太后尝以其酒狂,举杖击之。齐主曰:“即当嫁此老母与胡。”太后大怒,齐主自匍匐,以身举床,坠太后于地,颇有所伤。既醒,大惭恨,欲自焚。太后惧,挽之曰:“向汝醉耳!”齐主乃设地席,命平秦王归彦执杖,口自责数,脱背就罚。太后前自抱之,齐主流涕苦请,乃笞脚五十,然后衣冠

全面出击与齐军大战,侯安都从白下率领一支人马横出齐军背后,齐军大败,死的人不可胜计,活捉了徐嗣徽,并斩首示众,梁军乘胜追击齐军,一直追到临沂。各路梁军相继获胜,俘获并杀死北齐的萧轨等人。北齐军士用芦荻捆绑成筏子用来渡江,淹死的人很多,只有任约、王僧愔得以生还。

梁朝大胜,军士们用赏赐的俘虏换酒喝,一个战俘才够换得一醉。北齐人杀了人质陈昙朗。

梁朝王琳派使者进呈奏表到西魏和北齐表示归顺。

侯平多次打败后梁的军队,认为王琳的军队不够威武,很瞧不起,也不听王琳指挥,王琳派遣将领去讨伐他。侯平把部众收归自己,然后投奔江州,侯瑱与他结为兄弟。王琳军队实力渐衰,派使者进呈奏表投靠北齐。江陵被攻陷的时候,王琳的妻子、儿子落入西魏人手中,王琳又向西魏献上财物,以求西魏释放他的妻子、儿子,王琳同时又向梁朝称臣。

北齐大修宫殿。

北齐征发壮丁、工匠三十多万人,扩修三台宫殿。齐主高洋刚当皇帝时,留心政务,研究治国的方法,政务力求简便平稳,任命臣子时能坦诚待人,人人得以尽己所能报效国家。齐主又能用法治驾驭臣下,朝廷内外秩序井然。至于军政大事,都由自己决断,每次打仗都亲临战阵,冒着敌人射来的箭石,身先士卒,建功立业。几年以后,渐渐居功自傲,自尊自大,于是饮酒成癖,淫逸无度,肆意施行狂暴,光身露体,坐在街上,睡在巷子里。

娄太后曾有一次因为齐主高洋发酒疯,举起拐杖打了他。齐主高洋竟然说:"看来得把这老太太嫁给胡人了。"娄太后勃然大怒,齐主自己爬到床底下,用身子把床抬起,把坐在床上的娄太后摔在地下,受了一些伤。酒醒之后,齐主高洋万分悔恨,想要自焚。娄太后大惊,拉着他说:"之前那天你醉了。"齐主又让人铺上地席,命令平秦王高归彦对他执行杖刑,嘴里不停地自责,脱衣露背等着惩罚。娄太后上前抱他,齐主痛哭流涕地苦苦请求责罚,便打脚五十下,然后穿戴好衣冠,

拜谢,悲不自胜。因是戒酒,一旬,又复如初。虽以杨愔为宰相,使进厕筹,以马鞭鞭其背,流血浃袍。又尝持槊走马,以拟斛律金之胸者三,金立不动。

高氏妇女,不问亲疏,往往乱之,或以赐左右,不从者手刃之。作大镬、长锯、剉、碓之属,陈之于庭,每醉,辄手杀人,以为戏乐。杨愔乃简死囚,置仗内,谓之供御囚。齐主欲杀人,辄执以应命,三月不杀,则宥之。

开府参军裴谓之上书极谏,齐主谓杨愔曰:"此愚人,何敢如是!"对曰:"彼欲陛下杀之,以成名于后世。"齐主曰:"我且不杀,尔焉得名?"齐主与左右饮,曰:"乐哉!"都督王纮曰:"有大乐,亦有大苦。"齐主曰:"何谓也?"对曰:"国亡身殒,所谓大苦。"齐主欲斩之,既而舍之。

一日,泣谓群臣曰:"黑獭不受我命,奈何?"都督刘桃枝曰:"臣得三千骑,请擒之以来。"齐主壮之,赐帛千匹。赵道德进曰:"桃枝妄言应诛,陛下奈何滥赏?"齐主即回绢赐之。又尝乘马欲下峻岸,道德揽辔回之,齐主怒,将斩之。道德曰:"臣死不恨,当于地下启先帝,论此儿酗酗颠狂,不可教训。"齐主默然而止。他日,谓道德曰:"我饮酒过,须痛杖我。"道德抶之。

典御丞李集面谏,比之桀、纣。齐主令缚置流中,久之,引出,谓曰:"吾何如桀、纣?"集曰:"弥不及矣!"又令

拜谢娄太后的宽恕之恩,悲痛得不能自已。因此决心戒酒,十天,又恢复为当初那样。齐主虽然任命杨愔为宰相,却让他递擦屁股的竹片,用马鞭子鞭打他的背,流的血都湿透了袍子。齐主又曾经持槊跑马,三次用槊做出刺杀斛律金胸部的动作,斛律金站立不动。

高氏宗族的妇女,不管关系亲疏,常常被他奸污,有的赐给身边的亲信,不服从的就亲手用刀杀死。齐主还让人制作大锅、长锯、大铡刀、大碓之类的刑具,摆放在宫廷里,每次喝醉,就动手杀人,以此当作游戏来取乐。杨愔就选择死刑犯人,放在殿庭左右的仪仗里,叫作"供御囚"。齐主想杀人,就捉来应命,如果三个月没被杀掉,就饶恕他们。

开府参军裴谓之上书极力劝谏,齐主对杨愔说:"这个愚蠢的人,为何胆敢这样做!"杨愔回答说:"他想让陛下杀他,以便留名于后世。"齐主说:"我暂且不杀,看你怎么得名!"齐主和身边亲信饮酒,说:"好快乐呀!"都督王纮说:"有大快乐,也会有大痛苦。"齐主说:"这话是什么意思?"王纮回答说:"国家灭亡,个人殉命,就是我所说的大痛苦。"齐主想杀他,后来又放了他。

有一天,齐主流着泪对群臣说:"黑獭不接受我的命令,怎么办呢?"都督刘桃枝说:"给我三千骑兵,请让我把他捉拿回来。"齐主听后认为他勇敢,赏赐他一千匹绢帛。赵道德上前说:"刘桃枝说大话欺君,罪该处死,陛下怎么还滥施赏赐?"齐主立即把绢帛要回来赏给赵道德。又一次,齐主曾想骑着马从高峻的陡岸跳下,赵道德拉着马缰绳硬把他拉了回来,齐主大怒,要把赵道德处斩。赵道德说:"我死不遗憾,到了九泉之下我会启奏先帝,说他这个儿子酗酒成性,行为癫狂,不可教训。"齐主沉默不语,没杀赵道德。事后有一天,他对赵道德说:"我饮酒过度,必须狠狠打我一顿。"赵道德就鞭打他。

典御丞李集当面劝谏齐主,把他比作夏桀、商纣。齐主下令把李集捆绑起来放在流水中,过了好久,才把他拽出来,说道:"我比夏桀、商纣怎么样?"李集说:"还不如他们呢!"齐主又命令

沉之，引出，更问，如此数四，集对如初。齐主大笑曰："天下有如此痴人，方知龙逢、比干未是俊物！"遂释之。顷之，又有所谏，竟斩之。

由此内外憒憒，各怀怨毒。而能委政杨愔，总摄机衡，百度修敕，是以主昏于上，政清于下。愔少历屯阨，及得志，有一餐之惠者必重报之。虽先尝欲杀己者，亦不问。典选二十余年，以奖拔贤才为己任，性复强记，一见皆不忘其姓名。

秋七月，梁陈霸先自为司徒、扬州刺史，进爵长城公。梁以侯瑱为司空。

初，余孝顷为豫章太守，侯瑱镇豫章，孝顷城新吴，与相拒。瑱悉众攻之，不克。侯平发兵乘虚攻豫章，瑱众溃，奔溢城。霸先使记室蔡景历说瑱令降，瑱乃诣阙归罪。霸先以为司空。

八月，魏陵州獠叛，讨平之。

魏江州刺史陆腾讨陵州叛獠，獠因山为城，攻之难拔。腾乃陈伎乐于城一面，獠弃兵，携妻子观之，腾潜师三面俱上，遂平之。

齐主如晋阳。

齐主将西巡，百官辞于紫陌，齐主使稍骑围之，曰："我举鞭，即杀之。"黄门郎是连子畅曰："陛下如此，群臣不胜恐怖。"齐主乃命勿杀。

九月，梁陈霸先自为丞相、录尚书事。　魏及突厥袭吐谷浑，败之。

把李集沉入水中，又拽出来，再问，这样多次，李集的回答和最初一样。齐主大笑说："天下竟然有这样的痴傻人，才知龙逢、比干并不是最出色的人物！"就释放了李集。过了一会儿，李集又有所进谏，终究被杀了。

由于这件事朝廷内外人人愁苦，各怀怨恨。但齐主高洋能把政务委托给杨愔，让他统一掌管中枢大事，使各方面的政事及时得到修整，因此昏主虽然在上，下面的政事还算清明有序。杨愔年轻时经历过多次困顿、厄运，到了得志之后，即使对他有过一餐恩惠的人他都一定重重报答。即使以前曾想杀他的人，他也不追究。掌管国家选拔人才的大权二十多年，一直以奖掖、选拔贤德之人为己任，他记性特别好，见过一面就不会忘记人家的姓名。

秋七月，梁朝陈霸先自任司徒、扬州刺史，进爵位为长城公。梁朝任命侯瑱为司空。

当初，余孝顷任豫章太守，侯瑱镇守豫章，余孝顷在新吴修筑城堡，与侯瑱相对抗。侯瑱用全部兵力围攻新吴，没有攻下。侯平派兵乘空虚攻打豫章，侯瑱军队溃败，奔逃湓城。陈霸先派记室蔡景历劝说侯瑱投降梁朝，侯瑱就投降了，并亲自到建康向朝廷服罪。陈霸先任命他为司空。

八月，西魏陵州獠人叛乱，西魏派兵讨伐平定了叛乱。

西魏江州刺史陆腾出兵讨伐陵州叛乱的獠人，獠人因山势筑城堡，很难攻克。陆腾就用计策，让舞伎乐队在一面城下摆开演奏，獠人丢掉兵器，带着妻子儿女登城观看表演，陆腾的伏兵从其他三面冲上城堡，于是就平定了獠人的叛乱。

齐主高洋到晋阳。

齐主高洋将要到西边巡视，文武百官在紫陌为他送行，齐主派手执长矛的骑兵把他们团团围住，并说："我一举鞭，就杀了他们。"黄门郎是连子畅说："陛下这样做，群臣百官害怕得不得了。"齐主才命令不要杀了。

九月，梁朝陈霸先自任丞相、录尚书事。　西魏和突厥袭击吐谷浑，打败了吐谷浑。

突厥木杆可汗假道于凉州以袭吐谷浑，魏宇文泰使凉州刺史史宁帅骑随之，吐谷浑奔南山。木杆将追之，宁曰："树敦、贺真二城，吐谷浑之巢穴也，拔其本根，余众自散。"木杆从之，与宁分道破二城，复与会于青海。叹宁勇决，赠遗甚厚。

冬十月，魏太师、大冢宰、安定公宇文泰卒，世子觉嗣。

泰能驾御英豪，得其力用，性好质素，不尚虚饰，明达政事，崇儒好古，凡所施设，皆依仿三代而为之。至是北度河，还至牵屯山而病，驿召中山公护，至泾州，谓曰："吾诸子皆幼，外寇方强，天下之事，属之于汝，宜努力以成吾志。"遂卒。世子觉嗣位，为太师、柱国、大冢宰、安定公，出镇同州，时年十五。

初，泰尚魏孝武妹冯翊公主，生觉。姚夫人生毓，毓于诸子最长，娶大司马独孤信女。泰将立嗣，谓公卿曰："孤欲立嫡，恐大司马有疑，如何？"众未有言者。仆射李远曰："夫立子以嫡不以长，公何所疑！若以信为嫌，请先斩之。"遂拔刀而起，泰起止之，于是议定。远出外拜谢信曰："临大事不得不尔！"信亦谢远曰："今日赖公决此大议。"遂立觉为世子。

护名位素卑，至是辅政，群公莫服。护问计于大司寇于谨，谨曰："今日之事，谨必以死争之。若对众定策，公必

突厥木杆可汗借路从凉州袭击吐谷浑，西魏宇文泰派凉州刺史史宁率领骑兵跟他一起行动，吐谷浑逃奔到南山。木杆可汗将要追击他，史宁说："树敦、贺真两座城，是吐谷浑的巢穴，拔掉他的老根，其余的部下不击自散。"木杆可汗听从了史宁的建议，和史宁分两路去破树敦、贺真二城，又在青海会合。木杆可汗感叹史宁勇敢有决断，对他馈赠很丰厚。

冬十月，西魏太师、大冢宰、安定公宇文泰去世，世子宇文觉继承爵位。

宇文泰善于驾御英雄豪杰，为他出力效劳，性喜质朴，不注重虚名繁饰，从政明识练达，尊崇儒家，仰慕远古，所有一切施政举措，都是依照效仿夏、商、周三代古制而制定的。到这时北渡黄河，回到牵屯山，宇文泰就病倒了，派驿马传召中山公宇文护，宇文护到泾州，宇文泰对他说："我的儿子们都年幼，外面的敌寇还很强大，天下大事，就全委托你了，你要努力完成我平生的志向。"说完就去世了。嫡长子宇文觉继位，被任命为太师、柱国、大冢宰、安定公，去镇守同州，当时年仅十五。

当初，宇文泰娶了魏孝武帝的妹妹冯翊公主为妻，生下宇文觉。姚夫人生宇文毓，宇文毓是宇文泰众多儿子中年龄最大的，他娶大司马独孤信的女儿为妻。宇文泰将要确立继承人时，对公卿们说："我想立嫡长子，又恐怕大司马独孤信有疑虑，怎么办才好呢？"众人没有说话的。仆射李远说："向来立世子都是立正夫人所生的儿子，而不是以年龄长幼为序，您有什么可犹豫的呢！倘若嫌大司马独孤信碍事的话，请先把他杀了。"说着就拔刀而起，被宇文泰起身制止，于是议定立世子之事。李远退出后向独孤信拜见道歉说："面临立嗣大事不得不如此！"独孤信也感谢李远说："今天仰赖你决定了这件大事。"于是立宇文觉为世子。

宇文护名望地位一向低下，到了受宇文泰所托辅佐政事，王公大臣全都不服。宇文护向大司寇于谨请教对策，于谨说："今日之事，我一定以死争取成功。如果面对王公大臣决定国策，您一定

不得让。"明日,会议,谨曰:"昔帝室倾危,非安定公无复今日。一旦违世,嗣子虽幼,中山公亲其兄子,兼受顾托,军国之事,理须归之。"辞色抗厉,众皆悚动。谨素与泰等夷,护常拜之。至是,谨起再拜,群公亦拜,于是众议始定。谥泰曰文公。

十一月,梁征王琳为司空,不至。 齐并省州县。

齐主诏以:"魏末豪杰纠合乡部,因缘请托,各立州郡,公私烦费,丁口减于畴日,守令倍于昔时。"于是并省三州、一百五十三郡、五百八十九县、三镇、二十六戍。

十二月,魏太师觉自为周公。 梁以周迪为临川内史。

初,侯景之乱,临川民周续起兵郡中,始兴王毅以郡让之而去。续寻为部将所杀。其宗周迪,勇冠军中,众推为主。梁朝以为临川内史。时民遭乱,皆弃农业,群聚为盗,唯迪所部独务农桑,各有赢储,政教严明,征敛必至,余郡乏绝者皆仰以取给。迪性质朴,不事威仪,接绳破篾,傍若无人,讷于言语而襟怀信实,人皆附之。

齐筑长城。
齐自西河总秦戍筑长城,东至于海,前后所筑,东西凡三千余里,率十里一戍,其要害置州镇,凡二十五所。

不要退让。"第二天，王公大臣们聚在一起议论国家大事，于谨说："过去魏孝武帝受高欢逼迫，帝室处于倾覆的危险，要不是安定公宇文泰迎纳并辅佐了他，国家就没有今天这种局面了。现在安定公宇文泰突然辞世，嗣位的世子虽然年幼，但中山公宇文护爱护他哥哥的儿子，又受安定公宇文泰临危时的顾命之托，军国大事，按理应该归他统一掌管。"说的时候，于谨声音高亢，面色严厉，众臣都感到害怕震惊。于谨平素与宇文泰地位相等，宇文护常向他跪拜。到这时，于谨起身向宇文护两次跪拜，王公大臣也跟着跪拜，于是大家的议论才统一下来。赐宇文泰谥号为"文公"。

十一月，梁朝征召王琳为司空，王琳推辞不至。　北齐合并削减州县。

齐主下诏认为："魏朝末年豪强纠合地方武装，利用机缘向有权势的大官请求依托，各自建立州郡，致使公家和百姓都事烦财费，人口比过去减少，郡守县令等官员倒比过去倍增。"于是合并省为三州，一百五十三郡、五百八十九县、三镇、二十六戍。

十二月，西魏太师宇文觉自封为周公。　梁朝任周迪为临川内史。

当初，侯景作乱时，临川人周续在郡中起兵夺权，始兴王萧毅把临川郡让给他，自己跑了。不久周续又被手下部将杀死。周续的同宗周迪，在军队中勇猛出名，堪称全军之冠，众人就推举他当了主将。梁朝任命他为临川内史。当时百姓遭受战乱，都放弃农业生产，聚众当强盗，只有周迪所管辖的地区百姓还在务农养蚕，各家各户都有盈余储备，政策教令执行严明，征粮敛税一定都能完成，其他郡县缺乏粮食、布帛的都仰赖周迪补给。周迪生性质朴，不注重仪表威严，平时搓绳子破竹篾，旁若无人，不善于说话，但襟怀坦诚真挚，临川人都依附他。

北齐修筑长城。

北齐从西河总秦戍一带修筑长城，向东直到海边，前前后后所修筑的长城，东西总共三千多里长，大概十里左右设一卫戍点，在长城沿线军事要害之地设置州镇，总共有二十五处。

丁丑（557） 梁太平二年,魏恭帝四年,齐天保八年,陈高祖武帝陈霸先永定元年,周孝愍帝觉元年。九月以后,世宗明帝元年。是岁,梁、魏皆亡。齐、陈二大国,后梁一小国,凡三国。

春正月,周公觉称天王,废魏主为宋公,宇文护自为大司马。

魏宇文护以周公觉幼弱,欲早使正位以定人心,以魏主诏奉册玺禅位于周,迁魏主出居大司马府。周公即天王位,追尊文公为文王,姒为文后。封魏帝为宋公。以木德承魏水,行夏之时,服色尚黑。以李弼为太师,赵贵为太傅,大冢宰独孤信为太保、大宗伯,中山公护为大司马。

周主祀圜丘,定郊庙之制。

周主祀圜丘,自谓先世出于神农,以神农配二丘。始祖献侯莫那配南北郊,文王配明堂,庙号太祖。仍用郑玄义,立太祖与二昭、二穆为五庙,其有德者别为祧庙,不毁。

吐谷浑寇周。

吐谷浑攻凉、鄯、河三州。秦州都督遣渭州刺史于翼赴援,翼曰:"攻取非夷俗所长,寇来不过抄掠耳,掠而无获,势将自走。"数日,问至,果如其言。

二月,梁萧勃起兵广州,次于南康。

勃起兵于广州,遣欧阳颁及其将傅泰、萧孜为前军。南江州刺史余孝顷以兵会之。

周大司马护杀冢宰赵贵。

陈武帝

丁丑（557） 梁太平二年，西魏恭帝四年，北齐天保八年，陈高祖武帝陈霸先永定元年，北周孝愍帝宇文觉元年。九月以后，世宗明帝元年。这一年，梁国、西魏都灭亡了。有齐国、陈国两个大国，后梁一个小国，共三个国家。

春正月，西魏周公宇文觉称天王，废西魏恭帝为宋公，宇文护自任大司马。

西魏宇文护认为周公宇文觉年幼力弱，想及早使他正位，以便安定人心，就让西魏恭帝下诏书，派人捧着表册、玉玺把政权禅让给周公宇文觉，迁西魏恭帝出内廷，住在大司马府。周公宇文觉即天王位，追尊其父文公宇文泰为文王，其母为文后。封退位的魏恭帝为宋公。新朝廷以五行中的木为德，表示继承西魏的水德，使用古代夏朝的历法，服装的颜色以黑为尊。任命李弼为太师，赵贵为太傅，大冢宰独孤信为太保、大宗伯，中山公宇文护为大司马。

北周闵帝宇文觉在圜丘祭天，依礼仪制定郊庙祭祀制度。

北周闵帝宇文觉在圜丘祭天，自认为祖先出自古代神农氏，以神农配享圜丘、方丘。始祖献侯莫那配享南北郊，文王宇文泰配享明堂，庙号太祖。仍然采用郑玄所注《礼记》的古义，设立太祖、二昭、二穆共五庙，其中有德行的祖先另外立祧庙，不加毁坏。

吐谷浑侵犯北周。

吐谷浑攻打凉、鄯、河三州。秦州都督派遣渭州刺史于翼率兵前往援救三州，于翼说："攻城取地并非夷狄所擅长的战术，敌寇来犯不过是想掠夺财物边民，掠夺不到什么，势必自己退走。"过了几天，消息传来，情况果然像于翼说的那样。

二月，梁朝萧勃在广州起兵，驻扎在南康。

萧勃在广州起兵叛梁，派遣欧阳頠和他的部将傅泰、萧孜为前头部队。南江州刺史余孝顷率兵与他们会合。

北周大司马宇文护杀冢宰赵贵。

周楚公赵贵、卫公独孤信，故皆与太祖等夷，及晋公护专政，皆怏怏不服。贵谋杀护，信止之。护闻之，杀贵，免信官。

梁丞相霸先使周文育击萧勃，获其将欧阳頠、傅泰，勃为其下所杀。

欧阳頠出南康，屯苦竹滩，傅泰据蹠口城，余孝顷出豫章据石头。巴山太守熊昙朗诱頠共袭高州刺史黄法氍，至城下，昙朗阳败走，法氍乘之，頠失援而走，昙朗取其马仗以归。

周文育于豫章立栅，分遣老弱乘故船沿流俱下，烧豫章栅，伪若遁去者。孝顷望之，大喜，不复设备。文育由间道兼行，据頠及萧孜、傅泰、余孝顷之间，筑城飨士，頠等大骇。文育遣周铁虎等袭頠，擒之。文育盛陈兵甲，与頠乘舟而宴，巡蹠口城下，使其将丁法洪攻泰，擒之。孜、孝顷退走。勃军闻之，恼惧，遂杀勃。

周宇文护自为大冢宰。　周冢宰护弑宋公中山王。

谥曰魏恭帝。

三月，周冢宰护杀赵公独孤信。　夏四月，梁铸四柱钱，禁细钱。

四柱钱，一当十。

梁复以欧阳頠为衡州刺史，使讨广州，克之。

初，周文育送欧阳頠、傅泰于建康。陈霸先与頠有

北周的楚公赵贵、卫公独孤信，过去都和太祖宇文泰地位相等，到了晋公宇文护专权擅政时，都怏怏不乐，不服气。赵贵想谋杀宇文护，被独孤信制止了。宇文护知道这件事后，就杀了赵贵，罢免了独孤信的官职。

　　梁朝丞相陈霸先派周文育袭击萧勃，擒获其将领欧阳頠、傅泰，萧勃被其部下所杀。

　　欧阳頠从南康出发，屯驻在苦竹滩，傅泰据守蹠口城，余孝顷从豫章出发据守石头城。巴山太守熊昙朗引诱欧阳頠共同袭击高州刺史黄法氍，到了黄法氍城下，熊昙朗假装兵败逃走，黄法氍乘势追击，欧阳頠失去援军，败逃而走，熊昙朗缴获了他的马匹兵器回到巴山。

　　周文育在豫章修建营寨设立栅栏，分头派遣老弱残兵乘坐旧船顺流而下，然后烧毁豫章的栅栏，伪装成好像已经逃跑的样子。余孝顷从远处观望到这一切，非常高兴，不再设立防备。周文育从小路率军队日夜兼程地行进，占据了欧阳頠及萧孜、傅泰、余孝顷军营之间的芊韶，修筑城堡，大宴将士，欧阳頠等知道后大惊失色。周文育派遣周铁虎等人率军袭击欧阳頠，擒获了欧阳頠。周文育把很多兵器甲具陈列出来，与欧阳頠坐在船上一起饮宴，船只巡行到蹠口城下，周文育派他的部将丁法洪率兵攻击傅泰，捉住了他。萧孜、余孝顷退兵逃走。萧勃的军队听到这一切，非常害怕惊恐，就杀死了萧勃。

　　北周宇文护自封为大冢宰。　北周大冢宰宇文护杀死宋公中山王。

　　谥号为魏恭帝。

　　三月，北周大冢宰宇文护杀赵公独孤信。　夏四月，梁朝铸造四柱钱，禁止细钱流通。

　　四柱钱，一枚当细钱十枚。

　　梁朝又任命欧阳頠为衡州刺史，派他去讨伐广州，攻克了广州。

　　当初，周文育押送欧阳頠、傅泰到建康。陈霸先与欧阳頠有

旧,释而厚待之。萧孜、余孝顷犹据石头,多设船舰,夹水而陈。霸先遣侯安都助周文育击之,安都潜师夜烧其船舰,水陆攻之,萧孜出降,孝顷逃归。霸先以颜声著南土,复以为衡州刺史,使讨岭南,未至,其子𬘯已克始兴。颜至,诸郡皆降,遂克广州。

六月,梁丞相霸先遣兵击王琳于郢城。

王琳既不就征,大治舟舰,将攻陈霸先。霸先遣侯安都、周文育将舟师会武昌以击之。

齐大蝗。

河南、北大蝗。齐主以问魏郡丞崔叔瓒,对曰:"《五行志》:土功不时,蝗虫为灾。今外筑长城,内兴三台,殆以此乎!"齐主大怒,使左右殴之,撦其发,以溷沃之,曳足以出。

秋八月,周人归故梁主绎之丧于王琳。

琳请之也。

九月,梁丞相霸先自为相国,封陈公,加九锡。 周冢宰护弑其君觉,及其柱国李远,而立宁都公毓。

周主觉性刚果,恶宇文护之专。司会李植、军司马孙恒久居权要,亦恐不见容,乃与宫伯乙弗凤、贺拔提等共潜之曰:"护自诛赵贵以来,威权日盛,以臣观之,将不守臣节,愿陛下早图之!"王以为然,数引武士于后园讲习,为执缚之势。植等又引宫伯张光洛同谋,光洛以告护。护

旧交，不但释放了他，还给予他优厚的待遇。萧孜、余孝顷还占据着石头城，设置很多船舰，夹着江水两边摆开阵势。陈霸先派遣侯安都协助周文育去攻击他们，侯安都派军队夜里烧了他们的船舰，从水陆两面夹攻他们，萧孜出城投降，余孝顷逃回新吴。陈霸先因为欧阳頠在南方声望卓著，又任命他为衡州刺史，派他去讨伐岭南，还没到岭南，他的儿子欧阳纥已经攻克始兴。欧阳頠到达后，岭南诸郡都投降了，于是就攻克了广州。

六月，梁朝丞相陈霸先派遣军队到郢城攻击王琳。

王琳没有接受陈霸先的征召，又大量修造战船，准备进攻陈霸先。陈霸先派遣侯安都、周文育率领水师在武昌会合进攻王琳。

北齐境内发生大蝗灾。

黄河南、北两岸发生大蝗灾。齐主高洋问魏郡丞崔叔瓒原因，崔叔瓒回答说："《五行志》上说：土木工程兴建不符合时令，就会引起蝗虫成灾。如今我国在外修筑长城，在内兴建三台，大概蝗灾就是因为这个发生的！"齐主高洋听了大怒，命令身边的人殴打崔叔瓒，拔他的头发，用粪汁浇他，拽着他的脚拖了出去。

秋八月，北周把已故梁元帝萧绎的灵柩送还给王琳。

这是王琳向北周请求的。

九月，梁朝丞相陈霸先自封为相国，封为陈公，加赐九锡。

北周大冢宰宇文护杀了他的国君宇文觉，以及柱国李远，而立宁都公宇文毓为君。

北周君主宇文觉性格刚强果决，对宇文护的专权很反感。司会李植、军司马孙恒从太祖时就久居权要之位，也恐怕不能被宇文护容纳，就与宫伯乙弗凤、贺拔提等人一起在宇文觉那儿诬陷宇文护说："宇文护自从杀了赵贵以来，淫威权势一天比一天大，以臣等观察他，将要不守臣节，希望陛下早做安排，除掉他以绝后患！"宇文觉认为他们说的对，多次带武士在宫廷后园讲解演习，学习捕捉捆绑人的姿势。李植等人又把宫伯张光洛引为同谋，张光洛就把他们的密谋向宇文护告发了。宇文护

乃出植于外，以散其谋。后王思植等，每欲召之，护泣谏，王乃止。

凤等惧，密谋刻日诛护。光洛又以告护。乃召柱国贺兰祥、领军尉迟纲等谋之，祥等劝护废立。时纲总领禁兵，护遣纲入宫执凤等，因罢散宿卫兵。王方悟，独在内殿，令宫人执兵自守。护遣祥逼王逊位，幽于旧第。召公卿议，废王为略阳公，迎立岐州刺史宁都公毓。凤、恒等皆被诛。

时李植父柱国远镇弘农，护召远及植还朝，远疑有变，沉吟久之，乃曰："大丈夫宁为忠鬼，安可作叛臣邪！"遂就征。既至，护欲全之，以植付远，使自诛之。远素爱植，植又口辩自陈，初无此谋。远将植谒护，护令略阳公与相质，植辞穷，乃曰："本为此谋，欲安社稷，利至尊耳！今日至此，何事云云。"远闻之，自投于床曰："若尔，诚合万死！"于是护乃害植，并逼远令自杀。

寻弑略阳公，黜其后元氏为尼。宁都公至，即天王位。

冬十月，梁陈公霸先进爵为王，遂称皇帝，废梁主为江阴王。

梁主禅位于陈。陈王使中书舍人刘师知引沈恪勒兵入宫，卫送梁主如别宫，恪排阖见王，叩头谢曰："恪经事萧氏，

就把李植调离京城,使他们无法一起搞阴谋。后来周主宇文觉思念李植,每次想征召,宇文护就哭着谏阻,周主只好作罢。

乙弗凤等人很害怕,密谋近日诛杀宇文护。张光洛又密告给宇文护。宇文护于是召集柱国贺兰祥、领军尉迟纲等商量对策,贺兰祥等人劝宇文护废宇文觉,另立皇帝。当时尉迟纲总领宫廷禁兵,宇文护派遣尉迟纲入宫捕捉乙弗凤等人,同时把宿卫兵撤销遣散。周主宇文觉方才觉察到,独自躲在内殿,命令宫人拿着兵器守护自己。宇文护派遣贺兰祥逼迫宇文觉退位,把他幽禁在做略阳公时的旧府中。宇文护召集公卿开会商议,决定废宇文觉为略阳公,把岐州刺史宁都公宇文毓迎来宫廷,立为皇帝。乙弗凤、孙恒等人都被杀死。

当时李植的父亲柱国李远镇守弘农,宇文护下令召李远和李植回朝,李远怀疑朝廷有事变发生,沉吟了好久,才说:"大丈夫宁可作忠君鬼,怎么可以做叛臣呢!"于是就服从征召。到了京城后,宇文护想保全李远性命,就把李植交给李远处置,想让李远自己杀死李植。李远平素喜爱儿子李植,李植又有口才,极力为自己辩解,当初并没有参与这一颠覆的阴谋。李远相信了李植,带着李植去拜见宇文护,宇文护下令略阳公宇文觉与李植当面对质,李植理屈词穷,就对略阳公宇文觉说:"本来当时出此计谋,是为了安定社稷,有利于至尊的权威。今天事已至此,还有什么好说的呢!"李远听到这些,自己仆倒在座位上,说:"若真这样,实在是罪该万死!"于是宇文护就杀了李植,并且逼迫李远让他自杀。

不久杀了略阳公宇文觉,废黜宇文觉的皇后元氏,令她削发为尼。宁都公宇文毓到达长安,即皇帝位。

冬十月,梁陈公霸先进爵为王,于是他自称皇帝,废梁主萧方智为江阴王。

梁主萧方智把皇位禅让给陈霸先。陈王霸先派中书舍人刘师知引领沈恪带兵进入宫中,护送梁主到另外的宫殿去,沈恪推开大门拜见陈王霸先,叩头谢罪说:"我沈恪曾侍奉过萧氏,

今日不忍见此。分受死耳！决不奉命。"王嘉其意，更以王僧志代之。王遂即位于南郊，奉梁主为江阴王。

陈以蔡景历为中书通事舍人。

是时政事皆由中书省，置二十一局，各当尚书诸曹，总国机要，尚书唯听受而已。

陈主祠蒋帝庙。　陈置删定郎，治律令。　周祔太祖于太庙。

七庙共用一太牢，始祖荐首，余皆骨体。

梁王琳及陈人战，败之，获其将周文育、侯安都，遂克江州。

侯安都至武昌，王琳将樊猛弃城走，周文育自豫章会之。安都闻陈主受禅，叹曰："今兹必败，战无名矣！"时两将俱行，不相统摄，部下交争，稍不相平。军至郢州，围之未克，而王琳至，安都乃悉众诣沌口合战，大败。安都、文育及裨将徐敬成、周铁虎、程灵洗皆被擒。铁虎辞气不屈，琳杀之。囚安都等，总以一长锁系之。移湘州军府就郢城，遣樊猛袭据江州。

陈以萧乾为建安太守。

时熊昙朗在豫章，周迪在临川，留异在东阳，陈宝应在晋安，共相连结，闽中豪帅往往立砦，以自保。陈主患之，使侍郎萧乾谕以祸福，豪帅皆降，即以乾为建安太守。

今天不忍心看到这种逼宫的情景。即使违命被杀也是应该的!决不接受这一命令。"陈王霸先嘉勉他的忠心,改派王僧志代替他。陈王霸先于是在南郊即皇帝位,封梁主萧方智为江阴王。

陈朝任命蔡景历为中书通事舍人。

这时国家政事都由中书省决定,设置二十一个局,各个局的职能与尚书省所设各曹相当,总理国家军政机要,各部尚书只是听命令而已。

陈武帝霸先祭祀蒋帝庙。 **陈朝设置删定郎,负责修订法律条令。** **按周礼把太祖景皇帝神主迁入太庙。**

七庙共享用一太牢的祭品,始祖享用牛、羊、猪头作祭品,其他六庙都享用猪、牛、羊的躯体作祭品。

梁朝王琳和陈朝军队打仗,打败了陈朝的军队,擒获陈军将领周文育、侯安都,于是攻克江州。

侯安都到达武昌,王琳部将樊猛弃城逃走,周文育从豫章出发去与侯安都部队会合。侯安都听到陈武帝霸先受禅让的消息,感叹道:"如今这仗我一定失败,师出无名呀!"当时侯安都、周文育两将所率部队都在行军中,互相各不统摄,部下互相争执,逐渐矛盾加深,互不平和。部队到达郢州,包围了郢州但没有攻克,而王琳的军队已经抵达,侯安都于是带领全部军队赶到沌口与周文育合战王琳,结果大败。侯安都、周文育及其副将徐敬成、周铁虎、程灵洗都被王琳擒获。周铁虎出言强硬,不甘屈服,王琳杀了他。把侯安都等人囚禁起来,用一根长锁链把他们系在一起。王琳把湘州军府移到郢城,派遣樊猛袭击并占领了江州。

陈朝任命萧乾为建安太守。

当时熊昙朗在豫章,周迪在临川,留异在东阳,陈宝应在晋安,他们共同连结,互相呼应,闽中一带的豪强首领往往自立堡寨,用来保卫自己。陈武帝对此很不安,就派侍郎萧乾去向他们晓谕利害祸福,豪强首领都投降归顺了陈朝,陈武帝就任命萧乾为建安太守。

周以令狐整为丰州刺史。

初，梁兴州刺史席固以州降魏，魏以为丰州刺史。久之，固不遵北方制度，周人密欲代之，乃以司宪中大夫令狐整权镇丰州，整倾身抚接，人情遂洽。于是除整刺史，徙固湖州。整迁州于武当，旬日之间，城府周备，迁者如归。固部曲多愿留为整左右，整谕以朝制，弗许，莫不流涕而去。

齐人筑重城。

齐人于长城内筑重城，自库洛枝东至鸣纥戍，凡四百余里。

十二月，齐主幽其弟永安王浚、上党王涣于地牢。

初，齐有术士言："亡高者黑衣。"齐王因问左右："何物最黑？"对曰："无过于漆。"齐主以上党王涣于兄弟第七，执之。涣杀使者而逃，为人所获，送邺。齐主又与永安王浚有旧怨，及即位，浚为青州刺史，聪明矜恕，吏民悦之。浚以齐主嗜酒，私谓亲近曰："二兄因酒败德，朝臣无敢谏者，大敌未灭，吾甚忧之。欲乘驿至邺面谏，不知见听否？"或密以白齐主，齐主益衔之。浚入朝，从幸东山，齐主裸裎为乐。浚进谏曰："此非人主所宜！"又于屏处召杨愔，讥其不谏。时齐主不欲大臣与诸王交通，愔惧，奏之，齐主大怒。

北周任命令狐整为丰州刺史。

当初，梁朝兴州刺史席固献出兴州投降了西魏，西魏任命席固为丰州刺史。过了很久，席固还不遵守北方的制度，北周就想秘密派人取而代之，于是派司宪中大夫令狐整镇守丰州，令狐整全身心地安抚百姓，接见属下，遂使州府上下人情融洽。于是朝廷就任命令狐整为丰州刺史，迁席固为湖州刺史。令狐整要把丰州的州府搬迁到武当，十天工夫，新的州府各方面都已齐备，搬迁去的人就像回到家乡一样。席固离开丰州时，他的部下很多人愿意留在令狐整属下效力，令狐整告诉他们朝廷的制度，不允许他们留下，这些人都痛哭流涕，依依不舍地离开了。

北齐人修筑又一重长城。

北齐人在长城内又修筑一条内长城，从库洛枝开始，向东直到鸣纪戍，共四百多里。

十二月，齐主高洋幽禁他的弟弟永安王高浚、上党王高涣在地牢里。

当初，齐国有个方术之士曾说："将来灭亡高姓政权的人，是个穿黑衣服的。"齐主高洋便问身边的人："什么东西最黑？"回答说："没有比漆更黑的了。"齐主高洋因为上党王高涣在兄弟中排行第七，"七"与"漆"谐音，就下令捉拿他。高涣杀死捕捉他的来使逃跑了，又被人抓获，送到邺城。齐主高洋又和永安王高浚有旧怨，等齐主高洋即位后，高浚任青州刺史，他为人聪明，能怜惜宽恕别人，官吏百姓都喜欢他。高浚因齐主高洋嗜酒如命，曾私下对亲近的人说："二哥因嗜酒败坏了德行，朝廷中的大臣没有敢劝谏的，齐国的大敌还未消灭，我为此很担忧。我想乘驿车到邺城当面进谏，不知道他能否听从我的意见？"有人把这些话密报了齐主，齐主就更恨高浚了。高浚入朝，跟着齐主游幸东山，齐主赤身裸体地游乐。高浚进谏说："这样做不是当皇帝的人所适宜的！"高浚又在隐蔽处召见杨愔，讥讽他不敢向皇帝进谏。当时，齐主高洋不愿意大臣与诸王之间有交往，所以杨愔很害怕，就把高浚召见他的事奏明了齐主，齐主非常愤怒。

浚还州,又上书切谏。诏征浚,浚惧祸,谢疾不至,齐主遣驰驿收之,老幼泣送者数千人。至邺,与上党王涣皆盛以铁笼,置于地牢,饮食溲秽,共在一所。

戊寅(558) 陈永定二年,周明帝二年,齐天保九年。
春正月,梁王琳伐陈,次于白水,遣使乞师于齐。

王琳引兵十万,下至溢城,屯于白水浦。以鲁悉达为将军,陈主亦以悉达为将军,各送鼓吹女乐,悉达两受之而无所就。琳不敢下,乃遣使求援于齐,且请纳永嘉王庄以主梁祀。

余孝顷遣说琳曰:"周迪、黄法氍皆依附金陵,阴窥间隙,大军若下,必为后患,不如先定南川,然后东下,孝顷请席卷所部以从下吏。"琳乃遣樊猛、李孝钦、刘广德将兵赴之,使孝顷总督三将,屯于临川故郡,征兵粮于迪,以观其所为。

周宇文护自为太师。 二月,齐北豫州刺史司马消难叛,入于周。

消难以齐主昏虐滋甚,阴为自全之计,曲意抚循所部。上党王涣之亡也,邺中大扰,疑其赴成皋。御史中丞毕义云遣御史诣北豫州,先禁消难典签家客等,消难惧,密请降于周。

周遣柱国达奚武、大将军杨忠帅骑士迎消难。三

高浚回到青州,又上书直言极力劝谏。齐主下诏书征召高浚,高浚害怕有杀身之祸,就托病没有应召,齐主派人乘驿马拘捕了高浚,青州父老儿童哭着送别的有数千人。高浚被抓到邺城后,与上党王高涣都被关在铁笼里,置于地牢中,吃喝便溺,都在一个屋里。

戊寅(558)　陈永定二年,北周明帝二年,北齐天保九年。

春正月,梁朝王琳带兵讨伐陈武帝,驻扎在白水浦,派遣使者到北齐请求援军。

王琳率领十万大军,向下到达溢城,驻扎在白水浦。王琳任命北江州刺史鲁悉达为镇北将军,同时陈武帝也任命鲁悉达为征西将军,两边都给鲁悉达送去鼓乐队和歌舞伎,鲁悉达收受了两边的礼物和委任,而两边都不去就任。王琳不敢贸然东下,就派遣使者向北齐求援,并且请求迎纳在北齐做人质的梁朝永嘉王萧庄回来主持梁王室的祭祀。

余孝顷派人去游说王琳说:"周迪、黄法氍都依附了金陵,暗地里都在窥伺机会,您的大军如果东下,这帮人必然成为你的后患,不如先平定南川,然后再东下,我请求率领全部军队跟随你,充当你的部下。"于是王琳就派遣樊猛、李孝钦、刘广德带兵去平定南川,让余孝顷总督三位将领,驻扎在临川故郡,同时向周迪征收兵粮,来观察他的动静。

北周宇文护自命为太师。　二月,北齐北豫州刺史司马消难反叛,逃入北周。

北豫州刺史司马消难因看到齐主高洋昏愦暴虐得越来越厉害,暗地里谋划保全自己的计策,尽意安抚顺迎自己的部下。上党王高涣逃跑时,邺城一片大乱,都怀疑高涣逃到豫州府治所属的成皋了。御史中丞毕义云派遣御史到北豫州,先把司马消难的典签官和家客等监禁起来,司马消难很害怕,就秘密派亲信到北周请降。

北周派柱国达奚武、大将军杨忠率骑兵迎接司马消难。三次

遣使,消难皆不报。武疑有变欲还,忠曰:"有进死,无退生!"独以千骑夜趣城下。城四面峭绝,但闻击柝声。武麾骑西去,忠勒余骑不动,俟门开而入,驰遣召武。武以消难及其属先归,忠以三千骑为殿。至洛南,皆解鞍而卧。齐众来追,至洛北,忠谓将士曰:"今在死地,贼必不敢度水!"已而果然,乃徐引还。武叹曰:"达奚武自谓天下健儿,今日服矣!"

齐纳梁永嘉王庄于梁军,以王琳为梁丞相,琳遂以庄称帝。　夏四月,陈主霸先弑江阴王。

谥曰"梁敬帝"。
五月,陈主舍身于大庄严寺。　梁丞相琳伐临川,不克。

余孝顷等连八城以逼周迪,迪惧,请和。樊猛等欲受盟而还,孝顷贪其利,不许,树栅围之,由是猛等与孝顷不协。黄法氍等救之,分兵攻余孝顷别城,樊猛等不救而没,迪追击,尽擒之,送孝顷于建康,归樊猛于王琳。

秋八月,陈侯安都、周文育自浧城逃归。
王琳在白水浦,周文育、侯安都等赂守者,得上岸,步投陈军。陈主宥之,复其本官。

梁丞相琳归于湘州。

派遣使者去与司马消难联络，都没联络上。柱国达奚武怀疑情况有变，想返回北周，大将军杨忠说："我们只有前进冒死救援的责任，没有退却偷生的道理！"独自率领一千骑兵连夜赶到城下。虎牢城四面陡峭，好似绝壁，只听到城中传来打更的木梆子声。达奚武赶来后，指挥数百骑兵向西退去，杨忠勒令剩下的骑兵原地不动，等到城门开了进了城，才派人骑快马去叫回达奚武。达奚武让司马消难和他的部属先往北周走，杨忠率三千骑兵殿后。行到洛南，都解鞍下马躺着休息。北齐军队追了过来，到了洛北，杨忠对将士们说："现今我们处在必死之地，贼兵一定怕我们拼死战斗，不敢渡河来追！"后来果然如其所说，于是慢慢领着军队回到北周。达奚武感叹说："我达奚武自认为是天下健儿，今天在杨忠面前我服了！"

北齐派兵护送梁永嘉王萧庄回到江南梁军所在地，拜王琳为梁朝丞相，王琳于是拥立萧庄当皇帝。　夏四月，陈武帝霸先派人杀了江阴王萧方智。

谥号为"梁敬帝"。

五月，陈武帝在大庄严寺向佛祖舍身。　梁朝丞相王琳讨伐临川，没有攻克。

余孝顷等人连结八城的兵力用以逼迫周迪，周迪害怕了，请求讲和。樊猛等将领想接受请和盟约收兵回去，而余孝顷贪图威逼成功的有利形势，不许樊猛等将领率兵退去，树起栅栏围住他们，因此樊猛等将领与余孝顷不和。黄法氍等人援救周迪，分兵攻打余孝顷的别城，樊猛等人不去救援，别城陷落，周迪乘胜追击，把他们全部抓获，把余孝顷押送到建康，把樊猛归还给王琳。

秋八月，陈朝的侯安都、周文育从溢城逃回陈朝。

王琳在白水浦，周文育、侯安都等人贿赂看守的人，能够乘小船上岸，步行投奔陈朝军队。陈武帝宽宥了他们，恢复了他们原来的官职。

梁朝丞相王琳回到湘州。

陈主遣谢哲往谕王琳。琳请还湘州,陈军亦还。

冬,齐以常山王演录尚书事。

初,常山王演以齐主沉湎,忧愤形于颜色。齐主觉之,谓曰:"但令汝在,我何为不纵乐!"演唯啼泣拜伏,竟无所言。齐主亦大悲,抵杯于地曰:"自今敢进酒者斩!"未几,沉湎益甚,或于诸贵戚家角力,不限贵贱,唯演至,则内外肃然。演又密撰事条,将谏,其友王晞以为不可,演不从,因间极言,齐主大怒。疑演假辞于晞,欲杀之。演私谓晞曰:"王博士,明日当作一条事,为欲相活,亦图自全,勿怪。"乃于众中杖晞二十。齐主闻之,以故得不死,髡鞭配甲坊。居三年,演又固谏争,大被殴挞,闭口不食。太后日夜涕泣,齐主不知所为,数往问演疾,谓曰:"努力强食,当以王晞还汝。"乃释晞,晞流涕曰:"殿下不食,太后亦不食,殿下纵不自惜,独不念太后乎?"言未卒,演强坐而饭。晞由是得免,还为王友。及演录尚书事,除官者皆诣演谢,去必辞。晞言于演曰:"受爵天朝,拜恩私第,自古以为不可,宜一切约绝。"演从之。久之,演从容谓晞曰:"主上起居不恒,吾岂可以前逢一怒,遂尔结舌?卿宜为撰谏草,吾当伺便

陈武帝派遣谢哲前往王琳处传谕王琳。王琳请求回到湘州去,陈朝也下诏追回出征的军队。

冬季,北齐任命常山王高演录尚书事。

当初,常山王高演因为齐主高洋沉溺于酒,忧愤的心情常表现在脸上。齐主高洋发觉了这一切,对他说:"但凡你在,我为什么不能纵情取乐!"高演只有痛哭流涕,拜伏在地,最终一句话也说不出来。齐主高洋也大放悲声,把酒杯扣在地上说:"从今以后敢把酒进献上来的就斩首!"没过多久,饮酒饮得更厉害了,有时在贵戚们家中边喝酒边摔跤,不分贵贱,只有高演一到,就内外肃然,谁也不敢出声。高演又秘密撰写了事条,将要进谏,他的好友王晞认为不可以,高演不听,便找了个机会无保留地向齐主高洋进谏,结果齐主高洋大怒。齐主高洋怀疑高演的进谏是从王晞那里学来的,就想杀王晞。高演私下对王晞说:"王博士,明天我将做一件事,为了想让你活命,也为了保全自己,希望你别怪我。"于是当着众人杖责王晞二十下。齐主高洋听说后,反而不杀王晞了,只剃掉他的头发,鞭打一顿,发配到兵器作坊服役。过了三年,高演又坚决进谏力争,被齐主高洋狠狠鞭打了一顿,高演闭口绝食。太后心疼儿子,日夜痛哭流涕,齐主高洋也不知该怎么办了,多次前往高演处问候病体如何,并对他说:"你努力把饭勉强咽下去,我就把王晞还给你。"于是释放了王晞,王晞流着泪对高演说:"殿下您不进食,太后也不进食,殿下纵然不爱惜自己的生命,难道就不顾念太后吗?"话还没说完,高演就勉强坐起来吃饭了。王晞因此得以免去兵器坊服役之刑,回到高演府中仍为常山王友。到了常山王高演出任录尚书事的时候,得到官职的人们都到高演处拜谢,赴任走的时候必去辞行。王晞对高演说:"从天朝那里接受官爵,却到私第拜谢恩情,从古以来就认为不可以这样,应该拒绝一切这类拜会约见。"高演听从了他的意见。过了很久,高演从容地对王晞说:"圣上饮食起居没有规律,我怎么可以因为前次的盛怒,就从此结舌不说话呢?你得为我撰写起草谏书,我打算寻找方便的机会

极谏。"晞遂条十余事以呈,因谓演曰:"今朝廷所恃唯殿下,乃欲学匹夫耿介,轻一朝之命,一旦祸至,奈家业何?"演欷歔不自胜,即焚之。后复承间苦谏,齐主使力士乱捶之,会醉得解。齐主亵黩之游,遍于宗戚,唯至常山第,则不适而去。仆射崔暹屡谏,演深愧,谢之。

太子殷,自幼温裕开朗,礼士好学,关览时政,甚有美名。齐主以其不似己,欲废之。使手刃囚,太子恻然,不断其首。齐主大怒,亲以马鞭撞之,太子由是气悸语吃,精神昏扰。齐主因酣宴,屡云:"太子性懦,社稷事重,终当传位常山。"太子少傅魏收谓杨愔曰:"太子,国之根本,不可动摇。此言非所以为戏。"愔白收言,齐主乃止。

齐主既残忍,有司莫不严酷,或烧犁耳,使囚立其上;或烧车钉,使以臂贯之。唯郎中苏琼所至,皆以宽平为治。有人告反者,事或付琼,多得申雪。

齐减百官禄。

齐主北筑长城,南助萧庄,士马死者以数十万计。重以修筑台殿,赐与无节,府藏之积,不足以供,乃减百官之禄,撤军人常廪,并省州郡县镇戍之职,以节费用焉。

极力劝谏。"王晞就写了十几件事呈给高演，顺势对高演说："当今朝廷所能依靠的人唯有殿下，而您却想学匹夫的耿直坦率，轻抛自己的生命，一旦招来灾祸，家业将怎么办呢?"高演听后感叹歔欷悲不自胜，就焚烧了谏书。后来高演又乘机苦苦劝谏，齐主高洋命令身边力士乱打高演，打着打着正好齐主醉倒了，高演才得以解脱。齐主经常作放荡非礼的游幸，淫乐酗酒遍及宗室亲戚之家，唯有到常山王高演府第时，因不能放纵尽欢只好离去。尚书左仆射崔暹多次犯颜进谏，常山王高演深感惭愧，并对崔暹表示感谢。

　　齐主的太子高殷，自幼温良开朗，礼贤下士，勤勉好学，关心时政，有很好的名声。齐主因为他不像自己的性格为人，想废掉他。齐主让太子高殷亲手杀死一个囚犯，太子生恻隐之心，不忍砍断囚犯的头。齐主勃然大怒，亲自用马鞭子撞击太子，太子高殷因此受到惊吓，说话结巴，神志不清。齐主乘着在宴饮时喝醉了酒，多次说："太子性格懦弱，社稷大事很重要，最终还是应当传位给常山王。"太子少傅魏收对杨愔说："太子是国家延续的根本，不可以轻易动摇。这种要传位给谁的话不是可以闹着玩的。"杨愔把魏收这话告诉齐主，齐主才不再这样说了。

　　齐主残忍成性，下面的官吏没有不严酷的，有的把铁犁的犁耳烧红，让犯人站立在上面的;有的烧红车毂内外口穿轴用的铁圈，让囚徒用胳臂穿起来的。只有三公郎中苏琼任职之处，都以宽厚平和之法为治理原则。有人告发谋反的人，把案子交给苏琼审理，很多被诬告的人都在弄清事实后得以申明昭雪。

北齐削减百官的俸禄。

　　北齐主高洋在北边修筑长城，在南边援助梁朝永嘉王萧庄，兵士战马死亡的有数十万之多。再加上修筑高台宫殿，赏赐臣下毫无节度，弄得内府库藏积蓄空虚，不够供给正常支出，就下令削减百官的俸禄，撤销对军队的正常供给，合并省、州、郡、县、镇、戍的官职，想用这些办法来节省经费。

十二月，齐主杀永安王浚、上党王涣。

齐主如北城，因视永安王浚、上党王涣于地牢。齐主临穴讴歌，令浚等和之，浚等悲怖声颤，齐主怆然泣下，将赦之。长广王湛素与浚不睦，进曰："猛虎安可出穴！"齐主默然。使左右刺之，浚、涣号哭呼天，乃烧杀之，远近痛愤。齐主遂以浚、涣妃赐左右之杀浚、涣者。及齐主殂，常山王演为政，乃收葬之，令妃还第。

陈高凉太守冯宝卒。

时海隅扰乱，宝妻洗氏怀集部落，数州晏然。其子仆，生九年，是岁，遣帅诸酋长入朝，诏以为阳春太守。

己卯（559）　陈永定三年，周武成元年，齐天保十年。

春正月，周王始亲政。

宇文护上表归政，周王始亲万机。军旅之事，护犹总之。

周改都督为总管。　　**夏四月，齐主杀其胶州刺史杜弼。**

齐主之为魏相也，弼为长史，齐主将受禅，弼谏止之。仆射高德政用事，弼又不为之下，德政数短之，齐主因饮酒遣使斩之，既而悔之，驿追不及。

崔暹卒，齐主亲往哭，谓其妻曰："颇思暹乎？"对曰："思之。"齐主曰："然则往省之。"乃手斩其妻，掷首墙外。

十二月，齐主高洋杀死永安王高浚、上党王高涣。

齐主高洋到北城，顺便到地牢看视囚禁的永安王高浚、上党王高涣。齐主高洋站在地牢边上放声歌唱，命令高浚等应和歌之，高浚等人又悲伤又害怕，声音发颤，齐主听着也悲从中来，为之流泪，准备赦免他们。长广王高湛平素与高浚不和睦，进谗言说："猛虎怎么能放出洞穴！"齐主听后默不作声。随后命令左右侍卫向高浚、高涣刺去，高浚、高涣被刺得呼天抢地地号哭，于是用火活活地把他们烧死了，远近的人们为他们的惨死愤恨不平。齐主还把高浚、高涣的妃子赏赐给杀高浚、高涣的左右侍卫。直到齐主去世，常山王高演当政时，才收葬了高浚、高涣，命令他们的妃子返回府第。

陈朝高凉太守冯宝死。

当时沿海一带发生骚乱，冯宝的妻子洗氏能够怀柔团结部落，所辖数州安然无事。她的儿子冯仆才九岁，这一年，洗氏派遣他率领诸酋长入朝觐见皇帝，皇帝下诏任命冯仆为阳春太守。

己卯（559）　陈永定三年，北周武成元年，北齐天保十年。

春正月，北周明帝宇文毓开始亲政。

北周太师宇文护上表要把政权归还北周明帝，明帝宇文毓开始亲理万机。但是军事大权，还是由太师宇文护总揽着。

北周改掌管军事的官职都督为总管。　夏四月，齐主杀了胶州刺史杜弼。

齐主任东魏宰相时，杜弼当长史，齐主将要接受禅让时，杜弼曾进谏劝阻。仆射高德政管理政事时，杜弼又不甘心为其下属，高德政多次在齐主面前说杜弼的短处，齐主乘酒醉之际派遣使者去把杜弼斩首，不久又后悔这一决定，派驿马去追回成命，可是已经来不及了。

尚书左仆射崔暹去世，齐主亲自前往他家哭吊，对崔暹的妻子说："你很想念崔暹吗？"其妻回答说："想念他。"齐主说："既然这样，你就去看他吧。"于是挥剑斩下崔暹妻子的头，扔到墙外。

闰月,周更定历。　齐主杀其仆射高德政。

德政与杨愔同为相,愔忌之。齐主酗饮,德政数强谏,齐主不悦,谓左右曰:"高德政恒以精神凌逼人。"德政惧,称疾。愔曰:"若用为冀州,病当自差。"从之。德政即起,齐主大怒,杀之。

周令:"有司毋得纠赦前事。"

周主诏:"有司无得纠赦前事,唯库厩仓廪与海内所共,若有侵盗,虽经赦免罪,征备如法。"

周人败吐谷浑,置洮州。

周贺兰祥与吐谷浑战,破之,拔其洮阳、洪和二城,以其地为洮州。

五月朔,日食。　齐主杀魏宗室二十五家。

齐太史奏,今年当除旧布新。齐主问于彭城公元韶曰:"汉光武何故中兴?"对曰:"为诛诸刘不尽。"于是齐主诛始平公世哲等二十五家,囚韶等十九家。韶幽于地牢,绝食而死。

陈豫章内史熊昙朗杀周文育。

周文育、周迪共讨余孝顷之子公飏,豫章内史熊昙朗引兵会之。王琳遣其将曹庆攻迪,败之。文育退据金口。昙朗因其失利,杀文育而并其众。周敷击破之,昙朗单骑奔巴山。

齐取梁北江州,刺史鲁悉达奔陈。

鲁悉达部将引齐军入城。悉达帅麾下数千人降陈。

闰月,北周改定新历法。　齐主杀仆射高德政。

高德政与杨愔一同当北齐的宰相,杨愔忌恨高德政。齐主经常酗饮过量,高德政多次激切进谏,齐主很不高兴,对左右说:"高德政经常用凌厉的神气逼迫我。"高德政知道后很害怕,就称病在家。杨愔在齐主面前说:"陛下如果起用他当冀州刺史,他的病自己就会好的。"齐主听从了杨愔的建议。高德政接到任命为冀州刺史的文书,马上就没病起来了,齐主勃然大怒,就杀了他。

北周下诏令:"有关部门不得追究大赦以前的事。"

北周明帝宇文毓下诏书曰:"有关部门的官员不得追究大赦以前的事,唯有国家的库房、马厩、粮仓、货栈是海内共有的财产,如果有侵吞盗窃的人,虽然经过大赦免去罪行,但必须依法交纳应该赔偿的钱粮。"

北周军队打败吐谷浑,设置洮州。

北周贺兰祥与吐谷浑交战,打败了吐谷浑,攻占了吐谷浑的洮阳、洪和两城,把这两城的地方合并为洮州。

五月初一,发生日食。　齐主杀死东魏宗室二十五家。

北齐的太史奏告皇帝,今年应当除旧布新。齐主向彭城公元韶问道:"汉光武帝刘秀为什么能够中兴大业?"元韶回答说:"因为当时没把姓刘的杀干净。"于是齐主诛杀始平公元世哲等二十五家,囚禁元韶等十九家。元韶被幽禁在地牢里,断绝食物活活饿死。

陈朝豫章内史熊昙朗杀死周文育。

周文育、周迪共同讨伐余孝顷的儿子余公飏,豫章内史熊昙朗带军队与他们会合。王琳派遣他的部将曹庆进攻周迪,打败了周迪。周文育退守金口。熊昙朗乘他们失利,杀了周文育且吞并了他的部众。周敷打败熊昙朗,熊昙朗单人匹马逃奔巴山。

北齐军队攻取梁朝北江州,刺史鲁悉达投奔陈朝。

鲁悉达的部将引领北齐军进入北江州城。鲁悉达率领部下数千人投降陈朝。

六月,霖雨。

周以霖雨,诏群臣极谏。左光禄大夫乐逊言四事:其一,以为:"比来守令代归期促,责其成效,专务威猛。今关东之民沦陷涂炭,若不布政优优,何以使彼劳民归就乐土?"其二,以为:"顷者魏都洛阳,一时殷盛,贵势竞为侈靡,终使祸乱交兴。比来朝贵器服稍华,百工造作务尽奇巧,臣诚恐物逐好移,有损政俗。"其三,以为:"选曹补拟,宜与众共,众心明白,然后呈奏。"其四,以为:"高洋据有山东,未易猝制,譬犹棋劫相持,争行先后,若一行不当,或成彼利,诚应舍小营大,先保封域,不宜贪利边陲,轻为兴动。"

周王赐处士韦夐号"逍遥公",征魏将军寇儁入见。

夐,孝宽之兄也,志尚夷简,魏、周之际,十征不屈。太祖重之,不夺其志,周王礼敬尤厚,号曰"逍遥公"。晋公护延之至第,访以政事,夐仰视叹曰:"酣酒嗜音,峻宇雕墙,有一于此,未或不亡。"护不悦。

骠骑大将军、开府仪同三司寇儁,少有学行。家人尝卖物多得绢五匹,儁知之曰:"得财失行,吾所不取。"访主,还之。敦睦宗族,与同丰约,教训子孙,必先礼义。自大统中,称老疾,不朝谒。王欲见之,儁不得已入见,王引与

六月,久雨不停。

北周因为久雨不停,下诏让群臣极力进谏。左光禄大夫乐逊上书说了四件事:其一,认为:"近来太守县令任期短促,又责成他们政绩卓有成效,他们就在施政方面专门从威猛着力。现今关东的人民陷入水深火热之中,生灵涂炭,如果不施行宽厚的政策,怎么能使境外的劳苦百姓投奔这块能够安居乐业的地方呢?"其二,认为:"前不久魏国都城洛阳,一时富足强盛,权贵们竞相奢侈靡费,终于导致灾祸动乱交相出现。近来我朝权贵所用的器具,所着的服饰也开始奢华了,百工所制造的器物极尽奇巧,我实在担心这种追求精美奢华的风气成为一时之好,有损教化风俗。"其三,认为:"选拔官员去补缺或升迁,应该和大家共同商讨,让大家心里都明白,然后再启奏皇上。"其四,认为:"高洋占据山东一带,不容易很快制伏他,好比双方下围棋打劫时来回互提的战局,相持不下,争着落子的先后,如果一子下得不妥当,有时就造成了对方有利的形势,实在应该舍弃小利,而求取大利,先保住自己的疆域,不应该贪图边陲之地的小利,轻举妄动。"

周王赐处士韦夐号"逍遥公",征召西魏将军寇儁入朝相见。

韦夐,是韦孝宽的哥哥,志向崇尚平淡简约,魏、周之际,曾十次征召他做官,他都不肯屈志而就。太祖宇文泰很尊重他,不强迫他改变志向,周王对他更加礼遇敬重,赐号曰"逍遥公"。晋公宇文护延请他到府第,询问他对政事的看法,韦夐仰头看天,感叹道:"酗酒酣饮,嗜好歌舞,高屋敞厅,雕梁画栋,于此中占一样的,没有不灭亡的。"宇文护听了很不高兴。

骠骑大将军、开府仪同三司寇儁,从小就有学问有品行。家人曾卖东西时多得了五匹绢,寇儁知道后说:"得到财物失去品行,是我所不能取的。"查访绢的主人,把多得的绢还给人家。在宗族里敦厚待人,和睦相处,与大家生活水平相同,教训子孙,必先教会礼义。自大统中期,他就称年老多病,不再朝谒皇帝。周王想见到他,寇儁不得已才入朝相见,周王拉着他与

同席,问以旧事,以御舆送之。

陈侯安都败梁师于左里。 **陈主霸先殂,兄子临川王蒨立。**

陈主临戎制胜,英谋独运,而为政务崇宽简,非军旅急务,不轻调发。性俭素,常膳不过数品,私宴用瓦器、蚌盘,殽核充事而已。后宫无金翠之饰,不设女乐。

及殂,子昌、项皆以江陵之陷,没于长安。内无嫡嗣,外有强敌,宿将在外,朝无重臣,唯中领军杜稜典宿卫兵。章皇后召稜及中书侍郎蔡景历入禁中定议,急召临川王蒨于南皖。

侯安都军还,适至,遂与王俱还。至建康,群臣奉王嗣位,王谦让不敢当。后以昌故,未肯下令,群臣犹豫不能决。安都曰:“今四方未定,何暇及远!临川王有大功于天下。今日之事,后应者斩!”即按剑上殿曰:“皇后出玺。”是日,即位。以侯瑱为太尉,安都为司空。

齐主灭元氏之族。

齐主尽诛诸元,前后死者凡七百二十一人,悉弃尸漳水。唯元峦、元文遥等数家获免。定襄令元景安,欲请改姓高氏,其从兄景皓曰:“安有弃其本宗而从人之姓者乎!丈夫宁可玉碎,何能瓦全!”景安以其言白齐主,齐主诛景皓,赐景安姓高氏。

秋八月,周王始称皇帝。

自己同席而坐，询问有关魏朝的旧事，用皇帝御用的车子送他出宫。

陈朝侯安都在左里一带打败梁军。　陈武帝霸先病死，他哥哥的儿子临川王陈蒨继皇帝位。

陈武帝每次面临重大军事行动都指挥有方，克敌制胜，他英勇多谋，善于独自运筹，而处理政务则崇尚宽和简约，不是紧急军事行动，不轻易调发军队。性格俭朴，平常吃饭不过几样家常菜，私人宴会也只用瓦器、镶嵌螺钿的漆盘，装以酒菜而已。后宫嫔妃都没有披金带翠的衣饰，也不设置女乐。

到死时，儿子陈昌、侄子陈顼都因为江陵之陷被俘，囚在长安。当时国内没有嫡系子孙嗣位，外部又有强大的敌人，老将们都带兵在外，朝廷里没有主事的大臣，只有中领军杜棱掌管宫廷宿卫部队。章皇后召杜棱和中书侍郎蔡景历进入宫中商议大事，紧急征召临川王陈蒨从南皖回朝。

侯安都带领军队回朝途中，正好到了南皖，就和临川王陈蒨一起回朝。到了建康，群臣拥奉临川王陈蒨继承皇帝位，陈蒨谦让不敢接受。章皇后又因为皇子陈昌还在的缘故，不肯下令让临川王陈蒨继位，群臣犹犹豫豫不能做出决定。侯安都说："当今四方都不安定，哪里有工夫考虑长远！临川王平定东土等为国立有大功。今天的事，延后答应的斩首！"随即手按剑柄上殿说："皇后拿出玉玺来。"当天，陈蒨即皇帝位。任命侯瑱为太尉，侯安都为司空。

齐主高洋灭尽元氏宗族。

齐主高洋杀尽旧朝元姓族人，前前后后杀死的共有七百二十一人，将尸体全部扔进漳河水里。只有元峦、元文遥等几家获免。定襄县令元景安，想请求改姓高，他的堂兄元景皓说："哪里有放弃自己本宗族姓氏而跟随别人姓的人呢！大丈夫宁可玉碎，怎么能贪图瓦全呢！"元景安把他的话密告了齐主，齐主诛杀了元景皓，赐元景安改姓高氏。

秋八月，周王宇文毓开始称皇帝。

周御正中大夫崔猷建议，以为："圣人沿革，因时制宜。今天子称王，不足以威天下，请遵秦、汉旧制称皇帝，建年号。"从之。

陈主封子伯茂为始兴王。

初，高祖追封兄道谭为始兴昭烈王，以其次子顼袭封。至是陈主以顼在长安，本宗乏飨，徙封顼为安成王而以伯茂为始兴王。

周以安成公宪为益州总管。

初，周太祖平蜀，以其形胜之地，不欲使宿将居之，问诸子："谁可往者？"皆不对。少子安成公宪请行，太祖以其幼，不许。至是以为益州总管，时年十六，善于抚绥，留心政术，蜀人悦之。

冬十月，齐主洋殂，太子殷立。

齐主嗜酒成疾，自知不能久，谓李后曰："人生必有死，何足惜！但怜正道尚幼，人将夺之耳！"又谓常山王演曰："夺则任汝，慎勿杀也！"召尚书令杨愔、领军平秦王归彦、侍中燕子献、侍郎郑颐，受遗诏辅政。十月，殂于晋阳，群臣无下泣者，唯杨愔涕泗呜咽。太子殷即位，诏诸杂作一切停罢。

十一月，梁丞相琳败陈师于湓城。

王琳闻陈高祖殂，乃以孙玚为郢州刺史，总留任，奉梁主庄出屯濡须口，齐行台慕容俨帅众临江，为之声援。琳攻大雷，陈遣侯瑱、侯安都及徐度将兵御之。吴明彻夜袭湓城，琳遣任忠击明彻，大破之，因引兵东下。

北周御正中大夫崔猷建议,认为:"圣人在政权继承和变革时,都能顺应当时的情况而制定适宜的方法。现今天子只称王,不足以威慑天下,请遵照秦、汉旧制称皇帝,建立年号。"周王宇文毓听从了他的建议。

陈文帝封皇子陈伯茂为始兴王。

当初,陈武帝追封他哥哥陈道谭为始兴昭烈王,让他第二个儿子陈顼继承封号。到文帝陈蒨继皇帝位后,陈顼还被俘囚在长安,本宗没有主祭的人,于是改封陈顼为安成王,而封皇子陈伯茂为始兴王,以便供奉陈道谭的祭祀。

北周任命安成公宇文宪为益州总管。

当初,周太祖宇文泰平定蜀地,因那里地理形势优越,不想让老将镇守,就问自己的儿子们:"谁可以前往镇守蜀地?"都不回答。小儿子安成公宇文宪请求前往,周太祖认为他年幼,没有应允。到这时任命宇文宪为益州总管,当时宇文宪才十六岁,却很善于安抚百姓,注意施政之术,蜀地百姓很喜欢他。

冬十月,齐主高洋死,太子高殷即皇帝位。

齐主高洋因长期嗜酒得了重病,自己知道活不了多久,便对李后说:"人生必有一死,没什么可惜的!只是可怜皇子正道尚且年幼,恐怕别人将要夺他的皇位!"又对常山王高演说:"要夺皇位也由着你,千万不要杀害我儿子。"召集尚书令杨愔、领军平秦王高归彦、侍中燕子献、侍郎郑颐,接受遗诏辅助朝政。十月,死在晋阳,群臣们没有落泪的,只有杨愔涕泪俱下,呜咽号哭。太子高殷即位,下诏命令各种杂作之事全部暂停。

十一月,梁朝丞相王琳在溢城打败陈朝军队。

王琳听到陈高祖去世的消息,便任命孙玚为郢州刺史,总揽留守事宜,自己拥奉梁主萧庄出兵屯驻濡须口,北齐行台慕容俨统帅部众沿江摆开阵式,为他们声援。王琳进攻大雷,陈朝派遣侯瑱、侯安都以及徐度带领兵众去抵抗他。吴明彻在夜里袭击溢城,王琳派遣任忠攻击吴明彻,把他打得大败,王琳乘势率领士兵东下。

庚辰（560） 陈世祖文帝蒨天嘉元年，周武成二年，齐主殷乾明元年，肃宗孝昭帝演建元元年。

春二月，梁丞相琳伐陈，败绩。与梁主庄皆奔齐。

王琳至栅口，侯瑱出屯芜湖，相持百余日。周人闻琳东下，遣荆州刺史史宁将兵数万乘虚袭郢州，孙玚婴城自守。琳恐众溃，乃帅舟师东下，去芜湖十里而泊。齐军屯西岸，为之声势。

时西南风急，琳引兵直趣建康。瑱等徐蹑其后，风反为瑱用。琳掷火炬，皆反烧其船。瑱发拍击舰，以牛皮冒蒙冲小船触之，琳军大败。军自相蹂践，陈军乘之，斩获万计，琳走奔齐。

梁主庄左右皆散，独侍中袁泌以轻舟送庄达于齐境，拜辞而还，遂奔陈。御史中丞刘仲威奉庄奔齐。樊猛及其兄毅帅部曲降陈。

齐太傅常山王演杀尚书令杨愔等，自为丞相、都督中外诸军事。

齐显祖之丧，常山王演居禁中护丧事，娄太后欲立之而不果。齐主殷立，演仍居东馆，事皆咨决。杨愔等以演与长广王湛位地亲逼，恐不利于嗣主，忌之。居顷之，演出归第。

陈文帝

庚辰（560） 陈世祖文帝陈蒨天嘉元年，北周武成二年，北齐主高殷乾明元年，肃宗孝昭帝高演建元元年。

春二月，梁朝丞相王琳讨伐陈朝，战败。与梁主萧庄都投奔北齐。

王琳兵到栅口，侯瑱率兵屯驻芜湖，双方相持一百多天。北周人听到王琳率兵东下的消息，派遣荆州刺史史宁带兵数万乘虚袭击郢州，郢州刺史孙玚绕城设防固守郢州。王琳怕士兵们听到郢州被围的消息军心不稳溃散而去，于是率领水师加紧东下，直到离芜湖十里的地方才停泊下来。北齐军队屯驻芜湖西岸，以为声援。

当时西南风刮得很急，王琳带兵顺着风势直逼建康。侯瑱等人慢慢地率舟师从芜湖跟在后面，结果风势反被侯瑱利用。王琳让兵士掷火炬烧侯瑱军队的船，都因为逆风，反而烧了自己的船。侯瑱命令兵士执拍竿拍击王琳的兵船，用牛皮蒙着的战船猛撞王琳的舰船，王琳军队大败。岸上北齐军队也阵势大乱，自相践踏，陈朝军队乘胜追击，杀死和俘获梁军数以万计，王琳逃奔北齐。

梁主萧庄身边的人都逃散了，只有侍中袁泌用小船送萧庄到北齐边境，才拜辞而回，然后投奔陈朝。御史中丞刘仲威拥奉萧庄投奔北齐。樊猛和他的哥哥樊毅带领部众投降陈朝。

北齐太傅常山王高演杀尚书令杨愔等人，自任丞相、都督中外诸军事。

齐显祖高洋死后，常山王高演住在宫中处理丧事，娄太后想立他为帝而没有成功。齐主高殷即位，高演仍然居住在东馆，大臣们有事都先到东馆高演那儿请示决定。杨愔等人认为高演与长广王高湛地位很高，又是皇室近亲，恐怕对嗣主高殷不利，因此对他们心怀猜忌。在东馆居住一段时间后，高演搬回常山王府第。

　　或谓之曰:"鸷鸟离巢,必有探卵之患。王何宜屡出邪!"中山太守阳休之谒演,演不见。休之谓王晞曰:"昔周公朝读百篇书,暮见七十士,犹恐不足,王何疑而拒客邪!"晞乃谓演曰:"先帝时,东宫委一胡人傅之,今春秋尚富,骤览万机,殿下宜朝夕先后,亲承音旨。而使他姓出纳诏命,大权必有所归。殿下虽欲守藩,其可得邪! 借令得遂冲退,家祚亦何得长?"演默然久之,曰:"何以处我?"晞曰:"周公摄政七年,然后复辟,惟殿下虑之!"演曰:"我何敢自比周公!"晞曰:"殿下今日地望,欲不为周公,得邪?"演不应。

　　齐主还邺,人谓演必留守根本。杨愔疑之,使与长广王湛俱从。

　　平秦王归彦总知禁卫,愔留从驾五千兵于西中,阴备非常,归彦由是亦怨愔。

　　领军将军可朱浑天和每曰:"若不诛二王,少主无自安之理。"燕子献谋处娄太后于北宫,使归政李太后。杨愔又以爵赏多滥,悉加澄汰,由是失职之徒归心二王。归彦初与杨、燕同心,既而中变,尽以其谋告二王。

　　侍中宋钦道请去二王,齐主不许。愔等乃奏李太后出二王为刺史,宫人李昌仪即高仲密之妻也。李后以启示之,昌仪密启娄太后。

有人对高演说:"凶猛的鸟一旦离开鸟巢,一定有鸟蛋被掏的危险。这种形势下,大王您怎么适宜屡次外出呢!"中山太守阳休之去拜见高演,高演推托不见。阳休之对王晞说:"过去周公早上读百篇书,晚上会见七十位贤士,还唯恐做得不够,大王为何避嫌疑连宾客都拒绝不见呢?"王晞就对高演说:"先帝时,曾委派一个胡人去辅导东宫太子,当今皇上年龄尚小,骤然处理日理万机,殿下正应该早晚陪在皇上身边,亲自听取皇上的言语圣旨。如果让外姓人传递圣旨诏命,国家大权必然会另有所归。殿下虽然想退守藩国,那时还能得到吗!即使你能遂心所愿,急流勇退,高家的国运还能长久吗?"高演沉默良久,才说:"那我该怎样自处呢?"王晞说:"周公曾抱着成王摄政七年,然后把政权还给成王,自己再引退,希望殿下好好考虑!"高演说:"我怎么敢自比周公呢!"王晞说:"殿下当今的地位声望,想不当周公,能行吗?"高演没有应声。

　　齐主高殷将要回邺城继位,人们认为高演必会被留下镇守晋阳这块国家根本之地。杨愔怀疑高演,让他和长广王高湛都跟从高殷走。

　　平秦王高归彦总管禁卫军,杨愔传敕令,留下从驾的五千多精兵在晋阳,暗中防备非常事件,高归彦事后才知道这一安排,从此也怨恨杨愔。

　　领军将军可朱浑天和经常说:"如果不诛杀二王,少主不可能平安执政。"燕子献谋划着把太皇太后娄太后搬到邺城的北宫,好使国家政权由李太后掌管。杨愔又因为官爵赏赐太多太滥,全部加以澄清淘汰,因此解除了很多人的官职,从此这些人都归心于两位王叔。高归彦当初与杨愔、燕子献一条心,后来中途改变,把他们的阴谋全部密告二王。

　　侍中宋钦道向齐主高殷启奏尽快除去二王,齐主没同意。杨愔等人就启奏李太后要把二王派出去当刺史,宫人李昌仪,是高仲密的妻子,和李后关系甚好,李太后就把杨愔等人的奏折给她看,李昌仪便秘密地把奏折内容报告了娄太后。

憎等又议不可令二王俱出，乃奏以湛镇晋阳，演录尚书事。二王拜职，于尚书省大会百僚。憎等将赴之，郑颐止之，憎不听。湛伏家僮数十人于后室，与贺拔仁、斛律金等数人约，于坐执憎及天和、钦道、子献殴之。憎大言曰："诸王反逆，欲杀忠良邪！尊天子，削诸侯，赤心奉国，何罪之有？"使人执颐，颐曰："不用智者言至此，命也！"

二王与归彦等拥憎等突入云龙门，开府成休宁抽刃呵演，演使归彦谕之，不从。归彦久为领军，军士服之，皆弛仗，休宁叹息而罢。演入至昭阳殿，娄太后出坐殿上，李太后及齐主侧立。演叩头曰："臣与陛下骨肉至亲，杨遵彦等欲独擅朝权，威福自己。若不早图，必为宗社之害。臣与湛等已共执之，未敢刑戮。专辄之罪，诚当万死。"

时卫士二千余人皆被甲待诏，武卫娥永乐，武力绝伦，素为显祖所厚，叩刀仰视。齐主素吃讷，仓猝不知所言。娄太后令却仗，不退，又厉声曰："奴辈即令头落！"乃退。永乐内刀而泣。

娄太后因问："杨郎何在？"贺拔仁曰："一眼已出。"娄太后怆然曰："杨郎何所能为，留使岂不佳邪！"乃让齐主曰："此等怀逆，欲杀我二子，次将及我，尔何为纵之？"齐主犹不能言。娄太后怒且悲曰："岂可使我母子受汉老妪斟酌！"李太后拜谢。齐主乃曰："天子亦不敢为叔惜，况此汉

杨愔等人又商议不可以让二王都出去当刺史,于是启奏任命高湛镇守晋阳,高演为录尚书事。二王拜领官职后,在尚书省大会百官。杨愔等人将要去赴会,郑颐劝阻他们,杨愔等人不听。长广王高湛早就在录尚书后室埋伏家僮几十人,并与贺拔仁、斛律金等几人约好,在宴会时于坐中抓住杨愔以及可朱浑天和、宋钦道、燕子献并痛打他们。杨愔大声说:"诸王造反谋逆,想杀忠臣良将吗! 我尊奉天子,削弱诸侯,赤心报国,有什么罪!"派人去抓郑颐,郑颐说:"不听聪明人的话以至于此,这是命呀!"

　　二王和高归彦等人推拥着杨愔等人闯进云龙门,开府成休宁抽出刀来大声呵斥高演,高演派高归彦去说服他,他不服从。高归彦长期担任领军,军士们都敬服他,都放下了手中的兵器,成休宁只好叹息着罢手。高演进入皇宫来到昭阳殿,娄太后已经出来坐在殿上,李太后和齐主高殷侧立在旁边。高演叩头说:"臣和陛下是骨肉至亲,杨遵彦等人想独揽朝政,自己作威作福。如果不早日除掉他们,必定成为宗庙社稷的大害。我与高湛等人已经一起抓住了他们,未敢行刑杀戮。事先没有启奏,专断之罪,实在罪该万死。"

　　当时宫中卫士二千多人都全副武装等待诏令,武卫娥永乐,武艺高强无与伦比,一向为齐显祖高洋所厚待,此时手叩刀刃仰视齐主。齐主高殷平素就口吃说话木讷,仓促之间更不知说什么好。娄太后下令放下武器退下,卫士们不退,娄太后又厉声喝道:"你们这些奴才,立刻就让你们掉脑袋!"卫士们才退下。娥永乐把刀插入鞘内并且小声哭了。

　　娄太后便问:"杨郎在哪儿?"贺拔仁说:"他的一只眼睛已经被打出来了。"娄太后悲伤地说:"杨郎能有什么作为,留着他使唤岂不更好!"于是责备齐主高殷说:"这些心怀叛逆的人,想杀我的两个儿子,接着就要杀害我,你为什么纵容他们?"齐主高殷还是说不出话来。娄太后既生气又悲伤地说:"难道可以让我们母子受这个汉人老太婆的摆布吗!"李太后赶紧跪下谢罪。齐主高殷才说:"天子也不敢为叔叔的事惜身惜命啊,何况这些汉人

辈！但匄儿命，自下殿去，此属任叔父处分。"遂皆斩之。

演令归彦引卫士向华林园，以京畿军士入守门阁，斩娥永乐。娄太后临愔丧，哭曰："杨郎忠而获罪。"演亦悔杀之。以中书令赵彦深代杨愔总机务。鸿胪少卿阳休之私谓人曰："将涉千里，杀骐骥而策蹇驴，可悲甚矣。"遂以演为大丞相，都督中外诸军，录尚书事。

陈衡阳王昌，自周归于陈。

初，陈高祖以其子昌、顼在长安，屡请之于周，周不遣。至是乃遣昌还。昌致书陈主，辞甚不逊。陈主召侯安都谓曰："太子将至，须别求一藩归老。"安都曰："自古岂有被代天子！臣愚，不敢奉诏。"请自迎之。于是，陈主以昌为衡阳王。

三月，齐丞相常山王演如晋阳。

演如晋阳，谓王晞曰："不用卿言，几至倾覆。今当何以处我？"晞曰："殿下往时位地，犹可以名教出处。今日事势，遂关天时，非复人理所及。"齐主遂诏："军国之政，皆申晋阳，禀大丞相规算。"

梁郢州刺史孙瑒降陈。

周军初至郢州，得其外城，遂攻内城，烧其南面五十余楼。孙瑒兵不满千人，身自抚循，行酒赋食，士卒皆为之死战。周人不能克，乃授瑒刺史。瑒伪许以缓之，而潜修守备，

之辈！只要给侄儿一条命，我自己下殿离开，这些人任凭叔父处治。"于是把杨愔等人全都斩了。

高演命令高归彦带领卫士到华林园，换用京城一带的军士入宫担任守卫，斩杀了娥永乐。娄太后亲临杨愔的丧事，哭着说："杨郎是为忠君而获罪的呀。"高演也后悔杀了杨愔。任命中书令赵彦深代替杨愔总管朝廷机要大事。鸿胪少卿阳休之私下对人说："这真是将要千里之行，却杀了骐骥骏马而鞭策一匹瘸腿老驴，实在太可悲了。"于是封高演为大丞相，都督中外诸军事，录尚书事。

陈朝衡阳王陈昌，从北周回到陈朝。

当初，陈高祖因为他的儿子陈昌、侄子陈顼陷落在长安，多次请求北周把他们放回来，北周不放。到陈高祖去世后才遣送陈昌回陈朝。陈昌给陈文帝写了一封信，信中言辞很不谦逊。陈文帝召来侯安都对他说："太子将要到了，我得另外求得一块封藩之地作为养老的地方。"侯安都说："自古以来哪里有被代替的天子！臣下愚昧，不敢接受诏令。"并请求自己去迎接陈昌。于是，陈文帝就封陈昌为衡阳王。

三月，北齐丞相常山王高演到晋阳。

高演到达晋阳，对王晞说："我当初不听您的话，几乎到了覆没的地步。今后我应当怎么样自处呢？"王晞说："殿下过去所处的地位，还可以以名教纲常进退出处。今天的形势，已经关系到天时天命，不再是人间常理所能处置的了。"齐主高殷于是下诏："凡是军国政要大事，都申报到晋阳去，禀告大丞相规划谋算。"

梁朝郢州刺史孙玚投降陈朝。

北周军队刚到郢州时，占领了外城，接着攻打内城，火攻烧掉了郢州内城南面的五十多座楼。孙玚手下的兵士不足千人，但他能够亲自安抚慰劳兵士，给他们送酒送饭，兵士们都愿意为他拼死战斗。北周人攻城不下，于是授予孙玚刺史的职务，用来诱降。孙玚假意答应，作为缓兵之计，而暗地里加紧修整防备，

一朝而具,乃复拒守。周人闻陈兵至,乃解围去。场集将佐谓之曰:“吾与王公同奖梁室,勤亦至矣,今时事如此,岂非天乎!”乃以州降陈。王琳之东下也,陈主征南、川兵,周迪、黄法氍赴之,熊昙朗塞其中路,迪等围之,及琳败,昙朗走死。

陈主杀其弟衡阳王昌。

陈衡阳王昌,济江,侯安都中流陨之,使以溺告。安都以功进爵清远公。

陈遣使如周。

初,高祖遣毛喜从安成王顼诣江陵,至是与昌俱还,因进和亲之策。陈主乃使周弘正通好于周。

夏四月,周冢宰护进毒弑其君毓,毓弟鲁公邕立。

周明帝明敏,有识量,宇文护惮之,使膳部中大夫李安置毒于糖餹而进之。周主觉之,口授遗诏五百余言,且曰:“朕子年幼,未堪当国。鲁公邕,朕之介弟,宽仁大度,海内共闻,能弘我周家,必此子也。”遂殂。邕即位,邕性深沉,有远识,非因顾问,未尝辄言。

六月,陈人葬梁孝元帝。　八月,齐常山王演废其主殷为济南王而自立。

演以司马王晞儒缓,恐不允武将之意,每夜载入,昼则不与语。尝密谓曰:“比诸勋贵,每敦迫,言我违天不祥,恐当有变。吾欲以法绳之,何如?”晞曰:“比者殿下仓猝

一旦修整完备,就又拒城固守。北周人听说陈朝的军队就要到来,才解围离开了。孙场召集部下将领,对他们说:"我和王琳共同扶助梁室,勤劳效力也到家了,当今形势这样,难道不是天命吗!"于是以郢州投降陈朝。王琳的水军东下的时候,陈文帝征召南川、江州一带的军队,由周迪、黄法氍率领赴敌,熊昙朗占据豫章,堵住了进军路线,周迪等军队围起来攻打他,到王琳兵败,周迪等乘势攻占了豫章城,熊昙朗在逃跑中被杀。

陈文帝杀了他的堂弟衡阳王陈昌。

陈朝衡阳王陈昌,渡长江时,被侯安都在江中害死,派使者报告说淹死了。侯安都因杀陈昌有功,进爵为清远公。

陈朝派遣使者到北周。

当初,陈高祖派毛喜跟从安成王陈顼到江陵去,到这时和陈昌一起回到陈朝,向朝廷进献了与北周和睦亲善的策略。陈文帝于是派使臣周弘正去北周,修通友好关系。

夏四月,北周大冢宰宇文护进毒物杀死了他的国君宇文毓,宇文毓的弟弟鲁公宇文邕被立为皇帝。

周明帝英明聪敏,有见识有气量,宇文护很害怕他,便指使膳部中大夫李安在糖饼里放上毒药送上去。周明帝吃后感觉到了,口授遗诏五百多字,而且说:"我的儿子年龄小,不能担当治理国家的大任。鲁公宇文邕,是我的大弟弟,一向宽仁大度,他的声望海内共知,能弘扬我周家帝业的,一定是这个孩子!"说完就去世了。宇文邕即皇帝位,宇文邕性格深沉,有远见卓识,不是因为询问,从不随便说话。

六月,陈朝埋葬梁孝元帝。 八月,北齐常山王高演废掉国主高殷为济南王,而自立为皇帝。

高演认为司马王晞宽柔和缓,怕他不称武将们的心意,便每天夜里用车载他进相府议事,白天则不和他说话。曾经悄悄对王晞说:"近来诸位勋戚权贵,每每对我敦促催逼,说我违背天意而不即位,很不吉祥,恐怕长此下去会有变故。我想依法治他们鼓吹篡逆之罪,你认为如何呢?"王晞说:"不久前殿下仓促间

所行,非复人臣之事。上下相疑,何由可久!殿下虽欲谦退,恐坠先帝之基。"演曰:"卿勿多言。"晞又密以问赵彦深,彦深曰:"我比亦惊此声论,每欲陈闻,则口噤心悸。弟既发端,吾亦当昧死一披肝胆。"因共劝演。

演遂言于娄太后。赵道德曰:"相王不效周公辅成王,而欲骨肉相夺,不畏后世谓之篡邪!"未几,演自启太后,以"人心未定,恐奄忽变生,须早定名位。"太后从之。

八月,下令废齐主为济南王,出居别宫。以常山王演入纂大统,且戒之曰:"勿令济南有他也!"演遂即位于晋阳。诏绍封功臣,礼赐耆老,延访直言,褒赏死事,追赠名德。

谓王晞曰:"卿何为自同外客,略不可见?"即敕晞与尚书阳休之、鸿胪卿崔劼,日入东廊,举录历代礼乐、职官及田市、征税,或不便于时而相承施用;或自古为利而于今废坠;或道德高隽,久在沉沦;或巧言眩俗,妖邪害政者,详思条奏,给以御食。

齐主识度沉敏,少居台阁,明习吏事,即位尤自勤励,大革显祖之弊。尝问舍人裴泽得失,对曰:"陛下聪明至公,而颇伤细,帝王之度,颇为未弘。"齐主笑曰:"朕初临万机,

诛灭杨愔等人的行动,已经不再是为人臣的人该做的事。现在是上下互相怀疑,这种局面怎么可以长久!殿下即使想谦逊退让,恐怕是要坠毁先帝留下的基业了。"高演说:"你不要再多说了。"王晞又以此密探赵彦深的意思,赵彦深说:"我近来也为这种舆论而吃惊,每次想把自己的意见陈述出来,可话到嘴边又吓得闭了嘴,心惊肉跳。现在你既然发端说出来了,我也要冒死披露一下肝胆之言。"于是便和王晞一起向高演劝进。

高演于是把这些劝进的话告诉了娄太后。赵道德说:"相王您不效法周公辅助成王,而想行骨肉争夺的事,就不怕后世说你篡逆吗?"没过多久,高演又亲自启奏娄太后,说:"现在天下人心不安定,担心会忽然发生变乱,必须早日确定名位。"娄太后答应了他。

八月,娄太后下敕令废北齐国主高殷为济南王,搬出皇宫,住到别宫去。让常山王高演入朝登基,并且告诫高演说:"不能让济南王有其他意外之事!"高演就在晋阳即皇帝位。下诏封赏功臣,礼遇厚赐老臣,延请寻访敢于直言进谏的人,褒扬奖赏死节之士,追赠他们的荣名,表彰他们的德行。

齐主高演对王晞说:"你为什么把自己看得如同外客似的,简直见不到你的面?"于是敕令王晞与尚书阳休之、鸿胪卿崔劼,每天进到东廊,列举抄录历代有关礼乐、职官以及田市、赋税等方面制度沿革的情况,或者不适合现实的情况却还在沿袭施用;或者自古以来受利而现今却废除了的事;或者道德高尚,却长久沉沦在下;或者花言巧语迷惑众人、煽动妖邪危害政事的人,都详细列举具体分析,逐条奏闻给皇上,宫中每天都供给他们御食。

齐主高演气度深沉,识见敏锐,从小住在台阁之中,对公府政务非常熟悉,即位后尤其勤勉自励,彻底革除齐显祖高洋时的弊政。高演曾经问舍人裴泽外面对他执政得失有什么议论,裴泽回答说:"陛下耳聪目明,处理事务很公道,但过于琐细,作为帝王的气度,还是不够强大。"齐主高演笑着说:"我刚刚亲临万机,

虑不周悉,故致如此。但恐后又嫌疏漏耳。"群臣进言,皆从容受纳。性至孝,太后不豫,容色贬悴,衣不解带,食饮药物,皆手亲之。太后尝心痛不自堪,齐主立侍帷前,以爪掐掌代痛,血流出袖。友爱诸弟,无君臣之隔。

陈太尉侯瑱攻湘州。周遣军司马贺若敦救之。

江陵之陷也,巴、湘之地皆入于周,周使后梁守之。陈使侯瑱等将兵逼湘州,周遣军司马贺若敦、独孤盛救之,军于湘州。

会粮援断绝,敦恐瑱知之,乃于营内多为土聚,覆之以米,召旁村人,阳有访问,随即遣之。瑱以为实,敦又增修营垒,为久留之计。

先是,土人多乘轻船,载肉米饷瑱军。敦乃伪装饷船,伏甲士于中,瑱军望见,逆来争取,甲士出而擒之。又敦军数有乘马投瑱者。敦乃别取一马,牵以趣船,令船中逆以鞭鞭之。如是再三,马畏不上,然后伏兵江岸,使人乘畏船马诈降瑱军,瑱遣兵迎接,马畏船不上,伏发尽杀之。后实有馈饷及亡降者,瑱皆拒击之。瑱袭破独孤盛于杨叶洲,盛收兵登岸,筑城自保。

冬十一月,齐以卢叔虎为太子庶子。

齐主问时务于叔虎。叔虎请伐周,曰:"我强彼弱,我富彼贫,其势相悬。然未能并吞者,此失于不用强富也。

总担心考虑得不够周全，所以才造成这种情况。但恐怕以后又会嫌我办事疏漏了。"对群臣的进言，齐主高演都能从容大度地接受采纳。生性非常孝顺，太后身体不适，他就愁得神色憔悴，睡觉连衣服也不敢脱，太后的饮食药物，都亲手侍奉。太后曾有一次心痛得不堪忍受，齐主侍立在床帷前，急得用指甲掐自己的手掌来代替太后的痛苦，以致掐破手掌，鲜血流出袖口。对几个弟弟也很友爱，没有君臣之间的隔膜。

陈朝太尉侯瑱攻打湘州。北周派遣军司马贺若敦救援他。

当初江陵陷落时，巴、湘一带的地盘都归了北周，北周任命后梁旧人守卫。陈朝派侯瑱等人带兵逼近湘州，北周派遣军司马贺若敦、独孤盛前去救援，屯军在湘州。

碰上援粮断绝，贺若敦怕侯瑱得知这一情况，于是在军营里堆了好多土堆，上面盖上一层米，然后召集附近村民进营来，假装向他们了解情况，随后遣散走了。侯瑱听了村民们的传言信以为真，贺若敦又增修营房堡垒，做出要长期留驻的打算。

原先，当地土人经常驾着小船，载着肉、米来供应侯瑱的军队。贺若敦就让伪装一些装粮饷的船，暗伏甲士于船中，侯瑱的军士看见小船，都迎上来争着取东西，埋伏的甲士突然冲出，把来取东西的士兵都抓获了。还有，贺若敦军中多次有骑马去投降侯瑱的人。贺若敦就另找一匹马，牵着往船上走，马将上船时就让船上的人迎出来用鞭子抽马。像这样多次重复，马见了船就怕得不敢上去了，然后在江岸埋伏好兵士，派人骑着那匹畏船马向侯瑱军队诈降，侯瑱派兵来迎接，马怕船怎么也不上，侯军争着来拉马，伏兵冲出来，把接应的侯军全杀了。后来真正来送粮饷的船和投降的人，侯瑱都拒收并打击他们。侯瑱袭击并攻破在杨叶洲筑防的独孤盛，独孤盛收拢残兵登上江岸，修筑城墙自保。

冬十一月，北齐任命卢叔虎为太子庶子。

齐主高演向卢叔虎询问时局和策略。卢叔虎建议讨伐北周，说："我们强大他们虚弱，我国富庶他们贫困，双方实力悬殊。然而未能吞并北周的原因，是失于没有发挥我国强大富庶的优势。

宜立重镇于平阳,与彼蒲州相对,深沟高垒,运粮积甲。彼闭关不出,则蚕食其地;若彼出兵,则费损必多。我军士年别一代,谷食丰饶。彼来求战,我则不应;彼若退去,我乘其弊。与我相持,农业且废,不过三年,彼自破矣。"齐主深善之。

齐主自将击库莫奚,走之。　十二月,陈制春、夏不断死刑。　巴陵降陈。

周巴陵城主尉迟宪降陈。独孤盛将余众潜遁。

齐以王晞为侍郎,不受。

齐主斩人于前,问王晞曰:"是人应死不?"晞曰:"应死,但恨死不得其地耳。臣闻'刑人于市,与众弃之',殿廷非行戮之所也。"齐主改容谢之。

欲以为侍郎,苦辞不受。或劝之,晞曰:"我少年以来,阅要人多矣,得志少时,鲜不颠覆。且吾性实疏缓,不堪时务,人主恩私,何由可保! 万一披猖,求退无地。非不好作要官,但思之烂熟耳。"

齐置屯田。

初,齐境籴贵,左丞苏珍芝建议,修石鳖等屯,自是淮南军防足食。平州刺史嵇晔建议,开督亢陂,置屯田,岁收稻粟数十万石,北境周赡。又于河内置怀义等屯,以给河南之费。自是稍止转输之劳。

我认为应该在平阳建立军事重镇，与北周的蒲州相对抗，开挖深沟，修筑高垒，运足军粮，囤积兵甲。对方如果闭关不出，我军就蚕食他的地盘；如果对方出兵交战，必定费损很多。我方的军士可以一年更换一代，粮食又很丰富。对方前来挑战，我方则不应战；对方如果退却，我方可乘机袭击。对方和我方相持，农业差不多会荒废，不出三年，对方就会不攻自破。"齐主高演认为他说的特别对。

齐主高演亲自率兵进击库莫奚，库莫奚败逃。 十二月，陈朝规定春、夏季对死刑犯人不行刑。 北周巴陵城投降陈朝。

北周的巴陵城主尉迟宪投降陈朝。独孤盛带着残兵悄悄逃跑了。

北齐任命王晞为侍郎，王晞推辞不受。

齐主高演要把一个人在自己面前斩首，问王晞说："这个人应不应该死？"王晞说："应该死，但很遗憾这不是他应该死的地方。我听说'处死犯人应该在市集上，表示和众人一起抛弃他'，殿堂宫廷不是杀人的地方。"齐主神色庄重地表示道歉。

齐主想任命王晞为侍郎，王晞苦苦推辞不答应。有人劝王晞，王晞说："我从少年以来，见到身居高位的要人多了，得意不了多久，很少有不倒台的。况且我生性实在疏懒，举止迂缓，不堪俗务缠身，仅凭皇上的私恩，怎么可以保全长久呢！万一失败，想求个退路都没有地方。不是我不喜好做显要的官，只不过是把进退利害考虑得透彻罢了。"

北齐设置屯田。

当初，北齐境内买粮食很贵，左丞苏珍芝建议，在石鳖等地修治屯田，从那时起淮南一带驻防的军队粮食自足。平州刺史嵇晔建议，在督亢陂一带开荒，设置屯田，每年收获稻米几十万石，北方边境一带粮食也富足了。又在河内一带设置怀义等屯垦地区，以供给河南的粮食消费。从此慢慢终止了转运粮食的辛劳。

辛巳（561）　陈天嘉二年，周高祖武帝邕保定元年，齐世祖武成帝湛太宁元年。

春正月，周太师护自加都督中外诸军事。

又诏五府总于天官，事无巨细，皆先断后闻。

齐以王琳为扬州刺史。

齐主使王琳出合肥召募，更图进取。陈合州刺史裴景徽，请为乡导。齐主使琳与卢潜将兵赴之，琳沉吟不决。景徽恐事泄，挺身奔齐。齐主以琳为骠骑、开府、扬州刺史，镇寿阳。

湘州降陈，周师还。

周湘州城主殷亮降陈。侯瑱与贺若敦相持日久，不能制，乃借船送敦等度江。敦虑其诈，报云：“必须我归，可去我百里之外。”瑱留船江岸，引兵去之。敦乃自拔北归。宇文护以敦失地无功，除名为民。

二月，周以韦孝宽为勋州刺史。

周人以韦孝宽尝立勋于玉壁，乃置勋州于玉壁，以孝宽为刺史。

孝宽有恩信，善用间谍，齐之动静皆先知之。有主帅以城降齐，孝宽遣谍斩之。

齐境生胡数为抄掠，不可诛讨。孝宽欲筑城于险要以制之，遣开府姚岳监之。岳以兵少不敢前。孝宽曰：“此城距晋州四百余里，筑之十日可毕。吾一日创手，三日敌境始知，晋州征兵，三日方集，谋议之间，自稽三日，计其军行，

辛巳（561）　陈天嘉二年,北周高祖武帝宇文邕保定元年,北齐世祖武成帝高湛太宁元年。

春正月,北周太师宇文护自己加封都督中外诸军事。

又下诏地官、春官、夏官、秋官、冬官五府属于天官府总管辖,事情无论大小,都先由宇文护决断后才奏闻皇上。

北齐任命王琳为扬州刺史。

齐主高演派王琳由合肥出发,召募北方丁勇,以图进一步发展。陈朝合州刺史裴景徽,愿意为王琳作内应。齐主高演派王琳和卢潜带兵前去策应,王琳犹豫不决。裴景徽恐怕事情泄漏,就挺身出逃,投奔北齐。齐主高演任命王琳为骠骑大将军、开府仪同三司、扬州刺史,让他镇守寿阳。

北周湘州城主殷亮投降陈朝,北周的军队退回。

北周湘州城主殷亮投降了陈朝。侯瑱与贺若敦两军对峙的日子长了,侯瑱也不能取胜,就说借些船只给贺若敦等人,送他们渡江回去。贺若敦担心其中有诈,就派人回答说:"如果一定让我北归,你们先撤军离开我军百里以外。"侯瑱把船只留在岸边,率兵退去。贺若敦才自己拔营北归。北周宇文护因为贺若敦丢失土地又无战功,将他削职为民。

二月,北周任命韦孝宽为勋州刺史。

北周因为韦孝宽曾在玉壁立过功勋,于是就在玉壁设置勋州,任命韦孝宽为刺史。

韦孝宽善施恩惠又讲信用,善于利用间谍,所以北齐方面的动静都能事先知道。有一个主帅企图献城投降北齐,韦孝宽就派遣间谍杀了他。

北齐境内的一些胡人多次越境骚扰掠夺,又不能越境去讨伐。韦孝宽想在险要之地修筑城垣,用来制伏胡人,派遣开府姚岳去监督修筑。姚岳因为兵少不敢前去。韦孝宽说:"这个城距离晋州有四百多里,我估计十天可以修好。我们第一天开工,第三天敌人方面才得到消息,晋州方面征调军队,三天才能召齐,谋划计议之间,自然得用三天的时间,计算他们的行军速度,

二日不到。我之城隍办矣。"乃筑之。齐人果至境上,疑有
大军,停留不进。其夜,孝宽使诸村纵火,齐人以为军至,
收兵自固。岳卒城而还。

三月,周制十二丁兵。
周改八丁兵为十二丁兵,率岁一月役。

夏四月朔,日食。　秋七月,周更铸钱。
文曰"布泉",一当五,与五铢并行。

九月,齐主演弑济南王。
齐主之诛杨、燕也,许以长广王湛为太弟,既而立太子
百年,湛心不平。齐主在晋阳,湛守邺。散骑常侍高元海
典机密,齐主以斛律羡为领军,分湛权,湛不听羡视事。

是时,济南闵悼王在邺,望气者言:"邺中有天子气。"
平秦王归彦恐王复立,劝齐主除之。齐主使归彦至邺,征
济南王。

湛内不自安,问计于高元海,元海曰:"有三策:请殿下
如梁孝王故事,从数骑入晋阳,见太后、主上,请去兵权,不
干朝政,此上策也。不然,表请青、齐刺史,沉靖自居,此中
策也。"更问下策,曰:"发言即恐族诛。"固逼之,元海曰:
"济南世嫡,主上夺之。今集文武,示以征济南之敕,执斛
律丰乐,斩高归彦,尊立济南,号令天下,以顺讨逆,此万
世一时也。"湛大悦,然未能用。林虑令潘子密,晓占候,

两天是到不了的。等敌军到时，我们的城垣早修成了。"于是修筑城垣。北齐军队果然来到边境上，又怀疑有大军埋伏，因此停留不敢贸然进攻。这天夜里，韦孝宽让各村都点起火来，北齐军队以为北周大军到来，收兵自守。姚岳修好城垣，顺利而归。

三月，北周改制为十二丁兵。

北周把原来每年八批服劳役的民丁改分为十二批，每批民丁每年服役一个月。

夏四月初一，发生日食。　秋七月，北周再铸新钱。

新铸钱币上的字是"布泉"，一枚当五枚小钱，与五铢钱一起流通。

九月，齐主高演杀死济南王高殷。

齐主高演杀杨愔、燕子献等人时，许诺让长广王高湛当太弟，后来立了太子百年，高湛心里愤愤不平。齐主高演在晋阳，高湛留守在邺城。散骑常侍高元海负责掌管机密，齐主任命斛律羡为领军，以分散高湛的权力，高湛不让斛律羡到领军府任职。

这时，济南闵悼王高殷住在邺城，有个会望气之术的人说："邺中有天子之气。"平秦王高归彦怕济南王高殷重新复位，就劝齐主除去济南王高殷。齐主就派高归彦到邺城，征召济南王高殷到晋阳。

高湛内心惴惴不安，就向高元海询问计策，高元海说："有三条计策：请殿下效法汉景帝时梁孝王的旧例，带上几个随从到晋阳，先去拜见娄太后，再去拜见皇上，请求解除自己的兵权，从此不再干预朝政，这是上策。不这样的话，就上表请求去当青、齐二州刺史，沉默安静地住在那儿，这是中策。"进一步问下策，高元海说："说出来怕马上遭灭族之祸。"高湛硬逼他说出来，高元海说："济南王是先帝的嫡子，圣上夺了他的皇位。现在你召集文武百官，把皇上征召济南王高殷去晋阳的敕令出示给他们看，把斛律丰乐抓起来，把高归彦斩首，尊立济南王为皇帝，号令天下，以顺来讨伐高演篡逆，这是万世一时的大好机会。"高湛非常高兴，然而未能采用。林虑县令潘子密，通晓占卜观象之术，

潜谓湛曰:"殿下当为天下主。"湛乃送济南王于晋阳,齐主杀之。

冬十月朔,日食。 **十一月,齐主演殂。弟长广王湛立,废太子百年为乐陵王。**

齐主演出畋,马惊坠地,绝肋。娄太后视疾,问济南所在者三,齐主不对。太后怒曰:"杀之邪? 不用吾言,死其宜矣!"遂去,不顾。

齐主乃征湛立之,又与书曰:"百年无罪,可以乐处置之,勿效前人。"遂殂。湛犹疑其诈,使所亲先诣殡所发视,使者复命,乃喜,驰赴晋阳即位,立百年为乐陵王。

周遣使如陈。

周人许归陈安成王顼,使司会上士京兆杜杲如陈。陈主遣使报之,并赂以黔中地及鲁山郡。

十二月,陈立盐赋榷酤法。

庶子虞荔、中丞孔奂,以国用不足,奏立之。

壬午(562) 陈天嘉三年,齐清河元年,周保定二年,后梁世宗岿天保元年。

春,闰二月,齐以高归彦为冀州刺史,和士开为黄门侍郎。

平秦王归彦为肃宗所厚,恃势骄盈,至是侍中高元海等言其必为祸乱。齐主亦寻其反覆之迹,渐忌之,以为冀州刺史,敕令早发,督将悉送,拜辞而退,莫敢与语。唯赵郡王睿与语久之。

私下对高湛说:"殿下该当成为天下人主。"高湛于是送济南王高殷到晋阳,齐主高演杀了高殷。

冬季十月初一,发生日食。 十一月,齐主高演死。高演弟长广王高湛即皇帝位,废黜太子高百年为乐陵王。

齐主高演出去打猎,马受惊吓把他摔在地下,摔断了肋骨。娄太后来探望他的病情,再三问济南王高殷在哪儿,齐主不回答。娄太后愤怒地说:"被你杀了吧? 不听我的话,你死了也应该!"说完就离开了,头都不回。

齐主于是征召高湛,立他做皇帝,又写信说:"高百年没有罪,可以好好安置他,不要学前人的样子。"然后就死了。高湛还怀疑其中有诈,派自己的亲信先到停放高演灵柩的地方,开棺察看,使者回邺城报告,高湛才大喜,急忙奔赴晋阳即皇帝位,立太子高百年为乐陵王。

北周派遣使者到陈朝。

北周答应送安成王陈顼回陈朝,派司会上士京兆杜杲到陈朝。陈文帝马上派使者回报北周,并以黔中地区和鲁山郡赠送北周。

十二月,陈朝建立征收盐税和专利卖酒的办法。

这是庶子虞荔、中丞孔奂,因为国家财政用度不够,启奏皇上建立的。

壬午(562) 陈天嘉三年,北齐清河元年,北周保定二年。后梁世宗萧岿天保元年。

春季,闰二月,北齐任命高归彦为冀州刺史,和士开为黄门侍郎。

平秦王高归彦受到肃宗高演的厚爱,倚仗权势,骄横跋扈,到这时,侍中高元海等人说他必定为祸乱。齐主高湛也想到他反复无常的劣迹,渐渐对他猜忌起来,任命他为冀州刺史,下令他及早出发,督将全部送行,高归彦拜辞后退下来,没有人敢和他说话。只有赵郡王高睿和他说了好久。

齐主之为长广王也，和士开以善握槊、弹琵琶有宠，及即位，累迁黄门侍郎。高元海及中丞毕义云、黄门郎高乾和皆疾之，将言其事。士开乃奏元海等交纳朋党，欲擅威福，乾和由是被疏。义云纳赂，得为兖州刺史。

陈遣兵讨其江州刺史周迪于临川。

初，陈主征迪出镇盆城，不至。豫章太守周敷独先入朝，进号安西将军，给鼓吹、女妓、金帛，还豫章。迪不平，阴与留异相结，遣兵袭敷，敷与战，破之。闽州刺史陈宝应亦阴与异合。

虞荔弟寄，流寓闽中，荔思之成疾，陈主为荔征之，宝应留不遣。寄常从容讽以逆顺，宝应辄引它语以乱之。宝应尝使人读《汉书》，卧而听之，至蒯通说韩信曰：“相君之背，贵不可言。”蹶然起坐曰：“可谓智士！”寄曰：“通一说杀三士，何足言智！岂若班彪王命，识所归乎！”

寄知宝应不可谏，恐祸及己，乃著居士服，居东山寺，阳称足疾。宝应使人烧其屋，寄安卧不动，亲近将扶之出，寄曰：“吾命有所悬，避将安往！”纵火者自救之。

陈主乃以吴明彻为江州刺史，督黄法氍、周敷共讨周迪。
齐以卢潜为扬州刺史。
王琳数欲南侵，卢潜以为未可，齐主许之。琳由是与潜

齐主高湛还在当长广王时,和士开因为善于"握槊"和善弹琵琶而受到长广王的恩宠,等到长广王即位,和士开多次升迁,直至黄门侍郎之职。高元海及中丞毕义云、黄门郎高乾和都恨他,将要告发他的坏事。和士开竟先向高湛启奏高元海等人互相交结成为朋党,想擅自专权,作威作福,高乾和因此被齐主高湛疏远了。毕义云向和士开进纳贿赂,得以任命为兖州刺史。

陈文帝派兵到临川征讨江州刺史周迪。

当初,陈文帝征召周迪出镇盆城,周迪不赴任。豫章太守周敷独自率先应召入朝,朝廷给他进封号为安西将军,还送给他鼓吹乐队、歌舞妓、金帛,返回豫章。周迪很不服气,暗地里与留异相勾结,派兵袭击周敷,周敷和他们交战,打败了他们。闽州刺史陈宝应也暗地里和留异联合。

虞荔的弟弟虞寄,寄居在闽中,虞荔想念他而生了病,陈文帝为虞荔征召虞寄回来,但陈宝应扣留不放。虞寄经常在闲谈中以叛逆、归顺的道理讽劝陈宝应,陈宝应就用其他的话来岔开。陈宝应曾经让人读《汉书》,他躺着听,听到蒯通游说韩信说:"看你的后背骨相,真是贵不可言。"突然坐起来说:"真可以称为智士!"虞寄说:"蒯通一番话,杀害了三位有才之士,有什么足以称为智士的呢?哪里比得上班彪《王命论》,能认识到大势所归呢!"

虞寄深知陈宝应不听劝谏,害怕灾祸殃及自己,就穿着隐居之士的衣服,居住在东山寺,假称得了脚病。陈宝应派人去烧他的住房,虞寄安然躺着不动,亲近的人要扶他出来,虞寄说:"我的命悬在人家手里,将能躲避到哪儿呢!"放火的人只好亲自救他出来。

陈文帝于是任命吴明彻为江州刺史,督促黄法氍、周敷共同讨伐周迪。

北齐任命卢潜为扬州刺史。

北齐扬州刺史王琳多次想向南进犯,尚书卢潜认为时机不到,不可轻举妄动,齐主高湛同意卢潜的意见。王琳从此与卢潜

有隙。齐主征琳赴邺,以潜为扬州刺史。

陈改铸五铢钱。

梁末丧乱,铁钱不行,民间私用鹅眼钱。至是改铸五铢钱,一当鹅眼之十。

后梁主詧殂,太子岿立。

后梁主安于俭素,不好酒色,以封疆褊隘,邑居残毁,郁郁不得志,疽发背而殂。

三月,陈安成王顼自周归于陈。

周遣杜杲送顼南归,陈以为中书监。陈主谓杲曰:"家弟蒙礼遣,实周朝之惠,然鲁山不返,亦恐未能及此。"杲对曰:"安成,长安一布衣耳,而陈之介弟也,其价岂止一城而已哉!本朝敦睦九族,恕己及物,上遵太祖遗旨,下思继好之义,是以遣之南归。今乃云以寻常之土易骨肉之亲,非使臣之所敢闻也。"陈主甚惭,曰:"前言戏之耳。"待杲有加。

顼妃柳氏及子叔宝犹在穰城,陈主复遣毛喜如周请之,周人皆归之。

陈遣兵讨其缙州刺史留异于东阳,异奔晋安。

异外示臣节,恒怀两端。陈遣侯安都讨之,至是败走。

夏四月,齐太后娄氏殂。

齐主不改服,服绯袍,登三台,置酒作乐。宫女进白袍,和士开请止乐,齐主怒,挝之。

之间产生了嫌隙。齐主高湛征召王琳到邺城,任命卢潜为扬州刺史。

陈朝改铸五铢钱。

梁朝末年政治败坏秩序混乱,铁钱不再流通,民间私自使用鹅眼钱。到这时陈朝改铸五铢钱,一枚相当十枚鹅眼钱。

后梁国主萧詧去世,太子萧岿继位。

后梁国主萧詧习惯过节俭朴素的生活,不喜好酒色,因为国家疆域偏僻狭窄,封邑中房屋破败,而郁郁不得志,终因背上长毒疮而死。

三月,陈朝安成王陈顼从北周回到陈朝。

北周派遣杜杲送陈顼南归,陈文帝任命陈顼为中书监。陈文帝对杜杲说:"我弟弟承蒙你们以礼相待送回,这实在是周朝的恩惠,然而要不是奉还鲁山之地,也恐怕不能这样做吧!"杜杲回答说:"安成王陈顼,在我们长安不过是个布衣百姓,然而他是陈朝皇帝的弟弟,他的价值岂止一座城池呢!我们周朝向来亲族间和睦相处,推己及人讲求忠恕之道,上遵太祖之遗旨,下思继续和好之信义,因此才把安成王送回南方。现在您却说用寻常的土地换回了至亲骨肉,这是使臣我不敢同意的。"陈文帝听后很是惭愧,自我解嘲说:"刚才的话是说着玩的。"接待杜杲比常礼隆重。

安成王陈顼的妃子柳氏和儿子叔宝还留在穰城,陈文帝又派毛喜到北周请求放他们回来,北周都把他们送了回来。

陈文帝派军队到东阳讨伐缙州刺史留异,留异奔逃晋安。

留异表面上对朝廷好像极尽臣子的礼节,实际早已怀有二心。陈文帝派遣侯安都讨伐他,到这时留异败走。

夏四月,北齐太后娄氏去世。

齐主高湛不改换服装,仍然穿红色袍服,登上三台,设酒作乐。宫女给他进上白袍,和士开请求停止奏乐,齐主高湛大怒,打了他。

齐青州言河水清。

齐主遣使祭之,改元。

周始命贵臣食邑。

先是,周之群臣受封爵者,皆未给租赋。至是,诏听寄食他县。

五月,齐以斛律光为尚书令。

光,金之子也。

秋,齐冀州刺史高归彦作乱,伏诛。

归彦至冀州,内不自安,欲待齐主如晋阳,乘虚入邺。事觉,齐主遣段韶、娄睿讨之。归彦闭城拒守。长史宇文仲鸾等不从,皆杀之。齐主使尚书封子绘乘传至信都,巡城,谕以祸福。吏民降者相继,既而城破,获归彦送邺。并其子孙十五人皆弃市。齐主知归彦前谮清河王岳,以归彦家百口赐岳家。

九月朔,日食。　冬十月,陈诏省诸费用。

诏以军旅费广,百姓空虚,凡供乘舆、饮食、衣服及宫中调度,悉从减削。至于百司,宜亦思省约。

十二月,齐主杀其兄之子太原王绍德。

齐主逼通昭信李后,曰:"若不从,当杀尔子。"后惧,从之。既而有娠。其子太原王绍德至阁,不得见,有怨言,后大惭,于是生女不举。齐主诟曰:"尔杀我女,我何得不杀尔儿!"对后以刀环筑杀绍德。后大哭。齐主愈怒,裸后,捶之,遣为尼。

北齐青州官吏启奏说黄河水变清了。

齐主高湛派使者去祭祀黄河,并改年号为河清。

北周开始下诏给贵臣们食邑。

在此之前,北周的群臣受封爵的,都没有给他们封邑的租赋。到现在,才开始下诏,贵臣可以享受寄食他县的租赋。

五月,北齐任命斛律光为尚书令。

斛律光,是斛律金的儿子。

秋季,北齐冀州刺史高归彦叛乱,被诛杀。

高归彦到冀州后,内心很不安定,想等齐主高湛到晋阳时,乘虚攻入邺城。此事被发觉后,齐主高湛派遣段韶、娄睿去讨伐他。高归彦关闭城门拒守抵抗。长史宇文仲鸾等不服从,都被杀了。齐主高湛派尚书封子绘乘驿传之马到达信都,封子绘巡视冀州城,对城中官民晓谕避祸趋福的道理。城中跑出来投降的官员和百姓相继不断,不久冀州城被攻破,抓获高归彦送到邺城。连同他的子孙十五人都被斩首,弃尸市上。齐主高湛知道高归彦以前陷害过清河王高岳,便把高归彦家主仆一百多口赐给高岳家。

九月初一,发生日食。 冬十月,陈文帝下诏节省各种费用。

诏令说由于军旅费开支浩大,老百姓都很穷困,凡是供给皇上车轿、饮食、衣服及宫中的各种费用,全部削减。至于朝廷各部门,也应当思考一下如何简省节约。

十二月,齐主高湛杀他哥哥的儿子太原王高绍德。

齐主高湛逼迫昭信李后和他通奸,说:"你如果不顺从,我就杀了你儿子!"李后害怕了,就屈从了他。不久李后怀了孕。她的儿子太原王高绍德到宫中,没能见到李后,口出怨言,李后听了很惭愧,于是生下女儿不抚养,让她死了。齐主大骂李后,说:"你杀了我女儿,我为什么不能杀你儿子!"当着李后的面用刀转着圈砍杀高绍德。李后号啕大哭。齐主高湛更加愤怒,扒光李后的衣服,乱打一顿,然后送她去当尼姑。

癸未（563） 陈天嘉四年，周保定三年，齐河清二年。

春正月，齐以高元海为兖州刺史。

齐主终日酣饮，朝事专委高元海。又以元海庸俗，轻之。

兖州刺史毕义云作书与元海论时事，给事中李孝贞得而奏之，齐主由是疏元海，以孝贞兼中书舍人，征义云还朝。和士开复谮元海，齐主以马鞭筶元海，责曰："汝昔教我反，以弟反兄，不义也。以邺城抗并州，无智也。"出之兖州。

陈周迪众溃，奔晋安。

迪至晋安，陈宝应以兵资之，留异亦遣子忠臣随之。

虞寄与宝应书曰："自天厌梁德，英雄互起，陈氏夷凶翦乱，海内乐推，此乃天时，非人力也。且兵革已后，民皆厌乱，其孰能弃坟墓，捐妻子，出万死不顾之计，从将军于白刃之间乎！非我族类，其心必异，不爱其亲，岂能及物！留将军身縻国爵，子尚王姬，犹且弃而弗顾，危急之日，岂能同忧共患，不背将军者乎！至于师老力屈，惧诛利赏，必有韩、智晋阳之谋，张、陈井陉之势。北军万里远斗，锋不可当。将军自战其地，人多顾后，众寡不敌，将帅不侔，师出无名，未知其利。"宝应大怒，然以寄民望，优容之。

周太师护杀梁公侯莫陈崇。

崇从周主如原州。周主夜还长安，人窃怪其故，崇曰："不过晋公死耳。"或以告护，护遣使将兵就第，逼令自杀。

癸未（563） 陈天嘉四年,北周保定三年,北齐河清二年。

春正月,北齐任命高元海为兖州刺史。

齐主高湛整天饮酒无度,朝廷里的事委派高元海独自处理。但又因为高元海庸俗无能,而看不起他。

兖州刺史毕义云写信给高元海议论时局,高元海把信给丢了,被给事中李孝贞得到后启奏齐主,齐主由此疏远了高元海,任命李孝贞兼任中书舍人,征召毕义云回朝。和士开再次对齐主说高元海坏话,齐主下令用马鞭打高元海,并斥责说:"你从前教唆我反叛,以弟弟反兄长,多么不义!用邺城的兵力对抗并州,多么愚蠢!"把高元海贬出朝廷,去做兖州刺史。

陈朝周迪战败后,部下溃散,他投奔晋安。

周迪到晋安,陈宝应派兵帮助他,留异也派儿子留忠臣跟随他。

虞寄给陈宝应写信说:"自从上天厌恶梁朝无德以来,英雄纷起,陈氏能在混战中平凶除乱,受到天下官民拥戴,这乃是天时,非人力而为。况且战争之后,百姓都厌烦战乱,谁能抛弃祖宗家园,舍弃妻子儿女,想出万死不辞的计策,追随将军您在刀丛之中奋战呢!不是自己的同族,他的心一定不同,不爱自己的亲人,怎么能顾及别人!留异将军身系国家的爵位,儿子娶了皇家的女儿,尚且抛弃这一切而不顾,危急的时候,怎么能和你同忧共患,而不背叛将军您呢!至于用兵日久战斗力削弱,害怕朝廷诛杀,贪图钱财赏赐,必定会有韩康子、智伯在晋阳的阴谋,张目、陈馀在井陉的争斗发生。朝廷军队从北方建康不远万里来讨伐,其战斗力锐不可当。将军您在自己的地盘打仗,人们多有后顾之忧,众寡不相匹敌,将帅不齐,师出无名,不知这样做有什么好处。"陈宝应看后大怒,然而因虞寄有民望,宽容了他。

北周太师宇文护杀梁公侯莫陈崇。

侯莫陈崇跟随北周武帝到原州。北周武帝当晚就回了长安,人们感到奇怪,私下议论其中的原因,侯莫陈崇说:"不过是晋公宇文护死了。"有人把这话告诉了宇文护,宇文护派人带着兵到侯莫陈崇府第,逼令他自杀。

二月，周颁《大律》。

周主命司宪大夫拓跋迪造《大律》十五篇，行之。其制罪：一曰杖刑，自十五至五十；二曰鞭刑，自六十至百；三曰徒刑，自一年至五年；四曰流刑，自二千五百里至四千五百里；五曰死刑，罄、绞、斩、枭、裂，凡二十五等。

三月朔，日食。　齐城轵关。

齐诏司空斛律光督步骑二万，城轵关。仍筑长城二百里，置十二戍。

夏四月，周主养老于太学。

周主将视学，以太傅燕国公于谨为"三老"，仍赐以"延年杖"，遂幸太学。谨入门，周主迎拜，谨答拜。有司设席于中楹，太师护设几，谨升席，南面凭几而坐。大司马豆卢宁正舄。周主立于斧扆之前，西面。有司进馔，周主跪设酱豆，袒割，谨食毕，周主跪授爵以酳。有司撤，周主北面，立而访道。谨起，立于席后，对曰："木受绳则正，后从谏则圣。明王虚心纳谏以知得失，天下乃安。"又曰："去食去兵，信不可去，愿陛下守信勿失。"又曰："有功必赏，有罪必罚，则为善者日进，为恶者日止。"又曰："言行者，立身之基，愿陛下三思而言，九虑而行，勿使有过。君子之过，如日月之食，人莫不知，愿陛下慎之。"周主再拜受言，谨答拜。礼成而出。

六月，陈杀其司空侯安都。

二月,北周颁行《大律》。

北周武帝命令司宪大夫拓跋迪制定《大律》十五篇,并开始颁行。规定对罪犯的惩罚:一是杖刑,杖十五至五十下;二是鞭刑,鞭六十到一百下;三是徒刑,刑期一年到五年;四是流刑,流放二千五百里到四千五百里远;五是死刑,有缢死、绞死、斩首、斩首后将首级悬挂于木上示众、用车将人分裂而死,每刑五等,总计二十五等。

三月初一,发生日食。　北齐在轵关建城。

北齐诏令司空斛律光督率步兵、骑兵二万人,到轵关建城。又修筑长城二百里,设置十二个戍所。

夏四月,北周武帝在太学行养老礼仪。

北周武帝将要巡视太学,任命太傅燕国公于谨为"三老",又赏赐他"延年杖",然后驾临太学。于谨进门时,周武帝迎拜,于谨答谢还礼。有关部门在厅堂设下三老席,太师宇文护摆上一种矮小的桌子,于谨入席,面朝南倚桌而坐。大司马豆卢宁把于谨脱下的鞋摆放端正。周武帝站立在绣有斧形纹的屏风前,面朝西。有关部门送上饮食,周武帝跪着安排好盛调料的食器,挽起袖子为于谨割肉,于谨吃完,周武帝跪着送上盛酒的爵杯请于谨漱口。有关部门撤去饮食器具,周武帝面朝北,站着向于谨请教治国之道。于谨起身,站在座席后面,回答说:"木料经过墨线校正才能平直,君主能够听从劝谏就是圣明。圣明的君主能虚心接受劝谏才可以知道自己的对错,这样天下才能安定。"又说:"即使失去食物,失去军队,信用却不可失去,希望陛下坚守信用不可失信。"又说:"有功一定赏赐,有罪一定惩罚,这样做好事的人会一天天多起来,做坏事的人会一天比一天少。"又说:"言论和行动,是立身的根本,希望陛下三思以后再说话,九次考虑以后再行动,不要发生过错。君子的过错,就像日食、月食那样,没有人不知道的,希望陛下谨慎行事。"周武帝再次拜谢表示接受他的话。于谨答谢还礼。礼仪完成,周武帝离开太学。

六月,陈朝杀其司空侯安都。

初，安都镇京口，恃功骄横，宾客千人。部下将帅，多不遵法度，检问收摄，辄奔归安都。陈主衔之，安都弗之觉。侍宴，酒酣，或箕踞倾倚。尝陪乐游园禊饮，谓陈主曰："何如作临川王时？"陈主曰："此虽天命，抑亦明公之力。"宴讫，启借供帐水饰。明日，载妻妾入宴，安都坐御座，宾客居群臣位，陈主恶之。舍人蔡景历，希旨称安都谋反。陈主虑其不受召，故以为江州刺史。

安都过建康，陈主与宴，又集其将帅会于朝堂，于坐悉收之。下诏暴其罪恶，明日，赐死。

初，高祖与诸将宴，杜僧明、周文育、侯安都各称功伐。高祖曰："卿等悉良将也，而皆有所短。杜公志大而识暗，狎于下而骄于上；周侯交不择人，而推心过差；侯郎慠诞而无厌，轻佻而肆志；并非全身之道。"卒皆如其言。

齐主杀其河南王孝瑜。

齐侍中和士开有宠，奸谄百端，赏赐不可胜纪。每侍左右，言辞容止，极诸鄙亵，无复君臣之礼。常谓齐主曰："自古帝王，尽为灰土，尧、舜、桀、纣，竟复何异？陛下宜及少壮，极意为乐，纵横行之。一日取快，可敌千年。国事尽付大臣，何虑不办？"齐主大悦。于是委赵彦深掌官爵，元文遥掌财用，唐邕掌外骑兵，冯子琮、胡长粲掌东宫。三四日一视朝，书数字而已。

当初，侯安都镇守京口，自恃有功于陈文帝，骄傲横行，经常聚集宾客上千人。部下将领，大都不遵纪守法，一被检举追究，捉拿归案，就投奔到侯安都那儿。陈文帝恨他，侯安都却毫无察觉。侯安都陪侍陈文帝宴饮，酒喝得高兴时，有时就很不礼貌地伸腿而坐，斜倚着身子。有一次曾陪陈文帝在乐游园修禊宴饮，他对陈文帝说："比做临川王时如何？"陈文帝说："这虽然是天命，也仰仗了您的力量。"宴会结束，侯安都启奏要向陈文帝借帷帐水饰。第二天，载着妻妾进入皇宫摆宴，侯安都坐在皇帝的座位上，宾客们坐在大臣的位子上，陈文帝很厌恶他。舍人蔡景历，迎合陈文帝的旨意称侯安都谋反。陈文帝考虑到侯安都不会接受征召入朝，所以任命他为江州刺史。

侯安都从京口去江州上任，路过建康，陈文帝召侯安都宴饮，又召集侯安都的部下将领在朝堂聚会，在座中全部逮捕了他们。陈文帝下诏公布了侯安都的罪行，第二天，赐他自尽。

当初，陈武帝和诸将宴饮时，杜僧明、周文育、侯安都各自夸耀战功。陈武帝说："你们都是良将，但都有自己的不足之处。杜公志向远大而见识不明，对下亲密而对上傲骄；周侯交友不加选择，而且过于推心置腹；侯郎傲慢荒诞而且贪得无厌，生性轻佻而且放纵无忌；这些都不是保全身家性命之道。"结果都像陈武帝说的那样。

齐主高湛杀河南王高孝瑜。

北齐侍中和士开得到齐主的宠信，百般奸诈谄媚讨好齐主，所以得到的赏赐不可胜计。每当随侍左右，说话举止，极端卑鄙下流，毫无君臣之礼。他常常对齐主高湛说："自古以来的帝王，都成了灰土，尧、舜和桀、纣，终究有什么不同？陛下应当趁着少壮之时，恣意行乐，任意行动。快乐一天，可以抵上一千年。国家大事全部交给大臣，何必忧虑办不成？"齐主高湛大喜。于是委任赵彦深掌管官爵任免，元文遥掌管钱财用度，唐邕掌管外兵省和骑兵省，冯子琮、胡长粲掌管东宫。齐主三四天才上朝一次，批几个字而已。

使士开与胡后握槊。河南康献王孝瑜谏曰："皇后天下之母,岂可与臣下接手!"赵郡王睿及士开共谮孝瑜奢僭,山东唯闻有河南王,不闻有陛下。齐主鸩杀之。诸侯在宫中者,莫敢举声,唯河间王孝琬大哭而出。

秋九月,陈广州刺史欧阳颜卒,以其子纥代之。 周及突厥侵齐。

初,周人欲与突厥连兵伐齐,许纳其女为后,遣杨荐及王庆往结之。齐人惧,亦遣使求昏于突厥。木杆贪齐币重,欲执荐等送齐。荐知之,责木杆曰："太祖昔与可汗共敦邻好,悉以蠕蠕降众付可汗使者,以快可汗之意,如何今日遽欲背恩忘义,独不愧鬼神乎?"木杆惨然良久曰:"君言是也,吾意决矣。"

周公卿请发十万人击齐,柱国杨忠独以为得万骑足矣。乃遣忠将步骑一万与突厥伐齐,达奚武将步骑三万,自南道出,会于晋阳。

忠拔齐二十余城。突厥以十万骑会之,三道俱入。时大雪,平地数尺。齐主自邺倍道赴晋阳。斛律光将步骑三万屯平阳。周师及突厥逼晋阳,齐主欲走避之,赵郡王睿、河间王孝琬,叩马谏,齐主命六军进止皆取睿节度,而使并州刺史段韶总之。

冬十一月,陈讨周迪,败之。遂进军讨陈宝应。

周迪复越东兴岭为寇,诏护军章昭达将兵讨,破之。迪潜窜山谷,民相与匿之,虽加诛戮,无肯言者。章昭达进

齐主高湛让和士开和胡后玩"握槊"博戏。河南康献王高孝瑜进谏说:"皇后是天下之母,怎么可以和臣下交手赌博呢!"赵郡王高睿与和士开一起在齐主面前说高孝瑜的坏话,说他生活奢侈有僭越行为,在山东只听说有河南王,没听说有陛下。齐主高湛就用毒酒鸩杀了河南王高孝瑜。在宫中的诸侯,没有敢出声的,只有河间王高孝琬大哭而去。

秋九月,陈朝广州刺史欧阳颁去世,任命他的儿子欧阳纥继承父亲的爵位。 北周和突厥联合入侵北齐。

起初,北周人想和突厥连手出兵讨伐北齐,答应娶突厥可汗的女儿做后妃,派遣杨荐和王庆前往联系。北齐很害怕,也派使者去突厥求婚。木杆可汗贪图北齐的厚礼,想抓住杨荐等人送到北齐。杨荐知道后,斥责木杆可汗说:"太祖从前与可汗共同敦守睦邻友好,把蠕蠕部落的投降者全部交给可汗的使者,以满足可汗的意愿,为什么今天突然想要背恩忘义,难道不怕愧对鬼神吗?"木杆可汗悲痛的样子持续了很久,说:"您的话是对的,我的主意已经定了。"

北周的公卿请求发十万军队攻打北齐,只有柱国杨忠认为有一万名骑兵就足够了。于是就派遣杨忠率领步骑兵一万名和突厥军队一起讨伐北齐,达奚武率领步骑兵三万,从南路出发,约好在晋阳会师。

杨忠攻克北齐二十多座城池。突厥派出十万骑兵前来会合,三路兵马一齐进攻北齐。当时连降大雪,平地积雪好几尺厚。齐主高湛从邺城兼程赶到晋阳。斛律光率领三万步骑驻扎平阳。北周和突厥的军队逼近晋阳,齐主高湛想逃走躲避开,被赵郡王高睿、河间王高孝琬勒住他的马劝谏,齐主高湛才下令六军进退调动都听从高睿指挥,而派并州刺史段韶总辖制。

冬十一月,陈朝讨伐周迪,打败了他。接着进军讨伐陈宝应。

周迪又在东兴岭一带落草为寇,陈文帝下诏命令护军章昭达率兵讨伐,打败了周迪。周迪偷偷逃窜到山里,山民们把他藏了起来,即使杀了一些村民,仍没有愿意说出来的。章昭达进

军,度岭,趣建安,讨陈宝应。诏益州刺史余孝顷,督军自东道会之。

甲申（564） 陈天嘉五年,周保定四年,齐河清三年。

春正月,齐主及周师战于晋阳,周师败绩。

齐主登北城,军容甚整。突厥咎周人曰:"尔言齐乱,故来伐之,今何可当邪!"

周人以步卒为前锋,从西山下去城二里许,诸将咸欲逆击之,段韶曰:"步卒力势有限,今又积雪,逆战非便,不如陈以待之。彼劳我逸,破之必矣。"既至,齐悉其锐兵鼓噪而出。突厥震骇,引上西山,不肯战,周师大败而还。突厥还至长城,马死且尽,截稍杖之以归。达奚武至平阳,闻忠退,亦还。

初,周人常惧齐兵西度,每至冬月,守河椎冰。及是齐嬖幸用事,朝政渐紊,反椎冰以备周兵之逼。斛律光忧之,曰:"国家常有吞关、陇之志,今日至此,而唯玩声色乎!"

二月朔,日食。　三月,齐颁律令制田赋。

初,齐显祖命刊定《齐律》,久而不成。决狱者罕依律文,相承谓之"变法从事"。世祖即位,思革其弊,乃督修者,至是而成。其刑名有五:一曰死,辕、枭、斩、绞;二曰流,投边裔为兵;三曰刑,自五岁至一岁;四曰鞭,自百至四十;五曰杖,自三十至十。凡十五等。其流内官及老、小、

军,越过东兴岭,直取建安,讨伐陈宝应。陈文帝下诏益州刺史余孝顷,督率军队从东路与章昭达会合。

甲申（564） 陈天嘉五年,北周保定四年,北齐河清三年。

春正月,齐主高湛和北周军队在晋阳展开大战,北周军队被打败。

齐主高湛登上晋阳北城,北齐的军队阵容非常整齐。突厥人责怪北周人说:"你们说北齐混乱,所以前来讨伐,现在怎么能抵挡呢!"

北周军队以步兵为前锋,从西山下来到达离城二里多的地方,北齐的将领们都准备迎击他们,段韶说:"步兵的力量有限,现在又积雪很厚,迎战不方便,不如严阵以待,以逸待劳。对方疲劳我方轻松,必然能打败对方。"等到北周军队到来时,北齐的精锐部队全都擂鼓呐喊着出击。突厥军队震惊害怕,率军士上了西山,不肯出战,北周军队大败而归。突厥军队退到长城一带,战马都快死光了,只好截短矛杆当手杖拄着往回走。达奚武到达平阳,听说杨忠退走,他也回去了。

当初,北周人常常害怕北齐军队西渡,每到冬天,沿河凿开冰防守。到齐主高湛即位,奸佞之辈当权,国家军政渐渐混乱,反而沿黄河凿开冰以防备北周军队入侵。斛律光为此很担忧地说:"国家曾有吞并关、陇一带的志向,今天到了这种地步,而只是玩弄声色吗!"

二月初一,发生日食。 三月,北齐颁布律令,制定田赋。

当初,齐显祖高洋下令刊定《齐律》,很久也没完成。判决案件的人很少依据法律条文,沿袭所谓的"变法从事"。齐主高湛即位后,想革除这种弊病,于是督促修订法律的大臣,到这时修改完毕。刑法的名目有五种:第一是死,最重的是车裂,依次是割头示众、斩首、绞死。第二是流,充军到边疆;第三是刑,刑期从五年到一年;第四是鞭,从鞭打一百到四十下不等;第五是杖,杖击从三十下到十下不等。总共十五等。凡是流放的朝廷官吏和老人、小孩、

阉、痴并过失应赎者,皆以绢代金。是后,为吏者始守法令。又敕仕门子弟常讲习之。

又令民十八受田输租调,二十充兵,六十免力役,六十六还田,免租调。一夫受露田八十亩,妇人四十亩,奴婢依良人,牛受六十亩。大率一夫一妇调绢一匹,绵八两,垦租二石,义租五斗。奴婢准良人之半。牛调二尺,垦租一斗,义租五升。垦租送台,义租纳郡以备水旱。

周初令百官执笏。　夏六月,白虹贯日。齐主湛杀其兄之子乐陵王百年。

时白虹围日再重,又横贯而不达,赤星见,齐主欲以百年厌之。百年尝作数"敕"字,教书者封奏之。齐主怒,使召百年,百年知不免,割带玦留与其妃斛律氏而入。齐主遣左右乱捶之,气息将尽,乃斩之,弃诸池,池水尽赤。妃把玦哀号不食,月余亦卒,玦犹在手,拳不可开。其父光自擘之,乃开。

秋八月朔,日食。　九月,周封李昞为唐公。

以追录佐命元功,封昞,虎之子也。

齐人归宇文护之母于周。

初,周太祖之从贺拔岳在关中也,遣人迎护于晋阳。护母阎氏及周主之姑皆留晋阳,齐人以配中山宫。及护用事,遣间使入齐求之,莫知音息。齐遣使者至玉壁,求通互市,护使人与语,韦孝宽亦为致书言之。是时,周人谋与突厥

太监、痴呆以及犯有过失应当赎罪的人,都允许用绢代替罚金。自此以后,当官的人才遵守法律条令办案。又下令官宦子弟经常学习法律。

又下令百姓十八岁时授给田地,同时交纳租调,二十岁开始充兵役,六十岁起免除劳役,六十六岁时交还所授田地,并免除租调。一个男子授给露田八十亩,妇女授给四十亩,奴婢授给同平民一样的亩数,一头牛授田六十亩。大致一对夫妇交纳调绢一匹,绵八两,垦租二石,义租五斗。奴婢交纳平民的一半,一头牛交纳调绢二尺,垦租一斗,义租五升。垦租送缴台省,义租缴给所在郡府用来防备水旱灾年。

北周第一次命令百官上朝时手执笏板。 夏六月,发生白虹贯日现象。齐主高湛杀死他哥哥的儿子乐陵王高百年。

当时太阳周围有两道白虹,横贯又不相通,赤星出现,齐主想用杀乐陵王高百年来驱除灾异厌胜避邪。高百年曾经写过几个"敕"字,教他写字的人把这些字封好,奏报了齐主。齐主大怒,派人来召高百年,高百年自知不能免死,便割下配戴的玉玦留给他的妃子斛律氏,而后入宫。齐主派遣左右侍从乱打高百年,快断气时,才将他斩首,扔到水池里,池水都染红了。妃子拿着玉玦大声哀哭绝食,一个多月也死了,玉玦依然在手,攥着拳头掰不开。他父亲斛律光亲自去掰,才掰开。

秋八月初一,发生日食。 九月,北周封李昞为唐公。

追录当初辅佐君主的元勋功臣,封李昞为唐公,李昞是李虎的儿子。

北齐送宇文护的母亲回到北周。

当初,北周太祖宇文泰跟从贺拔岳在关中,派遣人到晋阳把宇文护迎来关中。宇文护的母亲阎氏和北周国主的姑母都留在晋阳,齐人把她们安置在中山宫。到宇文护当权任职后,派遣使者不时到北齐去寻找她们,没有人知道音讯。北齐派使者到玉壁,要求与北周开通贸易往来,宇文护派人和北齐的使者商谈,韦孝宽也写信给北齐表示通好之意。这个时候,北周正和突厥谋划

再伐齐,齐主方惧,许归护母,且求通好。

先遣其姑归,令人为护母作书,言护幼时数事。护得书悲不自胜。齐人复使其母与书,邀护重报,往返再三。时段韶拒突厥军于塞下,齐主遣徐世荣乘传问之,韶以:"周人反覆,本无信义,护名为相,其实主也。既为母请和,不遣一介之使。若据移书,即送其母,恐示之以弱。不如且外许之,待和亲坚定,遣之未晚。"齐主不听,即遣之。

阎氏至周,举朝称庆,周主为之大赦。每四时伏腊,帅诸亲戚行家人礼,称觞上寿。

冬十月,周太师护会突厥侵齐。
突厥自幽州还,留屯塞北,更集诸部兵,遣使告周,欲与共击齐如前约。

宇文护新得其母,未欲伐齐,又恐负突厥约,更生边患,不得已,征内外诸军,凡二十万人,周主授护斧钺,亲劳其军。护遣尉迟迥将前锋趣洛阳,权景宣趣悬瓠,杨檦出轵关。

周迪诱陈南豫州刺史周敷,杀之。
周迪复出东兴,陈宣城太守钱肃以城降之,迪众复振。周敷帅所部击之,迪绐敷言,欲还朝,乞挺身共盟。敷许之,方登坛,为迪所杀。

再次讨伐北齐,齐主高湛很害怕,答应送归宇文护的母亲,并且请求两国通好。

先派人把北周国主的姑母送回北周,并让人代宇文护母亲写信,信中说到宇文护小时候的几件事。宇文护收到信后悲痛得不能自已。北齐又让宇文护的母亲给宇文护写信,希望宇文护重报北齐,这样往返多次。当时段韶在塞下抵御突厥军队,齐主高湛派遣徐世荣乘驿车去问他,段韶认为:"北周人反复无常,本来就没有信义,宇文护名誉上是北周的相国,实际上是一国之主。既然为了母亲请求和好,却不派一个使者来。如果根据几封来信,就送回他的母亲,恐怕显得我们太软弱了。不如暂且表面应允他,等和睦亲善的关系完全肯定以后,再把他母亲送回去也不晚。"齐主高湛不听段韶的意见,立即把宇文护的母亲送回北周。

阎氏回到北周,满朝为此庆贺,北周武帝为此下诏大赦。每逢四季的各种节日,北周武帝率领所有亲戚对阎氏行家礼,举杯祝她健康长寿。

冬十月,北周太师宇文护会合突厥入侵北齐。

突厥从幽州返回,停留屯驻在塞北,进一步召集各个部落的兵马,派遣使者告诉北周,想按照以前约定的那样,共同进攻出击北齐。

宇文护刚从北齐得到母亲,不想讨伐北齐,又怕背弃和突厥的约定,再发生边患,不得已,征召内外各路军队,共计二十万人,北周武帝授给宇文护斧钺,亲自慰劳宇文护的军队。宇文护派遣尉迟迥率领前锋向洛阳进军,权景宣率军向悬瓠进发,杨檦率军进攻轵关。

周迪引诱陈朝南豫州刺史周敷,并杀了他。

周迪又进攻东兴岭,陈朝宣城太守钱肃献城投降周迪,周迪的部众又振作起来。周敷率领所属部队进攻周迪,周迪欺骗周敷说,想投降归顺朝廷,请你挺身而出和我共同盟誓。周敷答应了他,刚走上盟誓的祭坛,就被周迪杀死。

十一月,陈克晋安,获陈宝应、留异,诛之。

陈宝应据建安、晋安二郡,水、陆为栅,以拒章昭达。昭达与战,不利,因据上流,伐木为筏,施拍其上。乘江涨坏其水栅。又攻其步军,方合战,余孝顷自海道适至,并力乘之。宝应大败,谓其子曰:"早从虞公计,不至今日。"昭达追擒之,及留异送建康,斩之。陈主命昭达礼遣虞寄诣建康。既见,劳之曰:"管宁无恙。"以为衡阳王掌书记。

齐击周师,败之,获其少师杨檦。十二月,及宇文护战于洛阳,大败之。

初,杨檦为邵州刺史,镇捍东境二十余年,数与齐战,未尝不捷,由是轻之。既出轵关,独引兵深入,又不设备。齐太尉娄睿将兵奄至,大破之,檦遂降。

周人攻洛阳,不克。宇文护命诸将堑断河阳路,遏齐救兵,然后同攻洛阳。诸将以为齐兵必不敢出,唯张斥候而已。齐遣兰陵王长恭,及大将军斛律光,救洛阳,未敢进。齐主召并州刺史段韶谓曰:"洛阳危急,今欲遣王救之。突厥在北,复须镇御,如何?"对曰:"北虏侵边,事等疥癣。今西邻窥逼,乃腹心之病。"齐主乃遣韶督精骑一千,救洛阳。齐主亦自晋阳赴之。

韶至洛阳,与诸将观周军形势。至太和谷与周军遇,驰告诸营,追集骑士,结阵以待之。韶为左军,长恭为中军,

十一月，陈朝攻克晋安，抓获陈宝应、留异，杀了他们。

陈宝应占据建安、晋安二郡，在水路和陆路都修建起栅栏，用来抗拒章昭达。章昭达和他交战，形势不利，于是占据江水上游，伐木做成筏子，配置拍竿。乘着江水上涨放下木筏冲撞拍击水栅，使其全部毁坏。又派兵攻打陈宝应的步军，刚一交战，恰好余孝顷从海上赶到，和章昭达合力围攻。陈宝应大败，对他儿子说："要是早要听从虞寄的计谋，不至于到这个地步。"章昭达追击并抓获陈宝应，连同留异一并解送建康，将他们斩首。陈文帝命令章昭达礼请虞寄来到建康。见面之后，陈文帝慰劳他说："你像汉代管宁一样，没有疾病和忧愁吧！"任用他为衡阳王陈伯信的书记。

北齐袭击并打败北周军队，抓获北周少师杨檦。十二月，和宇文护在洛阳交战，宇文护大败。

当初，杨檦任北周邵州刺史，镇守捍卫东部边境二十多年，多次和北齐交战，没有不胜的，因此轻敌。这次出了轵关，独自率兵深入北齐境内，又不设防。北齐太尉娄睿领兵突然来到，大败杨檦的军队，杨檦便投降了北齐。

北周军队攻打洛阳，攻不下来。宇文护命令将领们挖濠堑切断河阳路，阻止北齐的救兵，然后共同攻打洛阳。诸将以为北齐军队一定不敢出来，只派了些侦察而已。北齐派遣兰陵王高长恭，以及大将军斛律光，援救洛阳，他们因为怕北周军队太强大，不敢前进。齐主高湛召见并州刺史段韶，对他说："洛阳形势危急，现在想派兰陵王高长恭去援救。突厥又在北边，又要镇守防御，怎么办呢？"段韶回答说："北虏侵犯边境，这样的事相当于疥癣之患。现在西边的邻国北周窥伺逼近，才是心腹之患。"齐主高湛于是下令派段韶督率精锐骑兵一千，援救洛阳。齐主高湛也从晋阳赶赴洛阳。

段韶到达洛阳，与众部将一起观察北周军队的形势，到达太和谷时与北周军队相遇，段韶立即派人骑马告诉各阵营，集结骑兵，摆开阵势以等待北周军队。段韶为左军，高长恭为中军，

光为右军。周人不意其至,皆恼惧。韶遥谓曰:"汝宇文护才得其母,遽来为寇,岂欲送死耶?"

周人以步兵上山逆战,韶且战且却以诱之,待其力弊,然后下马击之,周师大败,死者甚众。在城下者亦解围遁去,委弃资械,弥满川泽。唯齐公宪、达奚武、王雄在后拒战,雄驰马冲斛律光阵,光退走,雄追之,按矟不及光者丈余,欲生禽之,光惟余一矢,射雄中额,雄走至营而卒。军中益惧。

齐公宪拊循督励,众心小安。至夜,收军,宪欲待明更战。武曰:"洛阳军散,人情震骇,若不因夜速还,明日欲归不得矣。"乃还。齐以韶为太宰,光为太尉,长恭为尚书令。杨忠引兵应接突厥,军粮不给。忠乃招诱稽胡酋长咸在坐,诈使王杰勒兵鸣鼓而至,曰:"大冢宰已平洛阳,欲与突厥共讨稽胡之不服者。"坐者皆惧。忠慰谕而遣之。于是诸胡相帅馈输,军粮填积。属周师罢归,忠亦还。护本无将略,是行又非本心,故无功。

齐山东大水。
饥死者不可胜计。
周灭宕昌,置宕州。
宕昌王梁弥定屡寇周边,周讨灭之。以其地置宕州。

乙酉(565)　陈天嘉六年,周保定五年,齐后主纬天统元年。
春二月,周遣使如突厥逆女。　　**夏四月,陈侍中安成王顼免。**

斛律光为右军。北周军没想到北齐大军到来,都很害怕。段韶远远地对北周军说:"你宇文护刚得到母亲,就马上来侵扰,难道想送死吗?

北周派步兵上山迎战,段韶且战且退诱其深入,等北周兵士筋疲力尽,然后下马进攻,北周军队大败,死了很多人。在金墉城下的北周军队也解围逃走,丢弃的辎重兵器,布满川泽一带。只有齐公宇文宪、达奚武、王雄在后边率兵抵抗作战,王雄策马冲到斛律光阵前,斛律光退走,王雄紧追不放,手中握着的长矛距离斛律光不到一丈,想活捉斛律光,斛律光只剩一支箭,向王雄射去正中额头,王雄逃到营中就死了。北周军队更加害怕。

齐公宇文宪抚慰激励部下将士,军心稍安。到了夜里,把军队集中起来,宇文宪想等到天亮再战。达奚武说:"洛阳的军队都散了,人心震惊害怕,如果不趁夜晚迅速退走,恐怕明天想回也回不去了。"于是退回去。北齐任命段韶为太宰,斛律光为太尉,高长恭为尚书令。杨忠领兵接应突厥,军粮得不到供给。杨忠便召集诱骗稽胡部落的首长都来帐中就座,假装派王杰带兵敲着战鼓而来,说:"大冢宰已经平定洛阳,想和突厥共同讨伐稽胡部落中不服从的人。"在座的人都很害怕。杨忠抚慰晓谕一番让他们回去。于是胡族部落相继率人送来粮食,军粮堆积充足。北周下令军队罢兵回朝,杨忠也返回。宇文护本来就没有将帅的谋略,这次行动又不是他的本意,所以无功而归。

北齐山东一带发大水。

饿死的人不可胜数。

北周讨灭宕昌,设置宕州。

宕昌王梁弥定屡次侵犯北周边境,北周派军队讨伐平定了他。在那里设置了宕州。

乙酉(565) 陈天嘉六年,北周保定五年,北齐后主高纬天统元年。

春二月,北周派使者到突厥迎接可汗的女儿。 夏四月,陈朝免去安成王陈顼的侍中官职。

项以帝弟之重，势倾朝野。直兵鲍僧睿恃项势为不法，御史中丞徐陵为奏弹之，从南台官属引奏案而入。陈主为敛容正坐，陵进读奏版，时项侍殿上，流汗失色。陵遣殿中御史引项下殿。陈主为之免项侍中，朝廷肃然。

彗星见。　齐主湛传位于太子纬，自称太上皇帝。以祖珽为秘书监。

珽有文无行，尝为高祖功曹，因宴失金叵罗，于珽髻上得之，又坐诈盗官粟，鞭配甲坊。又尝坐赃，当绞，除名。显祖爱其才，复令直中书省。

齐主为长广王，珽言："殿下有非常骨法。"及即位，擢拜中书侍郎，迁散骑常侍。与和士开共为奸谄。

珽私说士开曰："君之宠幸，振古无比。宫车一日晚驾，欲何以克终？"士开因从问计。珽曰："宜说主上云：'文襄、文宣、孝昭之子，俱不得立，今宜令皇太子早践大位，以定君臣之分。'若事成，中宫、少主，必皆德君，此万全计也。请君微说主上令粗解，珽当自外上表论之。"士开许诺。

会彗星见。太史奏云："除旧布新之象。"珽于是上书言："陛下虽为天子，未为极贵，宜传位东宫，且以上应天道。"齐王从之。传位于纬，以太子妃斛律氏为后。于是群公上尊号为太上皇帝，军国大事咸以闻。使侍郎冯子琮、左丞胡长粲辅导少主。珽拜秘书监，大被亲宠。

陈顼因为是陈文帝的弟弟，身份显赫，权势倾倒朝野。直兵鲍僧睿倚仗陈顼的势力横行不法，御史中丞徐陵为此上奏章弹劾陈顼，徐陵跟随御史台官员引导，经过批阅奏章的几案而进入朝廷。陈文帝脸色严肃地端正坐好，徐陵进前读奏版上的奏章。当时陈顼正侍立殿上，吓得满脸流汗，脸色都变了。徐陵派殿中御史带领陈顼下殿。陈文帝为此免去陈顼的侍中之职，朝廷上下对徐陵肃然起敬。

彗星出现。　齐主高湛传位给太子高纬，自称太上皇帝。任命祖珽为秘书监。

祖珽有文才而无德行，曾经是北齐高祖神武帝的功曹，因为宴会上丢失金杯，在祖珽的发髻上找到；又因诈骗盗窃官粟获罪，被鞭打后发配甲坊服役。又曾犯贪赃罪，本该处绞刑，改判为革职除名。显祖文宣帝爱惜他的文才技艺，再次让他在中书省任职。

齐主高湛为长广王时，祖珽说："殿下有非同寻常的骨相。"等到即位，提拔他为中书侍郎，又升迁为散骑常侍。祖珽与和士开共同勾结奸佞谄媚。

祖珽私下对和士开说："皇上对咱们的宠幸，自古以来无可比拟。皇上一旦驾崩，用什么办法可以保证我们能够善终呢？"和士开便向他问计策。祖珽说："应劝说主上说：'文襄、文宣、孝昭皇上的儿子，都没能继承皇位，现在应该让皇太子早登皇位，以确定君臣之分。'如果这事成功，皇后、太子，一定都会感谢您，这才是万全之计。请您稍稍劝说皇上使他有所领悟，我会从外庭上表给皇上论说这件事的。"和士开应允了。

正巧碰上彗星出现。太史奏报说："这是除旧更新的天象。"祖珽于是向齐主上书说："陛下虽然是天子，但还不是极贵之人，应该传位皇太子，这样也顺应天道。"齐主接受了他的意见。传皇帝位给太子高纬，封太子妃斛律氏为皇后。于是群臣王公敬奉武成帝，上尊号为太上皇帝，一切军国大事都向他报告。派侍郎冯子琮、左丞胡长粲辅助年轻的皇上高纬。拜祖珽为秘书监，深受新皇旧帝的宠信。

秋七月朔，日食。　陈遣兵击周迪，杀之。　冬十月，周杀其中州刺史贺若敦。

周以函谷关城为通洛防，以贺若敦为中州刺史镇之。敦恃才负气，以湘州之役，全军而返，谓宜受赏，翻得除名，对台使出怨言。宇文护怒，征还，逼令自杀。临死，谓其子弼曰："吾志平江南，今而不果，汝必成吾志。吾以舌死，汝不可不思。"因引锥刺弼舌出血以诫之。

丙戌（566）陈天康元年，周天和元年，齐天统二年。

春正月，日食。　夏四月，陈以孔奂为太子詹事。

陈主不豫，台阁众事，并令仆射到仲举、尚书孔奂共决之。疾笃，奂、仲举与司空、尚书令、扬州刺史安成王顼、尚书袁枢、舍人刘师知，入侍医药。陈主以太子伯宗柔弱，谓顼曰："吾欲遵太伯之事。"顼拜泣，固辞。陈主又谓仲举、奂等曰："今三方鼎峙，四海事重，宜须长君。卿等宜遵此意。"孔奂流涕对曰："皇太子圣德日跻，安成王足为周旦。若有废立之心，臣诚不敢奉诏。"陈主曰："古之遗直，复见于卿。"乃以奂为太子詹事。

陈主蒨殂，太子伯宗立。

陈主起自艰难，知民疾苦。性明察俭约，每夜刺闺取外事分判者，前后相续。敕传更签于殿中者，必投签于阶石之上，令铿然有声，曰："吾虽眠，亦令惊觉。"

五月，陈以安成王顼为司徒、录尚书事。徐陵为吏部尚书。

秋七月初一,发生日食。　　陈朝派军队攻打周迪并且杀了他。　　冬十月,北周杀了中州刺史贺若敦。

　　北周以函谷关的关城为通洛防,任命贺若敦为中州刺史镇守函谷关。贺若敦仗恃自己有才能,看不起别人,又因湘州一战,军队深受损失而回,本来以为应该受到赏赐,谁知反被除名,所以对朝廷使臣口出怨言。宇文护得知后大怒,征召贺若敦回朝,下令逼他自杀。临死前,贺若敦对儿子贺弼说:“我的志向是平定江南,现在不能实现,你一定要完成我的遗志。我因为口舌不慎而遭杀身之祸,你不可不深思。”便用锥子把贺弼的舌头刺出血来告诫他。

　　丙戌(566)　陈天康元年,北周天和元年,北齐天统二年。

　　春正月,发生日食。　　夏四月,陈文帝任命孔奂为太子詹事。

　　陈文帝生病,尚书省的事务,都令尚书仆射到仲举、尚书孔奂共同决定。陈文帝病重,孔奂、仲举和司空、尚书令、扬州刺史安成王陈顼、尚书袁枢、舍人刘师知,入宫服侍看病吃药。陈文帝认为皇太子陈伯宗文弱,对陈顼说:“我想遵照太伯那样把皇位让给你。”陈顼哭着拜伏在地,坚决推辞。陈文帝又对到仲举、孔奂等人说:“当今三方鼎足对峙,天下之事繁重,适合有个年长的君主。你们应该遵从这个意思去做。”孔奂流着泪回答说:“皇太子的圣德正日益上升,安成王足以成为周公旦那样的人。陛下如果有废立的想法,臣子实在不敢接受这样的诏命。”陈文帝说:“古代直道而行的遗风,在你的身上又看到了。”于是任命孔奂为太子詹事。

　　陈文帝陈蒨去世,太子陈伯宗即位。

　　陈文帝发迹于艰难之中,深知民间疾苦。生性敏锐洞察力强,生活节俭朴素,每晚从宫中小门取送情报,供皇上分析判断的人,前后不断。还下令传送更签到殿中的人,必须投签到台阶上,使它发出铿锵声,陈文帝说:“我虽然睡着了,也要使我惊醒。”

　　五月,陈朝任安成王陈顼为司徒、录尚书事。徐陵为吏部尚书。

陵以梁末以来,选授多滥,乃为书示众曰:"永安之时,圣朝草创,白银难得,黄札易营,致令员外、常侍,路上比肩;咨议、参军,市中无数。今衣冠礼乐,日富年华,何可犹作旧意,非理望也!"众咸服之。

秋八月,周信州蛮反,讨平之。

周信州蛮冉令贤等据巴峡反,党与连结二千余里。前后讨之,不克。诏开府陆腾督王亮、司马裔讨之。

令贤于江南据险要,置十城,远结涔阳蛮为声援,自帅精卒固守水逻城。诸将皆欲先取水逻,腾曰:"令贤内恃水逻之固,外托涔阳之援,资粮充实,器械精新。以我悬军,攻其严垒,脱一战不克,更成其气。不如顿军汤口,先取江南,翦其羽毛,然后进军水逻,此制胜之术也。"乃遣王亮帅众拔其八城,遂间募骁勇,进攻水逻。令贤兄子龙真据水逻旁石胜城,腾密诱降之。水逻众溃,令贤走,追斩之。

信州旧治白帝,腾徙之于八陈滩北,以司马裔为信州刺史。

周万荣郡民作乱,讨平之。

周小吏部辛昂,奉使梁、益,且为陆腾督军粮。时临、信、楚、合等州,民多从乱,昂谕以祸福,赴者如归。乃令老弱负粮,壮夫拒战,咸乐为用。使还,会巴州万荣郡民反,攻围郡城。昂谓其徒曰:"凶狡猖狂,若待上闻,孤城必陷。

徐陵认为自梁朝末年以来,选官授职太多太滥,于是写了文书给大家看,他说:"永安年间,我朝刚刚建立,当时财政困难白银难得,而授予官职的文书却很容易求得,以致路上的员外、常侍,一个挨着一个;坊市中的咨议、参军多得无数。现在朝廷文物典章日益完善,怎么可以还按过去的章法,违反常理和民望呢!"大家都信服他的话。

　　秋八月,北周信州蛮反叛,派兵讨伐平定他们。

　　北周信州蛮冉令贤等人据巴峡一带反叛,党羽连结有二千多里。前后几次讨伐,都没有攻克。北周下诏派开府陆腾督率王亮、司马裔去讨伐他们。

　　冉令贤在长江南面占据险要地形,设置十座城池,勾结远处的涔阳蛮互相声援,亲自率领精兵坚守水逻城。讨伐的各路将领都主张先攻取水逻城,陆腾说:"冉令贤内部倚仗水逻城的坚固,外部依托涔阳蛮的声援,物资粮食充足,兵器军械精新。用我方的孤军深入,去攻打他的森严壁垒,倘若一仗不能攻克,更会助长他们的气焰。不如把军队屯驻在汤口,先攻取长江南面一带,剪掉他的羽毛,然后再进军水逻城,这是克敌制胜的战术。"于是派王亮率领部众连续攻克八座城池,一边挑选召募骁勇的兵士,分几路进攻水逻城。冉令贤哥哥的儿子冉龙真据守水逻城旁的石胜城,陆腾秘密地派人劝诱他投降。水逻城守众溃散,冉令贤逃跑,被追拿斩首。

　　信州过去的治所在白帝城,陆腾把治所迁徙到八陈滩的北面,任命司马裔为信州刺史。

　　北周万荣郡百姓造反,被讨伐平定。

　　北周小吏部辛昂,奉命出使梁州、益州,并且为陆腾督办军粮。当时临、信、楚、合等州百姓,很多参加了造反,辛昂对他们讲清利害祸福,归附他的人们像回家一样。于是让年老体弱的背运粮食,年轻力壮的拒敌参战,都乐意为他效力。到返回时,正遇到巴州万荣郡的百姓造反,进攻包围了郡城。辛昂对部下说:"乱民凶暴猖狂,如果先报告朝廷,郡城孤立无援一定陷落。

苟利百姓,专之可也。"募兵得三千,倍道兼行,出其不意,直趣贼垒。贼以为大军至,望风瓦解。周以为渠州刺史。

冬十二月,齐主湛杀其河间王孝琬。

孝琬怨执政,为草人而射之。和士开、祖珽谮之曰:"草人以拟圣躬也。"齐上皇颇惑之。会孝琬得佛牙,置第内,夜有光。上皇闻之,使搜之,得镇库稍幡数百,以为反具。挝之,折胫而死。

齐始用士人为县令。

魏末以来,县令多用厮役,由是士流耻为之。齐仆射元文遥以为县令治民之本,遂请革选,密择贵游子弟,发敕用之,悉召集神武门,令赵郡王睿宣旨,慰谕而遣之。齐之士人为县自此始。

丁亥(567) 陈主伯宗光大元年,周天和二年,齐天统三年。
春正月朔,日食。 二月,陈安成王顼杀中书舍人刘师知,又杀仆射到仲举。

初,陈高祖为梁相,用刘师知为中书舍人。师知涉学工文,练习仪体,历世祖朝,委任甚重,与安成王顼、到仲举同受遗诏辅政。师知、仲举恒居禁中,参决众事,顼与左右三百人入居尚书省。师知见顼为朝野所属,忌之,与左丞王暹等谋出顼于外。东宫舍人殷不佞,素以名节自任,驰诣相府,矫敕谓顼曰:"今四方无事,王可迁东府经理州务。"

如果有利于百姓,先专断做主也行。"便招募兵士三千人,以加倍的速度赶路,出其不意,直逼贼垒。贼首以为大军到来,乱民便望风瓦解。北周任命辛昂为渠州刺史。

冬十二月,齐主高湛杀死河间王高孝琬。

北齐河间王高孝琬怨恨执政的大臣,做了个草人当靶子射它。和士开、祖珽进谗言说:"草人是用来模拟圣上的。"北齐太上皇高湛心里很疑惑。正巧高孝琬得到佛牙,放置府内,佛牙夜间放光。太上皇听到后,派人去搜寻,得以发现镇库长矛和旗幡数百件,认为这就是图谋造反的用具。让武卫鞭打河间王高孝琬,打折小腿而死。

北齐开始任命士人做县令。

北魏末年以来,县令多任用出身低微的厮役,因此一般士人不屑于充任。北齐仆射元文遥认为县令是管理百姓的根本,于是请求改革选用办法,秘密挑选没有官职的贵族子弟,发给敕命加以任用,把他们都召集到神武门,由赵郡王高睿宣布圣旨,慰问晓谕一番,然后派遣出去。北齐的士人为县令由此开始。

陈废帝

丁亥(567) 陈主伯宗光大元年,北周天和二年,北齐天统三年。

春正月初一,发生日食。 二月,陈朝安成王陈顼杀中书舍人刘师知,又杀仆射到仲举。

当初,陈高祖陈霸先是梁敬帝的丞相,任用刘师知为中书舍人。刘师知学识渊博擅长文学,熟习朝章礼仪,在梁世祖时,委任的事务都很重要,他和安成王陈顼、到仲举一同受先帝遗诏辅政。刘师知、到仲举常常住在宫里,参与决定很多事情,陈顼和左右亲信三百人入驻尚书省。刘师知看到陈顼为朝廷和百姓所瞩目,很妒忌他,就与左丞王暹等谋划把陈顼赶出京城。东宫舍人殷不佞,一向以维护名望气节为己任,就跑到尚书省,假传圣旨对陈顼说:"现在天下无事,殿下可搬回东府管理州务。"

中记室毛喜,驰语项曰:"此必非太后意,须更闻奏;无使奸人得肆其谋。出外即受制于人,譬如曹爽,愿作富家翁,其可得邪!"领军将军吴明彻亦赞之。

项乃称疾,召师知与语,使喜入言于太后。太后曰:"伯宗幼弱,政事并委二郎。此非我意。"陈主亦曰:"此自师知等所为,朕不知也。"喜以报项。项因囚师知,入见太后,以师知付廷尉赐死。以仲举为光禄大夫,暹亦被诛。不佞,不害之弟也,少有孝行,项雅重之,免官而已。自是国政尽归于项。

右卫将军韩子高,与仲举通谋,未发。仲举既废,心不自安。子高亦自危,求出。项召文武议立皇太子。仲举、子高入,皆执之,下狱赐死。以始兴王伯茂为中卫大将军,师知、子高之谋,伯茂预之,项恐其扇动中外,使居禁中。

夏四月,陈湘州刺史华皎,叛附于周。
皎闻韩子高死,内不自安,缮甲聚徒,抚循所部。遣使潜引周兵,又自归于梁。陈安成王项遣吴明彻等袭之,梁主亦上书言状,周人议出师应之。司会崔猷曰:"前岁东征,死伤过半。比虽循抚,疮痍未复。今陈氏保境息民,共敦邻好,岂可利其土地,纳其叛臣,违盟约之信,兴无名之师乎!"宇文护不从,遣襄州总管卫公直等将兵助之。

闰六月,齐左丞相咸阳王斛律金卒。
金门中一皇后,二太子妃,三公主。每朝见,常听乘步挽

安成王的中记室毛喜，跑来对陈顼说："这一定不是太后的意思，必须另行奏报；不要使奸佞小人的阴谋得逞。一旦离开尚书省就要受别人牵制，比如像曹爽那样，只想做个富家翁，能够做到吗！"领军将军吴明彻也赞成毛喜的意见。

陈顼就假称有病，召刘师知来和他谈话，同时派毛喜入宫向太后禀告。太后说："伯宗皇帝年幼，国家政务都委托二郎陈顼。殷不佞所说的不是我的意思。"皇上伯宗也说："这是刘师知等人所为，朕不知道。"毛喜回来报告陈顼。陈顼为此便囚禁了刘师知，然后入宫拜见太后，把刘师知交给廷尉赐死。任命到仲举为光禄大夫，王暹也被处死。殷不佞，是殷不害的弟弟，从小就对父母很孝顺，陈顼平时很看重他，所以只免去他的官职。从此国家大政都归陈顼掌管。

右卫将军韩子高，曾经与到仲举同谋，这件事却没有揭露。到仲举被罢官后，心里很不踏实。韩子高也感到有危险，请求出京任职。陈顼召集文武大臣们商议立皇太子的事。到仲举、韩子高一进尚书省，都被抓住，送到狱中赐死。任命始兴王陈伯茂为中卫大将军，刘师知、韩子高的阴谋，陈伯茂都曾参与，陈顼担心他煽动朝廷内外谋反，所以让他住在宫里。

夏四月，陈朝湘州刺史华皎，叛陈归附北周。

华皎听说韩子高被处死，心里惴惴不安，便修治兵器甲杖，聚集徒众，安抚所属部下。派使者暗暗引来北周军队，自己又投奔后梁。陈安成王陈顼派吴明彻等攻打华皎，后梁主也上书北周，请求派军队援助华皎，北周人商议准备派军队接应华皎。司会崔猷说："前年东征洛阳，死伤兵士过半。近来虽然经过安抚，元气尚未恢复。现在陈朝保境安民，与我们共修睦邻友好，怎么可以贪图它的土地，接收他的叛臣，违背盟约的信义，出动无名之师呢？"宇文护不听，派襄州总管卫公宇文直等率兵支援华皎。

闰六月，北齐左丞相咸阳王斛律金去世。

斛律金门第中出过一位皇后，二位太子妃，娶了三位公主。斛律金备受恩宠，每次朝见皇上，经常特许他乘坐人力拉的步挽

车至阶,或以羊车迎之。然金不以为喜,尝谓其子大将军光曰:"我虽不读书,闻古来外戚鲜有能保其族者。我家直以勋劳致富贵,何必藉女宠也!"

秋八月,齐以东平王俨为司徒。

俨,齐主之弟也。有宠于上皇及胡后,为司徒,领御史中丞。魏故事:中丞出,与皇太子分路,王公皆遥驻车,去牛,顿轭于地,以待其过。少迟,则前驱以赤棒棒之。自迁邺后,此仪废绝,上皇欲尊宠俨,命一遵旧制。俨恒在宫中,坐含光殿视事,诸父皆拜之。器玩服饰,皆与齐主同。俨性刚决,尝言于上皇曰:"尊兄懦,何能帅左右!"上皇每称其才,有废立意,胡后亦劝之,既而中止。

九月,周人、梁人会华皎侵陈,败绩。陈遂袭周沔州,执其刺史裴宽。

梁以华皎为司空,遣其柱国王操将兵二万会之。周卫公直总水陆军,与皎俱下。与吴明彻战于沌口。明彻募军中小舰,令先出当西军大舰受其拍,西军诸舰发拍皆尽,然后以大舰拍之,西军大败。皎、直皆奔江陵。周与陈既交恶,周沔州刺史裴宽白襄州总管,请益戍兵,未至。程灵洗舟师奄至城下,攻之三十余日,陈人登城,宽犹帅众执短兵拒战,又二日,乃擒之。

齐,山东饥。 冬十一月朔,日食。 齐流祖珽于光州。

车直到宫殿的台阶前,有时朝廷派羊车去迎接他。然而斛律金并不为此感到高兴,曾经对他儿子大将军斛律光说:"我虽然不读书,但听说自古以来帝王的后妃家族很少有能保护亲族昌盛的。我家向来以功勋劳绩得来富贵,何必依赖女儿受到皇帝恩宠呢?"

秋八月,北齐任命东平王高俨为司徒。

高俨,是齐后主高纬的弟弟。受到太上皇高湛和胡太后的恩宠,任命为司徒,兼任御史中丞。魏朝时曾有旧例规定:中丞外出,与皇太子分路而行,王公大臣看见都要远远地停下车来,把牛牵走,把车辕放在地下,以等待中丞通过。稍稍慢了,开道的前卫就用红色的棍棒棒打驱赶。自从迁都邺城后,这种仪式已经废止绝迹,太上皇为了尊贵宠爱高俨,下令恢复这一过去的制度。高俨常在宫里,坐在含光殿治理政事,各位长辈都要向他下拜。他的用具服饰,都和齐后主一样。高俨性格刚烈有决断,曾经对太上皇说:"哥哥太懦弱,怎么能够统率左右!"太上皇每每称赞他的才能,有废高纬立高俨的意思,胡太后也劝他这样做,但不久就不这么想了。

九月,北周军队、后梁军队与华皎会合入侵陈朝,打了败仗。陈朝军队袭击北周沔州,抓获其刺史裴宽。

后梁任命华皎为司空,派柱国王操领兵二万援助华皎。北周卫公宇文直总领水军、陆军,和华皎的军队一起顺江而下。在沌口与陈朝吴明彻的军队交战。吴明彻募集军中小船,命令他们先去阻挡华皎等水军,承受华皎等的大船上拍竿的打击,等华皎大船的拍竿发完,然后吴明彻等指挥舰船用拍竿进击,打得华皎等大败。华皎、宇文直都奔逃江陵。北周与陈朝关系已经变坏,北周沔州刺史裴宽向襄州总管报告,请求增加戍守的军队,援军还未到。陈朝程灵洗的水师突然到达城下,围攻三十多天,陈朝军队登上城墙,裴宽还率领部众拿短兵器抵抗,又坚持了两天,裴宽被擒获。

北齐,山东一带发生饥荒。　冬十一月初一,发生日食。北齐流放祖珽到光州。

斑与黄门侍郎刘逖友善。斑欲求宰相,乃疏仆射赵彦深、元文遥及和士开罪状,令逖奏之,逖不敢通。彦深等闻之,先诣上皇自陈。上皇大怒,执斑,诘之,斑因陈士开等朋党、弄权、卖官、鬻狱事。上皇曰:"尔乃谤我!"鞭配甲坊,寻徙光州。桎梏置地牢中,夜,以芜菁子为烛,眼为所熏,由是失明。

戊子(568) 陈光大二年,周天和三年,齐天统四年。

春三月,周纳后阿史那氏。

突厥木杆可汗更许齐昏,留周使数年不返。会大雷风,坏其穹庐,旬日不止。木杆惧,以为天遣,即备礼送其女于周,周主行亲迎之礼。

周太傅燕公于谨卒。

谨勋高位重,而事上益恭。尽忠补益,特被亲信。教训诸子,务存静退。卒,谥曰文。

陈攻梁江陵,不克。

陈吴明彻乘胜进攻江陵,引水灌之。梁主出顿纪南以避之。周总管高琳与梁王操守江陵,昼夜拒战十旬。击明彻,败之。明彻退保公安,梁主乃得还。

夏四月,齐以和士开为仆射。

齐仆射徐之才善医,上皇有疾,之才疗之,既愈。中书监和士开欲得次迁,乃出之才为兖州刺史,而代之。

秋七月,周随公杨忠卒。

祖珽和黄门侍郎刘逖关系很好。祖珽想当宰相，便上疏陈述仆射赵彦深、元文遥及和士开的罪行，叫刘逖向太上皇奏报，刘逖不敢启奏。赵彦深等听到消息后，先跑到太上皇那里陈述情况。太上皇大怒，把祖珽抓来责问，祖珽便说出和士开等人结党营私，倚仗权势卖官鬻爵，办案决狱收受贿赂等事。太上皇却说："你这是诽谤我！"于是把祖珽鞭打后发配甲坊做工，不久又把他流放到光州。戴上手铐脚镣关入地牢中，夜晚，点燃芜菁子代替蜡烛照明，眼睛被烟火熏烤，因此失明。

　　戊子（568）　陈光大二年，北周天和三年，北齐天统四年。

　　春三月，北周迎纳阿史那氏为后。

　　突厥木杆可汗改变婚约，许婚北齐，把北周派来迎亲的使者陈公纯扣留好几年不放回去。恰巧赶上打雷刮大风，木杆可汗的大帐被刮坏，大风刮了十多天都不停止。木杆可汗很害怕，以为是上天对他违约的谴责，于是立即备好礼物送女儿去北周，北周皇上行亲迎之礼。

　　北周太傅燕文公于谨去世。

　　于谨虽然功勋卓著，身居高位，而侍奉皇上更加谦恭。尽心尽力辅助皇上，所以特别受到皇上宠信。他教育儿子们，一定要心存恬静谦退。死后，谥号为"文"。

　　陈朝进攻后梁的江陵，没有攻克。

　　陈朝吴明彻乘胜进攻江陵，引水淹灌江陵城。后梁主离开江陵屯驻到纪南以避大水。北周总管高琳和后梁王操坚守江陵，日夜抵抗一百多天。出击吴明彻，把他打败。吴明彻退保公安，后梁国主才得以返回江陵。

　　夏四月，北齐任命和士开为仆射。

　　北齐仆射徐之才精通医术，太上皇有病，徐之才为他治疗，很快就痊愈了。中书监和士开想升迁为仆射，就把徐之才外放为兖州刺史，自己取而代之当了仆射。

　　秋七月，北周随公杨忠去世。

忠子坚为小宫伯,宇文护欲引以为腹心。忠曰:"两姑之间难为妇,汝其勿往!"坚乃辞之。至是忠卒,坚袭爵。

冬十一月朔,日食。 **陈安成王顼废其主伯宗为临海王,而杀始兴王伯茂。**

始兴王伯茂以安成王顼专政不平,肆恶言。顼遂以太后令诬陈主,云与刘师知、华皎等通谋,废为临海王,以安成王入篡。又下令,黜伯茂为温麻侯,置诸别馆,使盗杀之。

齐王湛殂。

齐上皇疾作,驿追徐之才,未至,疾亟,以后事属和士开,握其手曰:"勿负我!"遂殂。

士开秘丧三日不发。黄门侍郎冯子琮问其故,士开曰:"至尊年少,恐王公有二心者,欲尽追集,然后议之。"士开素忌太尉赵郡王睿及领军娄定远,子琮恐其矫遗诏出睿于外,夺定远禁兵,乃说之曰:"群臣富贵者,皆至尊父子之恩。但令在内贵臣一无改易,王公必无异志。且升遐之事,行路皆传,久而不举,恐有他变。"士开乃发丧。

世祖骄奢淫泆,役繁赋重,吏民苦之。

周梁州獠叛,讨平之。

周梁州恒稜獠叛,总管长史赵文表讨之。诸将欲四面进攻,文表曰:"如此则獠无生路,必尽死以拒我,未易可克。今吾示以威恩,为恶者诛之,从善者抚之。善恶既分,

杨忠的儿子杨坚任小宫伯,宇文护想把他引为心腹。杨忠说:"两个婆婆之间的媳妇难当,你不要去!"杨坚便推辞了。到这时杨忠去世,杨坚承袭了爵位。

冬十一月初一,发生日食。 陈朝安成王陈顼废其君主陈伯宗为临海王,而且杀了始兴王陈伯茂。

始兴王陈伯茂因为对安成王陈顼专擅朝政愤愤不平,经常任意谩骂。陈顼便假借太后令诬告陈主伯宗,说他和刘师知、华皎等人勾通共谋,把陈主伯宗废为临海王,以安成王入篡皇位。又下命令,贬黜陈伯茂为温麻侯,安置到别馆,唆使强盗把他杀死。

北齐太上皇高湛病死。

北齐太上皇旧病发作,派驿使追召徐之才回来,没等徐之才赶到,病情严重,把后事嘱托和士开,握着和士开的手说:"你不要辜负我的嘱托!"就死了。

和士开三天秘不发丧。黄门侍郎冯子琮问他为什么这么做,和士开说:"皇上年幼,恐怕王公中有怀有二心的人,我想把他们全都召集来,然后一起商量。"和士开平素忌恨太尉赵郡王高睿和领军娄定远,冯子琮担心和士开篡改遗诏把高睿外放出去,夺取娄定远的禁兵军权,于是劝说和士开道:"群臣所以能够富贵,都是皇上父子的恩德。只要让在朝的贵臣保持他们的地位,王公们必定不会有二心。而且太上皇驾崩的事,外边的路人都传开了,时间久了不发丧,恐怕会发生其他变故。"和士开才发丧。

世祖武成帝在世时骄奢淫泆,徭役繁多,赋税苛重,官吏和百姓深受其苦。

北周梁州一带的獠人反叛,被讨伐平定。

北周梁州恒稜獠人反叛,派总管长史赵文表去讨伐他们。将领们准备从四面一起进攻,赵文表说:"这样进攻獠人就没有了生路,一定拼死和我们对抗,就不容易攻克。现在我们向他们施以威猛和恩惠,作恶的处死,从善的抚慰他们。把善恶分别对待,

破之易矣。"遂以此意遍令军中。恒稜闻之,犹豫未决,文
表军已至其境。獠中先有二路,一平一险,有獠帅数人来
见,请为向导。文表曰:"此路宽正,不须为导。卿但慰谕
子弟,使来降也。"既遣之。乃谓诸将曰:"獠帅谓吾从宽
路而进,必设伏以邀我,当更出其不意。"乃引兵自险路入。
乘高而望,果有伏兵。獠既失计,争帅众来降。文表皆慰
抚之,乃征其租税,无敢违者。周以文表为蓬州刺史。

己丑(569)　陈高宗宣帝顼太建元年,周天和三年,齐天统五年。

**春正月,陈主顼立。　二月,齐徙东平王俨为琅邪王。
齐杀其太尉赵郡王睿。**

初,和士开为世祖所亲狎,出入卧内,遂得幸于胡后。
及世祖殂,齐主深委任之,威权益盛,与娄定远等俱用事,
时号"八贵"。太尉赵郡王睿,与定远、元文遥等,皆言于齐
主,请出士开。会胡太后觞朝贵于前殿,睿面数士开受纳
货赂,秽乱宫掖之罪。太后曰:"王欲欺孤寡邪?且饮酒,
勿多言。"睿等词色愈厉。仪同三司安吐根曰:"不出士开,
朝野不定。"太后不可,睿等投冠于地,拂衣而起。明日,复
诣云龙门,令文遥入奏。

太后及齐主召问士开,对曰:"陛下谅暗始尔,大臣皆有
觊觎。今若出臣,正是自剪羽翼。宜谓睿等云:'文遥与臣

攻破他们就容易了。"于是把这个意思传遍军队中。恒稜獠人听说后，犹豫不决，赵文表的军队已经到了境内。通向恒稜有两条路，一条平坦，一条险峻，有几个獠人头目来见赵文表，请求当向导。赵文表说："这条路又宽又平，不需要向导。你们回去劝慰晓谕子弟，让他们来投降吧。"便让他们走了。然后对将领们说："獠人头目以为我们从宽路前进，一定设下埋伏阻击我们，应当改变路线出其不意。"于是领兵从险路而入。登上高处一看，果然有獠人埋伏。獠人伏击之计失败，争相率领部众来投降。赵文表都劝慰安抚他们，征收他们的租税，没有敢违抗的。北周任命赵文表为蓬州刺史。

陈宣帝

乙丑（569） 陈高宗宣帝陈顼太建元年，北周天和三年，北齐天统五年。

春正月，陈高宗陈顼即皇帝位。 二月，北齐迁徙东平王高俨为琅邪王。 北齐杀死太尉赵郡王高睿。

当初，和士开受世祖武成帝高湛宠爱亲昵，随便出入皇帝的寝宫，于是得以和胡太后私通。等武成帝高湛死后，齐后主高纬对他更加信任，委以重任，所以权势更大，与娄定远等都在朝廷掌权，当时号称"八贵"。太尉赵郡王高睿，与娄定远、元文遥等，都对齐后主说，请把和士开调出朝廷。恰逢胡太后在前殿请朝中亲贵宴饮，高睿当面数说和士开收受贿赂，淫乱宫廷的罪状。胡太后说："赵郡王是想欺侮我们孤儿寡母吗？姑且饮酒，不要多说！"高睿等人言辞神色更加严厉。仪同三司安吐根说："不把和士开调出朝廷，朝野上下不得安定。"胡太后不答应，高睿等人把官帽扔到地上，拂衣而起，生气地离开了。第二天，又到云龙门，派元文遥入宫启奏。

胡太后和齐后主高纬召来和士开询问，和士开回答说："陛下居丧不久，大臣们都有非分之想。现在如果把臣调出朝廷，正好比剪掉自己的羽翼。应该对高睿说：'元文遥和臣

俱受先帝任用,可并用为州,且令出纳。待过山陵,然后遣之。'"齐主及太后乃以士开为兖州刺史。

葬毕,太后欲留士开过百日,睿不许。有中人密谓睿曰:"太后意既如此,殿下何宜苦违!"睿曰:"吾受委不轻。今嗣主幼冲,岂可使邪臣在侧! 不守之以死,何面戴天!"遂更见太后,苦言之。太后令酌酒赐睿,睿正色曰:"今论国家大事,非为卮酒!"言讫,遽出。

士开载美女珠帘,诣娄定远献之。定远喜,谓曰:"欲还入不?"士开曰:"不愿更入,但乞王保护,长为大州足矣。"定远信之。送至门,士开曰:"今当远出,愿得一辞觐二宫。"定远许之。士开由是得见太后及齐主,进说曰:"先帝一旦登遐,臣愧不能自死。观朝贵意势,欲以陛下为乾明。臣出之后,必有大变,臣何面目见先帝于地下!"因恸哭。齐主、太后皆泣,问计。士开曰:"臣已得入,复何所虑,正须数行诏书耳。"于是,诏出定远为青州刺史,责赵郡王睿以不臣之罪。

旦日,睿将复入谏,妻子咸止之,睿曰:"社稷事重,吾宁死事先皇,不忍见朝廷颠沛。"至殿门,又有人谓曰:"入恐有变。"睿曰:"吾上不负天,死亦无恨。"入见太后,论执弥固。出,至永巷,遇兵,执送华林园,拉杀之。睿清正自守,朝野冤惜之。复以士开为仆射,定远归士开所遗,加以余珍赂之。

都受先帝信任重用,可以都出任州刺史,暂且令他们担任原职。等太上皇殡葬完,然后派出去。'"齐主和胡太后于是任命和士开为兖州刺史。

太上皇安葬完毕,胡太后想留和士开过了太上皇百日祭再走,高睿不答应。有知道内情的太监私下对高睿说:"胡太后的意思既然这样,殿下何必苦苦反对呢!"高睿说:"我受朝廷委托责任不轻。当今皇上年幼,怎么可以让奸臣留在他身边! 不以生命守护幼主,有何面目在世上生存!"于是再次拜见胡太后,苦苦进言。胡太后叫人斟酒赐给高睿,高睿正颜厉色地说:"今天是来谈国家大事的,不是为了一杯酒!"说罢,马上离去。

和士开用车载着美女、珍珠帘子,到娄定远府上献给他。娄定远很高兴,对和士开说:"你还想回朝吗?"和士开说:"不愿再回朝了,只求王爷您保护,能长久做大州刺史就知足了。"娄定远相信了。送和士开到门口,和士开说:"现在我要远出了,想见一次太后和皇上,向他们告辞。"娄定远答应了他。和士开因此能见到胡太后和齐后主,凑到跟前说:"先帝去世时,我惭愧没能跟着去死。我看朝贵们的意图和形势,是想把陛下当作乾明年间的济南王。我外出之后,朝廷一定有大变化,我有什么脸面在九泉之下再见先帝!"于是悲痛大哭。齐后主、胡太后都哭了,问他有什么计策。和士开说:"臣已经进宫,还有什么可顾虑的,正需要几行诏书罢了。"于是,下诏把娄定远调出任青州刺史,斥责赵郡王高睿有僭越之罪。

第二天早晨,高睿将要再次入宫进谏,妻儿都劝他不要去,高睿说:"国家事重,我宁可身死追随先皇,不忍心活着看到朝廷变乱。"走到殿门,又有人对他说:"进去恐怕有变故。"高睿说:"我上不负天,死也无憾。"入宫见到胡太后,高睿更加固执地坚持自己的意见。出宫后,走到永巷里,遇到士兵,抓住他送到华林园,被活活打死。高睿为人清正廉洁注重操守,朝野上下都为他的死感到冤枉痛惜。又任命和士开为仆射,娄定远送回和士开给他的东西,并增加了其他珍宝进行贿赂。

夏四月，齐以高阿那肱为尚书令，韩长鸾为领军，陆令萱为女侍中，穆提婆为侍中，祖珽为秘书监。

齐主年少，多嬖宠。武卫将军高阿那肱，素以谄佞为世祖所厚，多令在东宫侍齐主，由是有宠，累迁并省尚书令，封淮阴王。

都督韩长鸾，亦以尝卫东宫，累迁侍中、领军，总知内省机密。

宫婢陆令萱者，坐其夫骆超谋叛，配掖庭，子提婆亦没为奴。齐主之在襁褓，令萱养之。令萱巧黠，善取媚，有宠于胡太后，和士开、阿那肱皆为之养子。齐主以令萱为女侍中。令萱引提婆入侍齐主，朝夕戏狎，累迁开府仪同三司。斛律后之从婢穆舍利，有宠于齐主，令萱乃为之养母，因令提婆冒姓穆氏。然士开用事最久，诸幸臣皆依附之。

齐主思祖珽，复以为海州刺史。珽乃遗陆媪弟仪同悉达书曰："赵彦深心腹阴沉，欲行伊、霍事，仪同姊弟岂得平安，何不早用智士邪！"士开亦以珽有胆略，欲引为谋主，乃弃旧怨，虚心待之，与陆媪言于齐主曰："三帝之子皆不得立。今至尊独在帝位者，祖孝征之力也。其人心行虽薄，奇略出人，缓急可使。且目已盲，必无反心。"齐主乃召以为秘书监。

士开谮齐主之舅胡长仁，出刺齐州。长仁怨愤，遣人刺之，事觉，士开问珽，珽引薄昭事，遣使赐死。

夏四月,北齐任命高阿那肱为尚书令,韩长鸾为领军,陆令萱为女侍中,穆提婆为侍中,祖珽为秘书监。

　　北齐后主高纬年轻,有好多宠幸的人。武卫将军高阿那肱,向来以善于谄媚讨好,被世祖武成帝高湛所厚待,武成帝还经常叫他到东宫侍候齐后主,因此受到后主的宠爱,累次升迁到并省尚书令,封为淮阴王。

　　都督韩长鸾,也曾在东宫当过侍卫,累次升迁到侍中、领军、总知内省机密。

　　宫女陆令萱,因为她丈夫骆超谋反而连坐,发配到皇宫当宫女,儿子提婆也籍没为奴。北齐后主还是婴儿时,由陆令萱做保姆照顾他。陆令萱乖巧狡黠,善于讨好谄媚,所以得到胡太后的宠爱,和士开、高阿那肱都是她的干儿子。北齐后主封陆令萱为女侍中。陆令萱引荐骆提婆进宫侍奉齐后主,从早到晚嬉戏亲昵,累次升迁到开府仪同三司。斛律后的随从奴婢穆舍利,也得到齐后主的宠幸,陆令萱便当了她的养母,便也让儿子骆提婆冒姓穆。然而和士开在朝廷当权时间最长,受皇上宠幸的大臣们都依附他。

　　北齐后主思念祖珽,便又起用他为海州刺史。祖珽给陆令萱的弟弟仪同三司悉达写信说:"赵彦深城府阴险深沉,想仿效伊尹、霍光做过的事,你们姐弟怎么能够平安,为什么不早日起用有智谋的人!"和士开也认为祖珽有胆略,想拉拢他为重要谋士,于是抛弃过去的怨恨,虚心待他,和士开和陆令萱一起对北齐后主说:"文襄、文宣、孝昭三位皇帝的儿子都没能够继承皇位。如今陛下能独居皇位,是祖珽出的力。祖珽虽然心胸狭窄,却有超出常人的奇谋大略,遇到轻重缓急的事可以使用。而且眼睛已经瞎了,一定不会有反心。"北齐后主就召回祖珽任命他为秘书监。

　　和士开向齐后主进谗言,诬陷后主的舅舅胡长仁,胡长仁被贬出朝廷,任齐州刺史。胡长仁怨恨和士开,打算派人刺杀他,事情泄露,和士开问祖珽该怎么办,祖珽引用汉文帝杀薄昭的事情为例,于是派使者把胡长仁赐死。

秋八月，陈广州刺史欧阳纥反。

欧阳纥在广州十余年，威惠著于百越。自华皎叛，陈主疑之，征为左卫将军。纥惧，遂举兵攻衡州。陈主遣徐俭持节谕旨，俭语纥曰："吕嘉之事，诚当已远，将军独不见周迪、陈宝应乎！"纥默然不应。陈主乃遣车骑将军章昭达讨之。

冬十二月，周齐公宪侵齐，围宜阳。　　周陈复通好。

庚寅（570）　陈太建二年，齐武平元年，周天和四年。

春二月，齐以斛律光为右丞相。　　陈人讨欧阳纥，斩之。封阳春太守冯仆母洗氏为石龙太夫人。

欧阳纥召阳春太守冯仆至南海，诱与同反。仆遣使告其母洗夫人。夫人曰："我忠贞两世，今不能惜汝而负国也。"遂发兵拒境，帅诸酋长迎章昭达。

昭达至始兴，纥惧，出顿洭口，多聚沙石，盛以竹笼，置于水栅之外。昭达令人潜行斫笼，因纵大舰突之。纥败，擒之，斩于建康市。

纥之反也，士人流寓者皆惶骇。前著作佐郎萧引独恬然，曰："管幼安、袁曜卿，亦但安坐耳。君子直己以行义，何忧惧乎！"至是，陈主征以为侍郎。

冯仆以其母功，封信都侯，迁石龙太守，遣使者持节册命洗氏为石龙太夫人，赐以绣幰安车，鼓吹、麾节，卤簿如刺史之仪。

秋七月，齐以和士开为尚书令。

秋八月,陈朝广州刺史欧阳纥反叛。

欧阳纥在广州任职十多年,他的威名和恩惠著称于百越一带。自从华皎反叛,陈宣帝对他也心存怀疑,征召他为左卫将军。欧阳纥感到害怕,便发兵攻打衡州。陈宣帝派徐俭持皇帝的符节和谕旨去见他,徐俭对欧阳纥说:"汉朝吕嘉的旧例,实在已经很远了,可将军您难道没有看见周迪、陈宝应的下场吗!"欧阳纥沉默不语。陈宣帝于是派遣车骑将军章昭达讨伐他。

冬十二月,北周齐公宇文宪入侵北齐,围困宜阳。 北周与陈朝恢复友好关系。

庚寅(570) 陈太建二年,北齐武平元年,北周天和四年。

春二月,北齐任命斛律光为右丞相。 陈朝军队讨伐欧阳纥,杀了他。册封阳春太守冯仆母亲洗氏为石龙太夫人。

欧阳纥召阳春太守冯仆到南海,劝诱他一同谋反。冯仆派人告诉母亲洗夫人。洗夫人说:"我们家忠贞报国已经两代,现在不能因为怜惜你而辜负国家。"于是发兵拒守阳春边境,率领部落首长们迎接章昭达。

章昭达赶到始兴,欧阳纥惧怕,领兵出屯洭口,聚集很多沙石,装在竹笼里,放置在水栅外面用来防守。章昭达令人暗中砍破竹笼,随后放大舰顺流而下突破防线。欧阳纥大败,被抓获,在建康斩首弃市。

欧阳纥的反叛,使寓居岭南的士大夫们都很惊慌害怕。唯独前著作佐郎萧引很坦然,他说:"历史上管宁、袁涣遇到变故时,也都坐以待变。君子自己行为正直,按道义行事,有什么可忧虑害怕的呢!"到平定欧阳纥后,陈宣帝征召萧引为侍郎。

冯仆因为他母亲的功劳,封为信都侯,升迁为石龙太守,朝廷派使者持符节册封洗氏为石龙太夫人,皇上赐给有绣幔的安车、乐队、旌旗等物,洗夫人出行时的仪仗和州刺史一样。

秋七月,北齐任命和士开为尚书令。

士开威权日盛,朝士不知廉耻者,或为之假子。士开伤寒,医云:"应服黄龙汤。"士开有难色。有候之者,请先尝之,一举而尽。

陈遣兵攻梁,周人救之,陈师还。

章昭达攻梁,梁主与周总管陆腾拒之。周人于峡口南岸筑城,横引大索,编苇为桥,以度军粮。昭达为长戟,施于楼船上,仰割之,索断,粮绝,遂攻其城,下之。

梁主告急于周,周使将军李迁哲将兵救之。昭达兵不利,引还。

九月,齐立子恒为太子。

齐穆夫人生子恒,陆令萱欲以为太子,恐斛律后怒,乃白齐主,使后母养之,立以为太子。

冬十月朔,日食。 齐以萧庄为梁王。

齐复以梁永嘉王庄为梁王,许以兴复,竟不果。及齐亡,庄愤邑,卒于邺。

周平越嶲,置西宁州。 齐筑城于汾北,周齐公宪还救之。

周、齐争宜阳,久不决。勋州刺史韦孝宽谓其下曰:"宜阳一城之地,不足损益,两国争之,劳师弥年。彼若弃之,来图汾北,我必失地。宜速于华谷、长秋筑城以杜其意。脱其先我,图之实难。"乃画地形,且陈其状。宇文护不听。

齐斛律光果于汾北筑华谷、龙门二城。光请孝宽相见,光曰:"宜阳小城,久劳争战。今既舍彼,欲于汾北取偿,幸勿怪也。"孝宽曰:"宜阳彼之要冲,汾北我之所弃,

和士开的威势权力越来越大，朝廷里那些不知廉耻的官员们，有的给他当干儿子。和士开得了伤寒，医生说："应当服用粪汁黄龙汤。"和士开面有难色。有个前来探视问候的人，讨好地请求先尝尝，于是把粪汁一饮而尽。

陈朝派兵攻打后梁，北周军队援救后梁，陈朝军队退回。

章昭达进攻后梁，后梁国主和北周总管陆腾共同抵抗。北周军队在西陵峡口南岸修筑城堡，在长江上横着牵引大绳索，上面编织芦苇当作桥梁，用来运输军粮。章昭达把长戟装置在楼船上，向上仰割，绳索割断，北周人的军粮断绝，于是章昭达进攻城堡，将城攻克。

后梁国主向北周告急，北周派将军李迁哲率军队援救。章昭达的军队作战失利，只好引兵退回。

九月，北齐立皇子高恒为太子。

北齐穆夫人生了儿子高恒，陆令萱想让他成为太子，又怕斛律皇后生气，便禀告北齐后主，让斛律后收养高恒，立为太子。

冬十月初一，发生日食。　北齐任萧庄为梁王。

北齐再次任命梁永嘉王萧庄为梁王，答应帮助他复兴梁国，终究没有成功。到北齐灭亡，萧庄愤懑忧郁，死在邺城。

北周平定越嶲，设置西宁州。　北齐人在汾北一带修筑城池，北周齐公宇文宪还救汾北。

北周、北齐争夺宜阳，久战不决。北周勋州刺史韦孝宽对他的部下说："宜阳仅一城，得失都没有多大益处或损失，两国互相争夺，劳师已经一年。如果对方放弃宜阳，来夺取汾北一带，我方必然丢失国土。应该赶快在华谷和长秋修筑城池，用来断绝对方侵我汾北的念头。倘或他们抢先于我，再对付他们就困难了。"于是画了地形图，向朝廷陈述这种情况。宇文护不听。

北齐斛律光果然在汾北一带修筑华谷、龙门两座城池。斛律光请韦孝宽相见，斛律光说："宜阳一座小城，久劳争战。现在我们已经放弃，准备在汾北一带取得补偿，希望你不要见怪。"韦孝宽说："宜阳是你们的交通要冲之地，汾北是我们抛弃的地方，

我弃彼取。其偿安在？君不抚循百姓，而极武穷兵，苟贪寻常之地，涂炭疲弊之民，窃为君不取也！"光进围定阳，筑南汾城以逼之。周人释宜阳之围，以救汾北。

辛卯（571）　陈太建三年，齐武平二年，周天和五年。

春正月，齐斛律光及周韦孝宽战于汾北，周师败绩。

光筑十三城于西境，马上以鞭指画而成，拓地五百里，而未尝伐功。

夏四月朔，日食。　六月，齐太宰段韶围周定阳，克之。获汾州刺史杨敷。

齐段韶引兵围定阳，周汾州刺史杨敷固守，不下。韶急攻之，曰："此城三面重涧，皆无走路。唯虑东南一道耳，简精兵专守之，此必成擒。"乃令壮士千余人伏于东南涧口。城中粮尽，敷走，伏兵击擒之，遂取汾州。

敷，愔之族子也。敷子素，少多才艺，以其父守节陷齐，未蒙赠谥，申理再三，周主大怒，命左右斩之。素大言曰："臣事无道天子，死其分也！"周主壮其言，赠敷大将军，谥曰"忠壮"。素渐见礼遇，命为诏书，下笔立成，词义兼美，周主曰："勉之，勿忧不富贵。"素曰："但恐富贵来逼臣，臣无心图富贵也。"

齐取周四戍。

齐斛律光与周师战于宜阳城下，取周建安等四戍，捕房千余人而还。未至邺，齐主敕使散兵，光以军士有功未得

我们不要,被你们取走。补偿在哪儿?你不去安抚百姓,而穷兵黩武,假如为了贪图一块平平常常的土地,而使百姓疲惫不堪,遭受涂炭之灾,我认为你不该这样做。"斛律光围困定阳,修筑南汾城进逼定阳。北周军队放弃对宜阳的围困,回师援救汾北一带。

辛卯(571)　陈太建三年,北齐武平二年,北周天和五年。

春正月,北齐斛律光和北周韦孝宽在汾北交战,北周军队战败。

斛律光在北齐国境西面修筑十三座城池,是在马背上用鞭子指画然后修筑而成的,拓展边疆五百里,而不曾夸耀功劳。

夏季四月初一,发生日食。　六月,北齐太宰段韶率兵围攻北周的定阳,攻克了。抓获汾州刺史杨敷。

北齐段韶率领军队围攻定阳,北周汾州刺史杨敷坚守城池,攻打不下。段韶加紧进攻,并说:"这座城三面修有双重濠涧,都无法走路。唯一顾虑东南面的一条路,挑选精壮兵士专门防守这条路,这样一定能够抓获他们。"于是派一千多壮士埋伏在东南涧口。城中粮食吃尽,杨敷出走,被伏兵袭击抓获,北齐夺取了汾州。

杨敷是杨愔的族子。杨敷的儿子杨素,年少多才多艺,因为他父亲杨敷守节而身陷北齐,没有蒙受朝廷赠给的谥号,再三向朝廷上表申述理由,北周武帝大怒,命令左右将他斩首。杨素高声大喊:"臣侍奉无道天子,被杀是我的本分!"武帝认为他出言豪壮,追赠杨敷大将军,赐谥号为"忠壮"。对杨素也逐渐以礼相待,武帝让杨素起草诏书,杨素挥笔而就,辞藻和立意都很好,北周武帝说:"希望你好好努力,不用担心不会荣华富贵。"杨素说:"只怕富贵来逼近我,我无心贪图富贵。"

北齐夺取北周四个戍所。

北齐斛律光与北周军队在宜阳城下交战,夺取北周建安等四个戍所,捕获俘虏一千多人而还。军队还没回到邺城,齐后主就派使者宣敕遣散军队,斛律光认为将士们有功劳还没有得到

慰劳,乃密表,请遣使宣旨。军还,将至紫陌,驻营待使。齐主恶之,亟召光入见,然后宣劳散兵。

秋七月,齐琅邪王俨杀和士开。

齐琅邪王俨以和士开、穆提婆等专横,意不平。二人忌之,出俨居北宫,时俨犹带中丞,士开等又欲出之于外。治书侍御史王子宜说俨曰:"殿下被疏,正由士开间构,何可出北宫也!"俨谓侍中冯子琮曰:"士开罪重,杀之何如?"子琮心欲废齐主而立俨,因劝成之。

俨令子宜弹士开罪,请禁推。子琮杂他文书奏之,齐主可之。俨诳领军库狄伏连,使收士开。伏连请覆奏,子琮曰:"琅邪受敕,何必更奏。"伏连信之,发军士伏于神虎门外,执士开送台,俨斩之。

俨党因逼俨帅军士三千人屯千秋门。齐主使刘桃枝召俨,俨欲诱令萱而杀之,因对曰:"尊兄若赦臣,请令令萱来迎。"令萱闻之,战栗。齐主又使韩长鸾召俨,俨将入,所亲刘辟彊牵衣谏曰:"若不斩穆提婆母子,殿下无由得入。"广宁王孝珩、安德王延宗,至曰:"何不入?"辟彊曰:"兵少。"延宗顾众而言曰:"孝昭杀杨遵彦,止八十人。今有数千,何谓少?"

齐主急召斛律光,光闻俨杀士开,抚掌大笑曰:"龙子所为,固自不似凡人!"入,见齐主帅宿卫者四百人,授甲,将出战。光曰:"小儿辈弄兵,与交手即乱。鄙谚云:'奴见

慰劳,于是秘密上表,请求派遣使臣宣读慰劳将士们的旨意。军队回来,快到邺城郊外时,斛律光下令驻营,等待齐后主的使臣。北齐后主知道后十分反感,急召斛律光入朝觐见,然后派人宣旨慰劳,遣散军队。

秋七月,北齐琅邪王高俨杀了和士开。

北齐琅邪王高俨因为和士开、穆提婆等专权跋扈,心中愤愤不平。和士开、穆提婆二人忌恨高俨,把高俨调出朝廷,居住北宫,当时高俨还带有中丞的官职,和士开等人又想把他调出城外。治书侍御史王子宜劝高俨说:"殿下所以被疏远,正是由于和士开从中挑拨离间,你怎么可以离开北宫!"高俨对侍中冯子琮说:"和士开罪孽深重,杀了他会怎样?"冯子琮心里正想废掉北齐后主而立高俨,便劝他完成这件事。

高俨叫王子宜上表弹劾和士开的罪状,请求把他收禁审问。冯子琮把表夹杂在其他文书中一同上奏,齐后主没仔细看就批示准奏。高俨欺骗领军库狄伏连,派他收禁和士开。库狄伏连请再次向皇上奏报,冯子琮说:"琅邪王已经接受敕命,何必再奏。"库狄伏连相信了,调发禁军埋伏在神虎门外,抓住和士开送到台省,高俨派人把和士开在台省斩首。

高俨的党羽便逼迫高俨率领军队三千人屯驻在千秋门。北齐后主派刘桃枝征召高俨,高俨想诱骗陆令萱出来将她杀死,便回答说:"皇兄陛下如果赦免臣下,请让陆令萱来迎接。"陆令萱听到高俨的话,吓得浑身哆嗦。齐后主又派韩长鸾宣召高俨,高俨将要入宫,亲信刘辟疆拉住他的衣服劝谏道:"如果不杀掉穆提婆母子,殿下不能进宫。"广宁王高孝珩、安德王高延宗过来说:"为什么不进去?"刘辟疆说:"兵太少。"高延宗环顾部众而后说:"孝昭帝杀杨遵彦,只有八十人。现在有数千人,怎么说少?"

齐后主紧急征召斛律光,斛律光听说高俨杀了和士开,拍手大笑说:"真是龙子的作为,本来就是和凡人不一样!"入宫后,看见齐后主率领宫中宿卫四百人,授以兵甲,准备出战。斛律光说:"小孩子们打仗,刚一交手就得乱了阵脚。俗话说:'奴才见

大家心死。'至尊宜自至千秋门，琅邪必不敢动。"齐主从之。光步道，使人走出，曰："大家来。"俨徒骇散。齐主遥呼之，俨犹立不进，光就谓曰："天子弟杀一夫，何所苦！"执其手，强引以前，请于齐主曰："琅邪王年少，轻为举措，稍长自不然，愿宽其罪。"齐主拔刀，镮筑其辩头，良久乃释之。

收库狄伏连、王子宜、刘辟彊支解之。齐主欲尽杀俨府吏，光曰："此皆勋贵子弟，诛之，恐人心不安。"于是罪之有差。太后责俨，俨曰："冯子琮教儿。"太后遂杀子琮。

九月，齐太宰平原王段韶卒。
韶有谋略，得士死力，功高望重，而雅性温慎，得宰相体。事后母孝，闺门雍肃，勋贵之家无能及者。卒，谥忠武。

齐主杀其弟琅邪王俨。
陆令萱说齐主曰："人称琅邪聪明雄勇，当今无敌。观其相表，殆非人臣。自专杀以来，常怀恐惧，宜早为之计。"齐主未决，以食舉密迎侍中祖珽问之，珽称"周公诛管叔，季友鸩庆父"。齐主乃使将军赵元侃诱俨，元侃曰："臣昔事先帝，见先帝爱王。今宁就死，不忍行此。"齐主乃出元侃剌豫州。

而召俨，使刘桃枝拉杀之，时年十四。遗腹四男，皆幽死。既而赠俨楚恭哀帝，以慰太后心。

冬十月，齐主幽其太后胡氏于北宫。

主人,吓得要死。'陛下应该亲自到千秋门,琅邪王一定不敢行动。"齐后主便听从了。斛律光走在前面做前导,派人走出队伍,说:"天子来了。"高俨的党徒吓得散开了。齐后主远远地招呼他们,高俨还站着不敢向前,斛律光就对他说:"天子的弟弟杀一个人,有什么可怕的!"抓住高俨的手,硬拉他向前,请求齐后主说:"琅邪王年轻,行为举止轻率,等年龄大些自然不会这样,希望能宽恕他的罪过。"齐后主拔出高俨的佩刀,用刀环敲打高俨的辫头,表示该斩他,好久才放了他。

齐后主收禁库狄伏连、王子宜、刘辟疆,并将他们肢解而死。齐后主想要杀尽高俨府里的官吏,斛律光说:"这些都是勋贵家的子弟,杀了他们,怕引起人心不安。"于是分不同的情况判了刑。太后责问高俨,高俨说:"是冯子琮教儿这样做的。"太后便杀了冯子琮。

九月,北齐太宰平原王段韶去世。

段韶胸有谋略,将士们愿意为他效命,功劳高威望重,而性格儒雅温和谨慎,具有宰相气魄。侍奉继母很孝顺,家中和顺庄重,勋贵之家没有能比得上的。段韶死了,赐谥号"忠武"。

北齐后主杀死他的弟弟琅邪王高俨。

陆令萱对齐后主说:"人们都称赞琅邪王聪明勇敢有气魄,当今没有能比的上的。看他的相貌,恐怕不是做人臣的人。自从擅自杀死和士开以来,常怀恐惧之心,应该及早对他做出打算。"齐后主犹豫不决,用装运食物的车子秘密把侍中祖珽接进宫中,询问他的意见,祖珽举出"周公诛杀管叔,季友毒死庆父"两件事。齐后主于是派将军赵元侃诱杀高俨,赵元侃说:"臣以前侍奉先帝,看到先帝喜爱琅邪王。如今我宁愿被杀,也不忍心做这种事。"齐后主便将赵元侃贬为豫州刺史。

于是召见高俨,派刘桃枝在路上把他摧折而死,当时才十四岁。高俨有四个遗腹男孩,都被幽禁而死。不久又追赠高俨为楚恭哀帝,用来宽慰太后的心。

冬十月,北齐后主把胡太后幽禁在北宫。

齐胡太后出入不节，与沙门统昙献通，齐主闻而未之信。后朝太后，见二尼，悦而召之，乃男子也。于是昙献事亦发，皆伏诛。遂幽太后于北宫。太后或为齐主设食，齐主亦不敢尝。

十二月，周以基、平、郡州与梁。

梁华皎如周，过襄阳，说卫公直曰："梁主民少国贫，望借数州以资之。"直然之，遣使言状，周主诏以基、平、郡三州与之。

北齐胡太后出入不守节操，与沙门统昙献私通，齐后主听说了没有相信。后来有一次齐后主去朝见太后，看见两个尼姑，因为喜欢就把她们召来，原来都是男子装扮的。于是昙献的事情败露，这些人都被处死。于是把太后幽禁在北宫。太后有时为齐后主准备了食物，齐后主也不敢尝。

　　十二月，北周把基、平、郡三州划给后梁。

　　后梁的华皎到北周，路过襄阳时，对卫公宇文直说："后梁国百姓少国家贫困，希望能借几个州用来资助他。"宇文直认为这是对的，于是派使者向北周武帝说明情况，北周武帝下诏书把基、平、郡三州划给后梁。

资治通鉴纲目卷三十五

起壬辰（572）陈高宗宣皇帝太建四年、齐后主武平三年、周高祖建德元年，尽癸卯（583）陈后主叔宝至德元年、隋文帝坚开皇三年。凡十二年。

壬辰（572）　陈太建四年，齐武平三年，周建德元年。

春二月，齐以祖珽为仆射。

胡太后既幽北宫，珽引魏保太后故事，欲立陆令萱为太后，且谓人曰："陆虽妇人，然实雄杰，女娲以来，未之有也。"令萱亦谓珽为"国师"，由此得仆射。

三月朔，日食。　周主讨其太师宇文护，杀之。

初，周太祖为魏相，立左右十二军，总属相府，太祖殂，皆受晋公护处分。护第兵卫，盛于宫阙。诸子、僚属，皆贪残恣横，士民患之。周主深自晦匿，无所关预，人不测其浅深。

护问稍伯大夫庚季才曰："比日天道如何？"对曰："顷上台有变，公宜归政请老。"护遂疏之。

卫公直有怨于护，劝周主诛之。周主乃密与直及宫伯中大夫宇文神举、内史下大夫王轨、右侍上士宇文孝伯谋之。

周主每于禁中见护，常行家人礼。至是引护入谒太后，谓曰："太后好饮，屡谏未纳。"因出怀中《酒诰》授之，

壬辰（572） 陈太建四年，北齐武平三年，北周建德元年。

春二月，北齐任命祖珽为仆射。

胡太后已被拘禁在北宫，祖珽援引魏朝保太后的成例，想立陆令萱为太后，并对人说："陆令萱虽是妇人，然而确实英明，才智超群，女娲以来，没有这样的人。"陆令萱也称祖珽为"国师"，因此祖珽被任命为仆射。

三月初一，出现日食。 北周武帝讨伐其太师宇文护，将他杀死。

当初，北周太祖在西魏担任丞相时，建立了左右十二军，全部隶属丞相府，太祖死后，都接受晋公宇文护的处置。宇文护府第士兵守卫，比宫廷还要严密。他几个儿子和所属官吏，都很贪婪凶残，放纵横暴，士子庶民深以为患。北周武帝深居不露行迹，对此事不予干涉，人们不能测度他的深浅。

宇文护问稍伯大夫庾季才说："近日来天象怎么样？"庾季才回答说："刚才上台星有不正常现象，您应当归还政事，以年高请求退休。"宇文护听后就疏远了庾季才。

卫公宇文直怨恨宇文护，劝武帝杀了他。武帝于是和宇文直以及宫伯中大夫宇文神举、内史下大夫王轨、右侍上士宇文孝伯秘密计议这件事情。

武帝每次在宫中看见宇文护，常常对他行家人之礼。这时，武帝带领宇文护进入宫中去晋见太后，并对他说："太后喜好饮酒，朕多次劝谏，她都不听从。"就从怀里拿出《酒诰》交给宇文护，

曰："愿兄以此入谏。"护入,读未毕,周主以玉珽自后击之,护踣于地,直出斩之。召宫伯长孙览等,收护子弟、亲党,杀之。

初,护既杀赵贵等,诸将多不自安。柱国侯龙恩为护所亲,其从弟开府仪同三司植谓之曰:"主上春秋既富,安危系于数公。若多所诛戮以自立威权,岂唯社稷有累卵之危,吾宗亦缘此而败,兄安得不言!"龙恩不能从。植又乘间言于护曰:"公以骨肉之亲,当社稷之寄,愿推诚王室,拟迹伊、周,则率土幸甚!"护阴忌之,植以忧卒。及护败,龙恩及弟万寿皆死,高祖以植为忠,特免其子孙。

齐公宪素为护所亲任,护欲有所陈,多令宪闻奏。或有可不,宪每曲而畅之,周主亦察其心。直素忌宪,固请诛之,周主不许。

初,宇文孝伯与周主同日生,太祖爱而养之,幼与周主同学。及即位,欲引致左右,托言欲与讲习,故护弗之疑。孝伯为人,沉正忠谅,朝政得失,外间细事,无不以闻。至是以为车骑大将军。

周主阅护书记,得庾季才书两纸,盛言纬候灾祥,宜返政归权,命赐粟帛,迁太中大夫。

周主亲政,以其弟齐公宪为大冢宰、卫公直为大司徒。

说:"希望兄长用这进去劝谏。"宇文护进去后,《酒诰》还没有读完,武帝就用玉珽从背后去打他,宇文护僵仆在地,宇文直跳出来将他杀死。武帝召见宫伯长孙览等人,命令他们去拘捕宇文护的儿子、兄弟、亲戚、朋党,将他们全部杀死。

当初,宇文护杀死赵贵等人以后,许多将领心里都感到不安。柱国侯龙恩与宇文护关系亲近,他的堂弟开府仪同三司侯植对他说:"主上年纪还轻,国家的安危寄托在几位公侯身上。假若用多杀戮的办法来树立自己的威势和权力,岂止国家有累卵之危,我们的宗族也会因此衰败,兄长怎能知而不言呢?"侯龙恩没有听他的话。侯植又趁空对宇文护说:"您因为是骨肉至亲,国家的兴旺寄托在您的身上,希望您以诚意对待王室,仿效伊尹、周公的做法,那就是国家的幸运了。"宇文护听了,暗中十分忌恨他,侯植因此忧愁而死。宇文护失败后,侯龙恩和弟弟侯万寿都被处死,武帝因为侯植忠诚,特意赦免了他的子孙。

齐公宇文宪一向得到宇文护的亲近信任,宇文护想向朝廷陈述事情,许多都是通过宇文宪转达奏报。有些事宇文宪认为奏报后可能有不同意见,就往往婉转陈述,使事情顺利进行,武帝也洞悉宇文宪的用心。宇文直向来忌恨宇文宪,坚持请求武帝杀死他,武帝没有应允。

当初,宇文孝伯和武帝同一天出生,太祖很喜爱他,收养在府中,幼年又和武帝同师受业。武帝即皇位后,想召宇文孝伯做他的近臣,就假说要和宇文孝伯讲习学业,所以没有引起宇文护的怀疑。宇文孝伯为人深沉正直,忠实诚信,有关朝廷政事得失,以及外面一些微小的事情,没有不告诉武帝的。这时,武帝任用他为车骑大将军。

武帝观览宇文护的书信,得到庾季才写的两张纸,大谈日月五星和月令七十二候变化与祸福的关系,劝说宇文护应当归还朝政大权。武帝命令赏给庾季才粮食和布帛,提升他为太中大夫。

北周武帝开始亲政,任用他的弟弟齐公宇文宪为大冢宰、卫公宇文直为大司徒。

周主始亲政,颇事威刑,虽骨肉无所宽借。齐公宪虽迁冢宰,实夺之权。又谓宪侍读裴文举曰:"昔魏末不纲,太祖辅政;及周室受命,晋公复执大权。积习生常,愚者谓法应如是。卿虽陪侍齐公,不得遽同为臣,欲死于所事。宜辅以正道,劝以义方,辑睦我君臣,协和我兄弟,勿令自致嫌疑。"文举咸以白宪,宪指心抚几曰:"吾之夙心公宁不知! 但当尽忠竭节耳,知复何言。"

卫公直性浮诡贪狠,意望大冢宰,既不得,殊怏怏;更请为大司马,欲据兵权。周主揣知其意,曰:"汝兄弟长幼有序,岂可返居下列!"由是用为大司徒。

夏六月,齐主杀其左丞相咸阳王斛律光,以祖珽知骑兵、外兵事。

祖珽势倾朝野,斛律光恶之,谓诸将曰:"边境消息,兵马处分,盲人全不与吾辈语,恐误国事。"珽觉之,私赂光从奴问之,奴曰:"自公用事,相王每夜抱膝叹曰:'盲人入,国必破矣。'"

穆提婆求娶光庶女,不许。齐主赐提婆晋阳田,光言于朝曰:"此田,神武以来,常种禾饲马,以拟寇敌。今赐提婆,无乃阙军务乎!"由是祖、穆皆怨之。

斛律后无宠,珽因而间之。光弟羡为幽州刺史,亦善治兵,突厥畏之,谓之"南可汗"。性节俭,不好声色,罕接

北周武帝开始亲自处理政务,他很注重使用权力和刑法,即使是骨肉至亲,也不宽容。齐公宇文宪虽然被提升为冢宰,实际是削去了他的实权。武帝又对宇文宪的侍读裴文举说:"从前魏朝末年没有法度,所以太祖辅佐政事;等到周朝建立,晋公宇文护又掌管大权。积久而成的习惯竟变为常规,无知的人还说法规就应当如此。你虽然陪伴侍奉齐公,不能就跟他的臣子似的,只一心效忠事奉他。应当用正道辅佐他,用做人的道理规劝他,使我们君臣和睦,兄弟之间融洽,不要让他自己招致嫌疑。"裴文举把这些话全部告诉了宇文宪,宇文宪指着自己的心抚着小桌子说:"我平日的心意你难道不知道吗? 我只是努力尽忠竭节罢了,还有什么好说的呢?"

卫公宇文直是一个轻浮诡诈贪狠之人,希望能任命他为大冢宰,没能得到这个职务,心情很不愉快;他又请求任大司马,想掌握兵权。武帝猜到他的想法,说:"你们兄弟长幼有次序,难道你反而要处于下位吗?"因此任他为大司徒。

夏六月,北齐国主高纬杀死他的左丞相咸阳王斛律光,任用祖珽执掌骑兵和京畿外的军队。

祖珽的权势可以倾覆朝廷内外,斛律光很厌恶他,就对众将领说:"边境的音讯,兵马的处置,盲人全都不对我们说,这恐怕要耽误国家的大事。"祖珽发觉后,私下贿赂斛律光的随从奴仆,向他询问详情,奴仆说:"自从您当权,相王经常在夜里抱着双膝叹气说:'盲人进入朝廷,国家必定被毁灭呀!'"

穆提婆请求娶斛律光妾所生的女儿,斛律光没有同意。北齐国主赐给穆提婆晋阳地方的土地,斛律光向朝廷说:"这些土地,从神武帝以来,经常种植谷物喂养马匹,用以抵抗入侵的敌寇。现在赏赐给穆提婆,这不是影响国家的军务吗?"因此,祖珽、穆提婆都怨恨斛律光。

斛律后也失去了皇帝的宠爱,祖珽就趁机离间他们。斛律光的弟弟斛律羡担任幽州刺史,也擅长治军,突厥人很害怕他,称他为"南可汗"。斛律光性情节俭,不喜好声色,也很少接待

宾客,杜绝馈饷,不贪权势。每朝廷会议,常独后言,言辄合理。行兵效其父金之法,营舍未定,终不入幕,或竟日不坐,身不脱介胄,常为士卒先。士卒有罪,唯大杖挞背,未尝妄杀,众皆争为之死。结发从军,未尝败北。周韦孝宽密为谣言曰:"百升飞上天,明月照长安。"又曰:"高山不推自崩,槲木不扶自举。"令谍传之于邺。斑因续之曰:"盲老公背受大斧,饶舌老母不得语。"使其妻兄郑道盖奏之。斑与陆令萱因解之曰:"百升者,斛也。盲老公,谓斑。饶舌老母,似谓陆氏也。且斛律累世大将,明月声震关西,丰乐威行突厥,女为皇后,男尚公主。谣言甚可畏也。"齐主以问韩长鸾,长鸾以为不可,事遂寝。会丞相府佐封士让密启云:"光前西讨,还逼帝城,将行不轨。家藏弩甲,奴僮千数,若不早图,恐事不可测。"齐王召斑告之,斑请"遣使赐以骏马,光必入谢,因而执之"。齐主如其言。光入至凉风堂,刘桃枝自后扑之,不仆。顾曰:"桃枝常为如此事。我不负国家。"桃枝与三力士拉杀之,血流于地,划之迹终不灭。于是下诏称其谋反,并杀其二子。

斑使郎邢祖信簿录光家,得弓十五,宴射箭百,刀七,赐稍二。斑问:"更得何物?"祖信曰:"得枣杖二十束,拟奴与人斗者,不问曲直,即杖之一百。"斑大惭。及出,人尤其抗直,祖信慨然曰:"贤宰相尚死,我何惜余生!"

宾客，拒绝接受馈赠，不贪恋权势。每当朝廷集众议事时，他经常独自最后发言，说的总符合事理。指挥作战是仿效他父亲斛律金的方法，军队营房没安定好，就始终不进帐幕，有时整天不坐，身上的铠甲也不脱去，打仗时常身先士卒。士卒有了罪过，只用大杖敲打他们的脊背，从不随意杀人，士兵都争着为他效命。自从年轻时参军，不曾打过败仗。北周韦孝宽在暗地制造谣言说："百升飞上天，明月照长安。"又说："高山不推自崩，槲木不扶自举。"让间谍把谣言传到邺城。祖珽就又接续说："盲老公背受大斧，饶舌老母不得语。"让妻兄郑道盖向国主奏报。祖珽和陆令萱于是解释说："百升，这是斛字。盲老公，是说祖珽。饶舌老母，好像是说陆氏。而且斛律氏几代都是大将，斛律光的名声振动关西；斛律羡的威势施展到了突厥，女儿是皇后，儿子娶了公主。谣言令人可畏呀。"北齐国主向韩长鸾询问这件事情，韩长鸾认为谣言不可信，事情才被平息了。适逢丞相府佐封士让秘密报告说："斛律光从前讨伐西面，回来却逼迫京城，将要做出不合法度的事情。他家里藏有弓弩铠甲，奴婢僮仆数以千计，如果不及早计议，事情恐怕不可预料。"北齐国主召见祖珽，告诉他这件事情，祖珽就请求说："派使者赏赐斛律光骏马，斛律光一定会入宫感谢，趁这机会拘捕他。"北齐国主照祖珽说的去做。斛律光来到凉风堂，刘桃枝从后面打他，斛律光没有跌倒。他回视说："桃枝经常做这样的事情。我没有辜负国家。"刘桃枝和三个大力士用弓弦勒死了斛律光，血流在地上，铲都铲不掉。北齐国主于是下诏说斛律光要谋反，并将他的两个儿子也杀死。

　　祖珽派郎官邢祖信登记斛律光的家产，得有弓十五张，宴聚习射时用的箭一百支，刀七把，赏赐给他的长矛两杆。祖珽问："还得到些什么？"邢祖信说："还得到枣木棍二十捆，是准备奴仆如果和别人殴斗，不审讯事情曲直，立即杖打奴仆一百下。"祖珽听了大感惭愧。当邢祖信出来，人们都责怪他太坦率耿直了，邢祖信愤激地说："德才兼备的丞相尚且被杀死，我为什么还要爱惜这幸存的生命。"

遣贺拔伏恩乘驿捕羡。至幽州，门者白："使衷甲，马有汗，宜闭城门。"羡曰："敕使岂可拒也！"出见之。伏恩执而杀之，及其五子。

周主闻之，为赦其境内。

斑遂与侍中高元海共执齐政。元海妻，陆令萱之甥也，元海数以令萱密语告斑。斑求为领军，元海密言于齐主曰："孝徵汉人，目盲，不可。"齐主以告斑，斑遂以元海所泄密语告令萱。令萱怒，出元海刺郑州。斑自是专主机衡，总知骑兵、外兵事。齐主常令中要人扶侍出入，每同御榻，论决政事。

秋八月，齐主废其后斛律氏。　周使杜杲如陈。

杲至陈，陈主谓之曰："若合从图齐，宜以樊、邓见与。"对曰："合从图齐，岂弊邑之利！必须城镇，宜待得之于齐，先索汉南，使臣不敢闻命。"

齐立昭仪胡氏为后。

初，胡太后自愧失德，欲求悦于齐主，乃饰其兄女置宫中，令齐主见之。齐主果悦，纳为昭仪。及斛律后废，陆令萱欲立穆夫人，太后欲立昭仪，力不能遂，乃卑辞厚礼以求令萱，结为姊妹。令萱亦以昭仪宠幸方隆，不得已，与祖斑白齐主立之。

九月朔，日食。　冬十月，齐立昭仪穆氏为右后。

齐陆令萱欲立穆昭仪为后，以胡后有宠不可间，乃使

北齐国主派贺拔伏恩乘驿车去捉拿斛律羡。贺拔伏恩到了幽州,守城门的人告诉斛律羡:"使者内穿甲衣,马身流汗,应当关闭城门。"斛律羡说:"皇帝的使者难道可以拒绝吗?"便出城门接见使者。贺拔伏恩拘捕并杀死斛律羡,还杀了他的五个儿子。

北周武帝听到这个消息后,高兴地在全国实行大赦。

祖珽于是和侍中高元海共同掌管北齐国政。高元海的妻子是陆令萱的外甥女,高元海多次把陆令萱说的秘密话传给祖珽。祖珽要求担任领军,高元海秘密地对北齐国主说:"孝微是汉人,双目失明,不可以担任领军。"北齐国主又把这些话传给祖珽,祖珽于是把高元海所泄露的秘密话告诉陆令萱。陆令萱大怒,让高元海离开京城,贬他去任郑州刺史。祖珽从此独自掌管朝廷的枢要机关,统领骑兵和京畿外的军队。北齐国主经常让亲近的太监搀扶祖珽进出宫中,常常同他坐在榻上讨论决断朝廷政事。

秋八月,北齐国主废黜他的皇后斛律氏。 北周派使臣杜杲到陈朝聘问。

杜杲来到陈朝,陈宣帝对他说:"若要南北联合谋取北齐,就应当先把樊、邓二州给我们。"杜杲回答说:"合谋取得北齐,难道只是对我们国家有利? 你们一定想要得到城镇,应该从北齐那取得,事先索取汉南地方,使臣我不敢受命。"

北齐立昭仪胡氏为皇后。

当初,胡太后自愧德行不修,希望能取悦于北齐国主,于是将哥哥的女儿修饰打扮安置在宫中,让北齐国主看见她。北齐国主果然很喜欢,纳她为昭仪。斛律后被废黜后,陆令萱想立穆夫人为皇后,胡太后想立昭仪为皇后,但靠自己的力量做不到,就用谦卑的言辞和厚礼请求陆令萱,要和她结为姐妹。陆令萱也因为北齐国主对昭仪的宠爱正盛,不得已,和祖珽一起请求北齐国主立昭仪为皇后。

九月初一,出现日食。 冬十月,北齐立昭仪穆氏为右皇后。

北齐陆令萱想立穆昭仪为后,因胡后受宠无法离间,就让

人行厌蛊之术，胡后遂精神恍惚，言笑无恒，齐主恶之。令萱一旦忽以后服被昭仪，坐之帐中，谓齐主曰："如此人不作皇后，遣何物人作？"齐主乃立为右皇后，以胡氏为左皇后。

十一月，周毁上善殿。

周主游道会苑，以上善殿壮丽，焚之。

十二月，齐主废其后胡氏。

陆令萱一旦于太后前作色言曰："何物亲侄，作如此语！"太后问其故，令萱曰："不可道。"固问之，乃曰："语大家云：'太后行多非法，不可以训。'"太后大怒，呼后出，立剃其发，送还家，废为庶人。自是令萱、提婆势倾内外，卖官鬻狱，赐与倾府藏，自太后以下，皆受其指麾，杀生与夺，唯意所欲。寻以右后穆氏为皇后。

突厥木杆可汗死，弟佗钵可汗立，又分立东、西二可汗。

木杆舍其子大逻便而立其弟，是为佗钵可汗。分立尔伏可汗统东面，步离可汗统西面。周人与之和亲，岁给缯絮绵采十万，齐亦厚赂之。佗钵益骄，谓其下曰："但使我在南两儿常孝，何忧于贫！"阿史那后无宠于周主，神武公窦毅尚襄阳公主，生女尚幼，密言于周主曰："今齐、陈鼎峙，突厥方强，愿舅抑情慰抚，以生民为念。"周主深纳之。

癸巳（573） 陈太建五年，齐武平四年，周建德二年。

春正月，齐以高阿那肱录尚书事。

方士施行诅咒人的巫术,胡皇后于是精神恍惚,说笑不正常,北齐国主就厌恶她了。陆令萱忽然有一天把皇后的衣服披在穆昭仪身上,让她坐在帐子里,然后对北齐国主说:"像这样的人不当皇后,让什么人当?"北齐国主就立昭仪穆氏为右皇后,让胡氏为左皇后。

十一月,北周焚毁上善殿。

周武帝游览道会苑,因为上善殿雄伟华丽,将它焚毁了。

十二月,北齐国主废黜皇后胡氏。

陆令萱有一天在胡太后面前生气地说:"什么亲侄女,竟然说出这样的话!"胡太后问是什么事情,陆令萱说:"不能说出来。"一再问她,才说:"胡皇后对皇上说:'太后的行为有许多是违法的,不足为训。'"胡太后听了大怒,呼唤胡皇后让她出来,立即剃去她的头发,遣送回家,废黜她为平民。从此陆令萱、穆提婆权势倾倒朝廷内外,他们出卖官职,断案收受贿赂,把府库收藏的东西全部赏赐出去,自皇太后以下的人都受他们指挥,随心所欲地对别人赏罚生杀。不久,北齐册立右皇后穆氏为皇后。

突厥木杆可汗去世,立弟弟佗钵为可汗,又分别立东可汗和西可汗。

木杆可汗舍弃他的儿子大逻便而立弟弟为可汗,就是佗钵可汗。又分别立尔伏可汗统治东边,步离可汗统治西边。北周和突厥议和结成姻亲,每年送给突厥用缯帛粗绵制成的衣服及采色丝织品十万,北齐也用很厚重的礼物回赠突厥。佗钵可汗于是更加傲慢,对他的部下说:"只要我在南边的这两个儿子经常孝敬我,就不用担心会有贫困。"阿史那皇后不被周武帝宠爱,神武公窦毅娶襄阳公主,生的女儿还很小,就秘密地对周武帝说:"如今北齐和陈朝鼎足而立,突厥方正强盛,希望舅父能克制感情,安慰体恤她,把百姓放在心上。"周武帝深表同意,采纳了他的意见。

癸巳(573)　陈太建五年,北齐武平四年,北周建德二年。

春正月,北齐任用高阿那肱为录尚书事。

阿那肱与穆提婆、韩长鸾共处衡轴,号曰"三贵",蠹国害民,日月滋甚。长鸾尤疾士人,朝夕唯事谮诉,常带刀走马,瞋目张拳,有啖人之势,朝士咨事,莫敢仰视。

齐置文林馆。

齐主颇好文学,祖珽奏置文林馆,以侍郎李德林、颜之推同判馆事,共撰《修文殿御览》。

三月,周获白鹿。

周太子获白鹿以献,周主诏曰:"在德不在瑞。"

夏四月,陈将军吴明彻将兵击齐,取江北数郡。

陈主谋伐齐,公卿各有异同,唯镇前将军吴明彻决策请行。陈主谓公卿曰:"朕意已决,可举元帅。"众议以中权将军淳于量位重,共署推之。仆射徐陵独曰:"吴明彻家在淮左,悉彼风俗,将略人才,当今亦无过者。"尚书裴忌曰:"臣同徐仆射。"陵应声曰:"裴忌亦良副也。"遂以明彻都督征讨,忌监军事,统众伐齐。明彻出秦郡,黄法氍出历阳。

齐人议御陈师,开府仪同三司王纮曰:"官军比屡失利,人情骚动。若复出顿江、淮,恐北狄、西寇乘弊而来,则世事去矣。莫若薄赋省徭,息民养士,使朝廷协睦,遐迩归心,天下皆当肃清,岂直陈氏而已。"不从。遣军救历阳,法氍击破之。齐又遣开府仪同三司尉破胡救秦州。

赵彦深私问计于秘书监源文宗,文宗曰:"朝廷精兵,

高阿那肱和穆提婆、韩长鸾共同担任朝廷中枢要职,号称"三贵"。他们侵夺国家的财产,迫害百姓,一天比一天厉害。韩长鸾特别憎恨士人,早晚总是说坏话诬陷别人,经常佩刀骑马,怒目伸拳,摆出一副要吃人的架势,朝廷官吏向他征询事情,没有人敢抬头看他。

北齐设置文林馆。

北齐国主非常喜好文学,祖珽奏请设置文林馆,任用侍郎李德林、颜之推负责馆里的事情,共同编撰《修文殿御览》。

三月,北周捕获白鹿。

北周太子把捕获的白鹿进献给武帝,武帝下诏说:"在修德不在祥瑞。"

夏四月,陈朝将军吴明彻率领军队攻打北齐,夺取了江北好几个郡。

陈宣帝计议讨伐北齐,公卿各有不同意见,只有镇前将军吴明彻决策请求行动。宣帝对公卿说:"我的主意已定,你们可以推举元帅了。"大家商议,因中权将军淳于量地位最高,就共同签名推举他。唯独仆射徐陵说:"吴明彻家住淮左,熟悉那里的风俗习惯,用兵的谋略和才能,当今还没有超过他的。"尚书裴忌说:"我同意徐陵的意见。"徐陵应声说:"裴忌也是优秀的副统帅。"于是宣帝任命吴明彻为都督征讨,裴忌为监军事,统率众军讨伐北齐。吴明彻出击秦郡,黄法氍出击历阳。

北齐人商议如何抵御陈朝的军队,开府仪同三司王纮说:"政府的军队接连不断失利,人们情绪不安。倘若又要出兵屯守长江、淮河地区,恐怕北面的突厥和西边的周朝就会趁我们疲困而来进犯,那当世的事情就没有希望了。不如减轻赋税和徭役,使士民得到休养生息,使朝廷和睦,远近的人从内心归附,天下就会肃清,岂止陈朝而已。"北齐国主没有听从。派出军队援助历阳,被陈朝黄法氍打败。北齐又派开府仪同三司尉破胡去援救秦州。

赵彦深私下向秘书监源文宗问计,源文宗说:"朝廷精兵,

必不肯多付诸将,数千已下,适足为吴人之饵。破胡人品,王之所知,败绩之事,匪朝伊夕。莫若专委王琳,招募淮南三四万人,风俗相通,能得死力,兼命旧将将之,屯于淮北,足以固守。且琳之于顼,必不肯北面事之,明矣。若不推赤心于琳,更遣余人掣肘,复成速祸,弥不可为。"彦深叹曰:"此策诚足制胜,争之十日,已不见从。时事至此,安可尽言!"因相顾流涕。文宗名彪,子恭之子也。

文宗子师摄祠部郎,尝白高阿那肱:"龙见当雩。"阿那肱惊曰:"其色如何?"师曰:"龙星初见,礼当雩祭,非真龙也。"阿那肱怒曰:"汉儿多事,强知星宿!"遂不祭。师出窃叹曰:"礼既废矣,齐能久乎!"

齐师选长大有膂力者为前队,号苍头、犀角、大力,其锋甚锐。又有西域胡,善射,弦无虚发,陈军尤惮之。将战,吴明彻谓巴山太守萧摩诃曰:"若殪此胡,则彼军夺气矣。"摩诃曰:"当为公取之。"明彻乃召降人,使指示之。摩诃驰马冲齐军,胡挺身出阵,彀弓未发,摩诃掷铣𫔶,中其额,应手而仆。大力十余人出战,摩诃又斩之,于是齐军大败。

破胡之出师也,王琳谓曰:"吴兵甚锐,宜以长策制之,慎勿轻斗!"破胡不从而败。齐乃使琳赴寿阳召募以拒陈,瓦梁、庐江、历阳、合肥皆降于陈。

法氍禁侵掠,抚戍卒,与之盟而纵之。高唐、齐昌、瓜步、胡墅等城亦降于陈。

五月,齐以祖珽为北徐州刺史。

决不愿意多分给诸位将领，数千人以下，恰巧足够成为陈朝的食物。尉破胡的人品，您是知道的，军队溃败的事，就在早晚。不如专门委派王琳在淮南招兵三四万，风俗习惯相通，能得到最大战斗力，并让旧将率领，驻扎在淮北，足以固守。而且王琳对陈顼，一定不愿俯首称臣，这是很清楚的。假若不以真诚的心对待王琳，又派其他人故意习难他，反而会更快地酿成灾祸，决不能这样做。"赵彦深感叹说："这个计策确实足够制服陈朝取得胜利，但争论了十天，也不被听从。现在事情已经这样，还能说什么呢？"两人因而相视流泪。源文宗名彪，是源子恭的儿子。

源文宗的儿子源师代理祠部郎，曾经告诉高阿那肱："龙出现了，应当祭祀求雨。"高阿那肱惊讶问："是什么颜色？"源师说："龙星初现，按礼仪应该祭祀求雨，并不是真龙出现。"高阿那肱发怒说："汉人好事，硬充能识别星象。"因而不举行祭祀。源师出来，私自感叹说："礼仪都废弃了，北齐还能够长久吗？"

北齐挑选身材高大四肢有力的人做军队的前队，又有叫作苍头、犀角、大力的队伍，部队的战斗力很强。还有西域的胡兵，擅长射箭，百发百中，陈朝的军队特别惧怕他们。战斗即将开始，吴明彻对巴山太守萧摩诃说："如果用箭射死胡兵，齐国的军队就会丧失斗志。"萧摩诃说："我应当为你杀死他。"吴明彻召来北齐投降的人，让他指出胡兵。萧摩诃驰马冲向北齐军队，胡兵挺身走出战阵，张满的弓弩还没来得及射箭，萧摩诃就投掷小凿子打中他的额头，胡兵立刻仆倒。大力队十多人出来应战，萧摩诃又斩杀了他们，于是北齐军队大败。

尉破胡出师时，王琳对他说："吴明彻的兵士很精锐，应当采用长远的计策去制服他，谨慎小心，不要轻率地和他打仗。"尉破胡没有听从他的建议而失败了。北齐就派王琳前往寿阳召兵以抵抗陈朝军队，瓦梁、庐江、历阳、合肥全部向陈朝投降。

黄法氍禁止部下抢劫财物，抚慰守卫的士兵，与他们盟誓后就放他们回去。高唐、齐昌、瓜步、胡墅等城也向陈朝投降。

五月，北齐任命祖珽为北徐州刺史。

齐自和士开用事以来，政体隳紊。及斑执政，颇收举才望，沙汰人物，又欲黜诸阉竖及群小辈，陆令萱、穆提婆议颇同异。斑乃讽中丞丽伯律，令劾主书王子冲纳赂。事连提婆，欲使与令萱皆连坐。且欲引后党为援，乃请以胡后兄君瑜为中领军，君璧为御史中丞。令萱怒，排出之，胡后寻废。

斑日以益疏，诸宦者更共谮之。齐主以问令萱，令萱下床拜曰："老婢应死。孝徵大是奸臣，人寔难知。"齐主令韩长鸾检案，得其诈出敕受赐等十余事，出刺北徐州。

齐主杀其兰陵王长恭。

齐兰陵武王长恭，貌美而勇，以邙山之捷，威名大盛，武士歌之，为《兰陵王入阵曲》，齐主忌之。及代段韶督诸军攻定阳，颇务聚敛，其所亲尉相愿责之，长恭未应。相愿曰："岂非以邙山之捷，欲自秽乎？"长恭曰："然。"相愿曰："朝廷若忌王，即当用此为罪，无乃避祸而更速之乎！"长恭涕泣问计，相愿曰："王但属疾在家，勿预时事而已。"长恭然之，而未能退。及江、淮用兵，恐复为将，有疾不疗，齐主酖杀之。

六月，陈克齐湌口等城。　齐主游南苑，杀其从官六十人。以高阿那肱为司徒。　秋七月，陈败齐师，克巴、青州、山阳、广陵等城。

齐遣陆骞救齐昌，出巴、蕲，遇陈将周炅。炅留羸弱，设疑兵以当之，身帅精锐由间道邀其后，大破之，克巴州。

北齐自从和士开执政以来，国家的体制被毁坏搞乱。祖珽执政后，很能收罗推举有才能名望的人，识别选拔人物，又打算废免许多太监和众多的小人，陆令萱、穆提婆和他的意见很不一致。祖珽便婉言暗示御史中丞丽伯律，让他揭发主书王子冲收受贿赂。这件事牵连穆提婆，想使穆提婆和陆令萱连同受罚。而且想让后党援助自己，就请求国主任命胡皇后哥哥胡君瑜为中领军、胡君璧为御史中丞。陆令萱知道后大怒，把胡君瑜、胡君璧排挤出去。不久胡皇后也被废黜。

祖珽日益被疏远，许多太监也共同诬陷他。北齐国主因此询问陆令萱，陆令萱下床跪拜说："我这个老婢该死。祖珽是个异常奸诈的大臣，人们确实难以识别。"北齐国主命令韩长鸾查验核实，韩长鸾查出祖珽假造敕令骗取赏赐等十多件事情。于是北齐国主让祖珽离开京城出任北徐州刺史。

北齐国主杀死其国兰陵王高长恭。

北齐兰陵武王高长恭，容貌漂亮而且作战很勇敢，因在邙山打了胜仗，声威大振，兵士颂扬他，作《兰陵王入阵曲》，所以北齐国主猜忌他。当高长恭代替段韶督率军队攻打定阳，却大肆搜刮财物，他的亲信尉相愿谴责他，他根本不接受。尉相愿说："难道是因为邙山之捷，而想要自秽吗？"高长恭说："是的。"尉相愿说："朝廷如果猜忌你，立刻就会用这件事情给你定罪，你这样做不是躲避灾祸，而会使灾祸更快来到。"高长恭哭着向他问计，尉相愿说："你只管假托有病在家，不要参与现时的事情。"高长恭同意他的计策，然而不能隐退。当江、淮用兵时，高长恭害怕再次让他担任将领，有病也不肯治疗，北齐国主用毒酒将他毒死。

六月，陈朝攻克北齐瀠口等城。　北齐国主游览南苑，杀死跟从他的官员六十人。任命高阿那肱为司徒。　秋七月，陈朝打败北齐的军队，攻克巴州、青州、山阳、广陵等城。

北齐派陆骞援救齐昌，从巴水、蕲水间出兵，遭遇到陈朝将领周炅。周炅留下身体衰弱的士兵，设置疑兵来迷惑敌人，亲自率领精锐的士兵从小路在后面阻截，大败北齐兵，攻克了巴州。

齐王琳保寿阳。陈吴明彻以琳初入,众心未固,乘夜攻之,城溃,山阳、盱眙降陈。陈复克齐青州、马头、广陵等城。

八月,周太子赟纳妃杨氏。

妃,随公坚之女也。太子好昵近小人,左宫正宇文孝伯言于周主曰:"皇太子春秋尚少,志业未成,请妙选正人为其师友,调护圣质。如或不然,悔无及矣。"周主敛容曰:"正人岂复过卿!"乃复以尉迟运为右宫正。周主尝问万年丞乐运曰:"太子何如人?"对曰:"中人。"周主顾谓齐公宪曰:"百官佞我,唯运所言乃忠直耳。"因问运中人之状,对曰:"如齐桓公是也。管仲相之则霸,竖貂辅之则乱,可与为善,可与为恶。"周主曰:"我知之矣。"乃妙选宫官以辅之,太子不悦。

冬十月,齐主杀其侍中张雕、崔季舒。

齐国子祭酒张雕以经授齐主,因与宠胡何洪珍相结,洪珍荐雕为侍中,大见委信。雕欲立效以报恩,论议抑扬,无所回避,省宫掖不急之费,禁约左右骄纵之臣,贵幸侧目,阴谋陷之。

左丞封孝琰、侍中崔季舒,皆祖珽所厚,尝谓珽为衣冠宰相,近习恶之。

会齐主将如晋阳,季舒与雕议,以为:"寿阳被围,大军出拒,信使往还,须禀节度。且道路相惊,以为大驾畏避南寇,则人情必致骇动。"遂与从驾文官连名进谏。时贵臣赵彦深等,意有异同,季舒与争,未决。长鸾遽言于齐主曰:

北齐王琳保卫寿阳。陈朝吴明彻认为王琳刚来到寿阳,人心还没有稳定,就趁天黑进攻他,寿阳城败溃,山阳、盱眙城向陈朝投降。陈朝又攻克北齐的青州、马头、广陵等城。

八月,北周太子宇文赟纳杨氏为妃子。

杨妃是随公杨坚的女儿。太子喜好亲近小人,左宫正宇文孝伯对武帝说:"皇太子还年轻,志向和学业都没有成就,请精选端正刚直的人做太子的老师朋友,调理培养太子的禀性。如果不这样做,后悔就来不及了。"周武帝肃然起敬地说:"端正刚直的人,哪里再有超过您的!"又任命尉迟运为右宫正。周武帝向万年县丞乐运询问,说:"太子是怎么样的人?"乐运回答说:"是个中等人。"周武帝回视齐公宇文宪说:"众多的官吏用花言巧语欺骗我,只有乐运说的话才是忠诚坦率的。"于是武帝又问乐运中等人的样子,乐运回答说:"像齐桓公就是中等人。管仲辅佐他就称霸,竖貂辅佐他就使国家混乱,可以使他成为有道德的人,也可以使他成为坏人。"周武帝说:"我知道了。"于是精心选择宫官辅佐太子,皇太子非常不高兴。

冬十月,北齐国主杀死他的侍中张雕、崔季舒。

北齐国子祭酒张雕,教授北齐国主经书,因和北齐国主宠爱的胡人何洪珍相结交,何洪珍推荐张雕任侍中,大受北齐国主的信任。张雕想建立功绩报答皇帝给他的恩惠,所以在议论褒贬时无所避忌,节省皇宫中不急需的开支费用,制止约束皇帝身边骄横放纵的大臣,权贵宠臣恼恨他,阴谋设计陷害他。

左丞封孝琰、侍中崔季舒,都是祖珽所看重的,这些人曾经说祖珽是代表士大夫的丞相,皇帝亲近的人对他们更加憎恨。

恰巧北齐国主将要去晋阳,崔季舒和张雕商议,认为:"寿阳正在被围困,派出大量军队去抵抗,信使往返,必须向皇帝报告部署情况。况且道路上的人相互惊扰,以为皇帝害怕而躲避南面的敌人,必然会招致人心惊乱动摇。"于是同随从皇帝的文官联名进谏阻止。当时显贵大臣赵彦深等人,和他们的意见不一致,崔季舒和赵彦深争辩,没有结果。韩长鸾于是向北齐国主说:

"诸汉官连名总署,未必不反。"齐主悉召已署名者集含章殿,斩雕、季舒等六人,遂如晋阳。

陈师攻齐寿阳,克之,杀其刺史王琳,遂取齐昌、徐州等城。

吴明彻攻寿阳,堰肥水以灌城,城中肿泄死者什六七。齐皮景和等救寿阳,众数十万,去寿阳三十里,顿军不进。诸将皆惧,明彻曰:"兵贵神速,而彼结营不进,自挫其锋。其不敢战,明矣。"乃攻,拔之,擒王琳等送建康。

琳体貌闲雅,喜怒不形于色;佐吏千数,皆能识其姓名;刑罚不滥,轻财爱士,得将卒心。齐人亦重其忠义。及被擒,故将卒见者皆歔欷,不能仰视,争为请命及致资给。明彻恐其为变,遣使追斩之,哭者声如雷。有一叟以酒脯来祭,哭尽哀,收其血而去,闻者莫不流涕。

齐主闻之,颇以为忧,穆提婆等曰:"假使国家尽失黄河以南,犹可作一龟兹国。更可怜人生如寄,唯当行乐,何用愁为!"左右嬖臣因共赞和之,齐主即大喜,酣歌鼓舞。

陈以明彻为车骑大将军、豫州刺史,陈主置酒,举杯属徐陵曰:"赏卿知人。"陵避席曰:"定策圣衷,非臣力也。"遂克齐昌、淮阴、朐山、济阴、济南、徐州等城。

齐北徐州民多起兵以应陈,逼其州城,祖珽命不闭城门,禁人不得出衢路。反者疑城已空,不设备。珽忽令鼓

"许多汉人官员联名签字上书,未必不是要反叛。"北齐国主把已签名的人全部召集到含章殿,杀了张雕、崔季舒等六人,北齐国主于是来到了晋阳。

陈朝的军队攻打并占领了北齐的寿阳城,杀了北齐寿阳刺史王琳,于是夺取齐昌、徐州等城。

吴明彻攻打寿阳,筑堰堵塞肥水以灌城,城中患浮肿腹泻死亡的人十有六七。北齐皮景和等人,带领士兵数十万人援助寿阳,距离寿阳三十里就驻扎不前。陈朝许多将领惧怕北齐兵,吴明彻说:"用兵贵在神速,而他们驻扎不前,自己挫伤了锐气。他们不敢与我们交战,这一点是很明白的了。"于是陈朝发起进攻,攻占了寿阳,活捉王琳等人送往建康。

王琳的体态容貌娴静文雅,喜怒不形于色;他手下僚佐上千人,都能记住姓名;不乱用刑罚,不重钱财,爱护士兵,能够得到将领和士兵的忠心。北齐的人也敬重他的忠义。王琳被捉以后,他以前的将领士兵现在吴明彻军队里的人,都哀叹抽泣,不忍抬头看他,争相请求保全他的性命,并且送给他财物给养。吴明彻害怕因王琳而发生事变,就派使者追上王琳将他杀死,哭王琳的人声如雷。有一老人备了酒肉来祭奠他,哭得非常悲哀,收敛了他的血而离去,听到这件事情的人没有不流泪的。

北齐国主听闻寿阳陷落,深感忧虑,穆提婆等人说:"假使国家尽失黄河以南,还可以成为一个龟兹国。更可惜的是生命短暂,应及时行乐,何必为此而忧愁?"北齐国主周围亲近宠臣共同赞成附和,北齐国主立即大为高兴,饮酒高歌,击鼓跳舞。

陈朝任命吴明彻为车骑大将军、豫州刺史,陈宣帝设置酒宴,举杯对徐陵说:"奖赏你能识别人才。"徐陵离开座席说:"陛下制定的策略圣明恰当,不是臣的力量。"于是陈朝又攻克了齐昌、淮阴、胸山、济阴、济南、徐州等城。

北齐北徐州的百姓有很多起兵以响应陈朝,逼近北徐州的州城,祖珽下令不让关闭城门,又禁止人们在大路上行走。反叛的人猜测已经人走城空,于是不设防备。祖珽突然命令击鼓,

谍震天，反者皆惊走。既而复结阵向城，斑令参军王君植将兵拒之，自乘马临阵，左右射。反者先闻其盲，谓不能出，忽见之，大惊。穆提婆欲令城陷，不遣援兵，斑且战且守，反者竟散走。

陈悬王琳首于建康市，故吏朱玚致书徐陵，请许其葬，陈主许之。玚瘗琳于八公山侧，义故会葬者数千人。寻有寿阳人茅智胜等，密送其枢于邺。齐赠开府仪同三司，谥曰忠武，给辒辌车以葬之。

齐立婢冯氏为淑妃。
穆后爱衰，其侍婢冯小怜大幸。齐主与之誓同生死，以为淑妃。
陈定州刺史田龙升以江北叛入于齐，陈讨平之。

初，梁定州刺史田龙升以城降于陈安州刺史周炅，至是陈征炅入朝，龙升以江北六州、七镇叛入于齐。陈遣炅讨斩之，尽复江北之地。

甲午（574） 陈太建六年，齐武平五年，周建德三年。
春正月，周诏齐公宪等皆进爵为王。 **二月朔，日食。齐朔州行台高思好举兵反，败死。**

思好本高氏养子，骁勇，得边镇人心。齐主使嬖臣至州，不礼之，思好怒，遂反，云"欲入除君侧之恶"。进军至阳曲，军败，投水死。其麾下二千人，刘桃枝围之，且杀且招，终不降，以至于尽。

响声震天,反叛的人惊慌逃散。不一会儿,又结成战阵向州城进攻,祖珽命令参军王君植率领军队抵抗,自己乘马赶到阵前,向左右两边射箭。反叛的人早先听说祖珽是盲人,以为他不会出来,此时忽然看见他,大为吃惊。穆提婆存心让州城被攻陷,不派救兵,祖珽且战且守,反叛的人终于散去。

陈朝把王琳的头悬挂在建康街头示众,梁朝故吏朱瑒写信给徐陵,请允许他埋葬王琳,陈宣帝允许了。朱瑒把王琳埋葬在八公山侧,受过王琳恩惠的故旧前来参加葬礼的有几千人。不久又有茅智胜等寿阳人,秘密地把王琳的灵柩送到邺城。北齐追赠王琳为开府仪同三司,谥号为忠武,给予辒辌车装载灵柩去埋葬。

北齐立婢女冯氏为淑妃。

北齐国主对穆皇后的宠爱衰减了,皇后的侍婢冯小怜很受宠信。北齐国主和冯小怜盟誓同生死,封她为淑妃。

陈朝定州刺史田龙升以江北反叛,归附北齐,陈朝讨伐他,平定了江北。

当初,后梁定州刺史田龙升举城向陈朝安州刺史周炅投降,现在陈朝召周炅入朝,田龙升带着江北六个州、七个镇反叛归附北齐。陈朝派遣周炅讨伐田龙升,杀了他,收复了江北全部地区。

甲午(574) 陈太建六年,北齐武平五年,北周建德三年。

春正月,北周下诏将齐公宇文宪等人的爵位晋升为王。二月初一,出现日食。 北齐朔州行台高思好起兵反叛,被打败而死。

高思好原是高氏的养子,勇猛果敢,得到了边镇百姓的信任。北齐国主派宠信大臣去朔州,他对高思好很不礼貌,高思好发怒,于是反叛,说"我将要到朝廷去清除君主身边的坏人"。进军到阳曲,军队失败,高思好投水自尽。高思好部下二千人,被刘桃枝包围,又是斩杀又是招抚,他们始终不肯投降,直至全军覆没。

三月，周太后叱奴氏殂。

周叱奴太后殂，周主居倚庐，朝夕进一溢米。卫王直譖齐王宪，言其饮酒食肉。周主曰："吾与齐王异生，俱非正嫡，特以吾故，同祖括发。汝当愧之。汝，亲太后子，特承慈爱；但当自勉，无论他人。"及葬，周主跣行至陵所，诏曰："三年之丧，达于天子。但军国务重，须自听朝。衰麻之节，苫庐之礼，率遵前典，以申罔极。百僚宜依遗令，既葬而除。"公卿固请依权制，周主不许，卒申三年之制。五服之内，亦令依礼。

夏五月，周废佛、道教，毁淫祠。

初，周主定三教先后，以儒为先，道为次，释为后。至是遂禁佛、道二教，经、像悉毁，沙门、道士并还俗。诸淫祀，非祀典所载者尽除之。

周更铸五行大布钱。

一当十，与布泉并行。

周立通道观。

以壹圣贤之教也。

秋七月，周卫王直反，伏诛。

周主如云阳，以尉迟运、长孙览辅太子，守长安。卫王直积怨愤，因周主在外，遂帅其党袭肃章门，纵火焚之。运取宫中材木、床榻以益火，膏油灌之，火转炽。直不得进，乃退。运帅留守兵击之，直乃大败，奔荆州。周主还，擒直，杀之。以运为大将军。

冬十二月，陈以孔奂为吏部尚书。

三月,北周太后叱奴氏去世。

北周叱奴太后去世,周武帝住到居丧的房子,早晚只吃一点饭。卫王宇文直诬陷宇文宪,说宇文宪饮酒吃肉。周武帝说:"我和齐王是异母兄弟,都不是嫡子,但因我的缘故,共同袒衣以麻结发为太后服丧。你应当感到羞愧。你是太后亲生儿子,特别受到她的慈爱;应当自勉,不要议论别人。"当埋葬太后时,周武帝赤脚走到陵地,下诏说:"居三年的丧,天子也是这样。但国家政事军务繁重,必须亲自上朝听政。丧服和用麻束发,居丧住所的礼仪,一律遵奉过去的制度,用以表明对太后无穷尽的思念。百官应当依照过去的制度,太后埋葬以后就可以脱掉丧服。"王公官员坚持请求武帝依从权宜之制,周武帝不同意,最后还是重申服三年丧的制度。按照关系的亲疏分别穿五种丧服的人,仍让他们按照规定时间服丧。

夏五月,北周废止佛教和道教,毁去滥设的祠庙。

当初,周武帝规定了三教的次序,以儒教为第一,道教次之,佛教排为最后。这时禁止佛教和道教,把二教的经、像全部销毁,僧徒、道士都让还俗为民。许多滥设的祠庙,在祭祀典籍中没有记载的,全部废除。

北周改铸五行大布钱。

以一当十,和布钱一同流通。

北周建立通道观。

用通道观统一圣贤的教化。

秋七月,北周卫王宇文直反叛,被杀死。

周武帝来到云阳,让尉迟运、长孙览辅佐太子,镇守长安。卫王宇文直积聚了很多怨恨,趁武帝在外,就率领他的党羽袭击肃章门,并放火焚烧。尉迟运取来宫中的木材和床榻投入火中,浇灌油脂,火势更加炽烈。宇文直不能进门,这才退走。尉迟运率领留守士兵追击他,于是宇文直大败,逃奔到荆州。周武帝回到长安,抓住宇文直,将他杀死。任命尉迟运为大将军。

冬十二月,陈朝任命孔奂为吏部尚书。

时新复淮、泗,攻战、降附,功赏纷纭。奂识鉴精敏,不受请托,事无凝滞,人皆悦服。

齐杀其南阳王绰。

绰喜为残虐,尝见妇人抱儿,取以饲狗,复以儿血涂妇人,纵狗食之。齐主闻之,锁诣行在,至而宥之。问:"在州何事最乐?"对曰:"聚蝎于器,置蛆其中,观之极乐。"齐主即命索蝎置浴斛,使人裸卧斛中,号叫宛转,齐主与绰临观,喜噱不已。因让之曰:"如此乐事,何不早驰驿奏闻!"由是大有宠。韩长鸾疾之,使人诬告其反,杀之。

乙未(575) 陈太建七年,齐武平六年,周建德四年。

春二月朔,日食。 **三月,周使开府仪同三司伊娄谦如齐,齐人留之。**

齐主言语涩呐,不喜见朝士,非宠私昵狎,未尝交语。性懦,不堪人视,虽大臣奏事,莫得仰视。承世祖奢泰之余,后宫皆宝衣玉食,竞为新巧。盛修宫苑,穷极壮丽,所好不常,数毁又复,夜则然火照作,寒则以汤为泥。每有灾异寇盗,不自贬损,唯多设斋,以为修德。好自弹琵琶,为《无愁》之曲,民间谓之"无愁天子"。于华林园立贫儿村,自衣蓝缕之服,行乞其间以为乐。宠任陆令萱、穆提婆、高阿那肱、韩长鸾等,宰制朝政,宦官邓长颙、陈德信,胡儿

陈朝刚收复淮、泗，对打仗有功和投降归附的人，都论功奖赏，事情复杂繁多。孔奂辨别是非精细敏捷，也不接受别人的拜托，处理事情不拖拉，人们对他心悦诚服。

北齐杀死其南阳王高绰。

　　高绰喜欢做残忍暴虐的事情，他曾经看见妇女怀抱婴儿，便夺下婴儿喂狗，又用婴儿的血涂抹妇人，放狗去咬妇人。北齐国主听到这件事，让人把高绰锁送到自己住的地方，送来之后又宽恕了他。北齐国主问他："在州里什么事情使你感到最快乐？"高绰回答说："捕捉许多蝎子放在容器里，再把猿猴放在里面，观看蝎子螫猴子是极大的乐趣。"北齐国主立即下令捕捉蝎子放在浴盆里，让人赤身躺在浴盆中，人被蝎子螫痛喊叫翻滚，北齐国主和高绰在盆边观看，高兴地大笑不止。北齐国主因而责备高绰说："如此快乐的事情，为什么不早乘驿站车马来向我报告？"由此高绰大受宠信。韩长鸾憎恶此事，派人诬告高绰，说他要造反，将他杀死。

　　乙未（575）　陈太建七年，北齐武平六年，北周建德四年。

　　春二月初一，出现日食。　三月，北周派使臣开府仪同三司伊娄谦访问北齐，北齐扣留了他。

　　北齐国主说话迟钝口吃，不喜欢接见朝廷官员，不是他宠信亲近的人，从不与交谈。性情软弱，人一看他他就受不了，虽然是大臣向他奏事，也不能抬头望他。他又继承了世祖奢侈过度的余风，后宫妃嫔都穿华贵的衣服，吃珍美的食物，相互争奇斗巧。又大事修建宫室园林，壮丽到极点，喜好又反复无常，屡次毁坏又重建，晚上点火照明工作，天冷时用热水和泥。国家每有灾异或寇盗，从不自我谴责，唯有向道士僧尼多施舍财物饭食，认为这是修善积德。喜好自弹琵琶，谱成名为《无愁》的曲子，民间百姓称他是"无愁天子"。在华林园设立贫儿村，自己穿上破烂衣服，以在这里行乞为乐趣。他宠信任用陆令萱、穆提婆、高阿那肱、韩长鸾等人，由他们主宰朝政，宦官邓长颙、陈德信，胡人

何洪珍等,并参预机权。官由财进,狱以贿成。苍头刘桃枝等,皆开府封王,其余歌舞人、见鬼人等滥得富贵者,殆将万数。庶姓封王者以百数,开府千余人,仪同无数,乃至狗、马及鹰亦有仪同、郡君之号,皆食其禄。一戏之赏,动逾巨万。既而府藏空竭,乃赐郡县,使卖官取直。由是为守令者,率多商贾,竞为贪纵,民不聊生。

周主谋伐之,命边镇益储偫,加戍卒。齐人闻之,亦增守御。周柱国于翼谏曰:"疆埸相侵,互有胜负,徒损兵储,无益大计。不如解严继好,使彼懈而无备,然后乘间,出其不意,一举可取也。"周主从之。

韦孝宽上疏陈三策:其一曰:"齐自长、淮之南,悉为陈氏所取,内离外叛,计尽力穷。大军若出轵关,方轨而进,兼与陈氏共为掎角,并令广州义旅出自三鸦,又募山南骁锐,沿河而下,复遣北山稽胡,绝并、晋之路,百道俱进,并趋虏庭,必当望旗奔溃,所向摧殄。"其二曰:"若国家更为后图,未即大举,宜与陈人分其兵势。三鸦以北、万春以南,广事屯田,预为贮积,募其骁悍,立为部伍。彼既东南有敌,戎马相持,我出奇兵,破其疆埸。彼若兴师赴援,我则坚壁清野,待其去远,还复出师。常以边外之军,引其腹心之众。我无宿舂之费,彼有奔命之劳,一二年中,必自离叛。且齐氏淫暴,政出多门,鬻狱卖官,忌害忠直,阖境

何洪珍等,都参预机要决策。向他们交钱就可以做官,进行贿赂讼案就可以解决。奴仆刘桃枝等人,都开建府署设置僚属封为王爵,其他歌舞艺人、巫师等滥得富贵的人,将近上万。异姓被封为王爵的人上百,开建府署的有千余人,封为仪同的人不计其数,甚至连狗、马及猎鹰这些动物也有仪同、郡君这样的封号,都享食俸禄。一次的逸乐费用,动辄几万。不久国库财物空竭,便把郡县赏赐给宠幸的人,让他们出卖官位收取钱财。由此担任郡守、县令的人,大多都是富商大贾,他们竞相贪污放纵,致使民不聊生。

周武帝谋划讨伐北齐,下令边镇增加储备,增添防守的士兵。北齐人听到这个消息,也增加守备防御北周。北周柱国于翼向周武帝劝谏说:"相互侵犯国界,各有胜负,白白地损失军队消耗储备,不利于治国大计。不如解除紧急状态,和邻国继续友好,使对方松懈不做准备,然后寻找机会,出其不意,一举就可以取得胜利。"周武帝听从了他的意见。

韦孝宽上疏陈述三条计策:第一条说:"北齐自长江、淮河以南,全部被陈朝所夺取,朝内有离心朝外有叛乱,计尽力穷。我们大军如果从轵关出发,两车并行前进,兼与陈朝共同夹击,并让广州的义军从三鸦出兵,又募集山南勇敢善战之士,沿黄河而下,再派遣北山的稽胡截断并州和晋州的道路,各路齐头并进,都直趋敌人的内庭,敌人一定望旗奔逃溃败,所到之处,敌人都会被挫败消灭。"第二条说:"如果国家进一步为以后谋划,就不要立即大举进兵,应和陈朝共同分散北齐的兵势。在三鸦以北、万春以南的地方,广为屯田,预先做好贮备和积蓄,募集勇敢强悍的人,编为军队。北齐东面和南面已经有了敌人,双方军队兵马相对峙,我方派出奇兵,攻破他的疆界。北齐如果派军队来援助,我方则坚壁清野,等他远离之后,重又出兵。经常用边界的军队引诱他国内的众军。我们不必准备隔夜的粮草,而他们却有疲于奔命的劳苦,一两年中,对方内部一定会自相叛离。而且北齐皇室荒淫暴虐,政出多门,鬻狱卖官,忌恨忠良,全国人民

嗷然，覆亡可待。乘间电扫，事等摧枯。"其三曰："若欲更存遵养，且复相时，则宜还崇邻好，申其盟约，安民和众，通商惠工，蓄锐养威，观衅而动。斯乃长策远驭，坐自兼并也。"书奏，周主引开府仪同三司伊娄谦入内殿，从容谓曰："朕欲用兵，何者为先？"对曰："齐氏沉溺倡优，耽昏麹蘖。其折冲之将斛律明月，已毙于谗口。上下离心，道路以目。此易取也。"乃使谦聘于齐以观衅。其参军高遵以情告齐人，齐人留谦等不遣。

夏四月，陈焚文锦于云龙门。

陈监豫州陈桃根得青牛以献，陈主还之。又表上织成罗文锦被，诏于云龙门外焚之。

秋七月，周主伐齐，克河阴。攻金墉，不克而还。

先是，周主独与齐王宪及内史王谊谋伐齐，又遣纳言卢韫乘驲三诣安州总管于翼问策，他人莫知。至是始下诏伐齐。

将出河阳，内史上士宇文弼曰："齐虽无道，藩镇有人。今出师河阳，精兵所聚，恐难得志。如出汾曲，戍小山平，则攻之易拔矣。"民部中大夫赵煚曰："河南、洛阳，四面受敌，纵得之，不可守。请从河北直指太原，倾其巢穴，可一举而定。"遂伯下大夫鲍宏曰："往日屡出洛阳，彼既有备，故每不捷。如进兵汾、潞，直掩晋阳，出其不虞，似为上策。"周主皆不从，帅众六万，直指河阴。

怨声载道，灭亡指日可待。趁机发起迅雷不及掩耳的扫荡，像摧枯拉朽那样容易成功。"第三条说："如果想顺应时势积蓄力量，姑且等待时机，就应当重新向邻国表示尊重，结为友好，重申盟约，使百姓安定民众和睦，互通贸易，优惠手工业者，养精蓄锐，增加声威，观察时机而行动。这就好像用长长的马鞭远远地驾驭马车，自己坐在那里就可兼并对方了。"奏书呈送上去，周武帝召开府仪同三司伊娄谦到内殿，从容地对他说："我要用兵，以谁为第一个目标？"回答说："齐国统治者沉溺在歌舞杂技之中，嗜好饮酒，能冲锋陷阵的将领斛律光已经死于谗言。上下离心，人民慑于暴政，敢怒而不敢言。这是最容易攻取的。"于是派伊娄谦到北齐通问致意，借此观察迹兆。参军高遵把伊娄谦去北齐的意图告诉北齐人，北齐人扣留伊娄谦等人，不许他们回国。

夏四月，陈朝在云龙门焚烧锦缎被子。

陈朝监豫州陈桃根得青牛以献，陈宣帝下诏交还。陈桃根又上表献织有罗纹的锦缎被，陈宣帝下诏在云龙门外焚毁。

秋七月，周武帝讨伐北齐，攻克河阴。进攻金墉，没有攻破，撤回军队。

早先，周武帝独自和齐王宇文宪、内史王谊谋划讨伐北齐，又派纳言卢韫乘驿车三次去安州向总管于翼询问计策，别人不知道这件事。这时才下诏讨伐北齐。

将要出兵河阳，内史上士宇文敬说："北齐虽然暴虐无道，可是能胜任地方长官的还大有人在。现在向河阳出兵，北齐精锐的军队聚集在那里，恐怕很难取得胜利。如果出兵汾曲，北齐防守的军队少，地势平坦，攻打它则容易占领。"民部中大夫赵熙说："河南、洛阳，四面容易遭到敌人的攻击，就是得到它，也很难防守。请从河北直接指向太原，倾覆他的根据地，可一举兵而平定。"遂伯下大夫鲍宏说："过去屡次向洛阳出兵，对方已经有防备，因此都不能取胜。如果向汾川、潞川进兵，乘他们没有防备直接袭取晋阳，出乎他们的意料，似乎是最上策。"周武帝都不听从，率领六万军直指向河阴。

八月，入齐境，禁伐树践稼，犯者皆斩。攻河阴大城，拔之。齐王宪进围洛口，拔二城，焚浮桥。齐都督傅伏自永桥夜入中潬城，周人围之，不下。洛州刺史独孤永业守金墉，周主攻之，不克。永业通夜办马槽二千，周人闻之，以为大军且至，惮之。

九月，周主有疾，夜引兵还。傅伏谓行台乞伏贵和曰："周师疲弊，愿得精骑二千追击，可破也。"贵和不许。

齐王宪等降拔三十余城，皆弃不守。

闰月，陈败齐师于吕梁。　冬十二月朔，日食。

丙申（576）　陈太建八年，齐隆化元年，周建德五年。
春二月，周遣其太子赟伐吐谷浑。　夏六月朔，日食。
陈太子詹事江总免。

初，陈太子叔宝欲以江总为詹事，孔奂曰："江有潘、陆之华，而无园、绮之实，不可。"太子深以为恨，自言于陈主。将许之，奂奏曰："江总，文华之士。太子文华不少，岂藉于总！愿选敦重之才，以居辅导之职。"陈主曰："然则谁可者？"奂曰："王廓世有懿德，识性敦敏，可以居之。"太子时在侧，曰："廓父名泰，不宜为太子詹事。"奂曰："范晔，即范泰之子，亦为太子詹事。"太子固争，陈主从之。总遂与太子为长夜之饮，养良娣陈氏为女；太子亟微行，游总家。陈主怒，免总官。

齐司徒赵彦深卒。

八月,进入北齐境内,禁止砍伐树木践踏庄稼,违犯者一律斩首。进攻河阴大城,占领了此城。齐王宇文宪进而包围洛口,占领了两座城,焚烧了浮桥。北齐都督傅伏夜间从永桥进入中渾城,被北周军队包围,但北周没能攻克。洛州刺史独孤永业镇守金墉,周武帝进攻也没有攻克。独孤永业连夜制办两千个马槽,北周人听说了,以为北齐的大队人马将要来到,很害怕。

九月,周武帝生病,晚上率领军队回国。傅伏对行台乞伏贵和说:"北周的军队疲惫不堪,我希望能得到两千精锐的骑兵去追击,可以打败他们。"乞伏贵和不同意。

齐王宇文宪等人降伏攻克了三十多座城池,也都丢弃不加防守。

闰月,陈朝在吕梁打败北齐的军队。 冬十二月初一,出现日食。

丙申(576) 陈太建八年,北齐隆化元年,北周建德五年。

春二月,北周派遣太子宇文赟讨伐吐谷浑。 夏六月初一,出现日食。 陈朝太子詹事江总被罢免。

当初,陈朝太子陈叔宝想任命江总为太子詹事,孔奂说:"江总有潘岳、陆机那样的文采,而没有园公、绮里季那样的真实才能,不可以担任太子詹事。"太子对孔奂极为痛恨,便亲自去向陈宣帝请求。陈宣帝准备答应他,孔奂上奏说:"江总是有才华的人。太子的才华不少,哪里还需要借助江总!希望选择敦厚稳重的人来担任辅导皇太子的职务。"陈宣帝说:"那么谁能担任呢?"孔奂说:"王廓世代都有美德,才识和性情敦厚敏捷,可以胜任。"太子当时就在旁边,说:"王廓父亲叫王泰,他不适宜做太子詹事。"孔奂说:"范晔是范泰的儿子,也任太子詹事。"太子坚持力争,陈宣帝就听从了他。江总和太子于是通宵饮酒,收养太子的姬妾陈氏做女儿;太子多次不让别人知道自己身份而便装出行,在江总家游玩。陈宣帝大怒,罢免了江总的官职。

北齐司徒赵彦深去世。

彦深既卒,朝贵典机密者,惟侍中斛律孝卿一人而已,其余皆嬖幸也。

周太子赟还长安。

太子在军多失德,宫尹郑译、王端等皆有宠。军还,大将军王轨等言之。周主怒,杖太子,除译等名。太子复召译,戏狎如初。

周主遇太子甚严,每朝见,进止与群臣无异。以其嗜酒,禁酒不得至东宫。有过,辄加捶挞。尝谓之曰:"古来太子被废者几人?余儿岂不堪立邪!"乃敕宫官录其言动,每月奏闻。太子畏惧,矫情修饰,由是过恶不上闻。

王轨尝与小内史贺若弼言:"太子必不克负荷。"弼劝轨陈之。轨后因侍坐,言曰:"太子仁孝无闻,恐不了陛下家事。陛下恒以贺若弼有文武奇才,亦常以此为忧。"周主以问弼,对曰:"皇太子未闻有过。"既退,轨让弼反覆。弼曰:"太子,国之储副,岂易发言!事有蹉跌,便至灭族。本谓公密陈臧否,何得遂至昌言!"轨默然久之,乃曰:"吾专心国家,遂不存私计。向者对众,实非所宜。"

后因内宴,捋帝须曰:"可爱好老公,但恨后嗣弱耳。"先是,周主问宇文孝伯曰:"吾儿比来何如?"对曰:"太子比惧天威,更无过失。"罢酒,周主责孝伯曰:"轨有此言,公为诳矣。"孝伯再拜曰:"臣闻,父子之际,人所难言。臣知陛

赵彦深去世以后，朝廷中有权势的掌握机要职务的贵官只有侍中斛律孝卿一人了，其他都是北齐国主宠爱的人。

北周太子宇文赟回到长安。

　　北周太子宇文赟在军中有许多过恶，宫尹郑译、王端等人都受到太子的宠信。军队回到长安，大将军王轨等人就告诉了周武帝。周武帝大怒，鞭打太子，取消了郑译等人的宫尹身份。皇太子乃召见郑译，还像当初那样轻浮嬉戏。

　　周武帝对皇太子很严厉，每当朝见时，要求太子的行动进退和大臣一样。因为太子嗜酒，就不让送酒到太子东宫。太子有错，就用棍子、鞭子痛打。周武帝曾对太子说："从古以来，太子被废掉的有多少人？我其他的儿子难道就不能立为太子吗？"于是命令宫官记录太子的言语行动，每月向他报告。太子害怕，就故意做作掩饰真情，因此他的过恶没有让周武帝听到。

　　王轨曾经对小内史贺若弼说："太子一定不能胜任治国大事。"贺若弼劝王轨向周武帝陈述。后来王轨因为在周武帝身边陪从，就向周武帝说："皇太子仁孝的品德我没有听说过，恐怕他担当不了陛下的家事。陛下您一向认为贺若弼有文武奇才，他也常常因为这件事而忧虑。"周武帝问贺若弼，贺若弼回答说："没有听说皇太子有过错。"他退出来后，王轨责备他反复无常。贺若弼说："皇太子是国家君位的继承人，怎么能轻易发表言论！如果事情有失误，便会遭到灭族之祸。本以为您会秘密地向皇上陈述太子的得失，怎么能公开说呢？"王轨沉默好久才说："我一心为了国家，便没有考虑到自身的利害得失。刚才当着大家说这件事确实不合适。"

　　后来王轨因为参加宫中宴饮，就用手持着周武帝的胡须说："好一个可爱的老头子，只是遗憾继承人能力不强。"原先，周武帝问宇文孝伯道："我的儿子近来表现怎么样？"宇文孝伯回答说："太子近来惧怕陛下您的威严，没有过失。"周武帝停止了喝酒，责备宇文孝伯说："王轨有这样的话，你是欺骗我啊！"宇文孝伯拜了两拜说："我听说父子之间，别人很难说什么。我知道陛

下不能割慈忍爱,遂尔结舌。"周主默然久之,乃曰:"朕已委公矣,公其勉之。"

轨又数言:"太子非社稷主。普六茹坚有反相。"周主不悦,曰:"必天命有在,将若之何?"杨坚闻之惧,深自晦匿。周主深以轨等言为然,但汉王赞次长,又不才,余子皆幼,故得不废。齐王宪亦言:"坚相貌非常,恐非人下,请早除之。"周主以问畿伯下大夫来和,和素附坚,对曰:"随公正是守节人耳。"

冬十月,周主伐齐,取平阳。十一月,齐主攻之,不克。十二月,周主复伐齐,齐主大败,走晋阳,遂奔邺。晋阳人立安德王延宗以守。　周主拔而执之。

周主谓群臣曰:"前入齐境,见其行师,殆同儿戏。况其朝廷昏乱,政由群小,百姓嗷然,朝不谋夕。天与不取,恐贻后悔。晋州,高欢所起之地,镇摄要重,今往攻之,彼必来援;吾严军以待,击之必克。然后乘破竹之势,鼓行而东,足以穷其巢穴,混同文轨矣。"诸将多不愿行,周主曰:"机不可失。有沮吾军者,当以军法裁之。"于是自将伐齐。

先是,齐晋州行台张延隽公直勤敏,储偫有备,百姓安业,疆埸无虞。诸嬖幸恶而代之,由是公私烦扰。

周主至晋州,遣内史王谊监诸军攻平阳城,降之,齐兵大溃,遂克晋州。

下不能割舍克制对皇太子的慈爱，于是就不敢说话了。"周武帝沉默了很久，才说："我已经委托给你了，你努力去做吧！"

王轨又多次对武帝说："太子不能做国家的君主。普六茹坚有反叛的相貌。"周武帝听了不高兴，说："这是由天命决定的，将他怎么办？"杨坚听到了很害怕，深深地隐藏不露。周武帝深感到王轨等人的话是对的，但汉王宇文赞是他的次子，又没有才能，其他儿子年龄都小，因此皇太子没有被废掉。齐王宇文宪也说："杨坚的相貌不同寻常，恐怕他不甘做人下人，请早点除去他。"周武帝向齐伯下大夫来和询问此事，来和平时依附杨坚，回答说："随公杨坚正是一个守节操的人。"

冬十月，周武帝率军讨伐北齐，夺取了平阳。十一月，北齐国主进攻北周，没有攻克。十二月，周武帝又讨伐北齐，北齐国主大败，逃到晋阳，又逃到邺城。晋阳人立安德王高延宗当皇帝，守卫晋阳。　周武帝占领晋阳抓住高延宗。

周武帝对群臣说："前次我军打进齐国境内，看见他们指挥军队，轻率玩忽如同儿童游戏。何况他们朝廷又昏聩混乱，政权由一群小人掌管，百姓哀号，朝不保夕。上天赐给我齐国，如果不取，恐怕将来会感到后悔的。晋州是高欢起兵的地方，也是镇守统辖的要害重地，现在我们去攻打它，对方一定派兵前来援助；我军严阵以待，发起进攻后一定能攻克。然后再乘破竹之势，大张旗鼓地向东进攻，就足以占领其巢穴，从而统一天下了。"很多将领都不愿意行动，周武帝说："机不可失。凡有阻止我军行动的人，我一定会按军法制裁他！"于是周武帝亲自率领军队讨伐北齐。

以前，北齐晋州行台张延儁，是一个正直无私勤勉聪慧的人，辖内物资储备富足，百姓安居乐业，边境上没有让人担心的事情。一些受到北齐国主宠信的人厌恶他而想让人取代他，从此公私事都繁乱不堪。

周武帝来到晋州，派遣内史王谊监督各路军队攻打平阳城，平阳守将投降，北齐军队大败。北周又攻克了晋州。

齐主方与冯淑妃猎于天池，告急者三至，丞相高阿那肱曰："大家正为乐，边鄙小事，何急奏闻。"至莫，使至，则平阳已陷矣。齐主将还，妃请更杀一围，从之。

十一月，自帅大军至平阳，声势甚盛。周主欲西还以避其锋，大将军宇文忻谏曰："以陛下之圣武，乘敌人之荒纵，何患不克？若使齐得令主，君臣协力，虽汤、武之势，未易平也。"京兆王韶曰："取乱侮亡，正在今日，释之而去，臣所未谕。"周主虽善其言，竟以梁士彦为晋州刺史而还。

齐师遂围平阳，昼夜攻之。城中危急，楼堞皆尽，外援不至，众皆震惧。士彦慷慨自若，谓将士曰："死在今日，吾为尔先。"于是勇烈齐奋，呼声动地，无不一当百。齐师少却，乃令妻妾、军民、妇女昼夜修城，三日而就。齐人作地道攻平阳，城陷十余步。将士乘势欲入，齐主敕且止，召冯淑妃观之。淑妃妆点，不时至，周人以木拒塞之，城遂不下。

周主还长安，明日下诏复伐齐。十二月，至平阳，置阵二十余里，齐兵阵于城南堑北，自旦至申，相持不决。齐高阿那肱曰："吾兵虽多，堪战者少，不如勿战，却守高梁桥。"齐主意未决，诸内参曰："彼亦天子，我亦天子。彼尚能远来，我何为守堑示弱？"齐主曰："此言是也。"于是填堑南引。周主大喜，勒诸军击之。兵才合，齐主与冯淑妃并骑观战，东偏小却，淑妃怖曰："军败矣！"穆提婆曰："大家去，

北齐国主正和冯淑妃在天池打猎,晋州告急的使者都来了三次,丞相高阿那肱说:"皇上正在行乐,边远地方的小事情,何必急着奏闻。"到了傍晚使者来到,平阳已经失陷。北齐国主将要回朝,冯淑妃要求再围猎一次,北齐国主听从了她的要求。

十一月,北齐国主亲自率大军到平阳,声势很大。周武帝想避开对方的精锐部队回到西边,大将军宇文忻劝谏说:"以陛下的圣明威武,乘敌人荒淫放纵,何必担心不能攻克? 如果使北齐得到好的君主,君臣同心协力,即使有商汤、周武王的声势,也不容易平定。"京兆王韶说:"攻取动乱、凌辱灭亡之国的时机,正在今天,放过他们而退走,这是臣不能理解的。"周武帝虽然认为他们说得很对,最后还是任命梁士彦为晋州刺史而自己返回。

北齐军队于是包围平阳,昼夜发起进攻。城中形势危急,城楼和城上的矮墙都被夷平,城外的援兵也没到,众人都很恐惧惊慌。梁士彦慷慨从容,对将士说:"如果今天战死,我一定先你们而死。"于是将士勇敢奋起,呼声动地,无不以一当百。北齐的军队稍稍退却,梁士彦命令妻妾、军民和妇女昼夜修筑城墙,三天就修好了。北齐人挖地道进攻平阳,使城墙下陷几十尺。将士准备乘势攻进城中,北齐国主下令暂时停止,召冯淑妃同来观看。冯淑妃梳妆打扮,没有及时来到,北周人用木头堵住下陷的地方,平阳城没有被北齐人攻下。

周武帝回到长安,第二天下诏再次讨伐北齐。十二月,周武帝来到平阳,摆开的战阵有二十余里,北齐人列阵于城南护城河北,从早晨到下午,双方相持不下。北齐高阿那肱说:"我军人数虽然多,但是能打仗的却很少,不如不要再打,退兵防守高梁桥。"北齐国主主意未定,一些太监说:"他也是天子,陛下也是天子。他尚且能从远处而来,我们为什么守着护城河表现出怯懦呢?"北齐国主说:"这话说得对。"于是堵塞护城河,把水引到南边。周武帝听到后非常高兴,统率各路军发起进攻。两军刚开始接触,北齐国主和冯淑妃并排骑马观战,东面部队稍有退却,冯淑妃就害怕地说:"我们的军队战败了。"穆提婆说:"皇上赶快离开,

大家去。"齐主即以淑妃奔高梁桥。开府仪同三司奚长谏曰:"半进半退,战之常体。陛下马足一动,人情骇乱,不可复振。愿速还安慰之。"将军张常山自后至,亦曰:"军寻收讫,至尊宜回。"齐主将从之,穆提婆曰:"此言难信。"齐主遂以淑妃北走,齐师大溃,死者万余人,资械委弃山积,安德王延宗独全军而还。

齐主以淑妃为有功,将立为左皇后,遣内参诣晋阳取祎翟等,遇于中途,命淑妃着之,而后去。

周主入平阳。既而欲还,梁士彦叩马谏曰:"今齐师遁散,众心皆动,因其惧而攻之,其势必举。"周主从之,遂帅诸将追齐师。诸将固请西还,周主曰:"纵敌患生。卿等若疑,朕将独往。"诸将乃不敢言。

齐主入晋阳,问计于朝臣,皆曰:"宜省赋息役,以慰民心。速收遗兵,背城死战。"齐主欲向北朔州,遂奔突厥,群臣皆以为不可,不从。

有告阿那肱谋反者,以为妄,斩之。

周师至,齐主以安德王延宗为并州刺史,谓曰:"并州兄自取之,儿今去矣。"延宗曰:"陛下为社稷勿动。臣为陛下出死力战,必能破之。"穆提婆曰:"至尊计已成,王不得辄沮。"齐主乃夜斩五龙门而出,欲奔突厥,从官多散,乃回向邺。

穆提婆西奔周军,陆令萱自杀。周主以提婆为柱国,

皇上赶快离开。"北齐国主就和冯淑妃退到高粱桥。开府仪同三司奚长劝谏说："军队有时进有时退,是打仗中常见的事。陛下马足一动,人们的情绪就会惊骇混乱,不能重新振作。希望陛下快速返回,安慰他们。"将军张常山从后面赶来,也说："军队很快收拢完毕,陛下应该回去。"北齐国主将要听从他们的建议,穆提婆说："他们的话难以相信。"于是北齐国主和冯淑妃又向北退走,北齐军队大败,死了一万多人,军用物资器械被弃置的堆积如山,安德王高延宗独自保全军队返回。

原先北齐国主认为冯淑妃有功,将要立她为左皇后,派遣太监去晋阳取皇后穿的礼服等用品。这时在途中和派去的太监相遇,就让冯淑妃穿上礼服,而后离去。

周武帝进入平阳。不久要回朝,梁士彦叩马劝谏说："现在北齐的军队逃散,人心动摇,利用他们的恐惧而发动进攻,我们一定能取得胜利。"周武帝听从了他的建议,于是率领各路将士追击北齐的军队。北周的将领们坚决请求返回西边,周武帝说:"放纵敌人,灾祸就会发生。你们如果有疑难,朕将独自前往。"将领们才不敢说话了。

北齐国主退入晋阳,向朝廷大臣询问计策,朝臣都说:"应该减少赋税停止劳役,以安慰民心。快速地收拢留存的士兵,背城与敌人作最后决战。"北齐国主想去北朔州,于是投奔突厥,群臣都认为不能这样做,然而北齐国主没有听从。

有人举告高阿那肱要谋反,北齐国主认为这是乱说,将举告的人杀了。

北周军队来到晋阳,北齐国主任命安德王高延宗为并州刺史,对他说:"并州请兄长自己取走,我现在要离开了。"高延宗说:"陛下为了国家不要离开。我为陛下拼死作战,必能打败敌人。"穆提婆说:"皇上主意已定,大王不要阻挠。"北齐国主就在夜间破五龙门出走,想投奔突厥,跟从他的官员纷纷散去,北齐国主不得已返回邺城。

穆提婆西奔周军,陆令萱自杀。周武帝任穆提婆为柱国,

诏谕齐臣曰："若达天命，官爵有加。"自是降者相继。

并州将帅请于延宗曰："王不为天子，诸人实不能为王出死力。"延宗不得已，遂即位。众闻之，不召而至者，前后相属。延宗发府藏及后宫以赐将士，籍没内参十余家。齐主闻之，谓近臣曰："我宁使周得并州，不欲安德得之。"延宗见士卒，皆亲执手称名，流涕呜咽，众争为死。童儿女子，亦乘屋攘袂，投砖石以御敌。

周主至晋阳，延宗身自拒战，劲捷若飞，所向无前。周主攻其东门，入之。延宗击之，死者二千余人，周主左右略尽，齐人奋击，几中之，仅得免，时已四更。齐人既捷，饮酒醉卧，延宗不复能整。

周主欲遁去，诸将亦多劝还，宇文忻勃然进曰："陛下自克晋州，乘胜至此。今伪主奔波，关东响振，破竹之势已成，奈何弃之而去。"齐王宪及王谊亦以为去必不免，降将段畅等又盛言城内空虚。周主乃驻马，鸣角收兵，俄顷复振。明旦，还攻东门，克之，延宗力屈被擒。周主下马执其手曰："两国非有怨恶，直为百姓来耳。终不相害，勿怖也。"使复衣帽而礼之。

大赦，削齐乱制，收礼文武，召伊娄谦，劳之。执高遵付谦，任其报复。谦顿首，请赦之。

齐主入邺，广宁王孝珩请："使任城王湝将幽州兵趣并州，独孤永业将洛州兵趣长安，自将京畿兵鼓行逆战。"

下诏告谕北齐的大臣说:"如果你们能顺应天命,向我投降,就给你们加官晋爵。"因此北齐大臣就相继投降。

并州将帅向高延宗请求说:"您不当天子,大家实在不能为您出必死之力。"高延宗不得已,即了皇位。众人听到这个消息,不经召唤而来的前后相继不断。高延宗发放王府中的储藏和后宫美女,赏赐给将士,没收十多家太监的财产。北齐国主听到后,对他周围大臣说:"我宁愿让北周得到并州,不愿让安德王得到它。"高延宗看见士兵时,亲自握着他们的手,都能称呼他们的姓名,士卒都流泪呜咽,争着为他效死。儿童妇女也都登上房顶,揎袖捋臂,投掷砖头石块来抵御敌人。

周武帝来到晋阳,高延宗亲自带军作战,勇猛敏捷如飞,所向无敌。周武帝进攻晋阳东门,进入城里。高延宗进行抗击,北周军队被打死两千多人,周武帝周围的人几乎都死散了,北齐人奋勇进攻,差点打中他,仅仅幸免于死,这时已到深夜四更。北齐人打了胜仗,就高兴地饮酒醉卧,高延宗无法整理好队伍。

周武帝想逃走,将领们也多劝他回去,宇文忻勃然大怒,变了脸色向周武帝进言:"陛下自从攻占晋州,乘胜到了这里。现在其他各国国主在劳碌奔波,关东一带响应振动,破竹之势已经形成,为何要放弃而离去。"齐王宇文宪和王谊也认为应该前进,后退必不能幸免于难,北齐投降的将领段畅等人又极言晋阳城里空虚。周武帝于是停住马,吹响号角,收拢士兵,不久军势重振。第二天清晨,返回攻打东门,将东门攻克,高延宗军力用尽,被北周擒住。周武帝下马握着高延宗的手说:"两个国家并非有仇怨,我们是为百姓而来的。终究不会加害于你,不要害怕。"让高延宗重新穿戴好衣帽,对他以礼相待。

北周在全国实行大赦,取消北齐混乱的制度,收罗礼遇文武大臣,召见伊娄谦并慰问他。抓住高遵交给伊娄谦,让他任意报复。伊娄谦向周武帝叩头,请求赦免了高遵。

北齐主入邺城,广宁王高孝珩请求:"派任城王高湝率幽州兵攻并州,独孤永业率洛州兵攻长安,臣率京畿兵击鼓前进迎战。"

又请出宫人珍宝赏将士。齐主不悦。斛律孝卿请齐主亲劳将士,为之撰辞,且曰:"宜慷慨流涕,以感激人心。"齐主既出,不复记所受言,遂大笑,左右亦笑。将士皆怒,无复战心。

行台仆射高劢将兵,卫太后、太子还邺。宦官苟子溢犹纵暴民间,劢将斩之。或谓劢曰:"独不虑后患邪?"劢攘袂曰:"今西寇已据并州,正坐此辈浊乱朝廷。若得今日斩之,明日受诛,亦无恨矣!"

周主出齐宫中珍宝及宫女二千人,班赐将士,加立功者官爵有差。问高延宗以取邺之策,辞。强问之,乃曰:"若任城王据邺,臣不能知;若今主自守,陛下兵不血刃。"

齐主引诸贵臣问以御周之策,高劢曰:"今之叛者,多是贵人,至于卒伍,犹未离心。请追五品以上家属,置之三台,因胁之以战,若不捷,则焚台。此曹顾惜妻子,必当死战。且王师频北,贼徒轻我,今背城一决,理必破之。"齐主不能用。望气者言,当有革易。齐主引高元海等议,禅位太子。

丁酉(577) 陈太建九年,齐幼主恒承光元年,周建德六年。是岁,齐亡,陈、周二大国,并后梁一小国。凡三国。

春正月朔,齐主纬传位于太子恒。周师围邺,纬出走,周主入邺。齐丞相高阿那肱引周师追纬及恒,获之,遂灭齐。

又请求将宫中宫女和珍宝赏赐给官兵。北齐国主不高兴。斛律孝卿请求北齐国主亲自慰劳将士，替他撰写好演说词，并对他说："陛下应当慷慨流涕，以感动和激发人心。"北齐国主走出以后，记不起斛律孝卿所告诉他的话，于是大笑，他左右的人也笑。将士都发怒了，不再有打仗的心思。

行台仆射高劢率领军队，护卫太后和太子回到邺城。宦官苟子溢还仍在民间放纵暴虐，高劢想杀掉他。有人对高劢说："你不考虑会造成后患吗？"高劢揎袖将臂说："当今西边的敌人已经占据并州，正是由于此辈扰乱朝廷。假若能在今天杀死他，明天我被处死，也没有什么遗憾的。"

周武帝将北齐宫中的珍宝以及宫女二千人，分发赏赐给将士，立功者，按功劳大小加授官爵。周武帝向高延宗询问夺取邺城的策略，高延宗推辞不说。周武帝一再地问他，才说："如果任城王高湝据守邺城，我不知道陛下该怎么做；假若是当今北齐国主自己守城，陛下的兵就会不战而胜。"

北齐国主召来显贵大臣询问抵御北周的计策，高劢说："现在叛变的人大多是显贵，至于士兵，还没有叛离的人。请追回五品以上官员的家属，把他们安置在三台，以此逼迫官员们去打仗，如果不能取胜，就焚烧三台。这些人都顾惜自己的妻儿，一定会拼死作战。而且国家的军队频频战败，敌人轻视我们，现在与敌背城一战，必能战胜敌人。"北齐国主没有采纳高劢的建议。能用占卜预言吉凶的人说朝廷将有变化更易。北齐国主召见高元海等人，商议把皇位传给太子。

丁酉（577） 陈太建九年，北齐幼主高恒承光元年，北周建德六年。这年北齐亡，还剩陈、北周两个大国，及后梁一个小国，共三国。

春正月初一，北齐国主高纬把皇位传给了太子高恒。北周的军队围攻邺城，高纬出逃，北周武帝进入邺城。北齐的丞相高阿那肱带领北周的军队追击高纬和高恒，抓住了他们，于是消灭了北齐。

齐太子恒即位,生八年矣。齐主纬自为太上皇帝。莫多娄敬显、尉相愿谋伏兵斩高阿那肱,立太宰广宁王孝珩,不果。孝珩求拒周师,谓阿那肱等曰:"朝廷不遣孝珩击贼,岂畏孝珩反邪?孝珩若破宇文邕,遂至长安,反亦何预国家事!以今日之急,犹如此猜忌邪?"高、韩恐其为变,出孝珩为沧州刺史。相愿拔佩刀斫柱,叹曰:"大事去矣,知复何言?"

周师至邺,围之。齐人出战,大败,纬从百骑东走。周师入邺,齐王公以下皆降。

留守大将军慕容三藏,绍宗之子也,犹拒战,周主引见,礼之。周主先以马脑酒钟遗齐将鲜于世荣,世荣碎之。至是在三台前鸣鼓不辍,周人执之,世荣不屈,乃杀之。周主执莫多娄敬显,数之曰:"汝有死罪三,前自晋阳走邺,携妾弃母,不孝也。外为伪朝戮力,内实通启于朕,不忠也。送款之后,犹持两端,不信也。用心如此,不死何待!"遂斩之。使将军尉迟勤追齐主。

齐国子博士熊安生,博通"五经",闻周主入邺,遽令扫门,语家人曰:"周帝重道尊儒,必将见我。"俄而周主幸其家,不听拜,亲执其手,引与同坐,赏赐甚厚,给安车驷马以自随。又遣就中书侍郎李德林宅,慰谕引入,访以齐事。

齐洛州刺史独孤永业有甲士三万,闻晋州败,请出兵,不报。闻并州陷,乃降周。

北齐太子高恒即位，才八岁。北齐国主高纬自称太上皇帝。莫多娄敬显、尉相愿计划埋伏士兵杀死高阿那肱，立太宰广宁王高孝珩当皇帝，没有成功。高孝珩请求阻击北周的军队，对高阿那肱等人说："朝廷不派我去攻打敌人，难道是怕我造反吗？我如果打败宇文邕，就到了长安，造反也干预不了国家的事情。现在形势这样危急，还如此猜忌吗？"高阿那肱、韩长鸾害怕高孝珩叛变，让他离开京城出任沧州刺史。尉相愿拔出佩刀砍柱，叹息说："大事做不成了，还有什么可说的！"

北周的军队到了邺城，将邺城包围。北齐人出城作战，大败，高纬跟从百名骑兵向东逃走。北周的军队进入邺城，北齐王公以下官员皆降。

留守大将军慕容三藏是慕容绍宗的儿子，仍然在抵御作战，北周武帝召见他，以礼相待。先前，周武帝把玛瑙酒杯送给北齐将领鲜于世荣，鲜于世荣把它打碎了。这时鲜于世荣在三台前不停地击鼓，北周人将他抓获，鲜于世荣不屈服，于是被杀了。周武帝抓住莫多娄敬显，责备他说："你犯了三条死罪：以前你从晋阳逃到邺城，携带小老婆而抛弃母亲，这是不孝顺。表面上伪装为你的朝廷效力，内里实际上向我通报消息，这是不忠诚。向我表示投降后，还动摇不定怀有二心，这是不信实。像这样心术不正，不死还等待什么呢？"便将他杀了。派将军尉迟勤追赶北齐国主。

北齐国子博士熊安生，博通"五经"，听到周武帝进入邺城的消息，马上让人打扫门庭，对他的家人说："北周皇帝重道尊儒，一定会来见我。"不一会儿，周武帝亲自来到他家，不让他行拜见礼，亲热地握着他的手，让他坐在自己身边，赏赐给他很多东西，送给他安车驷马供他乘用。周武帝又派人去北齐中书侍郎李德林家慰问晓谕他，并将他带来，向他询问北齐的事情。

北齐洛州刺史独孤永业有三万名披甲的士兵，听到晋州陷落的消息，请求出兵，没有人给他向上报告。又听到并州失陷，就投降北周。

　　纬留胡太后于济州,使高阿那肱守关,自与穆后、冯
妃、幼主恒、韩长鸾等数十人奔青州,欲入陈。而高阿那肱
密召周师,约生致齐主,屡启云:"周师尚远,已令烧断桥
路。"纬由是淹留自宽。周师至关,阿那肱即降之。周师奄
至青州,纬囊金系鞍后,与后妃、幼主等十余骑南走。尉迟
勤追及,尽擒之,并胡太后送邺。

　　周主诏:"故斛律光、崔季舒等,宜追加赠谥,并为改
葬,子孙随荫叙录,田宅没官者,还之。"指斛律光名曰:"此
人在,朕安得至此。"诏毁东山、南园、三台,以其瓦木诸物
赐民。

　　高纬至邺,周主降阶,以宾礼见之。

**二月,齐广宁王孝珩、任城王湝起兵信都,周齐王宪伐
而执之。**

　　齐广宁王孝珩以五千人会任城王湝于信都,共谋匡
复。周主使齐王宪、柱国杨坚击之。至信都,湝所署领军
尉相愿以众降。宪与湝战,破之,执湝及孝珩,谓曰:"任城
王何苦至此!"湝曰:"下官神武皇帝之子,兄弟十五人,幸
而独存。逢宗社颠覆,今日得死,无愧坟陵。"宪壮之,命归
其妻子。又亲为孝珩洗疮傅药,礼遇甚厚。宪善用兵,多
谋略,得将士心,齐人惮其威声,皆望风沮溃。刍牧不扰,
军无私焉。

　　周主以齐降将封辅相为北朔州总管。前长史赵穆等

高纬把胡太后留在济州,派高阿那肱镇守济州关,自己和穆后、冯淑妃、幼主高恒、韩长鸾等数十人逃奔到青州,想要进入陈国。而高阿那肱秘密召引北周的军队,约定活捉北齐国主,就多次向北齐国主高纬报告说:"北周的军队还离得很远,我已经命令烧桥断路。"高纬因此在青州停留,宽慰自己。北周军队到达关隘,高阿那肱立即向他们投降。北周军队很快到了青州,高纬用袋子装满金子系在马鞍后面,和皇后、妃子、幼主等十多人骑马向南逃走。尉迟勤追上以后,把他们全部抓获,连同胡太后一起送往邺城。

　　北周武帝下诏说:"已故去的斛律光、崔季舒等人,应当追加封赠、谥号,并为他们改葬,子孙根据他们的功勋推恩赐给官爵,按等级进职奖功,被官府没收的土地住宅,一并还给他们。"北周武帝指着斛律光的名字说:"这个人如果还在,我哪能来到这里!"下诏毁坏东山、南园、三台,把这里的瓦木等物赐给百姓去使用。

　　高纬来到邺城,北周武帝走下台阶,用迎接宾客的礼节接见他。

　　二月,北齐广宁王高孝珩、任城王高湝在信都起兵,北周齐王宇文宪讨伐并捉获了他们。

　　北齐广宁王高孝珩带领五千人在信都与任城王高湝会合,共同谋划匡复齐国。北周武帝派齐王宇文宪、柱国杨坚攻打他们。宇文宪来到信都,高湝所任命的领军尉相愿带领众人投降。宇文宪和高湝交战,打败高湝,抓获高湝和高孝珩,对高湝说:"任城王,你何苦至此?"高湝说:"我是神武皇帝的儿子,兄弟有十五人,我侥幸而独自生存。遇到国家危亡,我今日能以死报国,也无愧于祖先了。"宇文宪认为他勇敢有气节,下令归还他的妻子儿女。宇文宪又亲自为高孝珩洗疮涂药,礼遇甚厚。宇文宪擅长用兵,多计谋策略,能得到将士的爱戴,北齐人听到他的威名,都望风震惊逃溃。北周的军队不侵扰百姓,不私拿财物。

　　周主任北齐降将封辅相为北朔州总管。北齐前长史赵穆等

谋执辅相迎潜,不果,乃迎郑州刺史范阳王绍义。至马邑,自肆州以北二百八十余城皆应之。绍义引兵南去,欲取并州。至新兴,而肆州已为周守,遂奔突厥。突厥佗钵可汗甚爱重之,凡齐人在北者,悉以隶之。

于是齐之州镇,唯东雍州行台傅伏、营州刺史高宝宁不下,其余皆入于周。凡得州五十,郡一百六十二,县三百八十,户三百三万二千五百。宝宁者,齐之疏属,有勇略,久镇和龙,甚得夷夏之心。

梁主朝周于邺。

自秦兼天下,无朝觐之礼。至是始命有司草具其事,致积,致饩,设九傧、九介,受享于庙,三公、三孤、六卿致食,劳宾,还贽,致享,皆如古礼。

周诏举山东明经干治者。

周主西还,诏:“山东诸州,各举明经干治者二人,若奇才异术、卓尔不群者,不拘此数。”

三月,齐东雍州行台傅伏降周。

初,周主招齐东雍州刺史傅伏,不从。既克并州,复遣韦孝宽招之,令其子以上大将军、武乡公告身赐伏。伏不受,谓孝宽曰:“事君有死无二。此儿为臣不能竭忠,为子不能尽孝,人所仇疾,愿速斩之以令天下。”周主自邺还至晋州,遣高阿那肱等百余人临汾水召伏。伏隔水问:“至尊何在?”阿那肱曰:“已被擒矣。”伏仰天大哭,帅众入城,于听事前北面哀号,良久,然后出降。周主见之曰:“何不早下?”伏流涕对曰:“臣三世为齐臣,食齐禄,不能自死,羞见天地。”周主执其手曰:“为臣当如此。”乃以所食羊肋骨

人策划捉住封辅相迎接高湝,没有成功,于是迎接郑州刺史范阳王高绍义。高绍义来到马邑,从肆州以北的二百八十多城都响应他。高绍义带领军队向南去,想夺取并州。到了新兴,而肆州已经被北周的军队占领,就逃奔到突厥。突厥佗钵可汗非常器重高绍义,凡是在突厥的北齐人,都让他管理。

于是北齐的州和镇,除了东雍州行台傅伏、营州刺史高宝宁没有被打败,其他地方都并入北周。共得到五十个州、一百六十二个郡、三百八十个县、三百三万二千五百户。高宝宁是北齐皇室的远亲,勇猛有谋略,久镇和龙,深得夷人和汉人的拥戴。

梁国主到邺城朝见北周武帝。

自从秦始皇兼并天下,没有朝觐礼。到这时开始下令有关部门草拟朝见时的礼节:向北周致送薪米,致送活牲畜,北周设置九傧、九介,在宗庙接待,三公、三孤、六卿向后梁国主敬送食物,慰劳宾客,还礼,设宴,都依照古代的礼节。

北周下诏让山东推举明晓经术办事干练的人。

北周武帝西还,下诏:"山东各州,各自推举明晓经术办事干练的人两名,如果有奇才异术、卓越超群的人,不受此数限制。"

三月,北齐东雍州行台傅伏投降北周。

当初,北周武帝招降北齐东雍州刺史傅伏,傅伏不肯投降。北周武帝攻克并州以后,又派韦孝宽去招降,让傅伏的儿子给傅伏送去上大将军、武乡公的委任文书。傅伏不接受,对韦孝宽说:"我服事君主,只有以死报国,没有二心。我这个儿子,为臣不能竭尽忠诚,为子不能竭尽孝顺,被人仇恨憎恶,请赶快斩了他,以昭示天下。"北周武帝从邺城回到晋州,派高阿那肱等一百多人到汾水召傅伏。傅伏隔河问:"天子在什么地方?"高阿那肱说:"已经被抓走了。"傅伏仰天大哭,率领军队进城,在官府治事厅堂前面向北方悲伤痛哭,哭了好久,才出来投降。北周武帝见到他说:"为什么不早投降?"傅伏流着泪回答说:"臣家三代为北齐大臣,食北齐的俸禄,不能以死报国,羞见天地。"北周武帝握着他的手说:"作为臣子,就应当这样。"于是把自己吃的羊肋骨

赐伏曰:"骨亲肉疏,所以相付。"遂引使宿卫,授上仪同大将军。他日,又问:"前救河阴,得何赏?"对曰:"蒙授特进、郡公。"周主谓高纬曰:"朕三年教战,决取河阴。正为傅伏善守,城不可动,遂敛军而退。公当时赏功,何其薄也。"

夏四月,周主至长安,封高纬为温公。

周主至长安,置高纬于前,列其王公等于后,备大驾,布六军,奏凯乐,献俘于太庙,观者皆称万岁。封纬为温公。周主与齐君臣饮酒,令纬起舞。高延宗悲不自持,屡欲仰药,其傅婢禁止之。

周以李德林为内史上士。

自是诏诰格式及用山东人物,并以委之。

五月,周主毁其宫室之壮丽者。

周主诏以:"路寝会义诸殿,皆晋公护专政时所为,事穷壮丽,有逾清庙,可悉毁撤。雕斫之物,并赐贫民。缮造之宜,务从卑朴。并、邺诸堂殿壮丽者准此。"又制:"庶人已上,唯听衣绸、绵绸、丝布、圆绫、纱、绢、绡、葛、布等九种,余悉禁之。朝祭之服,不拘此制。"

秋八月,周定权衡度量。　周免齐杂户。

初,魏虏西凉之人没为隶户,齐氏因之。至是悉放为民。

周获九尾狐,焚之。

郑州获九尾狐,已死,献其骨。周主曰:"瑞应之来,必彰有德。今无其时,恐非实录。"命焚之。

赐给傅伏，说："骨亲肉疏，所以把骨头送给你。"就让他担任宫廷值宿禁卫，授给他上仪同大将军官职。有一天，又问他："以前救援河阴时，你得到什么赏赐？"傅伏回答说："被授予特进、郡公。"北周武帝对高纬说："我指挥打仗三年，决心攻取河阴。正因为傅伏擅长守卫，城久攻不下，只好收军撤退。你当时对他的赏赐，真是太微薄了。"

夏四月，北周武帝回到长安，封高纬为温公。

北周武帝回到长安，把高纬安排在前面，把北齐王公等人安排在后面，准备好皇帝出行乘坐的车驾，排列六军，奏凯旋的音乐，在太庙举行献俘仪式以告成功，观看的人都高呼万岁。封高纬为温公。北周武帝和北齐君臣共同饮酒，让高纬跳舞。高延宗悲伤得不能克制，多次想服毒自杀，被他的侍婢制止了。

北周任命李德林为内史上士。

从此，皇帝诏书、诰命的格式以及对山东人物的任用，全部委托给李德林。

五月，北周武帝把雄伟华丽的宫室拆毁了。

北周武帝下诏："因为天子的正厅会义等殿，都是晋公宇文护专政时所修建的，极其壮美华丽，超过了宗庙的规模，可以全部拆毁。雕饰的物件，都赐给贫民。修缮建造的事宜，务必简单朴素。并州、邺城各堂殿雄伟华丽的也照此处理。"又下诏："平民百姓以上的人，可以任凭他们穿绸、绵绸、丝布、圆绫、纱、绢、绡、葛、布等九种材料做的衣服，其余的全部禁止。朝祭时穿的衣服，不受这个规定的限制。"

秋八月，北周制定度量衡制度。　北周免除北齐人成为杂户。

当初，北魏俘虏了西凉人，会将他们没入官府成为奴隶户，北齐沿袭了这个做法。现在把他们全部释放成为平民。

北周捉获有九尾的狐狸，把它烧掉了。

郑州捉获有九尾的狐狸，已经死了，献上它的骨骼。北周武帝说："天降祥瑞，一定是太平盛世显现。现在不是这样的时势，恐怕不符合实际。"下令把骨骼烧掉。

冬十月,陈司空吴明彻侵周,围彭城。

陈主闻周人灭齐,欲争徐、兖,诏吴明彻督诸军伐之。军至吕梁,周徐州总管梁士彦帅众拒战,明彻击破之。士彦婴城自守,明彻围之。陈主锐意以为河南指麾可定,蔡景历谏曰:"师老将骄,不宜过穷远略。"陈主怒,以为沮众,免官,削爵土。

周主杀温公高纬,夷其族。

周人诬温公高纬与穆提婆谋反,并其宗族皆赐死。众人多自辩理,高延宗独攘袂泣而不言,以椒塞口而死。纬弟仁英、仁雅以疾得免。以高湝妻卢氏赐其将斛斯征。卢氏蓬首垢面,长斋,不言笑。征放之,乃为尼。齐后妃贫者,至以卖烛为业。

十一月,周讨稽胡,降之。

初,周败齐于晋州,齐所弃甲仗,稽胡乘间窃之。仍立刘蠡升之孙没铎为主。至是周将讨之,议欲穷其巢穴。齐王宪曰:"步落稽种类多,山谷险绝,且当剪其魁首,余加慰抚。"遂以宪督军击没铎,擒之,余众皆降。

周省后宫妃嫔之数。

周主性节俭,常服布袍,寝布被,后宫不过十余人。至是诏:"唯置妃二人,世妇三人,御妻三人,此外皆减之。"每行兵,亲在行阵,步涉山谷,人所不堪。抚将士有恩,而明察果断,用法严峻。由是将士畏威而乐为之死。

是月晦,日食。　周颁《刑书要制》。

群盗赃一匹,及正、长隐五丁,若地顷以上,皆死。

冬十月,陈朝司空吴明彻侵犯北周,包围彭城。

陈宣帝听到北周灭掉北齐,想争夺徐州、兖州,下诏令吴明彻督率各路军北伐。吴明彻的军队到了吕梁,北周徐州总管梁士彦率军拒战,吴明彻进攻并打败了他。梁士彦环城自守,吴明彻将城包围。陈宣帝一心认为河南很容易平定,蔡景历劝谏说:"军队士气不振,将领骄横,不宜穷兵远攻。"陈宣帝大怒,认为他破坏众人的斗志,罢免了他的官职,削去他的爵号和封地。

北周武帝杀死温公高纬,夷灭了他的家族。

北周人诬告温公高纬和穆提婆图谋造反,周武帝下令将其宗族全部赐死。许多人都申辩没有谋反,只有高延宗捋起衣袖哭泣而不说话,把辣椒塞在口里而死。高纬弟弟高仁英、高仁雅因为有病得到赦免。把高湝的妻子卢氏赏赐给大将斛斯征。卢氏蓬首垢面,一直吃素,也不说不笑。斛斯征放了她,当了尼姑。北齐皇后、妃子贫穷的,甚至于以卖蜡烛为业。

十一月,北周讨伐稽胡,稽胡投降。

当初,北周在晋州打败北齐,北齐丢弃的盔甲兵器,稽胡乘机盗去。仍旧立刘蠡升的孙子刘没铎为君主。如今北周将要讨伐它,商议要彻底捣毁其巢穴。齐王宇文宪说:"步落稽的种类很多,又是在山谷险峻的地方,只应当除掉他们的首领,对其余的人加以安抚。"于是让宇文宪率领军队攻打刘没铎,将他抓获,其余的人都缴械投降。

北周减省后宫妃嫔人数。

北周武帝性情节约俭朴,经常穿布袍,盖布被,后宫嫔妃等不过十多人。这时下诏:"只设置妃子二人,世妇三人,御妻三人,此外全部减掉。"每次行军打仗,亲自在战阵中,跋山涉水,一般人都不能忍受。安抚将士,给予恩惠。而且明察果断,用法严峻。由此将士虽然害怕他的威严,然而乐意为他效死。

这个月最后一天,出现日食。   北周颁行《刑书要制》。

《刑书要制》规定:凡是盗窃一匹赃物,以及闾正、里正、族正、保长、党长隐瞒五个丁口,或者一百亩地以上的,都处以死刑。

十二月,周徙并州军民四万户于关中。 齐范阳王高绍义称帝于北朔州。

高宝宁自黄龙劝进于高绍义,绍义称帝,以宝宁为相。突厥举兵助之。

戊戌(578) 陈太建十年,周宣帝赟宣政元年。
春二月,周上大将军王轨救彭城,获吴明彻。

吴明彻围周彭城,环列舟舰,攻之甚急。周王轨引兵轻行,据淮口,结长围,以铁锁贯车轮数百,沉之清水,以遏陈船归路,军中恟惧。萧摩诃言于明彻曰:"闻王轨始锁下流,其两端筑城未立,请往击之。不然,吾属皆为虏矣。"明彻奋髯曰:"搴旗陷阵,将军事也;长算远略,老夫事也。"摩诃失色而退。一旬之间,水路遂断。

周兵益至,明彻苦背疾,摩诃复请曰:"今求战不得,进退无路,潜军突围,未足为耻。愿公帅步卒、乘马舆徐行,摩诃领铁骑数千驱驰前后,必当使公安达京邑。"明彻曰:"此良图也。然吾为总督,必须身居其后,弟马军宜在前,不可缓。"摩诃因帅马军夜发。明彻决堰退军,至清口,水势渐微,舟碍车轮,不得过。王轨引兵蹙之,众溃。明彻被执,将士辎重皆没于周,独萧摩诃与将军任忠、周罗睺全军得还。

初,陈主谋取彭、汴,以问五兵尚书毛喜,对曰:"淮左新平,边民未辑。周氏始吞齐国,难与争锋。且弃舟舰,用

十二月，北周将并州军民四万户迁移到关中。 北齐范阳王高绍义在北朔州称帝。

高宝宁从黄龙上表劝高绍义登上皇位，于是高绍义称帝，任命高宝宁为丞相。突厥举兵帮助他们。

戊戌（578） 陈太建十年，北周宣帝宇文赟宣政元年。

春二月，北周上大将军王轨救援彭城，捉获吴明彻。

陈朝吴明彻包围了北周的彭城，在城墙下环绕排列着战舰，猛烈攻城。北周王轨带领军队轻装前进，占据了淮口，结成长的包围圈，用铁锁将数百个车轮穿连在一起，沉在清水河中，用来断绝陈朝战船的归路，陈朝军队震动恐惧。萧摩诃对吴明彻说："听说王轨开始封锁清水河下游，在河水的两边修筑城墙，现在还没建成，请前往攻打他。不然，我们都会成为他的俘虏了。"吴明彻掀起胡子激动地说："拔掉敌人的军旗，冲锋陷阵，是将军的事情；作长远计算深远的谋略，是我老夫的事情。"萧摩诃听了，吓得面色改变，退了出去。十天之间，陈朝军队的水路就被断绝了。

北周的军队来得更多，吴明彻又苦于背上长疮，萧摩诃再次请求说："现在求战不得，进退无路，让军队秘密突围，也不为耻。希望您率领步兵乘马车慢慢地行走，我带领数千名骑兵前后奔驰，一定能使您平安到达京城。"吴明彻说："这是很好的谋划。然而我作为总督，必须在军队的最后面，老弟的骑兵应当在前面，不能迟缓。"萧摩诃因此率领骑兵在晚上出发。吴明彻决开河堤然后退军，到了清口，水势渐缓，船只被沉在水中的车轮阻碍，不能通过。王轨带领军队逼近他们，陈朝的军队溃败。吴明彻被活捉，将士和军用物资都被北周缴获，只有萧摩诃和将军任忠、周罗睺得以全军返回。

当初，陈宣帝图谋夺取彭州、汴州，就这件事询问五兵尚书毛喜，毛喜回答他说："淮左新近平定，边地的百姓还没有安定。北周刚刚吞并北齐，我们很难与他们争锋。如果丢弃战舰改用

车骑,去长就短,非我所便。不若安民保境,寝兵结好,斯久长之术也。"至是陈主谓之曰:"卿言验矣。"即日召蔡景历,复以为征南谘议参军。明彻忧愤而卒。

三月,周主初服常冠。

其制,以皂纱全幅向后襆发,仍裁为四脚。

夏五月,周主邕伐突厥,有疾而还。六月,殂。太子赟立,以郑译为内史中大夫。

突厥寇掠幽州,周主帅诸军伐之,以疾留云阳宫,诏停诸军。驿召宇文孝伯,执其手以后事付之,令驰驿入京镇守,以备非常。六月朔,殂,年三十六。太子即位,即逞奢欲,曾无戚容,扪其杖痕,大骂曰:"死晚矣。"阅视宫人,逼而淫之。超拜郑译为内史中大夫,委以朝政。不逾月而葬,诏议即吉。乐运以为"葬期既促,事讫即除,太为汲汲",不从。

周主赟杀其叔父齐王宪。

周主以齐王宪属尊望重,忌之,谓宇文孝伯曰:"公能为朕图齐王,当以其官相授。"孝伯叩头曰:"先帝遗诏,不许滥诛骨肉。齐王,陛下叔父,功高德茂,社稷重臣。陛下若无故害之,臣又顺旨曲从,则臣为不忠之臣,陛下为不孝之子矣。"周主不怿,由是疏之。乃与于智、郑译等密谋,使智告宪有异谋,遣孝伯召宪入殿,伏壮士执之。宪自辩理,周主使智证之。宪目光如炬,与智相质。既而叹曰:"死生有命,宁复图存!但老母在堂,恐留兹恨耳。"因掷笏于地。

骑兵,就是去长就短,不是我们所便利的。不如安抚百姓保卫国境,停止用兵,同周围的国家结为友好,这才是长久之计。"这时陈宣帝对毛喜说:"你说的话被验证了。"当天召见蔡景历,又任命他为征南咨议参军。吴明彻忧愁愤恨而死。

三月,北周国主初次戴平日用的帽子。

其模样,用整幅黑纱从前向后包扎头发,还裁成四个帽翅。

夏五月,北周武帝宇文邕讨伐突厥,因生病而返回。六月,去世。太子宇文赟即位,任命郑译为内史中大夫。

突厥侵犯掠夺幽州,北周武帝率领诸军讨伐,因为生病留在云阳宫,下诏各路军队停止前进。派驿使召宇文孝伯来,握着他的手托付后事,让他乘驿马飞快回京城镇守,防备意外的事情发生。六月初一,北周武帝去世,享年三十六岁。太子宇文赟继承皇位,就穷奢极欲,没有一点悲哀的样子,摸着以前被杖打的伤痕,大骂说:"死得太晚了。"他察看后宫女子,强迫而奸淫她们。越级拜授郑译为内史中大夫,把朝政委托给他。不到一个月就把周武帝埋葬了,下诏商议居丧期满,除去丧服。乐运认为"埋葬的时间既然已经很匆促,丧事办完之后又马上除去丧服,做得太急切了"。宇文赟没有听从。

北周宣帝宇文赟杀了他的叔父齐王宇文宪。

北周宣帝认为齐王宇文宪在家族中地位尊贵声望很高,就忌恨他,对宇文孝伯说:"你能为我设法对付齐王,就把他的官职授给你。"宇文孝伯叩头说:"先帝遗诏,不许滥杀亲骨肉。齐王是陛下的叔父,功高德重,是国家重臣。陛下如果没有原因而杀害他,我又顺从旨意委屈服从,那样我就会成为不忠之臣,陛下就会成为不孝之子。"北周宣帝很不高兴,从此以后就疏远了宇文孝伯。北周宣帝和于智、郑译等密谋,让于智告发宇文宪有反叛的意图,又派宇文孝伯召宇文宪入宫,埋伏壮士将他抓获。宇文宪为自己辩解说理,北周宣帝让于智对证。宇文宪目光炯炯,与于智相对质。接着叹息说:"死生有命,难道还想生存!只是老母亲还活着,恐怕得留下这个遗憾呀!"因此把笏板扔在地上。

遂缢之。周主召宪僚属,使证成宪罪。参军李纲以死自誓,终无桡辞,抚棺号恸,躬自瘗之,哭拜而去。

闰月,周立后杨氏。 高绍义入幽州,周人讨之,绍义奔突厥。

高绍义闻周高祖殂,以为得天助。幽州人卢昌期,起兵据范阳,迎之,绍义引突厥兵赴之。周遣东平公神举将兵讨昌期,擒之,绍义还入突厥。高宝宁救范阳,未至,闻昌期死,还,据和龙。

秋七月,周以杨坚为上柱国、大司马。 九月,陈主及其群臣盟。

陈主立方明坛于娄湖,以始兴王叔陵为王官伯,盟百官。自幸娄湖誓众。分遣大使班下四方,以相警戒。

冬十一月,突厥寇周。

己亥(579) 陈太建十一年,周静帝阐大象元年。

春正月,周作《刑经圣制》。

周主初立,以高祖《刑书要制》为太重而除之,又数行赦宥。乐运上疏曰:“《虞书》所称‘眚灾肆赦’,谓过误为害,当缓赦之。《吕刑》云‘五刑之疑有赦’,谓刑疑从罚,罚疑从免也。谨寻经典,未有罪无轻重,溥天大赦之文。今岂可数施非常之惠,以肆奸宄之恶乎!”周主不纳。既而民轻犯法,又自以奢淫多过失,恶人规谏,欲为威虐,慑服群下,乃更为《刑经圣制》,用法益深,大醮于正武殿,告天而行之。密令左右伺察群臣,小有过失,辄行诛谴。

于是被勒死。北周宣帝召见宇文宪所属官员，让他们证实宇文宪的罪行。参军李纲以死发誓，始终没有说屈服的话，抚摸着宇文宪的棺木号啕痛哭，亲自将他埋葬，哭拜而去。

闰月，北周宣帝立杨氏为皇后。　高绍义进入幽州，北周人讨伐他，高绍义逃奔到突厥。

高绍义听闻北周武帝去世，以为得了天助。幽州人卢昌期起兵占据范阳，迎接高绍义，高绍义带领突厥兵前往。北周派东平公宇文神举率军讨伐卢昌期，将他抓获，高绍义退回突厥。高宝宁援救范阳，还没到，听到卢昌期死了，就返回占据和龙。

秋七月，北周任命杨坚为上柱国、大司马。　九月，陈宣帝与朝廷众臣盟誓。

陈宣帝在娄湖建造方明坛，任命始兴王陈叔陵为王官伯，与朝廷百官盟誓。陈宣帝亲自到娄湖向众官盟誓。分派大使去向四方宣布盟誓，用以相互告诫。

冬十一月，突厥侵犯北周。

己亥（579）　陈太建十一年，北周静帝宇文阐大象元年。

春正月，北周制定《刑经圣制》。

北周宣帝刚即位，认为高祖制定的《刑书要制》量刑太重而废除了它，又多次施行大赦。乐运上疏说："《虞书》中所说'眚灾肆赦'，是说因无心的过失而造成灾害，应当宽刑赦免。《吕刑》说：'五刑之疑有赦'，是说判刑有怀疑时可依从处罚，处罚有怀疑时可依从免罪。我谨慎地查阅了经典，没有记载对罪行不分轻重，普天下全部实行大赦的文字。现在怎能多次施行非同寻常的恩惠，使为非作歹的人放肆作恶呢？"北周宣帝没有采纳他的意见。不久，民众很轻视犯法的事，北周宣帝又因为奢侈放荡有许多过失，讨厌别人规谏他，想用威势残暴使下面众人畏惧屈服，就另制定《刑经圣制》，用刑更加严苛，在正武殿设坛祈祷，向天祷告后而颁行。秘密下令他左右的人侦视观察各位臣子，他们小有过失，就杀戮治罪。

又居丧才逾年，即恣声乐百戏，日夜不休。多聚美女，增置位号，游宴沉湎，旬日不出。于是乐运舆榇亲诣朝堂，陈帝八失："其一，事多独断，不参宰辅。其二，采女实宫，仪同以上女不许辄嫁。其三，一入后宫，数日不出，所须闻奏，多附宦者。其四，宽刑未几，更严前制。其五，高祖斫雕为朴，今乃遽穷奢丽。其六，徭赋下民，以奉俳优角抵。其七，上书字误者，即治其罪。其八，玄象垂诫，不能修布德政。若不革兹八事，臣见周庙不血食矣。"周主大怒，将杀之，朝臣恐惧，莫有救者。内史中大夫元岩叹曰："臧洪同死，人犹愿之，况比干乎！若乐运不免，吾将与之俱毙。"乃诣阁请见，曰："乐运不顾其死，欲以求名。陛下不如劳而遣之，以广圣度。"周主感悟，明日，召运，谓曰："朕思卿所奏，实为忠臣。"赐御食而罢之。

二月，周治洛阳宫。

周以洛阳为东京，发山东诸州兵四万人，治其宫室。

周主杀其徐州总管王轨及宫正宇文孝伯。

轨闻郑译用事，自知及祸，谓所亲曰："吾昔在先朝，实申社稷至计，今日之事，断可知矣。此州控带淮南，邻接强寇，欲为身计，易如反掌。但忠义之节，不可亏违，况荷先帝厚恩，岂可以获罪于嗣主，遽忘之邪！正可于此待死，冀千载之后，知吾心耳。"周主从容问译曰："我脚杖痕，谁所

又居丧才过一年，他就恣情在音乐杂技中，日夜不休止。聚集了许多美女，增设名位称号，沉溺在游乐宴饮之中，十多天不出宫门。于是乐运用车拉着棺木来到朝堂，陈述宣帝八条过失："第一，处理事情专权独断，不听取宰辅的意见。第二，选取美女充实后宫，仪同以上官员的女儿不许擅自出嫁。第三，一进后宫，就数日不出朝，大臣有事奏闻，还要依赖宦官转达。第四，放宽刑罚没有多久，反比以前更加严苛。第五，高祖去浮华修饰而崇尚质朴，现在急遽地追求奢侈壮丽。第六，增加百姓的劳役和赋税，用来奉养耍杂技演滑稽戏比角力的艺人。第七，上书字有写错的，就被治罪。第八，天象已降下训诫，但仍不能调整推行德政。如果不革除这八件事情，我将看见北周的宗庙不能被祭祀了。"北周宣帝听了大怒，想要杀死他，在朝的大臣十分恐惧，没有人敢出言相救。内史中大夫元岩叹息说："袁绍杀臧洪，陈容宁愿和臧洪同死，人们仍然仰慕他，何况比干呢！假若乐运不免一死，我将与他同死。"于是来到阁中求见宣帝，说："乐运不顾自己死活，是想求得美名。陛下不如劝勉而放逐他，以显示出您的胸怀。"北周宣帝有所感悟，第二天，召见乐运，对他说："我考虑了你所奏之事，实在是位忠臣。"赏赐给他御用食物而罢免了他。

　　二月，北周修建洛阳宫。

　　北周把洛阳作为东京，发遣山东各州士兵四万人前去修建洛阳宫。

　　北周宣帝杀掉他的徐州总管王轨及宫正宇文孝伯。

　　王轨听说郑译执政，自知灾祸将降临，就对所亲近的人说："我过去在先朝，申述过有关国家的方针大计，今日之事，早就在意料之中。徐州控制连带着淮南，疆界相邻强大的敌人，想要为自身打算，易如反掌。但是忠义的节操，不可以亏损违背，何况我承受先帝的厚恩，难道可以因为继位的国主怪罪于我，我就遽然忘掉吗？正可在此等死，希望千年之后，有人能了解我的忠心。"北周宣帝不慌不忙地对郑译说："我脚上被杖打的伤痕，是谁

为也?"对曰:"事由乌丸轨、宇文孝伯。"因言轨捋须事。周主遣使杀轨,内史元岩不肯署诏。御正中大夫颜之仪切谏,不听。岩进,脱巾顿颡,三拜三进。周主曰:"汝欲党轨邪!"岩曰:"臣非党轨,正恐滥诛失天下之望。"周主怒,使阍竖搏其面。轨遂死,岩亦废于家。

周主之为太子也,尉迟运为宫正,数进谏,不用。至是谓宇文孝伯曰:"吾徒必不免祸,为之奈何?"孝伯曰:"今堂上有老母,地下有武帝,为臣为子,知欲何之!且委质事人,本徇名义,谏而不入,死焉可逃!足下若为身计,宜且远之。"于是运求出为秦州总管。

他日,周主托以齐王宪事让孝伯曰:"公知齐王谋反,何以不言?"对曰:"臣知齐王忠于社稷,为群小所谮,言必不用,所以不言。且先帝付嘱微臣,唯令辅导陛下。今谏而不从,实负顾托。以此为罪,是所甘心。"周主大惭,命将出,赐死。

运至秦州,亦以忧死。

周与突厥和亲。

突厥佗钵可汗请和于周,周主以赵王招女为千金公主,妻之。

周主赟传位于太子阐,自称天元皇帝。

天元传位,骄侈弥甚。所居称"天台",自比上帝,冕服车旗皆倍常制。以樽、彝、珪、瓒饮食,群臣朝者,致斋三日,清身一日。不听人有"天""高""上""大"之称。游戏不

干的?"郑译回答说:"事情是由王轨、宇文孝伯引起的。"因而告诉周宣帝王轨用手将先帝胡子的事情。北周宣帝派使者杀王轨,内史元岩不肯在诏书上签名。御正中大夫颜之仪恳切地劝谏,北周宣帝不听。元岩进见宣帝,摘去头巾屈膝下拜,三拜三进。宣帝说:"你想偏袒王轨吗?"元岩说:"我不是要偏袒王轨,只是担心陛下乱杀会失去天下百姓对陛下的期望。"宣帝大怒,让太监打他耳光。王轨最终被杀,元岩也被罢官在家。

北周宣帝在做太子时,尉迟运任宫正,多次向他进谏,都不被采用。现在尉迟运对宇文孝伯说:"我们这些人必定不能免祸,怎么办呢?"宇文孝伯说:"现在我堂上有老母亲,九泉之下有武帝,作为臣子作为儿子,我知道怎么办。况且归顺侍奉人,本应为大义舍身,劝谏而不被采纳,怎么能逃避死亡呢?你若为自己打算,应当暂且到远方去。"于是尉迟运请求离开京城任秦州总管。

又一天,北周宣帝借以宇文宪的事责备宇文孝伯说:"你知道齐王要谋反,为什么不说?"宇文孝伯回答说:"我知道齐王忠于社稷,被一群小人诬陷,我说的话一定不会被采用,所以就不说了。而且先帝吩咐微臣,只让我辅导陛下。现在我劝谏而陛下不听从,实在是辜负了先帝临终的委托。以此作为我的罪名,我是很甘心的。"北周宣帝大感羞愧,下令将宇文孝伯拉出去,赐死。

尉迟运到了秦州,也因忧虑而死。

北周和突厥议和结为姻亲。

突厥佗钵可汗向北周请求议和,北周宣帝将赵王宇文招的女儿封为千金公主,嫁给佗钵可汗。

北周宣帝宇文赟将皇位传给皇太子宇文阐,自称天元皇帝。

天元皇帝传位后,更加骄横奢侈。居住的地方称"天台",将自己比作上帝,礼服车旗都超出平日规定的一倍。用樽、彝、珪、瓒作饮食用具,群臣要朝见他时,先吃三天素食,清洁身子一天。不能听到别人有"天""高""上""大"的称呼。嬉笑娱乐没有

节,晨出夜还。公卿以下常被楚挞,每捶人,皆以百二十为度,谓之"天杖",其后又加至二百四十。后、妃、嫔、御,亦多杖背。于是内外恐怖,人不自安。周主阐仍居东宫,号正阳宫。

周徙《石经》还洛阳。　夏四月,周主赟立妃朱氏为天元帝后。　五月,周诸王皆就国。

随公杨坚私谓大将军汝南公庆曰:"天元实无积德,视其相貌,寿亦不长。又,诸藩微弱,各令就国,曾无深根固本之计。羽翮既剪,何能及远哉!"

秋七月,陈初用大货六铢钱。　周主赟立四后。

改天元帝后朱氏为天皇后,立妃元氏为天右皇后,陈氏为天左皇后,与天元皇后杨氏凡四后云。

冬十月,周主赟复道、佛像。

天元与二像并坐,大陈杂戏,令士民纵观。

十一月,周行军元帅韦孝宽侵陈,克寿阳及广陵。周铸永通万国钱。

一当千。

十二月,周初作"乞寒"胡戏。

天元以灾异屡见,舍仗卫,如天兴宫。百官上表请还,乃还,御正武殿,集百官、宫人、外命妇,大列妓乐,作"乞寒"胡戏。

周取陈江北地。

南、北兖,晋三州,及盱眙、山阳、阳平、马头、秦、历阳、沛、北谯、南梁等九郡民并自拔还江南。周又取谯、北徐州,自是江北之地尽没于周。

陈将军周法尚叛降于周。

节制,早出晚归。公卿以下的官员经常被拷打,每次用杖打人,都以一百二十次为准,称为"天杖",以后又增加到二百四十次。后、妃、嫔、御也有很多人被杖打脊背。于是朝廷内外的人都极度恐惧,人心惶惶。北周国主宇文阐依旧住在东宫里,号称正阳宫。

北周把《石经》移到洛阳。 夏四月,北周天元皇帝宇文赟立妃朱氏为天元帝后。 五月,北周各位封王都回到各自的封国。

随公杨坚私下对大将军汝南公宇文庆说:"天元皇帝实在不积德,看他的相貌,寿命也不会长久。另外,各位藩王的势力都很微弱,让他们各自回到封国去,也没有深根固本之计。羽翼已经被剪去,怎么能飞得更远呢?"

秋七月,陈朝初次使用大钱币六铢钱。 北周天元皇帝宇文赟立了四个皇后。

改称天元皇后朱氏为天皇后,立妃子元氏为天右皇后,陈氏为天左皇后,与天元皇后杨氏共四个皇后。

冬十月,北周天元皇帝宇文赟恢复道家、佛家的像。

天元与道、佛像并排而坐,大肆陈列杂戏,让士民纵情观赏。

十一月,北周行军元帅韦孝宽侵犯陈朝,攻占了寿阳和广陵。 北周铸造永通万国钱。

新铸造的万国钱以一当千。

十二月,北周初次演出西域地方戏"乞寒"。

天元皇帝因为自然界一再出现反常现象并多次发生灾害,就舍弃仪仗和护卫,移居天兴宫。朝廷百官上表请求他回来,于是回宫,在正武殿召集百官、宫人及外廷命妇,出演杂技歌舞,并演出西域地方戏"乞寒"。

北周攻取陈朝江北土地。

南兖州、北兖州、晋州以及盱眙、山阳、阳平、马头、秦、历阳、沛、北谯、南梁等九郡百姓,都自动返回江南。北周又夺取谯、北徐州,从此长江以北的地方全部被北周吞并。

陈朝将军周法尚叛变投降了北周。

法尚与长沙王叔坚不相能,叔坚谮其欲反。法尚奔周,陈主遣樊猛击之。法尚战而伪走,伏兵邀之,猛仅以身免。

庚子(580) 陈太建十二年,周大象二年。

春正月,周税入市者人一钱。 **三月,周杞公亮作乱,韦孝宽讨诛之。**

周杞公亮与韦孝宽将兵伐陈,其子妇尉迟氏有美色,入朝,天元逼而淫之。亮闻之,惧,还至豫州,夜袭孝宽营,不克而走。孝宽追斩之。天元即召其妇入宫,拜长贵妃。

周主赟立五后。

周天元将立五后,以问小宗伯辛彦之。对曰:"皇后与天子敌体,不宜有五。"博士何妥曰:"帝喾四妃,虞舜二妃,先代之数,何常之有!"天元大悦,免彦之官。以陈氏为天中太皇后,尉迟妃为天左太皇后。造下帐五,使五后各居之。陈宗庙祭器,自读祝版而祭之。又以五辂载妇人,自帅左右步从。又令命妇执笏,拜天台者,俯伏如男子。

夏五月,周主赟殂,随公杨坚自为大丞相,假黄钺,居东宫,征诸王还长安。

周杨后性柔婉,不妒忌,四皇后及嫔、御等,咸爱而仰之。天元昏暴滋甚,喜怒乖度,尝谴后,逼令引诀。后母独孤氏诣阁陈谢,叩头流血,然后得免。

后父大前疑、随公坚,位望隆重。天元忌之,尝因忿谓后曰:"必灭尔家。"因召坚欲杀之,而不果。郑译与坚少

周法尚和长沙王陈叔坚不和,陈叔坚诬陷周法尚想要造反。周法尚逃奔到北周,陈宣帝派遣樊猛追击他。周法尚在交战后假装退走,却埋伏士兵阻截樊猛,樊猛仅逃一死。

庚子(580) 陈太建十二年,北周大象二年。

春正月,北周向出入集市的人征收一文钱税。 **三月**,北周杞公宇文亮作乱,韦孝宽讨伐并杀死他。

北周杞公宇文亮和韦孝宽领军讨伐陈朝,其儿媳尉迟氏有美色,入朝时,天元皇帝强迫而奸污了她。宇文亮听说后,很害怕,回到豫州,夜袭韦孝宽军营,没能攻克而退走。韦孝宽追上杀了他。天元皇帝马上把他的儿媳召入宫中,封为长贵妃。

北周天元皇帝宇文赟册封五个皇后。

北周天元皇帝想要册封五个皇后,以此事询问小宗伯辛彦之。辛彦之回答说:"皇后和天子相匹配,同样尊贵,不应有五位皇后。"博士何妥说:"帝喾有四个妃子,虞舜有两个妃子,古代皇后的数目,哪有什么固定!"天元皇帝听了何妥这话大为高兴,免去辛彦之的官职。册封陈氏为天中太皇后,尉迟妃为天左太皇后。在陵墓中建造五个帷帐,让五位皇后各居一处。陈列宗庙的祭具,亲自读祝版上的祝文祭告。又用玄辂、夏篆、夏缦、墨车、戎车五种车子载着妇女,自己率领左右人员步行跟随。又让有封号的妇女拿着手板,向天台行拜礼时,像男人那样俯伏跪拜。

夏五月,北周天元皇帝宇文赟去世,随公杨坚自任大丞相、假黄钺,居住在东宫,征召各藩王回到长安。

北周宣帝杨皇后性情温顺柔和,不会嫉妒别人,四个皇后及嫔、御等人都爱戴敬重她。天元皇帝更加昏庸暴虐,喜怒背离了常度,曾经谴责杨皇后,逼迫她自杀。杨皇后母亲独孤氏到宫里诉说认错,叩头流出血,然后才免杨皇后一死。

杨皇后父亲是大前疑、随公杨坚,地位名望贵盛。天元皇帝妒忌他,曾经因为忿恨就对杨皇后说:"我一定要灭掉你的家族。"因此召杨坚想杀死他,然而没有成功。郑译与杨坚是少年

同学,奇坚相表,倾心相结。坚既不自安,尝私于译曰:"久愿出藩,愿少留意。"译曰:"以公德望,天下归心。欲求多福,岂敢忘也。"会天元将遣译攻陈,译请元帅,天元曰:"卿意如何?"译因请令坚行,天元从之。以坚为扬州总管,使译发兵会寿阳。将行,会坚暴有足疾,不果行。

天元不豫。小御正刘昉素以狡谄得幸,与御正中大夫颜之仪并见亲信。天元召入卧内,欲属以后事,而瘖不能言。昉见周主阐幼冲,以坚杨后父,有重名,遂与译及御饰大夫柳裘、韦謩,御正下士皇甫绩谋引坚辅政,坚不敢当。昉曰:"公若为,速为之,不为,昉自为也。"坚乃称受诏居中侍疾。

天元遂殂,秘不发丧。昉、译矫诏以坚总知中外兵马事。之仪不从,昉等逼之仪连署,之仪厉声曰:"主上升遐,嗣子幼冲,阿衡之任,宜在宗英。赵王合膺重寄,公等奈何一旦欲以神器假人!之仪有死而已,不能诬罔先帝。"昉等乃代署而行之。诸卫既受敕,并受坚节度。

坚恐诸王在外生变,征赵、陈、越、代、滕五王入朝。就之仪索符玺,之仪正色曰:"此天子之物,自有主者,宰相何故索之?"坚大怒,将杀之,以其民望,出为西边郡守。

周主入居天台,尊杨后为皇太后,朱后为帝太后,陈、元、尉迟三后并为尼。以杨坚为假黄钺、左大丞相,百官总己以听。

时的同学，感到杨坚的相貌奇特，便一心一意和他结交。杨坚心中感到不安，曾私下对郑译说："很久前就想离开朝廷出外镇守一方，希望你稍微给我留意一下这样的机会。"郑译说："因为您德高望重，天下人从心里归附您。我也想求得许多的富贵，哪里敢忘掉。"适逢天元皇帝想要派郑译攻打陈朝，郑译请求任命元帅，天元皇帝说："你的意见如何？"郑译就请求让杨坚出任，天元皇帝同意了。任命杨坚为扬州总管，派郑译出兵在寿阳会合。正要出发，碰巧杨坚突然得了脚病，没能成行。

　　天元皇帝病了。小御正刘昉平时因为狡猾会献媚受到皇帝的宠爱，和御正中大夫颜之仪都被信任。天元皇帝召他们进入卧室，想向他们托付后事，因口哑不能说话。刘昉看见静帝宇文阐幼小，而杨坚是杨皇后的父亲，有崇高的名望，于是和郑译以及御饰大夫柳裘、韦謩、御正下士皇甫绩商议，推举杨坚辅政，杨坚不敢承当。刘昉说："您如果想承当就快速上任，您不想承当，我就要承当。"杨坚于是宣称接受诏令，住进宫中侍奉天元皇帝。

　　天元皇帝去世后，宫中保密不宣布丧事。刘昉、郑译假称皇帝诏书，任命杨坚总管朝廷内外军队。颜之仪不服从，刘昉等人逼迫他在诏书上签名，颜之仪厉声说："天元皇帝死了，继位之子年幼，辅佐的责任，应让宗族中的杰出人物担任。赵王宇文招应当接受这重大的寄托，你们怎能把皇帝大权授予他人！我只有死而已，不能用不实之词欺骗先帝在天之灵。"刘昉等人就代替他签名颁行。各禁卫都接到命令，全受杨坚节制调度。

　　杨坚担心各藩王在外发动叛乱，就征召赵王宇文招、陈王宇文纯、越王宇文盛、代王宇文达、滕王宇文逌五人入朝。杨坚向颜之仪索取天元皇帝的印信，颜之仪严肃地说："这是天子的印信，自有人掌管，宰相为何要索取它？"杨坚大怒，想要杀他，因为他在百姓中有很高的威望，就让他离开京城去西边任郡守。

　　北周静帝入住天台，尊杨皇后为皇太后，朱皇后为帝太后，让陈皇后、元皇后、尉迟皇后都出家为尼。任命杨坚为假黄钺、左大丞相，朝中百官都听命于他。

坚使邗公杨惠谓李德林曰:"今欲与公共事,必不得辞。"德林曰:"愿以死奉公。"坚大喜。始,刘昉、郑译议以坚为大冢宰,译自摄大司马,昉又求小冢宰。坚私以问德林,德林曰:"宜作大丞相、假黄钺、都督中外诸军事。不尔,无以压众心。"坚从之。以正阳宫为丞相府。

时众情未壹,坚引司武上士卢贲置左右,潜令部伍仗卫。因召公卿,谓曰:"欲求富贵者宜相随。"往往偶语,欲有去就,贲严兵而至,众莫敢动。至东宫,门者拒不纳,贲叱之,坚乃得入。贲遂典丞相府宿卫。以郑译为长史,刘昉为司马,李德林为府属。

内史下大夫高颎明敏有器局,习兵事,多计略,坚欲引之,遣杨惠谕意。颎欣然许之,曰:"纵令公事不成,颎亦不辞灭族。"乃以为司录。

时汉王赞居禁中,刘昉饰美妓进赞,因说之曰:"大王,先帝之弟,时望所归。孺子幼冲,岂堪大事!今群情尚扰,宜且归第,待事宁后,入为天子,此万全计也。"赞年少庸下,从之。

坚革宣帝苛酷之政,更为宽大。删略旧律,作《刑书要制》,奏而行之。躬履节俭,中外悦之。

坚夜召太史中大夫庾季才,问曰:"天时人事,何如?"季才曰:"天道精微,难可意测,以人事卜之,符兆定矣。"独孤夫人亦谓坚曰:"骑虎之势,必不得下,勉之。"

杨坚让邗国公杨惠对李德林说:"丞相现在想和您一起共事,您一定不要推辞。"李德林说:"我愿意侍奉丞相,虽死不辞。"杨坚听了大喜。当初,刘昉、郑译商议让杨坚任大冢宰,郑译自己代理大司马,刘昉又请求担任小冢宰。杨坚私下问李德林的意见,李德林说:"您应当任大丞相、假黄钺、都督中外诸军事。不这样,就不能镇服人心。"杨坚听从了他的意见。把正阳宫作为丞相府。

　　当时众人对杨坚的态度还不一致,杨坚引进司武上士卢贲,把他安排在自己身边,秘密地让他布置军队禁卫。杨坚从而召见公卿,对他们说:"想要求得富贵的人,应当跟随我。"人们相对私语,有的想离去有的想跟随,卢贲带着武装的兵士来到,众人没有敢离去的。杨坚到了东宫,守门的禁卫拒绝他不让进去,卢贲大声呵斥他们,杨坚才得入内。卢贲于是掌管了丞相府的宿卫。任命郑译为长史,刘昉为司马,李德林为府属。

　　内史下大夫高颎聪明灵敏有才识和度量,熟悉军事,有计策谋略,杨坚想引进他,派杨惠去告诉他这个意思。高颎欣然同意说:"即使杨公的事业不能成功,我也不怕遭灭族之祸。"杨坚就任命他为司录。

　　当时汉王宇文赞居住在宫中,刘昉把打扮得很漂亮的歌女送给宇文赞,乘机对他说:"大王您是先帝的弟弟,众望所归。小皇帝还是幼童,怎能担负国家大事! 现今人心不定,众情不一,您应当暂且回到自己府中,等到事情平息以后,入宫为天子,这是万无一失的计策。"宇文赞年轻,才识平庸低下,就听从了他的话。

　　杨坚革除了北周宣帝制定的苛刻残酷政令,变得更为宽大。删改省略旧的法律,制作《刑书要制》,上奏后实行。他率身节俭,朝廷内外的人都很喜欢他。

　　杨坚在晚上召见太史中大夫庾季才,向他问道:"天命与人世上的各种事情,怎么样?"庾季才说:"天道精细隐微,很难意料猜测,以人事预料,征兆已定。"独孤夫人也对杨坚说:"现已处在骑虎之势,欲罢不能,请尽力去做吧。"

坚以相州总管尉迟迥位望素重，必不附己，召之会葬，而以韦孝宽为相州总管赴邺。

陈王纯时镇齐州，坚使门正崔彭征之。彭以两骑往，止传舍，遣人召纯。纯至，彭执而锁之，因大言曰："陈王有罪，诏征入朝，左右不得辄动。"其从者愕然。

周复佛、道二教。　周相州总管蜀公尉迟迥举兵相州，讨丞相坚，坚遣韦孝宽将兵讨之。

尉迟迥知丞相坚将不利于周室，谋举兵讨之。韦孝宽至朝歌，疑有变，称疾徐行，使人伺之。孝宽兄子艺，为魏郡守，迥遣迎孝宽，悉以迥谋语孝宽。孝宽携艺西走，每至亭驿，尽驱传马而去，谓驿司曰："蜀公将至，宜速具酒食。"迥寻遣骑追孝宽，至驿辄逢盛馔，又无马，遂迟留不进，孝宽得免。迥集文武士民令之曰："杨坚藉后父之势，挟幼主以作威福，不臣之迹，暴于行路。吾与国舅甥，任兼将相，今欲与卿等纠合义勇，匡国庇民，何如？"众咸从命。迥乃自称大总管，奉赵王招少子以号令。坚以郧公韦孝宽为行军元帅以讨迥。

初，天元使杨尚希抚慰山东，至相州，闻天元殂，谓左右曰："蜀公将有他计，吾不去，惧及于难。"遂夜循，归长安。坚遣镇潼关。

周丞相坚杀毕王贤。

周雍州牧毕剌王贤谋杀坚，事泄，坚杀贤，并其三子。

杨坚认为相州总管尉迟迥平日有很高的地位和威望,一定不会归附自己,召他来京参加天元皇帝的葬礼,而任命韦孝宽为相州总管,赶赴邺城。

　　陈王宇文纯当时镇守齐州,杨坚派门正崔彭去征召他。崔彭带着两名骑兵前往,住在传舍,派人去召宇文纯。宇文纯到来后,崔彭捉住他用枷锁住,就大声说:"陈王有罪过,皇帝召他入朝,左右随从不得乱动。"随从宇文纯的人惊慌失措。

　　北周恢复佛教、道教。　北周相州总管蜀公尉迟迥在相州起兵,讨伐丞相杨坚,杨坚派遣韦孝宽率领军队讨伐他。

　　尉迟迥深知丞相杨坚将要做出对北周皇室不利的事情,谋划起兵讨伐他。韦孝宽到了朝歌,怀疑尉迟迥有变故,假称有病缓慢行进,派人侦察情况。韦孝宽的侄子韦艺,在尉迟迥手下任魏郡太守,尉迟迥派他去迎接韦孝宽,韦艺把尉迟迥的计谋全部告诉了韦孝宽。韦孝宽带着韦艺向西奔走,每到一个驿站,就把驿站马匹驱赶走,对驿站的官员说:"蜀公尉迟迥就要来了,应该赶快准备酒宴招待。"尉迟迥随即派骑兵追赶韦孝宽,每到一个驿站,就有盛宴招待,驿站又没有马匹,于是就滞留不前,韦孝宽得以逃走。尉迟迥召集文武官员和士民百姓,对他们说:"杨坚凭着是皇太后的父亲,挟制幼主,作威作福,背叛君主的迹象,暴露在士人面前。我与北周皇室是舅甥关系,身兼二职,现在想和你们联合义勇之士,匡国救民,怎么样?"众人都听从他的命令。尉迟迥就自称是大总管,尊奉赵王宇文招的小儿子,以他的名义号令天下。杨坚任命郧公韦孝宽为行军元帅,讨伐尉迟迥。

　　当初,天元皇帝派杨尚希安抚慰问山东各郡,杨尚希到了相州,听到天元皇帝去世的消息,对左右的人说:"蜀公尉迟迥将会有别的计谋,我如果不离开这个地方,恐怕要遭遇灾难。"于是在夜晚出逃,回到长安。杨坚派他镇守潼关。

　　北周丞相杨坚杀死毕王宇文贤。

　　北周雍州牧毕剌王宇文贤谋划杀死杨坚,事情泄露,杨坚杀了宇文贤,以及他三个儿子。

秋七月，突厥执齐高绍义归之于周。

周送千金公主于突厥，遣贺若谊赂佗钵可汗，以求高绍义。佗钵伪与绍义猎于南境，使谊执之。绍义至长安，徙蜀，病死。

周青州总管尉迟勤举兵应相州。

勤，迥之弟子也，举兵应迥。迥所统相、卫、黎、洺、贝、赵、冀、瀛、沧，勤所统青、齐、胶、光、莒等州，皆从之，众数十万。荥、申、楚、潼、兖州、兰陵亦应迥。迥遣将攻建、潞，围恒、汴，拔曹、亳。遣使招并州刺史李穆。穆子士荣，以穆所居天下精兵处，阴劝穆从迥，穆深拒之。坚使穆子浑往布腹心，穆使浑奉尉斗于坚曰："愿执威柄以尉安天下。"又以十三环金带遗坚。十三环金带者，天子之服也。坚大悦。穆兄子崇，为怀州刺史，初欲应迥，后知穆附坚，慨然太息曰："阖家富贵者数十人，值国有难，竟不能扶倾继绝，复何面目处天地间乎！"不得已，亦附于坚。

周丞相坚自加都督中外诸军事。 **周郧州总管司马消难举兵应相州。** **周丞相坚杀赵王招、越王盛。**

赵王招谋杀坚，邀坚过其第，引入寝室，伏壮士于室后，坚左右皆不得从，唯腹心元胄坐户侧。酒酣，招以佩刀刺瓜连啖坚，欲因而刺之。胄进曰："相府有事，不可久留。"招叱之使却。胄嗔目愤气，扣刀入卫，扶坚趋去。招将追之，胄以身蔽户，招不得出。坚乃诬招与越王盛谋反，皆杀之，及其诸子。赏赐元胄，不可胜计。周室诸王数欲

秋七月，突厥把北齐高绍义送交给北周。

北周把千金公主送到突厥完婚，派贺若谊贿赂佗钵可汗，向他索求高绍义。佗钵可汗假装和高绍义到南面边境打猎，让贺若谊抓获了他。高绍义到了长安，北周流放他到蜀地，在那病死。

北周青州总管尉迟勤起兵响应相州总管尉迟迥。

尉迟勤是尉迟迥的侄子，起兵响应尉迟迥。尉迟迥所辖相、卫、黎、洺、贝、赵、冀、瀛、沧州，尉迟勤所辖青、齐、胶、光、莒等州，都跟从他们，军队有数十万人。荥、申、楚、潼、兖州、兰陵也起兵响应。尉迟迥派将领攻打建州、潞州，包围恒州、汴州，占领曹州、亳州。派使者招降并州刺史李穆。李穆的儿子李士荣认为李穆统辖的并州是天下精兵会聚的地方，暗中劝说李穆跟从尉迟迥，李穆坚决拒绝。杨坚派李穆的儿子李浑前往李穆处表达对他以诚相待之意，李穆派李浑把熨斗献给杨坚，说："希望你执掌威权安抚天下。"又把十三环金带送给杨坚。十三环金带是天子佩带的。杨坚大为高兴。李穆哥哥的儿子李崇任怀州刺史，当初想响应尉迟迥，后来知道李穆归附杨坚，感慨叹息说："全家有十多人得到富贵，遇到国家有难，竟不能扶倾继绝，还有什么颜面处于天地之间呢？"不得已，也就归附了杨坚。

北周丞相杨坚自己加任都督中外诸军事。　北周郧州总管司马消难起兵响应相州。　北周丞相杨坚杀死赵王宇文招、越王宇文盛。

赵王宇文招图谋杀死杨坚，就邀约杨坚到他的府第，带领杨坚进入寝室，让壮士埋伏在寝室后面，杨坚左右侍从都不许跟随，只有亲信元冑坐在寝室门旁。酒兴正浓时，宇文招用佩刀刺瓜不断让杨坚吃，想借机刺杀他。元冑见状向前说："丞相府有事情，不可在这儿多停留。"宇文招大声呵斥他，让他退下去。元冑怒目相视气愤不平，提着刀进去护卫，搀扶杨坚疾速离去。宇文招要追赶，元冑用自己身体堵在门口，宇文招出不去。杨坚便诬陷宇文招和越王宇文盛图谋造反，把他们以及他们的儿子都杀了。赏赐给元冑的财物多得不可计算。北周皇室诸王多次想

伺隙杀坚,都督李圆通常保护之,由是得免。

八月,周丞相坚遣司录高颎监相州诸军。

周韦孝宽军至永桥城,诸将请先攻之,孝宽曰:"城小而固,若攻而不拔,损我兵威。今破其大军,此何能为?"于是引军壁于武陟,与尉迟迥隔沁水相持不进。

孝宽长史李询密启丞相坚云:"总管梁士彦、宇文忻、崔弘度并受迥金。"坚以为忧,与郑译谋代之。李德林曰:"公与诸将,皆国家贵臣,未相服从,今正以挟令之威控御之耳。前所遣者,疑其乖异,后所遣者,安知其能尽腹心邪!又,取金之事,虚实难明,今一旦代之,或惧罪逃逸;若加縻絷,则自郧公以下,莫不惊疑。且临敌易将,此燕、赵之所以败也。如愚所见,但遣公一腹心,明于智略,素为诸将所信服者,速至军所,使观其情伪。纵有异意,必不敢动,动亦能制之矣。"坚大悟,乃命少内史崔仲方往监诸军,为之节度。辞以父在山东。又命刘昉、郑译,昉辞以未尝为将,译辞以母老。坚不悦。府司录高颎请行,坚喜,遣之。颎受命亟发,遣人辞母而已。自是坚措置军事,皆与德林谋之。

周司马消难以郧州降陈。

消难举兵,丞相坚遣王谊讨之,消难遂以九州八镇降陈,遣其子永为质以求援。陈遣樊毅等应之。

伺机杀掉杨坚,由于都督李圆通经常保护他,因此免于被害。

八月,北周丞相杨坚派遣司录高颎监相州诸军。

北周韦孝宽的军队到了永桥城,各位将领都请求先行攻打此城,韦孝宽说:"永桥城虽小,然而很坚固,如果攻而不克,就会损害我军的威严。现在要打败他的大军,怎么能先攻打这个小城?"于是带领军队在武陟扎营,与尉迟迥军隔着沁水对峙,都不进攻。

韦孝宽的长史李询秘密地向丞相杨坚报告说:"总管梁士彦、宇文忻、崔弘度都接受了尉迟迥赠送的金钱。"杨坚为此事感到忧虑,和郑译谋划让人取代他们。李德林说:"您和这些将领,都是国家重臣,相互都不遵从,现在您正应该利用挟天子以令诸侯的权势来控制驾驭他们。以前派遣的人,您怀疑他们会背离叛乱,以后派遣的人,怎么知道他会对您竭尽忠诚呢?另外,他们收取金钱的事情,真假难以辨明,现在忽然让人替代他们,也许他们会因惧怕获罪而逃走;如果把他们抓起来,那么从郧公韦孝宽以下的将领,没有不震惊恐惧的。而且临战易将,这正是战国时期燕国、赵国被打败的原因。以我看,只需派一名忠于您,通晓智巧谋略,平日被诸位将领所信服的人,快速到军中去,让他去观察那些人的真假。即使那些人有叛变的意图,一定不敢轻举妄动,有举动也能制服他们。"杨坚恍然大悟,就命令少内史崔仲方前往军中监视各位将领,节制调度他们。崔仲方以父亲在山东为理由推辞不去。又命刘昉、郑译前往,刘昉以自己没有任过将帅为理由推辞,郑译以母亲年迈推辞。杨坚很不高兴。丞相府司录高颎请求前往,杨坚大喜,就派他去。高颎接受命令立即出发,只派人替他向母亲辞别而已。从此杨坚处理军务,都要和李德林商议。

北周司马消难在郧州投降陈朝。

司马消难起兵,丞相杨坚派王谊讨伐他,司马消难就带着九个州八个镇投降陈朝,派他的儿子司马永去当人质请求援兵。陈朝派樊毅等人接应他。

周益州总管王谦起兵于蜀,丞相坚遣行军元帅梁睿击之。　　后梁遣使如周。

梁使中书舍人柳庄奉书入周,丞相坚执庄手曰:"孤昔从役江陵,深蒙梁主殊眷。今猥蒙顾托,当相与共保岁寒耳。"时诸将竞劝梁主举兵,与尉迟迥连谋,以为进可以尽节周氏,退可以席卷山南,梁主疑未决。会庄至,具道坚语,且曰:"昔袁绍、刘表、王凌、诸葛诞,皆一时雄杰,据要地,拥强兵,然功业莫就,祸不旋踵,良由魏、晋挟天子,保京都,仗大顺以为名故也。今尉迟迥昏耄已甚,消难、王谦,常人之下者,非有匡合之才。周朝将相,多为身计,竞效节于杨氏。以臣料之,迥等终当覆灭,随公必移周祚。未若保境息民以观其变。"梁主然之。

周尉迟迥兵败自杀。

高颎至,为桥于沁水。尉迟迥之子魏安公惇军沁东,于上流纵火筏。颎预为土狗以御之。惇布阵二十余里,麾兵小却,欲待孝宽军半度击之。孝宽因其却,鸣鼓齐进。军既度,颎命焚桥,以绝士卒反顾心。惇兵大败,孝宽乘胜进,追至邺。

迥卒十三万阵于城南,勤帅众五万,自青州赴迥,以三千骑先至。迥素习军旅,老犹被甲临阵。其麾下兵皆关中人,为之力战,孝宽等军不利而却。邺中士民观战者数万人,宇文忻曰:"事急矣,吾当以诡道破之。"乃先射观者,观

北周益州总管王谦在蜀州起兵,丞相杨坚派行军元帅梁睿攻打他。　后梁派使者到北周。

后梁使者中书舍人柳庄带着书信来到北周,丞相杨坚握着柳庄的手说:"我从前在江陵服兵役,受到梁主的特殊恩宠和关怀。今日承蒙下诏让我辅佐天子,我一定和你们共同保持在逆境中的不苟容。"当时后梁众将领竞相劝说梁明帝起兵,与尉迟迥联谋,以为这样,进可以为北周尽力,退可以占有山南地区,梁明帝犹豫不决。适逢柳庄从北周回来,详细转述了杨坚的话,而且说:"从前袁绍、刘表、王凌、诸葛诞,都是当时的英雄豪杰,占据军事重地,拥有强大的军队,然而功业还没有建立,灾祸接踵而来,这都是因为魏、晋挟制天子,以保卫京城、遵循伦常天道为名而造成的。现在尉迟迥已经年老昏庸之极,司马消难、王谦的才能连常人都不如,没有匡复天下的才能。北周的将相大臣,许多都是为自身打算,竞相向杨坚效忠。以臣预料,尉迟迥等人最终会被消灭,随公杨坚一定会夺取北周政权。我们不如保卫国境,安定百姓,观察事态的变化。"后梁明帝同意他的意见。

北周尉迟迥兵败自杀。

高颎到了军中,在沁水建造桥梁。尉迟迥的儿子魏安公尉迟惇的军队驻扎在沁水东面,在上游放下带火的木筏。高颎事先建造了叫土狗的土墩来阻挡火筏。尉迟惇布置了二十多里的战阵,指挥军队稍微后退,想等待韦孝宽的军队渡到河中间时进攻他。韦孝宽趁尉迟惇的军队后退之机,擂鼓一齐前进。军队过河后,高颎下令将桥烧掉,断绝士卒退回去的念头。尉迟惇的军队大败,韦孝宽乘胜前进,追击到邺城。

尉迟迥率领的十三万士卒在城南布阵,尉迟勤率领五万军队从青州赶来支援他,自己率领三千骑兵先行赶到。尉迟迥一向通晓军旅之事,年老了还穿戴着甲胄亲临前线。他麾下的士兵都是关中人,能为他拼死作战,韦孝宽的军队因形势不利而退却。邺城中士民观战的有数万人,宇文忻说:"形势已经很危急,我们应该用诡诈的方法打败他。"就先用箭射击观战的百姓,观战

者皆走,转相腾藉,声如雷霆。忻乃传呼曰:"贼败矣!"众复振,因其扰而乘之。迥军败保城,孝宽纵兵围之。迥掷弓于地,骂坚极口而自杀。迥起兵六十八日而败,韦孝宽分兵悉平关东。

梁主闻迥败,谓柳庄曰:"若从众人之言,社稷已不守矣。"
周丞相坚以高颎为司马。
丞相坚之初得政也,待刘昉、郑译甚厚,言无不从。及辞监军,坚始疏之,以颎代昉为司马,阴敕官属不得白事于译。译惧,求解职。

司马消难奔陈,周复取郧州。 周丞相坚以其世子勇为洛州总管。
总统旧齐之地。
冬十月,日食。 周丞相坚杀陈王纯。 周王谦败死。
十一月,周相州总管郧公韦孝宽卒。
孝宽久在边境,屡抗强敌,所经略布置,人初莫之解,见其成事,方乃惊服。笃意文史,敦睦宗族,所得俸禄,不及私室。

十二月,周丞相坚自为相国,进爵隋王,加九锡。 周隋王坚杀代王达、滕王逌。

辛丑(581) 陈太建十三年,周大象三年。二月以后隋高祖文帝开皇元年。是岁,周亡,隋代,凡三家。
春二月,隋王坚称皇帝。
庾季才劝隋王以今月甲子应天受命,李穆、卢贲亦劝之,于是周主逊居别宫,隋王即皇帝位。时周境内有州二百一十一,郡五百八,隋皆有之。

的百姓纷纷逃跑,接着互相践踏,喊声如雷霆。宇文忻就传呼:"敌人失败了!"韦孝宽的军队士气重新振作,乘百姓纷乱之机进攻。尉迟迥兵败退守邺城,韦孝宽纵兵包围邺城。尉迟迥把弓箭扔在地上,尽情辱骂杨坚,而后自杀。尉迟迥起兵六十八天而失败,韦孝宽分兵将关东全部平定。

后梁明帝听到尉迟迥失败的消息,对柳庄说:"当初假若听从众将领的话,我们的国家已不能保全了。"

北周丞相杨坚任命高颎为司马。

丞相杨坚在刚得到政权时,对待刘昉、郑译的礼遇甚厚,他们的建议没有不听从的。等到他们推辞出任监军以后,杨坚开始疏远他们,让高颎代替刘昉任司马,暗中命令属吏不要向郑译报告公事。郑译很害怕,请求解除职务。

司马消难逃奔到陈朝,北周再次夺取郧州。 **北周丞相杨坚任命他的世子杨勇为洛州总管。**

让杨勇总督从前北齐的地方。

冬十月,出现日食。 **北周丞相杨坚杀死陈王宇文纯。北周王谦战败而死。** **十一月,北周相州总管郧公韦孝宽去世。**

韦孝宽长久镇守边境,多次抗击强敌,他做的筹划布置,人们一开始不能理解,待到事情已经成功,才惊叹佩服。韦孝宽专心致志于文学和史学,与宗族亲厚和睦,得到的俸禄,不会拿到家中。

十二月,北周丞相杨坚自任相国,晋爵号为隋王,加九锡。北周隋王杨坚杀死代王宇文达、滕王宇文逌。

辛丑(581) 陈太建十三年,北周大象三年。二月以后,隋高祖文帝开皇元年。这年,北周灭亡,隋代,共三个国家。

春二月,隋王杨坚称皇帝。

庾季才劝隋王杨坚在本月甲子日顺应天命称帝,李穆、卢贲也劝他登帝位,于是北周静帝让位,居住到别宫,隋王即皇帝位。当时北周境内有二百一十一个州、五百八十个郡,隋朝全部占有。

初,隋主与周载下大夫荣建绪有旧,将受禅,建绪出为息州刺史,隋主谓曰:"且踌躇,当共取富贵。"建绪正色曰:"明公此旨,非仆所闻。"及是来朝,隋主曰:"卿亦悔否?"对曰:"臣位非徐广,情类杨彪。"

窦毅之女闻周主禅,自投堂下,抚膺太息曰:"恨我不为男子,救舅氏之患。"毅及襄阳公主掩其口曰:"汝勿妄言,灭吾族。"由是奇之。及长,以适唐公李渊。渊,昞之子也。

隋改官名。

崔仲方劝隋主除周六官,依汉、魏之旧。于是置三师、三公,及尚书、门下、内史、秘书、内侍五省,御史、都水二台,太常等十一寺,左、右卫等十二府,以分司统职。又置上柱国至都督十一等勋官,以酬勤劳。特进至朝散大夫七等散官,以加文武官之有德声者。改侍中为纳言。以高颎为仆射兼纳言,虞庆则为内史监,李德林为内史令。

隋主追尊考为武元帝。 隋立后独孤氏。

后家世贵盛,而能谦恭,雅好读书,言事多与隋主意合,甚宠惮之,宫中称为"二圣"。隋主每临朝,后辄与方辇而进,至阁乃止。使宦官伺隋主,政有所失,随即匡谏。退朝同反燕寝。有司奏称:"《周礼》百官之妻,命于王后,请依古制。"后曰:"妇人预政,或从此为渐,不可开其源也。"崔长仁,后之中外兄弟也,犯法当斩,隋主以后故,欲免之。后曰:"国家之事,焉可顾私?"长仁竟坐死。后性俭约,隋

当初隋文帝和北周载下大夫荣建绪有交情,在他即将接受让给他的帝位时,荣建绪被朝廷派任息州刺史,隋文帝对他说:"暂且从容自得,当会共同取得富贵。"荣建绪表情严肃地说:"明公这些话,不是我想听的。"现在荣建绪来朝见隋文帝,隋文帝说:"你也后悔吗?"荣建绪回答说:"我的地位不像徐广,但情况类似杨彪。"

窦毅的女儿听说北周静帝把帝位让给杨坚,自己来到堂下,捶胸慨叹说:"遗憾我不是男人,来拯救舅家的灾祸。"窦毅和夫人襄阳公主捂住她的嘴说:"你不要乱说,那样会毁灭掉我们的家族。"因此认为她很奇特。等到她长大了,嫁给唐公李渊。李渊是李昞的儿子。

隋朝改换官名。

崔仲方劝说隋文帝废除北周的六官制度,恢复汉、魏时的旧制。于是隋朝设置三师和三公,以及尚书、门下、内史、秘书、内侍五省,御史、都水二台,太常等十一寺,左、右卫等十二府,以分别执掌统管各种职务。又设置上柱国至都督十一等勋官,授给有功劳政绩的人。设置了特进至朝散大夫七个等级的散官,加赐给文武大臣中有德行声誉的人。改称侍中为纳言。任命高颎为仆射兼纳言,虞庆则为内史监,李德林为内史令。

隋文帝追尊他的父亲为武元帝。　隋朝册封独孤氏为皇后。

独孤皇后家世代高贵显赫,但她能谦逊恭顺,喜好读书,谈论政事,许多见解与隋文帝相同,隋文帝非常宠幸并畏惧她,宫中称他们为"二圣"。隋文帝每次上朝处理国事,独孤皇后则乘车与他并排前往,到了大殿门才止住。让宦官伺察隋文帝,发现政事有所失误,随时纠正劝说。退朝后一起返回寝宫。有关官吏上奏说:"《周礼》规定,百官的妻子,都听命于王后,请依照古代的制度。"皇后说:"妇人参与政事,或者是从这件事开始的,不可开这个头。"崔长仁是皇后的中表兄弟,犯了法应当斩首,隋文帝因为皇后的缘故,想赦免他。皇后说:"国家的政事,怎能顾念私情?"崔长仁最终被依法处死。皇后性情俭朴节约,隋文帝

主尝合止利药，须胡粉一两，求之宫中，不得。隋主亦惩周氏之失，不以权任假借外戚，后兄弟不过将军、刺史。外家吕氏，素微贱，求访，不知所在。及即位，始求得舅子永吉，乃追封外祖为齐郡公，以永吉袭爵。

隋立世子勇为太子，诸子皆为王。
广为晋王，俊为秦王，秀为越王，谅为汉王。
隋废周主阐为介公。改封周太后杨氏为乐平公主。

初，刘、郑矫诏，以隋主辅政，杨后虽不预谋，然以嗣主幼冲，恐权在他族，闻之，甚喜。后知其父有异图，意颇不平，形于言色。及禅位，愤惋愈甚。隋主愧之，改封乐平公主，欲夺其志，公主誓不许，乃止。

隋主尽灭宇文氏之族。
虞庆则劝隋主尽灭宇文氏，高颎、杨惠亦依违从之，李德林固争，以为不可。隋主作色曰："君书生，不足与议此。"于是周太祖以下子孙皆死，而德林品位遂不进。

隋征苏威为太子少保。
威，绰之子也，少有令名，周宇文护强以女妻之。威见护专权，恐祸及己，屏居山寺，以讽读为娱。周高祖闻其贤，除车骑大将军，辞疾不拜。隋主为丞相，高颎荐之，隋主召见，与语，大悦。居月余，闻将受禅，遁归田里。颎请追之，隋主曰："此不欲预吾事耳，置之。"及受禅，征拜太子少保，追封绰为邳公，以威袭爵。

曾经要配制止泻的药,须用胡粉一两,在宫中寻求,没能找到。隋文帝也以北周的过失为警戒,不把大权授给外戚,皇后的兄弟任职不超过将军、刺史。外祖父吕氏家,一向贫寒微贱,寻求访问,不知在何处。他当上皇帝以后,才寻找到舅舅的儿子吕永吉,就追封外祖父为齐郡公,让吕永吉承袭爵位。

隋文帝立世子杨勇为太子,其他儿子均封为王。

隋文帝封杨广为晋王,杨俊为秦王,杨秀为越王,杨谅为汉王。

隋朝废黜北周静帝宇文阐,封他为介公。改封周太后杨氏为乐平公主。

当初,刘昉、郑译假传诏令,让隋文帝辅政,杨皇后虽然没有参预谋划,然而因为继承皇位的静帝幼小,恐怕政权落在别族手中,听到杨坚辅政,极为高兴。后来知道父亲有反叛的图谋,愤愤不平,在言语脸色上表现出来。等到北周静帝让位给她父亲杨坚,愤怒悲伤得更加厉害。隋文帝对女儿也感到惭愧,改封她为乐平公主,想让她改嫁,公主誓死不答应,这才作罢。

隋文帝把宇文氏家族斩尽杀绝。

虞庆则劝说隋文帝把宇文氏家族全部除掉,高颎、杨惠也违心地同意了,李德林坚决争辩,认为不能这样做。隋文帝变了脸色说:"你是一个书生,不值得和你商议这件事。"于是北周太祖以下子孙都被杀死,从此李德林的官爵再没有升迁过。

隋朝征召苏威任太子少保。

苏威是苏绰的儿子,少年时就有美名,北周宇文护硬把女儿嫁给他。苏威看到宇文护独揽大权,恐怕祸害牵连到自己,就隐居山寺,以诵读为乐。北周高祖听说他贤能,就任他为车骑大将军,苏威以有病为借口,推辞不受。隋文帝任丞相时,高颎向他推荐苏威,他召见苏威,与之交谈,非常高兴。苏威住了一个多月,听说杨坚要取代北周皇帝即皇位,就逃归故里。高颎请求追回他,隋文帝说:"这表示他不想参预我的政事,放他走吧。"等到隋文帝即位后,征召苏威任命为太子少保,追封苏绰为邳公,让苏威承袭爵位。

三月，隋以贺若弼为吴州总管，韩擒虎为庐州总管。

隋主有并吞江南之志，问将于高颎，颎荐弼与擒虎，故以弼镇广陵，擒虎守庐江，使潜为经略。

隋以苏威为纳言。

初，苏绰在西魏，以国用不足，为征税法颇重，既而叹曰："今所为者，正如张弓，非平世法也。后之君子，谁能弛之。"威闻其言，每以为己任。至是奏减赋役，务从轻简，隋主从之。隋主常怒一人，将杀之，威入阁进谏，隋主不纳，将自出斩之。威当前不去，隋主避之而出，威又遮止，隋主拂衣而入。良久，乃召威谢曰："公能若是，吾无忧矣。"谓朝臣曰："苏威不值我，无以措其言；我不得苏威，何以行其道。杨素才辩无双，至于斟酌古今，助我宣化，非威之匹也。威若逢乱世，南山四皓，岂易屈哉？"威尝言于隋主曰："臣先人每戒臣云：'唯读《孝经》一卷，足以立身治国，何用多为？'"隋主深然之。威与高颎同心协赞，政刑大小，无不与谋。卢贲、刘昉、元谐、李询、张宾等谋黜颎、威，五人相与辅政。谋泄，昉等委罪于宾、贲。公卿奏二人当死，隋主以故旧，不忍诛，并除名为民。

夏四月，隋放散乐，禁杂戏。　隋筑长城。

长城之役，汾州胡千余人亡叛。隋主召汾州刺史韦冲问之，对曰："夷狄反覆，由牧宰不称所致。臣请以理绥静，

三月,隋朝任命贺若弼为吴州总管,韩擒虎为庐州总管。

隋文帝有并吞江南的志向,向高颎询问可以担当此任的将领,高颎推荐贺若弼和韩擒虎。因此隋文帝派贺若弼镇守广陵,韩擒虎镇守庐江,让他们暗中进行筹划。

隋朝任命苏威为纳言。

当初,苏绰在西魏时,因为国家费用不足,制定的征税法很重,不久他慨叹说:"现在这样做,正像张弓,并不是政治清明时的做法。后世的君子,谁能把弓弦放松呢?"苏威听到这话,常常以此为己任。这时他上奏减轻赋税徭役,处理事情从轻从简,隋文帝听从了他的意见。隋文帝曾经恼怒一个人,将要杀死他,苏威进入殿阁劝谏,隋文帝不听,要亲自出去斩杀那人。苏威挡在他前面不离去,隋文帝避开他出去,苏威又拦住,隋文帝甩动衣服进去了。过了好一会儿,才召见苏威道歉说:"你能够这样做,我就无忧了。"对朝廷大臣说:"苏威不和我相遇,没有地方表达他的见解;我得不到苏威,怎么能实行治国之道?杨素才能善辩举世无双,至于吸取古今经验,帮助我传布德化,不能和苏威相比。苏威如果遭逢乱世,就像隐居南山的四皓东园公、绮里季、夏黄公、角里先生,怎能让他屈服而到朝廷做官呢?"苏威曾经向隋文帝说:"我的父亲经常告诫我说:'只要诵读《孝经》一书,足够立身治国,哪里用读很多书呢!'"隋文帝深表同意。苏威和高颎齐心协力帮助朝廷,朝中政令与刑罚无论大小,没有不同他们商议的。卢贲、刘昉、元谐、李询、张宾等人谋划废除高颎、苏威,由他们五人共同参预辅政。密谋败露,刘昉等人将罪过推卸给张宾、卢贲。公卿上奏张宾、卢贲应当判处死刑,隋文帝因为他们是老朋友,不忍心处死,把他们除名成为百姓。

夏四月,隋朝解散演奏散乐的乐户,让他们成为百姓,禁止演出杂戏。　隋朝修筑长城。

在修建长城的劳役中,汾州胡人有一千多叛逃。隋文帝召见汾州刺史韦冲询问情况,韦冲回答说:"夷狄人变化无常,是因为州县的长官不称职所造成的。我请求用道理安抚平定他们,

可不劳兵而定。"隋主然之,命冲绥怀叛者,月余皆至。

五月,隋主坚杀介公阐。

谥曰周静帝。

秋七月,隋定服色。

初,隋诏朝服尚赤,戎服尚黄,常服通用杂色。至是隋主始服黄,百僚毕贺。于是百官常服,同于庶人,皆着黄袍,隋主朝服亦如之,唯以十三环带为异。

八月,吐谷浑寇凉州,隋遣兵击败之。 九月,隋以蜀王秀为益州总管。 隋仆射高颍督诸军侵陈。 隋铸五铢钱。

初,周、齐所铸钱凡四等,及民间私钱,名品甚众,轻重不等。隋主患之,更铸五铢钱,背、面、肉、好皆有周郭,每一千重四斤二两。悉禁古钱及私钱。置样于关,不如样者,没官销毁。自是钱币始壹,民间便之。

隋上柱国郑译有罪,除名。

译自以被疏,阴呼道士醮章祈福,婢告,以为巫蛊,译又与母别居,为宪司所劾,除名。隋主下诏曰:"译若留之于世,在人为不道之臣,戮之于朝,入地为不孝之鬼。宜赐以《孝经》,令其熟读。"仍遣与母共居。

冬十月,隋初行新律。

初,周法比于齐律,烦而不要,隋主命高颍、郑译及杨素、裴政等更加修定。政练习典故,达于从政,乃采魏、晋旧律,下至齐、梁,沿革重轻,取其折衷,去枭、轘、鞭法,

可以不劳兵力而平定。"隋文帝同意了他的意见,命令韦冲安抚关怀叛逃的人,一个多月,他们全都回来了。

五月,隋文帝杨坚杀死介公宇文阐。

隋朝封给宇文阐的谥号叫周静帝。

秋七月,隋朝制定服装的颜色。

当初,隋朝诏令朝会时穿的衣服专用红色,打仗时穿的衣服专用黄色,平日穿的衣服可以通用各种颜色。这时隋文帝开始穿黄色衣服,百官全来祝贺。于是百官的常服和庶民百姓相同,都穿黄袍,隋文帝朝服也一样,唯一不同是系有十三环金带。

八月,吐谷浑侵略凉州,隋朝派遣军队将其击败。 **九月**,隋朝任命蜀王杨秀为益州总管。 隋朝仆射高颎督诸军侵犯陈朝。 隋朝铸造五铢钱。

当初,北周、北齐官府所铸造的钱有四等,还有民间私自铸造的钱,名称品种甚多,钱的轻重也不相等。隋文帝为此感到忧虑,重新铸造五铢钱,背面、正面、钱身、钱孔都有轮廓,每一千枚重四斤二两。全部禁止使用古钱和私人铸造的钱。在关口放置五铢钱的样品,凡与样品不相同的,官府没收销毁。从此钱币开始统一,民间使用方便。

隋朝上柱国郑译因为有罪,被除名。

郑译自从被隋文帝疏远,暗中召来道士设坛祈祷求神明赐福,婢女告发他,说他使用诅咒等邪术加祸他人;郑译又和母亲分开居住,被御史台揭发,因此被除名。隋文帝下诏说:"郑译如果留在人间,是没有臣道的人,朝廷处死他,到了阴间,是不孝敬父母的鬼。应当赐给他《孝经》一书,让他熟读。"仍令他和母亲住在一起。

冬十月,隋朝初次实行新的法律。

当初,北周的法令和北齐法律相比,烦琐而不得要领,隋文帝命令高颎、郑译以及杨素、裴政等人重新修订。裴政熟悉典章制度,通晓执政之道,就汇集魏、晋旧律,下至齐、梁,遵循或废除原有太重或太轻的刑律,采取折中的办法,去掉枭刑、轘刑、鞭刑,

非谋叛无族罪。始制死刑二，绞、斩。流刑三，自二千里至三千里。徒刑五，自一年至三年。杖刑五，自六十至百。笞刑五，自十至五十。又制议、请、减、赎、官当之科以优士大夫。除讯囚酷法，考掠不得过二百，枷杖大小，咸有程式。民有枉屈，县不为理者，听以次经郡州省，若仍不为理，听诣阙伸诉。自是法制遂定，后世多遵用之。

隋主尝怒一郎，于殿前笞之。谏议大夫刘行本进曰："此人素清，其过又小，愿少宽之。"隋主不顾。行本前曰："陛下不以臣不肖，置臣左右，臣言若是，陛下安得不听？若非，当致之于理，岂得轻臣而不顾也。"因置笏于地而退。隋主敛容谢之，原所笞者。

隋以梁彦光为相州刺史，房恭懿为海州刺史。
初，彦光为岐州刺史，岐俗质厚，彦光以静镇之，奏课连为天下最。隋主下诏褒美，赐粟帛，徙相州刺史。邺自齐亡，衣冠士人多迁入关，唯工商乐户移实州郭，风俗险诐，好兴谣讼，目彦光为"著帽饧"。隋主闻之，免彦光官。彦光请复为之，发摘奸伏，有若神明，豪猾潜窜，阖境大治。于是招致名儒，每乡立学，亲临策试，褒勤黜怠，于是风化大变，无复讼者。

新丰令房恭懿，政为三辅之最，每朝谒，隋主呼至榻前，访以治民之术，谓诸州朝集使曰："房恭懿志存体国，爱养我民，卿等宜师之。"因擢为海州刺史。由是吏多称职，

不是犯了谋反叛变罪的,不收捕家族连坐治罪。开始制定死刑
二种:绞刑、斩刑。流刑三种:从二千里至三千里。徒刑五种:从
一年至三年。杖刑五种:从六十下至一百下。笞刑五种:从十下
至五十下。又制定八议、申请减罪、官品减罪、纳铜赎罪、官职抵
罪的条款以优待士大夫。革除审问囚犯用的酷法,鞭打不能超
过二百下,刑具枷、杖的大小,都有程式。百姓有冤屈,县里不替
他申冤的,允许依次经郡、州察审,如果还不替他申冤,允许他直
接向朝廷申诉。从此法律确定了,后世各朝都遵用隋律。

　　隋文帝曾经恼怒一个郎官,让人在殿前抽打他。谏议大夫
刘行本进言:"这个人平时清廉,犯的过错又小,希望稍稍宽免
他。"隋文帝不理睬。刘行本走向前说:"陛下不因为我没有才
能,而把我安排在您身边任职,我说的话如果对,陛下怎能不
听? 如果说的不对,应将我送交大理寺治罪,难道能轻视我而不
理睬吗?"因而把朝会时用的笏板放在地上退了下去。隋文帝面
容严肃地向刘行本道歉,宽赦被笞打的人。

**　　隋朝任命梁彦光为相州刺史,房恭懿为海州刺史。**

　　当初,梁彦光任岐州刺史,岐州民俗质朴纯厚,梁彦光以静
镇守,把计簿、户籍按规定时间报送朝廷连年第一。隋文帝下诏
表扬赞美他,赏赐给他粮食和丝织物,迁任相州刺史。邺城从北
齐灭亡之后,许多官绅士大夫都迁往关中,只有手工业者、商人、
乐户移居充实邺州的外城,风尚邪诡不正,好兴民间流传的赞
讼,视梁彦光为"带帽饧糖"。隋文帝听闻后,罢免了梁彦光的官
职。梁彦光请求再任相州刺史,揭发检举潜伏未露的坏人坏事,
就像神人一样明察,豪强猾吏潜逃,境内大治。又招来著名儒
者,每乡建立学校,亲自以策问考试,表扬勤奋开除懒惰的学生,
风俗教化大变,没有再出现这样的责备。

　　新丰县令房恭懿,政绩在三辅地区为最好,每次入朝晋见,
隋文帝都将他叫到坐榻前,询问治理百姓的方略,对各州朝集使
说:"房恭懿立志专心治理国家,爱护抚养我的百姓,你们应该向他
学习。"因而提升房恭懿任海州刺史。从此官吏大多能胜任职务,

百姓富庶。

十二月,隋听民出家,赋钱写书造像。

隋主诏境内之民任听出家,仍令计口出钱,营造经像。于是时俗风靡,民间佛书多于"六经"数十百倍。

突厥佗钵可汗死,分立四可汗。

佗钵可汗病且卒,谓其子菴逻曰:"吾兄不立其子,委位于我。我死,汝当避大逻便。"及卒,国人以大逻便母贱,菴逻实贵,竟立为嗣。大逻便心不服菴逻,每遣人詈辱之。菴逻不能制,因以国让摄图,国人共迎立之,号沙钵略可汗,居都斤出。菴逻降居独洛水,称第二可汗。沙钵略以大逻便为阿波可汗,还领所部。又沙钵略从父玷厥居西面,号达头可汗。诸可汗各统部众,分居四面。沙钵略勇而得众,北方皆畏附之。

突厥伐隋,隋遣都尉长孙晟如突厥。

隋主既立,千金公主伤其宗祀覆没,日夜请为周复仇。沙钵略谓其臣曰:"我,周之亲也。今隋公自立而不能制,复何面见可贺敦乎?"乃与高宝宁合兵伐隋。隋主患之,峻长城,命虞庆则镇并州,屯兵以备之。

初,奉车都尉长孙晟送千金公主入突厥,可汗爱其善射,留之竟岁,命诸子弟贵人与之亲友。突利设处罗侯,沙钵略之弟也,尤得众心,阴与晟盟。晟与之游猎,因察山川形势,部众强弱,靡不知之。至是晟上书曰:"今诸夏虽安,戎虏尚梗,宜密运筹策,渐以攘之。玷厥之于摄图,兵强而位下,外名相属,内隙已彰,鼓动其情,必将自战。又,处罗

百姓众多富饶。

十二月,隋朝听任百姓出家为僧尼,收赋钱写佛书造佛像。

隋文帝下诏境内百姓听任出家为僧尼,仍然让他们按人口出钱,写佛书造佛像。于是当时出家的习俗盛行,民间写的佛书比"六经"多出数十百倍。

突厥佗钵可汗去世,分立四个可汗。

佗钵可汗病重将死,对儿子菴逻说:"我哥哥没有立他的儿子大逻便而让位给我。我死后,你应该让位给大逻便。"佗钵可汗死后,国人认为大逻便母亲出身微贱,菴逻母亲出身高贵,最终立菴逻为可汗。大逻便心里对菴逻不服,经常派人责备侮辱他。菴逻不能制止,因此把可汗位让给摄图,国人共迎立摄图,号为沙钵略可汗,居住在都斤山。菴逻降居独洛水,称为第二可汗。沙钵略封大逻便为阿波可汗,让他回去统领原来的部落。另有沙钵略叔父玷厥居住在西边,号为达头可汗。各位可汗各自统帅其部众,分居四个方面。沙钵略勇敢而能得人心,北方各族都惧怕而臣服他。

突厥征讨隋朝,隋朝派都尉长孙晟到突厥。

隋文帝即位,千金公主悲伤自己国家被灭亡,日夜请求沙钵略为北周复仇。沙钵略对他的大臣说:"我是北周的亲戚。现在隋公自己当皇帝而不能制止,还有什么脸面见我的妻子呢?"就和高宝宁合兵讨伐隋朝。隋文帝很忧虑,重新加高长城,命虞庆则镇守并州,驻扎军队防备突厥。

当初,奉车都尉长孙晟护送千金公主到突厥完婚,突厥可汗喜欢他善于射箭,留了他一年,让各子弟贵族和他亲善友好。处罗侯突利设,是沙钵略的弟弟,格外得民心,暗中和长孙晟结盟。长孙晟和他游乐打猎,乘机察看了山川形势,部众强弱,全都了解清楚了。这时长孙晟上书说:"当今内地虽然得以安定,北方突厥还很强硬,应秘密策划谋略,逐渐平定他。玷厥对于摄图来说,兵强而地位低下,外面名义上归属他,内心的怨恨已经很明显,我们煽动他们的情绪,他们一定会自相残杀。另外,处罗

侯者,奸多势弱,曲取众心,国人爱之,因为摄图所忌,其心殊不自安。阿波首鼠,介在其间,颇畏摄图,受其牵率,唯强是与,未有定心。今宜远交而近攻,离强而合弱,通使玷厥,说合阿波,则摄图回兵自防右地。又引处罗,遣连奚、霫,则摄图分众还备左方。首尾猜嫌,腹心离阻,十数年后,乘衅讨之,必可一举而空其国矣。"隋主纳之。遣太仆元晖出伊吾道,诣达头,赐以狼头纛。达头使来,引居沙钵略使上。以晟出黄龙道,赍币赐奚、霫、契丹,遣为乡导,得至处罗侯所,深布心腹,诱之内附。反间既行,果相猜贰。

壬寅（582） 陈太建十四年,隋开皇二年。

春正月,陈主顼殂,始兴王叔陵作乱,伏诛。太子叔宝立。

叔陵,陈主之次子也。性苛刻狡险,好发古冢,为扬州刺史,与新安王伯固密图不轨。陈主不豫,太子与叔陵及长沙王叔坚并入侍疾。陈主殂,太子哀哭俯伏。叔陵抽剉药刀斫之,中项,闷绝,柳后来救,又斫之。叔坚手搤叔陵,夺其刀。叔陵走出云龙门,驰车还东府,召左右断青溪道,赦东城囚以充战士,散金帛赏赐;又召诸王将帅,莫有至者,唯伯固单马赴之。叔坚白柳后,以太子命召右卫将军萧摩诃入见受敕,帅马步数百趣东府,屯城西门。叔陵惶恐,自知不济,欲奔隋,台军邀斩之,伯固亦为乱兵所杀。太子即位。

隋以晋王广为河北行台尚书令,蜀王秀为西南行台尚

侯奸诈邪恶,但势力弱小,虚情矫饰取得民心,国人爱戴他,因为被摄图猜忌,心里特别不安。阿波迟疑不定,处在他们中间,很惧怕摄图,受其牵制,谁势力强盛就和谁结盟,依附何人还没有下定决心。目前应当远交近攻,离间强者联合弱者,派使者交好玷厥,劝说与阿波联合,这样摄图就会回转军队防守右边地区。又交结处罗侯,派使者联络奚、霫部族,这样摄图会分散兵力回来防备左边。各部族之间互相猜忌,亲信离心,十多年后,趁机征讨,必定会一举而灭掉突厥。"隋文帝采纳了他的建议。派太仆元晖出伊吾道,会见达头,赐给他绣有狼头的大旗。达头派的使者来到隋朝,让他位居沙钵略使者之上。让长孙晟出黄龙道,携带钱币赏给奚、霫、契丹部族,让他们做向导,得以到达处罗侯的住地,向他陈述关切之情,引导他归附。离间的计谋已实行,各部族之间果然互相疑忌。

壬寅(582) 陈太建十四年,隋朝开皇二年。

春正月,陈宣帝陈顼去世,始兴王陈叔陵作乱,被杀。太子陈叔宝即皇位。

陈叔陵是陈宣帝的次子。他性情苛刻狡猾阴险,嗜好发掘古墓,任扬州刺史,和新安王陈伯固密谋作乱。陈宣帝患病,太子和陈叔陵及长沙王陈叔坚一起入宫侍奉。陈宣帝去世,太子俯伏痛哭。陈叔陵拔出切药刀砍向太子,砍中了太子脖子,太子晕倒,柳皇后来救,陈叔陵又向皇后砍去。陈叔坚用手掐住陈叔陵脖子,夺下他手中的刀。陈叔陵逃出云龙门,疾驱马车回到东府,召集左右的人阻断青溪道,赦免东城囚犯以充当战士,散发金钱财物赏赐他们;又召集诸王和将帅,没有人响应,只有陈伯固单枪匹马赶来。陈叔坚奏请柳皇后,用太子的命令召右卫将军萧摩诃入宫接受敕令,率领骑、步兵数百人进军东府,驻扎在城西门。陈叔陵很恐惧,知道不能成事,想逃往隋朝,台军阻截杀了他,陈伯固也被乱兵杀死。太子陈叔宝即位。

隋以晋王杨广为河北行台尚书令,蜀王杨秀为西南行台尚

书令,秦王俊为河南行台尚书令。

隋主惩周氏孤弱而亡,故使三子分莅方面。盛选僚佐,以王韶、李雄、李彻总晋王府军事,元岩为益州长史。韶、雄、岩俱有骨鲠名,彻前朝旧将,故用之。雄家世以学业自通,雄独习骑射。其兄子旦让之,雄曰:"自古圣贤,文武不备而能成其功业者鲜矣。雄虽不敏,颇观前志,但不守章句耳。"至是隋主谓雄曰:"吾儿更事未多,卿才兼文武,吾无北顾之忧矣。"二王欲为不法,韶、岩辄不奉教,或自锁,或排阁切谏,二王甚惮之。

陈遣使请和于隋。二月,隋师还。

陈遣使请和于隋,隋高颎奏,礼不伐丧,隋主乃诏颎等班师。

夏五月,突厥伐隋,入长城。

高宝宁引突厥寇隋平州,突厥悉发五可汗控弦之士四十万入长城。

六月,隋作新都于龙首山。

隋主嫌长安城制度狭小,苏威因劝迁都,隋主夜与威及高颎共议。明旦,庾季才奏曰:"臣仰观玄象,俯察图记,必有迁都之事。且汉营此城,将八百岁,水皆咸卤,不甚宜人。愿陛下协天人之心,为迁徙之计。"隋主愕然,谓颎、威曰:"是何神也!"乃诏颎等创新都于龙首山。

冬十二月,隋遣兵拒突厥,却之。

隋太子勇屯兵咸阳,虞庆则屯弘化,以备突厥。行军总管达奚长儒将兵二千,与突厥可汗十余万众遇于周槃,

书令,秦王杨俊为河南行台尚书令。

隋文帝鉴于北周孤弱而亡的教训,因此让三个儿子分别去三个方面任职。他大力挑选辅佐官员,任用王韶、李雄、李彻总管晋王府军事,元岩为益州长史。王韶、李雄、元岩都有正直的名声,李彻是北周的旧将,因此重用他们。李雄的家族世代通晓学问之事,只有李雄学习骑马、射箭。他哥哥李子旦责备他,李雄说:"自古以来圣贤之人,不具有文武全才而能建立功业的很少。我虽然不聪敏,也看过不少前代书籍,但不拘泥于章句罢了。"这时隋文帝对李雄说:"我的儿子经历的事情不多,你兼有文武两方面的才能,我没有北顾之忧了。"二王想做违法的事情,王韶、元岩就不执行命令,或将自己锁在屋里,或推开阁门直言极谏,二王很惧怕他们。

陈朝派使者向隋朝请和。二月,隋朝军队返回。

陈朝派使者向隋朝请求讲和,隋朝高颎上奏说,按照礼仪,不应讨伐有丧事的敌国,隋文帝于是下诏让高颎等人带领军队返回。

夏五月,突厥征讨隋朝,进入长城。

高宝宁带领突厥侵略隋朝平州,突厥五位可汗的军队四十万人全部出动,进入长城。

六月,隋朝在龙首山建造新都。

隋文帝嫌长安城规模狭小,苏威因而劝说迁都,隋文帝在夜里和苏威及高颎共同商议。第二天,庾季才上奏说:"我仰视天象,俯察地理志,一定有迁移都城的事情。而且汉朝营建这个都城,至今将近八百年,水质变咸,不太适合人饮用。希望陛下服从天意民心,制定出迁都的计划。"隋文帝很惊讶,对高颎、苏威说:"此事为何如此神妙啊!"就下诏让高颎等人在龙首山创建新的都城。

冬十二月,隋朝派军队抵御突厥,突厥退走。

隋朝太子杨勇驻兵咸阳,虞庆则驻兵弘化,以防备突厥。行军总管达奚长儒率军二千,与突厥可汗的十万军队在周槃相遇,

军中大惧。长儒神色慷慨,且战且行,转斗三日,昼夜凡十四战,五兵咸尽,士卒以拳殴之,手皆骨见,杀伤万计。虏气稍夺,于是解去。诏以长儒为上柱国。时冯昱、叱列长叉、李崇皆为突厥所败,于是突厥纵兵入寇武威等七郡,六畜咸尽。沙钵略更欲南入,达头引兵而去,长孙晟又说沙钵略之子染干,诈告沙钵略曰:"铁勒等反。"沙钵略惧,引兵还。

隋罢江陵总管。

隋主既立,待梁主恩礼弥厚,纳其女为晋王妃,罢江陵总管,梁主始得专制其国。

癸卯(583) 陈后主叔宝至德元年,隋开皇三年。

春正月,陈以长沙王叔坚为江州刺史。

初,陈主病创,不能视事,政无大小,皆决于叔坚,权倾朝廷。叔坚颇骄纵,陈主忌之。尚书孔范、舍人施文庆日求其短,构之陈主,乃出叔坚刺江州。

二月朔,日食。　陈以毛喜为永嘉内史。

陈中书通事舍人司马申既掌机密,颇作威福,陈主欲用侍中毛喜为仆射,申恶喜强直,言于陈主曰:"喜,臣之妻兄,高宗时称陛下有酒德,请逐去宫臣,陛下宁忘之邪?"陈主乃止。寻以创愈,置酒自庆,引江总以下展乐赋诗,既醉而命喜。时山陵初毕,喜不怿,欲谏,则陈主已醉。升阶,阳为心疾,仆于阶下,移出省中。陈主醒,谓吏部尚书江总

隋朝军队十分恐惧。达奚长儒神色激昂慷慨,边战边行,转战三天,昼夜打了十四仗,所有兵器都用光了,士卒就用拳头殴打敌人,手都露出骨头,杀敌以万计。突厥军队士气渐渐丧失,于是解围离去。诏令任命达奚长儒为上柱国。这时冯昱、叱列长叉、李崇都被突厥打败,于是突厥纵兵入侵武威等七个郡,牲畜全部被抢光。沙钵略还想向南入侵,达头带兵离去,长孙晟又劝说沙钵略的儿子染干欺骗沙钵略,说:"铁勒等部族反叛了。"沙钵略惊惶失措,带兵返回。

隋朝罢除江陵总管。

隋文帝已经即位,对待后梁明帝的礼遇更为优厚,聘他的女儿为晋王的妃子,罢除监护后梁的江陵总管,后梁明帝开始独立统治其国。

陈后主

癸卯(583)　陈后主叔宝至德元年,隋朝开皇三年。

春正月,陈朝任命长沙王陈叔坚为江州刺史。

当初,陈后主受伤,不能上朝理政,政事无论大小,都由陈叔坚裁决,权倾朝廷。陈叔坚骄横放纵,陈后主忌恨他。尚书孔范、舍人施文庆朝夕寻找陈叔坚的过失,向陈后主诬陷他,于是陈后主让陈叔坚离京任江州刺史。

二月初一,出现日食。　陈朝任命毛喜为永嘉内史。

陈朝中书通事舍人司马申掌管机要以后,很是作威作福,陈后主想要任用毛喜为仆射,司马申憎恶毛喜的正直刚强,向陈后主说:"毛喜是我妻子的哥哥,在高宗时,说陛下酒后昏乱,请驱逐东宫的大臣,陛下难道忘了?"陈后主听了就作罢。不久,陈后主伤势痊愈,置办酒席以示庆贺,让江总以下的人奏乐赋诗,陈后主酒醉令毛喜赋诗。当时陈宣帝的丧事刚办完,毛喜很不高兴,想直言劝告,但陈后主已经醉了。毛喜上台阶时假装心病发作,倒在台阶下,被抬出宫中。陈后主酒醒后,对吏部尚书江总

曰："彼实无疾，但欲非我所为耳。"欲杀之，不果，以为永嘉内史。

三月，**隋迁于新都。**　　**隋减调役，弛酒盐禁。**

初令民二十一成丁，减役者岁为二十日，调绢为二丈。周末榷酒坊、盐池、盐井，至是皆罢之。

隋诏求遗书。

秘书监牛弘上表曰："典籍屡经丧乱，率多散逸。周氏聚书仅盈万卷，平齐所得，裁益五千。兴集之期，属膺圣世，为国之本，莫此为先。"隋主从之，诏献书一卷，赍缣一匹。

夏四月，吐谷浑寇隋临洮。　　**隋遣元帅卫王爽伐突厥，大破之。**

突厥数入寇，隋主下诏曰："往者周、齐抗衡，俱通突厥，以虏轻重，为国安危。朕以为厚敛兆庶，多惠豺狼，未尝感恩，资而为贼。节之以礼，不为虚费，省徭薄赋，国用有余。因入贼之物，加赐将士；息道路之民，务为耕织；清边制胜，成策在心。诸将今行，义兼含育，有降者纳，有违者死。"

于是命卫王爽等为行军元帅，分八道出塞击之。与沙钵略可汗遇于白道，总管李充言于爽曰："突厥狃于骤胜，必轻我而无备，以精兵袭之，可破也。"诸将多以为疑，唯长史李彻赞成之，遂与充帅精骑五千掩击突厥，大破之。沙钵潜遁。其军无食，粉骨为粮，加以疾疫，死者甚众。

说:"其实他没有病,只是想指责我所做的事罢了。"想把毛喜杀掉,没有杀成,就任命他为永嘉内史。

三月,隋朝迁到新都。 隋朝减轻赋税和服劳役的天数,解除酒、盐专卖的禁令。

新的法令规定,百姓二十一岁为成年人,减少服劳役的天数,每年为二十天,征收赋税绢二丈。北周末年官府专营酒坊、盐池、盐井,现在全部废除。

隋朝下诏寻求散佚的书籍。

秘书监牛弘上表说:"典册书籍屡经丧乱,大多散失。北周收集的书仅有一万多卷,平定北齐后所得,才增加了五千卷。征集典籍的日期,就应当在这圣明的时代,治理国家的根本,没有比这件事更重要的了。"隋文帝听从了他的建议,下诏规定,凡献出一卷书,赏缣一匹。

夏四月,吐谷浑侵犯隋朝临洮郡。 隋朝派元帅卫王杨爽征伐突厥,突厥大败。

突厥多次入侵,隋文帝下诏说:"过去周朝和齐朝相对抗,都和突厥往来交好,认为与突厥关系的亲疏厚薄,关系着国家的安危。我认为从百姓那儿征收很重的赋税,很多都赠给突厥,突厥也不会感恩,资助他反被他伤害。对突厥用礼法节制,不为他白白浪费钱财,减轻劳役少征收赋税,国用就会有余。用馈赠给突厥的财物,加赐将士;不让百姓在道路上奔波,专一耕织;清除边患,克敌制胜,我心中已有计谋。诸位将领现在出征,从道义上讲,还要包容化育,有投降的就接纳,有违抗的才处死。"

于是任命卫王杨爽为行军元帅,兵分八路出塞攻打突厥。隋朝的军队与沙钵略可汗在白道相遇,总管李充向杨爽说:"突厥骄傲于突然的取胜,一定会轻视我军而不加防备,我们用精兵袭击他们,一定能将其打败。"诸位将领多持怀疑态度,只有长史李彻赞成他的意见,于是李彻和李充率领精骑五千乘其不备而突然袭击,大败突厥。沙钵略暗中逃走。突厥军队没有粮食,只好粉碎尸骨为粮,加上疾病瘟疫,死了很多人。

幽州总管阴寿出卢龙塞,击高宝宁,突厥不能救,宝宁为其下所杀,和龙悉平。

陈郢州叛降隋,隋主弗纳。 隋命左、右仆射分判六部。

隋改度支尚书为民部,都官尚书为刑部,命左仆射判吏、礼、兵三部事,右仆射判民、刑、工三部事,废光禄、卫尉、鸿胪寺及都水台。

五月,隋总管窦荣定与突厥战于凉州,突厥请盟而还。

隋秦州总管窦荣定帅九总管步、骑三万出凉州,与突厥阿波可汗相拒,阿波屡败。前上大将军史万岁坐事配敦煌,诣军门请自效。荣定遣人谓突厥曰:"士卒何罪而杀之?但当各遣一壮士决胜负耳。"突厥许诺,因遣一骑挑战。荣定遣万岁出应之,斩其首而还。突厥大惊,请盟而去。

长孙晟时为偏将,使谓阿波曰:"摄图、阿波,兵势本敌。今摄图日胜,为众所崇,阿波不利,为国生辱。摄图必以罪归阿波,灭北牙矣。阿波自度能御之乎?"又谓其使曰:"今达头与隋连和,而摄图不能制,可汗何不依附天子,连结达头,相合为强。此万全计也。"阿波然之,遣使随晟入朝。

沙钵略闻之,遂袭北牙,大破之。阿波还,无所归,西奔达头。达头大怒,遣阿波帅兵而东,其部落归之者将十万骑。遂与沙钵略相攻,屡破之,复得故地,兵势益强。贪汗可汗素睦于阿波,沙钵略夺其众而废之,贪汗亡奔达头,沙钵略从弟地勤察别统部落,亦以众叛归阿波。连兵不已,各遣使诣长安请和求援,隋主皆不许。

幽州总管阴寿出卢龙塞攻打高宝宁,突厥不能援救他,高宝宁被他部下杀死,和龙县全部平定。

陈朝郢州叛变降隋,隋文帝没有接纳。　　隋朝命令左、右仆射分别掌管六部。

隋朝改度支尚书为民部,都官尚书为刑部,命令左仆射掌管吏、礼、兵三部政务,右仆射掌管民、刑、工三部政务,废除光禄、卫尉、鸿胪三寺和都水台。

五月,隋朝总管窦荣定和突厥在凉州交战,突厥请求结盟而返回。

隋朝秦州总管窦荣定率九总管步、骑兵三万人从凉州出发,与突厥阿波可汗对阵,阿波多次失败。前任上大将军史万岁因事获罪被发配到敦煌,来到窦荣定军门前请求效劳。窦荣定派人对突厥说:"士卒有什么罪过而让他丧命沙场,应当各派一名壮士决胜负。"突厥同意,就派一名骑兵出来挑战。窦荣定派史万岁应战,斩下那骑兵的头回阵。突厥大惊,请求结盟而返。

长孙晟当时任偏将,派人对阿波说:"摄图、阿波本来势均力敌。现在摄图经常获胜,被众人推崇,阿波失败,为国家带来耻辱。摄图一定会把罪责归于阿波,灭掉你北面官署。阿波你考虑一下,能抵御住摄图吗?"又对阿波的使者说:"现在达头可汗和隋朝联合,而摄图无法控制,阿波可汗为什么不依附隋朝皇帝,连结达头可汗,相互配合,成为强大的势力。这是万无一失的计策。"阿波同意了他的说法,派使者跟随长孙晟来到隋朝。

沙钵略听到这个消息,就袭击阿波北面的官署,大获全胜。阿波还军,没有地方安身,就向西投奔达头。达头大怒,派阿波率领军队东来,阿波部落归附他的将近十万骑。阿波就和沙钵略交战,多次打败沙钵略,又得到他原有的土地,兵势更加强盛。贪汗可汗一向与阿波和睦,沙钵略夺去他的部落将他废免,贪汗逃跑投奔达头,沙钵略堂弟地勤察另外统有部落,也以他的部落背叛沙钵略归附阿波。双方连续不停地打仗,各派使者到长安请和求援,隋文帝都没有答应。

六月,突厥寇幽州,隋总管李崇战死。

突厥寇幽州,隋总管李崇帅步、骑三千拒之,转战十余日,师人多死,遂保砂城。突厥围之,城荒颓不可守,军士苦饥,死亡略尽。突厥谕之使降,崇知不免,令其士卒曰:"崇丧师徒,罪当万死。今日效命,以谢国家。"乃挺刃突阵而死。

秋八月朔,日食。　陈以长沙王叔坚为司空。

叔坚未之江州,复留为司空,实夺之权。

冬十一月,隋罢郡为州。

兵部尚书杨尚希曰:"今或地无百里,而数县并置;或户不满千,而二郡分领。僚众费多,租调岁减。宜存要去闲,并小为大,则国家不亏粟帛,选举易得贤良矣。"苏威亦以为请,隋主从之,罢郡为州。

十二月,陈司空长沙王叔坚免。

叔坚既失恩,心不自安,为厌媚,醮祠以求福。陈主召,将杀之。叔坚对曰:"臣犯天宪,罪当万死。臣死之日,必见叔陵,愿宣明诏,责之于九泉之下。"乃赦,免官。

隋更定律,置博士。

隋既颁律令,苏威屡欲有所更易,李德林曰:"修律令时,公何不言?令既颁行,且宜专守,自非大为民害,不可数更。"至是隋主览刑部奏,断狱数犹至万,以律尚严密,乃敕威及牛弘等更定之,除死罪八十一条,流罪一百五十四条,徒、杖等千余条,定留五百条,凡十二卷。自是刑网简要,疏而不失。仍置律博士弟子员。

六月，突厥侵略幽州，隋朝总管李崇战死。

突厥侵略幽州，隋朝总管李崇率领步、骑兵三千人抵御，转战十多天，兵士死亡很多，就退保砂城。突厥包围砂城，砂城荒凉颓坏不能防守，士卒又苦于饥饿，死亡将尽。突厥劝说让李崇投降，李崇知道难免一死，就对士卒说："李崇丧失军队，罪该万死。今日只有舍命报效国家。"于是拔出刀冲入敌阵战死。

秋八月初一，出现日食。 陈朝任命长沙王陈叔坚为司空。

陈叔坚还没有去江州赴任，陈后主又留他在京城任司空，其实是夺掉了他的实权。

冬十一月，隋朝废郡设州。

兵部尚书杨尚希上奏："当今，有的地方不到百里而设置好几个县，有的户口不满一千却设两个郡管辖。属官僚佐费用增多，征收到的田赋和户税逐年减少。应该保留重要的官职去掉闲散的官职，把小郡县合并成大的郡县，这样国家不亏缺粟帛，选拔官吏也容易得到德才兼备的人。"苏威也请求这样做，隋文帝听从了他的意见，废郡而设州。

十二月，陈朝司空长沙王陈叔坚被罢免。

陈叔坚失去了陈后主的恩宠，内心不安，就祈祷鬼神，在庙堂祭祀以求福。陈后主召见陈叔坚，将要杀死他。陈叔坚回答说："我触犯了朝廷的法律，罪该万死。我死的那天，一定会见到陈叔陵，希望你宣布明诏，让我在九泉之下去责备他。"于是陈后主赦免了陈叔坚死罪，只罢去官职。

隋朝重新制定律令，设置博士。

隋朝已颁布律令，苏威多次想变更修改，李德林说："制定律令时，你为什么不说话？已经颁布实行，就应专一遵守，假如不是对百姓有较大的损害，不可多次更改。"这时，隋文帝省阅刑部奏章，审理的案件数目仍有上万，也认为律令过于严密，就让苏威和牛弘等人重新改定，删除死罪八十一条，流罪一百五十四条，徒、杖等罪一千多条，确定保留五百个条文，共十二卷。从此刑法简明扼要，宽松而没有遗漏。仍旧设置律博士弟子员。

隋沿河置仓，运粟以给长安。

隋主以长安仓廪尚虚，诏西自蒲、陕，东至卫、汴，水次十三州，募丁运米。又于卫州置黎阳仓，陕州置常平仓，华州置广通仓，转相灌输。漕关东及汾、晋之粟，以给长安。

隋杞州刺史和千子免。

时刺史多任武将，类不称职，治书侍御史柳彧上表曰："昔汉光武与二十八将，披荆棘，定天下，及功成之后，无所在职。伏见诏书，以和千子为杞州刺史。千子，弓马武用，是其所长，治民莅职，非其所解。如谓优老，可加厚赐，若令刺举，所损殊大。"隋主善之，千子竟免。

或见隋主勤于听受，百僚奏请多有烦碎，上疏谏曰："自古圣帝，莫过唐、虞，然皆劳于求贤，而逸于任使。陛下留心治道，无惮疲劳，乃至营造细小之事，出给轻微之物，一日之内，酬答百司。日旰忘食，夜分未寝，动以文簿忧劳圣躬。愿察臣言，少减烦务。唯经国大事，非臣下所能裁断者，奏请详决，自余细务，责成所司。"隋主嘉之曰："柳彧直士，国之宝也。"

或又奏曰："窃见京邑，爰及外州，每以正月望夜，然灯游戏，竭赀破产，竞此一时。尽室并孥，无问贵贱，男女混杂，缁素不分。秽行因此而生，盗贼由斯而起，无益有损，请行禁断。"诏从之。

隋朝沿着黄河设置粮仓,运输粮食供应长安。

隋文帝因为长安粮仓还空虚,下诏西自蒲州、陕州,东到卫州、汴州,沿着黄河的十三州,募集服力役的人运米。又在卫州设置黎阳仓,陕州设置常平仓,华州设置广通仓,依次装仓输送。漕运潼关以东及汾州、晋州的粮食,供给长安。

隋朝杞州刺史和千子被罢免。

当时隋朝刺史多任用武将,大都不能胜任,治书侍御史柳彧上表说:"从前汉光武帝和二十八位大将披荆斩棘平定天下,等到功业成就之后,没有一个将军担任职务。我见到诏书,任命和千子为杞州刺史。骑马、射箭打仗,和千子都很擅长,治理百姓到官履行职务,不是他能胜任的。如果说优礼老人,可以多给他赏赐,如果让他出任刺史,带来的损失就大了。"隋文帝赞成他的意见,和千子最终被免官。

柳彧看到隋文帝能诚恳地听取接受建议,百官大臣奏请的事情有许多过于烦碎,就上书劝谏说:"从古以来圣明的帝王,没有超过唐尧、虞舜的,然而他们都是费心在寻求贤才上,而对官吏本人如何治理政事则不过多地费心。陛下留心治国安民之道,不畏惧疲劳,以至于像营造这样细小的事情,支出少量财物,一天之内,还要回答百官。天晚忘食,夜深未寝,常常为公文簿书忧虑劳苦。希望陛下能体察我的言论,稍微减少琐碎的事务。唯独治理国家的大事,是大臣不能裁决论断的,奏请由陛下审察判决,其余细小事务,督促有关部门去处理。"隋文帝称赞他说:"柳彧是正直的人,是国家的一宝啊!"

柳彧又上奏说:"我私下看到京城以及外州,每到正月十五夜里,点灯游戏,用尽财钱,倾家荡产,只是为了争荣这一时。全家妻子儿女,不问贵贱,男女混杂在一起,僧徒和俗众不分。污秽的行为因此产生,盗贼因此而兴起,没有好处只有坏处,请实行禁令断除。"诏令听从他的建议。